Benazir Bhutto, am 21. Juni 1953 geboren, studierte am Radcliffe College in Harvard und in Oxford, wo sie als erste Ausländerin Vorsitzende des illustren Debattierclubs »Oxford Union« wurde. Nach Zulfikar Ali Bhuttos Tod übernahm sie, in der Verbannung in London lebend, die Leitung der PPP, der »Pakistan People Party«, die bei den Wahlen am 16. November 1988 die meisten Stimmen erhielt. Kurz darauf übernahm Benazir Bhutto die Regierungsgeschäfte in Pakistan, die sie jedoch 1990 nach einer Wahlniederlage niederlegen mußte.

Vollständige Taschenbuchausgabe Februar 1991
Droemersche Verlagsanstalt Th. Knaur Nachf., München

Umschlaggestaltung Adolf Bachmann
Druck und Bindung Ebner Ulm
Printed in Germany 5 4 3 2 1
ISBN 3-426-02433-0

Inhalt

In liebevoller Erinnerung an meinen Vater und meinen Bruder und all jene, die im Kampf gegen das Kriegsrechtsregime General Zias in Pakistan ihr Leben gelassen haben.

Vorwort

Ich habe die Geschichtsschreibung immer für wichtig gehalten. Als die Regierung meines Vaters Zulfikar Ali Bhutto 1977 gestürzt wurde, ermunterte ich seine engeren Mitarbeiter, über die Bhutto-Zeit zu schreiben. Aber in den schweren Jahren des Kriegsrechts, die auf den Putsch in Pakistan folgten, hatten viele Mitglieder der Regierung meines Vaters alle Hände voll zu tun, sich gegen Verfolgung und falsche Anklagen zu wehren, die das Militärregime gegen sie erhob. Andere waren ins Exil geflohen und hatten keinen Zugang zu ihren persönlichen Unterlagen. Meine eigene Teilnahme am Kampf, Pakistan wieder zu einem demokratischen Land zu machen, und die Jahre, die ich deshalb ohne Anklage im Gefängnis verbrachte, haben mir verwehrt, selbst ein Buch über die Regierung meines Vaters zu schreiben.

Über eine Million meiner Landsleute begrüßten mich, als ich im April 1986 nach zweijährigem Exil nach Pakistan zurückkehrte. Ihr Empfang katapultierte mich in das helle Licht der internationalen Öffentlichkeit. Plötzlich wurde mir von verschiedener Seite vorgeschlagen, doch nicht die Geschichte meines Vaters, sondern meine eigene zu schreiben. Nun war es freilich eine Sache, über meinen Vater zu schreiben, den demokratisch gewählten Premierminister Pakistans, dessen Name mit bleibenden Leistungen verknüpft ist, und eine ganz andere, über mich selbst zu schreiben, die ich meine politische Bewährungsprobe ja erst noch zu bestehen hatte. Es erschien mir anmaßend. Ich glaubte, Autobiographien schreibe man im Herbst des Lebens, wenn man zurückblickt.

Die beiläufige Bemerkung einer Freundin stimmte mich um. »Was nicht aufgeschrieben wird, gerät in Vergessenheit«, sagte sie. Ich verstand, was sie meinte. Wie viele Menschen in Pakistan hatte ich die dunkle Zeit des Kriegsrechts miterlebt. Aber im Gegensatz zu den meisten anderen hatte ich die Möglichkeit, meine Erfahrungen aufzuzeichnen. Es ist wichtig, daß die Welt nicht vergißt, wie die Menschen in Pakistan nach dem Putsch von General Zia unterdrückt wurden.

Es war schwer, dieses Buch zu schreiben, denn es bedeutete, den Schmerz der Vergangenheit noch einmal zu durchleben. Zugleich hatte es eine reinigende Wirkung: Ich war gezwungen, mich mit Erinnerungen auseinanderzusetzen, denen ich immer ausgewichen war.

Das Buch erzählt meine Geschichte. Die Ereignisse sind so dargestellt, wie ich sie sah und empfand und wie ich auf sie reagierte. Das Buch will keine umfassende Studie über Pakistan sein, sondern einen Blick auf die Umwandlung einer Gesellschaft von einer Demokratie in eine Diktatur werfen. Möge es zugleich ein Ruf nach Freiheit sein.

21. Juni 1988 Benazir Bhutto
Karachi, Pakistan

4. April 1979

1. Kapitel

Die Ermordung meines Vaters

Sie hängten meinen Vater in den frühen Morgenstunden des 4. April 1979 im Zentralgefängnis von Rawalpindi. Meine Mutter und ich waren ein paar Kilometer entfernt in Sihala in einem verlassenen Ausbildungslager der Polizei inhaftiert. Ich fühlte den Augenblick seines Todes. Obwohl meine Mutter mir Valium gegeben hatte, damit ich die qualvolle Nacht besser überstehen würde, schreckte ich um zwei Uhr nachts hoch und saß kerzengerade im Bett. »Nein!« brach es aus mir heraus, obwohl meine Kehle wie zugeschnürt war. »Nein!« Ich konnte nicht atmen, wollte gar nicht mehr atmen. Mein Vater! Trotz der Hitze war mir eiskalt, und ich zitterte am ganzen Leib. Meine Mutter und ich vermochten uns nicht gegenseitig zu trösten. Aneinandergekauert saßen wir in dem kahlen Raum, und die Stunden schleppten sich dahin. Als der Morgen dämmerte, waren wir bereit, den Leichnam meines Vaters zum Familienfriedhof unserer Ahnen zu geleiten.

Als der Gefängniswärter kam, sagte meine Mutter teilnahmslos: »Ich bin in *Iddat* und kann keine Fremden empfangen. Sprich du mit ihm.« Es war der erste Tag der vier Monate und zehn Tage währenden Zeit, in der eine Witwe nicht mit Fremden verkehren darf.

Ich trat in den vorderen Raum, der uns als Wohnzimmer dienen sollte. Der Zementboden war rissig, und es roch nach Schimmel und Moder.

»Wir sind bereit, dem Premierminister das letzte Geleit zu geben«, sagte ich zu dem Wärter, der nervös vor mir stand.

»Man hat ihn schon weggebracht, um ihn zu begraben.«

Ich hatte das Gefühl, als hätte er mich geschlagen. »Ohne seine Familie?« fragte ich bitter. »Selbst die Verbrecher des Militärregimes wissen, daß unsere Familie die religiöse Pflicht hat, seinen Leichnam zu begleiten, die Gebete für den Toten zu sprechen und vor dem Begräbnis sein Gesicht zu sehen. Wir haben uns an die Gefängnisverwaltung gewandt ...«

»Man hat ihn weggebracht«, unterbrach der Gefängniswärter mich.

»Wohin?«

Er schwieg.

»Ein friedliches Ende«, sagte er schließlich. »Ich habe die Sachen mitgebracht, die noch in der Zelle lagen.«
Nacheinander reichte er mir die armseligen Überreste aus der Todeszelle meines Vaters: den *shalwar khameez* meines Vaters, das lange Hemd und die weite Hose, die er bis zum Schluß getragen hatte, denn er hatte sich geweigert, als politischer Gefangener die Kleidung eines verurteilten Verbrechers anzulegen; den Napf für das Essen, das er in den letzten zehn Tagen abgelehnt hatte; das Bettzeug, das er erst bekam, als er sich an den kaputten Springfedern des Bettes den Rücken aufgerissen hatte; seine Tasse...
»Wo ist sein Ring?« brachte ich heraus.
»Er trug einen Ring?«
Ich sah zu, wie der Wärter umständlich in seinem Beutel und den Taschen seiner Jacke kramte. Endlich zog er den Ring meines Vaters heraus und gab ihn mir. Der Ring war meinem Vater zum Schluß dauernd vom abgemagerten Finger gerutscht.
»Wirklich«, murmelte er, »ein friedliches Ende.«
Wie konnte eine Hinrichtung durch den Strang ein friedliches Ende sein? Basheer und Ibrahim, unsere Hausdiener, die uns ins Gefängnis begleitet hatten, weil die Behörden uns nicht mit Essen versorgten, traten ein. Basheer erbleichte, als er die Kleider meines Vaters erkannte.
»*Ya Allah!*« schrie er. »*Ya Allah!* Sie haben den Sahib getötet! Sie haben ihn getötet!« Bevor wir ihn daran hindern konnten, packte er einen Benzinkanister und übergoß sich mit Benzin. Er wollte sich anzünden. Meine Mutter mußte herbeieilen, um sein Selbstopfer zu verhindern.
Ich war wie betäubt. Ich konnte, wollte nicht glauben, was meinem Vater zugestoßen war. Unmöglich, daß Zulfikar Ali Bhutto, der erste direkt vom Volk gewählte Premierminister Pakistans, tot sein sollte. Er hatte diesem Land, das seit seiner Entstehung 1947 von Generälen unterdrückt worden war, als erster die Demokratie gebracht. Er hatte diesem Land, in dem die Menschen seit Jahrhunderten Stammesfürsten und Grundbesitzern auf Gedeih und Verderb ausgeliefert waren, die erste Verfassung gegeben, um Rechtsschutz und staatsbürgerliche Rechte zu gewährleisten. Er hatte diesem Land, in dem das Volk die bisherigen Machthaber erst mit blutiger Gewalt hatte vertreiben müssen, ein parlamentarisches System mit einer Zivilregierung und Wahlen im Abstand von fünf Jahren gegeben.
Nein. Es war nicht möglich. »*Jiye* Bhutto! Lang lebe Bhutto!« hatten Millionen gejubelt, als er als erster Politiker die einsamen und abgelegenen

Dörfer Pakistans besucht hatte. Als seine *Pakistan People's Party* (PPP) in die Regierung gewählt wurde, begann mein Vater mit der Modernisierung des Landes: Er verteilte das Land, das seit Generationen im Besitz von wenigen Feudalherren war, an die Armen; er sorgte dafür, daß Millionen Menschen, die durch Unwissenheit niedergehalten wurden, eine Ausbildung bekamen; er verstaatlichte die wichtigen Industriezweige des Landes, garantierte Mindestlöhne und Sicherheit des Arbeitsplatzes und verbot die Diskriminierung der Frauen und Minderheiten. Seine sechsjährige Regierungszeit brachte Licht in ein Land, das in tiefe Dunkelheit gehüllt gewesen war bis zum Morgen des 5. Juli 1977.

Zia ul-Haq, der angeblich loyale Stabschef des Heeres, der seine Soldaten mitten in der Nacht losgeschickt hatte, um meinen Vater zu stürzen und die Macht im Land gewaltsam an sich zu reißen, Zia ul-Haq, der Militärdiktator, der es trotz seiner Gewehre und Tränengasbomben und der Verhängung des Kriegsrechts nicht geschafft hatte, die Anhängerschaft meines Vaters zu vernichten oder den Mut meines Vaters durch die Isolationshaft in der Todeszelle zu brechen, dieser Zia ul-Haq hatte in seiner Verzweiflung soeben meinen Vater in den Tod geschickt. Zia ul-Haq, der General, der in Pakistan neun Jahre lang rücksichtslos regieren sollte.

Ich stand wie betäubt vor dem Gefängniswärter und hielt das kleine Bündel. Es enthielt alles, was mir von meinem Vater blieb. Der Duft seines Rasierwassers Shalimar hing noch in den Kleidern. Ich drückte seinen *shalwar* an mich und mußte plötzlich an Kathleen Kennedy denken. Sie hatte im Radcliffe-College noch lange nach der Ermordung ihres Vaters dessen Parka getragen. Unsere Familien sind im Hinblick auf ihr politisches Schicksal oft verglichen worden. Jetzt gab es eine weitere, schreckliche Verbindung zwischen uns. In dieser Nacht und vielen folgenden Nächten versuchte auch ich, meinem Vater nahe zu sein, und schlief mit seinem Hemd unter meinem Kopfkissen.

Ich fühlte mich leer, als ob mein Leben völlig zerstört worden wäre. Fast zwei Jahre lang hatte ich gegen die falschen Anklagen gekämpft, die Zias Militärregime gegen meinen Vater erhob, und mit der *Pakistan People's Party* auf die Wahlen hingearbeitet, die Zia nach seinem Putsch zwar versprochen, wegen unseres drohenden Sieges jedoch wieder abgesagt hatte. Ich war von der Militärregierung sechsmal verhaftet worden. Wiederholt hatten mir die Kriegsrechtsbehörden den Aufenthalt in Karachi und Lahore verboten. Meiner Mutter war es ähnlich ergangen. Während der Gefangenschaft meines Vaters war sie als stellvertretende Vorsitzende der

PPP achtmal festgenommen worden. Jetzt waren wir seit sechs Wochen in Sihala inhaftiert, davor sechs Monate in Rawalpindi. Aber bis gestern hatte ich mich geweigert zu glauben, daß General Zia meinen Vater tatsächlich ermorden würde.

Wer würde meinen jüngeren Brüdern die Nachricht überbringen? Sie kämpften von ihrem politischen Exil in London aus gegen das Todesurteil für meinen Vater. Und wer würde die Nachricht meiner Schwester Sanam beibringen, die gerade ihr Abschlußjahr in Harvard absolvierte? Um sie machte ich mir besonders große Sorgen. Sie war nie ein politischer Mensch gewesen. Aber jetzt war sie mit uns allen in eine Tragödie hineingezogen worden. Ob sie allein war? Ich betete, sie möge nichts Dummes tun.

Ich hatte das Gefühl, in der Mitte auseinandergerissen worden zu sein. Wie sollte es weitergehen? Trotz unserer Anstrengungen war es uns nicht gelungen, meinem Vater das Leben zu retten. Ich fühlte mich einsam, von aller Welt verlassen. »Was soll ich ohne deine Hilfe tun?« hatte ich meinen Vater in der Todeszelle gefragt. Ich brauchte seinen politischen Rat. Obwohl ich in Harvard und Oxford Politische Wissenschaften studiert hatte, war ich noch keine Politikerin. Aber was hätte er mir antworten sollen? Er hatte nur hilflos mit den Schultern gezuckt.

Gestern hatte ich meinen Vater zum letzten Mal gesehen. Der Schmerz war fast unerträglich gewesen. Niemand hatte ihm gesagt, daß er am nächsten Morgen hingerichtet werden würde. Niemand hatte die politischen Führer der Welt benachrichtigt, die das Militärregime um Gnade für meinen Vater gebeten hatten, wie der Präsident der Vereinigten Staaten Jimmy Carter, die britische Premierministerin Margaret Thatcher, der sowjetische Regierungschef Leonid Breschnew, Papst Johannes Paul II., Indira Gandhi und viele Führer der muslimischen Welt, aus Saudi-Arabien, den Vereinigten Arabischen Emiraten und Syrien. Keiner der Feiglinge in Zias Regime hatte dem Land den genauen Termin der Hinrichtung meines Vaters bekanntgegeben, alle hatten sie die Reaktion des Volkes auf die Ermordung seines Premierministers gefürchtet. Nur meine Mutter und ich wußten Bescheid, und auch wir nur durch Zufall und aufgrund der Schlußfolgerungen, die wir aus bestimmten Ereignissen ziehen konnten.

Ich lag auf meinem Feldbett, als am frühen Morgen des 2. April meine Mutter hereinkam. »Pinkie«, sagte sie, und obwohl sie mich bei meinem Spitznamen rief, ließ ihr Ton mich augenblicklich erstarren, »draußen sind Offiziere von der Armee. Sie sagen, daß wir heute beide zu deinem Vater gehen sollen. Was hat das zu bedeuten?«

Ich wußte genau, was das bedeutete. Auch meine Mutter wußte es. Aber wir hatten beide nicht die Kraft, es uns einzugestehen. Der 2. April war der Besuchstag meiner Mutter. Einmal pro Woche durfte sie meinen Vater besuchen. Mein Besuchstag lag später in der Woche. Wenn wir meinen Vater beide zusammen besuchen sollten, konnte das nur heißen, daß es unser letzter Besuch sein würde. Zia hatte vor, meinen Vater umzubringen. Mein Gehirn arbeitete auf Hochtouren. Wir mußten diese Information nach draußen bringen. Wir mußten ein letztes Mal an das Ausland und an das Volk appellieren. Die Zeit war abgelaufen. »Sag ihnen, daß ich mich nicht wohl fühle«, sagte ich hastig zu meiner Mutter. »Sag Ihnen, daß ich selbstverständlich komme, wenn es der letzte Besuch ist. Wenn nicht, gehen wir morgen.« Während meine Mutter mit der Wache sprach, riß ich eilig einen Brief auf, den ich bereits zugeklebt hatte, um ihn Ibrahim mitzugeben, und schrieb ihn neu. »Ich glaube, sie holen uns zum letzten Besuch«, schrieb ich in aller Eile an eine Freundin. Ich hoffte, daß sie die Parteiführer alarmieren würde, damit diese ihrerseits das diplomatische Corps benachrichtigen und das Volk mobilisieren konnten.

»Bring das sofort zu Yasmin«, sagte ich zu Ibrahim, wohl wissend, daß wir ein großes Risiko eingingen. Ibrahim konnte nicht warten, bis eine uns wohlgesonnene oder nachlässige Wache Dienst hatte. Er konnte durchsucht oder verfolgt werden, aber er hatte keine Zeit für die üblichen Sicherheitsvorkehrungen. Die Gefahr war groß, aber es stand auch viel auf dem Spiel. »Los, Ibrahim, geh!« drängte ich. »Sag der Wache, daß du Medikamente für mich besorgst!« Er rannte los.

Durch das Fenster sah ich, wie die Soldaten des Regimes sich berieten. Sie gaben per Funk durch, daß ich krank sei, und warteten dann auf eine Antwort. In der allgemeinen Verwirrung erreichte Ibrahim das Tor. »Ich muß schnell Medikamente für Benazir Sahiba holen. Es ist dringend!« sagte er zu der Wache am Tor, die mitbekommen hatte, daß ich krank sei. Wie durch ein Wunder wurde Ibrahim durchgelassen, kaum fünf Minuten, nachdem meine Mutter zu mir ins Schlafzimmer gekommen war. Meine Hände zitterten. Ich hatte keine Ahnung, ob die Botschaft ihren Adressaten erreichen würde.

Draußen vor dem Fenster knackten die Funkgeräte. »Wenn Ihre Tochter sich nicht wohl fühlt, können Sie den Besuch auf morgen verschieben«, teilten die Offiziere meiner Mutter schließlich mit. Wir hatten für das

Leben meines Vaters weitere vierundzwanzig Stunden gewonnen. Aber als die schweren Tore gleich nach Ibrahims Flucht geschlossen wurden, ahnten wir, daß etwas Verhängnisvolles im Gang war.
Wir mußten kämpfen. Aber wie? Ich kam mir so ohnmächtig vor, hinter Mauern eingesperrt, während die Minuten bis zum Tod meines Vaters zerrannen. Würde die Botschaft durchkommen? Würde sich das Volk trotz der Gewehre und Bajonette erheben, die seit dem Putsch auf es gerichtet waren? Aber wer sollte es anführen? Viele Führer der *Pakistan People's Party* saßen im Gefängnis, ebenso Tausende unserer Anhänger, darunter erstmals in der Geschichte Pakistans auch Frauen. Unzählige andere waren mit Tränengasbomben attackiert oder ausgepeitscht worden - die Zahl der Schläge wurde auf die halbnackten Körper gemalt -, nur weil sie den Namen meines Vaters genannt hatten. Würde das Volk auf diesen letzten verzweifelten Aufruf reagieren? Würde es ihn überhaupt hören?

Um 8 Uhr 15 schalteten meine Mutter und ich BBC-Asien ein. Jeder Muskel meines Körper war angespannt. Erwartungsvoll beugte ich mich vor, als die BBC berichtete, ich hätte eine Nachricht aus dem Gefängnis gesandt, die besage, daß ich morgen, am 3. April, zum letzten Mal meinen Vater sehen sollte. Die Nachricht war also durchgekommen! Ich wartete auf unseren Aufruf an das Volk, sich im Protest zu erheben. Er wurde nicht gesendet. Stattdessen berichtete die BBC weiter, die Nachricht sei von der Gefängnisdirektion nicht bestätigt worden. »Sie ist in Panik geraten«, zitierte ein Sprecher einen ehemaligen Minister meines Vaters. Meine Mutter und ich konnten einander nicht ansehen. Unsere letzte Hoffnung war zerronnen.

Ein Jeep jagt vorbei. Hinter der Absperrung der Sicherheitskräfte verharrt starr vor Angst eine Menschenmenge. Die Menschen wissen nichts vom Schicksal ihres Premierministers. Gefängnistore werden hastig geöffnet und geschlossen. Meine Mutter und ich werden von weiblichen Gefängniswärterinnen durchsucht, einmal beim Verlassen des Gefängnisses in Sihala, dann noch einmal bei der Ankunft im Gefängnis von Rawalpindi.
»Warum seid ihr heute beide da?« fragt mein Vater aus dem Innern der Zelle.
Meine Mutter antwortet nicht.
»Ist es der letzte Besuch?«
Meine Mutter kann ihm nicht antworten.

»Ich glaube ja«, sage ich.
Mein Vater ruft den Oberaufseher her, der in der Nähe steht. Sie lassen uns nie allein mit meinem Vater.
»Ist das der letzte Besuch?« fragt mein Vater.
»Ja.« Offensichtlich ist es dem Aufseher unangenehm, meinem Vater sagen zu müssen, was das Regime mit ihm vorhat.
»Ist der Termin schon festgelegt?«
»Morgen früh.«
»Um wieviel Uhr?«
»Um fünf, wie es die Gefängnisbestimmungen vorschreiben.«
»Seit wann wissen Sie das?«
»Seit gestern abend.« Der Aufseher sagt es widerwillig.
Mein Vater sieht ihn an.
»Wieviel Zeit habe ich für meine Familie?«
»Eine halbe Stunde.«
»Nach den Gefängnisbestimmungen steht uns eine Stunde zu«, sagt mein Vater.
»Eine halbe Stunde«, wiederholt der Aufseher. »So lauten meine Anweisungen.«
»Sorgen Sie dafür, daß ich ein Bad nehmen und mich rasieren kann«, sagt mein Vater zu ihm. »Die Welt ist schön, und ich möchte sie sauber verlassen.«
Eine halbe Stunde. Eine halbe Stunde, um mich von dem Menschen zu verabschieden, den ich mehr liebe als jeden anderen. Der Schmerz legt sich wie ein eiserner Ring um meine Brust. Ich darf nicht weinen. Ich darf nicht zusammenbrechen und es meinem Vater noch schwerer machen.
Er sitzt auf dem Boden seiner Zelle auf einer Matratze, dem letzten Rest der Einrichtung der Zelle. Tisch und Stuhl sind verschwunden, auch das Bett ist weg.
»Nimm das mit«, sagt er und reicht mir die Bücher und Zeitschriften, die ich ihm bei meinen Besuchen gebracht habe. »Ich will nicht, daß sie meine Sachen anfassen.«
Er gibt mir die wenigen Zigarren, die seine Anwälte ihm mitgebracht haben. »Eine behalte ich für heute nacht«, sagt er. Er behält auch ein Fläschchen Shalimar.
Er will mir seinen Ring geben, aber meine Mutter sagt, daß er ihn anbehalten soll. »Dann behalte ich ihn jetzt an, aber später soll Benazir ihn bekommen.«
»Es ist mir gelungen, eine Nachricht hinauszuschmuggeln«, flüstere ich

ihm zu, und die Gefängniswärter bemühen sich, meine Worte zu verstehen. Ich sage ihm, was ich geschrieben habe, und er sieht zufrieden aus. Sie kennt sich mit den Regeln der Politik schon recht gut aus, scheint seine Miene zu sagen.

In der Todeszelle ist es dunkel. Ich kann ihn nicht deutlich erkennen. Bei allen bisherigen Besuchen wurde uns erlaubt, zusammen in seiner Zelle zu sitzen. Heute nicht. Meine Mutter und ich drängen uns an das Gitter der Zellentür und sprechen flüsternd mit ihm.

»Grüße die anderen Kinder von mir«, sagt er zu meiner Mutter. »Sag Mir und Sunny und Sha, daß ich versucht habe, ihnen ein guter Vater zu sein. Ich wünschte, ich hätte mich von ihnen verabschieden können.« Meine Mutter nickt, sie bringt kein Wort heraus.

»Ihr habt beide viel durchgemacht«, sagt er. »Heute nacht werden sie mich töten, und ich möchte auch euch befreien. Wenn ihr wollt, verlaßt Pakistan, solange die Verfassung außer Kraft gesetzt ist und das Kriegsrecht gilt. Wenn ihr Ruhe braucht, um euer Leben neu zu ordnen, geht nach Europa. Ich gebe euch meine Erlaubnis. Ihr könnt gehen.«

Uns bricht fast das Herz. »Nein«, sagt meine Mutter, »nein, wir gehen nicht. Wir werden niemals gehen. Die Generäle dürfen nicht glauben, daß sie gewonnen haben. Zia hat wieder Wahlen angesetzt, aber wer weiß, ob er es wagen wird, sie tatsächlich abzuhalten. Wenn wir das Land verlassen, ist niemand da, der die Partei führt, die Partei, die du aufgebaut hast.«

»Und du, Pinkie?« fragt mein Vater.

»Ich könnte niemals fortgehen«, sage ich.

Er lächelt. »Ich bin sehr froh darüber. Du weißt nicht, wie sehr ich dich liebe, wie sehr ich dich immer geliebt habe. Du bist mein ein und alles und bist es immer gewesen.«

»Die Zeit ist um«, sagt der Aufseher.

Ich klammere mich an die Gitterstäbe.

»Bitte öffnen Sie die Zelle«, bitte ich ihn. »Ich möchte mich von meinem Vater verabschieden.«

Der Aufseher schüttelt den Kopf.

»Bitte«, wiederhole ich. »Mein Vater ist der rechtmäßige Premierminister von Pakistan. Ich bin seine Tochter. Wir sehen uns das letzte Mal. Ich möchte ihn umarmen.«

Der Aufseher schüttelt wieder den Kopf.

Ich versuche, meinen Vater durch die Gitterstäbe hindurch zu berühren. Er ist spindeldürr, ausgezehrt von Malaria, Durchfall und Hunger. Trotzdem zieht er sich an den Gitterstäben hoch und berührt meine Hand.

»Heute nacht werde ich frei sein«, sagt er, und ein Leuchten geht über sein Gesicht. »Ich werde zu meiner Mutter und meinem Vater zurückkehren. Ich werde in das Land meiner Vorfahren nach Larkana zurückkehren und Teil seiner Erde, seines Geruches und seiner Luft werden. Man wird Lieder über mich singen. Ich werde in die Legende eingehen.« Er lächelt. »Aber es ist sehr heiß in Larkana.«

»Ich sorge für Schatten«, bringe ich heraus.

Die Gefängniswärter unterbrechen uns.

»Leb wohl, Vater«, rufe ich meinem Vater zu, während meine Mutter die Hand durch die Gitterstäbe streckt und ihn berührt. Wir gehen über den staubigen Hof. Ich will mich umsehen, aber ich kann es nicht. Ich weiß, daß ich mich nicht beherrschen könnte.

»Auf ein Wiedersehen«, höre ich ihn rufen.

Meine Beine bewegen sich wie von allein. Ich spüre sie nicht. Ich bin zu Stein geworden, aber ich setze einen Fuß vor den andern. Die Gefängniswärter führen uns durch den Gefängnistrakt zurück zum Ausgang. Der Hof ist voller Armeezelte. Ich bewege mich wie in Trance. Ich denke nur an meinen Kopf. Ich muß ihn hoch halten. Alle beobachten uns.

Der Wagen wartet innerhalb der geschlossenen Tore, damit die Menge draußen uns nicht sieht. Mein Körper ist so schwer, daß ich kaum einsteigen kann. Der Wagen fährt durch das Tor. Die Menschen draußen sehen ihn und drängen auf uns zu, doch die Sicherheitkräfte stoßen sie grob zurück. Da sehe ich meine Freundin Yasmin. Sie wartet darauf, daß sie das Essen für meinen Vater abgeben kann. »Yasmin! Heute nacht bringen sie ihn um!« schreie ich durch das Fenster. Hat sie mich gehört? Habe ich überhaupt einen Laut von mir gegeben?

Es wurde fünf Uhr. Sechs Uhr. Jeder Atemzug gemahnte mich an den letzten Atemzug meines Vaters. »Lieber Gott, mach, daß ein Wunder geschieht«, beteten meine Mutter und ich. »Laß irgend etwas geschehen.« Sogar meine kleine Katze Chun-Chun, die ich mit in die Haft geschmuggelt hatte, spürte die Anspannung. Sie hatte ihre Jungen weggebracht. Sie waren nirgends zu sehen.

Wir klammerten uns an die Hoffnung. Der Oberste Gerichtshof hatte sich einstimmig dafür ausgesprochen, das Todesurteil für meinen Vater in eine lebenslängliche Haftstrafe umzuwandeln. Überdies mußte der Termin für eine Hinrichtung nach pakistanischem Gesetz mindestens eine Woche vor der Vollstreckung angekündigt werden. Im Fall meines Vaters hatte es keine solche Ankündigung gegeben.

Auch die PPP-Führer draußen hatten uns wissen lassen, daß Zia Saudi-Arabien und den Vereinigten Emiraten vertraulich zugesichert habe, er werde das Todesurteil gegen meinen Vater in eine Haftstrafe umwandeln. Aber Zia hatte schon viele Versprechen gebrochen und war bekannt für seine Mißachtung des Gesetzes. Da wir ständig fürchteten, daß mein Vater hingerichtet würde, hatten der Außenminister von Saudi-Arabien und der Premierminister von Libyen versprochen, nach Pakistan zu kommen, falls ein Termin für die Hinrichtung festgesetzt würde. Hatte meine Botschaft über die BBC sie erreicht? Reichte die Zeit überhaupt noch, herzukommen?

In Islamabad hielt sich derzeit eine Delegation aus China auf. Mein Vater hatte Pakistans Freundschaft mit China in die Wege geleitet. Würden sich die Chinesen bei Zia für ihn einsetzen?

Meine Mutter und ich saßen in Sihala regungslos in der glühenden Hitze. Wir konnten nicht sprechen. Zia hatte bekannt gegeben, daß er ein Gnadengesuch nur dann in Betracht ziehen würde, wenn es von meinem Vater oder von uns, seinen nächsten Familienangehörigen, käme. Mein Vater hatte uns verboten, den Antrag zu stellen.

Wie wartet man auf den Tod? Meine Mutter und ich saßen einfach da. Hin und wieder weinten wir. Wenn wir keine Kraft mehr hatten, zu sitzen, sanken wir in die Kissen auf dem Bett. Sie bringen ihn um, dachte ich dauernd. Sie bringen ihn einfach um. Wie einsam mußte er sich in seiner Zelle fühlen, ganz allein. Er hatte keine Bücher bei sich behalten. Nichts, außer dieser einen Zigarre. Die Kehle schnürte sich mir zusammen, immer enger, bis ich schreien wollte, um Luft zu bekommen. Aber ich wollte den Wachen, die vor unserem Fenster lachten und redeten, nicht die Genugtuung verschaffen, mich schreien zu hören. »Ich halte es nicht mehr aus, Mama, ich kann nicht mehr«, brach ich um halb zwei schließlich zusammen. Sie gab mir Valium. »Versuch zu schlafen«, sagte sie.

Eine halbe Stunde später schreckte ich auf. Ich spürte die Schlinge meines Vaters um meinen Hals.

Der Himmel weinte Tränen aus Eis in dieser Nacht. Hagelschauer gingen auf unseren Familienbesitz in Larkana nieder. Die Bewohner von Garhi Khuda Bakhsh, dem alten Stammsitz der Bhuttos, wo unser Familienfriedhof lag, wurden durch den Lärm eines Militärkonvois geweckt. Während meine Mutter und ich eine qualvolle Nacht im Gefängnis verbrachten, wurde der Leichnam meines Vaters heimlich zur Bestattung nach Garhi geflogen. Eine Vorausabteilung von Beamten des Militärregims erteilte Nazar Mohammed, einem Dörfler, der unseren Besitz verwaltet und dessen Familie schon seit Generationen für uns arbeitet, grausame Befehle.

Nazar Mohammed:

In der Nacht zum 4. April schlief ich zu Hause. Gegen drei Uhr wurde ich wach und bemerkte die hellen Scheinwerfer von 50 bis 60 Militärfahrzeugen am Rand unseres Dorfes. Zuerst dachte ich, daß wieder für die Zeit nach Mr. Bhuttos Hinrichtung geübt würde, wie bereits zwei Tage zuvor. Damals war behauptet worden, es handle sich um ein militärisches Routinemanöver. Die Leute aus dem Dorf waren ziemlich eingeschüchtert gewesen, besonders als die Polizei auch den Friedhof der Bhuttos betrat und sich dort gründlich umsah. Als die Polizei mich jetzt zu so früher Stunde aus dem Haus rief, strömte das ganze Dorf herbei, alt und jung, Männer und Frauen. Alle hatten Angst, daß Mr. Bhutto entweder bereits gehängt worden war oder bald gehängt werden würde. In ihren Mienen spiegelten sich tiefer Schmerz und Verzweiflung.

»Wir müssen die Bestattung von Mr. Bhutto vorbereiten«, teilten mir die Offiziere und Polizisten in ihrem provisorischen Hauptquartier mit. »Zeig uns den Platz für das Grab.«

Ich weinte. »Warum sollten wir Ihnen das Grab zeigen?« fragte ich. »Wir werden die letzten Rituale selbst durchführen. Mr. Bhutto gehört zu uns.«

Ich bat um die Erlaubnis, unsere Leute das Grab ausheben zu lassen. Wir wollten selber die ungebrannten Ziegel bringen, um das Grab einzufassen, die Bretter zuschneiden, um es abzudecken, und unsere religiösen Gebete sprechen. Man gestattete mir nur acht Helfer.

Während wir uns an unsere traurige Aufgabe machten, umstellten Militär- und Polizeifahrzeuge das ganze Dorf und blockierten jeden Weg. Niemand konnte das Dorf verlassen, und niemand konnte von draußen ins Dorf gelangen. Wir waren völlig abgeschnitten.

Um acht Uhr landeten unweit des Dorfes zwei Hubschrauber neben einem Weg, auf dem bereits ein Krankenwagen wartete. Ich sah zu, wie der Sarg in den Krankenwagen umgeladen wurde, und folgte ihm auf den Friedhof. »Evakuiere dieses Haus«, sagte der Oberst zu mir und zeigte auf das kleine Wohnhaus an der südlichen Ecke des Friedhofes, in dem der Vorbeter, der die Gräber pflegt, mit seiner Frau und seinen kleinen Kindern wohnt. Ich wandte ein, das sei grausam und bringe für Pesh Imam und seine Familie nur Unannehmlichkeiten, aber der Oberst bestand darauf. Nach der Evakuierung gingen zwanzig uniformierte und bewaffnete Männer auf dem Dach des Hauses in Stellung; ihre Gewehre zielten auf den Friedhof.

Nahe Verwandte müssen das Gesicht eines Verstorbenen ein letztes Mal sehen. Gleich neben dem Friedhof in Garhi lebten ein paar Cousins von Mr. Bhutto. Mr. Bhuttos erste Frau lebte im Nachbardorf Naudero, und nach langen Diskussionen erlaubten mir die Offiziere schließlich, sie zu holen. Als sie da war, öffneten wir den Sarg und legten den Leichnam auf eine Trage, die ich aus meinem Haus mitgebracht hatte. Dann trugen wir ihn in das von Mauern umgebene Haus. Die Familie lebte in *purdah* und hielt die Frauen vor den Augen von Fremden verborgen. Kein männliches Wesen, das nicht zur Familie gehörte, durfte hereinkommen. Nur die Militärs verschafften sich gegen alle Regeln des Anstands gewaltsam Zutritt.

Als der Leichnam eine halbe Stunde später herausgebracht wurde, fragte ich den Oberst, ob er beschwören könne, daß der Leichnam gebadet worden sei, wie es die religiöse Sitte und das traditionelle Bestattungszeremoniell vorschreiben. Er schwor, dies sei geschehen. Ich sah nach, ob der *kaffan*, das einfache Leichentuch aus Baumwolle, auf den Leichnam gelegt worden war. Es war da.

Wir waren zu verstört und traurig, um den Leichnam genauer anzusehen. Ich weiß nicht, ob man uns das überhaupt erlaubt hätte, schließlich wäre dabei aufgedeckt worden, was sie getan hatten. Sein Gesicht glänzte wie eine Perle. Er sah so aus, wie er mit sechzehn Jahren ausgesehen hatte. Seine Haut war nicht fleckig, und Augen und Zunge quollen nicht hervor, wie ich es bei Männern gesehen hatte, die Zia öffentlich hängen ließ. Wie das Ritual verlangt, drehte ich das Gesicht von Bhutto Sahib nach Westen, in Richtung Mekka. Sein Kopf fiel nicht zur Seite. Das Genick war nicht gebrochen. Doch an seiner Kehle waren merkwürdige rote und schwarze Punkte. Sie sahen aus wie ein offizieller Stempel.

Dann wurde der Oberst sehr wütend. Fast anderthalbtausend Menschen aus dem Dorf drängten sich gewaltsam um den Sarg, um das Leuchten auf dem Gesicht des Märtyrers zu sehen. Ihre Klagen waren herzzerreißend. Der Oberst drohte, die Leute mit Schlagstöcken auseinanderzutreiben, wenn sie nicht nach Hause gingen.

»Die Bestattung hat auf der Stelle stattzufinden«, sagte er. »Wenn es sein muß, mit Gewalt.«
»Die Menschen sind traurig und unglücklich«, erklärte ich ihm.
Vor angelegten Gewehren sprachen wir eilig die Gebete für den Toten und senkten den Leichnam dann mit dem entsprechenden Zeremoniell in das Grab. In die Gebete aus dem Koran mischten sich die Klagen der Frauen in den Häusern.

Nach dem Tod meines Vaters konnte ich in Sihala tagelang weder essen noch trinken. Gelegentlich nahm ich einen Schluck Wasser, mußte ihn aber sofort wieder ausspucken. Ich konnte nicht schlucken. Schlafen konnte ich auch nicht. Sobald ich die Augen schloß, hatte ich denselben Traum: Ich stand vor dem Gefängnis. Die Tore waren offen, und ich sah eine Gestalt auf mich zu kommen. Vater! Ich stürzte ihm entgegen. »Du bist frei! Und ich glaubte schon, sie hätten dich umgebracht! Aber du lebst!« Kurz bevor ich ihn erreichte, wachte ich auf und mußte erkennen, daß er tot war.
»Du mußt etwas essen, Pinkie«, sagte meine Mutter und brachte mir Suppe. »Du wirst alle deine Kräfte brauchen, wenn wir hier herauskommen und die Wahlen vorbereiten. Wenn du weiter für die Ideale deines Vaters kämpfen willst, wenn du kämpfen willst, wie er gekämpft hat, dann iß. Du mußt.« Und ich aß ein wenig.
Ich zwang mich, die Beileidsschreiben zu lesen, die man uns heimlich zukommen ließ. »Meine liebe Tante, liebe Benazir«, schrieb am 5. April eine Freundin unserer Familie aus Lahore. »Mir fehlen die Worte, um meinen Schmerz und meine Trauer auszudrücken. Die ganze Nation ist euch gegenüber verantwortlich für das, was geschah. Wir alle tragen Schuld... Jeder Pakistaner ist traurig, entmutigt und verunsichert. Wir sind alle schuldig und haben Sünde auf uns geladen.«
Am selben Tag versammelten sich in Rawalpindi im Liaquat-Bagh-Park 10000 Menschen. Anderthalb Jahre zuvor hatte meine Mutter dort riesige Menschenmengen angezogen, als sie beim ersten Wahlkampf meinen inhaftierten Vater vertreten hatte. Wegen der überwältigenden Popularität der PPP hatte Zia die Wahlen abgesagt und meinen Vater zum Tode verurteilt. Als die Anhänger meines Vaters jetzt Trauergebete sprachen und Reden zu seinen Ehren hielten, wurden sie wieder von der Polizei mit Tränengas auseinandergetrieben. Noch im Wegrennen warfen die Menschen Ziegel und Steine nach den Polizisten, die mit Schlagstöcken gegen sie

vorrückten und Verhaftungen vornahmen. Yasmin, ihre beiden Schwestern und ihre Mutter nahmen an der Gebetskundgebung teil, ebenso Amina Piracha, eine Freundin. Sie hatte den Anwälten geholfen, meinen Vater vor dem Obersten Gerichtshof zu vertreten. Außerdem waren die beiden Schwestern Aminas da, ihre Nichten und ihre alte, siebzigjährige *ayah*. Alle zehn Frauen wurden zusammen mit vielen hundert anderen verhaftet und zwei Wochen lang eingesperrt.
Bald kursierten die ersten Gerüchte über den Tod meines Vaters. Der Henker sei verrückt geworden. Der Pilot, der den Leichnam meines Vaters nach Garhi geflogen hatte, sei so erschrocken, als er erfuhr, wer in dem Sarg lag, daß er landen und einen anderen Piloten habe zu Hilfe rufen müssen.
Die Zeitungen waren voll von grausigen Details über das Ende meines Vaters. Er sei fast zu Tode gefoltert worden, sein Puls sei kaum noch zu spüren gewesen, als er auf einer Bahre zu seiner Hinrichtung getragen wurde. Einem anderen Gerücht zufolge, das sich beharrlich hielt, war mein Vater bei einem Kampf in der Zelle gestorben. Offiziere hätten versucht, ihn zur Unterzeichnung eines »Geständnisses« zu zwingen, daß er den Staatsstreich selbst eingefädelt und Zia aufgefordert habe, die Macht zu übernehmen. Mein Vater habe sich geweigert, seine Unterschrift unter die Lügen zu setzen, die das Regime brauchte, um sich zu legitimieren. Ein Offizier habe ihm einen Stoß versetzt, und er sei hingefallen. Dabei sei er mit dem Kopf gegen die Zellenwand geschlagen. Er sei nicht mehr zu sich gekommen. Ein herbeigerufener Arzt habe Wiederbelebungsversuche unternommen, Herzmassage und einen Luftröhrenschnitt - was die Flecken erklären würde, die Nazar Mohammed am Hals meines Vaters bemerkt hatte -, aber vergeblich.
Ich neigte dazu, dieser letzten Version zu glauben. Warum zeigte der Leichnam meines Vaters keines der typischen Merkmale eines Erhängten? Warum war ich um zwei Uhr nachts aufgewacht, volle drei Stunden vor der geplanten Hinrichtung? Ein anderer politischer Gefangener, General Babar, erzählte mir, daß auch er um zwei plötzlich aufgewacht sei. Ebenso erging es anderen Freunden und politischen Anhängern auf der ganzen Welt - als ob die Seele meines Vaters bei all jenen gegenwärtig gewesen sei, die ihn liebten.
Die Gerüchte hielten sich beharrlich.
»Laß den Leichnam exhumieren und eine Autopsie durchführen«, drängte mich der Cousin meines Vaters und damalige Führer der PPP

Mumtaz Bhutto bei einem Kondolenzbesuch in Sihala. »Es könnte uns politisch nützen.« Politischer Nutzen? Mein Vater war tot. Seinen Leichnam zu exhumieren würde ihn nicht wieder lebendig machen.

»Sie haben ihn nicht einmal in der Todeszelle in Ruhe gelassen, bevor sie ihn töteten«, sagte ich zu Onkel Mumtaz. »Jetzt ist er frei. Laß ihn in Frieden ruhen.«

»Du verstehst nicht, welche historische Bedeutung das haben könnte.« Onkel Mumtaz ließ nicht locker.

Ich schüttelte den Kopf. »Die Geschichte wird ihn nach seinem Leben beurteilen. Die Einzelheiten seines Todes spielen keine Rolle. Ich werde ihn nicht exhumieren lassen. Er braucht seinen Frieden.«

Fakhri, die Nichte meiner Mutter, und Samiya Waheed, eine Freundin aus meiner Kindheit, erhielten die Erlaubnis, nach Sihala zu kommen, um uns zu kondolieren. Sie waren erleichtert, als sie feststellten, daß wir zwar sehr traurig waren, aber nicht am Boden zerstört. »Wir hatten gehört, du seist so deprimiert, daß du dich umbringen wolltest«, sagte Samiya. Es war eines der Gerüchte, die das Regime über uns ausstreute.

Fakhri ist eine sehr emotionale Frau. Sie eilte auf meine Mutter zu, umarmte sie und tröstete sie auf persisch: »Nusrat *joon,* ich wünschte, ich wäre gestorben. Ich wünschte, ich hätte diesen Tag nie erlebt.« Sie weinte. »Die Leute sagen, daß der Strang für Zia noch viel zu gut sei.«

Auch mich schloß Fakhri in die Arme. Sie hatte mir vor einem Jahr die Nachricht vom Todesurteil für meinen Vater überbracht. Sie war durch die Polizeiwache vor unserem Haus in Karachi geschlüpft, wo ich unter Hausarrest gehalten wurde. Ich saß im Wohnzimmer, als sie durch die Vordertür hereinstürzte und sich in der Eingangshalle auf den Boden warf. Sie klagte laut und schlug mit der Stirn gegen den Boden. Innerhalb einer halben Stunde hatten die Militärbehörden auch gegen Fakhri Haftbefehl erlassen – gegen eine Frau, die keinerlei politische Interessen hatte, sondern sich die Tage mit Mah-Jong und Bridge vertrieb. Sie wurde damals eine Woche lang mit mir zusammen eingesperrt und konnte nicht zu ihrem Mann und ihren kleinen Kindern zurückkehren.

Jetzt weinten wir gemeinsam. Fakhri erzählte uns, daß sich viele hundert Menschen, Fabrikarbeiter, Taxifahrer, Straßenhändler, im Garten unseres Hauses in Karachi versammelt hätten, um *soyem,* die religiöse Zeremonie am dritten Tag nach dem Tod eines Menschen, vorzubereiten. Schon seit Wochen waren Abend für Abend Busse mit Frauen zu unserem Haus gekommen, und die Frauen hatten die ganze Nacht mit über den Kopf gehaltenem Koran für meinen Vater gebetet.

Die Uniformen der Armee, die immer der Stolz der Nation gewesen waren, seien jetzt der Verachtung preisgegeben, erzählte Fakhri weiter. Auf dem Flug von Karachi hätten sie und Samiya sich geweigert, neben einem uniformierten Mann Platz zu nehmen. »Mörder!« hätten sie geschrien. Die anderen Passagiere im Flugzeug hätten die Köpfe gesenkt, als Geste des Respekts gegenüber den Trauernden. Niemand hätte ein Wort gesprochen. Jeder hätte Tränen in den Augen gehabt.

Wir hatten die Behörden um Erlaubnis gebeten, das Grab meines Vaters für die *soyem*-Zeremonie besuchen zu dürfen. Am 7. April morgens um sieben Uhr sagte man uns, daß wir fünf Minuten Zeit hätten, uns fertig zu machen. Wir hatten keine schwarzen Trauerkleider, deshalb zogen wir an, was wir mit ins Gefängnis gebracht hatten. »Los!« trieb uns ein Offizier des Regimes an, als wir in den Wagen stiegen, der uns zum Flugplatz brachte. Sie trieben uns immer zur Eile an, weil sie Angst hatten, das Volk könnte uns entdecken und uns zuwinken und zujubeln. Wenn das Volk uns seine Sympathie bekundete, zeigte das indirekt seine Ablehnung des Militärregimes.

Aber nicht alle Militärs hatten sich in unmenschliche Maschinen verwandelt. Die Besatzung des Militärflugzeugs erwartete uns am Flughafen wie eine Ehrengarde, die Köpfe respektvoll gesenkt. Als meine Mutter aus dem Wagen stieg, salutierten die Soldaten, eine angemessene Geste gegenüber der Witwe des Mannes, der über 90000 Soldaten aus den Gefangenenlagern Indiens befreit hatte. Nicht alle hatten das vergessen. Während des kurzen Fluges bot man uns Tee, Kaffee und belegte Brote an. Aus den Mienen der Besatzung sprachen Trauer und Bestürzung. Das Verbrechen einiger weniger war die Schuld vieler geworden.

Das Flugzeug landete nicht in Mohendjo-Daro, dem Flugplatz, der Garhi Khuda Bakhsh am nächsten liegt, sondern eine Autostunde davon entfernt in Jacobabad. Von dort wählten die Militärs nicht den direkten Weg zum Dorf über die modernen Straßen, die mein Vater gebaut hatte. Stattdessen fuhr unser Wagen holpernd über unbefestigte Straßen. Der Fahrer fuhr Umwege, um möglichst zu vermeiden, daß wir durch die dicht verhängten Fenster gesehen würden. Schweißgebadet und staubbedeckt kamen wir schließlich am Eingang zum Familienfriedhof an.

Als ich auf das schmale Portal zuging, folgte mir ein Offizier. Ich blieb stehen. »Nein«, sagte ich, »Sie können nicht mitkommen. Niemand von Ihnen darf hinein. Das ist unser Friedhof. Sie gehören nicht hierher.«

»Wir haben den Befehl, Sie nicht aus den Augen zu lassen«, sagte er.

»Ich kann Ihnen nicht erlauben, hineinzugehen und die Heiligkeit diese Ortes zu verletzen«, entgegnete ich. »Sie haben meinen Vater getötet. Sie haben ihn hierher gebracht. Wenn wir jetzt um ihn trauern, dann werden wir das allein tun.«

»Wir haben Anweisung, die ganze Zeit bei Ihnen zu bleiben«, beharrte er.

»Dann werden wir das Grab nicht besuchen«, sagte meine Mutter. »Bringen Sie uns zurück.« Sie machte einen Schritt auf den Wagen zu. Da trat er beiseite, und wir gingen in den von Mauern umgebenen Friedhof. Als Zeichen der Achtung zogen wir am Eingang die Schuhe aus.

Wie friedlich alles schien. Und wie vertraut. Generationen von Bhuttos, die ein angenehmeres Leben gehabt hatten, lagen hier: mein Großvater Sir Shah Nawaz Khan Bhutto, ehemaliger Premierminister des Staates Junagadh, der von den Briten vor der Teilung Indiens für seine Dienste für den Gouverneur von Bombay zum Ritter geschlagen worden war; seine Frau, Lady Khurshid; mein Onkel Sikander Bhutto und sein legendärer Bruder Imdad Ali, der angeblich so schön war, daß die englischen Damen aus den Läden stürzten, wenn er mit seiner Kutsche die Elphinstone Street entlangfuhr, Karachis wichtigste Einkaufsstraße. Noch viele andere Verwandte lagen hier begraben, in der Erde, die uns hervorgebracht hatte und zu der wir nach unserem Tod zurückkehren würden.

Mein Vater war mit mir hierhergekommen, bevor ich Pakistan 1969 verließ, um in Harvard zu studieren. »Du gehst weit fort nach Amerika«, hatte er gesagt, als wir zwischen den Gräbern unserer Vorfahren standen. »Du wirst viele erstaunliche Dinge sehen und Orte besuchen, von denen du nie gehört hast. Aber vergiß nie: Was immer geschehen mag, am Ende wirst du hierher zurückkehren. Hier ist deine Heimat. Hier sind deine Wurzeln. Der Staub, der Schlamm und die Hitze von Larkana sind in dir. Und hier wirst du begraben werden.«

Jetzt suchte ich durch meine Tränen nach seinem Grab. Ich wußte nicht einmal, wo er begraben worden war. Ich erkannte sein Grab kaum, als ich es sah. Es war nur ein kleiner Erdhügel, blanke Erde, auf die man Blütenblätter gestreut hatte. Meine Mutter und ich setzten uns an das Fußende des Grabes. Ich konnte nicht glauben, daß mein Vater unter diesem Erdhügel lag. Ich fiel nieder und küßte den Boden an der Stelle, wo ich seine Füße vermutete.

»Vergib mir, Vater, wenn ich dir je Kummer gemacht habe«, flüsterte ich.

Ich fühlte mich von aller Welt verlassen. Wie alle Kinder hatte ich meinen Vater als selbstverständlich hingenommen. Jetzt, da ich ihn verloren hatte, fühlte ich eine Leere in mir, die nie mehr ausgefüllt werden würde. Aber

ich weinte nicht, denn als Muslimin glaube ich, daß Tränen einen Geist erdwärts ziehen und nicht frei lassen.
Mein Vater hatte sich seine Freiheit verdient und seinen Frieden teuer bezahlt. Seine Leiden waren zu Ende. »Ehre sei ihm, der Macht hat über alle Dinge«, las ich aus der Ya Sin-Sure des Heiligen Koran vor. »Ihm, zu dem ihr alle einst zurückkehren werdet.« Die Seele meines Vaters war bei Gott im Paradies.
Auf einer anderen, noch umständlicheren Route wurden wir in aller Eile zum Flugplatz zurückgebracht. Dort erwartete uns dieselbe Flugzeugbesatzung mit militärischem Gruß. Dann war alles wie zuvor: Beim Betreten des Gefängnisses von Sihala wurden wir wieder durchsucht, und die Räume im Gefängnis waren so schmutzig, wie wir sie verlassen hatten. Dennoch spürte ich in mir ein Gefühl des Friedens und eine neue Gewißheit.
Stelle dich der Herausforderung, kämpfe, auch wenn sich alles gegen dich verschworen hat, und du wirst über deinen Feind siegen: In den Geschichten, die mein Vater uns als Kindern erzählt hatte, triumphierte das Gute immer über das Böse.
»Ob ihr eine Gelegenheit ergreift oder versäumt, ob ihr handelt oder zögert, ob ihr der Gefahr trotzt oder verzagt, liegt bei euch«, hatte er uns eingeprägt. »Ihr entscheidet selbst über euer Schicksal.«
In der finsteren Nacht, die sich jetzt über Pakistan gesenkt hatte, war seine Sache die meine geworden. Das hatte ich gespürt, als ich am Grab meines Vaters stand. Ich hatte gespürt, wie die Kraft und die Überzeugung seiner Seele mich erfüllten. In diesem Augenblick gelobte ich mir, nicht zu ruhen, bis in Pakistan wieder die Demokratie herrschte, damit das Licht der Hoffnung, das er entzündet hatte, nicht verlöschte. Er war der erste politische Führer Pakistans gewesen, der für das ganze Volk gesprochen hatte, nicht nur für die Militärs und die Elite. Es war an uns, sein Werk fortzusetzen.

Während meine Mutter und ich nach dem Besuch am Grab meines Vaters zurück nach Sihala gebracht wurden, warfen Soldaten, wie ich später erfuhr, Tränengasbomben in die vielen hundert Menschen, die sich im Garten unseres Hauses in der Clifton Street drängten und unaufhörlich Gebete für die Seele meines Vaters lasen. Die Tränengasbomben fielen so dicht, daß die Markise über der Veranda Feuer fing. Den Koran an die Brust gepreßt und nach Luft ringend, hasteten die trauernden Menschen auseinander.

Die Jahre der Gefangenschaft 1977 – 1984

2. Kapitel

Gefangene im eigenen Haus

Ende Mai, sieben Wochen nach dem Tod meines Vaters, wurden meine Mutter und ich aus unserem Gefängnis in Sihala entlassen, und wir kehrten nach Karachi in unser Haus in Clifton 70 zurück.

Alles war wie früher, und doch hatte sich alles geändert. »Zulfikar Ali Bhutto, Rechtsanwalt«, stand auf dem Messingschild am Eingang. Darüber hing ein zweites, verblaßtes Schild mit dem Namen meines Großvaters: Sir Shah Nawaz Bhutto. Meine Großmutter hatte den zweistöckigen, weitläufigen Bungalow kurz nach meiner Geburt im Jahr 1953 bauen lassen. Hier in der kühlen Brise, die stets vom nur wenige hundert Meter entfernten Arabischen Meer herüberwehte, waren meine Geschwister und ich aufgewachsen. Wer hätte damals vorhersehen können, welche Tragödie über dieses friedliche Haus hereinbrechen sollte?

Täglich drängen sich viele hundert klagende Trauergäste im Garten mit seinen Kokospalmen, Mangos und rot und gelb blühenden Bäumen, die man der Wüste um Karachi abgerungen hatte. Viele hundert weitere warten geduldig vor dem Eingang, um der Familie ihres Führers zu kondolieren. Meine Mutter ist immer noch in *Iddat* und darf keine Fremden empfangen. Sie schickt mich, die Gäste zu begrüßen.

In der vertrauten Umgebung meines Elternhauses erscheinen die schrecklichen Ereignisse noch unwirklicher. Zwei Abende vor der Hinrichtung meines Vaters, berichtet unser Personal, haben die Militärs das Haus zum zweiten Mal durchsucht und dabei auf dem Dachboden und im Keller herumgestöbert, den Safe meiner Mutter geöffnet und die Kleider im Schrank meines Vaters durchwühlt. »Haben Sie einen Durchsuchungsbefehl?« fragte ein Bediensteter, der immer noch an der Vorstellung festhielt, daß es so etwas wie Bürgerrechte gibt. »Ich bin doch dabei«, entgegnete der Offizier, der mit den Polizisten gekommen war, »das genügt.« Zehn Stunden lang haben sie das Haus auf den Kopf gestellt. Aus meinem Zimmer nahmen sie viele persönlichen Briefe mit und zwei schwarze Aktenmappen mit Bankanweisungen und ungültig gemachten Schecks. Ich

habe sie als Beweise gesammelt, um die erfundenden Vorwürfe der Korruption zu entkräften, die das Regime gegen meinen Vater vorbrachte.
»Es gibt hier versteckte Schränke und Gänge«, brüllten die Offiziere unser Personal an. »Zeigt sie uns.« Als die Leute sagten, es gebe keine, wurden sie geschlagen. Im Laufe der Durchsuchung wurden die Bediensteten in das Empfangszimmer gebracht und eingesperrt. Als am frühen Morgen der Milchmann kam, wurde er zu ihnen gesperrt. Ebenso erging es dem Zeitungsausträger. Die Militärs waren zum Äußersten entschlossen. »Unterschreib dieses Papier«, sagte ein Offizier zu einem unserer Bediensteten. Der weigerte sich. »Du hast gesehen, was mit deinem Sahib geschehen ist«, drohte der Offizier. »Du weißt also, was mit dir passiert, wenn du nicht unterschreibst.« Der Mann hatte solche Angst, daß er unterschrieb.
Als feststand, daß die Durchsuchung ergebnislos verlaufen war, kam ein Lastwagen durch das Tor gefahren. Die Soldaten luden einen roten Teppich ab, schütteten Dokumente darauf aus, die sie aus dem Lastwagen holten, und riefen dann die Presse herbei, um die neuen »Beweise« gegen meinen Vater zu fotografieren. Viele glaubten, das Regime werde einen neuen Prozeß gegen meinen Vater anstrengen, da der Oberste Gerichtshof sich einstimmig dafür ausgesprochen hatte, das Todesurteil in eine lebenslange Haftstrafe umzuwandeln. Als die Polizei am späten Nachmittag abzog, nahm sie ihr »Beweismaterial« mit und außerdem viele persönliche Sachen, darunter die Sammlung antiker Landkarten meines Vaters.
Jetzt treffe ich hier in Karachi Vorbereitungen, nach Larkana zu fahren und das Grab meines Vaters zu besuchen. Das Regime erfährt von meinen Plänen und sagt alle planmäßigen Flüge ab, deshalb nehme ich den Zug. An jeder Bahnstation begrüßt mich eine Menschenmenge. Wo es keine Bahnstationen gibt, legen die Menschen sich über die Geleise und zwingen den Zug zum Anhalten. »Rache!« schreien sie. »Rache!« Sie machen mir Mut, und ich rufe ihnen zu: »Wir müssen aus unserem Schmerz Kraft schöpfen, um Zia bei den Wahlen schlagen.« Die Menschenmassen sind die beste Antwort auf die öffentlichen Behauptungen unsere politischen Gegner, daß »die Macht Bhuttos mit ihm begraben wurde, und damit auch die Macht der PPP«.
Zurück in Karachi, treffe ich mich in zehnminütigen Abständen von morgens neun bis abends neun mit Führern und Anhängern der PPP. Alle paar Stunden mache ich eine Pause und begrüße die Trauergäste im Garten. Ihre Augen leuchten auf, wenn sie mich und meine Mutter sehen, deren Trauerzeit inzwischen vorüber ist. Die Menschen haben nicht damit

gerechnet, daß wir unsere Haft oder den Tod meines Vaters überleben würden. Im Vergleich zu ihrem harten Leben haben wir ein bequemes, privilegiertes Leben geführt. Uns mit eigenen Augen zu sehen, gibt ihnen neue Hoffnung. Sobald eine Gruppe den Garten verläßt, drängt die nächste herein.

Abends vertiefe ich mich in organisatorische und politische Aufgaben, setze mich mit Beschwerden und politische Verhaftungen auseinander und lasse Zusammenfassungen erstellen, die meine Mutter lesen soll. Ich habe das Gefühl, an der Arbeit zu erliegen, und wahrscheinlich wäre das ohne die Hilfe meiner Schulfreundin Samiya und die Hilfe von Amina und Yasmin auch der Fall gewesen. Diese beiden jungen Frauen sind meine Freundinnen und Beraterinnen geworden, als wir gegen das Todesurteil für meinen Vater kämpften. Die westliche Presse hat Samiya, Amina und Yasmin den Spitznamen »Charlie's Angels« gegeben, obwohl ich mir sicher bin, daß die »Charlie's Angels« aus dem Fernsehen unter der Arbeitslast zusammengebrochen wären. Eines Abends schlafe ich mit einem Bericht auf dem Schoß ein. Am nächsten Abend nehme ich Zahnbürste und Zahnpasta mit in mein Arbeitszimmer.

General Zia hat wieder einmal Wahlen versprochen, die aus der Militärdiktatur eine Zivilregierung machen sollen. Er wollte das Volk besänftigen, bevor er die Hinrichtung meines Vaters anordnete. Aber würde er einen Sieg der PPP akzeptieren? Er hat öffentlich verkündet, daß er die Macht nicht denjenigen geben würde, denen er sie genommen hat, und daß nur Wahlen mit »positiven Ergebnissen« für ihn annehmbar seien.

Zia ist schon einmal in diesem Dilemma gewesen, als er kurz nach dem Staatsstreich gegen meinen Vater 1977 Wahlen angesetzt hat. Angesichts des sicheren Sieges der PPP hat er die Wahlen jedoch abgesagt und die gesamte Parteispitze verhaftet. Was würde er diesmal tun?

Im September finden zuächst die lokalen Wahlen statt. Die PPP gewinnt sie überlegen. Darauf folgen die nationalen Wahlen. Diese Wahlen muß Zia unbedingt gewinnen, um sein Regime zu legitimieren. Da die Wahlbestimmungen wahrscheinlich zum Nachteil der PPP manipuliert werden, treffen sich die Parteiführer in Clifton 70 und diskutieren, ob die PPP sich an den nationalen Wahlen beteiligen oder sie boykottieren soll. »Wir dürfen uns nicht kampflos aus den Wahlen zurückziehen«, argumentiere ich, eingedenk dessen, was mein Vater mir gesagt hat: Die Chancen mögen noch so schlecht, das Verfahren noch so manipuliert sein - eine Opposition muß es unter allen Umständen geben. Und die Wahlbestim-

mungen werden manipuliert. Wie erwartet ändert Zia sie, kaum daß die PPP ihre Teilnahme an den Wahlen angekündigt hat.
»Nur wer als politische Partei registriert ist, kann an den Wahlen teilnehmen«, läßt das Regime uns wissen.
Wir weigern uns. Wenn wir uns als politische Partei registrieren lassen, erkennen wir indirekt Zias Regime an.
»Wir kandidieren als Unabhängige«, entgegnen wir, obwohl uns bewußt ist, daß dadurch das Emblem unserer Partei nicht auf den Stimmzetteln erscheinen wird. In einer Gesellschaft, in der offiziell nur 27 Prozent, in Wirklichkeit aber wohl nur 8 Prozent der Bevölkerung lesen können, bedeutet das ein großes Risiko.
Das Regime erhöht die Hürde. »Unabhängige Kandidaten müssen 51 Prozent der Stimmen erreichen«, lautet die neue Bestimmung.
»Gut«, sage ich. »Das schaffen wir.«
Aber am 15. Oktober, einen Monat vor den geplanten Wahlen, tritt die PPP auf Bitten einiger hoher Parteifunktionäre noch einmal zusammen. Erneut wird die Frage aufgeworfen, ob die Wahlen boykottiert werden sollen, und die Partei spaltet sich in zwei Lager. »Wir fordern den Boykott!« drängen einige Parteifunktionäre meine Mutter im Speisezimmer von Clifton 70, das uns jetzt als Konferenzraum dient. Obwohl ich weiß, daß einige mich insgeheim »ein dummes kleines Mädchen« nennen, ergreife ich das Wort: »Daß Zia andauernd die Wahlbestimmungen ändert, zeugt kaum von besonders großer Zuversicht. Wir dürfen die Hoffnung nicht aufgeben. Wir haben die lokalen Wahlen gewonnen, und wir werden auch die nationalen Wahlen gewinnen.« Erst spät am Abend beschließt die PPP mit knapper Mehrheit, die Entscheidung für die Beteiligung an der Wahl aufrecht zu erhalten.
Zia erfährt am folgenden Tag von unserer Absicht und verliert die Nerven. Der Oberste Kriegsrechtsverwalter reagiert wie 1977: Er sagt die Wahlen ab und schickt seine Soldaten in unser Haus Clifton 70. »Das Haus ist umstellt«, sagt mir einer unserer Bediensteten mitten in der Nacht. Rasch suche ich die politischen Unterlagen zusammen, die ich so mühsam zusammengestellt habe – Unterlagen der Partei, Mitgliederlisten, Briefe, Listen von Inhaftierten –, werfe sie in die Badewanne und zünde sie an. Ich will dem Regime die Verfolgung nicht erleichtern. Wenige Minuten später dringen Soldaten ins Haus ein. Mit vorgehaltener Waffe bringen sie mich und meine Mutter nach Al-Murtaza, unseren Landsitz in Larkana. Sechs Monate lang wird man uns dort gefangenhalten.

Ruhelos gehe ich in den Korridoren von Al-Murtaza auf und ab. Für meine Mutter ist es die neunte politische Inhaftierung seit dem Putsch vor zwei Jahren, für mich die siebte, aber ich kann mich immer noch nicht mit der unfreiwilligen Isolation abfinden. Mit jeder Haft wächst mein Zorn, vielleicht deshalb, weil ich erst sechsundzwanzig bin. Aber wahrscheinlich würde es mir in keinem Alter anders gehen, zumal hier in Al-Murtaza.

Al-Murtaza war das Zentrum unseres Familienlebens. Hierher kehrten wir aus allen vier Himmelsrichtungen zurück, um die Winterferien zu verbringen, um am Ende des heiligen Monats Ramadan das Fest *Eid* und den Geburtstag meines Vaters zu feiern, um die Hochzeiten in der Familie zu begehen oder bei Beerdigungen den vielen Verwandten zu kondolieren, die dort leben, auf dem Land, das schon seit Jahrhunderten im Besitz der Familie ist. Jetzt hat das Regime Al-Murtaza zum Gefängnis für meine Mutter und mich erklärt.

Das Regime erklärt gegenüber der westlichen Presse, daß wir unter »Hausarrest« stehen. Aber das stimmt nicht. »Hausarrest« ist in Pakistan eine sehr zwanglose Angelegenheit. Der Gefangene darf Freunde und Familienangehörige empfangen, Interviews geben, Orts- und Ferngespräche führen, Bücher lesen und manchmal sogar eine kurze Ausfahrt unternehmen oder das Haus für einen kurzen Besuch verlassen. Al-Murtaza dagegen wird zum regulären Gefängnis umfunktioniert, in dem die Gefängnisbestimmungen gelten. Unser Telefon ist abgeschaltet. Meine Mutter und ich sind im Haus eingesperrt und dürfen keine Besucher empfangen. Nur Sanam darf gelegentlich kommen.

Das Haus wird drinnen und draußen von Soldaten der Frontier Force bewacht, einer paramilitärischen Truppe von Pathanen aus der Northwest Frontier Province. Während der Regierungszeit meines Vaters waren Sonderkommandos in Al-Murtaza postiert, um Eindringlinge abzuwehren. Jetzt ist die Frontier Force nur noch hier, um seine Witwe und seine Tochter festzuhalten. Zia will, daß Pakistan und die ganze Welt vergessen, daß es jemals eine Familie mit Namen Bhutto gegeben hat.

In pakistanischen Zeitungen werden unsere Namen nur selten erwähnt. Am 16. Oktober 1979, dem Tag, an dem Zia zum zweiten Mal die Wahlen absagt und meine Mutter und mich verhaften läßt, wird die wachsende Liste der Bestimmungen des Kriegsrechts um eine weitere Bestimmung ergänzt, die Verhängung der totalen Pressezensur. Kriegsrechtsbestimmung Nr. 49 besagt, daß der Herausgeber einer Publikation, die eine Gefahr für die »Souveränität, Integrität und Sicherheit Pakistans, die

Moral oder die öffentliche Ordnung« darstellt, mit 10 Schlägen und 25 Jahren Haft unter verschärften Bedingungen bestraft wird.
Unsere Parteizeitung *Musawaat* mit einer Auflage von über 100 000 Stück allein in Lahore muß den Betrieb einstellen, die Druckpressen werden beschlagnahmt. Anderen Zeitungen wird mit Schließung gedroht oder damit, sie vom Verkauf des staatlich kontrollierten Zeitungspapiers oder der Werbung abzukoppeln, wenn sie sich nicht fügen. In den folgenden sechs Jahren erscheinen kaum Bilder von meinem Vater, meiner Mutter oder mir in einer Zeitung. Auch unsere Namen werden nie in einem positiven Zusammenhang genannt. Wenn die Zensoren des Militärregimes einen Artikel finden, aus dem nur die geringste Sympathie für uns spricht, schneiden sie ihn aus den Fahnen, die jede Zeitung zur Genehmigung vorlegen muß. Zuweilen bleiben ganze Spalten einfach leer. Auf diese Weise lassen die Journalisten ihre Leser wissen, daß wichtige Informationen von den Zensoren gestrichen worden sind.
Der große Einfluß der PPP hat Zia gezwungen, seine ohnehin restriktiven politischen Bestimmungen noch zu verschärfen. Seit der Verhängung des Kriegsrechts 1977 wurde jeder, der sich an politischen Aktivitäten beteiligte, ins Gefängnis geworfen oder ausgepeitscht. Jetzt, am 16. Oktober 1979, verfügt das Regime außerdem, daß alle politischen Parteien als solche illegal sind. Das ist ganz offensichtlich der Versuch, ein für allemal mit der Anhängerschaft meines Vaters aufzuräumen. »Alle politischen Parteien in Pakistan sowie alle ihre Gruppierungen, Untergruppen und Faktionen ... hören hiermit auf zu bestehen«, heißt es in General Zias Kriegsrechtsbestimmung Nr. 48 unverblümt. Wer jetzt Mitglied einer politischen Partei ist oder sich in einer privaten Unterhaltung als Mitglied einer Partei bezeichnet, kann mit 14 Jahren verschärfter Haft, dem Verlust seines Besitzes und 25 Hieben bestraft werden. Vor jeder Erwähnung der PPP steht von nun an der Zusatz »nicht mehr existierend«. Meine Mutter und ich sind zu »nicht existenten« Führern einer »nicht existenten« Partei in einer nicht existenten Demokratie degradiert worden.

In Al-Murtaza hängen Fotografien, die meinen Großvater auf der *Round-Table-Conference* von 1931 in London zeigen, und Fotografien von den Geburtstagsfeiern meines Vaters. So viel Familiengeschichte ist mit Al-Murtaza verknüpft. Mein Vater und seine drei Schwestern wurden hier geboren. Die Hebamme kam aus dem benachbarten Dorf Larkana in die von meinem Großvater erbauten Frauengemächer, um bei der Geburt zu helfen. Obwohl das alte Haus heute durch ein neues ersetzt ist, bleibt Al-Murtaza die eigentliche Heimat der Bhuttos.

Der Haupteingang ist von blauen und weißen Ziegeln eingefaßt, auf denen die Männer und Frauen von Mohendjo-Daro abgebildet sind, einer nahegelegenen Ruinenstätte der Induskultur um 2500 v. Chr. Als kleines Kind dachte ich, die alte Stadt hieße »Mun Jo Dero«, was auf Sindhi »mein Platz« bedeutet. Meine Brüder, meine Schwester und ich waren sehr stolz darauf, daß wir in der Nachbarschaft von Mohendjo-Daro aufgewachsen waren und am Ufer des Indus gelebt hatten, der dem Land seit Urzeiten Leben spendet. An keinem anderen Ort fühlten wir uns unseren Vorfahren so nah, die sich in direkter Linie bis zur muslimischen Invasion Indiens im Jahre 712 n. Chr. zurückverfolgen lassen. Die Tagebücher eines unserer Vorfahren mit vielen Einzelheiten zur Familiengeschichte wurden in einer großen Überschwemmung zur Zeit meines Urgroßvaters vernichtet. Als wir Kinder waren, erzählte man uns jedoch, daß wir entweder von den Rajputs abstammten, einer hinduistischen Kriegerkaste, die während der muslimischen Invasion zum Islam konvertierte, oder von den arabischen Eroberern, die Indien durch unsere Heimatprovinz Sind betraten und ihr den Namen »Tor zum Islam« gaben.

Hunderttausende von Menschen in ganz Indien und Pakistan gehörten der Familie der Bhuttos an, einer der größten in Sind, zu deren Mitgliedern Kleinbauern wie Großgrundbesitzer zählten. Unser Zweig stammt direkt von dem berühmten Familienoberhaupt Sardar Dodo Khan ab. Verschiedene Dörfer in Obersind wie etwa Mirpur Bhutto, wo Onkel Mumtaz' Familie lebt, oder Garhi Khuda Bakhsh Bhutto in Naudero, wo sich unser Familienfriedhof befindet, tragen die Namen unserer Vorfahren, die in der Provinz viel Land besaßen und jahrhundertelang dort die Politik dominierten. Meine eigene Familie hat heute noch ein Haus in Garhi Khuda Bakhsh Bhutto, das mein Vater und seine Brüder an *Eid*-Tagen aufzusuchen pflegten, um dort Gäste mit dem traditionellen Festmahl aus mit Zuckerrohr gekochtem Reis und mit Blütenblättern aromatisiertem Wasser zu bewirten.

Seit der Zeit meines Großvaters jedoch lag das eigentliche Zentrum der Familie in Al-Murtaza, Larkana.

Vor den ersten Landreformen 1958 gehörten die Bhuttos zu den Familien der Provinz Sind, die am meisten Landarbeiter beschäftigten. Unser Landbesitz wurde, wie auch das Land der anderen Großgrundbesitzer in Sind, in Quadratkilometern gemessen, nicht in Hektar. Als Kinder hörten wir gern die folgende Geschichte von Charles Napier, dem britischen Eroberer Sinds. »Wem gehört dieses Land?« hatte Napier seinen Chauffeur auf einer Rundfahrt durch die Provinz wiederholt gefragt. »Bhutto«, war stets die Antwort. »Weck mich, wenn wir Bhuttos Land verlassen haben«, befahl Napier. Er war überrascht, als er einige Zeit später von selbst aufwachte. »Wem gehört das Land, durch das wir jetzt fahren?« fragte er. »Bhutto«, antwortete der Fahrer. Napier wurde für die lateinische Depesche berühmt, die er an das britische Oberkommando schickte, nachdem er die Provinz Sind erobert hatte: »*Peccavi* - I have sinned« (ich habe gesündigt). Als Kinder hielten wir das für ein wirkliches Geständnis, nicht für ein Wortspiel.

Mein Vater erzählte gern und oft Familiengeschichten. »Euer Urgroßvater Mir Ghulam Murtaza Bhutto war ein hübscher, schneidiger junger Mann von etwa 21 Jahren«, pflegte er eine seiner Lieblingsgeschichten zu beginnen. »Alle Frauen in Sind waren in ihn verliebt, auch eine junge Britin. In jenen Tagen war es *haram* - verboten -, eine Fremde zu heiraten, aber euer Urgroßvater konnte nicht verhindern, daß die Britin sich in ihn verliebte. Ein britischer Offizier namens Colonel Matthew hörte von der verbotenen Beziehung und ließ euren Urgroßvater zu sich rufen.

Es kümmerte den britischen Offizier wenig, daß er sich in Larkana befand, der Heimatstadt der Bhuttos, und daß das Land den Bhuttos gehörte, soweit das Auge reichte. Die Briten hatten wenig Respekt vor der großen Vergangenheit unserer Familie. Sie sahen nur unsere braune Haut.

›Wie kannst du es wagen, die Gefühle einer britischen Frau zu wecken?‹ brüllte der Offizier euren Urgroßvater Ghulam Murtaza an, als dieser vor ihm stand. ›Ich werde dir Respekt beibringen!‹ Der Colonel ergriff eine Peitsche. Als er jedoch die Hand hob, um Ghulam Murtaza zu schlagen, entriß euer Urgroßvater ihm die Peitsche und schlug seinerseits auf den Offizier ein. Um Hilfe schreiend suchte der Colonel unter einem Tisch Zuflucht, wo er blieb, bis Ghulam Murtaza das Büro festen Schrittes verlassen hatte. ›Du mußt fliehen‹, wurde er von seiner Familie und seinen Freunden gedrängt. ›Die Briten bringen dich um.‹ So verließ euer Urgroßvater Larkana mit einigen Begleitern und der Britin, die darauf bestand, mit ihm zu gehen.

Bald waren die Briten ihnen dicht auf den Fersen. ›Wir müssen uns teilen‹, befahl Ghulam Murtaza seinen Begleitern. ›Ein Teil kommt mit mir, der Rest reitet mit der britischen Frau. Aber laßt sie auf keinen Fall in die Hände der Verfolger fallen, bei eurer Ehre.‹ Und sie galoppierten in verschiedene Richtungen davon und überquerten wiederholt den Indus, um die britischen Verfolger abzuschütteln. Trotzdem kamen die Briten der Gruppe mit der Frau gefährlich nahe, da diese nicht so schnell vorwärtskam wie euer Urgroßvater. Um den Briten ein Schnippchen zu schlagen, gruben die Männer einen Tunnel. Sie verstecken sich darin und bedeckten den Eingang mit Blättern. Als die Verfolger den Tunnel entdeckten, waren die Männer verzweifelt. Sie hatten Ghulam Murtaza versprochen, die Frau nicht an die Briten zu übergeben, und sie konnten die Schande, sie dem Feind überlassen zu müssen, nicht ertragen. Kurz bevor die Briten die Frau in die Hände bekamen, töteten die Gefährten eures Urgroßvaters sie.«

Wir lauschten mit glänzenden Augen. Die Geschichte war noch nicht zuende. Unser Großvater hatte in den unabhängigen Staat Bahwalpur entkommen können. Aber als die Briten drohten, dort einzumarschieren, dankte mein Großvater dem Nawab für dessen Gastfreundschaft und überquerte abermals den Indus. Er erhielt im Königreich Afghanistan Asyl, wo er als Gast der königlichen Familie aufgenommen wurde. Außer sich vor Wut beschlagnahmten die Briten all unser Land. Das Haus unserer Familie wurde versteigert, ebenso unsere seidenen Teppiche; die Sofas aus alten importierten Seiden-, Satin- und Samtstoffen, das Geschirr aus reinem Gold und Silber, die riesigen Kochtöpfe, in denen man an religiösen Feiertagen für Tausende unserer Klienten kochte: alles wurde verkauft. Ghulam Murtaza mußte bestraft werden, und zwar schwer, denn es war undenkbar, daß jemand sich den Briten widersetzte. Sie waren wie Götter. In Teilen Indiens durften die Einheimischen nicht einmal dieselben Straßen wie sie betreten, und niemand durfte einem Briten widersprechen, geschweige denn ihn schlagen.

Schließlich wurde mit den Briten ein Kompromiß ausgehandelt, und Ghulam Murtaza kehrte nach Larkana zurück. Seine Tage waren jedoch gezählt. Er wurde krank und begann abzumagern. Die *hakims,* unsere Dorfärzte, vermuteten Gift als Ursache, aber niemand fand heraus, woher das Gift kam. Unser Urgroßvater hatte Vorkoster für Essen und Trinkwasser, trotzdem wurde die Vergiftung immer schlimmer, bis er im jungen Alter von 27 Jahren verstarb. Später stellte man fest, daß die Giftquelle seine *hookah* gewesen war, die Wasserpfeife, aus der er nach den Hauptmahlzeiten Tabak geraucht hatte.

Ich hörte solche Familiengeschichten mit Begeisterung, genau wie meine Brüder Mir Murtaza und Shah Nawaz, die sich natürlich mit ihren Namensvettern identifizierten. Am schweren Schicksal unserer Vorfahren formten sich, wie von meinem Vater beabsichtigt, unsere moralischen Ideale: Loyalität, Ehre, Prinzipientreue.
Mein Großvater Sir Shah Nawaz, der Sohn Ghulam Murtaza Bhuttos, brach als erster Bhutto mit dem feudalen Ethos, das damals eine ganze Gesellschaftsschicht lähmte. Bis dahin hatten Bhuttos nur Bhuttos geheiratet: Vettern ersten, manchmal auch zweiten Grades. Im Islam waren Frauen erbberechtigt, eine gezielte Heiratspolitik war deshalb der einzige Weg, das Land der Familie beisammenzuhalten. Eine »Vernunft«-Ehe war auch zwischen meinem Vater und seiner Cousine Amir arrangiert worden, als er erst zwölf Jahre alt war und sie acht oder neun Jahre älter. Mein Vater hatte seine Zustimmung verweigert, bis mein Großvater ihn mit einem Kricketspiel aus England bestach. Nach der Heirat war Amir zu ihrer Familie und mein Vater in die Schule zurückgekehrt. Damals begann er über die Ungerechtigkeit nachzudenken, von der besonders Frauen durch erzwungene Familienheiraten betroffen waren.
Aber Amir hatte wenigsten überhaupt geheiratet. Wenn es in der Verwandtschaft keinen passenden Vetter gab, heirateten die Bhutto-Frauen überhaupt nicht. Aus diesem Grunde blieben meine Tanten, die Töchter aus der ersten Ehe meines Großvaters, ihr ganzes Leben lang ledig. Den Töchtern aus seiner zweiten Ehe erlaubte mein Großvater dann trotz großen Widerstands der Familie, sich außerhalb der Bhutto-Sippe zu verheiraten, allerdings handelte es sich auch in ihrem Fall nicht um Liebesheiraten, sondern um arrangierte Verbindungen. Erst eine Generation später entschied meine Schwester Sanam als erste Bhutto-Frau selbst, wen sie heiratete. Entgegen meinen eigenen ursprünglichen Absichten folgte ich selbst dem traditionellen Weg und schloß eine arrangierte Ehe.
Mein Großvater galt damals als äußerst progressiv. Er verschaffte seinen Kindern eine breite Bildung und schickte sogar seine Töchter zur Schule, was bei den anderen Grundbesitzern als skandalös galt. Viele feudale Grundbesitzer ließen nicht einmal ihre Söhne zur Schule gehen. »Unsere Söhne haben Land und damit ein gesichertes Einkommen«, sagten sie, »sie werden nie als Angestellte für jemand anders arbeiten. Unsere Töchter werden Land erben und von ihren Ehemännern und Brüdern versorgt werden. Wozu brauchen sie eine Ausbildung?«
Mein Großvater Sir Shah Nawaz dagegen hatte selbst gesehen, was gebil-

dete Hindus und welterfahrene Muslime in Bombay erreichen konnten, als er dort unter der Herrschaft des britischen Raj für die Regierung arbeitete. Mit der Ausbildung seiner Kinder versuchte er den anderen Grundherren in Sind ein Beispiel zu geben, dessen Befolgung nach der Teilung Indiens 1947 und der Entstehung eines unabhängigen Pakistan eine Stagnation der Gesellschaft verhindern sollte. Obwohl seine Standesgenossen befremdet die Augenbrauen hochzogen, schickte er meinen Vater zum Studium ins Ausland. Mein Vater enttäuschte ihn nicht. Er schloß sein Studium an der Universität von Berkeley in Kalifornien mit Auszeichnung ab, studierte dann Jura am Christ-Church-College in Oxford und wurde als Anwalt am Linoln's Inn zugelassen, bevor er nach Pakistan zurückkehrte, um dort als Anwalt zu arbeiten.

Meine Mutter kam aus der neuen Klasse der städtischen Industriellen, deren Ansichten weltoffener waren als die der landbesitzenden Klasse. Die Bhutto-Frauen lebten noch immer in *purdah*. Sie durften ihre Gemächer kaum einmal verlassen, nie jedoch, ohne von ihren schwarzen *burquas* völlig verhüllt zu sein. Meine Mutter und ihre Schwester dagegen gingen in Karachi unverschleiert auf die Straße und fuhren ihre eigenen Autos. Als Töchter eines iranischen Geschäftsmanns waren sie aufs College gegangen und hatten nach der Gründung Pakistans sogar als Offiziere in der Nationalgarde gedient, einer paramilitärischen weiblichen Truppe. Ein solches Auftreten in der Öffentlichkeit wäre für die Bhutto-Frauen unmöglich gewesen.

Nachdem mein Vater und meine Mutter 1951 geheiratet hatten, lebte meine Mutter wie die anderen Bhutto-Frauen in *purdah*. Sie durfte das Haus zunächst nur einmal in der Woche verlassen, um ihre Familie zu besuchen. Mit der Zeit wurden jedoch alle der alten Sitten überdrüssig. Wenn meine Großmutter das Haus der Familie in Karachi verlassen wollte und gerade kein Chauffeur zur Verfügung stand, bat sie oft meine Mutter, sie zu fahren. Und wenn die Familie nach Al-Murtaza ging, bestand mein Vater darauf, bei meiner Mutter im Frauenflügel zu wohnen, statt in die Räume der Männer zurückzukehren. Als dann das Haus in Clifton gebaut wurde, gab es dort keine separaten Räume mehr für die Frauen, allerdings baute mein Großvater auf der gegenüberliegenden Straßenseite ein Haus, um dort seine männlichen Besucher zu empfangen. Eine neue, aufgeklärte Generation begann in Pakistan Fuß zu fassen.

In unserer männerbeherrschten Gesellschaft waren Jungen den Mädchen stets vorgezogen worden. Sie erhielten nicht nur häufiger eine Ausbildung, sondern bekamen manchmal auch das Essen zuerst, während die Mutter und die Töchter warten mußten. In unserer Familie gab es jedoch überhaupt keine Diskriminierung. Wenn überhaupt jemand, dann war ich es, der am meisten Aufmerksamkeit zuteil wurde. Als ältestes von vier Kindern wurde ich am 21. Juni 1953 in Karachi geboren, offensichtlich mit so rosiger Haut, daß ich sofort den Spitznamen »Pinkie« erhielt. Mein Bruder Mir Murtaza kam ein Jahr nach mir zur Welt, Sanam 1957 und Shah Nawaz, das Nesthäkchen, 1958. Als Erstgeborene nahm ich in der Familie von Anfang an einen besonderen, manchmal auch einsamen Platz ein.

Ich war erst vier und mein Vater achtundzwanzig, als er vom Präsidenten Iskander Mirza zum ersten Mal in die Vereinten Nationen entsandt wurde. Die Regierungsämter, die mein Vater nacheinander bekleidete - Handelsminister unter Präsident Ayub Khan, Energieminister, Außenminister und über sieben Jahre immer wieder Leiter der pakistanischen Delegation bei den Vereinten Nationen - hielten ihn und meine Mutter die meiste Zeit von zu Hause fern.

Ebensooft, wie ich meinen Vater persönlich sah, sah ich ihn auf den Titelseiten der Zeitungen: Er trat bei den Vereinten Nationen für Pakistan und andere Länder der Dritten Welt ein, handelte 160 mit der Sowjetunion Abkommen über finanzielle und technische Hilfe aus und kehrte 1963 von seiner heiklen Mission in Peking mit einen Grenzvertrag zurück, in dem China auf friedlichem Wege über 2000 qkm umstrittenes Territorium an Pakistan abtrat. Meist begleitete meine Mutter meinen Vater, die Kinder blieben in der Obhut des Hauspersonals - und in meiner Obhut - zurück. »Kümmere dich um deine Geschwister«, pflegten meine Eltern zu sagen. »Du bist die Älteste.«

Ich war erst acht Jahre alt, als man mir nominell die Verantwortung für das Haus übertrug, solange meine Eltern abwesend waren. Meine Mutter gab mir Geld für Essen und sonstige Haushaltseinkäufe, und ich versteckte es unter meinem Kopfkissen. Obwohl ich in der Schule gerade erst addieren lernte, kletterte ich während der Abwesenheit meiner Eltern jeden Abend auf einen Stuhl in der Küche und tat so, als überprüfte ich zusammen mit Babu, unserem altgedienten, treu ergebenen Hausverwalter, die Rechnungen. Ich kann mich nicht mehr erinnern, ob die Zahlen stimmten. Zum Glück handelte es sich nur um sehr kleine Summen, denn damals konnte man mit zehn Rupien (etwa zwei Dollar) Essen für den ganzen Haushalt kaufen.

In unserem Haus hatte Bildung höchste Priorität. Wie vor ihm sein Vater, wollte auch mein Vater uns zu Vorbildern machen - zu Vorbildern einer neuen Generation gebildeter, fortschrittlich denkender Pakistaner. Mit drei Jahren kam ich in den Kindergarten Lady Jennings', mit fünf auf eine der besten Schulen in Karachi, den Convent of Jesus and Mary. Dort wurde der Unterricht auf Englisch gehalten, der Sprache, die wir zu Hause öfter sprachen als die Muttersprachen meiner Eltern, Sindhi und Persisch, oder die pakistanische Amtssprache Urdu. Obwohl die irischen Nonnen, die an der Schule unterrichteten, die älteren Schülerinnen in Gruppen mit so anregenden Namen wie »Disziplin«, »Höflichkeit«, »Streben« und »Dienst« einteilten, bemühten sie sich nicht, uns zum christlichen Glauben zu bekehren. Die Schule war für die Missionare, die sie führten, eine zu gute Einnahmequelle, als daß sie riskiert hätten, die wenigen Muslimfamilien vor den Kopf zu stoßen, die reich und weitsichtig genug waren, ihren Kindern eine Ausbildung zukommen zu lassen.

»Ich verlange nur das eine von euch«, sagte mein Vater immer wieder, »strengt euch in der Schule an.« Als wir älter wurden, stellte er Privatlehrer an, die uns nachmittags nach der Schule in Mathematik und Englisch unterrichteten. Es gab keinen Ort auf der Welt, von dem aus er nicht angerufen hätte, um sich über unsere Zeugnisse auf dem laufenden zu halten. Glücklicherweise war ich eine gute Schülerin, denn er hatte große Pläne mit mir: Ich sollte die erste Frau der Bhutto-Familie sein, die im Ausland studieren würde.

»Eines Tages packt ihr eure Koffer, und ich bringe euch zum Flughafen«, sagte mein Vater zu uns vier Kindern, seit ich mich erinnern kann. »Pinkie wird uns als kleines Mädchen verlassen und als junge Dame von Welt im Sari zurückkehren. Shah Nawaz wird so viele Kleider einpacken, daß wir den Koffer nur zukriegen, wenn Babu sich draufsetzt.«

Es war für unsere Familie keine Frage, daß meine Schwester und ich im Leben die gleichen Chancen haben sollten wie unsere Brüder. Auch im Islam ist das keine Frage. Wir lernten schon in früher Jugend, daß nicht der Islam die Chancen der Frau einschränkt, sondern seine Auslegung durch die Männer. Tatsächlich hat der Islam seit seiner Entstehung eine progressive Haltung gegenüber Frauen gezeigt: Der Prophet Mohammed (Friede sei mit ihm) verbot die Tötung weiblicher Säuglinge, die bei den Arabern jener Zeit häufig war, und forderte Bildung und Erbrecht für Frauen, lange bevor sie diese Privilegien im Westen erhielten. Bibi Kadijah, die erste Anhängerin des Islam, war eine Witwe, die ein eigenes

Geschäft führte. Sie nahm den Propheten in ihre Dienste, als er noch ein Knabe war, und heiratete ihn später. Umm e-Umara kämpfte in den ersten Kriegen der Muslime an der Seite der Männer und rettete mit ihrem mächtigen Schwertarm das Leben des Propheten Mohammed (Friede sei mit ihm). Chand Bibi, die Herrscherin des südindischen Staates Ahmadnagar, besiegte den Mogulkaiser Akbar und zwang ihn zum Abschluß eines Friedensvertrags. Noor-Jehan, die Frau des Kaisers Jehangir und eigentliche Herrscherin Indiens, war berühmt für ihr staatsmännisches Geschick. In der Geschichte des Islam haben Frauen oft eine öffentliche Rolle gespielt, und sie waren darin in jeder Hinsicht so erfolgreich wie die Männer. Nichts in der islamischen Religion verbietet ihnen - oder mir - ein solches aktives Leben. »Siehe, ich fand eine Frau über sie herrschend, der von allen Dingen gegeben ward, und sie hat einen herrlichen Thron«, heißt es in der Ameisen-Sure im Heiligen Koran. »Der Mann wird erhalten, was er verdient, ebenso die Frau«, steht in der Frauen-Sure.
Diese und andere Suren unseres heiligen Buches lasen wir jeden Nachmittag, wenn wir mit der Arbeit für die Schule fertig waren und der *maulvi* in unser Haus kam, um uns Religionsunterricht zu erteilen. Die Lektüre des Heiligen Koran und das Verständnis seiner Lehren war uns von allen Unterrichtsgegenständen der wichtigste. Stunde um Stunde bemühten wir uns, das schwierige Arabisch zu verstehen, dessen Alphabet dem des Urdu ähnlich ist, das sich jedoch in Grammatik und Wortbedeutung ähnlich stark vom Urdu unterscheidet wie etwa das Englische vom Französischen.
»Das Paradies liegt zu Füßen der Mutter«, las der *maulvi* an den Nachmittagen vor, an denen er uns das Gebot des Koran lehrte, die Eltern zu ehren und ihnen immer gehorsam zu sein. Meine Mutter machte oft von diesem Gebot Gebrauch, wenn wir nicht parierten. Der *maulvi* lehrte uns auch, daß das Verhalten im Diesseits das Leben nach dem Tode bestimmt. »Ihr müßt einen Feuersee überqueren, und die Brücke ist ein Haar«, sagte er, um dann dramatisch fortzufahren: »Wißt ihr, wie dünn ein Haar ist? Die Sünder stürzen in das Höllenfeuer und verbrennen, die Guten aber erreichen das Paradies, wo Milch und Honig wie Wasser fließen.«
Die Rituale des Gebets lehrte uns unsere Mutter. Sie nahm ihren Glauben sehr ernst. Egal, an welchem Ort der Welt sie sich befand und was sie gerade tat, sie warf sich fünfmal am Tag zu Boden und betete. Seit meinem neunten Lebensjahr kam sie morgens in mein Schlafzimmer, um mich zum Morgengebet anzuleiten. Zusammen übten wir den *wuzoo*, wuschen wir uns Hände, Füße und Gesicht, um vor Gott rein zu sein.

Dann warfen wir uns zu Boden, das Gesicht nach Westen, gen Mekka gerichtet.

Meine Mutter ist, wie die meisten Iraner, eine schiitische Muslimin, der Rest der Familie ist sunnitisch. Das war jedoch nie ein Problem. Schiiten und Sunniten haben über tausend Jahre lang friedlich zusammengelebt und untereinander geheiratet. Ihre Gemeinsamkeiten sind viel stärker als die Unterschiede. Das gemeinsame Glaubensfundament aller Muslime unabhängig von ihrer jeweiligen Konfession ist, sich dem Willen Gottes zu unterwerfen und zu glauben, daß es keinen Gott gibt außer Allah und daß Mohammed sein letzter Prophet ist. So definiert der Koran einen Muslim, und für unsere Familie war diese Definition entscheidend.

Im *muharram,* dem Monat, in dem des Massakers in Karbala im Irak gedacht wird, dem Imam Hussein, der Enkel des Propheten, zum Opfer fiel, kleidete ich mich manchmal ganz in Schwarz und nahm mit meiner Mutter an den Ritualen der schiitischen Frauen teil. »Bleib neben mir«, sagte meine Mutter, denn die schiitischen Zeremonien sind komplizierter als die der Sunniten. Keinen Augenblick mochte ich die Sprecherin aus den Augen lassen, die dramatisch die Tragödie vom Untergang Imam Husseins und seiner kleinen Anhängerschar schilderte. Die Männer waren in einen Hinterhalt geraten und von den Truppen des Usurpators Yazid brutal niedergemetzelt worden. Niemand wurde geschont, nicht einmal die kleinen Kinder entgingen Yazids Messer. Imam Hussein wurde geköpft, seine Schwester Zeinab gezwungen, barhäuptig an Yazids Hof zu kommen. Dort mußte sie mitansehen, wie der Tyrann mit dem Kopf ihres Bruders spielte. Zeinabs Willen freilich konnte Yazid nicht brechen, im Gegenteil, sie und die Anhänger Imam Husseins wurden in ihrer Entschlossenheit nur bestärkt. Ihre Nachfahren, die heutigen Schiiten, haben die Tragödie von Karbala nie vergessen.

»Hört, wie der Säugling nach Wasser schreit«, rief die Sprecherin mit bebender Stimme. »Spürt, wie das Herz der Mutter schlägt, die ihr Kind schreien hört. Seht den hübschen Mann auf dem Pferd, der für das Kind Wasser holt. Tief beugt er sich hinunter zum Fluß. Da! Seht! Männer mit Schwertern greifen an...« Während sie sprach, machten einige der Frauen *matam* und schlugen sich angstvoll auf die Brust. Es war eine bewegende Geschichte, und ich mußte oft weinen.

Mein Vater war entschlossen, sein Land - und seine Kinder - ins zwanzigste Jahrhundert zu führen. »Sollen die Kinder innerhalb der Familie heiraten?« hörte ich meine Mutter ihn eines Tages fragen. Mit angehaltenem Atem wartete ich auf die Antwort meines Vaters. »Ich will nicht, daß meine Söhne ihre Cousinen heiraten und sie in unserem Haus verstecken, und ich will nicht, daß meine Töchter in den Häusern unserer Verwandten lebendig begraben werden«, antwortete er zu meiner großen Erleichterung. »Zuerst sollen sie ihre Ausbildung abschließen, dann können sie entscheiden, was sie mit ihrem Leben anfangen wollen.«

Diese Antwort gefiel mir ebenso gut wie die Reaktion meines Vaters an dem Tag, an dem meine Mutter mich zum ersten Mal mit einem *burqa* verhüllte. Wir saßen im Zug von Karachi nach Larkana, als meine Mutter das schwarze, gazeartige Tuch aus ihrer Tasche nahm und es mir über den Kopf zog. »Du bist jetzt kein Kind mehr«, sagte sie mit leisem Bedauern. In dem Moment, in dem meine Mutter an mir diesen jahrhundertealten Initiationsritus für die Töchter der konservativen Großgrundbesitzer vollzog, trat ich aus meiner Kinderwelt hinüber in die Welt der Erwachsenen. Aber wie enttäuschte mich diese Welt! Die Farben des Himmels, des Grases und der Blumen waren verschwunden oder nur noch gedämpfte, gräuliche Schatten ihrer selbst. Hinter dem Netz vor meinen Augen verschmolz alles zu einem einheitlichen Brei. Als ich aus dem Zug stieg, störte mich das Gewebe, das mich von Kopf bis Fuß umhüllte, beim Gehen. Kein Luftzug drang mehr zu mir durch, der Schweiß rann mir in Strömen über das Gesicht.

»Pinkie hat heute zum ersten Mal den *burqa* getragen«, sagte meine Mutter zu meinem Vater, als wir in Al-Murtaza ankamen. Es entstand eine lange Pause. »Sie braucht ihn nicht zu tragen«, sagte schließlich mein Vater. »Der Prophet selber hat gesagt, der beste Schleier ist der Schleier hinter den Augen. Sie soll nach ihrem Charakter und ihrem Verstand beurteilt werden, nicht nach dem, was sie trägt.« Und so wurde ich als erste Bhutto-Frau von einem Leben in ewiger Dämmerung befreit.

Mein Vater hat mich immer ermutigt, am Geschehen der ganzen Welt Anteil zu nehmen, auch wenn ich nicht immer verstand, um was es ging. Im Herbst 1963 begleitete ich meinen Vater auf einer Reise in dem privaten Zugwagen, der ihm als Außenminister zustand. Plötzlich rüttelte er mich wach. »Du darfst jetzt nicht schlafen«, sagte er eindringlich. »Etwas Schreckliches ist passiert: Man hat auf den jungen Präsidenten der Vereinigten Staaten geschossen.« Obwohl ich erst zehn war und nur wenig über den US-Präsidenten wußte, ließ mein Vater mich neben sich sitzen, während er die neuesten Berichte über den Zustand Präsident John

F. Kennedys empfing, den er mehrfach im Weißen Haus getroffen hatte und wegen seiner liberalen Ansichten in sozialen Fragen bewunderte.
Gelegentlich nahm er meine Schwester, meine Brüder und mich zu Treffen mit ausländischen Delegationen mit, die Pakistan besuchten. Als er uns eines Tages erzählte, daß wir »einige wichtige Männer aus China« treffen würden, war ich sehr aufgeregt. Mein Vater hatte oft bewundernd von der Chinesischen Revolution und ihrem Führer Mao Tse-tung gesprochen, der seine Armee durch Berge und Wüsten geführt habe, um die alte Ordnung abzuschaffen. Ich war sicher, daß einer der Männer Mao sein würde, dessen Mütze, ein persönliches Geschenk Maos an meinen Vater, im Ankleidezimmer meines Vaters hing. Dieses eine Mal machte es mir nichts aus, mit den Sachen herausgeputzt zu werden, die mein Vater mir jedes Jahr von Saks in der New Yorker Fifth Avenue mitbrachte, dessen Verkäuferin unsere Maße aufbewahrte. Ich war dann allerdings ziemlich enttäuscht, als Mao bei den »wichtigen chinesischen Männern« nicht dabei war, sondern lediglich der chinesische Premierminister Chou En-lai und zwei seiner Minister, Chen-Yi und Liu Shao-chi. Liu starb später während der Kulturrevolution im Gefängnis.
Chou En-lai war nicht der einzige »wichtige Gast« in Karachi, der meinen Erwartungen nicht entsprach. Einen anderen wichtigen Gast haben wir Kinder jedoch nicht persönlich getroffen. Wir sahen lediglich, daß eine prominente Persönlichkeit zum Abendessen eingeladen war, weil das ganze Haus mit Lichtergirlanden geschmückt wurde. Als ein Wagen vorfuhr, spähten wir aus einem Fenster im ersten Stock herunter. Wir sahen Präsident Ayub Khan und einen amerikanischen Herrn das Haus betreten. Ich erkannte den Amerikaner sofort aus den Filmen, die ich in der Stadt gesehen hatte. Beiläufig fragte ich am nächsten Morgen meine Mutter: »War es lustig mit Bob Hope?« Sie lachte. »Du Dummerchen, das war doch der Vizepräsident der Vereinigten Staaten, Hubert Humphrey.« Wie ich später herausfand, wollte Hubert Humphrey die Unterstützung Pakistans für den Vietnamkrieg gewinnen, wenn auch nur in der milden Form einer Ausrüstung der US-Truppen mit Badmintonschlägern. Mein Vater verweigerte jedoch auch eine solche Geste, da er jede äußere Einmischung in den vietnamesischen Bürgerkrieg für unmoralisch hielt.
Als ich zehn war und Sanam sieben, wurden wir nach Norden in ein Internat geschickt, das sich in dem ehemaligen britischen Erholungsort Murree inmitten kiefernbedeckter Hügel befand. Unsere Gouvernante hatte über-

raschend gekündigt und war nach England zurückgekehrt, und so schien das die beste Lösung. Mein Vater glaubte, das Leben im Internat werde uns zäh machen. Zum ersten Mal mußte ich nun mein Bett selber machen, meine Schuhe putzen und an den Hähnen in den Korridoren Wasser zum Baden und Zähneputzen holen. »Behandeln Sie meine Kinder wie alle anderen auch«, hatte mein Vater die Nonnen angewiesen. Und die Nonnen hielten sich daran und bestraften Sunny und mich für jede Verletzung der strengen Internatsregeln.

Solange wir in Murree waren, trieb mein Vater unsere politische Erziehung per Post voran. Nach seiner Rückkehr von der Konferenz der blockfreien Staaten in Jakarta schilderte er uns in einem langen Brief, wie die Supermächte in den Vereinten Nationen ihre Eigeninteressen verfolgten und die Interessen der Dritten Welt ignorierten. Eine der Nonnen setzte Sanam und mich auf eine Bank im Schulgarten und las uns den gesamten Brief vor, obwohl wir von dessen Inhalt nur wenig verstanden.

In unserem zweiten und letzten Jahr in Murree lernten Sanam und ich einige politische Lektionen aus erster Hand. Am 6. September 1965 begann zwischen Indien und Pakistan der Krieg um Kaschmir. Während mein Vater zur UNO flog, um dort für die Selbstbestimmung der Bevölkerung Kaschmirs einzutreten und die indische Aggression zu verurteilen, bereiteten die Nonnen am Convent of Jesus and Mary die Schüler auf eine eventuelle indische Invasion vor. Die Straße nach Kaschmir führte mitten durch Murree – geradezu eine Einladung an die indischen Truppen, so glaubten die meisten, sie für einen Einmarsch in Pakistan zu benutzen.

Während wir früher nach dem Essen mit Ziegenknöchelchen »Jacks« gespielt und Bücher von Enid Blyton gelesen hatten, mußten wir jetzt plötzlich Luftschutz- und Verdunklungsübungen machen. Die Nonnen machten die älteren Mädchen dafür verantwortlich, ihre kleineren Schwestern in die Schutzräume zu bringen, und ich befahl Sunny, sich nachts die Hausschuhe an die Füße zu binden, damit sie keine Zeit mit Suchen verlor. Unter unseren Schulkameradinnen waren viele Töchter prominenter Regierungsmitglieder und Offiziere. Aufgeregt gaben wir einander falsche Namen und übten ihre Verwendung für den Fall, daß wir dem Feind in die Hände fielen. Jung wie wir waren, hielten wir es für ein großes Abenteuer, womöglich gefangengenommen und in die Berge entführt zu werden. In Wirklichkeit freilich war die Gefahr einer Invasion während der 17 Kriegstage beängstigend real.

Die USA erschwerten die Lage Pakistans noch zusätzlich. Als die Waffen, die sie Pakistan gegen die kommunistische Bedrohung geliefert hatten, jetzt gegen Indien zum Einsatz kamen, verhängte die Johnson-Administration ein Waffenembargo über den ganzen indischen Subkontinent. Im Gegensatz zu Pakistan erhielt Indien jedoch Waffen aus der Sowjetunion. Trotz dieser Ungleichheit kämpften unsere Truppen erfolgreich bis zum Waffenstillstand, der am 23. September von den Vereinten Nationen ausgerufen wurde. Pakistan feierte den Sieg. Wir hatten nicht nur den indischen Angriff zurückgeschlagen, sondern mehr indisches Territorium eingenommen als Indien pakistanisches.

Unsere Begeisterung war freilich von kurzer Dauer. Bei den Friedensverhandlungen in der südrussischen Stadt Taschkent verlor Präsident Ayub Khan alles, was er auf dem Schlachtfeld gewonnen hatte. Im Abkommen von Taschkent einigten sich beide Seiten darauf, ihre Truppen auf die Vorkriegspositionen zurück zu ziehen. Mein Vater war über das Verhandlungsergebnis entsetzt und reichte seinen Rücktritt als Außenminister ein. Als der indische Außenminister Lal Bahadur Shastri am Tag nach der Unterzeichnung des Abkommens einem Herzinfarkt erlag, machte mein Vater die beißende Bemerkung, er müsse wohl vor Glück gestorben sein.

Als der Inhalt des Abkommens im Volk bekannt wurde, kam es in den Provinzen Sind und Punjab zu massiven Demonstrationen, die trotz der Berichte über das brutale Vorgehen der Polizei andauerten. Das Leben der Familie Bhutto aber hatte sich für immer verändert.

Präsident Ayub Khan nahm den Rücktritt meines Vaters erst im Juni 1966 an. Der Konflikt zwischen Ayub und meinem Vater war jetzt öffentlich, was im Volk eine Welle der Begeisterung für die Politik meines Vaters auslöste. Als wir zum letzten Mal mit dem Zugwagen des Außenministers nach Hause nach Larkana fuhren, säumten aufgeregte Menschenmassen den Bahndamm. Leute rannten neben dem Zug her und versuchten aufzuspringen, um mit uns zu fahren. »*Fakhr-e-Asia-Zindabad!* Lang lebe der Stolz Asiens!« brüllten die Menschen, als sie auf das Zugdach kletterten oder auf den Dächern der Häuser neben dem Bahndamm entlangrannten. »*Bhutto Zindabad!* Lang lebe Bhutto!«

Als mein Vater in Lahore den Zug verließ, um sich mit dem Gouverneur des Punjab zum Lunch zu treffen, bekam ich einen furchtbaren Schreck. Jemand schrie: »Mr. Bhutto hat Blut auf dem Hemd!« Mir stand das Herz still, und ich war erst beruhigt, als ich sah, wie mein Vater lächelnd und winkend durch die Menge zu mir zurückkehrte. Sein Hemd war zerrissen, und er hatte einen kleinen Kratzer abbekommen, aber sonst war ihm nichts passiert. Auch seine Krawatte fehlte. Sie wurde, wie ich später hörte, für Tausende von Rupien versteigert. Als mein Vater wieder in den Wagen des Außenministers eingestiegen war, begann die Menge den Zug zu schaukeln, immer stärker, bis ich dachte, wir würden umkippen.

Wir kehrten wohlbehalten nach Hause zurück. Unsere Gespräche drehten sich jetzt noch stärker als vorher um Politik. Begriffe wie »Kalter Krieg« und »Waffenembargo« gehörten schon zu unserem Wortschatz, als wir noch kleine Kinder waren und ihre Bedeutung nur halb verstanden. Die Ergebnisse von Round-Table-Konferenzen und Gipfeltreffen waren uns so vertraut wie anderen Kindern die Ergebnisse der Kricket-Weltmeisterschaften. Nach dem Bruch meines Vaters mit Ayub Khan hörten wir am häufigsten die Worte »bürgerliche Freiheiten« und »Demokratie«, die in den Ohren der meisten Pakistaner damals wie Worte aus dem Märchen klangen. Unter Ayub Khan war die Mitwirkung des Volkes an der politischen Willensbildung beschränkt gewesen - bis mein Vater 1967 die *Pakistan People's Party* gründete.

Roti, kapra, makan: Brot, Kleidung, Wohnung. Diese einfachen Versprechen mobilisierten für die *Pakistan People's Party* Millionen von Armen, denen die überlebensnotwendigen Güter fehlten. Alle Muslime werfen sich vor Allah zu Boden, aber die Armen in unserem Land mußten sich noch immer vor den Reichen niederwerfen. »Steht auf, kriecht nicht vor anderen! Ihr seid Menschen und habt eigene Rechte!« rief mein Vater den Menschen zu, die er in den abgelegensten und verlassensten Dörfern Pakistans aufsuchte, in denen noch kein Politiker vor ihm gewesen war. »Ihr müßt Demokratie fordern, denn in der Demokratie zählt die Stimme des Ärmsten soviel wie die des Reichsten.«

»Wer ist dieser Bhutto?« ließ der Gouverneur Ayub Khans sich in der von der Regierung kontrollierten Presse vernehmen. »Zwar heißt es, er habe Zulauf von allen Seiten, aber auf seinen Versammlungen sieht man nur *tonga*-, Rikscha- und *rehri*-Fahrer.« Als Idealistin war ich schockiert. Obwohl wir ein behütetes Leben führten und besondere Schulen besuchten, hatte ich doch Menschen ohne Schuhe und Hemden gesehen und junge Mädchen mit verfilzten Haaren und unterernährten Babies. Waren die Armen denn keine Menschen? Wir hatten aus dem Koran gelernt, daß im Islam alle Menschen vor Gott gleich sind. Unsere Eltern hatten uns beigebracht, jedermann mit Respekt zu behandeln und es nicht zu dulden, daß sich jemand vor uns niederwarf, unsere Füße berührte oder sich rückwärts aus unserer Gegenwart entfernte.

»Es gibt kein Gesetz Gottes, das vorschreibt, daß die Menschen in Pakistan arm sein müssen«, sagte mein Vater den vielen Armen und den Frauen, die in ständig wachsender Zahl scheu am Rand der Menschenmengen standen. »Unser Land ist reich. Es hat viele Bodenschätze. Warum gibt es trotzdem Armut, Hunger und Krankheit?« Die Leute verstanden, was er meinte. Die von Ayub versprochene Wirtschaftsreform war gescheitert, aber Ayubs Familie und ein paar andere waren reich geworden. In den elf Jahren von Ayubs Regierungszeit hatte eine unter dem Namen »22 Familien« bekannte Gruppe praktisch jede Bank, jede Versicherungsgesellschaft und jede wichtige Industrie in Pakistan gegründet. Der Zorn darüber machte Hunderte und später Tausende zu Anhängern meines Vaters, denn mein Vater forderte soziale und wirtschaftliche Reformen.

Im ersten Stock unseres Hauses in Clifton 70 in Karachi wurde ein Zweigbüro der PPP eingerichtet. Begeistert zahlten meine Schwester und ich - damals 11 und 14 Jahre alt - die vier *Anna* Mitgliedsbeitrag und halfen unserem Hausverwalter Babu, die Leute, die von Tag zu Tag zahlreicher vor unserer Tür Schlange standen, in die Mitgliederlisten einzutragen. Wir unterhielten uns nicht mehr nur darüber, wer beim Netzball oder Kricket gewonnen hatte, sondern auch darüber, was mein Vater über Bestechungsversuche des Ayub-Regimes gesagt hatte. »Du bist jung und hast dein Leben noch vor dir«, so sagten Ayubs Parteigänger zu meinem Vater. »Jetzt ist Ayub an der Reihe, später kommst du dran. Arbeite lieber mit uns als gegen uns, dann helfen wir dir auch.« Genau die gleichen Worte hörte ich später selbst von den Agenten eines anderen Diktators. Als Ayubs Bestechungsversuche meinen Vater nicht zum Schweigen brachten, begannen die Morddrohungen.

Die Welt der Gewalt war mir bis dahin unbekannt gewesen. Es gab nur die Welt der Politik, in der mein Vater lebte, und die Welt der Kinder, die Schule und die vergnügten Spiele am Strand. Nun aber brach mit den Nachrichten über bewaffnete Angriffe auf meinen Vater die Gewalt brutal in mein Leben ein. Anhänger Ayubs schossen auf ihn in Rahimyar Khan, Sanghar und anderen Stationen der Reise, auf der er für die Ziele der PPP warb. Zum Glück verfehlten die Mörder meinen Vater. In Sanghar wurde das Leben meines Vaters von Anhängern gerettet, die sich über ihn warfen und selbst von den Kugeln verwundet wurden.

Die Spannung bei uns zu Hause war beinahe unerträglich, aber ich versuchte meine Furcht nicht zu zeigen. Was hätte das genützt? Das war eben die politische Realität in Pakistan und damit unser Leben. Morddrohungen, Korruption und Gewalt ließen sich nicht aus der Welt schaffen. Ich verbot mir selbst, Angst zu haben. Ich versuchte, jedes Gefühl zu unterdrücken, sogar als Ayub, elf Monate nach der Gründung der *Pakistan People's Party,* meinen Vater und die anderen wichtigen Parteiführer verhaften ließ und ins Gefängnis warf. Diktatoren handeln so: Wenn Protest auftaucht, ersticken sie ihn, Dissidenten kommen ins Gefängnis. Und fragt man nach der Rechtsgrundlage, lautet die Antwort: Das Recht bin ich.

Die Eruption der Gewalt 1968 war nicht auf Pakistan beschränkt. Ein revolutionäres Fieber hatte die Welt ergriffen, die Studenten revoltierten nicht nur in Rawalpindi, sondern ebenso in Paris, Tokio, Mexiko City und Berkeley. In Pakistan nahm der Prostest gegen Ayub zu, als bekannt wurde, daß Ayub meinen Vater in das Gefängnis von Mianwali geworfen hatte - eines der schlimmsten in Pakistan. Die Unruhen hielten an, als mein Vater nach Sahiwal verlegt wurde, wo es in seiner Zelle vor Ratten wimmelte. Um der Unruhen Herr zu werden, schloß das Regime alle Schulen und Universitäten.

Inzwischen war ich in der entscheidenden Phase meiner Ausbildung. Ich mußte mich auf die *O-Level*-Prüfungen über den Stoff der letzten drei Jahre, auf den akademischen Eignungstest und auf die Aufnahmeprüfung für Radcliffe vorbereiten. Zwar hatte ich meinen Vater gebeten, mich in Berkeley bewerben zu dürfen, wo er studiert hatte, aber er hatte es nicht erlaubt. »Das Wetter in Kalifornien ist zu schön«, erklärte er. »Schnee und Eis in Massachusetts werden dich zum Studieren zwingen.«

Die Prüfungen zu verschieben kam nicht in Frage, da die Unterlagen nur einmal im Jahr im Dezember aus England geschickt werden. »Du bleibst in Karachi und lernst«, sagte meine Mutter, als sie mit meinen jüngeren Geschwistern nach Lahore fuhr, um vor dem Obersten Gerichtshof unter Berufung auf die Habeas-Corpus-Akte gegen die Inhaftierung meines Vaters zu klagen. Ich blieb allein in Clifton 70 zurück, beschränkt auf dessen unmittelbare Umgebung, weit weg vom Geschäftszentrum der Stadt, wo die Unruhen stattfanden.

Um mich von den Sorgen über meinen inhaftierten Vater abzulenken, vergrub ich mich in der Arbeit und wiederholte jedes Schulfach mehrfach mit den Privatlehrern, die jeden Tag ins Haus kamen. Abends ging ich manchmal mit meinen Freundinnen Fifi, Thamineh, Fatima und Samiya in den nahegelegenen Sindh-Club. Der Sindh-Club war früher nur Briten erlaubt gewesen, also »für Eingeborene und Hunde verboten«, und war jetzt ein Sportclub für wohlhabende Pakistaner. Wir spielten Squash und badeten im Swimmingpool, obwohl wir alle wußten, daß das Leben nicht so sorgenfrei war, wie es hier schien. Seit mein Vater begonnen hatte, Ayub Khan herauszufordern, wurden meine Freundinnen immer wieder von Verwandten und »wohlwollenden Bekannten« vor der Freundschaft mit einer Bhutto gewarnt, weil man damit die Rache des Ayub-Regimes herausfordere. Samiyas Vater war vom Polizeichef persönlich gewarnt worden, daß die Freundschaft zwischen seiner Tochter und mir seine Familie in Gefahr bringen könne. Samiya und meine anderen Freundinnen hielten trotzdem tapfer zu mir, allerdings bemerkte ich, daß sich andere Mitschülerinnen zunehmend von mir distanzierten.

»Ich bete für Deinen Erfolg bei den *O-Level*-Prüfungen«, schrieb mein Vater mir am 28. November aus dem Gefängnis in Sahival. »Ich bin stolz darauf, eine Tochter zu haben, die diese Prüfungen schon mit 15 macht, drei Jahre bevor ich sie gemacht habe. Wenn Du so weitermachst, wirst Du noch Präsidentin.«

Obwohl er in Einzelhaft gehalten wurde, ließ mein Vater mich glauben, sein wichtigstes Anliegen sei auch weiterhin meine Ausbildung. »Ich weiß, daß Du viel liest, aber Du solltest noch mehr Bücher über Geschichte lesen«, fuhr er in seinem Brief fort. »Du hast alle Bücher, die Du brauchst. Lies etwas über Napoleon Bonaparte, den vielseitigsten Menschen der modernen Geschichte. Lies etwas über die Amerikanische Revolution und über Abraham Lincoln. Lies John Reeds *Zehn Tage, die die Welt erschütterten*. Lies etwas über Bismarck und Lenin, Atatürk und Mao Tse-tung. Lies Bücher zur Geschichte des alten Indien. Und vor allem, lies Bücher zur Geschichte des Islam.« Das Gefängnisformular war mit »Zulfikar Ali Bhutto« unterzeichnet.

Ich wünschte mir nichts sehnlicher, als bei meiner Familie in Lahore zu sein, aber es war nicht möglich. Sanam rief an und erzählte mir, daß meine Mutter alle zwei bis drei Tage Protestdemonstrationen von Frauen gegen die Inhaftierung meines Vaters anführte und dafür sorgte, daß alle Demonstrantinnen nasse Handtücher in einer Plastiktasche bei sich trugen, für den Fall, daß Ayubs Polizei mit Tränengas auf sie schoß. Mehrmals trieb die Polizei die Protestzüge mit Bambus-*lathis* auseinander, trotzdem nahm die Zahl der Teilnehmer kontinuierlich zu. Ayub setzte das Militär ein, um die Demonstranten zu verhaften, aber die Soldaten weigerten sich, die Frauen festzunehmen, und winkten ihnen stattdessen zu. Sogar unter Ayub galten Frauen noch als unantastbar.

Als schließlich im Dezember die Prüfungszeit gekommen war, ermöglichten die Nonnen vom Convent of Jesus and Mary uns, die Prüfungen in der Botschaft des Vatikan zu schreiben, die gleichfalls in Clifton lag. Aufgrund ihrer Immunität und der Abgelegenheit vom Geschäftszentrum Karachis war die Botschaft der für diesen Zweck sicherste Platz. Während die britischen Schüler ihre Examenstage in aufgeräumten Klassenzimmern absaßen, wurden wir Tag für Tag in das pakistanische Hauptquartier der katholischen Kirche hineingeschmuggelt.

Inzwischen gingen die Unruhen weiter, und die Wut gegen Ayub steigerte sich noch, als die Polizei auf die Demonstranten schoß und mehrere tötete. Immer lautstarker ertönte jetzt in ganz Pakistan der Ruf nach dem Rücktritt Ayubs und nach der Freilassung meines Vaters und der anderen politischen Gefangenen.

Drei Monate nach der Verhaftung meines Vaters zwang die chaotische Lage in Pakistan Ayub Khan, die PPP-Führer freizulassen. Als das Gerücht umging, auf das Flugzeug, das meinen Vater von Lahore nach Larkana bringen sollte, sei ein Attentat geplant, das den Tod meines Vaters als Unfall erscheinen lassen sollte, gab meine Mutter eine Pressekonferenz. Sie wollte den Mordplan, falls es einen solchen gab, an die Öffentlichkeit bringen, bevor er ausgeführt werden konnte. Daraufhin wurde mein Vater mit dem Zug nach Larkana gebracht. Nie mehr in meinem Leben war ich so glücklich, jemanden wiederzusehen. Der Kampf gegen Ayub war jedoch noch lange nicht vorbei.

»Kopf runter!« brüllte mein Vater Sanam und mich an. Wir nahmen kurz nach seiner Freilassung an einem Siegesmarsch in Larkana teil. Während unser offener Wagen langsam durch die Menschenmenge fuhr, die »*Jiye* Bhutto« rief und »*Girti Houi Deewar Ko Aakhri Dhaka Dow*« - gebt der fallenden Mauer den letzten Stoß -, hatte ein Agent Ayubs auf meinen Vater angelegt. Wunderbarerweise hatte die Pistole eine Ladehemmung, die Menge hatte jedoch mit dem Attentäter kein Mitleid.

Unter der Hand meines Vaters sah ich, wie die Menge sich anschickte, den jungen Mann buchstäblich zu zerreißen. Einige hielten ihn am Hals fest, andere am Kopf, wieder andere zerrten an seinen Armen und Beinen. Der Mann blutete stark aus dem Mund. »Sieh nicht hin«, sagte mein Vater scharf und drückte mich tiefer hinunter. Ich kauerte mich auf den Boden des Wagens, während mein Vater der Menge zurief, sie solle den Attentä-

ter laufen lassen. Widerwillig gehorchten die Menschen. Das Bild des blutenden Mannes verfolgte mich monatelang.
Ein ähnlicher Alptraum war für mich der Anblick meines Vaters, als dieser seinen Protest gegen Ayubs Diktatur und dessen willkürliche Verhaftungen mit einem Hungerstreik fortsetzte und dabei zusehends verfiel. Nach seiner Freilassung aus dem Gefängnis saß er tagelang mit anderen PPP-Führern von der Straße her gut sichtbar unter einer *shamiana* in Al-Murtaza. Ganz Larkana sah zu und bekam Angst um ihn, als er dünner und dünner wurde. »Bitte gib meinem Vater nach«, bat ich Ayub Khan im stillen. Ich wunderte mich, warum die Männer, die neben meinem Vater saßen, so wohlgenährt aussahen. »Sie lassen sich nachts Essen auf ihre Zimmer bringen«, vertraute mir einer der Bediensteten an. »Aber sag es deinem Vater nicht.«
Wie Pilze schossen überall in Pakistan vor Anwaltsbüros und in belebten Straßen Gruppen von Hungerstreikenden aus dem Boden. Sie zogen täglich große Menschenmengen an, die sie moralisch unterstützten und Ayubs Rücktritt forderten. Als Ayub merkte, daß nicht einmal mehr seine Polizei die Lage unter Kontrolle hatte, trat er schließlich am 25. März 1975 zurück. Trotzdem hatten wir keinen wirklichen Sieg errungen. Statt die Macht dem Präsidenten der Nationalversammlung zu übergeben, wie es Ayubs eigene Verfassung vorschrieb, machte Ayub den Stabschef der Armee Yahya Khan zum neuen Führer Pakistans.
Wieder einmal war Pakistan einem Militärdiktator in die Hände gefallen, der sofort alle Bürgerrechte außer Kraft setzte und das Kriegsrecht verhängte.
»Du hast einen Brief aus Radcliffe bekommen«, sagte meine Mutter im April zu mir. Widerwillig nahm ich den Umschlag entgegen. Wollte ich wirklich fort? Die Leitung des Colleges hatte meinen Vater gewarnt, ich sei mit 16 noch zu jung für Radcliffe, und geraten, noch ein Jahr zu warten. Aber mein Vater hatte keinen Grund gesehen, mich zurückzuhalten, und seinen Freund John Kenneth Galbraith, den früheren US-Botschafter in Indien, der jetzt Professor in Harvard war, um Hilfe gebeten. Ich öffnete den Umschlag. Ich war für Herbst 1969 zugelassen.
Zum Abschied schenkte mein Vater mir einen wundervollen alten, in Perlmutt gebundenen Koran. »Du wirst in Amerika über vieles überrascht sein und über manches erschrecken«, sagte er. »Aber ich weiß, du kannst dich anpassen. Vor allem aber streng dich beim Studieren an. Nur wenigen Menschen in Pakistan ist vergönnt, was du jetzt darfst. Nütze die

Gelegenheit, so gut du kannst. Vergiß nie, daß das Geld, mit dem du studierst, aus Pakistan kommt, von den Menschen, die hier im Schweiß ihres Angesichts arbeiten. Du stehst in ihrer Schuld, und du kannst es ihnen mit Gottes Hilfe zurückzahlen, wenn du deine Ausbildung benutzt, ihr Leben zu verbessern.«

Ende August stand ich an der geschnitzten Holztür unseres Hauses in Clifton, und meine Mutter hielt mir den Heiligen Koran über den Kopf, den mein Vater mir geschenkt hatte. Ich küßte ihn. Zusammen brachen wir zum Flughafen auf, um in die Vereinigten Staaten zu fliegen.

3. Kapitel

Betrachtungen aus Al-Murtaza:

Erste Erfahrungen mit Demokratie

Für meine Mutter und mich beginnt der zweite Monat unserer Gefangenschaft in Al-Murtaza. Die Gärten unseres Landsitzes verwahrlosen zusehends. Vor Gefangenschaft und Tod meines Vaters haben wir zehn Gärtner gebraucht, um die großen Gärten und das Anwesen zu versorgen. Seit Al-Murtaza für meine Mutter und mich zum Gefängnis geworden ist, erlaubt Zias Militärregime nur drei Gärtnern, das Anwesen zu betreten. Ich helfe den Gärtnern dabei, die Gärten am Leben zu erhalten.

Ich kann nicht mit ansehen, wie die Blumen verwelken. Besonders traurig machen mich Vaters Rosen. Von jeder Auslandsreise brachte er neue exotische Sorten mit, die er in unseren Garten pflanzte - violette Rosen, mandarinfarbene Rosen und Rosen, die gar nicht wie Rosen aussahen und so perfekt geformt waren, als seien sie aus Ton. Am liebsten mochte er eine blaue Rose, die sogenannte »Friedensrose«.

Jetzt beginnen die Rosensträucher zu verdorren und werden braun, weil niemand sie pflegt.

Jeden Morgen bin ich trotz der drückenden Sommerhitze ab sieben im Garten und helfe den Gärtnern, die schweren Segeltuchschläuche von einem Beet zum anderen zu schleppen. Von den Hausecken her beobachten mich die Wachtposten der Frontier Force. Das Personal brauchte früher drei Tage, um den Garten zu bewässern. Wir brauchen acht. Wenn wir die letzten Rosensträucher erreicht haben, lassen die ersten schon wieder die Blätter hängen. Aber ich will unbedingt, daß sie überleben. In ihrem Überlebenskampf gegen den Wasser- und Nährstoffmangel sehe ich meinen eigenen Überlebenskampf gegen die Unfreiheit.

Die glücklichsten Stunden meines Lebens habe ich zwischen den Rosensträuchern im kühlen Schatten der Obstbäume von Al-Murtaza verbracht. Den Tag über war die Luft vom Duft der *Din ka Raja* erfüllt, der »Könige des Tages«, jener kleinen Blumen, die meine Mutter wie viele andere pakistanische Frauen in ihr Haar zu flechten pflegte. Bei Sonnenuntergang durchzog der Duft der *Raat ki Raani,* der »Königin der Nacht«, den

Garten und versüßte die Abende, die wir im Familienkreis auf der Terrasse verbrachten.
Wir brauchen mehr Schläuche, mehr Wasser! Ich fege die Blätter auf dem Innenhof zusammen, harke den Rasen, bis die Arme schmerzen. Meine Handflächen werden rauh und bekommen Blasen. »Warum tust du dir das an?« fragt meine Mutter besorgt, als ich um die Mittagszeit erschöpft zusammensinke. »Es vertreibt die Langeweile«, erwidere ich. Aber es ist mehr. Wenn ich so hart arbeite, daß jeder Knochen in meinem Körper müde ist, dann bin ich sogar zu müde zum Denken. Und ich will nicht daran denken, wie unser Leben unter dem Kriegsrecht nutzlos verrinnt.
Ich lege ein neues Beet an und pflanze Rosenstecklinge, die aber absterben. Meine Mutter hat mehr Erfolg beim Anbau von Okra-Schoten, Chili und Minze. Am Abend pfeife ich einem Paar zahmer Kraniche und freue mich, wenn sie flügelschlagend auf mich zukommen, um sich ein Stück Brot abzuholen. Die Anhänglichkeit eines Tieres, das ich rufe, das Wachsen einer Blume, die ich gepflanzt habe, das sind für mich überlebensnotwendige Dinge geworden, Beweise meiner Existenz.
Wenn ich nicht im Garten arbeite, vergeht die Zeit nur sehr langsam. Ich lese immer wieder in den Gartenbüchern meines Großvaters, obwohl man uns oft den Strom abstellt und meine Mutter und mich im Dunkeln sitzen läßt. Wir haben ein Fernsehgerät, aber auch wenn Strom da ist, kommt kein lohnendes Programm. Zur Zeit meines Vaters wurden Schauspiele, Kinofilme und Fernsehserien gezeigt, Talk-Shows und Unterrichtsprogramme, die den Leuten das Lesen beibringen sollten. Wenn ich jetzt das Fernsehgerät anschalte, kommt fast nur Zia: Zia, der schon wieder eine Rede hält, eine Diskussion über Zias Rede, zensierte Nachrichten über Begegnungen Zias mit irgendwelchen Leuten.
Meine Mutter und ich versäumen nie, um 20. Uhr 15 die Nachrichten der BBC auf Urdu anzudrehen. Nur über die BBC erfahren wir, daß die amerikanische Botschaft in Islamabad von einer aufgebrachten Volksmenge niedergebrannt worden ist, die die USA für die Besetzung der Großen Moschee in Mekka verantwortlich macht. Als wir Näheres erfahren, sind wir erstaunt: Im sicherheitsbewußten, unter Kriegsrecht stehenden Islamabad hat man zugelassen, daß fundamentalistische Studenten mit Bussen zur amerikanischen Botschaft gebracht wurden. Am Ziel angekommen, haben die Studenten die Botschaft angezündet. Sie brannte mehrere Stunden, bis endlich jene Ordnungskräfte auf der Bildfläche erschienen, die doch sonst beim geringsten Anzeichen einer PPP-Demon-

stration immer sofort zur Stelle sind. Die Botschaft wurde geplündert, ein Mensch kam ums Leben. Ein zerknirschter Zia erschien im Fernsehen, entschuldigte sich in aller Form bei den Amerikanern und bot an, für den Schaden aufzukommen. Was hat er mit der Sache bezweckt? Für mich ist das bis heute ein Rätsel.
Einen Monat später sind die BBC-Nachrichten noch beunruhigender.
Am 27. Dezember 1979 marschieren russische Truppen in Afghanistan ein. Meine Mutter und ich sehen uns ungläubig an. Wir wissen beide, daß dieses Ereignis eine immense politische Bedeutung hat. Der Kampf zwischen den Supermächten findet jetzt direkt vor Pakistans Haustür statt. Wenn die USA ein innerlich gefestigtes Pakistan wollen, das den Sowjets gegenüber mit Entschiedenheit auftreten kann, werden sie die Demokratie in Pakistan schnell wieder herstellen. Wenn sie dagegen abwarten wollen, wie sich die Lage in Afghanistan entwickelt, wird Zias Diktatur gestärkt.
Amerika! In Amerika habe ich zum ersten Mal Demokratie erlebt. Ich habe dort vier der glücklichsten Jahre meines Lebens verbracht. Wenn ich die Augen schließe, sehe ich das Universitätsgelände von Radcliffe und Harvard vor mir, das Rot und Gelb der Bäume im Herbst, die weiche Schneedecke im Winter, das freudig begrüßte erste Grün im Frühling. Aber als Studentin in Radcliffe habe ich auch aus erster Hand die Machtlosigkeit der Länder der Dritten Welt gegenüber den Eigeninteressen der Supermächte kennengelernt.

»Pa-ki-stan?« buchstabierten meine neuen Klassenkameraden, als ich in Radcliffe ankam. »Wo soll das sein?«
Damals war die Antwort leichter als heute.
»Pakistan ist das größte muslimische Land der Welt«, antwortete ich, und es klang wie ein Werbeprospekt der pakistanischen Botschaft. »Pakistan besteht aus zwei Teilen, die durch Indien getrennt werden.«
»Ach, Indien«, kam die erleichterte Antwort. »Pakistan liegt neben Indien.«
Es gab mir jedesmal einen Stich, wenn man Pakistan in einem Atemzug mit Indien nannte, mit dem wir zwei bittere Kriege geführt hatten. Pakistan war doch einer der stärksten Verbündeten der Vereinigten Staaten, es bildete eine Pufferzone gegen den sowjetischen Einfluß in Indien und gegen unsere anderen Nachbarn, das kommunistische China, Afghanistan und den Iran. Unsere Luftwaffenbasen in Nordpakistan wurden von den Amerikanern für ihre Aufklärungsflüge mit der U-2 benutzt. Gary Powers

war 1960 von dort zu seinem Unglücksflug gestartet. Henry Kissingers Flug 1971 von Islamabad nach China war erfolgreicher gewesen und hatte den Weg für Präsident Nixons historischen Chinabesuch ein Jahr später geebnet. Trotzdem schienen die amerikanischen Studenten nicht einmal von der Existenz meines Landes zu wissen.

Verständlicherweise kannten sie auch die Bhuttos nicht, und ich genoß es, zum ersten Mal in meinem Leben eine anonyme Person zu sein. In Pakistan war man mir aufgrund meines Namens immer mit Respekt begegnet, und das hatte mich schüchtern gemacht. Ich wußte nie, ob die Leute mich meinten oder meinen Namen, wenn sie auf mich zukamen. In Harvard war ich zum ersten Mal auf mich allein gestellt.

Meine Mutter war die ersten zwei Wochen bei mir geblieben, hatte mir geholfen, mein Zimmer in Eliot Hall zu beziehen, und die Richtung bestimmt, in der Mekka lag, damit ich mich beim Gebet nach Mekka ausrichten konnte. Als sie ging, ließ sie mir einen warmen, wollenen *shalwar khameez* zurück, den sie mit viel Liebe für mich angefertigt und innen mit Seide gefüttert hatte, damit die Wolle nicht kratzte.

Was das Gebet betraf, hielt ich mich an die Anweisungen meiner Mutter. Etwas anderes war meine Garderobe, die bei Regen und Schnee völlig unpraktisch war und mich von meinen Mitstudenten trennte. Ich tauschte den *shalwar khameez* bald gegen Jeans und Sweatshirt aus dem Co-op von Harvard ein. Ich ließ mir lange Haare wachsen und war geschmeichelt, wenn meine Freundinnen in Eliot Hall sagten, ich sähe aus wie Joan Baez. Ich trank literweise Apfelmost, verschlang in rauhen Mengen Pfefferminzeis aus Brigham's Eisdiele und besuchte regelmäßig Rockkonzerte in Boston und die Gartenpartys meiner »Pflegeeltern« Professor Galbraith und Frau. Alles war neu und begeisterte mich.

Die Antikriegsbewegung war auf dem Höhepunkt, und ich demonstrierte mit Tausenden anderer Harvard-Studenten auf einer Kundgebung im Boston Common und später auf einem riesigen Protestmarsch durch Washington DC für einen Waffenstillstand in Vietnam. Ausgerechnet in Washington machte ich ironischerweise meine ersten Erfahrungen mit Tränengas. Ich war ziemlich nervös, als ich zum ersten Mal den Anstecker mit der Aufschrift »Bring the Boys Home Now« trug. Als Ausländer riskierte ich auf jeder politischen Veranstaltung die Ausweisung. Aber ich war schon zu Hause gegen den Vietnamkrieg eingetreten und wurde nun durch das Antikriegsfieber in Amerika noch mehr radikalisiert. Es war ein seltsames Gefühl, festzustellen, daß die amerikanischen Demonstranten

dieselben Motive hatten wie ich: Amerika sollte sich nicht in einen asiatischen Bürgerkrieg einmischen.
Nachdem ich in Pakistan sechs Abteilungen von vier verschiedenen Schulen besucht hatte, genoß ich die Kontinuität einer vierjährigen Ausbildung in Harvard. Es war eine ereignisreiche Zeit. Die Frauenbewegung gewann an Boden. Der Buchladen in Harvard war voll von Büchern und Magazinen über Frauen, darunter die Campusbibel *Sexus und Herrschaft* von Kate Millet und die ersten Nummern der Frauenzeitschrift *Ms.* Jeden Abend traf ich mich mit meinen Freundinnen, und wir sprachen über unsere Zukunftshoffnungen und darüber, wie unsere Beziehung zu den Männern aussehen sollten, die wir heiraten würden - wenn wir überhaupt heirateten. In Pakistan hatte ich zu einer Minderheit gehört, die in Ehe und Familie nicht das wichtigste Lebensziel sah. In Harvard lernte ich zahlreiche Frauen kennen, die sich durch ihr Geschlecht genausowenig eingeschränkt fühlten wie ich. Mein Selbstvertrauen stieg gewaltig, und ich überwand meine frühere Schüchternheit.
In Pakistan verkehrten meine Schwester, meine Brüder und ich in einem engen Kreis von Freunden und Verwandten. Deshalb hatte ich mich dort gegenüber Leuten, die ich nicht kannte, immer unwohl gefühlt. In Harvard dagegen kannte ich niemand außer Peter Galbraith, dem ich kurz vor Collegebeginn im Haus seiner Eltern vorgestellt worden war. Auf das behütete und konservative Mädchen, das ich damals war, wirkte Peter schockierend. Er hatte lange Haare, trug alte, abgetragene Kleider und rauchte Zigaretten in Gegenwart seiner Eltern. Er sah eher aus wie ein verwahrlostes Kind, das der frühere Botschafter aus Indien mit nach Hause gebracht hatte, nicht wie der Sohn eines altgedienten Diplomaten und prominenten Professors. Ich konnte damals noch nicht wissen, welche Rolle Peter, der mir ein guter Freund wurde, 15 Jahre später bei meiner Freilassung aus der Gefangenschaft in Pakistan spielen sollte.
Peter war jedoch nur einer von Tausenden von Studenten in Harvard. Ich mußte Fremde nach dem Weg zur Bibliothek, zu den Hörsälen und zu den Wohnheimen fragen. Ich war gezwungen, meine Scheu zu überwinden. Man hatte mich ins Wasser geworfen. Wenn ich nicht untergehen wollte, mußte ich schwimmen lernen.
Ich lebte mich schnell ein, organisierte schon im ersten Jahr Freizeitveranstaltungen in Eliot Hall, arbeitete später bei der Studentenzeitung von Harvard *The Crimson* mit und führte für die Crimson Key Society Studentengruppen durch den Campus. »Offiziell heißt dieses Gebäude Center of International Affairs, aber wir alle wissen, was CIA wirklich bedeutet«,

teilte ich den neuen Studenten in verschwörerischem Ton mit und hielt damit die respektlose Gesinnung wach, die mich selbst auf meiner ersten Besichtigungstour so entzückt hatte. Harvards umstrittenes Gebäude für bildende Kunst, das der französische Architekt Le Corbusier entworfen hatte, kam nicht besser weg. »Man nimmt allgemein an, daß der Baumeister die Baupläne verkehrt herum gelesen hat«, lautete der Standardwitz.

Es gab jedoch auch kulturelle Unterschiede, mit denen ich weniger leicht fertig wurde. Ich gewöhnte mich nie daran, so eng mit jungen Männern zusammenzuleben, wie es an der Universität der Fall war, besonders als in Eliot Hall in meinem dritten Studienjahr auch Männer zugelassen wurden. Wenn ich etwa in der Waschküche einen Studenten antraf, veranlaßte mich das, meine Wäsche später zu waschen. Das Problem löste sich erst, als ich nach Eliot House auf dem Campus von Harvard umzog, wo ich mit meiner Kommilitonin Yolanda Kodrzycki ein Appartement mit eigenem Bad bewohnte und die gemeinschaftliche Waschküche viel größer war.

Ursprünglich hatte ich Psychologie studieren wollen, aber als ich erfuhr, daß man für Psychologie im Hauptfach Kurse in Medizin belegen und Tiere sezieren mußte, bekam ich kalte Füße und studierte statt dessen Politische Wissenschaften. Mein Vater war begeistert. Er hatte heimlich an Mary Bunting, die Präsidentin von Radcliffe, geschrieben und sie gebeten, mich für Politikwissenschaft zu interessieren. Mrs. Bunting hatte mich jedoch nur freundlich gefragt, was ich mit meinem Leben anfangen wollte, und nie auch nur angedeutet, daß sie von meinem Vater einen Brief bekommen hatte. Jedenfalls hatte ich mit Politikwissenschaft eine gute Wahl getroffen.

Durch das Politikstudium in Harvard begann ich Pakistan viel besser zu verstehen als in all den Jahren, in denen ich dort gelebt hatte. »Wenn ein Polizist auf der Straße die Hand hebt und ›Halt!‹ ruft, bleiben alle stehen«, hatte Professor John Womack in seinem Anfängerseminar zum Thema Revolution gesagt. »Wenn aber Sie oder ich die Hand heben und ›Halt!‹ rufen, hält niemand an. Warum? Weil der Polizist durch Verfassung und Staat autorisiert ist, für die Einhaltung der Gesetze zu sorgen. Er hat einen Auftrag, er ist offiziell legitimiert, ›Halt‹ zu sagen, im Gegensatz zu Ihnen und mir.«

Ich weiß noch, wie ich fasziniert in Professor Womacks Arbeitszimmer saß, wo ich wahrscheinlich die einzige Studentin war, die selbst in einer Diktatur gelebt hatte. Mit einem einzigen Beispiel hatte Professor Womack den Zustand der Gesetzlosigkeit, der Verachtung der Gesetze auf den Punkt gebracht, der in Pakistan unter Ayub und Yahya Khan und später unter Zia ul-Haq herrschte. Diese Diktatoren hatten die Regierungsgewalt an sich gerissen, sie war ihnen nicht durch ein Mandat des Volkes verliehen worden. Zum ersten Mal in meinem Leben verstand ich, warum die Menschen in Pakistan nicht bereit waren, den Befehlen des Regimes zu gehorchen. Wo es keine verfassungsmäßige Regierung gibt, herrscht Anarchie.

Ich hatte mein zweites Jahr in Radcliffe zur Hälfte hinter mir, als in Pakistan die Möglichkeit einer legitimen Regierung näher rückte. Am 7. Dezember 1970 ließ Yahya Khan endlich Wahlen abhalten, die ersten seit 13 Jahren. Auf der anderen Seite des Erdballs, in Cambridge, studierte ich die ganze Nacht mit dem Telefon neben mir. Dann rief meine Mutter an. Mein Vater und die PPP hatten in Westpakistan ganz unerwartet einen überwältigenden Wahlsieg errungen und 82 von 138 Sitzen der Nationalversammlung gewonnen. In Ostpakistan hatte Scheich Mujib ur-Rahman, der Führer der Awami-Liga, der keinen Gegenkandidaten gehabt hatte, eine sogar noch größere Mehrheit erringen können. Am nächsten Tag gratulierten mir Leute, die ich noch nie gesehen hatte, zum Sieg meines Vaters. Sie hatten in der *New York Times* davon erfahren.

Meine Euphorie war leider nur von kurzer Dauer. Statt mit meinem Vater und den Vertretern Westpakistans eine neue Verfassung zu entwerfen, die für beide Teile Pakistans akzeptabel war, heizte Mujib eine Unabhängigkeitsbewegung an, die für die völlige Loslösung Ostpakistans, oder Ostbengalens, von der westlichen Föderation eintrat. Immer wieder appellierte mein Vater an Scheich Mujib, Pakistan nicht zu teilen und mit ihm freundschaftlich zusammenzuarbeiten, um das Militärregime Yahyas endgültig zu ächten. Anstatt jedoch Flexibilität zu zeigen und sich der politischen Notwendigkeit zu beugen, legte Mujib eine Starrköpfigkeit an den Tag, deren Logik ich bis heute nicht begreife. Die ostbengalischen Rebellen folgten seinen Aufrufen zur Unabhängigkeit und besetzten die Flughäfen. Bengalische Bürger weigerten sich, Steuern zu zahlen. Bengalische Angestellte der Zentralregierung streikten. Im März stand ein Bürgerkrieg vor der Tür.

Mein Vater verhandelte weiter mit Mujib in der Hoffnung, eine Teilung Pakistans verhindern und Ostpakistan das Strafgericht ersparen zu können, mit dem Militärregimes gewöhnlich schnell bei der Hand sind. Am 27. März 1971 weilte er gerade zu weiteren Verhandlungen mit Mujib in Ostpakistans Hauptstadt Dacca, als seine schlimmsten Befürchtungen sich bestätigten: Yahya Khan befahl der Armee, den Aufstand niederzuschlagen. Von seinem Hotelzimmer aus mußte mein Vater mitansehen, wie Dacca in Flammen aufging. Obwohl er die gewaltsame Lösung vorausgesehen hatte, war er zutiefst betroffen. Zehntausend Kilometer entfernt in Cambridge lernte ich selber eine bittere Lektion.

Plünderung, Vergewaltigung, Entführung, Mord. Niemand hatte sich für Pakistan interessiert, als ich in Amerika angekommen war, jetzt interessierte es plötzlich jeden. Und mein Land wurde allgemein verurteilt. Zuerst weigerte ich mich zu glauben, was die westliche Presse über die Grausamkeiten berichtete, die unsere Armee in dem von den ostpakistanischen Rebellen inzwischen Bangladesh genannten Teil Pakistans begangen haben sollte. In den von der pakistanischen Regierung kontrollierten Zeitungen, die mir meine Eltern jede Woche zuschickten, war doch zu lesen, der Aufstand sei schnell niedergeschlagen worden. Warum also die Anklagen, Dacca sei niedergebrannt worden und Erschießungskommandos hätten in den Universitäten Studenten, Dichter, Schriftsteller, Gelehrte und Rechtsanwälte erschossen? Ungläubig schüttelte ich den Kopf. Die westliche Presse berichtete von Tausenden von Flüchtlingen: So viele Flüchtlinge seien von pakistanischen Tieffliegern beschossen und getötet worden, daß man mit ihren Leichen Straßenbarrikaden errichtet habe.

Diese Berichte waren so extrem, daß ich nicht wußte, was ich glauben sollte. Der Vortrag, den wir während unserer Einführungswoche in Radcliffe über die Gefahr der Vergewaltigung gehört hatten, war mir zunächst unglaublich erschienen. Bevor ich nach Amerika kam, hatte ich nicht einmal gewußt, daß es so etwas wie Vergewaltigung gab. Die bloße Möglichkeit hielt mich jedoch in den nächsten vier Jahren davon ab, nachts allein auszugehen. Nach dem Vortrag war die Gefahr, in Harvard vergewaltigt zu werden, für mich auf einmal real. Die Vergewaltigung eines ganzen Landes wie Ostbengalen hielt ich dagegen nicht für möglich. Ich ließ mich von den chauvinistischen Stellungnahmen unserer offiziellen Presse einlullen, die Berichte westlicher Medien als »übertrieben« und als »zionistische Verschwörung« gegen einen islamischen Staat abtaten.

Meine Klassenkameraden in Harvard waren nicht so leicht zu überzeugen. »Eure Armee ist ein Haufen von Barbaren«, hielten sie mir vor. »Ihr metzelt die Bengalen nieder.« »Es stimmt nicht, daß wir die Bengalen umbringen«, antwortete ich, das Gesicht rot vor Ärger. »Glaubt ihr denn alles, was in der Zeitung steht?« Plötzlich zogen alle über Westpakistan her, sogar die, mit denen ich vor kurzem noch Geld für die Opfer des

Zyklons gesammelt hatte, der in Ostpakistan gewütet hatte. Die Anklagen wurden immer schlimmer: »In Pakistan herrschen Faschisten.« Ich widersprach nach Leibeskräften, besonders als ich hörte, daß in Indien Tausende von bengalischen Flüchtlingen als Guerillas ausgebildet und heimlich über die Grenze nach Ostpakistan zurückgeschmuggelt wurden. »Wir kämpfen gegen einen von Indien unterstützten Aufstand«, sagte ich. »Wir kämpfen gegen die Teilung unseres Landes, genau wie ihr in eurem Bürgerkrieg.«

Von allen Seiten tönten mir Anklagen entgegen. Manchmal waren sie wirklich unberechtigt. »Pakistan hat dem Volk von Bangladesh das Recht auf Selbstbestimmung verweigert«, entrüstete sich Professor Walker in seiner Vorlesung »Krieg und Moral« im Herbst meines dritten Studienjahres. Ich sprang auf und hielt vor den 200 im Hörsaal versammelten Studenten meine erste politische Rede. »Das ist völlig falsch, Professor Walzer.« Meine Stimme zitterte vor Aufregung. »Das Volk von Bengalen hat sein Recht auf Selbstbestimmung 1947 ausgeübt und für Pakistan gestimmt.« Es herrschte betroffenes Schweigen, aber mein Argument war historisch richtig. Die tiefere Wahrheit freilich, die ich nicht sehen wollte, war die Enttäuschung, die der Geburt Ostpakistans gefolgt war.

Wie oft habe ich seither gebetet, Gott möge mir meine Unwissenheit vergeben! Ich sah damals nicht, daß die demokratische Entscheidung der Bengalen für ein vereinigtes Pakistan schwer mißbraucht worden war. Die in Ostpakistan lebende Mehrheit der Bevölkerung war von der Minderheit in Westpakistan praktisch als Kolonie behandelt worden. Mit den Exporteinnahmen Ostpakistans von über 31 Milliarden Rupien waren in Westpakistan Straßen, Schulen, Universitäten und Krankenhäuser gebaut worden, während die Entwicklung im Osten stagnierte. Die Armee, in unserem armen Land der größte Arbeitgeber, rekrutierte 90 Prozent ihrer Soldaten in Westpakistan. Achtzig Prozent der Regierungsbeamten waren Westpakistaner. Die Zentralregierung hatte sogar Urdu zur Nationalsprache erklärt, eine Sprache, die in Ostpakistan kaum jemand verstand. Das brachte den Bengalen weitere Nachteile im Wettbewerb um Regierungsämter und verschlechterte ihre Bildungschancen. Kein Wunder, daß sie sich ausgeschlossen und ausgebeutet fühlten.

Ich war in Harvard noch zu jung und naiv, um zu wissen, daß die pakistanische Armee durchaus in der Lage war, dieselben Greueltaten zu begehen wie jede andere Armee, die auf die Zivilbevölkerung losgelassen wird. Dabei kann es zu Exzessen kommen wie 1968, als Truppen der US-

Armee in My Lai unschuldige Zivilisten niedermetzelten. Als Zia einige Jahre später meine Heimatprovinz Sind unterdrückte, geschahen ähnliche Massaker. Soldaten verlieren auf einmal die Beherrschung und wüten wie Berserker unter der Zivilbevölkerung. Sie betrachten die Zivilisten als »Feinde«, die man erschießen oder ausrauben und vergewaltigen darf. In jenem schrecklichen Frühling von 1971 hielt ich jedoch noch an der kindlichen Vorstellung von den heldenhaften pakistanischen Soldaten fest, die 1965 im Krieg gegen Indien so tapfer gekämpft hatten. Der Verlust dieser Illusion war ein langer, schmerzhafter Prozeß.

»Pakistan macht eine schreckliche Zeit durch«, schrieb mein Vater in einem langen Brief, der später unter dem Titel *The Great Tragedy* als Buch erschien. »Der Alptraum, in dem Pakistaner sich gegenseitig umbringen, ist noch nicht zu Ende. Es wird viel Blut vergossen. Die aggressive Einmischung Indiens hat die Lage kompliziert. Wenn wir diesen Sturm überstehen, hat Pakistan eine sichere und sinnvolle Zukunft vor sich. Andernfalls wird das Land in schrecklichen Kämpfen untergehen.«

Die Katastrophe kam am Morgen des 3. Dezember 1971. »Nein!« schrie ich und warf die Zeitung auf den Boden. Die indische Armee war, angeblich weil sie dem Flüchtlingsstrom, der sich nach Indien ergoß, die Rückkehr ermöglichen wollte, in Ostpakistan einmarschiert und hatte auch Westpakistan angegriffen. Die im Hafen von Karachi ankernden Schiffe wurden von modernen sowjetischen Raketen versenkt. Indische Flugzeuge bombardierten lebenswichtige Einrichtungen der Stadt. Unsere Waffen waren so veraltet, daß wir nicht zurückschlagen konnten. Die schiere Existenz meines Landes war bedroht.

»Sei froh, daß Du nicht hier bist«, schrieb Samiya aus Karachi. »Es gibt jede Nacht Luftangriffe, und wir haben die Fenster mit schwarzem Papier verdunkeln müssen. Die Schulen und Universitäten sind geschlossen. Wir können den ganzen Tag nichts tun, als uns Sorgen machen. In den Zeitungen steht wie üblich nichts. Wir haben nicht einmal gewußt, daß Indien in Ostpakistan einmarschiert ist, bis jemand ans Tor hämmerte und schrie: ›Es ist Krieg! Es ist Krieg!‹ In den 7-Uhr-Nachrichten heißt es, daß wir gewinnen, aber BBC-Asien meldet, daß wir vernichtend geschlagen werden. BBC berichtet außerdem, daß unsere Armee in Ostpakistan schreckliche Verbrechen begangen hat. Hast Du davon gehört?

Kein anderer dreizehnjähriger Junge in Karachi führt ein so aufregendes Leben wie Dein Bruder Shah Nawaz. Er hat sich bei der Zivilverteidigung gemeldet, patrouilliert jede Nacht mit seinem Motorrad durch die Straßen

der Nachbarschaft und sagt den Leuten, daß sie die Lichter löschen sollen. Bei einem der Luftangriffe war ich bei Euch zu Hause, und Eure Mutter hat uns in das fensterlose Speisezimmer hinuntergebracht. Daheim schlafe ich im Zimmer meiner Mutter, weil wir beide Angst haben. Genau gegenüber von unserem Haus sind drei Bomben gefallen, die aber zum Glück nicht explodiert sind. Unser Garten ist mit Glassplittern übersät.
Die indischen Flugzeuge fliegen so dicht an unseren Fenstern vorbei, daß man die Piloten sehen kann! Aber unsere eigene Luftwaffe scheint sich nicht zu wehren. Vor drei Nächten waren die Explosionen so laut, daß ich dachte, sie bombardieren das Nachbarhaus. Als ich aufs Dach stieg, war der ganze Himmel rot. Am nächsten Morgen erfuhr ich, daß die Öldepots im Hafen von Raketen getroffen worden sind. Das Feuer brennt immer noch. Wir warten auf Hilfe von den Amerikanern.«

Militärische Hilfe aus Amerika traf nie ein, obwohl wir mit den Amerikanern ein Verteidigungsabkommen hatten. Das Abkommen basierte auf einem Mißverständnis: Die Amerikaner waren nur bereit, uns gegen »ihren« Feind, die Sowjetunion, zu verteidigen, Pakistan dagegen sah sich immer von Indien bedroht. Selbst heute wandert ein Großteil der Militärhilfe, die für die antisowjetischen Rebellen in Afghanistan bestimmt ist, in die Arsenale der pakistanischen Armee, die für einen potentiellen Krieg gegen Indien vorgesehen sind.

In der Krise von 1971 scheute Nixon vor einem militärischen Engagement zurück. Er zog weniger gefährliche diplomatische Manöver vor und leitete damit Amerikas Hinwendung zu Pakistan ein. Am 4. Dezember, dem zweiten Tag des dreizehntägigen Krieges, machte das US-Außenministerium Indien allein für den Krieg verantwortlich. Am 5. Dezember setzten die USA eine Resolution im Weltsicherheitsrat durch, in der ein Waffenstillstand gefordert wurde. Am 7. Dezember suspendierte die Nixon-Administration einen Entwicklungshilfekredit über 85 Millionen Dollar, der Indien versprochen worden war.

Diese Sanktionen erwiesen sich jedoch als unzureichend. Eine Woche nach Beginn der Invasion stand der Fall Daccas, der letzten von uns gehaltenen Stadt, unmittelbar bevor, und indische Truppen hatten die Grenze nach Westpakistan überschritten. Angesichts der totalen Niederlage auf dem Schlachtfeld und der drohenden Besetzung unseres Landes wandte sich Yahya Khan an den einzigen gewählten Führer, der die Autorität und Glaubwürdigkeit besaß, Pakistan zu retten: meinen Vater.

»Ich fliege nach New York zu den Vereinten Nationen«, lautete die Nachricht meines Vaters. »Komm am 9. Dezember ins Hotel Pierre.«

»Glaubst du, Pakistan wird bei den Vereinten Nationen Gehör finden?« fragte mein Vater, als wir uns in New York trafen.
»Natürlich, Vater«, antwortete ich mit der Überzeugung einer Achtzehnjährigen. »Niemand kann bestreiten, daß Indien internationales Recht verletzt hat, indem es in ein anderes Land einmarschiert ist und es besetzt hat.«
»Glaubst du, der Weltsicherheitsrat wird Indien verurteilen und auf dem Rückzug seiner Truppen bestehen?«
»Was denn sonst?« fragte ich erstaunt. »Die UNO würde ihrem Auftrag als internationale Organisation zur Erhaltung des Friedens nicht gerecht, wenn sie zuschaute, wie Tausende niedergemetzelt werden und ein Land verstümmelt wird.«
»Du hast dein internationales Recht gut gelernt, Pinkie, und es fällt mir schwer, einer Harvard-Studentin zu widersprechen«, sagte mein Vater nachsichtig. »Aber du hast keine Ahnung von Machtpolitik.«
Ich erinnere mich heute noch lebhaft an jene vier Tage, in denen mein Vater vergeblich für ein geeintes Pakistan kämpfte.
Im Tagungsraum des Sicherheitsrats sitze ich zwei Reihen hinter ihm. In der Vollversammlung haben 104 Länder, einschließlich der USA und Chinas, für eine Verurteilung Indiens gestimmt. Im Weltsicherheitsrat aber können sich die fünf ständigen Mitglieder nicht einmal auf einen Waffenstillstand einigen, weil die Sowjetunion mit ihrem Veto droht. Nach sieben Sitzungen über den indisch-pakistanischen Konflikt hat der Rat ein Dutzend Resolutionen entworfen, aber nicht eine verabschiedet. Was mein Vater mir über die Manipulation der Länder der Dritten Welt durch die Supermächte gesagt hat, hier erlebe ich es selbst. Pakistan ist den Eigeninteressen der Supermächte hilflos ausgeliefert.
»11. Dezember, 17 Uhr 40: Unsere Armee leistet heroischen Widerstand, bekommt aber keine Unterstützung aus der Luft und von der See und ist dem Gegner im Verhältnis von 6 : 1 unterlegen«, schreibe ich auf einen Notizblock des Hotel Pierre. »Die Armee kann nicht mehr länger als 36 Stunden durchhalten - von gestern an gerechnet.« Am nächsten Tag sind meine Notizen genauso deprimierend. »18 Uhr 30 Anruf von Botschafter Shah Nawaz: Lage sehr ernst. Einziger Ausweg ist Eingreifen Chinas, während Russen durch amerikanischen Druck abgehalten werden, ihrerseits zu intervenieren. Vater schickt Telegramm nach Islamabad: Armee muß 72 statt 36 Stunden durchhalten. General Niazi (Befehlshaber unserer Armee in Ostpakistan): Wir kämpfen bis zum letzten Mann.«

Am 12. Dezember fordert mein Vater vor den Vereinten Nationen einen Waffenstillstand, den sofortigen Rückzug der indischen Streitkräfte von pakistanischem Territorium, die Stationierung von UN-Truppen in Pakistan und eine Garantie, daß es in Ostpakistan keine Racheakte geben wird. Seine Forderungen stoßen auf taube Ohren. Ungläubig höre ich einer einstündigen Debatte über die Frage zu, ob der Sicherheitsrat am nächsten Morgen schon um 9 Uhr 30 wieder zusammentreten soll oder erst um elf, wenn alle ausgeschlafen haben. In der Zwischenzeit geht das Pakistan unter, das wir kannten.

»Wir müssen Yahya dazu bringen, eine Front im Westen zu eröffnen.« Leidenschaftlich versucht mein Vater, die pakistanische Delegation in unserem Hotelzimmer zu überzeugen. »Eine Offensive im Westen wird Indien zwingen, Truppen aus dem Osten abzuziehen, und unsere Truppen dort entlasten. Wenn wir nicht im Westen Druck machen, ist die Gefahr groß, daß wir ganz Pakistan verlieren.« Ich melde für meinen Vater ein Telefongespräch mit Yahya Khan an, aber Yahyas Adjutant teilt mir mit, daß der Präsident schläft und nicht gestört werden möchte. Mein Vater entreißt mir den Telefonhörer. »Wir haben Krieg! Wecken Sie den Präsidenten!« schreit er. »Er muß sofort eine Front im Westen eröffnen, um den Osten zu entlasten.«

Ein westlicher Journalist berichtet, General Niazi habe sich in Ostpakistan ergeben. Mein Vater verliert die Geduld. »Dementiert diese Gerüchte!« schreit er den Adjutanten an, weil Yahya immer noch unerreichbar ist. »Wie kann ich erfolgreich verhandeln, wenn ich nichts zum Verhandeln in der Hand habe?«

Die Telefone im Pierre klingeln ohne Unterlaß. Am Nachmittag habe ich auf einer Leitung US-Außenminister Henry Kissinger, auf der anderen Huang Hua, den Vorsitzenden der Delegation der Volksrepublik China. Henry Kissinger macht sich große Sorgen, daß China zugunsten Pakistans militärisch intervenieren könnte. Mein Vater fürchtet, daß die Chinesen es nicht tun. Während mein Vater als letzten Ausweg Yahya bitten will, nach Peking zu fliegen, verhandelt Kissinger in den über New York verstreuten abhörsicheren Gebäuden der CIA mit den Chinesen.

In der Suite meines Vaters geben sich die Delegationen die Klinke in die Hand: zuerst die sowjetische Delegation, dann die chinesische, dann die amerikanische unter Leitung von George Bush. »Mein Sohn studiert auch in Harvard. Rufen Sie mich an, wenn Sie etwas brauchen«, sagt Botschafter Bush und reicht mir seine Karte. Während der Verhandlungen sitze ich

in meinem Schlafzimmer am Telefon, notiere richtige Meldungen und gebe falsche weiter.
»Unterbrich die Verhandlungen«, hat mein Vater mich angewiesen. »Wenn die Sowjets da sind, sage, die Chinesen seien am Telefon. Sind die Amerikaner da, dann hast du die Russen oder die Inder in der Leitung. Sage nie, wer wirklich dran ist. Eine der Grundregeln der Diplomatie ist, Zweifel zu säen: Lege nie alle Karten auf den Tisch.« Ich gehorche seinen Anweisungen, aber seinen Rat habe ich seither nicht beherzigt. Ich lege immer alle Karten auf den Tisch.
Das diplomatische Kartenspiel in New York nimmt ein abruptes Ende. Yahya eröffnet keine Front im Westen; das Militärregime hat sich insgeheim schon mit dem Verlust Ostpakistans abgefunden. Die Chinesen greifen nicht ein, obwohl sie militärische Unterstützung angekündigt haben. Das Gerücht von der Kapitulation Niazis richtet viel Schaden an, obwohl es dementiert wurde. Indien weiß jetzt, daß unsere Militärs in Ostpakistan aufgeben wollen. Auch die ständigen Mitglieder des Sicherheitsrats wissen das jetzt. Daccas Fall steht unmittelbar bevor.
Am 15. Dezember sitze ich wie gewöhnlich hinter meinem Vater im Sicherheitsrat, als mein Vater mit dessen Strategie des Nichtstuns die Geduld verliert. »Nicht einmal Tiere sind neutral«, wirft er den Mitgliedern des Rates vor, wobei er sich besonders an die Franzosen und Briten wendet, die sich wegen ihrer eigenen Interessen auf dem indischen Subkontinent der Stimme enthalten haben. »Entscheiden Sie sich! Sie können für die Gerechtigkeit oder die Ungerechtigkeit Partei ergreifen, Sie können sich für den Aggressor oder das Opfer entscheiden. Aber neutral können Sie nicht sein.«
Während der leidenschaftlichen Worte meines Vaters wird mir das Dilemma von Nachgiebigkeit und Widerstand bewußt. Angesichts der Voreingenommenheit der Supermächte gegen Pakistan wäre es sicher klüger, einzulenken. Aber sich dem Willen der Supermächte zu unterwerfen hieße, an ihrem Tun mitschuldig zu werden. »Zwingen Sie uns irgendeine Entscheidung auf«, ruft mein Vater. »Machen Sie einen Friedensvertrag, schlimmer als den von Versailles. Legalisieren Sie Aggression und Okkupation, legalisieren Sie alle Verstöße gegen das Recht, zu denen es bis zum 15. Dezember 1971 gekommen ist. Aber ohne mich... Machen Sie, was Sie wollen. Ich gehe!« Mit diesen Worten steht er auf und verläßt den Saal, in dem betäubte Stille herrscht. Ich raffe hastig meine Papiere zusammen und folge ihm mit den pakistanischen Delegierten.

Die *Washington Post* nannte den Auftritt meines Vaters im Sicherheitsrat »Live-Theater«. Für uns dagegen hatte mein Vater die Sorge um die Zukunft unseres Landes zum Ausdruck gebracht, falls es in Zukunft überhaupt noch ein Land namens Pakistan geben würde. »Selbst wenn wir in Dacca militärisch kapitulieren, bei einer politischen Kapitulation dürfen wir nicht mitmachen«, sagte mein Vater, während wir durch die Straßen New Yorks gingen. »Durch mein Gehen habe ich klargemacht, daß man unseren Willen und unseren Nationalstolz nicht brechen kann, auch wenn man uns physisch vernichtet.«

Mein Vater machte sich große Sorgen. Er sah katastrophale Folgen für Pakistan voraus. »Wenn man sich auf eine bestimmte Politik geeinigt hätte, etwa eine Volksabstimmung unter Aufsicht der UN, hätte sich das Volk von Ostpakistan frei für ein vereinigtes Pakistan oder ein unabhängiges Bangladesh entscheiden können. Jetzt erleidet Pakistan die Demütigung der Kapitulation vor Indien. Es wird einen schrecklichen Preis bezahlen müssen.«

Am nächsten Morgen reiste mein Vater zurück nach Pakistan. Ich kehrte nach Cambridge zurück - und Dacca fiel.

Der Verlust Ostpakistans war in vieler Hinsicht ein schwerer Schlag für Pakistan. Unsere gemeinsame Religion, der Islam, von der wir immer geglaubt hatten, sie könne die 1600 km indisches Territorium überbrücken, die Ost- und Westpakistan voneinander trennten, hatte die Teilung nicht verhindern können. Unser Vertrauen in das schiere Überleben unseres Landes war erschüttert, der Zusammenhalt der vier Provinzen Westpakistans aufs äußerste gefährdet. Nie war die Stimmung in Pakistan gedrückter als während der Kapitulation vor Indien.

Auf dem Rennplatz von Dacca ging General Niazi vor laufenden Fernsehkameras auf seinen indischen Gegenspieler General Aurora zu. Ich traute meinen Augen nicht, als ich sah, wie General Niazi mit dem Eroberer Daccas die Schwerter austauschte (sie waren zusammen in Sandhurst gewesen) und ihn umarmte. Ihn umarmte! Nicht einmal die Nazis hatten auf so demütigende Art kapituliert. Als Befehlshaber einer geschlagenen Armee hätte es Niazi besser zu Gesicht gestanden, sich zu erschießen.

Als mein Vater in Islamabad landete, stand die Stadt in Flammen. Die aufgebrachte Menschenmenge hatte sogar die Spirituosenläden in Brand gesetzt, die angeblich Yahya Khan und seine Regierung mit Alkohol versorgt hatten. Als das Fernsehen über die Kapitulation berichtete, nachdem das Regime wochenlang einen Sieg Pakistans angekündigt hatte, ging in

Karachi eine riesige Menschenmenge auf die Straße, stürmte den Sender und versuchte ihn niederzubrennen. Unterdessen drohten militante Artikel in der indischen Presse weitere Zerstörungen in Pakistan an und behaupteten, Pakistan sei »eine künstliche Nation, die besser nie entstanden wäre«.
Am 20. Dezember 1971, vier Tage nach dem Fall Daccas, zwang die Wut des Volkes Yahya Khan zum Rücktritt. Mein Vater wurde als gewählter Führer der größten Fraktion im pakistanischen Parlament Präsident. Weil es keine Verfassung gab, wurde er mit Ableistung seines Amtseids ironischerweise zum ersten zivilen Regierungschef einer Militärregierung in der Geschichte unseres Landes.
In Harvard war ich jetzt nicht mehr Pinkie aus Pakistan, sondern Pinkie Bhutto, die Tochter des pakistanischen Präsidenten. Mein Stolz auf die Erfolge meines Vaters wurde jedoch gedämpft durch meine Scham über die Niederlage und meine Trauer über den Preis, den Pakistan hatte zahlen müssen. In den zwei Kriegswochen war ein Viertel unserer Luftwaffe abgeschossen und unsere halbe Flotte versenkt worden. Die Staatskasse war leer. Wir hatten Ostpakistan verloren, und Indien hatte 13000 qkm westpakistanisches Territorium besetzt und 93000 Kriegsgefangene gemacht. Viele glaubten, Pakistan werde diese Schläge nicht überleben. Das vereinigte Pakistan jedenfalls, das Mohammed Ali Jinnah 1947 nach der Teilung Indiens gegründet hatte, hatte mit der Geburt Bangladeshs aufgehört zu existieren.

Simla, 28. Juni 1972. An diesem Tag fand das Gipfeltreffen zwischen meinem Vater, dem Präsidenten Pakistans, und Indira Gandhi, der Premierministerin Indiens, statt. Die Zukunft des gesamten Subkontinents hing vom Ergebnis dieser Begegnung ab. Auch diesmal wollte mein Vater mich dabei haben. »Was auch immer bei dem Treffen herauskommt, es wird ein Wendepunkt in der pakistanischen Geschichte sein, und ich möchte, daß du das aus erster Hand mitbekommst.« Ich war eine Woche vorher nach Abschluß meines dritten Studienjahrs zurückgekehrt, um die Sommerferien in Pakistan zu verbringen.
Schon bei den Vereinten Nationen sechs Monaten vorher hatte ein unfreundliches Verhandlungsklima geherrscht. In Simla war die Atmosphäre zum Zerreißen gespannt. Mein Vater kam mit leeren Händen zu Indira Gandhi an den Verhandlungstisch. Alle Trümpfe lagen bei Indien: die pakistanischen Kriegsgefangenen, die Drohung mit Kriegsverbrecherprozes-

sen und 13 000 qkm unseres Territoriums. Es herrschte trübe Stimmung im Flugzeug des Präsidenten, das meinen Vater und die wichtigsten Mitglieder der pakistanischen Delegation nach Chandigarh im indischen Staat Punjab brachte. Würde sich das Verhältnis zwischen Indien und Pakistan in Simla entschärfen? Konnten wir mit Indien Frieden schließen? Oder war unser Land zum Untergang verurteilt?

»Alle werden nach Anzeichen für den Erfolg oder Mißerfolg des Treffens Ausschau halten«, erklärte mein Vater mir im Flugzeug. »Du mußt also deinen Gesichtsausdruck ganz genau kontrollieren. Du darfst nicht lächeln und den Eindruck erwecken, daß es dir gut geht, während unsere Soldaten in indischen Kriegsgefangenenlagern sitzen. Aber du darfst auch nicht finster aussehen, man könnte das als Pessimismus werten. Niemand soll sagen: ›Seht euch ihr Gesicht an. Die Verhandlungen sind offensichtlich am Scheitern. Die Pakistaner haben die Nerven verloren. Sie haben keine Erfolgschancen und werden Zugeständnisse machen.‹«

»Wie soll ich dann aussehen?« fragte ich ihn.

»Ich habe es dir schon gesagt: Weder traurig noch glücklich.«

»Das ist sehr schwer.«

»Das ist überhaupt nicht schwer.«

Dieses eine Mal hatte mein Vater unrecht. Es war schwer, einen neutralen Gesichtausdruck zu wahren, als wir den Hubschrauber bestiegen, der uns zum Erholungsort Simla brachte, der früheren Sommerresidenz des britischen Raj im Vorgebirge des Himalaya. Die Schwierigkeit steigerte sich noch, als wir dort auf einem Fußballfeld landeten und vor laufenden Fernsehkameras von Indira Gandhi persönlich begrüßt wurden. Wie klein sie war, viel kleiner als auf den zahlreichen Fotos, die ich von ihr gesehen hatte, und wie elegant, sogar in dem Regenmantel, den sie wegen des bedeckten Himmels über dem Sari trug. »*As-Salaam O alaikum*«, begrüßte ich sie mit dem Friedensgruß der Muslime. »*Namaste*« - sei gegrüßt-, antwortete sie lächelnd. Ich reagierte mit der, wie ich hoffte, unverbindlichen Andeutung eines Lächelns.

In den nächsten fünf Tage waren mein Vater und der Rest der pakistanischen Delegation einem Sturm unterschiedlicher Gefühle ausgesetzt. »Die Gespräche kommen gut voran«, sagte mir einer der Delegierten, als der erste Tag zur Hälfte vergangen war. »Es sieht nicht gut aus«, teilte mir ein anderer am Abend mit. Am nächsten Tag lösten sich Optimismus und Pessimismus noch schneller ab. Indira Gandhi nutzte ihre starke Position und bestand auf einem Verhandlungspaket, das auch Indiens Anspruch auf den von beiden Verhandlungspartnern beanspruchten Staat Kaschmir einschloß. Die pakistanische Delegation befürwortete dagegen ein schrittweises Vorgehen, bei dem nacheinander über das besetzte pakistanische Territorium, über die Kriegsgefangenen und über Kaschmir verhandelt werden sollte. Der Ausverkauf pakistanischer Interessen unter indischem Druck wäre für das pakistanische Volk nicht annehmbar gewesen und hätte einen neuen Krieg wahrscheinlich gemacht.

Aber während die Verhandlungen stagnierten, geschah auf den Straßen etwas Seltsames. Jedesmal, wenn ich Himachal Bhavan verließ, die frühere Residenz des britischen Gouverneurs des Punjab, in der wir wohnten, war die Straße von Menschen gesäumt, die mich neugierig anstarrten und mir zujubelten. Menschenmengen begannen mir überallhin zu folgen, zu den alten Gehöften und Gärten auf dem Land, die viele Jahre zuvor von nostalgischen britischen Siedlern angelegt worden waren, zu Einrichtungen, die ich offiziell besuchte, wie einem Puppenmuseum, einem Zentrum für Kunsthandwerk, einer Fabrik für Dosenobst und einem Mädcheninternat, das uns mit einem Tanzprogramm unterhielt und an dem ich mehreren Lehrerinnen begegnete, die mich früher in Murree unterrichtet hatten. Wenn ich die Allee hinunterging, auf der einst die Würdenträger der britischen Kolonialregierung mit ihren Frauen promeniert waren, kam es zu einem solchen Massenauflauf, daß der Verkehr gestoppt werden mußte. Bei all dem war mir unwohl. Was hatte ich getan, um soviel Aufmerksamkeit auf mich zu ziehen?

Ich bekam immer mehr Briefe und Telegramme, die mich in Indien willkommen hießen. In einem Brief wurde sogar vorgeschlagen, mein Vater solle mich zur Botschafterin in Indien ernennen! Journalisten balgten sich um Interviews, und man lud mich ein, im All India Radio zu sprechen. Zu meinem Entsetzen wurden meine Kleider in Indien zum Modeereignis der Saison. Das brachte mich nicht nur deshalb in Verlegenheit, weil ich alle meine Kleider von Samiya ausgeliehen hatte - mein eigener Kleiderschrank enthielt fast nur legere *khameez,* Jeans und Sweatshirts -, sondern war mir auch unangenehm, weil ich es völlig unwichtig fand, wie jemand gekleidet war. Ich sah mich als Intellektuelle aus Harvard, die sich mit ernsten Problemen wie Krieg und Frieden beschäftigte, während die Presse darauf beharrte, mir Fragen zu meinen Kleidern zu stellen. »Mode ist ein bürgerlicher Zeitvertreib«, sagte ich schließlich in meiner Verzweiflung zu einem Reporter. In seinem Artikel am nächsten Tag war ich trotzdem nur die Wegbereiterin einer neuen Mode.

Auch mein Vater und die anderen Mitglieder der Delegation konnten nicht verstehen, warum mir soviel Aufmerksamkeit zuteil wurde. »Vermutlich brauchen die Leute dich als Ablenkung, weil hier so viel auf dem Spiel steht«, erklärte mein Vater eines Morgens, als er ein Bild auf der Titelseite der Zeitung betrachtete, das mich winkend inmitten einer Menschenmenge zeigte. »Paß bloß auf«, neckte er mich, »du siehst aus wie Mussolini.«

Wahrscheinlich hatte er recht mit seiner Ablenkungstheorie. Die Gespräche fanden unter strengster Geheimhaltung statt, und die in Simla versammelten Legionen von Journalisten aus aller Welt hatten außer mir wenig Themen, über die sie berichten konnten. Trotzdem hatte ich das Gefühl, daß es für meinen überwältigenden Empfang noch einen anderen Grund geben mußte.

Ich symbolisierte eine neue Generation. Ich war nie eine Inderin gewesen. Ich war im unabhängigen Pakistan geboren. Deshalb war ich frei von den Komplexen und Vorurteilen, die während des blutigen Traumas der Teilung Inder und Pakistaner auseinandergerissen hatten. Vielleicht hofften die Menschen, daß eine neue Generation die alte Feindschaft vergessen könnte, die bis dahin zu drei Kriegen geführt hatte. Vielleicht konnten wir die Vergangenheit unserer Eltern und Großeltern begraben und wie Freunde zusammenleben. Mir erschien das in der Tat möglich, als ich durch die warmen und freundlichen Straßen Simlas spazierte. Mußten wir wirklich durch Mauern des Hasses voneinander getrennt sein, konnten wir uns nicht verständigen wie die Länder Europas, die sich früher auch erbittert bekämpft hatten?

Die Antwort auf diese Frage entschied sich in der Abgeschlossenheit der getäfelten Konferenzräume im früheren Palast des britischen Raj. In stundenlangen, ermüdenden Verhandlungen war dort nichts erreicht worden. Mein Vater verlängerte seinen Aufenthalt, weil er auf einen Durchbruch hoffte. Er war jedoch nicht optimistisch. Die Inder weigerten sich, die pakistanische Position im Kaschmirkonflikt überhaupt zur Kenntnis zu nehmen. Pakistan forderte eine Volksabstimmung in Kaschmir, damit die Bewohner selbst entscheiden könnten, zu welchem Land sie gehören wollten. Dazu kamen die Schwierigkeiten meines Vaters mit Indira Gandhi. Mein Vater hatte ihren Vater, den früheren Premierminister Jawaharlal Nehru, sehr bewundert, aber er vermißte bei der Tochter den Weitblick und die Ideale, die Nehru befähigt hatten, Indien zu einem international angesehenen Land zu machen.

Meine eigenen Gefühle gegenüber Indira Gandhi waren gespalten. Auf dem kleinen Arbeitsessen, das sie am 30. Juni für unsere Delegation gab, hatte sie mich dauernd angestarrt, was mich sehr nervös machte. Ich hatte ihre politische Karriere aufmerksam verfolgt und bewunderte ihre Standfestigkeit. Als sie 1966 Premierministerin wurde, glaubten die zerstrittenen Mitglieder des indischen Kongresses, eine gefügige Marionette gewählt zu haben, und nannten sie hinter ihrem Rücken *goongi goriya,* dummes Püppchen. Aber die Frau aus Seide und Stahl hatte sie alle ausmanövriert. Um während des Essens meine Nerven zu beruhigen, versuchte ich, mit Indira Gandhi ins Gespräch zu kommen, aber sie war ziemlich wortkarg. Ihre kühle Zurückhaltung und ihre Angespanntheit ließen nur nach, wenn sie lächelte.

Ich war auch deshalb so nervös, weil ich einen seidenen Sari trug, den meine Mutter mir geliehen hatte. Obwohl sie mir genau gezeigt hatte, wie ich die meterlangen Stoffbahnen um meinen Körper wickeln mußte, plagte mich die Sorge, daß der Sari sich plötzlich aufrollen könnte. Ich mußte immer an die Geschichte denken, die meiner Tante Mumtaz in einem deutschen Supermarkt passiert war: Der Saum ihres Sari hatte sich in einem Ventilator verfangen, und der Sari war so lange aufgewickelt worden, bis jemand den Ventilator gestoppt hatte. Die Erinnerung war nicht geeignet, mich zu beruhigen. Und Indira Gandhi fuhr fort, mich anzustarren.

Vielleicht erinnerte ich sie an die diplomatischen Missionen, auf denen sie ihren Vater begleitet hatte. Sah sie in mir die Tochter eines anderen Staatsmanns? Erinnerte sie sich an die Liebe einer Tochter zu ihrem Vater, eines Vaters zu seiner Tochter? Sie war so klein und zerbrechlich. Woher hatte sie ihre berüchtigte Skrupellosigkeit? Sie hatte ihrem Vater getrotzt und gegen seinen Willen einen parsischen Politiker geheiratet. Die Ehe war gescheitert, die beiden hatten getrennt gelebt. Jetzt waren Vater und Ehemann tot. War sie einsam?

Ich überlegte auch, ob die Anwesenheit einer pakistanischen Delegation in Simla bei ihr nicht noch andere Erinnerungen auslöste. Am gleichen Ort war ihr Vater mit Mohammed Ali Jinnah und Liaquat Ali Khan zusammengetroffen, um die Grenzen zwischen dem neuen muslimischen Staat Pakistan und dem hinduistischen Indien auszuhandeln. Jetzt hatte sie als indische Premierministerin die Macht, das Überleben dieses separaten muslimischen Staates zu sichern. Oder sie konnte versuchen, ihn zu zerstören. Welche Richtung würde sie einschlagen? Vier Tage später wußten wir es.

»Pack zusammen!« sagte mein Vater am 2. Juli. »Morgen fahren wir heim.«
»Ohne Abkommen?« fragte ich.
»Ohne Abkommen. Ich komme lieber ohne Abkommen nach Hause als mit einem von Indien diktierten Vertrag. Die Inder glauben, daß ich es mir nicht leisten kann, mit leeren Händen heimzukehren, und deshalb ihren Forderungen nachgeben werde. Aber ich nehme die Herausforderung an. Lieber stelle ich mich der Enttäuschung in Pakistan, als einen Vertrag abzuschließen, der den Ausverkauf meines Landes bedeutet.«
Tiefe Enttäuschung machte sich unter den erschöpften Delegierten im Himachal Bhavan breit. Die Stille beim Packen wurde nur durch das Rascheln des Papiers unterbrochen. Alles, was noch zu tun blieb, waren der für 4 Uhr 30 vorgesehene Höflichkeitsbesuch meines Vaters bei Indira Gandhi und das Essen, das unsere Delegation am Abend geben wollte. Dann würden wir nach Islamabad zurückkehren.
Ich saß auf dem Boden meines Schlafzimmers, als plötzlich mein Vater in der Tür stand. »Erzähl es niemandem«, sagte er mit einem Glitzern in den Augen, »aber ich werde den protokollarischen Besuch bei Indira Gandhi für einen letzten Vorstoß nutzen. Ich habe eine Idee. Aber sei nicht enttäuscht, wenn nichts dabei herauskommt.« Und fort war er.
Immer wieder ging ich zum Fenster, um nach ihm Ausschau zu halten. Ich sah den Nebel, der die Konturen der Kiefern an den Berghängen verwischte, die gewundenen Bergstraßen und die Holzhütten. Simla glich so sehr Murree, und doch konnten die Leute auf beiden Seiten der Grenze einander nicht einmal besuchen. Plötzlich war mein Vater wieder da.
»Es gibt wieder Hoffnung«, sagte er und strahlte über das ganze Gesicht. »Wir bekommen das Abkommen. *Insha'allah*.«
»Wie hast du das geschafft, Vater?« Die gedrückte Stille im Haus wich den Stimmen der Delegierten, die einander die gute Nachricht mitteilten.
»Ich sah, wie nervös Indira Gandhi während unseres Besuches war. Schließlich bedeutete ein Scheitern der Verhandlungen nicht nur für uns einen Rückschlag, sondern auch für sie. Unser beider politische Gegner würden das ausnutzen. Sie hörte nicht auf, mit ihrer Handtasche herumzuspielen, und machte dazu ein Gesicht, als schmecke ihr der Tee nicht. Also habe ich tief Luft geholt und eine halbe Stunde ohne Unterbrechung geredet.«
Sie seien beide demokratisch gewählte Vertreter ihrer Völker, hatte mein Vater gesagt. Sie könnten ihren Ländern Frieden bringen, den diese seit der Teilung nicht mehr gehabt hätten, oder aber scheitern und die beste-

henden Wunden noch tiefer aufreißen. Militärische Eroberungen gehörten zwar auch zur Geschichte, aber es sei die Staatskunst, welche die dauerhaftesten Ergebnisse zeitige. Der große Staatsmann müsse in die Zukunft sehen und in der Gegenwart Konzessionen machen, die in der Zukunft Früchte tragen würden. Es sei der Sieger, also Indien, nicht Pakistan, der Konzessionen machen müsse, um einen dauerhaften Frieden zu sichern.

»Und stimmte sie zu?« fragte ich mit wachsender Erregung.

»Sie hat nicht widersprochen.« Mein Vater zündete sich eine Zigarre an. »Sie sagte, sie werde ihre persönlichen Berater konsultieren und uns beim Essen heute abend antworten.«

Ich weiß bis heute nicht, wie wir all die Trinksprüche, Reden und Höflichkeitsfloskeln überstanden haben. Dieses Mal war ich es, die Indira Gandhi anstarrte, aber ihr Gesicht verriet nichts. Nach dem Essen begaben sich Indira Gandhi und mein Vater in ein kleines Nebenzimmer, während die Delegierten ins Billardzimmer gingen, den größten Raum des Gebäudes. Der Billardtisch diente als Verhandlungstisch. Jedesmal, wenn ein Punkt abgeschlossen war oder Konflikte auftauchten, ging einer der Teilnehmer ins Nebenzimmer und kam mit einer positiven oder negativen Antwort der beiden Delegationsleiter zurück.

Das Aufsetzen, Revidieren, Ergänzen und Modifizieren der Schriftstücke dauerte Stunden. Mehr und mehr füllte sich das Haus mit Journalisten, Kameraleuten und Vertretern beider Länder. Ich pendelte ständig zwischen der Menschenmenge im unteren und meinem Schlafzimmer im oberen Stockwerk hin und her. »Ist schon etwas passiert?« rief ich in regelmäßigen Abständen die Treppe hinunter. Weil kein Ergebnis verkündet werden durfte, bevor es offiziell verabschiedet war, einigte sich die pakistanische Delegation auf einen internen Verständigungscode: »Wenn ein Abkommen zustande kommt, sagen wir, ein Junge ist geboren. Gibt es kein Abkommen, sagen wir, es ist ein Mädchen.«

»Wie chauvinistisch«, kommentierte ich, aber niemand beachtete meinen Protest.

»Sieh zu, daß du im Erdgeschoß bist, falls ein Abkommen unterzeichnet wird, sonst verpaßt du ein historisches Ereignis«, hatte mein Vater zu mir gesagt, bevor er ins Nebenzimmer ging. Leider war ich oben in meinem Schlafzimmer, als um 12 Uhr 40 der Ruf *»Larka hai! Larka hai!* Ein Junge ist geboren!« durch das Haus schallte. Ich rannte die Treppe hinunter, konnte aber durch das Gedränge von Journalisten und Kameraleuten nicht schnell genug in den Verhandlungsraum gelangen, um zu sehen, wie mein Vater und Indira Gandhi den Vertrag unterzeichneten, der unter dem Namen Simla-Abkommen in die Geschichte einging. Aber was machte das schon. Die längste Friedensperiode auf dem Subkontinent war soeben eingeleitet worden.

Durch das Simla-Abkommen erhielt Pakistan das 13000 qkm große Territorium zurück, das Indien besetzt hatte. Das Abkommen legte den Grund für die Wiederbelebung des Verkehrs und Handels zwischen den beiden Ländern. Im Jammu- und im Kaschmirkonflikt wurde keine Vorentscheidung zugunsten Pakistans oder Indiens getroffen. Das Abkommen machte ferner den Weg für die Rückkehr der Kriegsgefangenen frei, ohne daß es zu demütigenden Kriegsverbrecherprozessen kommen sollte, wie sie Mujib in Bangladesh angedroht hatte. Allerdings war keine sofortige Rückkehr der Gefangenen vorgesehen.

»Indira Gandhi wollte entweder das Territorium oder die Kriegsgefangenen zurückgeben«, erklärte mein Vater, als er später nach oben kam. »Warum, glaubst du, habe ich das Territorium gewählt?«

»Ich weiß wirklich nicht, Vater.« Ich war ziemlich schockiert. »Die Menschen in Pakistan wären über die Freilassung der Gefangenen viel glücklicher gewesen.«

»Die Gefangenen werden freikommen«, versicherte mir mein Vater. »Gefangene sind ein humanitäres Problem, und zwar ein großes, wenn es sich um 93000 handelt. Es wäre unmenschlich von Indien, sie lange Zeit interniert zu halten. Außerdem ist es nicht einfach, sie zu ernähren und unterzubringen. Land dagegen ist kein humanitäres Problem. Ein fremdes Territorium kann dem eigenen Land eingegliedert werden, Gefangene bleiben ein Fremdkörper. Die Araber haben es noch immer nicht geschafft, das Land zurückzugewinnen, das sie im Krieg von 1967 verloren haben. Die Annexion von Land erweckt nicht so viel internationale Aufmerksamkeit wie die Gefangenschaft von Menschen.«

Ohne konkrete Vereinbarungen über die Freilassung der Kriegsgefangenen zurückzukehren war eine harte Entscheidung für meinen Vater gewesen, und wie vorauszusehen, hagelte es Proteste von seiten oppositioneller Politiker und der Familien der Gefangenen. Vielleicht rechneten die Inder damit, daß der Protest meinen Vater zum Aufgeben zwingen würde, aber er gab nicht auf. Die 93000 Gefangenen kamen 1974 frei, als Pakistan Bangladesh anerkannte.

Als wir am 3. Juli nach Rawalpindi in Pakistan zurückflogen, waren wir in euphorischer Stimmung. Vergessen war die Niedergeschlagenheit, mit der wir nach Indien gekommen waren. Tausende von Menschen hießen meinen Vater am Flughafen willkommen, als wir den roten Teppich betraten. »Heute ist ein großer Tag«, sagte mein Vater zu ihnen. »Ein großer Sieg ist errungen worden. Aber es ist nicht mein Sieg und auch nicht der von Mrs. Gandhi. Es ist ein Sieg der Völker Pakistans und Indiens, die nach drei Kriegen endlich den Frieden gewonnen haben.«

Am 4. Juli 1972 wurde das Simla-Abkommen einstimmig von der Nationalversammlung verabschiedet - sogar die Opposition zollte ihm Anerkennung. Das Simla-Abkommen ist heute noch gültig.

Leider gilt das nicht für die Verfassung von 1973, die als erste pakistanische Verfassung von gewählten Repräsentanten des Volkes entworfen und ein Jahr nach Simla, am 14. August 1973, einstimmig verabschiedet wurde. Sie wurde, so unglaublich das klingt, getragen von einem nationalen Konsens, der regionale und religiöse Führer genauso einschloß wie die Opposition gegen meinen Vater. Unsere ganze Familie verfolgte die Annahme der Verfassung aus der Loge des Premierministers. Als Führer der Mehrheit in der Nationalversammlung wurde mein Vater Premierminister von Pakistan.

Zum ersten Mal in seiner Geschichte hatte das Volk von Pakistan eine Verfassung, die die Menschenrechte garantierte und für ihre Durchsetzung sorgte - bis Zia vier Jahre später meinen Vater stürzte und die Verfassung außer Kraft setzte. Die Verfassung von 1973 verbot die Diskriminierung aufgrund der Rasse, des Geschlechts oder der Religion. Sie garantierte die Unabhängigkeit der Justiz und ihre Trennung von der Exekutive. Die Rechte und Pflichten der ersten repräsentativen Regierung Pakistans schließlich waren gesetzlich geregelt. Die Regierung hatte jene gesetzliche Autorität, deren Notwendigkeit mir Professor Womack in seinem Seminar so deutlich gemacht hatte.

Als ich mich im Frühling 1973 auf das Ende meines Studiums in Harvard vorbereitete, wurde mir die Stärke der amerikanischen Verfassung drastisch vor Augen geführt. Trotz des schönen Wetters, das zum Frisbeespielen im Harvard Yard verlockte, saßen viele von uns vor dem Fernseher, um die Watergate-Anhörungen zu verfolgen. Ich konnte es kaum glauben: Die Amerikaner setzten mit demokratischen, verfassungsrechtlichen Mitteln ihren Präsidenten ab. Sogar ein so starker Präsident wie Richard Nixon, der den Vietnamkrieg beendet und die Verständigung mit China angebahnt hatte, mußte sich den Gesetzen seines Landes beugen. Ich hatte zum Thema Staat und Gesellschaft Locke, Rousseau und John Stuart Mill gelesen, die für eine gesetzliche Garantie der Rechte des

Volkes eintreten. Aber das waren Theorien. Zu sehen, wie sie in die Praxis umgesetzt wurden, war etwas ganz anderes.

Die Watergate-Affäre machte mir klar, wie wichtig allgemein anerkannte Gesetze im Gegensatz zu von einzelnen Individuen diktierten Willkürmaßnahmen sind. Als Präsident Nixon ein Jahr später, 1974, von seinem Amt zurücktrat, verlief der Übergang zur nächsten Regierung reibungslos und friedlich. Die Führer einer Demokratie wie der amerikanischen mochten kommen und gehen, die amerikanische Verfassung blieb dabei unangetastet. In Pakistan würden wir nicht so glimpflich davonkommen.

Mein Abschluß in Harvard rückte näher, und der Gedanke, Cambridge und Amerika verlassen zu müssen, machte mich zunehmend traurig. Ich hatte wie Peter Galbraith und andere Freunde eine Zulassung für Oxford, wollte aber gar nicht fort. Ich kannte mich in Cambridge und Boston jetzt gut aus und hatte sogar gelernt, das U-Bahnnetz zu benutzen. Ich kannte und verstand Land und Leute. Ich drang in meinen Vater, vor meiner Rückkehr nach Pakistan an der Fletcher School of Law and Diplomacy in Tufts studieren zu dürfen. Aber er bestand eisern darauf, daß ich nach Oxford ging. »Vier Jahre am gleichen Ort sind mehr als genug«, schrieb er. »Wenn Du länger in Amerika bleibst, schlägst Du dort Wurzeln. Es ist Zeit für Dich, weiterzuziehen.«

Zum ersten Mal in meinem Leben fühlte ich mich von meinem Vater gedrängt. Aber was konnte ich tun? Schließlich war er es, der mein Studium und meinen Lebensunterhalt bezahlte. Ich hatte keine Wahl. Und ich war ein realistischer Mensch.

Meine Mutter kam zur Abschlußfeier. Sie und mein Bruder Mir, der gerade sein erstes Jahr in Harvard abgeschlossen hatte, halfen mir beim Packen. Meine Mitbewohnerin Yolanda Kodrzycki und ich verschenkten unsere Möbel und nahmen die Poster von der Wand. Unsere Räume sahen jetzt kahl aus, so kahl wie das Universitätsgelände und die Regale im Buchladen des Co-op. Vielleicht war es wirklich an der Zeit, weiterzuziehen.

Als sich das Flugzeug in Logan Airport in die Luft hob, versuchte ich einen letzten Blick auf die Silhouette Bostons zu erhaschen. Bei Filene hatten wir eingekauft, in der Volksküche im Durgin-Park gegessen, im Casablanca versucht, die Niederlage im Hockey gegen Boston University zu vergessen. Und der Mensch hatte den Mond betreten, ich hatte im MIT den Mondstaub gesehen. Mir ging der Text eines Lieds von Peter, Paul und Mary durch den Kopf: »I'm leaving on a jet plane, don't know when I'll be back again« - ich flog heim nach Pakistan.

4. Kapitel

Betrachtungen aus Al-Murtaza:

Die verträumten Türme von Oxford

Januar 1980. Im dritten Monat unserer Internierung in Al-Murtaza bekomme ich wieder Schwierigkeiten mit meinem Ohr. Ich höre ein klikkendes Geräusch, dasselbe, daß ich während einer früheren Inhaftierung 1978 gehört habe. Damals hat der von den Militärbehörden in Karachi gerufene Arzt eine Erkrankung des Mittelohrs diagnostiziert. Sie war durch die Flüge verschlimmert worden, die ich alle zwei Wochen gemacht hatte, um meinen Vater im Gefängnis zu besuchen. Der Arzt hat meine Nasenhöhle ausgespült, um die Ohrtrompete zu öffnen. Jetzt höre ich das vertraute Geräusch wieder und spüre, wie der Druck im Ohr wächst. Ich werde vom ortsansässigen Arzt behandelt, aber das Klicken hört nicht auf. Ich bitte die Gefängnisleitung, mir wieder den Arzt zu schicken, der mir in Karachi geholfen hat. Ich bin überrascht, als statt dessen jemand kommt, den ich nicht kenne. Der Arzt ist freundlich und hat eine beruhigende Stimme. »Entspannen Sie sich«, rät er mir, als er mein Ohr untersucht. »Sie waren in letzter Zeit schweren Belastungen ausgesetzt.«

»Au!« schreie ich. »Sie tun mir weh!«

»Das bilden Sie sich ein«, antwortet er. »Ich sehe nur in Ihr Ohr hinein.«

Als ich am nächsten Morgen erwache, sind drei Tropfen Blut auf meinem Kopfkissen.

»Sie haben Ihr Trommelfell durchbohrt«, sagt er bei seinem nächsten Besuch. »Wahrscheinlich mit einer Haarnadel.« Haarnadel? Warum sollte ich mir eine Haarnadel ins Ohr stecken? Er schreibt ein Rezept für zwei Medikamente, die ich dreimal pro Tag nehmen soll. Aber sie machen mich nur schläfrig, und wenn ich aufwache, bin ich depressiv. Meine Mutter ist entsetzt, als ich am dritten Tag nicht mehr bei Sonnenaufgang aufstehe und in den Garten gehe, als ich aufhöre zu essen und sogar die Zähne nicht mehr putze. Sie macht sich solche Sorgen, daß sie die Medikamente schließlich wegwirft.

Danach habe ich tagelang Schmerzanfälle. Die Geräusche werden immer lauter. Ständig höre ich das Klicken. Ich kann nicht schlafen, komme überhaupt nicht mehr zur Ruhe. Hat der Doktor des Regimes mit Absicht mein Trommelfell durchbohrt, oder hat er nur einen Fehler gemacht? Klick, klick, klick. Ich habe ein Druckgefühl im Ohr und kann nicht mehr richtig hören.

Den Tag über versuche ich mich abzulenken, indem ich noch härter im Garten arbeite. Schweiß dringt durch das Loch in meinem Trommelfell. Beim Duschen rinnt mir Wasser ins Ohr. Ich weiß nicht, daß ich das Ohr trockenhalten sollte, der Arzt hat es mir nicht gesagt. Wasser, das in ein Ohr mit offenem Trommelfell dringt, kann eine Infektion hervorrufen. Mein Ohr klickt ununterbrochen.

Ich kann keinen Schlaf finden und wandere nachts durchs Haus. Wie Clifton 70 ist auch Al-Murtaza so oft durchsucht worden, daß nichts mehr an seinem Platz steht. Viele Dinge sind ganz verschwunden. Die Sammlung alter Feuerwaffen, die mein Vater von seinem Großvater geerbt hat, ist vom Regime beschlagnahmt worden und befindet sich jetzt in einem versiegelten Vorratsschuppen im Garten. Jede Woche kommen Vertreter der Militärbehörden nach Al-Murtaza und sehen nach, ob das Siegel noch intakt ist. Als ob meine Mutter und ich uns den Weg mit alten Musketen freischießen könnten.

Ich gehe durch das leere Zimmer, in dem sich früher die Waffensammlung befand und das unser Speisezimmer war, und komme in den holzgetäfelten Billardraum, wo meine Brüder Freunde, die mich aus Oxford besuchten, zum Spiel herausforderten. Auf einem der Tische steht eine kleine Keramik - ein dicker Chinese inmitten einer großen Kinderschar -, die eigentlich in den Salon gehört. Ich bringe sie in den Salon zurück. Mein Vater liebte die kleine Figurengruppe. Er sagte oft im Scherz, er wünsche sich genug Kinder, um ein Kricketteam zu bilden. Leider sei es zu teuer, elf Kindern eine angemessene Ausbildung zu finanzieren, deshalb habe er sich mit uns vieren begnügt.

Und nur Oxford war gut genug, hämmerte er uns ein. Oxford war eine der besten und angesehensten Universitäten der Welt. Oxford war ein geschichtsträchtiger Boden: Die englische Literatur, die englische Kirche, die englische Monarchie, das englische Parlament, alles hatte einen Bezug zu Oxford. Auch eine Ausbildung in Amerika war gut, hatte mein Vater zugestanden, aber doch zu locker. Oxford sollte meinen Geschwistern und mir neue Horizonte eröffnen und uns disziplinieren. Mein Vater hatte uns alle schon bei der Geburt dort angemeldet. Ich als die Älteste hatte als einzige das Privileg, meine Ausbildung in Oxford abschließen zu können, bevor der Militärputsch unser Leben auf den Kopf stellte. Mir verließ Oxford zu Beginn seines zweiten Studienjahres, um für das Leben unseres Vaters zu kämpfen, Sanam konnte das Studium erst gar nicht beginnen. Es bedeutete meinem Vater viel, daß wenigstens ich an seiner geliebten Alma mater studiert hatte.

»Es ist ein komisches Gefühl, zu wissen, daß Du in Oxford jetzt in meine Fußstapfen von vor über 22 Jahren trittst«, schrieb mein Vater mir aus der Residenz des Premierministers in Rawalpindi, kurz nachdem ich im Herbst 1973 in Oxford angekommen war. »Es hat mich auch glücklich gemacht, Dich in Radcliffe zu wissen. Aber weil ich selbst nicht in Harvard studiert habe, konnte ich mir Dein Leben dort nicht so genau vorstellen. Jetzt kann ich mich völlig in Dich hineinversetzen. Ich spüre jeden Pflasterstein, über den Du gehst, steige mit Dir die vereisten Steintreppen hinauf und teile jede neue Erkenntnis, die sich Dir eröffnet. Durch Dein Studium in Oxford ist für mich ein Traum wahr geworden. Wir beten und hoffen, daß aus diesem Traum eine große Karriere im Dienst unseres Volkes wird.«

Er war in Oxford viel glücklicher gewesen, als ich es zunächst war. Im Gegensatz zu Harvard, wo ich zusammen mit einer Kommilitonin eine ganze Wohnung gehabt hatte, bewohnte ich in Lady Margaret Hall ein winziges Einzelzimmer, und es gab nur einen gemeinsamen Waschraum am Ende des Korridors. Ich war daran gewöhnt, ein eigenes Telephon zu haben, und mußte mich nun auf das antiquierte Kommunikationssystem Oxfords verlassen, in dem jede Nachricht zwei Tage lang unterwegs war. Aber mein Vater kümmerte sich um mich. Er schickte mir einen Kunstdruck, auf dem das antike Rom abgebildet war und den er 1950 in seinem Zimmer in Christ Church aufgehängt hatte. »Bevor Du nach Oxford gegangen bist, hätte Dir dieser Druck nichts bedeutet«, schrieb er aus Al-Murtaza. »Jetzt schicke ich ihn Dir. Häng ihn auf, wenn er Dir gefällt.«

Ich hängte das Bild an die Wand. Die Verbindung, die das Bild zwischen dem Staub Pakistans und den sauberen Straßen Oxfords herstellte, machte mir warm ums Herz.

Mein Vater hatte mich gewarnt, daß ich in Oxford würde lernen müssen, unter Druck zu arbeiten. Als ich für meine Seminare in Politologie, Philosophie und Ökonomie jede Woche zwei Essays schreiben mußte, merkte ich, daß er recht hatte. Er hatte auch recht gehabt, als er mir riet, Mitglied bei der Oxford Union zu werden.

Unter den zahlreichen Clubs in Oxford - von sozialistisch, konservativ und liberal ausgerichteten politischen Clubs bis zu Clubs, die sich lediglich dem Rudern oder der Hasenjagd widmeten - war der Debattierclub der Oxford Union der bekannteste. Der Club war 1823 nach dem Vorbild des britischen Unterhauses gegründet worden, und die Mitgliedschaft galt als ideale Vorbereitung für künftige Politiker. Ich hatte kein Interesse, Politikerin zu werden, weil ich die Belastungen, denen ein Politiker ausgesetzt ist, nur zu genau kannte. Mein Ziel war eine Karriere im diplomatischen Dienst Pakistans. Trotzdem wurde ich Mitglied des Debattierclubs, um meinem Vater eine Freude zu machen.
Außerdem reizte mich auch das Debattieren. Auf dem asiatischen Subkontinent mit seinen vielen Analphabeten war die Redekunst schon immer ein wichtiger Machtfaktor. Die Worte Mahatma Gandhis, Jawaharlal Nehrus, Mohammed Ali Jinnahs und auch meines Vaters hatten Millionen begeistert. In unserer Geschichte gibt es viele große Erzähler, Dichter und Redner. Damals wußte ich noch nicht, daß ich die Fähigkeiten, die ich im vornehm getäfelten Saal der Oxford Union erwarb, brauchen würde, um in Pakistan auf offenem Feld zu Millionen zu sprechen.
In den drei Jahren, in denen ich in Oxford Politik, Philosophie und Ökonomie studierte, und im vierten Jahr, in dem ich einen Kurs in internationalem Recht und Diplomatie besuchte, war die Oxford Union einer der wichtigsten Brennpunkte meines Leben und der Ort vieler erbaulicher Stunden. Das Haus des Clubs im Zentrum von Oxford mit seinen Gärten, seinem Kellerrestaurant, den beiden Büchereien und dem Billardraum war mir bald so vertraut wie die Räume in Al-Murtaza. Im großen Saal hörten wir so verschiedene Redner wie die feministische Autorin Germaine Greer und den Gewerkschaftler Arthur Scargill. Zwei frühere Premierminister, Lord Stockton und Edward Heath, besuchten zu meiner Zeit die Oxford Union. Studentische Redner trugen vornehme Anzüge mit einer Nelke am Revers, ich mußte meine Jeans gegen seidene Kleider von Anna Belinda tauschen. Der Krieg mit Worten begann nach einem Diner bei Kerzenlicht.
Was für Streiche einem doch das Leben spielt! Die erste Rede, die ich im großen Debattiersaal unter den Büsten britischer Staatsmänner wie Gladstone und Macmillan halten sollte, hatte die verfassungsgemäße - nicht die gewaltsame - Amtsenthebung eines Staatsoberhaupts zum Thema. »Das Haus möge gegen Nixon das Verfahren des Impeachment einleiten«, lautete der Antrag, den ich auf Anweisung des Club-Präsidenten zu vertreten hatte.

»Es ist paradox, daß ein Mann, der im Namen von Recht und Ordnung für die Präsidentschaft kandidiert hat, sein möglichstes tut, das Recht zu brechen und im ganzen Land Unruhe zu stiften«, begann ich meine Rede. »Es gibt jedoch viele Paradoxa in der amerikanischen Geschichte. Ich möchte dazu eine Geschichte von George Washington und seinem Vater erzählen: Als der Vater des kleinen George eines Tages feststellte, daß jemand seinen Kirschbaum umgesägt hatte, wurde er schrecklich wütend und wollte wissen, wer es getan hatte. Der kleine George meldete sich und sagte tapfer: ›Vater, ich kann nicht lügen. Ich war es.‹ Die Amerikaner haben mit einem Präsidenten begonnen, der nicht lügen konnte, und jetzt haben sie einen, der nicht die Wahrheit sagen kann.«

Getragen vom Idealismus einer 20jährigen, zählte ich die Punkte auf, die zu einer Amtsenthebung des amerikanischen Präsidenten führen mußten. Nixon hatte das Recht des Kongresses ignoriert, über Krieg und Frieden zu entscheiden, und heimlich Kambodscha bombardieren lassen; er hatte die Schenkung seiner persönlichen Papiere aus seiner Zeit als Vizepräsident zurückdatiert, um Steuern zu hinterziehen; er war vermutlich an der Vertuschung der Watergate-Affäre direkt beteiligt und hatte dafür gesorgt, daß Tonbänder, die ihn belasteten, auf mysteriöse Weise gelöscht wurden. »Seid euch über den Ernst dieser Vorwürfe im klaren«, schloß ich. »Nixon hat sich über das Gesetz gestellt. Er glaubte, er könne tun und lassen, was er will. Der letzte englische Souverän, der das glaubte, mußte dafür mit dem Leben bezahlen. Wir schlagen eine weniger drastische, aber ebenso wirksame Maßnahme vor. Nixon soll einmal beim Psychiater gewesen sein. Der Psychiater sagte: ›Sie sind nicht paranoid, Herr Präsident, die Leute hassen Sie wirklich.‹ Heute wird Nixon nicht nur gehaßt, er hat auch alle Glaubwürdigkeit verloren. Ein Präsident, dem das Volk nicht mehr glaubt, hat nicht mehr die moralische Autorität, die amerikanische Nation zu führen. Das ist die Tragödie Nixons und die Tragödie Amerikas.«

Gesetzlichkeit, Glaubwürdigkeit, moralische Autorität: All diese demokratischen Grundsätze, die ich während meiner Studienzeit im Westen für selbstverständlich hielt, sollten in Pakistan mit Füßen getreten werden. Mein Antrag auf Amtsenthebung des Präsidenten wurde in der Oxford Union mit 345 zu 2 Stimmen verabschiedet. In Pakistan sollte mein Vater durch Gewehre gestürzt werden, nicht durch Stimmen.

Aber Pakistan war für mich während meines Studiums in Oxford weit weg. Wie mein Vater vorausgesagt hatte, waren die unbeschwerten, glücklichen Jahre in Oxford die schönste Zeit meines Lebens. Mit Freunden fuhr ich Stocherkahn auf dem Cherwell und organisierte Picknicks im schattigen Park von Blenheim Palace bei Woodstock. An anderen Wochenenden fuhren wir in dem gelben MGB-Kabriolett, das mein Vater mir zum Abschluß in Radcliffe geschenkt hatte, nach Stratford-upon-Avon, um uns Dramen von Shakespeare anzusehen, oder nach London, wo ich mein Verlangen nach amerikanischem Pfefferminzeis am Stiel in einer neu eröffneten Filiale von Baskin-Robbins befriedigen konnte. Während der »eights week«, in der die Colleges in einer Ruderregatta gegeneinander antraten, nahmen wir an Gartenfesten in den Bootshäusern der Colleges teil, auf denen die Männer Kreissägen und Clubjacken und die Frauen Hüte und lange geblümte Kleider trugen. Unsere Examina machten wir in der traditionellen Kluft aus weißem Hemd, schwarzem Rock und schwarzem ärmellosen Umhang, was sogar Nicht-Studenten in Oxford dazu veranlaßte, uns »Viel Glück!« zu wünschen, wenn wir vorübereilten.

Im Unterschied zu Harvard, wo es nur wenige ausländische Studenten gab - in Radcliffe waren es in meinen Kursen nur vier, darunter eine Engländerin, deren Einstufung als »Ausländerin« mir reichlich komisch vorkam -, studierten in Oxford viele Ausländer. Imran Khan, der pakistanische Kricketspieler, studierte hier, desgleichen Bahram Dehqani-Tafti, dessen Vater Iraner war. Bahram wurde im Mai 1980 umgebracht, kurz nach der Revolution im Iran. In Oxford spielte er damals stundenlang für uns Klavier. Sein Repertoire reichte von Gilbert and Sullivan und Scott Joplin bis zu Faurés *Requiem*. Obwohl die Asiaten in Oxford allgemein als exotische Individuen akzeptiert wurden, die sich keiner besonderen Klasse oder Kategorie zuordnen ließen, dachten darüber nicht alle Briten gleich.

Im Februar 1974 flog ich heim nach Pakistan, um während des islamischen Gipfeltreffens, das mein Vater nach Lahore einberufen hatte, meine Familie zu sehen. Bei dem Gipfel waren praktisch alle Monarchen, Präsidenten, Premiers und Außenminister der muslimischen Welt versammelt. Sie repräsentierten 38 Nationen, Staaten, Emirate und Königreiche. Auch Mujib ur-Rahman wurde mit der Privatmaschine des algerischen Präsidenten Houari Boumedienne eingeflogen, nachdem mein Vater die Teilnehmer des Gipfels aufgefordert hatte, Bangladesh diplomatisch anzuerkennen. Das Gipfeltreffen war ein großer Erfolg für meinen Vater -

und für Pakistan. Indem er Mujib die Hand zu Frieden reichte, machte mein Vater den Weg frei für die Rückkehr der pakistanischen Kriegsgefangenen, die Mujib als Kriegsverbrecher hatte vor Gericht stellen wollen. Ganz erfüllt von einem Gefühl der Zusammengehörigkeit der asiatischen Völker kehrte ich nach England zurück - und machte meine ersten Erfahrungen mit Rassismus.

»Wo werden Sie sich in England aufhalten?« fragte mich der Mann von der Einwanderungsbehörde, als ich ihm meinen Paß zeigte.

»In Oxford«, antwortete ich höflich. »Ich studiere dort.«

»Oxford«, sagte er sarkastisch und zog die Augenbrauen hoch. Irritiert zeigte ich ihm meinen Studentenausweis.

»Bhutto, Miss Benazir Bhutto, Karachi, Pakistan«, las er verächtlich. »Wo ist Ihre polizeiliche Meldung?«

»Hier.« Ich zog den Ausweis vor, den in England jeder Ausländer bei sich tragen muß.

»Und wovon wollen Sie in Oxford leben?« fragte er herablassend. Ich wollte schon sagen, ich würde mir den Lebensunterhalt als Pflastermalerin verdienen, dann zeigte ich ihm lieber mein Sparbuch und sagte: »Meine Eltern überweisen mir, was ich brauche.«

Der mürrische kleine Beamte ließ mich immer noch warten, blätterte lange in meinen Papieren und suchte dann meinen Namen, der ihm offensichtlich kein Begriff war, in einem großen, dicken Buch.

»Daß ein Paki sich ein Studium in Oxford leisten kann!« Er schüttelte den Kopf und schob mir die Papiere über den Tisch.

Kochend vor Wut machte ich auf dem Absatz kehrt und marschierte aus dem Flughafen. Wenn die Beamten von der Einwanderungsbehörde die Tochter eines Premierministers so behandelten, wie verfuhren sie dann mit anderen Pakistanern, die weniger gut Englisch konnten oder schüchterner waren als ich?

Schon lange bevor ich nach Oxford gegangen war, hatte mein Vater mich vor den Vorurteilen gewarnt, auf die ich im Westen womöglich stoßen würde. Er hatte selbst einschlägige Erfahrungen gemacht. Einmal hatte ihm ein Hotelportier in San Diego, Kalifornien, kein Zimmer gegeben, nicht weil mein Vater Pakistaner war, sondern weil er mit seiner dunklen Haut aussah wie ein Mexikaner.

Mein Vater warnte mich erneut vor der Gefahr des Rassismus, als meine Briefe nach Hause und die Äußerungen, die ich daheim machte, einen immer größeren Einfluß des Westens verrieten. Vermutlich war er besorgt,

ich könnte den Sirenengesängen des Westens erliegen und nicht nach Pakistan zurückkehren. »Sie [die Menschen im Westen] wissen tief in ihrem Innern, daß Du als Studentin nicht für immer in ihrem Land bleiben wirst«, schrieb er. »Sie akzeptieren Dich, weil sie Dich nicht für eine farbige Immigrantin halten, die ihnen zur Last fällt. Sobald sie jedoch erfahren, daß Du zu den vielen Pakistanern oder Asiaten gehörst, die für immer in ihrem Land bleiben wollen, ändert sich ihre Haltung radikal. Sie sehen dann auf Dich herab und finden es ungerecht, auf allen Gebieten Deiner Konkurrenz ausgesetzt zu sein.«
Seine Warnungen waren eigentlich nicht nötig. Ich hatte nie ernsthaft in Erwägung gezogen, nicht mehr nach Pakistan zurückzukehren. Pakistan war meine Heimat. Dort waren die Wurzeln meiner geschichtlichen und kulturellen Identität, lag meine Zukunft. Ich hoffte auf eine Karriere im diplomatischen Korps. Als Tochter meines Vaters hatte ich ja schon gewisse diplomatische Erfahrungen gesammelt.
Im Jahr 1973 machte mein Vater einen Staatsbesuch in den USA, der den Weg für die Aufhebung des Waffenembargos gegen Pakistan freimachte. Bei einem offiziellen Essen im Weißen Haus saß ich neben Henry Kissinger. Während der Suppe mußte ich die ganze Zeit an eine Karikatur im *Harvard Lampoon* denken, die den US-Außenminister zeigte, wie er Zigarre rauchend auf einem Bärenfell lag. Ich hatte die witzige Nummer damals sofort an meine Schwester und Samiya in Pakistan geschickt. Um während des Fischgerichts auf andere Gedanken zu kommen, sprach ich mit Kissinger über das Elitebewußtsein der Harvardabsolventen und andere unverfängliche Themen. Ich war völlig überrascht, als Kissinger am nächsten Tag bei einem anderen Essen meinen Vater neckte: »Mr. Bhutto, Ihre Tochter hat mich noch mehr eingeschüchtert als Sie.« Mein Vater nahm das als Kompliment und lachte schallend. Ich weiß bis heute nicht, wie Kissinger die Bemerkung gemeint hat.
In Frankreich, wo mein Vater 1974 an der Beerdigung von Präsident Pompidou teilnahm, war das Thema der Gespräche die Atomkraft. Mein Vater hatte ein Jahr zuvor mit Pompidou ein informelles Abkommen über nukleare Zusammenarbeit geschlossen, bei dem es um die Lieferung einer Wiederaufbereitungsanlage an Pakistan ging. Nun wußte er nicht, ob der Nachfolger Pompidous die Verhandlungen fortsetzen würde. »Wer wird deiner Meinung nach der nächste französische Präsident?« fragte mein Vater mich bei einem Essen im Freundeskreis bei Maxim's. »Giscard d'Estaing«, antwortete ich. Ich stützte meine Prognose auf den exzellenten

Kurs in französischer Politik, den ich bei Peter Pulsar am Christ Church College belegt hatte. Ich sollte recht behalten, und glücklicherweise entschied Giscard d'Estaing sich trotz des großen Drucks Henry Kissingers und der USA für die Einhaltung des Abkommens.

In einem anderen Fall traf meine Voraussage nicht ein. Drei Jahre zuvor hatte mein Vater mich und meine Geschwister nach China geschickt, um einen kommunistischen Staat kennenzulernen. Bei einem Höflichkeitsbesuch fragte mich der chinesische Premier Chou En-lai, wer wohl meiner Ansicht nach der nächste Präsident der Vereinigten Staaten würde. »George McGovern«, antwortete ich im Brustton der Überzeugung und blieb auch bei dieser Voraussage, als Chou meinte, seine amerikanischen Quellen sprächen für Richard Nixon. Als loyales Mitglied der Friedensbewegung in Harvard im liberalen Osten der USA konnte ich mir nur George McGovern als Wahlsieger vorstellen. »Berichte mir über deine Eindrücke, wenn du nach Amerika zurückkehrst«, bat mich Chou En-lai. Ich tat es, und meine Prognose fiel wieder auf McGovern. So stand es um meinen politischen Weitblick als Harvard-Studentin.

Meine eigene - erfolgreichere - Wahl zur Präsidentin stand an, als ich 1976 für ein einjähriges Aufbaustudium nach Oxford zurückkehrte. Ich hätte damals gerne das akademische Leben mit dem einer Diplomatin vertauscht, aber mein Vater war der Ansicht, seine Kinder müßten als Kinder des Premierministers für jeden Beruf doppelt qualifiziert sein, damit niemand ihn - oder uns - der Günstlingswirtschaft bezichtigen konnte.

Mein Bruder Mir hatte sein erstes Jahr in Oxford begonnen, und ich freute mich darauf, mehr Zeit mit ihm verbringen zu können. Was mich an einem weiteren Jahr in Oxford jedoch am meisten reizte, war die Chance, Präsidentin der Oxford Union zu werden. In den vorhergehenden Jahren hatte ich dem ständigen Ausschuß der Union angehört und war Schatzmeisterin gewesen, aber bei meinem ersten Versuch, Präsidentin zu werden, war ich geschlagen worden. Dieses Mal gewann ich. Mein Wahlsieg im Dezember 1976 war eine Sensation, da die Union eigentlich mehr ein »Altherrenclub« war. Zehn Jahre zuvor war der Zugang für Frauen noch auf die Zuschauergalerie beschränkt gewesen, und auch jetzt kam auf sieben männliche Mitglieder nur eine Frau. Alle waren über meinen Erfolg überrascht, sogar mein Vater.

»Bei jeder Wahl muß es Gewinner und Verlierer geben«, hatte er mir kurz vor den US-Präsidentschaftswahlen 1976 geschrieben, um mich auf eine ähnliche Niederlage vorzubereiten, wie sie damals Gerald Ford durch

Jimmy Carter beigebracht wurde. »Du mußt Dein Bestes geben, aber das Ergebnis mit Würde akzeptieren.« Das Telegramm meines Vaters einen Monat später hörte sich ganz anders an: »WIR SIND ÜBERGLÜCKLICH ÜBER DEINE WAHL ZUR PRÄSIDENTIN DER OXFORD UNION. DU HAST HERVORRAGENDE ARBEIT GELEISTET. WIR GRATULIEREN DIR AUS VOLLEM HERZEN ZU DEINEM GROSSEN ERFOLG! DEIN VATER.«

Im Januar 1977 sollte meine dreimonatige Amtszeit als Präsidentin beginnen. Als Mir und ich nach dem Herbstsemester nach Pakistan flogen, schien keine Wolke den Horizont zu trüben.

»Lassen Sie mich Ihnen Zia ul-Haq vorstellen«, sagte ein Mitarbeiter meines Vaters zu mir, als wir ein paar Tage später auf der Veranda von Al-Murtaza den Geburtstag meines Vaters feierten. Zum ersten und einzigen Mal in meinem Leben stand ich dem Mann gegenüber, der sechs Monate später meinen Vater stürzen und ihn dann in den Tod schicken sollte.

Ich hatte gehört, daß es schwierig war, einen geeigneten Mann als Stabschef des Heeres zu finden, und war neugierig darauf, wen mein Vater ausgewählt hatte. Sechs andere Generäle waren bei der Besetzung dieser Spitzenstellung übergangen worden, weil der Geheimdienst der Armee bei ihnen charakterliche Mängel entdeckt hatte: Alkoholismus, Ehebruch, zweifelhafte Loyalität... Auch General Zia hatte seine Schwächen. Es ging das Gerücht, er habe Verbindungen zur *Jamaat-e-Islami,* einer fundamentalistischen religiösen Organisation, die in Opposition zur PPP stand und das Land von religiösen statt weltlichen Führern regiert wissen wollte. Außerdem war er von einem der Botschafter meines Vaters des Bagatelldiebstahls bezichtigt worden.

Aber es sprach auch eine Menge für Zia. Er war, im Gegensatz zu vielen anderen Offizieren, nicht an dem Blutbad in Ostpakistan beteiligt gewesen, weil er während des Bürgerkriegs außer Landes war. Auch schien er bei der Armee in hohem Ansehen zu stehen. Letzteres hatte für meinen Vater, dem das langwierige Auswahlverfahren zunehmend auf die Nerven ging, den Ausschlag gegeben: Als von den Armeebehörden positive Berichte über Zia eintrafen, entschied mein Vater sich für ihn. »Es soll nicht so aussehen, als ob die Zivilregierung den Militärs ihren Willen aufzwingt«, meinte mein Vater erleichtert. »Auch wenn Zia nicht zu den ranghöchsten Offizieren gehört, die Armee scheint ihn zu mögen.« So stand ich also am 5. Januar 1976 in Al-Murtaza vor dem Mann, der unser aller Leben so drastisch verändern sollte.

Ich erinnere mich noch, wie ich erschrak, als ich ihn sah. Er glich so gar nicht dem hochgewachsenen, rauhen Krieger mit den stählernen Nerven eines James Bond, der meiner kindlichen Vorstellung von einem Soldaten entsprochen hätte. Vor mir stand ein kleiner, nervöser, unansehnlicher Mann, dessen pomadisiertes Haar in der Mitte gescheitelt war und ihm links und rechts am Kopf klebte. Er glich mehr dem Schurken eines englischen Comic strip als einem charismatischen militärischen Führer. Es machte einen servilen Eindruck, als er immer wieder betonte, welche Ehre es für ihn sei, die Tochter eines so bedeutenden Mannes wie Zulfikar Ali Bhutto kennenzulernen. Mein Vater hätte einen Stabschef finden können, der etwas mehr darstellt, dachte ich im stillen - aber ich sagte meinem Vater davon nichts.

»Ich möchte die Landreform weiter ausbauen«, vertraute mein Vater mir an, als wir am Nachmittag seines Geburtstags im Garten spazierengingen. »Und ich werde mich für Wahlen im März stark machen. Nach der Verfassung müßten sie zwar erst im August stattfinden, aber ich sehe keinen Grund zu warten. Die von uns eingerichteten verfassungsrechtlichen Institutionen sind funktionsfähig, das Parlament und die Provinzregierungen arbeiten. Wenn ich jetzt vom Volk ein Mandat erhalte, können wir die zweite Reformphase leichter durchführen: Wir müssen die industrielle Basis des Landes erweitern und die Landwirtschaft modernisieren, indem wir neue Tiefbrunnen bohren, die Versorgung mit Saatgut verbessern und die Produktion von Düngemitteln erhöhen...« Mein Vater sprudelte über vor Ideen. Sein Traum eines modernen, konkurrenzfähigen Pakistan war der Verwirklichung ein Stück nähergerückt.

Viele Reformen waren schon eingeleitet. Die PPP hielt sich an die Versprechen, die sie im Wahlkampf den Armen gegeben hatte, und fing an, das Land, das einigen wenigen feudalen Familien gehörte, neu zu verteilen. Mein Vater hatte begonnen, seine Vorstellungen einer sozialistischen Wirtschaftspolitik umzusetzen und viele der von den »22 Familien« beherrschten Industrien zu verstaatlichen, damit die Gewinne dem ganzen Land zugute kamen. Seine Regierung hatte Mindestlöhne festgesetzt, damit niemand mehr umsonst oder fast umsonst für die Stammesfürsten und Industriellen arbeiten mußte. Er hatte die Arbeiter zur Bildung von Gewerkschaften ermutigt und ein Mitbestimmungsgesetz erlassen, das ihnen zum ersten Mal in der Geschichte Pakistans erlaubte, über die Zukunft ihrer Betriebe mitzuentscheiden.

Viele Dörfer auf dem Land waren mit Elektrizität versorgt worden. Man hatte Alphabetisierungsprogramme für Männer und Frauen eingerichtet und neue Schulen für die Armen gebaut. Parks und Gärten blühten im Staub der Städte auf. Neue, geschotterte Straßen anstelle der bisherigen unbefestigten Wege verbanden jetzt die Provinzen. In Zusammenarbeit mit den Chinesen wurde eine neue Straße durch den Hindukush gesprengt, die bis zur chinesischen Grenze reichen sollte. Mein Vater war entschlossen, dem Volk Pakistans die Segnungen der modernen Zivilisation zu bringen.

»Mein Esel rutscht auf der neuen Straße immer aus«, beklagte sich ein Bauer in Belutschistan. »Ich zeige dir einen Esel, mit dem du dein Gemüse dreimal so schnell auf den Markt bringst«, versicherte ihm mein Vater. Eine Woche später hatte der Bauer einen Jeep.

Natürlich gab es auch Opposition. Mein Vater war nicht gerade beliebt bei jenen Industriellen, deren feudal geführte Betriebe er verstaatlicht hatte. Auch die Großgrundbesitzer, deren Land er unter die Kleinbauern verteilt hatte, die es seit oft elf Generationen bewirtschafteten, wobei sie nur die Hälfte ihrer Ernte behalten durften, betrachteten ihn nicht als Freund. Die Mitglieder der *Jamaat-e-Islami,* unter ihnen viele kleine Ladenbesitzer, machten Stimmung gegen die sozialen Reformen meines Vaters, besonders dagegen, daß die Regierung Frauen, die außer Haus arbeiteten, ausdrücklich unterstützte und neue Gesetze erließ, die Diskriminierung aufgrund des Geschlechts verboten. Die Konsolidierungspolitik meines Vaters brachte alle diejenigen gegen ihn auf, die separatistische Interessen verfolgten: die Separatisten in Belutschistan und der Northwest Frontier Province und die Stammesfürsten, die ihre Herrschaft über Hunderttausende von Klienten gegen die Zentralregierung verteidigten.

Tatsächlich gab es all die Interessengruppen, die schon 1947 bei der Gründung Pakistans existiert hatten, 1977 noch immer: Die Regionalisten kämpften gegen die Zentralregierung, die Kapitalisten gegen die Sozialisten, die Feudalisten und *sardars* gegen die Gebildeten und Aufgeklärten, die Einwohner der ärmeren Provinzen gegen die reiche Elite des Punjab, die Fundamentalisten gegen die Befürworter einer Modernisierung. Und über allem lag der Schatten der Armee, der einzigen durchorganisierten und reibungslos funktionierenden Institution des zerstrittenen Landes.

Einige politische Beobachter des Westens und Offiziere in Pakistan vertraten die Ansicht, daß für ein Land mit einer derart vielschichtigen und gespalteten Bevölkerung, die so viele Analphabeten und ein so niedriges Durchschnittseinkommen aufwies, die Demokratie nicht die richtige Regierungsform sei. Viele Menschen in Pakistan konnten sich nicht einmal miteinander verständigen, weil jede Region ihre eigene Sprache und ihre eigenen Sitten hatte. Eine solche Bevölkerung, so wurde behauptet, könne nur von einer Militärregierung beherrscht werden. Aber mein Vater hatte diese Theorie widerlegt, indem er mit Erfolg ein demokratisches System etabliert hatte, in dem Wahlen darüber entschieden, wer das Land führte, nicht die militärische Macht. Anfang 1977 hatte niemand auch nur den geringsten Zweifel, daß die Regierung meines Vaters im März wiedergewählt werden würde.

Während mein Vater in Pakistan die Wahlen vorbereitete, kehrte ich nach Oxford zurück, um in der Union Debatten zu organisieren. »Der Kapitalismus wird triumphieren«, war das Thema meiner ersten Debatte als Präsidentin. Um die Gegenthese zu vertreten, lud ich Tariq Ali ein, einen hochangesehenen, sprachgewaltigen Angehörigen der pakistanischen Linken, der früher einmal Präsident der Oxford Union gewesen war. »Der Westen kann nicht mehr länger auf Kosten der dritten Welt leben«, war das Thema einer anderen Debatte, die auf den Nord-Süd-Konflikt aufmerksam machen sollte.

In Pakistan formierte sich die Opposition gegen die PPP in einer Neun-Parteien-Koalition aus Regionalisten, religiösen Fundamentalisten und Industriellen unter dem Namen *Pakistan National Alliance* (PNA). Unterdessen organisierte ich die fünfte Debatte meiner Präsidentschaft, die traditionell einem lustigen Thema galt: »Das Haus möge den Rock'n'Roll dem Debattieren vorziehen.« Zum ersten Mal in der Geschichte der Oxford Union ertönte Rockmusik im ehrwürdigen Debattiersaal. Zwei Freundinnen vom Magdalen College sangen zur Melodie von Jesus Christ Superstar ein lautstarkes Duett über die Union und trugen mich anschließend auf ihren Schultern aus dem Saal.

Während ich damit beschäftigt war, das Büro des Präsidenten der Oxford Union blau zu streichen und die Programme der Debatten auf grünweißes Papier (in den Farben der pakistanischen Flagge) drucken zu lassen, kündigte der Führer der PNA und frühere Luftwaffenchef Asghar Khan an, daß seine oppositionelle Koalition die Ergebnisse der Märzwahlen nicht akzeptieren werde, weil sie Manipulationen voraussehe. Ich schenkte dem Vorwurf wenig Aufmerksamkeit, da ich wußte, daß mein Vater die Wahlen nach dem in allen demokratischen Ländern allgemein üblichen Verfahren durchführte. Er hatte eine unabhängige Wahlkommission ernannt, Wahlausschüsse gebildet und Wahlgesetze erlassen, deren Einhaltung unter Aufsicht des Obersten Gerichtshofs stand, um gerechte und unparteiische Wahlen zu gewährleisten. Trotzdem kam es mir befremdlich vor, daß Asghar Khans Wahlkampfstrategie darin bestand, die Rechtmäßigkeit des unvermeidlichen Sieges der PPP an den Wahlurnen zu bestreiten.

Meine Verblüffung über den Wahlkampf wuchs, als die PNA am 18. Januar, dem Stichtag für die Registrierung der Kandidaten, in den Wahlkreisen meines Vaters und der Chefminister des für die Provinzen zuständigen Council of Common Interest noch keinen einzigen Kandidaten aufgestellt hatte. Merkwürdig, dachte ich, als ich in England davon hörte. Warum stellt die Opposition niemand gegen den Premierminister und die Chefminister der vier Provinzen auf? Vielleicht wußten die PNA-Kandidaten, daß sie meinen Vater nicht schlagen konnten, und wollten das Gesicht wahren. Wie sich herausstellte, war diese Erklärung zu rational. Die Erklärung, die die PNA selbst für ihr Verhalten lieferte, war absolut lächerlich, aber sie machte Schlagzeilen.

»Wir wurden entführt und an der Registrierung gehindert«, behaupteten die Führer der Opposition. Auch die Wahlhelfer, die für sie den Antrag stellen sollten, seien von der Polizei festgenommen und so lange festgehalten worden, bis die Frist abgelaufen war. Solche Behauptungen erschienen mir in England lächerlich. Ich glaubte nicht einen Augenblick daran, daß PNA-Mitglieder gekidnappt worden waren, und der Vorsitzende der Wahlkommission glaubte das offensichtlich auch nicht, als er ihre Beschuldigungen wegen Mangels an Beweisen zurückwies. Wenn sie wirklich entführt worden waren, dann hatten sie es selbst organisiert. Trotzdem war es ein kluger Schachzug. Entführungen aus allen möglichen Gründen waren in Pakistan häufig, und vermutlich schenkten deshalb viele Leute der Behauptung der PNA Glauben.

Ich begann die Berichte über den Wahlkampf in der englischen Presse, in den pakistanischen Zeitungen, die mir meine Eltern schickten, und in anderen asiatischen Publikationen genauer zu verfolgen. Das Verhalten der PNA wurde täglich schlimmer und unverantwortlicher. Bhutto darf man nicht trauen, trompetete die Opposition. Er will alle privaten Wohnungen verstaatlichen und den Goldschmuck der Frauen beschlagnahmen. Bhutto ist reich und elitär, höhnte sie, er ist kein Mann des Volkes. Er trägt Anzüge von Savile Row und italienische Schuhe, und er trinkt schottischen Whisky.

Die Minister Ayub Khans hatten damals dieselben Anklagen erhoben. Die Reaktion meines Vaters hatte mich begeistert. Er war ein offener Mensch und verbarg sein Privatleben nicht vor der Öffentlichkeit. »Ich bestreite nicht«, konterte er auf einer Kundgebung in Lahore, »daß ich nach einem 18stündigen Arbeitstag hin und wieder etwas trinke, aber im Gegensatz zu anderen Politikern trinke ich nicht das Blut des Volkes.«

Ich hatte nie Zweifel am Ausgang der Wahlen. Die Führer der PNA waren keine großen Politiker, sie hatten nicht einmal einen anständigen Charakter. Die meisten waren viel älter als mein Vater und hatten ihre beste Zeit schon hinter sich. Sie verfügten weder über seine umfassende Bildung noch über seine große Erfahrung in nationaler und internationaler Politik. In Pakistan war mein Vater eine einmalige Erscheinung. Solange die Generäle geherrscht hatten, gingen die besten Leute nicht in die Politik, sondern in die Verwaltung, die Armee oder die Industrie, weil sie dort die wirkliche Macht konzentriert sahen. Viele Männer der Opposition waren kleine, provinzielle Geister, deren kurzsichtige Politik schon in der Vergangenheit an den pakistanischen Verhältnisse gescheitert war und auch in Zukunft daran scheitern würde.

Die Lügen dieser Männer wurden immer dreister. Bhutto sei ein so schlechter Muslim, verbreitete Asghar Khan, daß er erst jetzt lerne, wie man die fünf täglichen Gebete verrichtet. Ich wollte meinen Augen nicht trauen, als ich diese Behauptung im Februar in der *Far Eastern Economic Review* las. Ich hatte daheim oft mit meinen Eltern gebetet. Auch diesmal gefiel mir, wie mein Vater den Vorwurf parierte. Als er von einem Reporter gefragt wurde, warum Jasir Arafat, der Führer der PLO, ihm einen Besuch abstatte, flachste er: »Er kommt, um mir Gebete beizubringen.«

Mit dem Wahlslogan *Nizame-e-Mustafa,* »Regierung des Propheten«, beuteten andere Führer der Koalition schamlos die Religion für ihre politischen Zwecke aus. Eine Stimme gegen seine Partei, so der Chef von *Jamat-e-Islami* bei einer Wahlveranstaltung auf dem Land, sei eine Stimme gegen Gott. Dagegen entspreche eine Stimme für die PNA 100000 Jahren Gebet.

Vernünftigere Oppositionsführer wußten, wie heikel das Thema Religion war, und vermieden es, die Religion für Wahlkampfzwecke auszuschlachten. Trotz der laufenden religiösen Schmutzkampagne war ihnen klar, daß die PPP unzweifelhaft eine muslimische Partei war. War es doch mein Vater gewesen, der dem Land 1973 die erste islamische Verfassung gegeben hatte und der das erste Ministerium für Religionsfragen geschaffen hatte. Unter seiner Regierung war die erste Wissenschaftliche Ausgabe des Koran in Pakistan gedruckt worden, und seine Regierung hatte die Quoten aufgehoben, durch die zuvor die Anzahl der Pilgerfahrten nach Mekka beschränkt worden war. Außerdem war *Islamiyat* - die religiöse Erziehung - an Grundschulen und höheren Schulen zum Pflichtfach gemacht worden. Die Regierung meines Vaters hatte dafür gesorgt, daß im Fernsehen arabische Sprachlehrgänge gesendet wurden, damit die Pakistaner die Sprache des Heiligen Koran lernen konnten, und sie hatte ein *Ruet-e-Hillal,* ein »Mondbeobachtungskomitee« eingerichtet, um den Streit über Beginn und Ende des Ramadan zu beenden. Unter Führung meines Vaters hatte die Regierung sogar durchgesetzt, daß das Rote Kreuz in Roter Halbmond umbenannt und das Symbol entsprechend geändert wurde. So wurde deutlich, daß es sich um eine islamische, nicht um eine christliche Organisation handelte.

Ich war deshalb nicht allzu beunruhigt, als ich von den fundamentalistischen Elementen in der Kampagne der Opposition hörte. Ich glaubte, der Mehrheit des Volkes sei klar, daß die Umsetzung einer fundamentalistischen Interpretation der Scharia in die Praxis die Errungenschaften Pakistans auf dem Gebiet der Menschenrechte und der Wirtschaft rückgängig machen und das Land um 1000 Jahre zurückwerfen würde. Man hätte zum Beispiel alle Banken abschaffen müssen, weil bei einer strengen Auslegung des Islam die Erhebung von Zinsen als Wucher gilt. Natürlich würden auch die Frauen alles wieder verlieren, was sie unter meinem Vater gewonnen hatten.

Unter seiner Regierung waren der diplomatische Dienst, der Staatsdienst und die Polizei Frauen zugänglich gemacht worden. Um die Bildung von Frauen zu fördern, hatte er eine Frau zur Vizekanzlerin der Universität von Islamabad gemacht, auf Regierungsebene hatte er eine Frau zur Gouverneurin von Sind, eine andere Frau zur stellvertretenden Parlamentspräsidentin gemacht. Auch beim Fernsehen durften Frauen jetzt arbeiten, zum ersten Mal gab es weibliche Nachrichtensprecherinnen.

Auch meine Mutter hatte er ermutigt, eine aktivere Rolle zu übernehmen. Sie hatte 1975 die pakistanische Delegation auf der internationalen Frauenkonferenz der UNO in Mexiko geleitet. Ich war sehr stolz, als sie zur Vizepräsidentin der Konferenz gewählt wurde. Jetzt kandidierte sie als Symbol der positiven Einstellung meines Vaters zum politischen Engagement von Frauen für einen Sitz in der Nationalversammlung.

Als der Wahltag näherrückte, wurden die Attacken der PNA auf die PPP immer heftiger. Asghar Khan versprach, im Fall eines Wahlsieges am 8. März seine schlimmsten Feinde in der PPP ins Konzentrationslager zu stecken. Außerdem werde er, so behauptete er großspurig, meinen Vater umbringen.

»Soll ich Bhutto an der Brücke in Attock aufknüpfen lassen?« tönte er. »Oder soll er an einem Laternenpfahl in Lahore baumeln?« Das brachte mich wirklich aus der Fassung. Gerüchten zufolge waren Verwandte Asghar Khans unter den jungen Offizieren gewesen, die 1974 einen gescheiterten Putschversuch unternommen hatten. Versuchte Asghar Khan jetzt wieder, Aufruhr in der Armee zu stiften?

Ich fühlte mich so weit weg in Oxford. Mein Vater hatte dafür gearbeitet, aus Pakistan eine Demokratie zu machen. Jetzt stellte sich heraus, daß nicht alle Leute über die Selbstdisziplin verfügten, die für eine Demokratie überlebensnotwendig ist. In einem Viertel von Karachi tötete ein PNA-Kandidat ein kleines Kind, als er ein Wahlplakat meines Vaters mit der Maschinenpistole beschoß.

»Die Opposition hat sich so schlimm aufgeführt, daß sogar ein Mensch wie ich, der unpolitisch ist wie ein Kohlkopf, aufmerksam geworden ist ...«, schrieb mir im Februar eine Schulfreundin aus Karachi. »Ganz Pakistan weiß jetzt besser denn je, wie dringend es Deinen Vater braucht. Gott bewahre uns davor, daß jemand anders auch nur in die Nähe der Macht kommt. Ich glaube, das wäre der Untergang unseres Landes.«

In der Wahlnacht saß ich mit Mir in dessen Wohnung gegenüber Christ Church College am Telefon. Der pakistanische Botschafter in London und einer der Minister meines Vaters hatten versprochen anzurufen, sobald sie etwas über die Wahlergebnisse wußten. Mir sagte voraus, daß die PPP 150 bis 156 Sitze in der Nationalversammlung gewinnen würde. Als das Telefon klingelte, war es mein Vater, der mir mit vom Wahlkampf noch heiserer Stimme mitteilte, daß die PPP 154 von 200 Sitzen gewonnen habe. »Herzlichen Glückwunsch, Vater!« schrie ich ins Telefon. »Wie mich das für dich freut!« Genauso groß wie meine Freude über den Sieg der PPP war meine Erleichterung. Ich glaubte, mit der Wahl sei alle Aufregung vorbei. Aber das war nicht der Fall.

Wie angedroht behauptete die PNA, die Ergebnisse der Wahlen zur Nationalversammlung seien gefälscht. Sie kündigte an, sie werde die drei Tage später angesetzten Wahlen zu den Provinzparlamenten boykottieren. Der Aufruhr in Pakistan nahm zu.

Plötzlich hieß es, Horden junger Männer rasten auf Motorrollern durch

Karachi und steckten Kinos, Banken, Spirituosenläden und alle Häuser, an denen die Fahne der PPP hing, in Brand. In einem Haus verbrannte eine dreizehnköpfige Familie. Als eines der Opfer im Todeskampf um Wasser bat, urinierte ihm einer der Brandstifter in den Mund. Ein Mitglied der PPP wurde gelyncht, seine Leiche hing so lange an einer Straßenlampe, bis sie von der Polizei abgeschnitten wurde. Unzählige Minister und Parlamentarier der PPP erhielten Morddrohungen, anderen drohte man an, ihre Kinder aus der Schule zu entführen.

In Karachi entwickelten sich alptraumhafte Verhältnisse. Jeden Morgen eilte ich in den Gemeinschaftsraum im St. Catherine's College und sammelte die englischen Zeitungen ein, dann holte ich die pakistanischen aus meinem Postfach. Mir und ich konnten nicht glauben, was wir lasen. Wir waren an die Demokratien in Amerika und England gewöhnt, wo politische Auseinandersetzungen selten mit terroristischen Methoden und Schlägertrupps ausgetragen werden, und deshalb beide über die Methoden der PNA entsetzt. Wir machten uns zunehmend Gedanken über ihre politischen Ziele. Es war offensichtlich, daß die PNA kein Interesse an Wahlen hatte. Vielleicht sollte der Aufruhr, den sie nach wie vor schürte, eine Umbildung der Regierung oder die Machtübernahme der Armee vorbereiten.

Die Armee war der Schlüssel zur Macht. Aber es gab keinen Grund, an der Loyalität der Armee zu zweifeln. Mein Vater war bei der Armee populär. Daß er Zia über die Köpfe von sechs Generälen weg zum Stabschef des Heeres ernannt hatte, schien ihm auch dessen Unterstützung zu garantieren. Es ist bei uns nicht üblich, seine Förderer zu verraten. Trotzdem versuchte Asghar, die Armee auf seine Seite zu ziehen. Er setzte einen Brief in Umlauf, in dem die Truppen indirekt zum Putsch aufgefordert wurden. Aber er stieß auf taube Ohren. Statt dessen veröffentlichten die Oberbefehlshaber von Marine, Luftwaffe und Heer eine Stellungnahme, in der sie ihre volle Unterstützung für die gewählte zivile Regierung meines Vaters erklärten. Die PNA hatte nichts erreicht.

Nach fast dreiwöchigen Unruhen in Karachi und Hyderabad versuchte die PNA, den Aufruhr und die Plünderungen auch nach Lahore zu tragen. Wieder wurden Trupps von 20 bis 30 Männern auf Motorrollern eingesetzt. Diesmal waren Bazare das Ziel, wo Käufer mit Steinen beworfen und die Ladenbesitzer so eingeschüchtert wurden, daß sie die Rolläden herunterließen. Manchmal setzten die Schläger auch noch Busse und Banken mit Molotowcocktails in Brand, bevor sie wieder davonrasten.

Als Mir und ich in den Zeitungen lasen, welcher demagogischen Methoden die PNA sich bediente, wurde unser Abscheu immer größer. Statt die Niederlage in freien Wahlen zu akzeptieren, griffen die reaktionären Politiker der PNA zur Gewalt oder setzten Gerüchte in die Welt wie das folgende: »Begum Bhutto hat die Koffer gepackt und ist geflohen. Bhutto wird ihr bald folgen.«
Mein Vater war von der Überlegenheit der PPP so überzeugt, daß er der Opposition anbot, die Wahlen in den Provinzen zu wiederholen und, sollte die PNA dabei die Mehrheit erhalten, auch die Wahlen zur Nationalversammlung. Die Führer der PNA weigerten sich jedoch, überhaupt mit ihm zu verhandeln. Sie forderten seinen Rücktritt. Diesen Wunsch konnte mein Vater ihnen verständlicherweise nicht erfüllen, war er doch gerade erst in fairen und demokratischem Wahlen von einer überwältigenden Mehrheit im Amt bestätigt worden.
Die terroristische Taktik der PNA hatte ihre Auswirkungen bis nach Oxford. Ich erschrak, als ich eines Nachmittags Ende März aus der Bodleian Library zurückkehrte und vor meinem Zimmer einen Beamten von Scotland Yard antraf. »Erschrecken Sie nicht«, sagte der Detektiv. »Aber gewisse Anzeichen sprechen dafür, daß Sie sich in Gefahr befinden.«
Ich nahm seine Worte ernst, weil ich wußte, daß Scotland Yard nicht grundlos einen Beamten zu mir nach Oxford schicken würde. Also hielt ich mich bis zu meiner Abreise aus Oxford Ende Juni sorgfältig an die Verhaltensregeln, die der Detektiv mir gab: Ich sah nach, ob unter meinem Auto eine Bombe angebracht worden war, bevor ich die Tür öffnete, und überprüfte, ob sich jemand am Lenkradschloß zu schaffen gemacht hatte. Ich beachtete auch den Rat, meinen Stundenplan flexibel zu gestalten und täglich zu variieren. Wenn ich um zehn Unterricht hatte, ging ich schon um 9 Uhr 30 aus dem Haus oder erst um 9 Uhr 55. Noch heute halte ich mich an einige der Sicherheitsmaßnahmen, die mir damals von Scotland Yard eingeschärft wurden.
In Pakistan hatte die Agitation der PNA Anfang April ihren Höhepunkt überschritten, und die Lage schien sich zu beruhigen. Doch plötzlich nahmen die Ereignisse in meiner Heimat eine neue und bedrohliche Wendung.
Meine Freundin Samiya schrieb mir, daß die Leute plötzlich haufenweise amerikanische Dollars hätten und ihre Arbeitsplätze verließen. Auch die Hausangestellten meiner Cousine Fakhri und ihrer Freunde handelten so. »Wir verdienen mehr Geld, wenn wir für die PNA demonstrieren«, be-

haupteten sie. Seit März, schrieb Samiya, werde das Land derart von US-Dollars überschwemmt, daß der Schwarzmarktpreis für den Dollar um 30 Prozent gesunken sei. Ohne erkennbare finanzielle Einbußen gingen in Karachi die privaten Bus- und Lastwagenfahrer in den Streik und verursachten in den Fabriken einen Produktionsrückgang, weil die Leute nicht mehr zur Arbeit gelangen konnten. Die Lastwagen und Busse der Streikenden standen jedoch zur Verfügung, um Menschen zu PNA-Demonstrationen zu transportieren.

Asiaten wittern oft Verschwörungen, wo keine sind. In diesem Fall jedoch waren mein Vater und andere PPP-Mitglieder aufrichtig davon überzeugt, daß die Unruhen durch amerikanische Einmischung verursacht worden seien. Ich sah selbst, daß der Streik der Lastwagenfahrer nach einem ähnlichen Muster ablief wie die Aktionen zur Zerstörung der chilenischen Wirtschaft im Zusammenhang mit dem von der CIA unterstützten Sturz Präsident Allendes und seiner demokratisch gewählten Regierung. Außerdem hatte unser Geheimdienst häufige Treffen zwischen amerikanischen Diplomaten und PNA-Mitgliedern gemeldet.

Die Effektivität der von der PNA organisierten Streiks war ebenfalls verdächtig. Als mein Vater an die Macht kam, hatte er erfahren, daß die USA 1958 streng geheime Manöver mit der pakistanischen Armee durchgeführt hatten. Dabei war geübt worden, wie man eine Regierung durch Streiks lahmlegt. Diese geheimen Manöver hatten den Namen »Operation Wheel Jam« (Blockade der Räder) getragen. Jetzt rief die PNA zu einem landesweiten Generalstreik auf und gebrauchte dafür gleichfalls den Namen »Operation Wheel Jam«.

Ich wollte nicht glauben, daß die USA aktiv daran beteiligt waren, die demokratisch gewählte Regierung Pakistans zu destabilisieren. Trotzdem kam mir immer wieder die Bemerkung in den Sinn, die Henry Kissinger zu meinem Vater gemacht hatte, als er 1976 Pakistan besuchte. Sie bezog sich auf den Entschluß meines Vaters, die Verhandlungen mit Frankreich über eine atomare Wiederaufbereitungsanlage energisch voranzutreiben, da eine solche Anlage Pakistan in einer Zeit mit Energie versorgen würde, in der die ins Unermeßliche gestiegenen Ölpreise auch die Wirtschaften des reichen Westens in Mitleidenschaft ziehen würden. Dr. Kissinger war gleichermaßen entschlossen, meinen Vater von diesem Vorhaben abzubringen. Die US-Regierung betrachtete die Fabrik offensichtlich nur unter dem Aspekt, daß man in ihr eine Atombombe herstellen konnte, und die sogenannte »islamische Bombe« lag entschieden nicht im Interesse des Westens.

Die Begegnung mit Kissinger war nicht gut verlaufen. Mein Vater war rot vor Ärger, als er nach Hause kam. Henry Kissinger sei unfreundlich und arrogant gewesen, sagte er. Der US-Außenminister habe deutlich gemacht, daß ein Vertrag über die Lieferung einer Wiederaufbereitungsanlage für die Vereinigten Staaten nicht akzeptabel sei. Das Abkommen müsse entweder gekündigt oder um Jahre verschoben werden, bis durch neue Technologien die Produktion einer Atombombe ausgeschlossen werden könne. Kissinger hatte behauptet, er halte meinen Vater für einen brillanten Staatsmann, er müsse ihn deshalb in aller Freundschaft warnen: Entweder er lasse sich das Abkommen mit Frankreich noch einmal durch den Kopf gehen, oder er gehe das Risiko ein, daß an ihm »ein schreckliches Exempel« statuiert werde.

Jetzt ging mir dieses Gespräch nicht mehr aus dem Kopf, obwohl drei Monate zuvor Jimmy Carter die amerikanische Präsidentschaft angetreten hatte und jetzt Cyrus Vance statt Henry Kissinger Außenminister war. Ein Regierungswechsel bedeutet jedoch nicht notwendigerweise einen Kurswechsel in den einzelnen Zentren der Macht. In sieben Jahren Politikstudium hatte ich gelernt, daß die CIA oft autonom agiert, daß ihre politische Linie nicht über Nacht neu festgelegt wird. Hatten die Amerikaner in Erwägung gezogen, meinen Vater zu stürzen, wenn sie ihn nicht dazu bringen konnten, das Abkommen über die Wiederaufbereitungsanlage zu kündigen? Und hatte er ihnen unabsichtlich in die Hände gespielt, als er ein volles Jahr vor der Zeit Neuwahlen ansetzte?

Ich konnte mir das CIA-Dossier über meinen Vater gut vorstellen. Mein Vater war gegen die amerikanische Politik im Vietnamkrieg angetreten, er hatte eine Normalisierung der Beziehungen zum kommunistischen China befürwortet, er hatte im Krieg von 1973 die Araber unterstützt und war auf Konferenzen der Länder der Dritten Welt für mehr Unabhängigkeit von den Supermächten eingetreten. Hatte er sich zu weit vorgewagt?

Wir bekamen einen Bericht des pakistanischen Geheimdienstes mit der auf Band aufgenommenen Unterhaltung zweier US-Diplomaten: »Das Fest ist vorbei, er ist erledigt«, hatte einer von ihnen in bezug auf meinen Vater gesagt. »Meine Herren, das Fest ist *nicht* vorbei«, antwortete mein Vater in einer Rede vor der Nationalversammlung, »und es wird erst vorbei sein, wenn ich meine Mission im Auftrag unserer großen Nation erfüllt habe.« Inzwischen hatten die Aktionen der mit Geld gedungenen Fundamentalisten auf den Straßen einen neuen geistigen Tiefpunkt erreicht. »Bhutto ist ein Hindu«, brüllten sie im Sprechchor. »Bhutto ist ein

Jude.« Als ob mein Vater, der als Muslim natürlich keine dieser Religionen praktizierte, gleichzeitig Jude und Hindu sein könnte.
»Ich weiß nicht, was ich Dir über die Lage hier schreiben soll«, stand in einem Brief meiner Mutter. »Ich weiß selber auch nicht mehr, als in den Zeitungen steht, und die kriegst Du in England ja auch. Am objektivsten berichten die *Morning News,* sie sind nicht so sensationslüstern. Du weißt also genauso viel wie wir.«
»Ich habe Sanam [meine Schwester hatte 1975 ein Studium in Radcliffe begonnen] und Mir geschrieben, daß sie diesen Sommer keine Freunde nach Pakistan einladen sollen. Ich weiß nicht, ob sie meine Briefe bekommen haben, weil viele Briefe nicht ankommen. Wenn Du diesen Brief bekommst, leite ihnen die Nachricht zur Sicherheit weiter.«
Die Führer der PNA gingen auch weiterhin nicht auf das Angebot meines Vaters ein, mit ihm über eine friedliche Lösung zu verhandeln. Angesichts der Plünderungen und Brandstiftungen und der Morde an PPP-Anhängern sah mein Vater sich gezwungen, mehrere Führer der PNA verhaften zu lassen. Vielleicht würde sich das Land beruhigen, wenn ihre Aufrufe zur Gewalt kurzfristig zum Schweigen gebracht wurden. Am 20. April brachte jedoch die von langer Hand geplante »Operation Wheel Jam« das Leben in Karachi zum Stillstand. Die Lastwagenfahrer streikten, und die Läden, Banken, Märkte und Textilfabriken blieben geschlossen. Am 21. April forderte mein Vater im Einklang mit der Verfassung das Militär auf, den zivilen Behörden bei der Wiederherstellung der Ordnung in den wichtigsten Städten Karachi, Lahore und Hyderabad zu helfen. Die Proteste ebbten ab. Eine Großdemonstration und ein für den 22. April geplanter landesweiter Streik fanden nie statt. Auch der »Lange Marsch« fand nicht statt: Zwei Millionen Menschen hatten den Plänen der PNA zufolge eine Woche später nach Rawalpindi marschieren und vor dem Haus des Premierministers demonstrieren sollen. Mit dem Scheitern des Marsches ging der Kampagne der PNA vollends die Luft aus. Als mein Vater durch Rawalpindi fuhr, waren die Straßen von jubelnden Menschenmassen gesäumt.
Trotzdem hatten die Unruhen der PNA ihren Preis gekostet. Tausende von neuen Autos und Bussen waren ausgebrannt. Die Fabriken in Karachi waren geschlossen oder mit der Produktion im Rückstand. Besitz im Wert von Millionen Rupien war zerstört worden. Es hatte Tote gegeben. Ich atmete erleichtert auf, als am 3. Juni in den Zeitungen stand, die PNA-Führer hätten sich endlich bereit erklärt, mit meinem Vater zu

verhandeln. Mein Vater schien im Gegenzug bereit, seine Regierung aufzulösen und Neuwahlen zu ermöglichen.

Pakistan schien endlich wieder zur Vernunft gekommen. Nach vier Verhandlungstagen zog mein Vater die Armee zurück, eine Woche später ließ er die während der Unruhen verhafteten PNA-Führer und andere Personen frei. Nachdem mein Vater für Oktober Neuwahlen angekündigt hatte, schienen selbst die unversöhnlichsten PNA-Führer optimistisch in die Zukunft zu blicken. »Ich sehe jetzt Licht am Ende des Tunnels«, hatte ein Oppositionsmitglied laut *Newsweek* vom 13. Juni nach einem Treffen mit meinem Vater erklärt. »Laßt uns beten, daß es keine Fata Morgana ist.«

Auch die Beziehungen zu den USA schienen sich zu verbessern. Der pakistanische Außenminister Aziz Ahmed flog nach Paris zu einem Treffen mit US-Außenminister Cyrus Vance. Er hatte einen 50seitigen Bericht unseres Außenministeriums bei sich, der die Gründe für unseren Verdacht einer amerikanischen Beteiligung an der Destabilisierung unserer Regierung enthielt. Mein Vater erzählte mir, Außenminister Vance habe den Bericht beiseite gelegt und gesagt: »Nein, Mr. Aziz Ahmed, wir wollen in unseren Beziehungen zu Pakistan ein neues Kapitel aufschlagen. Wir wissen die tiefe und dauerhafte Freundschaft mit Ihrem Land sehr zu schätzen.«

Haben die Amerikaner bei der Destabilisierung der Regierung meines Vaters wirklich eine Rolle gespielt? Wir werden es nie beweisen können. Ich habe seither versucht, über meine Freunde in den USA mehr darüber herauszufinden. Sie beriefen sich auf den *Freedom of Information Act*, hatten aber keinen Erfolg. Die CIA legte sechs Dokumente vor, darunter eine Analyse der Unterstützung Pakistans durch China 1965 während des Krieges mit Indien, als mein Vater Außenminister war, und ein Telegramm, das über die zivilen Transporte berichtete, die in derselben Zeit durch Rawalpindi gingen. Nur eines der Dokumente handelte von meinem Vater und der PPP, und in ihm ging es lediglich um den Widerstand gegen die 1973 von meinem Vater vorgeschlagene Verfassung.

»Wir können die Existenz oder Nichtexistenz von CIA-Berichten in Beantwortung Ihrer Anfrage betreffs etwaiger Berichte über Zulfikar Ali Bhutto weder bestätigen noch bestreiten«, stand in dem Begleitbrief. »Derartige Informationen unterliegen, mit Ausnahme der offiziell bekanntgegebenen, der Geheimhaltung aus Gründen der nationalen Sicherheit. Durch dieses Schreiben wird die Existenz oder Nichtexistenz solcher Berichte weder bestätigt noch bestritten. Entsprechend wird Ihre Anfrage

zu etwaigen Dokumenten über Zulfikar Ali Bhutto abschlägig beschieden...«
Was immer sich 1977 in Pakistan ereignete, es geschah, weil es Menschen gab, die es geschehen ließen. Hätten die PNA-Führer im nationalen Interesse gehandelt statt im eigenen, hätte der Generalstabschef meines Vaters im nationalen Interesse gehandelt, dann hätte die Regierung nicht gestürzt werden können. Das war - und ist - für uns alle eine wichtige Lehre. Die USA handelten in ihrem nationalen Interesse, aber wir handelten nicht in unserem. Einige machen es sich leicht: Sie machen Amerika allein für die Ereignisse von 1977 verantwortlich. Der gewählten Regierung Pakistans wäre jedoch nichts geschehen, wenn es nicht unter unseren Landsleuten Kollaborateure gegeben hätte, die lieber ihren Machthunger befriedigten, statt ihrem Vaterland zu dienen. Als Studentin in Oxford habe ich das noch nicht verstanden.

Die Sonne schien schon hell, als ich an meinem 24. Geburtstag erwachte. Der 21. Juni versprach ein heißer Sommertag zu werden. Ich freute mich auf das Geburtstags- und Abschiedsfest, das ich vor meiner Rückkehr nach Pakistan im Garten des Queen Elizabeth House geben würde. Ich mußte alle Leute eingeladen haben, die in meinem Oxforder Adreßbuch standen, und der Menschenmenge im Garten nach zu urteilen waren auch alle gekommen. Bei Erdbeeren mit Schlagsahne tauschten wir Erinnerungen und Heimatadressen aus.
Ich war traurig, Oxford und meine vielen Freunde verlassen zu müssen. Es tat mir auch leid, mein kleines gelbes Auto zurückzulassen, das Mir im Herbst für mich verkaufen wollte. Vier Jahre lang hatte der MGB als Schwarzes Brett für die Botschaften meiner Freunde und die Strafzettel diensteifriger Verkehrspolizisten gedient. Ich war jedoch auch freudig erregt bei dem Gedanken, was mich in Pakistan erwarten würde. Mein Vater hatte mit mir einige mögliche Zukunftspläne diskutiert: Im Sommer konnte ich für das Büro des Premierministers und für den Council of Common Interests arbeiten, der sich mit den Belangen der Provinzen befaßte. Dadurch würde ich mit den wichtigsten Problemen der Provinzen vertraut. Im September sollte ich als Mitglied der pakistanischen Delegation bei den Vereinten Nationen arbeiten, was mich bekannt machen würde. Nach meiner Rückkehr im November konnte ich dann die Examina für den diplomatischen Dienst vorbereiten, die es im Dezember zu bestehen galt. Hell und geordnet lag meine Zukunft vor mir.

Mein Vater freute sich offensichtlich genauso auf meine Rückkehr wie ich. »Ich verspreche Dir«, schrieb er, »daß ich mein möglichstes tun werde, damit Deine Eingewöhnungszeit in Pakistan kurz und angenehm ist. Danach wirst Du selbständig zurechtkommen. Allerdings wirst Du meinen garstigen Humor ertragen müssen. Leider kann ich in meinem Alter meinen Charakter kaum mehr ändern, aber ich werde mich anstrengen, es meiner Erstgeborenen recht zu machen. Nur bist Du ein genauso emotionaler Mensch wie ich, uns beiden kommen schnell die Tränen. Wir sind eben vom gleichen Fleisch und Blut.

Wir wollen einen Pakt schließen, wie wir miteinander auskommen. Du bist ein Mensch mit hohen Zielen. Ein Mensch wie Du kann keine Wüste wollen, in der es nicht heiß ist, und keine Berge ohne Schnee. Du wirst Deinen Sonnenschein und Deinen Regenbogen in Deiner inneren Stärke und Moral finden. Alles wird sich zum Besten entwickeln. Wir werden gemeinsam für ein großes Ziel arbeiten. Und ich glaube fest daran, daß wir es erreichen.«

Am 25. Juni 1977 flogen Mir und ich nach Rawalpindi, um dort den Rest der Familie zu treffen. Shah Nawaz kam von seiner Schule in der Schweiz, Sanam aus Harvard. Es war das letzte Mal, daß unsere Familie vollzählig beisammen war.

5. Kapitel

Betrachtungen aus Al-Murtaza:

Der Hochverrat Zia ul-Haqs

Ich blicke aus dem Fenster in Al-Murtaza und sehe, wie sich die Februarsonne auf den Gewehrläufen unserer Bewacher spiegelt. Unsere Gefangenschaft geht in den vierten Monat, und ich habe das Gefühl, daß man das Haus selbst zum Gefangenen gemacht hat. Staatsoberhäupter und Politiker aus der ganzen Welt besuchten hier früher meinen Vater: der Schah des Nachbarlands Persien; der Herrscher von Abu Dhabi und Präsident der Vereinigten Arabischen Emirate, Scheich Zayyed; der Aga Khan, Prinz Karim; Senator George McGovern aus den Vereinigten Staaten; der britische Kabinettsminister Duncan Sandys. Mein Vater organisierte oft Jagdausflüge für seine Gäste, obwohl er selber kein begeisterter Jäger war. Meine Brüder waren jedoch hervorragende Schützen und schossen gelegentlich Vögel oder Rotwild für unsere Jagdgäste, was deren Selbstvertrauen nicht wenig hob.

Sogar an ganz normalen Tagen war Al-Murtaza von Gelächter und Freude erfüllt. Mein Vater begann oft spontan zu singen und trug falsch, aber leidenschaftlich Volkslieder auf Sindhi oder seine westlichen Lieblingsmelodien vor: »Some Enchanted Evening« aus dem Musical *South Pacific,* das er in New York gesehen hatte, »Strangers in the Night« von Frank Sinatra, das in der Zeit, als mein Vater um meine Mutter warb, in Karachi ein beliebter Schlager gewesen war – und seine Spezialität »Que será, será«. Ich höre ihn immer noch singen – »whatever will be, will be, the future's not ours to see...«

Wer hätte auch die finstere Zukunft voraussehen können, die in den frühen Morgenstunden des 5. Juli 1977 begann: den Militärputsch, der soviel Unglück über unsere Familie und über Pakistan brachte?

5. Juli 1977, 1 Uhr 45. Residenz des Premierministers in Rawalpindi.

»Aufwachen!« schrie meine Mutter. »Zieht euch an! Schnell!« Sie eilte durch mein Zimmer, um meine Schwester zu wecken. »Die Armee hat geputscht! Die Armee hat die Macht übernommen!«

Minuten später saß ich unruhig bei meinen Eltern im Schlafzimmer. Ein Militärputsch? Wie war das möglich? Die *Pakistan People's Party* und die Führer der Opposition hatten sich doch gestern endgültig über die umstrittenen Wahlen geeinigt. Wenn aber die Armee wirklich die Macht ergriffen hatte, welche Teile von ihr waren dafür verantwortlich? General Zia und die Kommandeure der einzelnen Truppeneinheiten waren doch noch vor zwei Tagen bei meinem Vater gewesen und hatten ihm versichert, daß die Armee loyal sei.
Mein Vater versucht, telefonisch den Stabschef des Heeres General Zia und die Bundesminister zu erreichen. Als erstes wird er mit dem Haus des Bildungsministers verbunden. Dort ist die Armee bereits gewesen. »Die Soldaten haben meinen Vater geschlagen und mitgenommen«, schluchzt die Tochter von Hafiz Pirzada, der meinen Vater erst vor ein paar Stunden verlassen hat, nachdem sie zusammen das Abkommen mit der Opposition gefeiert haben. Ich erinnere mich, wie auf dem Rasen vor dem Haus die Glut ihrer Zigarren leuchtete und wie sie lachten, während ich drinnen mit meiner Schwester plauderte. »Beruhige dich«, sagt mein Vater gefaßt zu Pirzadas Tochter. »Denk an die Würde deiner Familie.« Das nächste Gespräch mit dem Gouverneur der Northwest Frontier Province wird mittendrin unterbrochen, die Leitung ist tot.
Meine Mutter ist kreidebleich. Sie flüstert mir zu, daß mein Vater durch einen Polizisten vom Putsch erfahren hat. Der Mann hat beobachtet, wie das Militär die Residenz des Premierministers umstellte. Unter Lebensgefahr hat er sich zwischen den Soldaten durchgeschlichen und ist auf dem Bauch zum Haupteingang der Residenz gerobbt. »Sagen Sie Mr. Bhutto, daß die Armee kommt, um ihn zu töten«, sagte er aufgeregt zu Urs, dem persönlichen Diener meines Vaters. »Er muß sich verstecken! Schnell!« Mein Vater hat die Nachricht offensichtlich ruhig aufgenommen. »Mein Leben ist in Gottes Hand«, sagte er zu Urs. »Wenn die Soldaten mich töten wollen, dann sollen sie mich töten. Es hat keinen Zweck, sich zu verstecken. Auch Widerstand ist sinnlos. Laß sie kommen.« Trotzdem rettete die Warnung des Polizisten wahrscheinlich unser aller Leben.
»Der Premierminister wünscht den Chef des Generalstabs zu sprechen«, sagt mein Vater in Sanams Telefon, ihren Privatanschluß, an dem sie sonst endlose Gespräche mit ihren Freundinnen führt. Wunderbarerweise ist diese Leitung noch nicht unterbrochen.
Zia meldet sich sofort. Er ist erstaunt, daß mein Vater schon von dem Putsch weiß.

»Es tut mir leid, Sir, ich mußte es tun«, stößt Zia hervor, ohne auf das Friedensabkommen einzugehen, das gerade geschlossen wurde. »Wir müssen Sie eine Weile in Schutzhaft nehmen. Aber in 90 Tagen werden wir Neuwahlen abhalten. Dann werden Sie natürlich wieder zum Premierminister gewählt, Sir, und ich werde Ihnen gratulieren.«
Jetzt weiß mein Vater, wer der Anführer des Staatsstreichs ist. Seine Augen verengen sich zu Schlitzen, als ihm Zia mitteilt, daß er sich den Ort seiner Haft selbst auswählen kann, etwa das Ferienhaus des Premierministers im nahegelegenen Murree, unser eigenes Haus in Larkana oder irgendeinen anderen Ort. Zia möchte, daß der Rest der Familie einen Monat in der Residenz des Premierministers in Rawalpindi bleibt. Um 2 Uhr 30 werden die Soldaten meinen Vater abholen.
»Ich gehe nach Larkana, und meine Familie kehrt nach Karachi zurück«, sagt mein Vater. »Dies ist die Residenz des Premierministers. Anscheinend bin ich nicht mehr Premier, also wird meine Familie das Haus noch vor Einbruch der Nacht verlassen.«
Mein Vater sieht grimmig aus, als er auflegt. Dann nimmt er den Hörer wieder ab und wählt erneut, aber jetzt ist auch Sanams Leitung tot.
Meine Brüder Mir und Shah Nawaz stürzen ins Zimmer. Sie haben sich hastig angezogen.
»Wir müssen uns wehren«, sagt Mir.
»Bei einem Militärputsch darf man sich nie wehren«, sagt mein Vater ruhig. »Den Generälen wären wir tot am liebsten. Wir dürfen ihnen keinen Vorwand für unsere Ermordung liefern.«
Schaudernd erinnere ich mich an den Putsch gegen Mujib, den Premier von Bangladesh, der vor zwei Jahren zusammen mit dem größten Teil seiner Familie in seinem Haus umgebracht worden ist. Die Armee von Bangladesh war früher ein Teil der pakistanischen Armee. Warum sollte sich unsere Armee jetzt anders verhalten?
»Zia hat den Putsch angezettelt«, teilt meine Mutter meinen Brüdern mit. Viel mehr weiß sie auch nicht: »Asghar Khan und die anderen PNA-Führer sind verhaftet worden, ebenso die Minister Pirzada, Mumtaz, Niazi und Khar. Zia sagt, er wird Asghar Khan wegen Hochverrats vor Gericht stellen und auch Niazi und Khar nicht schonen. Er sagt auch, daß er in 90 Tagen Wahlen abhalten wird.«
»Er will das alles tun und in 90 Tagen Wahlen abhalten?« Shah kann es nicht glauben. Er hat als der Jüngste in den letzten Jahren mehr Zeit in Pakistan verbracht als wir und kennt die politischen Verhältnisse besser.

Viele unbeantwortete Fragen stehen im Raum. Warum hat Zia ausgerechnet diese Politiker verhaftet? Handelt es sich um ein Täuschungsmanöver? Stecken sie in Wirklichkeit mit ihm unter einer Decke? Wir gehen immer wieder die wenigen Informationen durch, die wir haben, um einer Welt Sinn abzugewinnen, die plötzlich völlig sinnlos erscheint.

Warum hat Zia so lange mit dem Putsch gewartet? Die Unruhen sind schon im April abgeflaut, und die Gespräche mit der PNA sind seit ein paar Stunden erfolgreich abgeschlossen.

»Zia hat sich verrechnet«, sagt mein Vater. »Er glaubte, die Gespräche mit der PNA würden scheitern. Das hätte ihm einen Vorwand zum Putsch geliefert. Jetzt hat er zugeschlagen, bevor das Abkommen formell unterzeichnet werden konnte.«

»Gott allein weiß, was jetzt mit uns passiert«, sagt meine Mutter leise. Sie geht in ihr Ankleidezimmer, öffnet ihren Safe und kehrt mit etwas Geld zurück. »Ihr fliegt heute morgen nach Karachi zurück, der Flug ist schon gebucht«, sagt sie zu meinen Brüdern und gibt ihnen das Geld. »Benazir, Sanam und ich treffen euch dort. Wenn wir bis zum Abend nicht da sind, verlaßt ihr das Land.«

Es ist jetzt fast zwei Uhr. Wir warten darauf, daß das Militär meinen Vater abholt. Niemand will das Schlafzimmer verlassen, um den eigenen Aufbruch vorzubereiten. Wir sind immer noch nicht sicher, was uns erwartet. Hat Zia gewartet, bis wir alle in Pakistan waren, um unsere Familie auf einen Schlag auslöschen zu können? Ein grausamer Gedanke. Ich versuche ihn zu unterdrücken, aber es gelingt mir nicht. Zwei von Präsident Mujibs Töchtern überlebten das Massaker, weil sie damals im Ausland waren. Eine wurde die Führerin der Opposition. Wollte die pakistanische Armee bei uns diesen Fehler vermeiden?

Meine Geschwister und ich sind getrennt nach Hause geflogen: Shah kam von seiner Schule in der Schweiz, Sanam aus Harvard, Mir und ich aus Oxford. Aus Angst vor einem Unfall erlaubten unsere Eltern nicht, zusammen zu reisen. »Gott sei Dank hast du deine Ausbildung jetzt abgeschlossen und bist daheim«, hat mich mein Vater vor zehn Tagen begrüßt. »Jetzt kannst du mir helfen.«

Ich habe ein Büro neben dem Sekretariat des Premierministers bezogen, den gesetzlich vorgeschriebenen Eid auf Wahrung der Dienstgeheimnisse geleistet und begonnen, den Inhalt einiger Akten zusammenzufassen, wobei ich den Inhaltsangaben meine eigenen Beobachtungen beifügte. Wieviel sich doch in einer Woche, ja innerhalb weniger Stunden ändern kann!

Meine Mutter schaltet das Radio ein und sucht nach Nachrichten, obwohl es zu so früher Stunde kaum Sendungen gibt. Sie findet nichts. Wir warten weiter auf die Soldaten, und mein Vater wirkt fast erleichtert. »Die Last der Verantwortung liegt nicht mehr auf meinen Schultern«, sagt er. »Man hat mir die Regierung anvertraut, und ich habe versucht, dieser Verantwortung gerecht zu werden. Jetzt bin ich von ihr befreit.«

Wir sitzen wie betäubt auf dem Sofa im Schlafzimmer meiner Eltern, während mein Vater in aller Ruhe die Akten durchgeht, die sich wie immer auf dem Tisch hinter seinem Lehnstuhl häufen. Eine schwarze Akte liest er gar nicht erst, sondern unterschreibt die darin enthaltenen Papiere sofort. »Es war meine erste Handlung als Premierminister, alle Todesurteile in Zeitstrafen umzuwandeln, und es wird auch meine letzte sein«, sagt er. »Ich habe es immer gehaßt, Gnadengesuche zu lesen.« Ich will ihn umarmen, aber er schiebt mich sanft von sich. »Jetzt ist nicht die Zeit für Sentimentalitäten«, erklärt er. »Jetzt gilt es, hart zu sein.«

Es wird 2 Uhr 30, dann 3 Uhr 30. Niemand kommt, um meinen Vater zu holen. Mir ist immer unheimlicher zumute. Was führt das Militär im Schilde? Gegen vier trifft der Militärminister meines Vaters ein. Er hat gerötete Augen und sieht bestürzt aus. Er komme gerade vom Hauptquartier des Generalstabs, erklärt er, General Zia habe ihn dorthin bestellt. Zia bedauere, daß mein Vater nicht nach Larkana gehen könne. Wenn es nicht zuviel Umstände mache, lasse er meinen Vater statt dessen in das Ferienhaus des Premierministers in Murree bringen und dort festhalten, natürlich unter Bedingungen, die der Würde seines Amtes entsprächen. Der Aufbruch sei für sechs Uhr vorgesehen.

»Warum ändern sie dauernd ihre Pläne?« fragt Sanam.

»Vermutlich hat mein Anruf Zia durcheinandergebracht«, sagt mein Vater. »Er überlegt wahrscheinlich, ob ich Zeit hatte, loyale Offiziere für einen Gegenschlag zu mobilisieren, bevor ich mit ihm sprach.«

Und so beginnt die unangenehme Warterei von neuem. Eine Stunde später informiert uns einer unserer Hausdiener, daß unser Hausverwalter geweckt worden sei. Er solle nach Murree fahren, um das Ferienhaus des Premierministers für die Ankunft meines Vaters vorzubereiten.

»General Zia hat angekündigt, man werde mich um 2 Uhr 30 abholen«, sagt mein Vater ruhig. »Jetzt ist es sechs, und man hat noch nicht einmal das Ferienhaus vorbereitet. Man hatte Pläne für die Verhaftung der anderen Politiker, aber nicht für meine.«

Im Zimmer herrscht betroffenes Schweigen, als uns die Bedeutung seiner Worte klar wird.

»Der Bastard hat vorgehabt, uns in unseren Betten umzubringen«, flüstert mir Shah Nawaz zu.
»Geht und packt eure Sachen«, sagt meine Mutter zu meinen Brüdern. »Um sieben Uhr müßt ihr fliegen.« Wir schalten die Morgennachrichten der BBC in Urdu ein und hören, was wir schon längst wissen: daß in Pakistan das Militär die Macht übernommen hat.
»Du hast internationale Politik studiert«, wendet sich mein Vater an mich. »Glaubst du, Zia wird Wahlen abhalten?«
»Ja, das glaube ich.« Mein studentischer Idealismus und meine akademische Logik sind noch ungebrochen. »Wenn Zia die Wahlen selbst überwacht, kann er verhindern, daß die Opposition wieder behauptet, die Wahlen seien gefälscht, und neue Unruhen anstiftet.«
»Laß dich nicht zum Narren halten, Pinkie.« Mein Vater bleibt ruhig. »Das Militär ergreift nicht die Macht, um sie wieder abzutreten. Generäle begehen nicht Hochverrat, um Wahlen auszuschreiben und demokratische Verfassungen wieder in Kraft zu setzen.«
Widerwillig verlasse ich das Zimmer meiner Eltern, um zu packen. Mein Vater hat uns schon seit Jahren darauf vorbereitet, daß wir die Residenz des Premierministers irgendwann einmal wieder verlassen müssen, allerdings hätte ich nie gedacht, daß wir mit Waffengewalt dazu gezwungen würden. Er hat immer darauf bestanden, daß wir die Residenz nicht als unser Zuhause, sondern als Regierungsgebäude betrachten. Falls er aus dem Amt gewählt würde, wollte mein Vater die Residenz schnell verlassen können und nicht, wie sein Vorgänger Yahya Khan nach Verlust seines Amtes, noch monatelang darin wohnen. »Bringt nicht mehr Sachen her, als ihr in einem Tag wieder einpacken könnt«, hat mein Vater uns immer ermahnt. Ich habe diese Grundregel gebrochen. Ich bin vor zwei Wochen mit all meinen Kleidern und Büchern direkt aus Oxford nach Rawalpindi gekommen. Eigentlich wollte ich sie mit dem Schiff heim nach Karachi schicken, hatte aber keine Zeit mehr dazu. Die Arbeit für meinen Vater hat mich zu sehr in Anspruch genommen.
Beim Packen bin ich völlig unkonzentriert und renne immer zwischen meinem Zimmer und dem Schlafzimmer hin und her. Mein Vater soll nicht abgeholt werden, ohne daß ich es merke. Dauernd stolpere ich über meine Perserkatze Shugar. Shugar spürt die Aufregung, miaut ununterbrochen und will sich an meinen Beinen reiben. Trotzdem ist mein Zimmer fast leergeräumt, als meine Mutter hereinkommt.
»Es ist jetzt acht«, sagt sie, »und die Soldaten sind immer noch nicht da.

Der Adjutant sagt, man sei noch dabei, das Ferienhaus in Murree vorzubereiten. Wer weiß, was sie tun! Gott sei Dank haben sie wenigstens deine Brüder gehen lassen.«

Die Morgensonne hat uns ruhiger gemacht. Meine Spannung hat sich etwas gelöst, weil die praktische Aufgabe des Packens meine Aufmerksamkeit in Anspruch nimmt. Meine Mutter und ich betreten das Nachbarzimmer und sehen, wie Sanam all ihre Kleider, Bilder und Platten und sogar die alten Hefte von *Harper's Bazaar* und *Vogue* in ihren Schrankkoffer wirft. »Ich will nicht, daß jemand meine Sachen anrührt!« sagt sie wütend. Sie trägt Jeans und ein Sweatshirt, und ihre langen Haare sind noch immer ungekämmt.

»Pinkie, Sunny, kommt schnell!« höre ich kurz vor neun meine Mutter rufen. »Vater muß gehen!«

»*Jaldi!* Schnell! Der Sahib geht!« Einer der Hausdiener des Premierministers mit Turban und rotweißer Uniform steht in der Tür. Er hat Tränen in den Augen.

Auch ich muß weinen. Sanams Augen sind rot. »Wie können wir uns von Vater verabschieden, wenn wir so aussehen«, sage ich. »Komm schnell mit, ich habe Augentropfen«, sagt Sanam. Wir rennen in ihr Ankleidezimmer und träufeln uns mit zitternden Händen die Tropfen in die Augen. Blinzelnd hasten wir den weiß und golden getäfelten Gang entlang, der zum Haupteingang führt. Auf dem Rasen, wo sich das Personal versammelt hat, höre ich Menschen weinen.

Mein Vater sitzt schon im schwarzen Mercedes des Premierministers. Als der Wagen sich in Bewegung setzt, laufen Sanam und ich am Personal vorbei. »Auf Wiedersehen, Vater!« schreie ich und winke heftig mit den Armen. Er dreht sich um und lächelt schwach, als das Auto das Tor der Residenz passiert. Die Morgensonne fällt auf das Nummernschild des Wagens und spiegelt sich auf den goldenen, ineinander verschlungenen Blättern, dem Siegel des Premierministers.

Mein Vater wird von einem Konvoi von Militärfahrzeugen nach Murree gebracht und dort in »Schutzhaft« genommen. Diesen Ausdruck benützt Zia, um die Verhaftung seiner politischen Gegner zu rechtfertigen. Drei Wochen wird mein Vater in dem weißen, in der Kolonialzeit von den Briten erbauten Gebäude festgehalten, das im Hügelland an der Straße nach Kaschmir liegt. Unsere ganze Familie hat dort die Sommerferien verbracht und stundenlang unter den Säulen der Veranda Scrabble gespielt. Jetzt kehrt mein Vater als Gefangener der Armee nach Murree zurück.

Seine zivile Regierung existiert nicht mehr. Wieder einmal wird Pakistan von Generalen regiert.

Es hätte mir klar sein müssen, daß es nach dem Putsch kein Zurück mehr gab, daß die Verhaftung meines Vaters das Ende der Demokratie in Pakistan bedeutete. Die Verfassung von 1973 war außer Kraft gesetzt, das Kriegsrecht verhängt worden. Trotzdem glaubte ich in meiner Naivität und mit meiner akademischen Bildung immer noch, daß Zia die Wahlen abhalten würde, die er dem Land während der nächsten Wochen wiederholt versprach. Gleich am Tag nach dem Putsch hatte er verkündet: »Ich möchte in aller Deutlichkeit sagen, daß ich keine politischen Ambitionen habe und daß sich auch die Armee nicht von ihrer soldatischen Aufgabe abbringen lassen will ... Mein einziges Ziel ist die Abhaltung freier und gerechter Wahlen im Oktober dieses Jahres. Nach den Wahlen wird die Macht den gewählten Repräsentanten des Volkes übergeben. Ich gebe mein Ehrenwort darauf, daß wir an diesem Vorhaben festhalten werden.« Zia log.

> Kriegsrechtsbestimmung Nr. 5: Wer ohne die Genehmigung des Obersten Kriegsrechtsverwalters eine Versammlung einer Gewerkschaft, eines Studentenverbands oder einer Partei einberuft oder besucht, wird mit bis zu zehn Peitschenhieben und fünf Jahren Gefängnis bestraft.
> Kriegsrechtsbestimmung Nr. 13: Wer in Wort oder Schrift Kritik an der Armee übt, wird mit zehn Peitschenhieben und fünf Jahren Gefängnis bestraft.
> Kriegsrechtsbestimmung Nr. 16: Wer ein Mitglied der Armee von der Erfüllung seiner Pflichten gegenüber dem Obersten Kriegsrechtsverwalter abhält, wird mit dem Tode bestraft.
> »Plündern verboten«, verkündete Kriegsrechtsbestimmung Nr. 6, die am Tag nach dem Putsch erlassen wurde. »Höchststrafe: Amputation einer Hand.«

Um das Volk noch stärker einzuschüchtern, gab Zia den religiösen Fundamentalisten freie Hand. Ob ein Muslim während des heiligen Monats Ramadan fastete, war in Pakistan bisher dessen persönlicher Entscheidung überlassen worden. Unter Zia mußten die Restaurants und Lebensmittelläden in diesem Monat von Sonnenaufgang bis Sonnenuntergang schließen. An den Universitäten wurde das Wasser der Brunnen auf dem Campus und sogar das Wasser in den Waschräumen abgestellt, damit niemand in der Fastenzeit etwas trinken konnte. Fundamentalistische Banden zogen nachts durch die Straßen und hämmerten an die Haustüren. Sie weckten die Menschen auf, damit sie ihr *sehri* zubereiteten, eine Mahlzeit, die vor der Morgendämmerung eingenommen werden muß. Rauchen, Essen und das Trinken von Wasser in der Öffentlichkeit wurde mit Festnahmen geahndet. Es gab keinen Raum mehr für persönliche Entscheidungen, zu spüren war nur noch die eiserne Hand eines angeblich religiös orientierten Regimes.

Als wir nach Karachi zurückkehrten, drängten sich im Garten von Clifton 70 massenweise PPP-Anhänger, denen die Festnahme meines Vaters und die dunkle Zeit, die über Pakistan gekommen war, Angst eingejagt hatte. Während Mir zu den Männern sprach, schickte mich meine Mutter, die wieder unter ihrem zu niedrigen Blutdruck litt, zu den Frauen. »Du brauchst nur ›*howsla rakho!*‹ zu sagen – ›verliert den Mut nicht!‹« wies sie mich an. »*Howsla rakho!*« wiederholte ich für jede Besucherin in holprigem Urdu. *»Howsla rakho!*« Während der acht Jahre im Ausland hatte ich die Sprache weitgehend verlernt.

Zia versuchte, meinen Vater durch eine Pressekampagne zu diskreditieren. »Bhutto wollte mich umbringen«, plärrten die politischen Gegner meines Vaters in der Presse, oder: »Bhutto hat mich entführt.« Dabei waren sie doch ganz offensichtlich alle frei und am Leben. »Mach dich auf eine Schmutzkampagne gefaßt«, sagte mein Vater trocken bei einem seiner täglichen Anrufe aus Murree. »Das gehört zur ›Operation Fairplay‹.« Diesen Namen hatte Zia seinem Putsch gegeben. Außerdem reduzierte Zia allmählich das Personal in Murree. »Als ob mir das etwas ausmachen würde«, sagte mein Vater.

Mein Vater war immer noch guten Muts und hatte seinen Humor nicht verloren. »Heute hat ein Journalist angerufen und gefragt, wie ich die Zeit verbringe«, berichtete er eines Tages. »Ich sagte ihm, ich würde viel über Napoleon lesen. Ich wolle herausfinden, wie er seine Generäle unter Kontrolle gehalten hat, nachdem mir das bei meinen so mißlungen ist.«

Der Mut meines Vaters half uns daheim, unser seelisches Gleichgewicht zu wahren. Statt bedrückt zu sein fühlten wir uns stark, zuversichtlich und voller Energie. Erstens war mein Vater am Leben, zweitens standen viele Menschen auf seiner Seite. Auch die PPP hatte nichts von ihrer Popularität verloren. Während Mir von meinem Vater nach Larkana beordert wurde, wo er sich um den Wahlkreis meines Vaters kümmern sollte, sprachen Shah und ich mit den unzähligen Leuten, die weiterhin täglich nach Clifton 70 kamen, um uns ihre Solidarität zu bekunden. Ein Reporter und ein Fotograf unserer familieneigenen Zeitung *Musawaat* nahmen jedes Gespräch auf. Am nächsten Tag berichtete *Musawaat,* die einzige Zeitung, die die Linie der PPP vertrat, über das Parteileben, und entlarvte die gegen die PPP gerichtete Propaganda der Regierungspresse.

Nach der Internierung meines Vaters war die Auflage von *Musawaat* drastisch gestiegen: Allein in Lahore wuchs sie von einigen tausend auf über 100000 Exemplare. Als die Druckerpressen die Nachfrage nicht mehr decken konnten, begannen gewitzte Geschäftsleute, die Zeitung zu überhöhten Preisen im Bazar unter dem Ladentisch zu verkaufen. »*Musawaat* verkauft sich auf dem Schwarzmarkt zu zehn Rupien pro Stück«, berichtete ich meinem Vater begeistert. Zehn Rupien waren mehr als der durchschnittliche Tagesverdienst eines Pakistaners. Die starke Verbreitung des Blattes war sensationell für eine Gesellschaft mit einem hohen Anteil an Analphabeten und für eine Zeitung, die nicht in der Gunst der Regierung stand und deshalb nur über ein geringes Anzeigenaufkommen und ein schwaches Verteilernetz verfügte.

»Heute besucht mich Zia«, informierte mein Vater mich am 15. Juli telefonisch. Auf dem am nächsten Tag veröffentlichten Foto sah mein Vater ernst aus, wie es der politischen Lage im Land entsprach. Zia dagegen machte einen schuldbewußten Eindruck. Er griff sich mit der Hand an die Brust und hatte ein serviles Lächeln auf den Lippen. »Zia hat schon wieder seine Absicht bekräftigt, Wahlen abzuhalten und als ehrlicher Makler zwischen den Parteien zu vermitteln«, berichtete mein Vater nach dem Treffen. Warum hielt Zia es für notwendig, uns mitzuteilen, er meine es ehrlich? Mein Vater glaubte nicht an die Ehrlichkeit und Neutralität Zias. Wir auch nicht. Die hysterische Stimmungsmache gegen meinen Vater und die PPP in den von der Regierung kontrollierten Medien standen dagegen.

Es gab einfach zu viele unbekannte Faktoren. Zum ersten Mal in der Geschichte Pakistans, die beiden früheren Militärregimes eingeschlossen, waren Staatsbeamte verhaftet worden, darunter Afzal Saeed, Sekretär des Premierministers, Rao Rasheed, Berater des Premierministers, Khalid Ahmed, Deputy Commissioner (stellvertretender Regierungskommissar) in unserem Heimatdistrikt Larkana, Masood Mahmood, Chef des 500 Mann starken Bundessicherheitsdienstes, und viele andere. Was hatten diese Beamte mit Politik zu tun? Was hatte das Regime vor?

Zia hatte in Interviews gesagt, daß es in der Armee »Planspiele« für einen Militärputsch gegeben habe, und damit zugegeben, daß der Putsch von langer Hand vorbereitet worden war. Das war ein Indiz dafür, daß die Verhaftung der Staatsbeamten keiner spontanen Eingebung folgte, sondern zu einem gut durchdachten Plan der Armee gehörte. Wer stand dahinter? Auch der Versuch der Militärs, den Ruf unserer Familie durch verleumderische Presseberichte zu schädigen, verwirrte uns. Wenn Zia wirklich gerechte Wahlen abhalten wollte, machte dieses Verhalten keinen Sinn.

Inzwischen riefen in Clifton 70 Journalisten an, die Informationen über meinen Vater, die PPP und die Wahlen haben wollten, die Zia immer noch abzuhalten versprach. »Lade sie alle zum Tee ein«, schlug mein Vater vor. Ich tat es. Und zu meiner Überraschung war der Speisesaal in Clifton 70 völlig überfüllt. Es war so voll, daß die Klimaanlage kaum mehr mit der Hitze fertig wurde. Meine Cousinen Fakhri und Laleh kamen, um zu helfen, ebenso Samiya und ihre Schwester. Ich war nervös, als ich versuchte, die Fragen der Journalisten zu beantworten.

Einmal geriet ich völlig aus der Fassung. »Stimmt es, daß Mr. Bhutto und General Zia den Putsch gemeinsam geplant haben, um Mr. Bhuttos Popularität zu steigern?« fragte einer der Journalisten bei Tee und *samosas*.

»Natürlich nicht!« Mehr fiel mir dazu nicht ein. Ich mußte an die Festnahme meines Vaters und an unsere Angst und Verunsicherung in jener Nacht denken. Als ich den Vorfall aber am nächsten Tag PPP-Mitgliedern erzählte, überraschte mich noch mehr, daß es sich dabei um ein weit verbreitetes Gerücht handelte. Offensichtlich wurde es von der Armee verbreitet, um unsere Anhänger zu verwirren und die Putschisten populärer zu machen. Jedenfalls hielt es sich hartnäckig – wie viele andere Gerüchte auch.

In einem Land wie Pakistan mit seinen vielen Analphabeten verdrängen die Gerüchte und der Klatsch in den Bazaren oft die Wahrheit. Gleichgültig, wie unwahrscheinlich die Gerüchte sind, sie entwickeln eine Eigendynamik, die sogar die gebildeten Oberschichten erfaßt. »Ist es wirklich wahr«, fragte mich eines Tages eine alte Schulfreundin, »daß du in deiner Handtasche eine kleine Videokamera hast, mit der du Begegnungen mit politischen Führern filmst?« Ich traute meinen Ohren nicht. »Wie um alles in der Welt soll ich mit einer Kamera durch meine Handtasche durch filmen?« fragte ich sie. »Ach so, darüber hab ich mir keine Gedanken gemacht«, gab sie zu. »Ich habe es in der Zeitung gelesen.«

Sogar an den besonders schweren Sommerregen, die zwei Wochen nach dem Putsch einsetzten, wurde meinem Vater die Schuld gegeben. »Die

Fundamentalisten verbreiten das Gerücht, Bhutto Sahib habe die Regenfälle als Rache für seinen Sturz geschickt«, erzählte mir ein Besucher von der PPP. Wahrscheinlich glaubten einige Leute sogar daran, weil sie eine Erklärung für die Überschwemmungen suchten, die Häuser weggerissen und Ernten vernichtet hatten. In den Armenvierteln von Lahore, einer Hochburg der PPP, die von der Überschwemmung besonders hart getroffen worden war, glaubte man allerdings nicht an eine Schuld meines Vaters.

»Geh nach Lahore, und zeige deine Solidarität mit den Menschen, denen der Regen geschadet hat«, riet mein Vater. »Die Überschwemmungen dort waren furchtbar.«

Allein nach Lahore gehen? Ich war noch nie im Auftrag der Partei unterwegs gewesen. Ich hatte Bauchweh vor Aufregung. »Kündige deinen Besuch in *Musawaat* an und nimm Shah mit«, sagte mein Vater. Vierundzwanzig Stunden später waren Shah und ich in Lahore.

Hunderte von PPP-Anhängern erwarteten uns am Flughafen und riefen uns PPP-Parolen entgegen, ungeachtet der fünften Kriegsrechtsbestimmung, die es bei Strafe von fünf Jahren Gefängnis verbot, an einer politischen Versammlung teilzunehmen oder sie zu veranstalten. So begeistert war der Empfang, daß Shah und ich uns kaum einen Weg durch die jubelnde Menge zum Auto bahnen konnten. Wir waren beide überwältigt von dieser unerwarteten Demonstration. Schließlich waren wir doch nur die Kinder des Premierministers, keine Politiker.

Vor dem Bungalow von Begum Khakwani, der Präsidentin des Women's Wing (Frauenflügel) in Punjab, hatten sich so viele Menschen versammelt, daß gar nicht alle in den großen Gärten Platz fanden und einige auf der Straße stehen mußten. Ein Blitzlichtgewitter empfing uns, und wegen des Gedränges im Empfangssalon waren wir bald ganz durchgeschwitzt. Während des Empfangs wurde ich ans Telefon gerufen. »Es ist Premierminister Bhutto.« In der Menge wurde es still. »Der Vorsitzende Bhutto ist am Apparat!«

Dutzende von Leuten drängten mit mir ins Wohnzimmer. »Wie geht es dir?« fragte mein Vater, der noch nicht wußte, wie unser Besuch in Lahore aufgenommen wurde. Als ich ihm von den Hunderten von Menschen erzählte, die uns am Flugplatz und in Lahore begrüßt hatten, freute er sich. »Richte ihnen eine Botschaft von mir aus!« Ich legte auf und wandte mich der erwartungsvollen Menge zu. »Mein Vater spricht allen, die ihre Häuser und Ernten verloren haben, sein Beileid aus«, formulierte ich stok-

kend in Urdu. »Die PPP fordert, daß allen betroffenen Familien geholfen wird.«
Angesichts der verbreiteten Sympathie für meinen Vater und die PPP versuchte Zia, die Popularität der PNA zu demonstrieren. Mitte Juli kündigte er an, daß die internierten Führer aller Parteien jetzt Besucher empfangen dürften. Aber seine Rechnung ging nicht auf. Tagtäglich wurden die Menschenmengen größer, die sich vor dem Ferienhaus des Premierministers in Murree versammelten, um meinen Vater zu sehen. Vor den Häusern, in denen die Führer der Opposition arrestiert waren, blieb es dagegen leer. Schnell versuchte Zia, den Schaden zu begrenzen. »Das Recht des Volkes, internierte politische Führer zu besuchen, wird wegen Mißbrauchs wieder aufgehoben«, verkündete der Oberste Kriegsrechtsverwalter am 19. Juli.

Der Putsch verlief nicht nach Zias Plan. Bisher hatte das pakistanische Volk jeden gefallenen Führer im Stich gelassen und seine Unterstützung auf den Politiker übertragen, der sich ihm als Sieger und neuer Führer präsentierte. Diesmal jedoch entpuppte sich der Sturz meines Vaters für Zia als Bumerang. Die Leute verließen meinen Vater nicht, im Gegenteil, ihre Loyalität steigerte sich noch um ein Vielfaches. Als Zia meinen Vater und die anderen politischen Führer drei Wochen nach dem Putsch freiließ, verletzten Millionen Menschen - und das ist keine Übertreibung - die Bestimmungen des Kriegsrechts, um meinen Vater auf seiner Reise durch die wichtigsten Städte Pakistans zu begrüßen. Im Westen hat es nie Versammlungen gegeben, die den asiatischen an Größe auch nur annähernd vergleichbar sind. Aber selbst für unsere Verhältnisse waren die Menschenmassen gigantisch, die zusammenströmten, um meinen Vater zu hören.
Mein Vater war zuerst nach Karachi zurückgekehrt und in der riesigen Menschenmenge, die ihn dort erwartete, nur millimeterweise vorwärtsgekommen. Für die Strecke zwischen dem Bahnhof und unserem Haus braucht man normalerweise eine halbe Stunde. Er brauchte dazu zehn Stunden. Das Auto war zerkratzt und voller Beulen, als er in Clifton 70 ankam. Meine Geschwister und ich getrauten uns nicht, ihn vor dem Haus zu begrüßen, weil wir Angst hatten, erdrückt zu werden. Statt dessen stiegen wir aufs Dach, um seine Ankunft zu beobachten. Wir hatten schon früher begeisterte Menschenmengen gesehen, aber eine solche noch nie. So viele wollten ihn sehen, ihn berühren und in seiner Nähe sein, daß die vier Meter hohe Zementmauer, die unser Grundstück umschloß, unter ihrem Ansturm zusammenbrach.

»Vater, ich bin so glücklich, daß du frei bist«, sagte ich, als wir uns am Abend alle im Schlafzimmer meiner Eltern versammelt hatten.
»Wenigstens für eine Weile«, sagte mein Vater.
»Zia wird nicht wagen, dich wieder festzunehmen. Er hat gesehen, wie groß die Menschenmengen waren.«
»Vorsicht!« sagte mein Vater und bedeutete mir mit einer Handbewegung, daß das Zimmer wahrscheinlich verwanzt war.
Aber ich redete trotzig weiter. »Zia ist ein Feigling und ein Verräter«, sagte ich laut und hoffte sogar, daß meine Worte abgehört würden. Ich glaubte in meiner Dummheit, die Sympathie der Massen könne meinen Vater schützen.
»Sei nicht dumm«, wies mein Vater mich scharf zurecht. »Du bist hier nicht in einer westlichen Demokratie, sondern in Pakistan. Und hier herrscht Kriegsrecht.«
Der Schatten des Kriegsrechts vertiefte sich, als wir alle unseren Vater bei einem Besuch in seiner Heimatstadt Larkana begleiteten. Wieder waren Menschenmengen auf der Straße, um meinen Vater willkommen zu heißen. Sie gaben mir ein Gefühl falscher Sicherheit und verstärkten gleichzeitig meine Freude, daß mein Vater wieder bei uns war. Als wir uns im Schlafzimmer meiner Eltern in Al-Murtaza versammelten, schien alles wie sonst. Aber dem war nicht so. Ein Verwandter meines Vaters überbrachte die Botschaft eines hohen Beamten in Islamabad. Das Regime, so der Beamte, bereite gegen meinen Vater eine Anklage wegen Mordes vor.
Mord? Ein Frösteln ging durch den Raum. Meine Mutter und mein Vater sahen sich einen Moment schweigend an. »Du solltest die Rückkehr der Kinder an die Schulen im Ausland in die Wege leiten«, sagte mein Vater. »Alle Papiere und Sparbücher müssen in Ordnung sein. Wer weiß, was noch passiert.« Meine Mutter nickte, und mein Vater wandte sich an mich: »Pinkie, auch du solltest dir ernsthaft überlegen, ob du nicht Pakistan für eine Weile verlassen willst. Du kannst im Ausland ein Aufbaustudium machen, bis sich die Lage hier entspannt hat.« Ich sah ihn stumm an. Pakistan verlassen? Ich war doch gerade erst heimgekommen.
»Selbst für die Dienerschaft kann es schlimm werden«, fuhr mein Vater fort. »Unter dem Kriegsrecht ist niemand sicher.« Am Morgen rief er das Personal zusammen: »Vielleicht droht auch euch Gefahr. Wenn ihr meinen Dienst verlassen und in eure Dörfer zurückkehren wollt, bis die Lage sich entspannt hat, habe ich dafür Verständnis. Ich weiß nicht, ob ich euch unter General Zia noch schützen kann.« Niemand vom Personal

entschied sich, zu gehen. Auch ich blieb. Und Vater fuhr weiter nach Lahore.

Jiye, Bhutto! *Jiye,* Bhutto! Die Menschenmenge, die sich in Lahore, der Hauptstadt von Punjab und einer Hochburg der Militärs, versammelt hatte, um meinen Vater zu begrüßen, wurde auf drei Millionen geschätzt. Noch nie hatten sich in Pakistan so viele Menschen an einem Ort versammelt. Politisch gab es keinen Weg, auf dem Zia die Popularität meines Vater hätte schädigen können. Eine zweite Botschaft erreichte uns. »Sir«, sagte der Geheimdienstoffizier, der heimlich in das Haus des früheren Chefministers von Punjab gekommen hatte, in dem mein Vater wohnte, »General Zia und die Militärs sind entschlossen, Sie zu töten. Sie foltern die Beamten, die sie verhaftet haben, um eine falsche Mordanklage gegen Sie vorzubereiten.« Der Offizier zitterte. »Um Gottes willen, verlassen Sie das Land!« flehte er meinen Vater an. »Ihr Leben steht auf dem Spiel!« Aber mein Vater ließ sich nicht durch Drohungen oder terroristische Methoden einschüchtern. »Vielleicht werde ich nicht mehr lange frei sein«, sagte er nur in Anspielung auf diese jüngste Warnung, als er abends von Lahore nach Hause telefonierte.

Zurück in Clifton 70, traf er sich pausenlos mit anderen Politikern. Zia hatte die Wahlen für den 18. Oktober angesetzt, die Parteien hatten also einen Monat Zeit für den Wahlkampf, der am 18. September beginnen sollte. Während mein Vater im Erdgeschoß mit Parteiführern verhandelte, bekam ich im ersten Stock Unterricht in Urdu. »Frische dein Urdu auf«, hatte mein Vater geraten. »Vielleicht mußt du für mich sprechen.« Im August las ich jeden Tag zwei Stunden in Urdu geschriebene Zeitungen und paukte mit einem Lehrer politische Vokabeln. »Macht sie Fortschritte?« pflegte mein Vater sich zu erkundigen, wenn er in den Pausen der politischen Gespräche ins Eßzimmer heraufkam.

Ende August flogen mein Vater und ich nach Rawalpindi. Um ähnliche Massenaufläufe zu vermeiden, wie sie mein Vater an den Bahnhöfen von Karachi und Larkana verursacht hatte, hatte Zia eine Kriegsrechtsbestimmung erlassen, die es Politikern verbot, mit dem Zug zu reisen. In Rawalpindi hatte er als zusätzliche Vorsichtsmaßnahme alle Zufahrtsstraßen zum Flughafen von Militär absperren lassen. Vielen Menschen war es jedoch gelungen, die Absperrungen zu umgehen, und so war die Straße zum Flughafen trotzdem voll von Menschen, die sich um unseren Wagen drängten.

Während unser Auto in Rawalpindi von Menschenmengen eingekeilt wurde, wurde meine Mutter in Karachi ein weiteres Mal eindringlich gewarnt, daß mein Vater in Lebensgefahr schwebe. »Bitte sagen Sie Bhutto Sahib, er soll das Land verlassen«, bat Bashir Riaz, ein Journalist und PPP-Anhänger, meine Mutter händeringend. »Ein mit mir befreundeter Vertrauter Zias meinte, mit Bhutto Sahib sei es aus, er werde nie wieder an die Macht kommen. Er sagte: ›Zia hat beschlossen, ihn wegen Mordes hinrichten zu lassen.‹ Er wollte mich mit einem Blankoscheck kaufen, aber ich habe abgelehnt.«

Zia zog die Schlinge allmählich zu, und zum ersten Mal bekam auch ich die Gefahr zu spüren, die uns drohte. Am Tag nach unserer Ankunft in Rawalpindi war ich bei den Khokhars zum Tee eingeladen, einer großen Familie, die mit der PPP sympathisierte. Etwa hundert Frauen waren gekommen. »Sag ein paar Worte«, baten mich die drei Khokharschwestern – zwei von ihnen hatten Parteiämter inne, die dritte, Abida, war in der Residenz des Premierministers eine der Sekretärinnen meiner Mutter gewesen. »*Howsla rakho!*« sagte ich den versammelten Frauen in der zweiminütigen Rede auf Urdu, die ich auswendig gelernt hatte. »Verliert den Mut nicht!« Als ich ging, sah ich zu meiner Überraschung, daß eine große Polizeitruppe, darunter auch Polizistinnen, vor dem Tor wartete. »Sie sind wegen dir hier«, sagte mir eine der Schwestern.

Ich war noch überraschter, als ich später am Abend eine Mitteilung General Zias, des Obersten Kriegsrechtsverwalters, erhielt. Sie war, wenn ich mich recht erinnere, von General Arif unterzeichnet und forderte mich auf, mich politischer Aktivitäten zu enthalten. Genau einen Monat nach Verhängung des Kriegsrechts hatte ich also die erste offizielle Verwarnung von Zia erhalten. Ich nahm sie überhaupt nicht ernst. »Stell dir vor«, lachte ich, als ich zu meinem Vater ins Schlafzimmer schlüpfte, »das Militärregime fühlt sich von mir bedroht, weil ich eine Teeparty besucht habe.« »Das ist nicht zum Lachen«, sagte mein Vater ruhig. »Die Herausforderung des Kriegsrechts ist eine lebensgefährliche Sache.«

Und die Gefahr nahm täglich zu. Jedermann war klar, daß die Opposition die *Pakistan People's Party* meines Vaters in wirklich freien Wahlen nicht schlagen konnte. Zwei Wochen, bevor der Wahlkampf beginnen sollte, schickte Zia seine Handlanger, um meinen Vater wieder festzunehmen.

Clifton 70, Karachi, den 3. September, vier Uhr morgens.

Ich liege im Bett, als ich das lose Brett der Treppe knarren höre. Es ist Ramadan. Ich denke, ein Diener bringt die Mahlzeit, die man während

der Fastenzeit vor Sonnenaufgang einnehmen muß. Statt dessen stehen plötzlich sechs weißgekleidete Männer im Zimmer, die ich am kurzen Haarschnitt und der kräftigen Statur sofort als Soldaten der pakistanischen Armee erkenne. Ich habe solche Soldaten oft im Haus des Premierministers Dienst tun sehen. Warum tragen sie heute Zivil?
Fünf halten Maschinenpistolen auf mich gerichtet, während ein sechster durch das Zimmer stürmt, die Sachen von meiner Frisierkommode wischt, die Tischlampe zerschlägt und das Telefonkabel aus der Wand reißt. »Was wollt ihr?« frage ich entsetzt. Es ist unvorstellbar, daß Männer auf diese Weise in das Zimmer einer Muslimin eindringen. »Sei still, wenn dir dein Leben lieb ist!« sagt der Anführer. Er und seine Begleiter gehen zur Tür. Sie hinterlassen ein Trümmerfeld. »Wollt ihr meinen Vater umbringen?« frage ich den Mann, der mein Zimmer auf den Kopf gestellt hat. Für einen Augenblick scheint er Mitleid mit mir zu haben. »Nein«, sagt er nach kurzem Zögern. Dann wird sein Gesicht wieder hart. »Aber ich rate dir eins: Rühr dich nicht!« Er richtet seine Pistole auf mich. Dann schlägt er die Tür zu und ist mit den anderen verschwunden.
Schnell ziehe ich ein paar Kleider aus dem Haufen am Boden über mein T-Shirt. In Panik stürzt Sanam herein. »Halt!« schreit sie. »Wo willst du hin? Sie werden uns alle töten!«
»Sei ruhig!« fahre ich sie an. »Ich muß zu Vater.«
Gefolgt von Sanam renne ich aus dem Zimmer. In der Halle wimmelt es von weißgekleideten Soldaten, die mit ihren Waffen herumfuchteln. Wir werden sofort in den Empfangsraum gebracht. Dort sind noch mehr Soldaten. Ich stürze auf die Vordertür zu, um über den Hof zu dem kleinen Anbau zu gelangen, in dem meine Brüder wohnen, aber die Soldaten umringen mich und zwingen mich mit vorgehaltener Waffe, neben meiner Schwester auf dem Sofa Platz zu nehmen. Die Soldaten stehen jeweils zu zweit mit erhobener Waffe vor den Türen.
Ich muß zu meinem Vater. Er ist in Gefahr. Ich muß ihn erreichen. Die Soldaten sind mitten in der Nacht in Zivil in unser Haus eingebrochen. Das war völlig unnötig. Mit einem Haftbefehl oder aufgrund einer Kriegsrechtsbestimmung hätte man meinen Vater jederzeit in aller Ruhe abholen können. Statt dessen versucht man, uns einzuschüchtern und zu beleidigen. Warum? Vielleicht will das Regime verhindern, daß das Volk erfährt, was mit meinem Vater geschieht. Aber es soll ihnen nicht gelingen, das auch vor mir zu verheimlichen.
»*Kya aap fauji hain?*« frage ich die Männer an der Küchentür auf Urdu.

»Seid ihr Soldaten?« Sie sehen einander an, wahren jedoch militärische Disziplin und antworten nicht. Ich hole tief Atem. »Sieh dir diese Soldaten an«, sage ich auf Urdu zu meiner Schwester. »Wie können sie so *besharam* sein, so schamlos? Es war doch Premierminister Zulfikar Ali Bhutto, der sie aus den indischen Gefangenenlagern befreit hat, in denen ihre Generäle sie verrotten ließen. Und was ist ihr Dank? Sie brechen gegen alle Regeln des Anstands in sein Haus ein!«

Aus dem Augenwinkel sehe ich, wie die Männer einander nervöse Blicke zuwerfen. »*Yeh kis ka ghar hai?* – Wessen Haus ist das?« fragt einer von ihnen. Mir wird plötzlich klar, daß sie nicht einmal wissen, wo sie sind, geschweige denn, warum sie hier sind. »Ihr wißt nicht, daß ihr in das Haus des Premierministers von Pakistan eingedrungen seid?« frage ich verächtlich. Sie sehen mich belämmert an und senken die Waffen. Darauf habe ich gewartet. Wie ein Pfeil schieße ich die Treppe hinauf zum Schlafzimmer meiner Eltern. Niemand hält mich auf.

Mein Vater sitzt am Bettrand. Meine Mutter liegt immer noch im Bett und hat die Decke bis zum Kinn hinaufgezogen. Sie hat die Ohrstöpsel in den Händen, die sie zu tragen pflegt, damit mein Vater sie nicht stört, wenn er spät nachts ins Bett kommt. Soldaten mit angelegten Waffen umringen sie. Der Mann, der mein Zimmer verwüstet hat, macht jetzt das gleiche mit dem Zimmer meiner Eltern. Gerade versucht er, die gekreuzten Ritualschwerter meines Vaters von der Schlafzimmertür zu reißen. »Was tun Sie da?« sagt mein Vater mit ruhiger Stimme zu ihm, als ich das Zimmer betrete. Die Stimme meines Vaters klingt auch jetzt noch respektgebietend. Der Mann hört sofort auf.

Mein Vater bedeutet mir, mich neben ihn zu setzen. Auf einem der eleganten, mit blau-weißem Brokat überzogenen Louis-XV.-Stühle meiner Mutter sitzt ein fetter Mann mit brutalem Gesicht – ein groteskes Bild. »Wer ist das?« frage ich meinen Vater leise. »Saghir Anwar, Direktor der Bundesermittlungsbehörde.« An Saghir Anwar gewendet, fährt mein Vater fort: »Haben Sie einen Haftbefehl?« Anwar blickt unbehaglich zu Boden. »Nein«, antwortet er. »Unter welcher Anklage wollen Sie mich dann wegbringen?« fragt mein Vater. »Ich habe Befehl, Sie ins Hauptquartier der Armee zu bringen«, sagt Anwar. »Wer hat das befohlen?« fragt mein Vater. »General Zia.«

»Da ich Sie nicht um diese Zeit erwartet habe, brauche ich eine halbe Stunde, um mich fertig zu machen«, sagt mein Vater ruhig. »Rufen Sie meinen Diener Urs, damit er die Koffer packen kann.« Saghir Anwar

lehnt ab, weil niemand den Premierminister sehen dürfe. »Rufen Sie Urs!« wiederholt mein Vater bestimmt. Anwar gibt einem der Soldaten ein Zeichen.
Wie ich später erfahre, hatte man Urs und die anderen Bediensteten in den Hof gebracht und hielt sie dort mit Pistolen in Schach. »Ruhe!« hatten die Soldaten auf Englisch geschrien. »Hände auf den Rücken!« Wer nicht sofort parierte, weil er kein Englisch verstand, wurde mit einer Pistole geschlagen. Das Geld und die Uhren der Leute wurden gestohlen.
»Wer ist Urs?« fragte der Soldat, der aus dem Haus geschickt worden war.
»Ich«, antwortete Urs. Er wurde mit einem Pistolenknauf auf den Kopf geschlagen, weil er gesprochen hatte. Was dann kam, glich einer Farce: Der Soldat begann, die Reihe des Personals abzuschreiten und jeden zu fragen, ob er Urs sei; stumm schüttelte ein Diener nach dem anderen den Kopf; schließlich gelangte der Soldat zu Urs, der inzwischen gelernt hatte, nur zu nicken. Urs wurde an Hals und Füßen gepackt und die Treppe hinaufgeschleift. Mit einer Pistole im Nacken begann er, die Kleider meines Vaters einzupacken. Als er die Taschen meines Vaters zu dem wartenden Zivilauto trug, richteten sechs Soldaten ihre automatischen Waffen auf seinen Kopf und seine Brust.
Oben duscht mein Vater und kleidet sich an. Ich bin tief beeindruckt von seiner gefaßten Haltung. Seine Fassung ist eine ungleich edlere Waffe als das Waffenarsenal, hinter dem die Soldaten ihre Feigheit verbergen. »Halt, hiergeblieben«, schreit mir einer der Soldaten nach, als ich mit meinem Vater die Treppe hinuntergehe. Ich ignoriere den Ruf und werde durchgelassen.
Unten tauschen Sanam und mein Vater Blicke aus. »Ihr elenden Feiglinge!« schreit die sonst eher schüchterne Sanam die Soldaten an, die meinen Vater zum Wagen bringen. »Ihr elenden Feiglinge!«
Wieder muß ich zusehen, wie mein Vater abgeführt wird. Ich weiß nicht, wohin man ihn bringt und ob ich ihn je wiedersehen werde. Für einen Moment stehe ich unschlüssig da. Das Herz will mir brechen, ich fühle eine eisige Kälte in mir. »Pinkie!« höre ich jemand rufen. Ich drehe mich um und sehe meinen Bruder Shah Nawaz bei den Angestellten im Hof. »*Usko choro!* Laßt ihn los!« schreie ich die Soldaten an, die ihn festhalten. Ich bin selber erschrocken über den neuen Ton in meiner Stimme. Die Soldaten treten zurück.
Ich kehre ins Haus zurück. Meine Mutter ist kreideweiß. Ihr Blutdruck ist noch niedriger als sonst. Shah Nawaz, Sanam und ich massieren ihr ab-

wechselnd die Füße, um ihren Kreislauf anzuregen. Ich versuche einen Arzt anzurufen, aber alle Leitungen sind tot. Ich bitte die Posten am Tor, die Ärztin meiner Mutter holen zu dürfen, erreiche aber auch bei ihnen nichts. Erst als unser Hausverwalter Babu am Morgen in Clifton 70 eintrifft und von einem zugänglichen, aus Sind stammenden Soldaten erfährt, was geschehen ist, dringt die Nachricht von der Festnahme meines Vaters nach draußen. Den ganzen Tag rast Dost Mohammed auf seinem Motorroller durch Karachi und alarmiert die Parteiführer, meinen Bruder Mir in Al-Murtaza, unsere Verwandten, die Medien - und die Ärztin meiner Mutter.

Als jedoch Dr. Ashraf Abbasi am Tor ankommt, wird sie nicht eingelassen. Um die Mittagszeit kommt endlich ein dem Regime genehmer Doktor und gibt meiner Mutter die dringend benötigte Spritze.

Nachmittags legt uns ein Oberst ein leeres Papier vor. »General Zia, der Oberste Kriegsrechtsverwalter, hat angeordnet, daß Sie und Ihre Mutter das unterzeichnen«, sagt der Oberst. Auf dem grünbraunen Hemd seines Kampfanzuges steht der Name Faroq. Ich weigere mich. »Ich kann Sie auch zwingen«, droht er mir. Seine kleinen Augen werden noch kleiner, sein harter Mund noch grausamer. »Sie können mich töten«, sage ich mit fester Stimme, »aber meine Unterschrift bekommen Sie nicht. Auch General Zia kann mich nicht dazu zwingen.« In seiner Stimme liegt tödlicher Haß, als er sagt: »Das werden Sie noch bereuen.« Er dreht sich um und verschwindet.

Um fünf werden die Soldaten endlich vom Haus abgezogen. Sofort eilen Shah Nawaz und ich ins PPP-Büro. Einige der Parteifunktionäre sehen uns ängstlich entgegen. Während ein Teil der Parteimitglieder einen landesweiten Proteststreik, ein anderer Demonstrationen ausrufen will, plädiert die Parteispitze für Zurückhaltung, bis Kontakt mit meinem Vater hergestellt ist. Kontakt mit meinem Vater? Wie lange wird das dauern?

Am nächsten Tag hat meine Mutter noch schlechtere Nachrichten. Sie hat mit dem Rechtsanwalt meines Vaters gesprochen. Die Warnungen, die mein Vater erhalten hat, waren berechtigt. Die gegen meinen Vater erhobene Anklage lautet auf Beteiligung am Mord.

Mord? Ich wußte nicht einmal, an wessen Ermordung mein Vater beteiligt gewesen sein soll.

Es handle sich um einen unbedeutenden Politiker namens Ahmed Raza Kasuri, der aber noch sehr lebendig sei, sagte meine Mutter. Jemand hatte den Wagen, in dem Kasuri und Mitglieder seiner Familie unterwegs

waren, in der Nähe von Lahore aus dem Hinterhalt angegriffen. Kasuris Vater, ein pensionierter Beamter, war getötet worden. Ahmed Kasuri, als Kandidat der PPP in die Nationalversammlung gewählt, behauptete, er selbst sei das eigentliche Ziel des Anschlags gewesen. Es war bekannt, daß Kasuri, der inzwischen zur Opposition übergetreten war, viele Feinde hatte. Einem unglaubwürdigen Gerücht zufolge hatte er bereits fünfzehn Anschläge überlebt. Nach dem letzten Attentat erstattete er bei der Polizei Anzeige gegen meinen Vater, weil er meinen Vater im Verdacht hatte, in den Anschlag verwickelt zu sein. So groß war die Freiheit im damaligen demokratischen Pakistan: Man konnte sogar den Premierminister bei der Polizei des Mordes beschuldigen. Als der Fall daraufhin vom Obersten Gerichtshof untersucht wurde, wurde mein Vater von jedem Verdacht freigesprochen. Die schlimme Sache war bald vergessen.
Bis 1977. Kasuri war wieder in die PPP eingetreten und bewarb sich um ein Mandat der Partei bei den Märzwahlen. Als die Partei sich jedoch für einen anderen Kandidaten entschied, entschloß er sich offenbar, erneut Anklage gegen meinen Vater zu erheben. Jetzt, zwei Wochen vor Beginn des neuen Wahlkampfes, benutzte Zia die alte Anklage als Vorwand, meinen Vater erneut zu arrestieren. Aber wieder ging das Komplott nach hinten los.
Der mit dem Fall betraute Untersuchungsrichter fand das vorliegende Material »widersprüchlich und unvollständig« und sah keinen Grund, meinen Vater für schuldig zu halten. Zehn Tage nach der Festnahme ließ er meinen Vater gegen Kaution frei. Ich sah wieder optimistisch in die Zukunft. »Wenn zivile Gerichte den Premierminister freilassen, sehe ich keinen Grund, ihn aufgrund einer Kriegsrechtsbestimmung weiter festzuhalten«, kommentierte Zia das Ereignis vor der Presse.
Mein Vater kam am 13. September direkt in unser Haus in Karachi. Er wollte es mit Shah Nawaz am nächsten Tag früh morgens wieder verlassen, um meinen Bruder Mir in Larkana aufzusuchen und mit ihm *Eid* zu feiern, das Ende des Ramadan. Wir standen unter Druck, es waren nur noch fünf Tage bis zum Beginn des Wahlkampfs. Mein Vater hatte für die 30 Tage 90 Versammlungen geplant. Wie üblich hatte die Familie sich abends im Schlafzimmer meiner Eltern versammelt, als das Gespräch eine unerwartete Wendung nahm.
»Nusrat, ich glaube, es wird Zeit, daß Pinkie heiratet«, sagte mein Vater. Er lag auf dem Bett und rauchte eine Zigarre. »Ich suche einen Mann für sie.«

Ich fuhr hoch und hätte beinahe die Patience meiner Mutter auf dem Boden verstreut.
»Ich will nicht heiraten!« protestierte ich. »Ich bin doch gerade erst nach Hause gekommen.«
Sogleich begannen Sanam und Shah mich aufzuziehen wie früher. »Pinkie muß heiraten«, intonierten sie im Sprechchor. »Pinkie muß heiraten.«
»Ich habe übrigens schon einen jungen Mann gesehen, der mir gefällt«, fuhr mein Vater fort.
Meine Mutter lächelte. Wahrscheinlich plante sie schon die Hochzeit.
»Aber ich will noch nicht heiraten. Ich weigere mich.«
»So darfst du deinem Vater nicht widersprechen«, sagte mein Vater, und Shah und Sanam wiederholten seine Worte im Chor.
»Nein«, rief ich. »Nein und nochmals nein!« Die Ankunft des Servierwagens mit dem Nachtessen meines Vaters rettete mich. Das Gesprächsthema wechselte. Das neue Thema war freilich noch bedrohlicher.
»Man rät mir, zu fliehen, weil Zia mich nicht schonen werde«, sagte mein Vater beim Essen. »Heute hat mich einer der PPP-Führer um Geld gebeten, damit er fliehen kann. Geh, wenn du willst, habe ich ihm gesagt, aber ich laufe nicht davon wie eine Ratte. Ich bleibe hier und biete Zia Paroli.«
»Und du wirst die Wahlen gewinnen und General Zia wegen Hochverrats anklagen«, sagte ich laut.
»Vorsicht, Pinkie«, warnte mein Vater und zeigte wieder auf die verwanzten Wände. Aber ich freute mich so über die Freilassung meines Vaters und darüber, daß er wieder zu Hause war, daß ich jede Zurückhaltung ablegte und weiter über Zias Verrat herzog, bis mein Vater wütend wurde.
»Sei endlich still!« wies er mich scharf zurecht. »Du weißt nicht, was du sagst!«
Durch das Zimmer starrten wir uns an. Dann stürmte ich zornig und verletzt hinaus.
Heute ist mir klar, daß mein Vater damals genau wußte, wie schlecht seine Sache stand. Er war sich von Anfang an der Realitäten bewußt, die ich zu verdrängen suchte. Er wußte, wie skrupellos Zia war, und wollte mich davon abhalten, ihn zu provozieren. Damals war ich zu eigensinnig, um das zu sehen. Wie oft habe ich seither Gott gedankt, daß mein Vater mich am nächsten Morgen weckte, bevor er nach Larkana aufbrach.
»Nimm dir nicht zu Herzen, was ich gestern abend gesagt habe«, tröstete er mich, als er an meinem Bett saß. »Ich will nur, daß dir nichts passiert.«
Er hielt mich in den Armen.

»Ich verstehe jetzt, was du gemeint hast, Vater, und entschuldige mich auch«, sagte ich und gab ihm einen Abschiedskuß. Ich kann mich noch genau an den grauen *shalwar khameez* erinnern, den er trug, und an den Duft von Shalimar. Es war das letzte Mal, daß ich ihn in Freiheit sah.

Al-Murtaza, den 17. September 1977, 3 Uhr 30 morgens.
Bahawal, einer unserer Angestellten in Larkana, erzählt, was passierte, denn ich selbst war nicht dabei.

Siebzig Soldaten und Polizisten kletterten gegen zwei Uhr morgens über die Grundstücksmauer von Al-Murtaza, knüppelten die *chowdikars* nieder und umstellten das Haus.
»Aufmachen!« schrien sie und hämmerten an den Haupteingang.
Wir machten nicht auf.
»Was wollt ihr?« riefen wir.
»Bhutto!«
»Wartet. Wir müssen ihn erst wecken.«
»Aufmachen!« schrien sie wieder und warfen sich gegen die Tür, daß sie sich bog.
Mir, der den Tumult gehört hatte, ging Bhutto Sahib wecken. »Sag ihnen, daß sie die Tür nicht einzuschlagen brauchen«, sagte sein Vater zu ihm. »Erlaube zwei Offizieren einzutreten. Ich brauche Zeit, um meine Sachen zu packen.« Sein Koffer war jedoch schon fertig gepackt und seine Aktentasche auch. Er hatte gewußt, daß sie kommen würden.
Zehn Minuten später brachten sie Bhutto Sahib weg. Wir wurden mit Waffengewalt ins Haus zurückgedrängt und eingeschlossen. Drinnen und draußen wurden Sicherheitsbeamte postiert. Wir weinten.
Mir *baba* war außer sich vor Zorn. Er versuchte, Karachi zu erreichen, aber die Leitungen waren tot. Am nächsten Tag schlich ich mich durch die Wachen und rannte zu einem anderen Haus, um Begum Sahiba anzurufen. Die Nachricht hatte sich bereits im Dorf verbreitet. Hunderte von Menschen hatten sich vor Al-Murtaza versammelt und riefen: »*Jiye* Bhutto! Lang lebe Bhutto!«
Sie wurden von der Polizei verhaftet.

Mein Vater wurde zuerst in das Gefängnis von Sukkur gebracht, dann nach Karachi und schließlich nach Lahore. Zia wagte nicht, die Leute wissen zu lassen, wo mein Vater war. Diesmal war er entschlossen, meinen Vater ein für alle Male aus dem Weg zu räumen. Wieder wurde die alte Mordanklage gegen ihn erhoben, aber diesmal hatte Zia dafür gesorgt, daß sie durchkam.

6. Kapitel

Betrachtungen aus Al-Murtaza:

Der Justizmord an meinem Vater

März 1980. Langsam, wie die Körner einer Sanduhr ohne Boden, verrinnen die Stunden in Al-Murtaza. Es ist, als läge ich in einem Grab, abgeschnitten von jeder menschlichen Erfahrung. Meine Mutter verbringt viele endlose Stunden unserer Gefangenschaft mit dem Legen von Patiencen. Ich selbst bin nach fünf Monaten Internierung so unruhig wie nie zuvor. Ich habe keine Ahnung, wann wir entlassen werden, wenn wir überhaupt je entlassen werden. Alles hängt von Zia ab.

Die Regierung der Vereinigten Staaten hat ihre Wahl getroffen. Ende des Winters ist klar, daß sie Zias Militärregime unterstützen wird, und nicht die Rückkehr zur Demokratie. Aus Sorge über die zunehmende Sowjetpräsenz in Afghanistan bietet Präsident Carter Pakistan Militär- und Wirtschaftshilfe über 400 Millionen Dollar an, die Zia jedoch als Tropfen auf einen heißen Stein ablehnt. Eine wachsende Zahl afghanischer Flüchtlinge strömt nach Pakistan, Vorboten der Flut, die über das Land hereinbrechen wird, wenn sich der Bürgerkrieg in Afghanistan verschärft. Die Flüchtlinge und die sowjetischen Truppen vor der Haustür werden Zia Auslandshilfe im Überfluß bescheren und aus Pakistan schließlich das drittgrößte Empfängerland von US-Hilfe nach Israel und Ägypten machen. Die sowjetische Invasion in Afghanistan wird in Pakistan »Breschnews Weihnachtsgeschenk für Zia« genannt. Meine Mutter und ich sind immer noch in Al-Murtaza eingesperrt.

Begleitet von den üblichen Gefängnisbeamten und Militärs, macht Sanam einen ihrer seltenen, von uns immer sehnlichst erwarteten Besuche. Selbst die eigene Tochter darf meine Mutter nicht besuchen, ohne daß ständig Vertreter des Militärregimes dabei sind. Meine Mutter fühlt sich krank wegen ihres immer noch zu niedrigen Blutdrucks und hat sich in ihrem Schlafzimmer hingelegt. Ich bitte darum, daß uns nur weibliche Beamte dorthin begleiten. Als Sanam und ich uns auf den Weg zu den Familienräumen machen, höre ich hinter uns Schritte. Nicht eine Polizeibeamtin folgt uns, sondern Captain Iftikhar, einer der männlichen Offiziere. Ich starre ihn ungläubig an. Kein Mann darf die Gemächer der Familie betreten, es sei denn, er wäre ein Verwandter. Manche Muslime lassen sich lieber umbringen, als zu dulden, daß Fremde diese Räume durch ihr Betreten entweihen.

»Sogar die Gefängnisordnung schreibt vor, daß nur weibliche Polizeibeamte die Zelle einer Frau betreten dürfen«, erinnere ich den Offizier.

»Meine Anwesenheit ist erforderlich«, entgegnet er.

»Dann findet der Besuch überhaupt nicht statt. Ich rufe meine Schwester zurück.«

Sanam ist schon zum Zimmer unserer Mutter vorausgegangen. Ich folge ihr über den Korridor zu den Familienräumen, um ihr und meiner Mutter zu sagen, daß der Besuch verschoben worden ist. Hinter mir höre ich ein Geräusch. Captain Iftikhar folgt mir immer noch.

»Was glauben Sie eigentlich?« fahre ich ihn an. »Sie dürfen diese Räume nicht betreten!« Für einen Moment weiß ich weder ein noch aus.

Er ist uneinsichtig. »Wissen Sie, wer ich bin?« sagt er laut. »Ich bin Captain der pakistanischen Armee, und ich kann gehen, wohin ich will!«

»Und wissen Sie, wer ich bin?« antworte ich genauso laut. »Ich bin die Tochter des Mannes, der Sie nach Ihrer schmachvollen Niederlage in Dacca zurückgebracht hat!«

Captain Iftikhar hebt die Hand, um mich zu schlagen. Da bricht die ganze Wut, die ich so lange unterdrückt habe, aus mir heraus.

»Sie wagen es, in diesem Haus die Hand gegen mich zu erheben, Sie schamloser Mensch? Sie wollen mich hier schlagen, in der Nähe des Grabes des Mannes, der Sie gerettet hat? Sie und Ihre Armee sind vor den indischen Generälen am Boden gekrochen. Mein Vater hat Ihnen Ihre Ehre zurückgegeben. Und Sie wollen seine Tochter schlagen?«

Plötzlich senkt er die Hand. »Das kommt Sie noch teuer zu stehen«, knirscht er, dreht sich auf dem Absatz herum und marschiert davon. Sanams Besuch ist gestrichen.

Ich schreibe einen Brief an das Gericht, bei dem meine Mutter und ich gleich zu Anfang gegen unsere Internierung in Al-Murtaza geklagt haben. Im Jahr 1979 hatten zivile Gerichte noch das Recht, Verhaftungen, die auf Kriegsrecht basierten, zu überprüfen. Ich beschreibe, was sich in unseren Familienräumen abgespielt hat. Zia hat oft die Heiligkeit von *Chador* und *Char Divari*, von Schleier und Haus betont und damit die Heiligkeit der Familie gemeint. In Wirklichkeit scheinen weder er noch Captain Iftikhar die Familie besonders hoch zu schätzen. Ich gebe den Brief dem Gefängniswärter, der verspricht, ihn an das Gericht weiterzuleiten, und mir eine Quittung dafür ausstellt. Zu diesem Zeitpunkt habe ich keine Ahnung, wie wichtig diese Quittung noch für mich sein wird.

Cogito ergo sum - ich denke, also bin ich. Ich habe schon in Oxford Schwierigkeiten mit diesem philosophischen Postulat gehabt. Jetzt ist es sogar noch schlimmer. Denken muß ich immer, auch wenn ich es gar nicht will, aber ich bin mir, während die Tage langsam verstreichen, nicht mehr sicher, ob ich noch existiere. Um wirklich zu existieren, muß der Mensch etwas bewirken, er muß handeln und Reaktionen auslösen. Mein Leben scheint völlig wirkungslos zu sein.

Was mich trotzdem aufrecht hält, sind die Eigenschaften, die mir mein Vater vermittelt hat: Beharrlichkeit, Ehrenhaftigkeit, Prinzipientreue. In den Geschichten, die mein Vater uns als Kindern erzählte, waren die Bhuttos immer die moralischen Sieger. »In den Wäldern von Woodstock wurde ich von Rupert überfallen«, pflegte mein Vater die Geschichte zu beginnen, in der er erzählte, wie er bei Oxford Rupert von Hentzau begegnet war, dem Bösewicht aus den Romanen Anthony Hopes. Mein Vater sprang auf und schwang ein imaginäres Schwert. »Er bringt mir eine klaffende Wunde in der Schulter bei! Er schlitzt mir das Bein auf! Aber ich kämpfe weiter, denn ein ehrenhafter Mann kämpft bis zum Tod!« Gebannt sahen wir zu, wie unser Vater Schläge parierte und austeilte. Der blutenden Bauchwunde schenkte er keine Beachtung. Mit einem Sprung nach vorn erledigte er Rupert, dann sank er erschöpft in den Sessel. »Eine ehrenvolle Narbe«, sagte er, hob das Hemd hoch und zeigte uns die Narbe seiner Blinddarmoperation.

Gestärkt durch diese und andere Bhutto-Legenden, sah ich nach dem Putsch keinen Grund, warum mein Vater nicht auch über Zia triumphieren sollte. Ich sah noch keinen Unterschied zwischen den Herausforderungen, die mein Vater für uns erfand, um uns seine Ideale nahezubringen, und der häßlichen Realität, die ihn erwartete.

September 1977. Dicke, mit Stacheldraht versehene Ziegelsteinmauern, kleine, hoch angebrachte Fenster mit rostigen Gittern, riesige Eisentore: so sah das Kot-Lakhpat-Gefängnis aus. Das Tor rasselte und quietschte, als es für mich geöffnet wurde. Ich war noch nie in einem Gefängnis gewesen.

Ich stand vor einer weiteren Eisenwand, die von Polizisten mit Maschinenpistolen bewacht wurde. Die Männer, Frauen und Kinder um mich herum trugen Töpfe mit Essen und drängten auf die kleine Tür in der eisernen Wand zu. In pakistanischen Gefängnissen gibt es keinerlei Annehmlichkeiten - Kleider, Bettzeug, Geschirr, sogar Essen, alles muß von den Familien der Gefangenen mitgebracht werden. Gefangene, deren Familien zu arm sind, um ihre eingesperrten Angehörigen mit diesem »Luxus« zu versorgen, und Gefangene, die eine schwere Zuchthausstrafe verbüßen müssen, gehören der Klasse C an. Sie werden in Gruppenzellen gesteckt, in denen 50 Personen auf verlausten Matten auf dem Boden schlafen. Zur Verrichtung der Notdurft gibt es nur ein Loch in der Ecke der Zelle. Zu essen erhalten die Gefangenen zwei Schalen wäßriger Linsen und ein Stück Brot pro Tag. Es gibt keine Ventilatoren, die den Gefangenen bei 40 Grad Hitze Erleichterung verschaffen würden, und keine Duschen zur Abkühlung oder zum Waschen. Ein Polizist führte mich in das Büro des Gefängnisdirektors. Dort traf ich meinen Vater.

»Mit der Wiederaufnahme der Mordanklage geht Zia jetzt offener gegen uns vor«, sagt mein Vater. »Deine Geschwister müssen das Land verlassen, bevor Zia es ihnen verbietet. Besonders deine Brüder. Sie müssen das Land innerhalb der nächsten 24 Stunden verlassen.«

»Ja, Vater«, sage ich. Ich weiß, daß Mir und Shah jetzt nur ungern gehen werden. Wie können sie sich auf ihr Studium konzentrieren, wenn ihr Vater im Gefängnis sitzt? Sie haben in Karachi beide hart für die Wahlen gearbeitet, die Zia immer noch abzuhalten verspricht...

»Du hast deine Ausbildung schon beendet«, fährt mein Vater fort. »Aber wenn du nach England zurückkehren willst, wo dein Leben sicherer ist, verstehe ich das. Du kannst gehen. Wenn du aber hierbleiben willst, mußt du wissen, daß schlimme Zeiten auf uns zukommen.«

»Ich bleibe hier und helfe dir bei deinem Prozeß.«

»Du wirst viel Kraft dazu brauchen.«

Mir brach einige Tage später widerwillig nach England auf. Er sollte seinen Vater nie wieder sehen. Auch Shah Nawaz sah Vater nicht mehr, obwohl er einige Tage vor seiner Rückkehr an die Schule in der Schweiz noch einmal den langen Weg zum Kot-Lakhpat-Gefängnis auf sich nahm.

»Ich habe Erlaubnis, meinen Vater zu besuchen«, erklärte Shah den Wachen am ersten Tor. »Ich möchte mich von ihm verabschieden.«

»Wir haben keine Erlaubnis, Sie hereinzulassen«, antworteten die Wachen. »Wir können Sie nicht passieren lassen.«

Mein Vater kam zufällig auf dem Weg zu einem Treffen mit seinen An-

wälten hinter der inneren Stahlwand vorbei. Er bekam mit, wie Shah mit den Gefängniswärtern stritt.
»Du bist mein Sohn!« rief er laut. »Du brauchst die Wärter nicht um einen Gefallen zu bitten! Geh an deine Schule und arbeite hart, damit ich stolz auf dich sein kann.«
Zwei Tage später kehrte Shah Nawaz an die englischsprachige Schule in Leysin zurück. Kurz danach verließ Sanam Pakistan und kehrte nach Harvard zurück. Zehn Tage später, am 29. September 1977, wurde ich das erste Mal verhaftet.

Eine unübersehbare Menschenmenge hatte sich versammelt. Junge Männer in *shalwar khameez* hingen an Bäumen und Laternenpfählen und standen auf den Dächern von Bussen und Lastwägen. An den Fenstern und auf den Dächern und Balkonen ihrer Häuser drängten sich Familien und reckten die Hälse, um etwas zu sehen. Die Menschen standen dicht aneinandergepreßt. Wer ohnmächtig wurde, konnte nicht umfallen. Frauen in *burqas* hatten sich in die Öffentlichkeit gewagt und standen schüchtern am Rand der Menge. Die Tochter ihres gefangenen Premierministers war gekommen, um zu ihnen zu sprechen.
Daß ich als Frau am Rednerpult stand, war für die Menge weniger ungewöhnlich als für mich selbst. Andere Frauen des Subkontinents waren schon vor mir in die politischen Fußstapfen ihrer Ehemänner, Brüder und Väter getreten. Es war Tradition in Südasien geworden, daß Frauen das politische Erbe ihrer Familien antraten: Indira Ghandi in Indien, Sirimawo Bandaranaike in Sri Lanka, Fatima Jinnah und meine Mutter in Pakistan. Ich hatte nur nicht damit gerechnet, daß auch ich einmal Politikerin werden würde.
Jetzt stand ich in der Industriestadt Faisalabad auf einer behelfsmäßigen Rednertribüne und war starr vor Angst. Mit meinen 24 Jahren sah ich mich noch nicht als politische Führerin oder Rednerin. Aber ich hatte keine Wahl. »Du mußt dich am Wahlkampf beteiligen, Liebes«, hatte meine Mutter vor einer Woche in Karachi zu mir gesagt. »Wir müssen den Terminplan deines Vaters zwischen uns aufteilen. Die anderen PPP-Führer sind entweder verhaftet oder haben schon ihre eigenen Termine. Wir sind die einzigen, die für Vater einspringen können.«
»Aber ich weiß nicht, was ich sagen soll«, wandte ich ein.
»Mach dir keine Sorgen! Du bekommst eine Rede.«
»Bhutto *ko reha karo* - laßt Bhutto frei!« riefen die Massen. Es war dersel-

be Sprechchor, den in Rawalpindi am Tag zuvor eine Million Menschen für meine Mutter angestimmt hatten. Ich hatte hinter der Bühne gestanden, um zuzusehen und zu lernen. »Macht euch keine Sorgen, weil der Vater im Gefängnis ist!« hat meine Mutter der Menge zugerufen. »Ihr habt ja die Mutter, die noch frei ist. Ich habe weder Panzer noch Kanonen, aber hinter mir steht die unüberwindliche Macht der Geknechteten, mit der ich jeder Macht der Welt entgegentreten kann.«
Ihre Stimme war fest, aber ihre Hände zitterten ein wenig, als sie so zu den Leuten sprach. Mir ging das Herz auf. Meine Mutter hatte diese öffentliche Rolle nie spielen wollen. Sie hatte sich nicht um die Führung der PPP gerissen, als mein Vater ins Gefängnis kam. Sie war immer noch krank wegen ihres niedrigen Blutdrucks und fühlte sich sehr schwach. Als die Parteiführer um den Parteivorsitz stritten und sie als Kompromißkandidatin vorschlugen, hatte sie abgelehnt. Erst als mein Vater aus dem Gefängnis schrieb und sie bat, den Parteibeschluß zu akzeptieren, sah sie sich gezwungen anzunehmen. Bis zum ersten von Zia versprochenen Wahltermin waren es nur noch zwei Wochen. Die Menschen waren mehr als bereit, wieder die PPP zu wählen.
Es stellte sich heraus, daß Zias »Operation Fairplay« gegenüber der überwältigenden Mehrheit der Menschen alles andere als fair war. Kaum zwei Monate nach dem Putsch gab das Regime die Getreide- und Reismühlen, die mein Vater verstaatlicht hatte, den ursprünglichen Besitzern zurück und versprach weitere Reprivatisierungen. Industrielle im ganzen Land feierten das Ereignis und entließen aktive Gewerkschaftler. Allein in Lahore wurden 50000 Arbeiter entlassen. »Wo ist er jetzt, euer Vater Bhutto?« verspotteten die Industriellen die Arbeiter, die zum ersten Mal sichere Arbeitsplätze gehabt hatten und jetzt wieder willkürlich gefeuert werden konnten.
Anderen Arbeitern wurde lediglich mit massiven Entlassungen und Lohnkürzungen gedroht. Bauern, die erwartet hatten, ihre Ernte zu Garantiepreisen verkaufen zu können, mußten den gebotenen Preis akzeptieren oder ihre Ware behalten. Wieder einmal steckten die Fabrik- und Großgrundbesitzer den Gewinn ein: Zwiebeln kosteten jetzt fünfmal so viel wie 1975, Kartoffeln das Doppelte, die Preise für Eier und Mehl stiegen um 30 Prozent. Die Wut darüber, daß die Politik meines Vaters in ihr Gegenteil verkehrt worden war, wurde auf Kundgebungen der PPP in ganz Pakistan herausgeschrien. Bhutto *ko reha karo!* Bhutto *ko reha karo!* Laßt Bhutto frei!
Krampfhaft umklammerte ich das Manuskript für die Rede in Faisalabad.

Ich hatte die Rede in Islamabad immer wieder geübt. Sieh auf, blicke nicht zu Boden, sprich zu den Leuten hinten im Saal: so einfach hatte sich das in der Oxford Union angehört. Jetzt erstreckte sich auf dem Sportplatz vor mir eine unübersehbare Menschenmenge. »Bring die Junta nicht gegen uns auf und liefere Zia keinen Vorwand, die Wahlen ausfallen zu lassen«, hatte meine Mutter mich ermahnt. Aber die Menschen ließen sich nicht durch Zia einschüchtern. »Unglaublich«, meinte eine lokale Parteifunktionärin und rieb sich die Augen. »Ich habe noch nie in meinem Leben eine so große Menschenmenge gesehen.«
Jemand drückte mir Mikrofone in die Hand, die durch nicht isolierte Kabel mit Lautsprechern verbunden waren. An den Kabeln knisterten und stoben Funken. Während ich sprach, waren Leute auf der Bühne bemüht, die Drähte mit Tüchern zu umwickeln. Andere wollten die Mikrofone für mich halten. Nein, das war nicht die Oxford Union.
»Als ich während der Verhandlungen mit Indira Gandhi mit meinem Vater in Indien war, wollte er nicht im Bett schlafen, sondern auf dem Boden«, rief ich. Es war mein eigener Beitrag zu der vorbereiteten Rede. »›Warum schläfst du auf dem Boden?‹ fragte ich ihn. ›Ich werde nicht in einem indischen Bett schlafen, solange unsere Kriegsgefangenen in ihren Lagern auf dem Boden schlafen müssen‹, antwortete er.« Die Menge raste.
Ich redete in Kasur, am folgenden Tag in Okara. Wir fuhren durch wogende, grüne Felder, die von Bauern bewässert und gejätet wurden. Überall im bäuerlichen Kernland des Punjab fanden Veranstaltungen der PPP statt. Wegen der jubelnden Menschenmengen an den Straßen kamen wir nur langsam vorwärts. Der Punjab war die Heimat der *jawans* der Armee, der einfachen Soldaten, die begeisterte Wähler meines Vaters waren, weil er sie anständig behandelt hatte: Er hatte warme Kleidung an die Soldaten ausgeben lassen, die in Westpakistan im Winter in den Gräben lagen, er hatte ihren Sold erhöht und ihre Chancen verbessert, zum Offizier aufzusteigen. Jetzt gingen die Familien der Soldaten massenweise auf die Straße, um uns zu unterstützen. Wir waren im Begriff, Zia ins Mark zu treffen.
»Ein Gerichtsbeamter ist hier und wünscht Sie zu sprechen«, sagte meine Gastgeberin nervös, als ich am 29. September in Sahiwal ankam, der dritten Station meiner Wahlkampfreise.
Der Beamte verkündete: »Dieses Haus ist zum Gefängnis erklärt worden. Sie werden hier für 15 Tage interniert.«

Es war unglaublich. Die Polizei hatte das Haus umstellt. Das Telefon war tot, auch Wasser und Strom wurden in regelmäßigen Abständen abgestellt. In der ganzen Nachbarschaft waren die Straßen gesperrt, die betroffenen Anlieger konnten nicht mehr in ihre Häuser zurückkehren. Meine Gastgeber wurden mit mir festgehalten. Sie traten später aus der PPP aus. Drei Tage lang ging ich wutentbrannt in meinem Schlafzimmer auf und ab, bewacht von einer draußen im Flur postierten Polizistin.
Warum war ich verhaftet worden? Ich hatte kein Gesetz gebrochen, nicht einmal das Kriegsrecht hatte ich verletzt. Ich war nur während des einmonatigen Wahlkampfes, den Zia selbst erlaubt hatte, für meinen Vater eingesprungen. Ich hatte damals keine Ahnung, wie hoch die Einsätze in dem Spiel waren, in das ich geraten war. »Meine Tochter ist gewohnt, Schmuck zu tragen. Jetzt ist sie stolz darauf, Ketten zu tragen«, sagte meine Mutter auf einer Wahlkampfveranstaltung in Karachi vor einer Menschenmenge, deren Größe alle bisherigen Rekorde brach. Die riesigen Massen, die zu den Veranstaltungen der PPP kamen, machten Zias Hoffnungen auf eine Wahlniederlage der PPP zunichte. Bhutto im Gefängnis war sogar noch stärker als Bhutto im Wahlkampf.
Am nächsten Tag gab Zia im Fernsehen bekannt, daß keine Wahlen stattfinden würden.
Von da an wußte ich, daß es keine Gesetze mehr gab.

24. Oktober 1977. An diesem Tag begann der Prozeß gegen meinen Vater wegen Anstiftung zum Mord. Im Gegensatz zu anderen Mordprozessen, die in unteren Instanzen beginnen, fand dieser Prozeß von Anfang an vor dem Oberlandesgericht in Lahore statt. Mein Vater hatte damit von vornherein eine Appellationsinstanz weniger. Der Richter, der meinen Vater sechs Wochen zuvor gegen Kaution freigelassen hatte, war aus dem aktiven Dienst am Oberlandesgericht entfernt worden. Das Gericht bestand aus fünf eigens ausgewählten Richtern. Eine seiner ersten Handlungen bestand darin, den Haftbefehl gegen meinen Vater wieder in Kraft zu setzen. Mein Vater war jetzt krimineller Vergehen angeklagt und saß auf Befehl des Obersten Kriegsrechtsverwalters Zia ul-Haq in Haft.
Wenigstens befand ich selbst mich wieder in Freiheit und konnte mit meiner Mutter weiterhin für meinen Vater arbeiten. Ich war kurz nach Aufhebung der Wahlen aus der Haft entlassen worden. Ein Parteianhänger stellte uns ein unmöbliertes Haus in Lahore, der Hauptstadt des Punjab, zur Verfügung, das wir als Büro und Versammlungsort der PPP

nutzen konnten, während der Prozeß meines Vaters über die Bühne ging. Jeden Tag besuchte eine von uns die Gerichtssitzungen in dem schönen, 1866 von den Briten gebauten Gebäude. Die Insignien der Justiz waren allgegenwärtig in dem Gerichtssaal mit seinen Schnitzereien, der hölzernen Decke und dem vornehmen roten Teppich. Alles erhob sich, wenn die Richter eintraten. Vor ihnen her ging ein Gerichtsdiener in langem grünem Gewand und weißem Turban, der ein hölzernes Szepter mit silbernen Knauf trug. Die Richter trugen schwarze Roben und weiße Perücken und nahmen auf hochlehnigen Stühlen unter einem Baldachin Platz, von dem Quasten aus rotem Satin hingen. Die Anwälte meines Vaters waren schon im Gerichtssaal. Sie trugen schwarze Seidentalare über schwarzen Jaketts, gestärkten weißen Hemden mit Stehkragen und gestreiften Hosen. Ich saß neben den anderen Zuschauern auf den Holzbänken des Gerichtssaals und hätte mich eigentlich getröstet fühlen müssen. Der Prozeß schien ganz im Einklang mit den besten Traditionen des englischen Rechts stattzufinden. Aber der Anschein trog.

Die Klage gegen meinen Vater stützte sich hauptsächlich auf das Geständnis Masood Mahmoods, des Chefs des Bundessicherheitsdienstes (Federal Security Force, FSF). Masood Mahmood war einer der Beamten, die bald nach dem Putsch verhaftet worden waren und die man, soviel wir wußten, gefoltert hatte, um sie zu falschen Aussagen gegen meinen Vater zu zwingen. Nach fast zwei Monaten Haft hatte Masood Mahmood sich bereit erklärt, als Kronzeuge auszusagen, als Zeuge also, der zugibt, an einem Verbrechen beteiligt gewesen zu sein, und begnadigt wird, weil er verspricht, über seine Komplizen die »Wahrheit« auszusagen. Masood Mahmood behauptete jetzt, mein Vater habe ihm die Ermordung des Politikers Kasuri aufgetragen.

Masood Mahmoods Aussage war die einzige, die meinen Vater direkt mit dem vorgeblichen Mordkomplott in Verbindung brachte. Die anderen vier Mitangeklagten waren Mitglieder des FSF, denen vorgeworfen wurde, unter Mahmoods Anführung den Mordanschlag durchgeführt zu haben. Wie ihr Chef waren auch sie kurz nach dem Putsch verhaftet worden und hatten seither im Gefängnis gesessen. Es gab keine Augenzeugen für den Anschlag.

Während die vier angeklagten Beamten des FSF neben ihren Anwälten sitzen durften, mußte mein Vater, umgeben von Sicherheitsbeamten, in einer eigens für seinen Prozeß konstruierten hölzernen Anklagebank sitzen. »Ich weiß, daß Sie ein bequemes Leben gewöhnt sind, deshalb habe ich für Sie diese besondere Sitzgelegenheit bereitstellen lassen«, sagte der Vorsitzende Richter Maulvi Mushtaq Hussein sarkastisch am ersten Tag des Verfahrens, das fünf Monate dauern sollte. Maulvi Mushtaq war einer der von Zia ernannten hohen Justizbeamten und kam aus Zias Heimatregion Jullandar in Indien. Er war ein alter Feind meines Vaters. Er war der Richter gewesen, der meinen Vater verhörte, als dieser Ayub Khan herausgefordert hatte. Unter der PPP-Regierung war er bei der Berufung zum Oberrichter übergangen und nicht an den Obersten Gerichtshof versetzt worden, weil ihn weder der Justizminister noch der Generalstaatsanwalt noch mein Vater als für diese Aufgabe geeignet erachteten. Kurz nach dem Putsch hatte er sich von Zia zum Vorsitzenden der Wahlkommission ernennen lassen, was der Trennung zwischen Exekutive und Judikative Hohn sprach. Unbefangen war er mit Sicherheit nicht.

Die Befangenheit des Gerichts stand von Anfang an fest: Mian Abbas, einer der angeklagten FSF-Beamten, ein guter und tapferer Mann, stand am ersten Prozeßtag auf und widerrief seine Aussage: »Ich wurde unter Folter zu einem Geständnis gezwungen!« Am nächsten Tag erschien er nicht vor Gericht. Er sei krank, wurde seine Abwesenheit von der Staatsanwaltschaft erklärt.

Die Verteidigung verlangte Kopien der Aussagen, die meinen Vater belasteten. Der Vorsitzende Richter entschied jedoch, daß die Kopien ihnen erst »zu einem geeigneten späteren Zeitpunkt« ausgehändigt werden sollten. Nach einigen Prozeßtagen wurde Mr. D. M. Awan, der Hauptverteidiger meines Vaters, ins Zimmer des Vorsitzenden Richters gerufen. Dort riet man ihm, »an seine Zukunft zu denken«. Als Mr. Awan meinen Vater auch weiterhin nach besten Kräften verteidigte, rächte Maulvi Mushtaq sich, indem er in anderen Verfahren vor demselben Gericht ungünstige Urteile gegen Mr. Awans Mandanten sprach. Schließlich mußte Mr. Awan seinen Klienten raten, sich einen anderen Anwalt zu suchen.

Ich war zugegen, als Maulvi Mushtaq die Aussage von Masood Mahmoods Fahrer falsch zu Protokoll gab, um eine Verbindung zwischen meinem Vater und dem FSF-Chef zu konstruieren. »Stimmt es, daß Sie Masood Mahmood zu einem Treffen mit dem Premierminister fuhren?« fragte er den Fahrer.

»Nein«, erwiderte dieser ängstlich.

»Schreiben Sie«, wies Maulvi Mushtaq den Gerichtsstenographen an. »›Ich fuhr Masood Mahmood zu einem Treffen mit dem Premierminister.‹«

»Einspruch, Euer Ehren!« rief der Verteidiger und erhob sich.

»Abgelehnt«, sagte der Richter barsch und zog ärgerlich die dicken, weißen Augenbrauen zusammen. Dann wandte er sich wieder an den Zeugen: »Sie wollten sagen, daß Sie sich nicht mehr genau erinnern, aber daß Sie Masood Mahmood möglicherweise doch zu dem Treffen mit dem Premierminister gefahren haben.«

»Nein, Sir«, wiederholte der Fahrer. »Ich habe ihn nicht gefahren.«

Der Richter wandte sich an den Stenographen: »Schreiben Sie: ›Masood Mahmood fuhr selbst zum Premierminister.‹«

»Einspruch!« rief der Verteidiger wieder und erhob sich.

»Setzen!« brüllte Maulvi Mushtaq. Dann fragte er den Fahrer: »Masood Mahmood hätte selbst zum Premierminister fahren können, oder?«

»Nein, Sir«, sagte der Fahrer zitternd.

»Warum nicht?« schrie Mushtaq.

»Weil ich die Wagenschlüssel hatte«, stotterte der Fahrer.

John Matthews, QC, ein britischer Kronanwalt, der den Prozeß im November beobachtete, war entsetzt über das Verfahren. »Was mich besonders betroffen machte«, äußerte er später gegenüber einem englischen Journalisten, »war die Art, wie Zeugen, die eine entlastende Aussage machten, sofort von den Richtern unterbrochen wurden. Sie wurden dann veranlaßt, ihre Aussage abzuschwächen oder zu ändern.« Die Anwälte meines Vaters waren noch mehr entsetzt. Bei Prozeßende war auf 706 Seiten Protokoll nicht ein einziger Einspruch vermerkt, und es fehlten auch die zahlreichen Hinweise der Anwälte auf Widersprüche zwischen den Zeugenaussagen.

Nicht einmal der Anschein von Unparteilichkeit wurde gewahrt. Als ich eines Morgens im Gericht ankam, bekam ich mit, wie Abdul Kaliq, der stellvertretende Chef der Bundesermittlungsbehörde, mit einer Gruppe von Zeugen einübte, was diese vor Gericht aussagen sollten. »Was ist das für eine Art von Recht?« protestierte ich laut. Leute begannen stehenzubleiben. »Bringt sie weg!« befahl Kaliq den anwesenden Polizisten. »Ich bleibe hier!« schrie ich. Ich wollte eine Szene machen und die Staatsanwaltschaft kompromittieren. »Packt sie!« brüllte Kaliq erneut. Als die Polizisten auf mich zukamen, kündigte ein Murmeln im Korridor an, daß in diesem Augenblick mein Vater aus dem Gefängnis ins Gerichtsgebäude gebracht wurde. Ich wollte ihm den Anblick ersparen, wie seine Tochter von der Polizei herumgestoßen und aus dem Gerichtsgebäude gezerrt wurde, und fügte mich. Später hörte ich, daß die Staatsanwaltschaft in der

Nähe des Gerichts ein Haus gemietet hatte, wo sie die Zeugen bewirtete und auf ihre Aussagen vorbereitete.
Ramsey Clark, der frühere Justizminister der Vereinigten Staaten, traf ein, um das Verfahren gegen meinen Vater zu beobachten. Später schrieb er darüber in *The Nation:* »Die Anklage stützte sich ausschließlich auf Zeugen, die so lange in Haft gehalten wurden, bis sie gestanden. Die Zeugen änderten und erweiterten ihre Geständnisse und Aussagen bei jedem erneuten Verhör, verwickelten sich selbst in Widersprüche und widersprachen anderen Zeugenaussagen. Mit Ausnahme von Masood Mahmood (dem Chef des FSF) sagten die Zeugen nur darüber aus, was sie von anderen gehört hatten. Daraus wurden vier verschiedene Theorien zum Tathergang konstruiert, für die es keinerlei Augenzeugen oder direkte Beweise gab.
Ich glaubte an die Gerechtigkeit. Ich glaubte an Gesetze und Verhaltensnormen, an beeidigte Aussagen und ordentliche Gerichtsverfahren. Aber dieses Verfahren war in jeder Beziehung eine Farce. Die Verteidigung hatte das Fahrtenbuch des Jeeps in die Hand bekommen, der angeblich bei dem Anschlag auf Kasuri benutzt worden war. Aus ihm ging hervor, daß der Jeep am fraglichen Tag nicht einmal in Lahore gewesen war. »Es steht nicht zweifelsfrei fest, daß das Fahrtenbuch korrekt geführt wurde«, entgegnete die Anklagevertretung, obwohl sich das Buch bei den Akten befand, die sie selbst dem Gericht übergeben hatte.
Die Verteidigung legte Reisedokumente des FSF vor, aus denen hervorging, daß Ghulam Hussein, der Beamte, der laut Anklage das Attentat organisiert und überwacht hatte, am Tag des Anschlags mit einem anderen Auftrag in Karachi unterwegs war. Tatsächlich wurde durch die Dokumente bewiesen, daß sich Hussein in den zehn Tagen vor und nach dem Attentat in Karachi aufgehalten hatte. »Die Dokumente sind gefälscht«, zog die Anklage die Notbremse. Bisher hatten freilich weder sie noch einer der »geständigen Angeklagten« etwas Derartiges angedeutet.
Unwiderlegbare Beweise dafür, daß der ganze Mordfall ein Konstrukt war, tauchten auf, als die Anwälte meines Vaters eine Kopie des ballistischen Gutachtens über die tatsächlich gefallenen Schüsse in die Hand bekamen. Die Einschußlöcher im Wagen stimmten nicht mit den Positionen überein, aus denen die »Angreifer« geschossen haben wollten. Es hatte vier Mörder gegeben, nicht zwei, wie die Anklagevertretung behauptete. Und schließlich paßten die FSF-Gewehre, die die Angeklagten bei dem Anschlag benutzt haben wollten, nicht zu den am Tatort gefundenen

Patronenhülsen. »Wir haben das Verfahren gewonnen!« jubelte Rehana Sawar neben mir im Gerichtssaal. Sie war die Schwester eines der Anwälte meines Vaters und selbst Rechtsanwältin.
In der Teepause rannte ich zu meinem Vater, um ihm die gute Nachricht zu überbringen. Während die »geständigen Angeklagten« sich im Gerichtssaal nach Belieben mit ihren Familien unterhalten durften, wurde mein Vater oft in ein kleines Hinterzimmer gedrängt, wo er unter schwerer Polizeibewachung die Pause über bleiben mußte. »Vater, wir haben gewonnen!« rief ich und erzählte ihm von dem ballistischen Gutachten. Ich werde nie vergessen, wie zärtlich er aussah, als er meinen aufgeregten Worten zuhörte. »Du hast noch nicht verstanden, um was es geht, Pinkie«, sagte er sanft. »Sie werden mich umbringen. Es spielt keine Rolle, welche Beweise du oder sonst jemand für meine Unschuld beibringt. Sie werden mich ermorden, für einen Mord, den ich nicht begangen habe.«
Sprachlos starrte ich ihn an. Ich glaubte ihm nicht. Ich wollte ihm nicht glauben. Keiner im Zimmer wollte ihm glauben, auch seine Anwälte nicht. Aber er wußte es. Er hatte es gewußt, seit Zias Soldaten ihn mitten in der Nacht in Karachi abgeholt hatten. »Flieh!« hatte ihn seine Schwester händeringend gebeten, als sie zum ersten Mal das Gerücht von der drohenden Mordanklage hörte. Auch andere Leute hatten ihn gebeten zu fliehen. Seine Antwort damals war dieselbe wie jetzt. »Mein Leben ist allein in Gottes Hand«, sagte er in dem kleinen Pausenzimmer zu mir. »Ich bin bereit, vor sein Angesicht zu treten, wann immer er mich ruft. Ich habe ein reines Gewissen. Wichtig sind mir mein Name, meine Ehre und mein Platz in der Geschichte. Und dafür werde ich kämpfen.«
Mein Vater wußte, daß man einen Menschen einsperren kann, aber nicht eine Idee. Einen Menschen kann man töten, nicht eine Idee. Zia wußte das nicht. Er hatte eine andere Botschaft für das Volk: Seht euch euren Premierminister an. Er ist aus Fleisch und Blut wie jeder andere Mensch. Was nützen ihm seine Prinzipien jetzt? Er ist sterblich wie ihr auch. Seht, was wir mit eurem Premierminister machen. Dann wißt ihr, was auch euch passieren kann.
Mein Vater wollte mir sagen, was uns bevorstand. Aber ich hörte seine Worte wie aus weiter Ferne - und beließ es dabei. Anders hätte ich nicht weiterkämpfen können gegen all die neuen Anklagen, die gegen ihn erhoben wurden. Der Kampf um seine Ehre wurde mein eigener Kampf.

Am Tag, nachdem mein Vater in Karachi festgenommen worden war, hatte Zia die Kriegsrechtsbestimmung Nr. 21 erlassen. Jeder, der zwischen

1970 und 1977 (den Jahren der *Pakistan People's Party*) Abgeordneter der Nationalversammlung, Senator oder Mitglied eines der Provinzparlamente gewesen war, hatte der Militärregierung eine detaillierte Aufstellung über seine Vermögensverhältnisse zu übergeben. In ihr mußten sein gesamtes Vermögen und alle von ihm getätigten Käufe aufgelistet sein, gleichgültig ob es sich um Land, Maschinen, Schmuck, abgeschlossene Versicherungen oder Büromaterialien handelte. Wer diese Bestimmung nicht befolgte, wurde mit sieben Jahren schwerem Zuchthaus bestraft, sein Besitz wurde beschlagnahmt.

Wenn das Militärregime zu der Ansicht gelangte, daß Vermögenswerte durch Amtsmißbrauch oder den Mißbrauch von Staatseigentum erworben worden waren, wurden die Betroffenen für immer von allen öffentlichen Ämtern ausgeschlossen.

Die willkürliche Handhabung solcher Maßregelungen diente den Militärbehörden dazu, die Abgeordneten zum Wohlverhalten gegenüber dem Regime zu zwingen. Die einzige Appellationsinstanz für die Betroffenen war ein Tribunal, das von demselben Regime bestellt war, das ihnen das Recht zur Ausübung ihrer Ämter gerade entzogen hatte. Natürlich wurden Beamte, die mit dem Regime kooperierten, auf wunderbare Weise rehabilitiert.

Auf der ersten Liste betroffener Politiker stand zuoberst der Name meiner Mutter, obwohl sie nur drei Monate Abgeordnete gewesen war. Sie mußte wiederholt vor dem Tribunal erscheinen. Für das Regime erwies es sich als schwierig, ihr irgendetwas anzuhängen, die Verhandlungen mußten deshalb wieder und wieder verschoben werden. Im Herbst und Winter 1977 konzentrierte sich die Anstrengung der Militärs jedoch hauptsächlich auf meinen Vater. Zia war fest entschlossen, den Ruf meines Vaters zu ruinieren.

Mr. Bhutto hat mit Geldern der Regierung Motorräder und Fahrräder für Aktivisten der PPP gekauft. Mr. Bhutto hat seine Häuser in Larkana und Karachi auf Kosten der Regierung mit Klimaanlagen ausstatten lassen. Mr. Bhutto hat über unsere Botschaften im Ausland mit öffentlichen Geldern Geschirr und Kleider für seinen persönlichen Gebrauch gekauft. Mein Vater wurde vom Regime mit Beschuldigungen förmlich überschüttet: Er sei korrupt, habe Regierungsgelder veruntreut, ja er sei ein Verbrecher. Die Generäle wußten, daß er sich schwertun würde, diese Vorwürfe von seiner Gefängniszelle aus zu widerlegen, und hatten als zusätzliche Vorsichtsmaßnahme auch seinen persönlichen Sekretär eingesperrt. Die sorgfältige

Buchführung meines Vaters erwies sich jedoch als ausgezeichnetes Mittel, den über 60 Anklagepunkten, denen mein Vater sich nun gegenüber sah, zu begegnen.
In den Papieren meines Vaters in Karachi fand ich alles, was ich brauchte, um die Beschuldigungen zu widerlegen. Tag für Tag wühlte ich mich durch die Geschäftsbücher der Familie, eilte mit den benötigten Papieren zu den Anwälten und erfuhr von ihnen, was als nächstes gebraucht wurde. Mein Vater hatte über jede einzelne Ausgabe Buch geführt, sogar über die 24 Dollar, die er 1973 auf seiner Thailandreise für Kleider ausgegeben hatte, oder die 218 Dollar, für die er 1975 italienischen Tapetenkleister gekauft hatte. Ich war erstaunt, daß er sogar seine Lesebrille selbst bezahlt hatte, obwohl die Gesundheitsversorgung für den Premierminister umsonst war. Die Zeitungen berichteten jedoch nie darüber, daß wir die Anschuldigungen widerlegen konnten, sondern nur über die Anschuldigungen selbst. Wir vervielfältigten die Beweise für die Unschuld meines Vaters auf unseren eigenen Maschinen und verteilten sie unter das Volk.
Außerdem stellten wir eine Broschüre zusammen, die später als Buch unter dem Titel *Bhutto: Rumor and Reality* (Bhutto: Gerücht und Wirklichkeit) erschien. Darin wurden die Gerüchte über meinen Vater in groben Zügen dargestellt und mit der Wirklichkeit verglichen. Die Abfassung der Broschüre war riskant, denn jede Schrift, die Positives über meinen Vater enthielt, wurde vom Regime als »aufrührerisch« verdammt. Wer sie druckte oder verteilte, konnte ins Gefängnis geworfen werden, das gedruckte Erzeugnis wurde beschlagnahmt. Unsere Dokumentation war nützlich für pakistanische und ausländische Journalisten, die vom Regime mit Propaganda gegen meinen Vater und die PPP überschwemmt wurden. Aber es gab noch mehr zu tun.
»Wir müssen die Leute zu Streiks, zu Demonstrationen und zu anderen Aktionen aufrufen«, sagte ich verbittert zu den Parteiführern, die an den geheimen Treffen im von uns gemieteten Haus teilnahmen. Sie erhoben ängstliche Einwände. »Wir können nichts tun, bevor sich nicht die ganze Partei auf eine einheitliche Strategie geeinigt hat«, bekam ich unablässig zu hören. Ihre Apathie machte mich und andere junge Parteimitglieder ungeduldig. »Laßt uns zu den *mazaars* gehen und dort beten«, schlug ich vor. Ich glaubte, ein Regime, das den Leuten immer wieder seine Verbundenheit mit dem Islam demonstrierte, würde nicht wagen, uns festzunehmen, während wir an den Gräbern unserer Heiligen beteten. Mein Vorschlag setzte sich durch. PPP-Aktivisten begannen sich im ganzen

Land in Moscheen und *mazaars* zu versammeln, lasen den Heiligen Koran und beteten für die Freilassung meines Vaters. Aber ich hatte mich geirrt: Das Regime scheute nicht davor zurück, uns auch in den *mazaars* zu verfolgen.

Die Verhaftungen und Auspeitschungen gingen weiter. Bis Dezember 1977 waren es insgesamt 700. Der Fall Khalid Ahmeds, Deputy Comissioner von Larkana, gibt eine Vorstellung davon, wie das Regime Masood Mahmood und andere nach dem Putsch verhaftete Beamten behandelte, um sie zu Falschaussagen gegen meinen Vater zu bringen. Zwei Soldaten seien mit einem schriftlichen Befehl Zias in Khalid Ahmeds Haus gekommen, erzählte mir dessen Frau Azra. »Wenn ich dich morgen nicht anrufe, stimmt etwas nicht«, sagte Ahmed, bevor er abgeführt wurde. Er rief nicht an. Als seine Frau ihn schließlich einen Monat später in einem Gefängnis in Islamabad ausfindig machte, hätte sie fast gewünscht, ihn nicht gefunden zu haben. »Ich werde diesen Tag nie vergessen«, sagte sie. »Sein Gesicht war aschgrau, seine Lippen trocken und aufgesprungen. An seinem Mund klebte getrockneter Speichel. Man hatte ihn im Intimbereich mit Elektroschocks gefoltert. Man wollte ihn zu Aussagen zwingen, die man vor Gericht gegen Bhutto verwenden konnte.«

Khalid wurde fünf Monate lang in Einzelhaft gehalten. Jeden Abend ging Azra in einen öffentlichen Park, von dem aus sie das Flachdach des Gefängnisses sehen konnte. »Er durfte täglich eine halbe Stunde dort spazierengehen. Ich saß stundenlang auf einer Bank, nur um ihn dann für einen Augenblick zu Gesicht zu bekommen, damit ich wußte, daß er noch lebte.«

Das Leben Khalid Ahmeds und vermutlich vieler anderer Gefangener wurde dadurch gerettet, daß meine Mutter kurz nach der Festnahme meines Vaters beim Obersten Gerichtshof beantragte, seine Internierung aufgrund des Kriegsrechts für illegal zu erklären. Im November 1977 entschied der Oberste Gerichtshof zwar, das Kriegsrecht sei legal, und erklärte es zu einem »notwendigen Gesetz«, vergleichbar dem Gesetz des Koran, das es Muslimen erlaubt, Schweinefleisch zu essen, um nicht zu verhungern, wenn keine andere Nahrung verfügbar ist. Das Gericht betonte jedoch, daß das Kriegsrecht nur für einen beschränkten Zeitraum gelten dürfe, nur während der neun Monate, die das Regime laut eigener Aussage für die Organisation freier und gerechter Wahlen brauchte.

Ferner entschieden die Richter, daß die höheren Zivilgerichte weiterhin das Recht hätten, Urteile von Militärgerichten zu überprüfen. Ohne diesen

Vorbehalt hätten Tausende von Menschen, darunter viele nach dem Putsch verhaftete politische Aktivisten und Beamte, keine Appellationsinstanz zur Überprüfung ihrer Haftstrafen gehabt. Obwohl es Monate dauerte, bis die Berufungsverfahren stattfanden - ich selbst war keine Ausnahme -, gab es damals immerhin noch eine gewisse Hoffnung auf Rettung durch die Zivilgerichte.
Das Oberlandesgericht verfügte im Dezember 1977 die Entlassung Khalid Ahmeds, weil es keinerlei Beweise gegen ihn gab und nicht einmal ein Haftbefehl vorlag. »Wir handelten auf Befehl von oben«, sagten die Soldaten, die ihn festgenommen hatten. Aber das Regime hatte auch bei meinem Vater sämtliche Gerichtsentscheide mißachtet und ihn erneut verhaftet. Dasselbe sollte mit Khalid Ahmed geschehen. Eine Woche nach seiner Freilassung wurde der ehemalige Commissioner von einem Freund gewarnt, daß er bald wieder verhaftet würde, und zwar aufgrund der Kriegsrechtsbestimmung Nr. 21 wegen Mißbrauchs eines Autos und einer Klimaanlage der Regierung. Einer Klimaanlage! »Ich bat ihn, zu fliehen«, sagte Azra, und ihre Augen füllten sich mit Tränen. Noch in derselben Nacht war ihr Ehemann nach London aufgebrochen. Die Anklagen gegen ihn sind bis heute nicht aufgehoben, er muß weiter im Ausland bleiben. Azra hat ihre beiden Kinder allein aufgezogen. Die Verfolgung dieser und vieler anderer Familien im Dezember 1977 war erst der Anfang. Zwei Wochen später kam es zur Eskalation.

Überall ist Tränengas. Schreiend rennen die Leute auseinander. Ich fühle einen stechenden Schmerz in der Schulter. »Mutter!« rufe ich. »Mutter, wo bist du? Bist du verletzt?«
16. Dezember 1977, Jahrestag der Kapitulation der pakistanischen Armee vor Indien. Meine Mutter und ich haben beschlossen, im Gaddafi-Stadion in Lahore ein Kricketspiel anzusehen, um uns vom Prozeß abzulenken. Wir haben Karten für die Frauenränge, aber als wir ankommen, sind mit einer Ausnahme alle Tore geschlossen. Wir gehen durch das offene Tor. Die Zuschauer beginnen zu klatschen und zu jubeln, als sie uns entdekken. Aber plötzlich laufen die Kricketspieler vom Feld. Drei Reihen von Polizisten knien jetzt dort, wo eben noch die Spieler waren.
Ein schwerer Gegenstand saust an meinem Gesicht vorbei.
»Tränengas!« höre ich die Menschen schreien. »Tränengas!«
Die Menge gerät in Panik. Alles rennt zu den geschlossenen Toren. Ich bekomme keine Luft, sehe nichts mehr. Giftige Wolken wälzen sich auf

uns, ich glaube zu ersticken. Können Lungen Feuer fangen? Dann schlagt etwas gegen meine Schulter. Der Schlag wirft mich fast um. Im Nebel um mich sind überall Polizisten, die die Leute niederknüppeln.
»Mutter!« schreie ich. »Mutter!«
Ich finde sie über ein eisernes Geländer bei der Tribüne gebeugt. Sie hebt den Kopf, als sie meine Stimme hört. Blut strömt aus einer klaffenden Kopfwunde.
»Ins Krankenhaus«, schreie ich. »Wir müssen meine Mutter ins Krankenhaus bringen!«
»Nein«, sagt meine Mutter ruhig. »Zuerst müssen wir zum Kriegsrechtsverwalter.«
Blut läuft ihr über das Gesicht und tropft in roten Rinnsalen auf ihr Kleid. Wir schieben uns durch die Menge, um einen Wagen zu finden. »Bringen Sie uns zum Haus des Kriegsrechtsverwalters«, sagt meine Mutter. Wir fahren hin. Der Sicherheitsbeamte am Tor erschrickt, als er uns im Auto sieht. Er läßt uns herein. Als meine Mutter aus dem Auto steigt, hält hinter uns der Jeep des Generals.
»Wissen Sie, was für ein Tag heute ist, General?« fragt meine Mutter, als sie vor Iqbal steht, dem von Zia ernannten Kriegsrechtsverwalter des Punjab. »Heute vor sechs Jahren haben Sie in Dacca vor der indischen Armee kapituliert. Heute haben Sie wieder Schande über sich gebracht, indem Sie mein Blut vergossen. Das Wort Ehre ist ein Fremdwort für Sie, General! Sie kennen nur das Wort Schande!«
Er starrt sie betäubt an. Meine Mutter dreht sich mit großer Würde um und geht zurück zum Wagen. Wir fahren direkt zum Krankenhaus, wo ihre Wunde mit zwölf Stichen genäht werden muß.
Am Nachmittag werde ich zu Hause verhaftet. Meine Mutter wird im Krankenhaus festgesetzt.
Am nächsten Tag erscheint Zia im Fernsehen und gratuliert der Regierung des Punjab dafür, wie sie mit dem Vorfall fertig wurde. Mein Vater wird aus dem Gerichtssaal entfernt, weil er »verdammt« sagt, als er versucht herauszufinden, was mit meiner Mutter und mir passiert ist. »Bringen Sie ihn hinaus, bis er wieder zur Besinnung kommt«, sagt der Vorsitzende Richter. Am nächsten Tag legt mein Vater Beschwerde wegen schwerer Verfahrensfehler im Prozeß ein. Die Beschwerde wird abgelehnt.

Als ich in unserem unmöblierten Haus in Lahore eingesperrt war und meine Mutter im Krankenhaus, wurde mir zum ersten Mal klar, wie weit

Zia gehen würde, um unseren Willen zu brechen. Ich zweifelte nicht daran, daß der Angriff auf uns während des Kricketspiels im voraus geplant worden war. Die Polizei hatte selbst die Tore verschlossen, um uns dem Tränengas und den Bambusknüppeln auszuliefern. Damit war eine neue Stufe der Brutalität erreicht. Noch nie waren Frauen das Opfer tätlicher Angriffe und anderer Schikanen gewesen. Nie hatte es in der pakistanischen Geschichte Vergleichbares gegeben. Eingesperrt zwischen Vervielfältigungsapparaten und Schreibmaschinen, verbrachte ich in Lahore eine wahrhaft trostlose Zeit.

Noch in derselben Woche wurde meine Mutter mit ihrer frisch genähten Wunde zu mir verlegt. »Was geht hier eigentlich vor?« fragten wir einander immer wieder ungläubig. War das die Wirklichkeit? Unser Verstand war einfach nicht in der Lage, eine solche Wirklichkeit zu akzeptieren. Genau das hat uns wahrscheinlich gerettet. Jede neue Brutalität war ein erneuter Schock, stärkte aber auch unsere Widerstandskraft. Meine anfängliche Wut wurde zur Entschlossenheit, dem Regime zu trotzen. Wenn Zia glaubte, er könne mich demütigen, sollte er es nur versuchen!

Das erste Neujahr nach meiner Rückkehr nach Pakistan verbrachte ich in Gefangenschaft. Vor nur einem Jahr war ich von Oxford nach Al-Murtaza heimgekehrt und hatte Zia auf der Geburtstagsfeier meines Vaters getroffen. Jetzt verbrachte mein Vater seinen Geburtstag im Gefängnis. Meine Mutter und ich zählten die Tage unserer auf 15 Tage bemessenen Gefangenschaft. Meine Mutter vertrieb sich die Zeit mit dem Legen von Patiencen. Gelegentlich schaute sie sich eine Sendung im Fernsehen an, das wir ansonsten nur anschalteten, um Stimmen zu hören.

Der Besuchstag bei meinem Vater kam und ging, ohne daß ich ihn besuchen konnte. Darüber war ich sehr traurig. Es gab mir stets neuen Mut, meinen Vater zu sehen und seine Instruktionen entgegenzunehmen. Er pflegte seine Anweisungen auf einen der zahlreichen gelben Blöcke zu schreiben, die er bei sich in der Zelle hatte. Ich war damals entsetzt über die Zelle mit ihrem Lehmboden und dem spärlich fließenden Wasser. Ich wußte nicht, daß noch viel schlimmere Zellen auf ihn warteten.

Die Behörden hatten meinen Vater neben einer Gruppe geisteskranker Gefangener untergebracht, die die ganze Nacht johlten und heulten. Man hatte auch dafür gesorgt, daß er hörte, wie andere politische Gefangene im Gefängnishof ausgepeitscht wurden. Manchmal steckte man diesen Gefangenen dabei sogar Mikrofone in den Mund. Aber das Regime konnte ihn nicht brechen. »Ich bin keineswegs demoralisiert«, versicherte er mir bei einem meiner Besuche im Gefängnis. »Ich bin aus hartem Holz geschnitzt.«

Als das Regime Anfang Januar 1978 seinen ersten Massenmord beging, schlug die Empörung außerhalb des Gefängnisses hohe Wellen. Bevor meine Mutter und ich verhaftet wurden, hatte die PPP dazu aufgerufen, den 5. Januar, den Geburtstag meines Vaters, als Tag der Demokratie zu begehen. Die Arbeiter der Colony Textile Mill in Multan, die in Streik getreten waren, weil ihnen die Besitzer der Fabrik die Prämien gestrichen hatten, wollten den Tag für eine Demonstration nutzen. Es sollte nie dazu kommen.

Drei Tage vor dem Tag der Demokratie schloß das Militär die Tore der Fabrik, besetzte das Dach und schoß auf die in der Fabrik gefangenen Arbeiter. Es war eines der schlimmsten Massaker des Subkontinents. Man sagte uns, es habe Hunderte von Toten gegeben. Niemand wußte die genaue Zahl. Einige sprachen von 200, andere von 300 Toten. Noch tagelang wurden auf den Feldern und in den Straßengräben Leichen gefunden. Zia hatte die Arbeiterklasse gewarnt, die das Rückgrat der PPP bildete: Beugt euch dem Regime, oder ihr werdet massakriert.

Der Tag der Demokratie wurde zu einem der schlimmsten Tage der Unterdrückung. Im ganzen Land wurden Tausende von PPP-Anhängern festgenommen. Die Zustände im Land wurden immer brutaler.

Jeder, der sagte »Lang lebe Bhutto!« oder »Es lebe die Demokratie!« wurde mit Auspeitschung bestraft. Ausgepeitscht wurde auch jeder, der sich in der Öffentlichkeit mit der Fahne der PPP zeigte. Die Urteile wurden schnell vollstreckt, meist innerhalb einer Stunde nach dem Urteilsspruch, um das Appellationsrecht bei den zivilen Gerichten zu umgehen. Im Kot-Lakhpat-Gefängnis wurden die Gefangenen mit gespreizten Armen und Beinen mit Lederriemen an ein Gerüst gefesselt. Ärzte fühlten den Puls der Opfer, damit sie nicht zu Tode gepeitscht wurden. Oft wurden die Opfer mit Riechsalzen wiederbelebt, damit die noch ausstehenden der meist 15 Schläge verabreicht werden konnten.

Auch außerhalb der Gefängnisse kam es immer häufiger zu öffentlichen Auspeitschungen. Von mobilen Militärtribunalen wurden Schnellverfahren durchgeführt. Die sofort zu vollstreckenden Urteile sprach ein einzelner Militärrichter. Er ging durch die Bazare und entschied, ob die Händler falsche Gewichte benutzten, zu hohe Preise verlangten oder minderwertige Ware verkauften. In Sukkur wollte der Offizier einen beliebigen Mann als Opfer. »Wir brauchen jemand zum Auspeitschen«, sagte er. Die Ladenbe-

sitzer waren ratlos und führten den Offizier schließlich zu einem Mann, der im Verdacht stand, Zucker auf dem Schwarzmarkt zu verkaufen. Obwohl fast jeder im Bazar dieses »Verbrechen« schon einmal begangen hatte, wurde der Mann sofort und in aller Öffentlichkeit ausgepeitscht.
Eine derartige Barbarei traf mich völlig unvorbereitet. Die Grundwerte der Zivilisation, wie ich sie in Amerika und England kennengelernt hatte und wie das Volk von Pakistan sie unter der Verfassung von 1973 erfahren hatte, waren in Auflösung begriffen.
An dem Tag, an dem unsere Haft enden sollte, öffneten sich die Tore, allerdings nicht, um uns hinaus-, sondern um den Richter hereinzulassen. Er überreichte uns einen weiteren Haftbefehl über 15 Tage. Damit war ein weiteres Stück Rechtssicherheit zerschlagen. Unter der Zivilregierung meines Vaters waren die Bestimmungen über präventive Inhaftierungen äußerst restriktiv gewesen: Niemand durfte innerhalb eines Jahres mehr als drei Monate insgesamt inhaftiert werden, und Gerichte mußten innerhalb von 24 Stunden über Beschwerden entscheiden. Jetzt wurde ein neues und schreckliches Kapitel der Geschichte Pakistans geschrieben.
Entlassung, Verhaftung, Ausweisung, Verhaftung: Solange der Prozeß gegen meinen Vater andauerte, setzte das Regime seine Macht willkürlich ein, um meine Mutter und mich zu zermürben. Dauernd wurden wir entlassen und erneut verhaftet, es war völlig unmöglich, irgendwelche Pläne zu machen. In jenen ersten Monaten des Jahres 1978 wurde ich so oft eingesperrt oder erhielt Aufenthaltsbeschränkungen, daß selbst das Regime allmählich die Übersicht zu verlieren schien.
Mitte Januar wurden meine Mutter und ich aus der Gefangenschaft in Lahore entlassen. Ich flog sofort nach Karachi, wo ich vor den Steuerbehörden erscheinen mußte. Was wollte man von mir? Ich sollte die Aktiva und Passiva meines Großvaters auflisten, der starb, als ich vier Jahre alt war. Ich gehörte nicht einmal zu den Erben und war nach keinem zivilen oder militärischen Gesetz verpflichtet, Fragen über das Vermögen meines Großvaters zu beantworten. Für die Behörden spielte das jedoch keine Rolle. Wenn ich der Aufforderung nicht nachkäme, so stand in der Vorladung, werde automatisch zu meinen Ungunsten entschieden. Um Mitternacht kam ich in Clifton 70 an.
Dumpfe Schläge dröhnten durch das Haus. Ich sprang aus dem Bett. Es war zwei Uhr morgens. »Was ist los?« rief ich, ergriffen von jener Panik, die mich nicht mehr ganz verlassen hatte, seit vor vier Monaten Soldaten in mein Zimmer gestürmt waren. »Die Polizei hat das Haus umstellt!« rief Dost Mohammed. Ich zog mich an und ging die Treppe hinunter.

»Wir haben einen Platz in der 7-Uhr-Maschine nach Lahore gebucht«, sagte der Beamte. »Sie werden aus der Provinz Sind ausgewiesen.«
»Warum?« fragte ich. »Ich bin gerade hier angekommen, um zu den Beschuldigungen Stellung zu nehmen, die das Regime gegen uns erhoben hat.«
»General Zia will mit dem britischen Premierminister Mr. Callaghan ein Kricketspiel besuchen.«
Diese Erklärung verblüffte mich wirklich. »Was hat das mit mir zu tun? Ich habe nicht einmal gewußt, daß ein Kricketspiel stattfindet.«
»Der Oberste Kriegsrechtsverwalter will jegliche Schwierigkeiten vermeiden«, sagte der Beamte. »Deshalb hat er Ihre Ausweisung angeordnet.«
Um sechs Uhr morgens wurde ich unter polizeilicher Bewachung zum Flughafen gefahren und in ein Flugzeug nach Lahore gesetzt. Warum konnte man mich nicht einfach in Karachi einen Tag lang festhalten?
Zwei Tage später aß ich gerade bei Freunden in Lahore zu Mittag, als die Polizei auch dieses Haus umstellte. »Sie werden für fünf Tage interniert«, sagte der Offizier, der mich verhaftete. »Warum?« fragte ich wieder.
»Wir begehen den Jahrestag von Data Sahibs Tod«, sagte der Offizier. Das wußte ich natürlich auch, denn Data Sahib ist einer unserer wichtigsten Heiligen. »Sie könnten auf den Gedanken kommen, sein Grab zu besuchen.«
Wieder war ich mit meiner Mutter gefangen. Sie legte Patiencen, während ich ruhelos im Zimmer auf und ab ging. Unsere Post wurde abgefangen. Das Telefon war tot. Als ich Anfang Februar entlassen wurde, besuchte ich sofort meinen Vater. Weil wir so oft interniert worden waren, hatte ich drei der kostbaren Besuchstermine versäumt. Aber ich verpaßte keinen Verhandlungstag.
Obwohl der Vorsitzende Richter der Weltpresse versichert hatte, daß der Prozeß »in aller Öffentlichkeit« stattfinden werde, wurde die Öffentlichkeit am 25. Januar aus dem Verfahren ausgeschlossen, einen Tag nachdem mein Vater mit seiner Aussage begonnen hatte. Die Weltöffentlichkeit sollte wissen, was die Anklagevertretung zu sagen hatte, aber niemand sollte die Verteidigung hören. Angewidert von der Befangenheit des Gerichts, hatte mein Vater bereits seine Anwälte aus dem Verfahren zurückgezogen. Jetzt verweigerte er vollends jede Aussage und saß für den Rest des Verfahrens fast nur noch schweigend im Gerichtssaal. Der Vorsitzende nutzte die Abwesenheit von Beobachtern, um seinen rassischen Vorurteilen gegen die Sindhi Ausdruck zu geben, jene Rasse der südlichsten

Provinz Pakistans, zu der auch mein Vater gehört. Sowohl mein Vater als auch der Vorstand der PPP forderten wegen dieser Vorurteile eine Wiederholung des Verfahrens - ohne Erfolg.

Während ich bei der Verteidigung meines Vaters half, besuchte meine Mutter verschiedene Städte im Punjab, unter anderem Kasur, wo sie am Schrein des Muslimheiligen Buba Bullah Shah betete. »Geht nach Sind«, sagte mein Vater im Kot-Lakhpat-Gefängnis. »Du und deine Mutter, ihr wart beide die ganze Zeit im Punjab. Sagt den PPP-Aktivisten, sie sollen euch eine Reise durch Sind organisieren.«

Nicht ohne Sorge bereitete ich unter dem Vorwand, an den Gräbern meiner Vorfahren beten zu wollen, die Reise von Karachi nach Larkana vor. Meine Mutter warnte mich brieflich aus Lahore: »Auf keinen Fall darfst Du Zia beschimpfen oder kritisieren. Konzentriere Dich auf Themen wie zu hohe Preise. Du mußt in Freiheit bleiben, um für unsere Sache zu kämpfen und die Partei zu führen.« Sie war gerade von einem heimlichen Besuch in Multan zurückgekehrt, wo sie den Familien der in der Textilfabrik ermordeten Arbeiter Trost zugesprochen hatte. Sie schickte mir die Namen von Familien, deren Angehörige in Haft waren und die ich besuchen sollte, und sagte mir, wieviel Geld ich den Familien je nach der Zahl ihrer Kinder bringen sollte. »Wenn ein verhafteter Arbeiter der einzige in der Familie war, der Geld verdiente, schreib Dir die Adresse auf, damit wir der Familie einen monatlichen Geldbetrag schicken, bis er freigelassen wird.« Sie schloß den Brief mit den Worten: »Du solltest mit dem Mercedes fahren. Das ist ein starkes und verläßliches Auto, das gut beschleunigt. In Liebe, Deine Mutter.«

Musawaat kündigte meine Reise an und veröffentlichte eine Liste der Städte, die ich besuchen würde. Am 14. Februar begann ich, begleitet von einem Redenschreiber, einem Reporter und einem Fotografen von *Musawaat,* meine erste Rundreise durch Sind. Außerdem befand sich bei mir noch Begum Soomro, die Vorsitzende der Frauenorganisation der PPP von Sind.

Wir besuchten Thatta, wo Alexander der Große seinen Truppen eine Rast gegönnt hatte, dann Hyderabad, wo altertümliche Windfänge auf den Dächern kühle Luft in die Häuser leiteten. Riesige Menschenmengen drängten sich unterwegs um unseren Wagen. Öffentliche politische Versammlungen waren von Zia verboten worden, deshalb hielten wir die unseren hinter den Mauern der größten Anwesen ab, die wir finden konnten. Immer wieder standen wir auf Hausdächern und blickten in Innenhöfe hinab, in denen sich die Leute drängten wie Sardinen. »Meine Brüder! Verehrte Älteste!« brüllte ich, was meine Stimme hergab, denn das Regime hatte auch Mikrofone und Lautsprecher verboten. »Ich überbringe euch *salaams* - Grüße - vom Vorsitzenden Zulfikar Ali Bhutto. Das Verbrechen, das an ihm begangen wird, ist ein Verbrechen am Volk.«

Wir fuhren weiter nach Therparkar und Sanghar. Wo immer möglich, sprach ich auch vor Anwaltskammern und Presseclubs. Nie versäumte ich, auf die Illegalität des Regimes und auf das Unrecht hinzuweisen, das meinem Vater und der PPP angetan wurde.

Als wir Sanghar verließen, war plötzlich die Straße vor und hinter uns mit Armeelastwagen abgesperrt. Soldaten brachten uns mit aufgesetzten Bajonetten zu einem Haus, in dem wir die Nacht verbringen sollten.

»Sie dürfen die Reise nicht fortsetzen!« sagte der Gerichtsbeamte des Distrikts.

»Wo sind Ihre Befehle?« fragte ich ihn. »Ich möchte das schwarz auf weiß sehen.«

Er konnte keinen schriftlichen Befehl vorweisen.

»Das Regime hat ihn nur geschickt, um uns einzuschüchtern«, sagte Makhdoom Khaliq, ein PPP-Funktionär, der mit uns reiste. »Wir sollten weiterreisen!« Am nächsten Tag brachen wir nach Nawabshah auf, wo die größte Kundgebung der ganzen Reise stattfand. Als unser Wagen aber an die Grenze zwischen Nawabshah und Khairpur kam, war die Straße wieder von Sicherheitskräften blockiert. Diesmal hatten sie schriftliche Befehle bei sich.

Ich wurde am 18. Februar aus Nawabshah nach Karachi ausgewiesen, und es wurde mir verboten, Karachi zu verlassen. Wieder verpaßte ich einen der nur alle zwei Wochen erlaubten Besuche bei meinem Vater.

März 1978. »Ich habe von einem Informanten aus Zias Umgebung erfahren, daß das Oberlandesgericht in Lahore Bhutto Sahib zum Tode verurteilen wird«, berichtete mir ein Journalist in Karachi. Mechanisch gab ich die Nachricht an meine Mutter in Lahore und an die PPP-Führer von Sind und Karachi weiter, obwohl ich selbst nicht daran glauben wollte. Die Anzeichen waren jedoch unübersehbar.

Drei Verbrecher, keine politischen Gefangenen, wurden Anfang März dazu verurteilt, in Lahore öffentlich gehenkt zu werden. Öffentlich gehenkt! Die Zeitungen und auch das Fernsehen berichteten ausführlich über das Ereignis. Die Hinrichtung sollte auf einem öffentlichen Platz

stattfinden, und sie wurde angekündigt wie die Premiere eines Theaterstücks. 200000 Leute kamen und beobachteten das grausame Schauspiel und die Männer mit schwarzen Kapuzen, die am Galgen baumelten. Heute ist mir klar, daß das Regime damit das Land psychologisch auf das Todesurteil gegen meinen Vater vorbereiten wollte. Mir fiel das Wahlversprechen ein, das Asghar Khan vor nur einem Jahr gegeben hatte: »Ich werde Bhutto an der Brücke in Attock oder an einem Laternenpfahl aufknüpfen.«
Die Anzeichen häuften sich, daß die Urteilsverkündung nahe bevorstand. Soldaten in Zivil wurden vor Regierungsgebäuden und Banken postiert. Gepanzerte, mit Soldaten besetzte Wagen patrouillierten durch Rawalpindi. In Sind rollten Lastwagen durch die Straßen, auf die Maschinengewehre montiert waren. Eine massive Verhaftungswelle gegen PPP-Mitglieder setzte ein. Parteimitglieder wurden nur deshalb festgenommen, weil das Regime befürchtete, daß sie nach der Urteilsverkündung Schwierigkeiten machen würden. In den Haftbefehlen stand: »Da zu erwarten ist, daß Sie, -- (Name eintragen), nach der Urteilsverkündung im Prozeß Bhutto die öffentliche Ordnung stören werden, sind Sie hiermit verhaftet...« Woher wußte das Regime, wie das Urteil lauten würde, wenn die Gerichte unabhängig waren und der Prozeß gegen meinen Vater fair, wie Zia behauptete?
80000 Verhaftungen im Punjab, 30000 in der Northwest Frontier Province, 60000 in Sind: unvorstellbare Zahlen. Es wurden so viele Leute verhaftet, daß das Regime in ganz Pakistan Internierungslager einrichtete. Rennplätze wurden in Gefangenenlager umgewandelt, offenes Gelände ohne sanitäre Anlagen, umgeben von Stacheldraht und bewacht von Soldaten. Aus Sportstadien wurden Gefängnisse auf Zeit. Auch Frauen wurden verhaftet - mit ihren Kindern.
Bericht Kishwar Qayyum Nazamis, Frau eines früheren Abgeordneten der Nationalversammlung, über den 15. März 1978:

> Mein Mann und ich wurden um ein Uhr morgens verhaftet. Die Polizei umstellte das ganze Haus. Unser Baby war nur ein paar Monate alt, ich mußte es ins Gefängnis mitnehmen, in das wir auf einem offenen Militärlaster gebracht wurden. Im Kot-Lakhpat-Gefängnis hieß es zuerst, das Gefängnis sei nicht für weibliche Gefangene eingerichtet. Schließlich sperrte man mich zusammen mit sechs anderen Frauen in einen kleinen Abstellraum. Unter den Frauen waren Rehana Sarwar, die

Schwester eines der Anwälte Bhuttos, und Begum Khakwani, die Präsidentin der PPP-Frauenorganisation des Punjab. »Warum sind wir verhaftet worden?« fragte Begum Khakwani die Polizisten. »Weil bald über Bhutto entschieden wird«, sagte ein Polizist. »Woher wissen Sie, daß die Entscheidung gegen Bhutto ausfallen wird?« fragte sie. Der Polizist schwieg.

Wir wurden von den Aufseherinnen grob durchsucht. Man nahm mir den Ehering und die Uhr ab. Als ich freigelassen wurde, hieß es, die Sachen seien verlorengegangen. In dem Abstellraum gab es keine Toilette, nur einen Haufen Ziegelsteine in einer Ecke, und es gab keine Liegen. Aber wir hätten sowieso nicht schlafen können. Um Mitternacht begann die Polizei, im benachbarten Gefängnishof politische Gefangene auszupeitschen. Auf die Rücken der Männer waren Striche gemalt, die die Menge der Schläge anzeigten, die sie erhalten sollten. Der Mann, der sie auspeitschte, war Ringer. Er trug einen Lendenschurz und hatte seinen Körper eingeölt. Er nahm Anlauf, um stärker zuschlagen zu können. Ein Offizier saß daneben und zählte die Schläge. Pro Durchgang wurden 20 bis 30 Männer ausgepeitscht. Wir hörten die ganze Nacht ihre Schreie. »*Jiye* Bhutto!« schrien sie, wenn ein Schlag sie traf. »Lang lebe Bhutto!« Ich hielt mir die Ohren zu und betete, daß mein Ehemann nicht unter ihnen sein möge. Er war schon im September 1977 ausgepeitscht worden.

Am zweiten Morgen unserer Gefangenschaft wurden wir plötzlich entlassen. Als wir aus dem Tor eilten, wurden wir wieder festgenommen. Diesmal wurde als Grund unserer Verhaftung die Aufrechterhaltung von Recht und Ordnung angegeben. Das Regime hatte wohl inzwischen gemerkt, daß es sich nicht gut machte, Haftgründe zu nennen, in denen das Urteil vorweggenommen wurde. Wir kamen wieder in den Abstellraum.

Mr. Bhutto, dessen Zelle wir von unserer Kammer aus sehen konnten, hatte von unserer Anwesenheit erfahren und ließ uns durch seinen Anwalt einen Korb mit Obst bringen. »Da sieht man, wie Zia Frauen aus ehrbaren Familien behandelt«, stand auf dem Zettel, den er mitschickte. Nach zwei Wochen wurde ich unter Hausarrest gestellt, weil mein Baby im Gefängnis krank geworden war und ich keine Medizin hatte. Die anderen Frauen kamen erst nach einem Monat heraus.

Ich selbst erhielt meinen Haftbefehl drei Tage nach diesen Frauen. In den frühen Morgenstunden des 18. März, um 4 Uhr 30, kam die allzu vertraute

Nachricht: »Die Polizei ist da und will Sie sprechen.« Ich wußte, warum sie mich sprechen wollte, aber ich wollte es nicht wissen. Am liebsten hätte ich mich zu meiner Mutter geflüchtet, aber sie war schon in Lahore inhaftiert. Ich wollte zu meinem Vater fliehen, ich wollte irgendwohin rennen, zu Samiya, zu den Anwälten, zu Mir oder Shah Nawaz oder Sunny. Ich konnte es allein nicht mehr aushalten. »Allmächtiger Gott, steh uns allen bei«, sagte ich immer wieder zu mir selbst, während ich rastlos durch das leere Haus wanderte.

Das Klagegeschrei begann am späten Nachmittag. Es kam aus der Küche, aus dem Garten, vom Tor von Clifton 70. Mein Herz klopfte so stark, daß ich dachte, es würde gleich explodieren. Plötzlich wurde die Haustür aufgerissen und meine Cousine Fakri warf sie auf den Boden der Eingangshalle. »Mörder!« schrie sie und schlug aus Trauer und Wut den Kopf auf den Boden. »Mörder!«

Zias Richter hatten meinen Vater für schuldig befunden und ihn zum Tode verurteilt. Fakhri war zwischen den überraschten Wachtposten am Tor durchgerannt und wurde dafür innerhalb einer Stunde selbst verhaftet. Sie war zusammen mit mir eine Woche lang eingesperrt. Ich war insgesamt drei Monate in Haft.

Ich passiere ein eisernes Tor nach dem anderen. Dazwischen liegen lange dreckige Korridore. Aufseherinnen durchsuchen mich, durchkämmen mein Haar, lassen ihre Hände über meine Arme, meine Brust, meine Schultern wandern. Ein weiteres Eisentor, dann drei kleine Zellen mit eisernen Gittern an den Türen.

»Pinkie? Bist du es?«

Ich spähe in die Zelle, kann aber im Dunkel nichts sehen. Die Gefängnisbeamten öffnen die Tür, und ich betrete die Todeszelle meines Vaters. Sie ist feucht und übelriechend. Kein Sonnenstrahl ist je durch die dicken Betonwände gedrungen. Das Bett nimmt die Hälfte des Raumes ein und ist mit dicken Eisenketten am Boden festgemacht. Während der ersten 24 Stunden in der Zelle war mein Vater am Bett angekettet. An seinen Knöcheln sind immer noch die Narben zu sehen. Neben dem Bett ist ein offenes Loch, die Toilette der zum Tode verurteilten Gefangenen. Der Gestank ist widerlich.

»Vater!«

Ich umarme ihn. Meine Arme gehen mühelos um ihn herum. Er hat unglaublich abgenommen. Als meine Augen sich an die Dunkelheit gewöhnt haben, sehe ich, daß er überall Insektenstiche hat. Hitze und Feuchtigkeit machen aus seiner Zelle eine Brutstätte für Moskitos. Es gibt keine Stelle an seinem Körper, die frei von den beißenden roten Schwellungen wäre. Ich merke, wie mir die Tränen kommen, aber ich schlucke sie hinunter. Ich will in seiner Gegenwart nicht weinen. Und er lächelt. Lächelt!

»Wie bist du hergekommen?« fragt er.

»Ich habe bei der Provinzregierung eine Beschwerde eingereicht, weil ich durch meine Verhaftung an den wöchentlichen Besuchen gehindert wurde, die mir als Familienmitglied rechtlich zustehen. Der Innenminister hat mir erlaubt, dich zu besuchen.«

Ich erzähle meinem Vater, wie ich in einem Konvoi von Lastwagen, Autos und Jeeps der Armee zum Kot-Lakhpat-Gefängnis gefahren wurde. »Das Regime ist nervös geworden«, sage ich. Ich berichte von den Unruhen, derentwegen in ganz Sind nach der Verkündung des Todesurteils vor einer knappen Woche Ausgangssperren verhängt wurden. In einem einzigen Dorf bei Larkana, das aus 146 Lehmhütten besteht, wurden 120 Menschen festgenommen. Ein Ladenbesitzer wurde von der Polizei verhaftet, weil er ein Bild meines Vaters neben dem eines Filmstars an der Wand hängen hatte.

»Unglaublich viele Länder haben Gnadenappelle an Zia gerichtet«, berichte ich. »Ich habe in der BBC davon gehört. Breschnew hat einen Brief geschrieben, und Hua Kuo-feng hat in einem Brief an die enge Zusammenarbeit erinnert, die du mit China eingeleitet hast. Auch Assad in Syrien, Anwar Sadat in Kairo, der Präsident des Irak, die Regierung Saudi-Arabiens, Indira Gandhi und Senator McGovern haben an Zia appelliert. Von Präsident Carter abgesehen, haben sich fast alle wichtigen Politiker für dich eingesetzt. Das kanadische Unterhaus hat einstimmig eine Resolution verabschiedet, in der die Aufhebung des Todesurteils gefordert wird, und 150 Abgeordnete des britischen Parlaments haben ihre Regierung aufgefordert, etwas zu unternehmen. Auch Griechenland, Polen, Amnesty International, der Generalsekretär der Vereinten Nationen, Australien und Frankreich haben protestiert, Vater. Zia muß das Urteil zurücknehmen.«

»Das sind ermutigende Nachrichten«, sagt mein Vater. »Aber ich werde keine Berufung einlegen.«

»Vater, du mußt!« sage ich erschrocken.

»Bei Zias Gerichten? Das ganze Verfahren ist eine Farce. Warum es verlängern?«

Während wir sprechen, bedeutet er mir mit einer Kopfbewegung, näher zu kommen. Die Wärter stehen direkt vor der Zellentür, sie hören und sehen uns. Ich spüre, wie mir ein Stück Papier in die Hand gedrückt wird.
»Vater, du darfst nicht einfach aufgeben«, sage ich laut, um die Wärter abzulenken.
»Gott weiß, daß ich unschuldig bin«, antwortet mein Vater. »Ich werde am Jüngsten Tag vor seinem Gericht Berufung einlegen. Geh jetzt! Die Stunde ist fast um. Du mußt entscheiden, wann du gehen willst, du darfst nicht sie entscheiden lassen.«
Ich umarme ihn. »Das Papier darf den Behörden nicht in die Hände fallen, sonst werden deine Besuche gestrichen«, flüstert er mir hastig ins Ohr.
»Bis zum nächsten Mal, Vater.«
Beim Verlassen des Gefängnisses wurde ich durchsucht. Man fand nichts. Zum zweiten Mal wurde ich durchsucht, als ich zu meiner Mutter gebracht wurde, die im nahegelegenen Lahore interniert war. Als ich sie verließ, wurde ich noch einmal durchsucht. Wieder fand man nichts. Manchmal waren mir die Leute, die mich durchsuchten, freundlich gesinnt und taten nur zum Schein ihre Pflicht. Aber ich wußte das nie im voraus. Am Flughafen, von dem aus ich zu meinem eigenen Haftort in Karachi geflogen werden sollte, mußte ich inmitten des militärischen Konvois drei Stunden unter Bewachung im Auto sitzen.
Schließlich war das Flugzeug abflugbereit. Durch das Autofenster sah ich, daß alle Passagiere an Bord waren. Die Triebwerke wurden gestartet, die Scheinwerfer beleuchteten schon die Startbahn. Erst jetzt durfte ich aussteigen. Ich mußte wie immer schnell auf die Gangway zugehen. Ein Polizist ging vor mir, ein zweiter hinter mir, beide mit angelegten Pistolen. Ein Funkgerät knackte, und plötzlich machten sie kehrt und brachten mich zum Auto zurück.
Ich sehe noch heute den fetten Körper der Frau vor mir, die über das Rollfeld auf mich zugewatschelt kam, die Arme in die Seiten gestemmt. Ich kannte sie nur zu gut, die Sicherheitsbeamtin des Flughafens, die immer dann Dienst zu haben schien, wenn ich in Lahore ankam oder abflog. Sie war so unfreundlich, daß ich den Verdacht hatte, das Regime habe sie eigens dafür abgestellt, mich zu durchsuchen. Sie sah gemein aus – eine jener Sorte von Beamten, die einem bei der Durchsuchung Ringe und Uhren abnehmen und sie nie zurückgeben. Nichts war ihr zu klein, um es zu durchsuchen. Sie drehte die Lippenstifte aus ihren Röhren und studierte mein Tagebuch Seite für Seite. Die Arbeit machte ihr Freude.

»Ich lasse mich nicht von Ihr durchsuchen!« schrie ich, und scheute vor dem Wagen zurück. Im Rücken spürte ich die Waffen, die auf mich gerichtet waren. »Sie soll mich nicht durchsuchen! Man hat mich durchsucht, als ich meinen Vater im Gefängnis besuchte. Man hat mich durchsucht, als ich herauskam. Man hat mich durchsucht, als ich bei meiner Mutter ankam und als ich von ihr fortging. Ich bin genug durchsucht worden!«

Die Militärfahrzeuge des Konvois fuhren dicht an mich heran. Noch mehr Pistolen wurden auf mich gerichtet, noch mehr Polizisten erschienen.

»Wir müssen Sie noch einmal durchsuchen«, beharrte ein Polizeioffizier. »Oder Sie versäumen Ihren Flug.«

»Das ist mir egal!« schrie ich. »Was habe ich noch zu verlieren? Sie haben meinen Vater zum Tode verurteilt. Sie haben meine Mutter blutig geschlagen. Sie schicken mich nach Karachi, wo ich allein leben muß. Meine Mutter ist in Lahore allein. Mein Vater sitzt in der Todeszelle. Wir können nicht einmal miteinander sprechen und einander trösten. Mir ist es gleich, ob ich lebe oder sterbe. Tun Sie mit mir, was Sie wollen!«

Ich war fast hysterisch. Aber ich hatte keine andere Wahl. Ich stand mit dem Rücken zur Wand. Im Hintergrund sah ich die Sicherheitsbeamtin. Sie war erschrocken über meinen Ausbruch. Aber wenn sie mich durchsuchte, würde sie den Zettel meines Vaters finden.

»Ach was, laßt sie doch in Ruhe!« murmelten die Männer.

»Sie können gehen«, sagte der Offizier.

Auf dem Flug nach Karachi war ich einem Zusammenbruch nahe. Zum ersten Mal hatte ich Schmerzen im Ohr. Mein Ohr klickte. Das Geräusch war so störend, daß ich in Clifton 70 kaum noch einschlafen konnte. Schließlich schickte mir das Regime einen Arzt, der verschiedene Tests durchführte.

Ich las den Zettel meines Vaters. Er gab mir Ratschläge, wie ich eine Beschwerde gegen meine illegale Haft begründen konnte. Ich versuchte, ein Schreiben an das zuständige Gericht aufzusetzen, fühlte mich aber zu krank.

Eigenartig war, was mit unseren Haustieren geschah. An dem Tag, an dem das Todesurteil gegen meinen Vater verkündet wurde, starb einer seiner Pudel. Gerade noch war er völlig gesund gewesen, im nächsten Augenblick fiel er tot um. Am nächsten Tag starb der weibliche Pudel, wieder ohne erkennbaren Grund. Ich hatte eine Siamkatze bei mir in Clifton 70 - sie starb am dritten Tag.

Wenn dem Hausherrn Gefahr droht, so glauben manche Muslime, ziehen die Haustiere die Gefahr manchmal auf sich und sterben statt ihres Herrn. Als ich krank im Bett lag, mußte ich fortwährend daran denken, daß die Gefahr, in der mein Vater schwebte, so groß war, daß sie nicht nur eines, sondern drei unserer Haustiere getötet hatte. Das war kein tröstlicher Gedanke. Jeden Morgen, wenn ich um sechs Uhr die BBC-Nachrichten hörte, betete ich, Zia möge über Nacht gestorben sein. Aber er lebte immer noch.

Mit Hilfe der Ratschläge meines Vaters legte ich Beschwerde gegen meine Haft ein. Das Gericht verschob die Verhandlung zum erstenmal im März und dann noch einmal im Mai. Jedesmal mußte ich die Beschwerde neu einreichen. Am 14. Juni, eine Woche vor meinem Geburtstag, machte mir mein Anwalt das schönste Geburtstagsgeschenk meines Lebens. Es gebe keinen Rechtsgrund für meine Haft, hatte der Richter Fakhr ud-Din entschieden. Es war das erste Urteil in einem Fall von Vorbeugehaft. Ich war frei. Jetzt konnte ich mich endlich um meine Gesundheit kümmern.

Ende Juni wurde ich im MidEast-Hospital zum ersten Mal am Ohr und an der Nase operiert. Als ich aus der Narkose aufwachte, drängten alle meine Ängste an die Oberfläche. »Man will meinen Vater umbringen!« hörte ich mich schreien. »Man will meinen Vater umbringen!« Meine Nase war zu, ich bekam kaum Luft. Ich beruhigte mich erst, als man meiner Mutter, die immer noch in Lahore interniert war, erlaubte, mich unter Polizeibewachung zu besuchen.

Was für eine traurige Welt fand ich vor, als ich wieder gesund war. Im April hatte das Regime das Büro unserer Zeitung *Musawaat* in Karachi geschlossen und die Druckerpressen beschlagnahmt. Redakteur und Drucker waren verhaftet worden, weil sie »anstößiges Material« veröffentlicht hatten. So nannte das Regime unsere Version des Verfahrens gegen meinen Vater. Aus Protest traten Journalisten anderer Zeitungen in den Streik. Neunzig von ihnen wurden verhaftet, vier zu Auspeitschung verurteilt, darunter der körperbehinderte Chefredakteur der *Pakistan Times*.

Jetzt endlich reagierte die internationale Öffentlichkeit. Im Sommer 1978 wurden Redakteur und Drucker der *Musawaat* und 50 weitere politische Gefangene von Amnesty International, jener weltweiten Menschenrechtsorganisation, die sich die Betreuung politischer Gefangener zur Aufgabe gemacht hat, »adoptiert«. Amnesty recherchierte außerdem die Fälle von 32 weiteren Gefangenen - ohne Hilfe des Regimes. Obwohl Zia zwei Angehörigen der Organisation, die bereits Anfang des Jahres nach Pakistan

gekommen waren, um Informationen über politische Gefangene zu sammeln, seine Unterstützung zugesichert hatte, reagierte das Regime nicht auf den Bericht, den Amnesty im März veröffentlichte.
Ich selbst war mit den Amnesty-Vertretern während ihres Besuchs im Januar zusammengetroffen. Ich sagte ihnen, daß wir wegen der Abschaffung fundamentaler Menschenrechte durch Zias Kriegsrecht sehr besorgt seien: Zivilisten und politische Gefangene würden von Militärgerichten verhört und zu grausamen Strafen verurteilt. Dieben würde eine Hand amputiert, Rechtshändern die linke, Linkshändern die rechte. Ich legte auch großen Wert darauf, ihnen verständlich zu machen, wie unfair der Prozeß gegen meinen Vater geführt worden war, und informierte sie über die unmenschlichen Bedingungen, unter denen er in Einzelhaft gehalten wurde. Natürlich wollten sie meine Behauptungen überprüfen. Sie beantragten, meinen Vater im Gefängnis besuchen zu dürfen. Der Antrag wurde abgelehnt.

> *28. April 1978.* Kot-Lakhpat-Gefängnis. Bericht von Dr. Zafar Niazi, dem Zahnarzt meines Vaters:
>
> Als ich im April Mr. Bhutto im Kot-Lakhpat-Gefängnis besuchte, stellte ich bei ihm starken Zahnfleischschwund fest. Die Bedingungen im Gefängnis waren unhygienisch, die Ernährung unzureichend. Er hatte eine schmerzhafte Zahnfleischentzündung, aber im Gefängnis gab es keine Möglichkeit, ihn zu behandeln. Ich bin mir allerdings nicht sicher, ob eine Behandlung unter den dort herrschenden unmenschlichen Bedingungen überhaupt Aussicht auf Erfolg gehabt hätte. Nach meinem Besuch schickte ich einen Bericht an das Regime, in dem ich darauf verwies, daß ich meine Aufgabe als Mr. Bhuttos Zahnarzt nicht erfüllen könne, solange die Haftbedingungen nicht verbessert würden. Ich wußte, daß das Regime auf einen solchen Bericht mit Unbehagen reagieren würde. Viele meiner Patienten waren ausländische Diplomaten, und das Regime fürchtete sicher, daß ich ihnen erzählen würde, was ich bei meinem Besuch vorgefunden hatte. Als Vorsichtsmaßnahme gab ich meiner Frau eine Kopie des Berichts. »Falls das Militär mich verhaftet, informiere die internationale Presse«, bat ich sie. Zwei Tage später wurde ich von der Polizei abgeholt.

Die Verfolgung Dr. Niazis und seiner Familie hatte damit erst begonnen. Er wurde zweimal verhaftet. Einmal behandelte er gerade in seiner Klinik

einen Patienten in Vollnarkose. »Geben Sie mir eine Stunde, um die Behandlung zu Ende zu führen«, bat er die Polizisten. Aber sie nahmen ihn sofort mit, er mußte den Patienten auf dem Stuhl sitzen lassen. Bei seiner ersten Verhaftung durchsuchte die Polizei morgens um zwei das Haus: Auf der Suche nach kompromittierendem Material rissen sie die Matratzen aus den Betten und die Kleider aus den Schränken. Sie fanden nur eine halbe Flasche Wein, die ein amerikanischer Kollege Dr. Niazis zurückgelassen hatte, ein Kieferorthopäde, der alle drei Monate in Niazis Klinik arbeitete. Dr. Niazi wurde angeklagt, weil er Alkohol im Haus hatte.
Dr. Niazi, der nicht Mitglied der PPP und auch sonst kein politischer Mensch war, kam wegen Alkohols sechs Monate ins Gefängnis. Als er freigelassen wurde, hatte man meinen Vater aus dem Kot-Lakhpat-Gefängnis in eine andere Todeszelle im Zentralgefängnis von Rawalpindi verlegt. Dr. Niazi stellte sofort den Antrag, ihn wieder besuchen zu dürfen. Der Antrag wurde abgelehnt.

21. Juni, 1978, Zentralgefängnis von Rawalpindi - mein 25. Geburtstag.
Ich sitze in einem kleinen Zimmer im Hotel Flashman in Rawalpindi und warte auf den Besuch bei meinem Vater. Immer wieder sehe ich auf die Uhr. Wo bleibt meine Mutter? Den Anwälten meines Vaters ist es gelungen, per Gerichtsbeschluß durchzusetzen, daß wir an meinem Geburtstag meinen Vater zusammen besuchen dürfen. Jetzt ist es schon zwölf Uhr, und ich warte seit neun, daß die Polizei meine Mutter aus ihrem Haftort Lahore einfliegt. Sie halten uns wieder hin.
Ich mache mir Sorgen um meine Mutter. Sie hat immer wieder furchtbare Kopfschmerzen und ist fast immer erschöpft. Die ständige Anspannung tut ihr nicht gut, und ihr Blutdruck fällt immer noch. Sie wurde zweimal bewußtlos, als sie von Lahore nach Rawalpindi flog, um meinen Vater zu besuchen. Die Anwälte haben beim Regime eine Petition eingereicht, sie in Islamabad zu internieren, damit sie das Gefängnis mit dem Auto erreichen kann, aber sie ist immer noch in Lahore eingesperrt. Wieder einmal ist sie allein, nur eine kleine Katze leistet ihr Gesellschaft, die ich in meiner Hosentasche ins Haus geschmuggelt habe. »Chou-Chou tröstet mich«, sagt meine Mutter. Das Kätzchen legt ihr die Pfote auf die Hand, wenn sie Patiencen legt.
Ich glätte meinen *shalwar khameez*. Ich will an meinem Geburtstag schick aussehen, damit meine Eltern sehen, daß ich den Mut nicht verloren habe.

Es wird 13 Uhr, dann 14 Uhr. Das ist einer der Lieblingstricks des Regimes. Als ich selbst interniert war, habe ich unzählige Male zum vereinbarten Zeitpunkt gewartet, daß ich zu meinem Vater gebracht würde, und die Polizei ließ stundenlang auf sich warten, ohne daß ich eine Nachricht bekommen hätte. Die Besuche alle zwei Wochen halten mich aufrecht. Das Regime weiß das. Deshalb werde ich entweder zu spät abgeholt, damit ich nur eine halbe Stunde mit ihm verbringen kann, oder überhaupt nicht. Warum ist heute noch niemand da? Wie kann sich das Regime über einen Gerichtsbeschluß hinwegsetzen?

Es wird 15 Uhr, dann 15 Uhr 30. Die Gefängnisordnung schreibt vor, daß alle Besucher vor Sonnenuntergang gehen müssen. Ich denke an meinen letzten Geburtstag. Es ist, als sei das Fest auf dem Rasen von Oxford zehn Jahre her. Ich bin nicht mehr sicher, ob es überhaupt stattgefunden hat.

16 Uhr. Vom Flughafen kommt die Nachricht, daß meine Mutter endlich angekommen ist. »Herzlichen Glückwunsch zum Geburtstag!« sagt sie und umarmt mich, als wir uns am Eingang des Gefängnisses treffen. Zusammen machen wir uns auf den Weg zur Zelle meines Vaters.

»Es ist ein großes Glück, daß du am längsten Tag des Jahres geboren bist, Pinkie«, sagt mein Vater, als wir bei ihm ankommen. »Nicht einmal das Regime kann an deinem Geburtstag die Sonne früher untergehen lassen.«

Er ist jetzt in einer anderen dunklen Zelle an einem Innenhof des Gefängnisses untergebracht. Im Hof stehen Armeezelte. Militärposten bewachen den verschlossenen und verriegelten Eingang. Ein Zivilprozeß? Lächerlich! Das Ganze ist eine militärische Operation. Wir befinden uns in einem Lager der Armee.

Die dunkle, feuchte Zelle mißt nur zwei mal drei Meter. Über dem Gitter der Zellentür hängt kein Netz aus Gaze wie bei den benachbarten Türen der Wärter. Die Luft ist voller Fliegen und Stechmücken. An der Decke hängt eine schlafende Fledermaus, an den Wänden flitzen blasse, farblose Eidechsen auf und ab.

Wir sehen das leere Feldbett aus Metall. »Hat man dir die Matratze nicht gegeben, die ich dir vor zwei Wochen geschickt habe?« fragt meine Mutter. »Nein«, sagt mein Vater. Wegen des dünnen Gefängnisbettzeugs ist sein Rücken voller entzündeter Stellen und blauer Flecken. Er hat zwei schwere Grippen gehabt, und wegen des nicht abgekochten Wassers hat er Probleme mit dem Magen. Dreimal war sein Zustand schon so schlimm, daß er Blut erbrach und gleichzeitig aus der Nase blutete.

Obwohl er stark abgemagert ist, ist er, so unglaublich das klingt, bei guter

Laune. Allerdings habe ich ihn nie anders in Erinnerung. Vielleicht wollte ich ihn nicht anders sehen.

»Ich möchte, daß du an *Eid* nach Larkana gehst und an den Gräbern unserer Vorfahren betest«, sagt er.

»Aber Vater«, protestiere ich, »dann verpasse ich meinen nächsten Besuch bei dir.«

»Deine Mutter ist immer noch interniert«, entgegnet er. »Du bist die einzige, die gehen kann.«

Ich schlucke schwer. Ich bin noch nie an *Eid* auf unserem Familienfriedhof gewesen und habe noch nie in unserem bei Larkana gelegenen Haus in Naudero die traditionellen Besuche der Dorfbewohner und Verwandten empfangen. Das Fest ist immer von den Männern der Familie geleitet worden. Meine Brüder haben meinen Vater nach Naudero begleitet, wenn das Ende des Ramadan in die Schulferien fiel. Ich fühle mich plötzlich sehr einsam. Ich hoffe, daß mein Vater bald freikommt.

»Bete am Grab von Lal Shahbaz Qalander«, bittet mich mein Vater. »Ich hatte letztesmal keine Zeit dazu.« Lal Shahbaz Qalander ist einer unserer berühmtesten Heiligen. Meine Großmutter hat an seinem Schrein gebetet, als mein Vater als Baby schwer erkrankte und beinahe gestorben wäre. Würde Gott das Gebet der Tochter für die gleiche Person erhören?

Eine kostbare Stunde lang sitzen wir im Gefängnishof und stecken die Köpfe zusammen, so daß die drei Wärter, die Befehl haben, uns zuzuhören, nichts verstehen. Aber die Wärter haben diesmal Mitleid und stören uns nicht.

»Du bist jetzt fünfundzwanzig und kannst für ein Amt kandidieren«, scherzt mein Vater. »Nur wird Zia nie Wahlen abhalten.«

»Ach Vater!«

Wir lachen. Wie bringen wir das fertig? Irgendwo im Gefängnis steht der Galgen und wirft seinen Schatten auf unser Leben. Mein Vater erzählt, daß die Soldaten ihn zu provozieren versuchen. Jede Nacht klettern sie auf das Dach seiner Zelle und stampfen mit ihren schweren Militärstiefeln darauf herum. Dasselbe ist Mujib ur-Rahman widerfahren, als er während des Bürgerkriegs in Bangladesh gefangen war. Der Gefangene soll in Wut geraten und die Wachen beschimpfen. Wenn er dann erschossen wird, kann die Armee behaupten, er habe einen Soldaten provoziert, dem der Finger zu locker am Abzug saß. Aber mein Vater kennt diese Tricks. Statt auf die Schikane zu reagieren, nutzt er sie für seine Verteidigung vor Gericht.

Gefolgt von dem jetzt schon üblichen Militärkonvoi von zwei bis drei Armeelastern, die sich im Lauf der Zeit auf sieben, acht, manchmal sogar zehn Fahrzeuge vermehren sollten, kehrte ich ins Hotel Flashman zurück. Die Leute auf der Straße starrten dem Konvoi nach. Einige lächelten freundlich, andere schlugen die Augen nieder, als wollten sie nicht glauben, was passierte.

Eine unheimliche Stille lag über der Stadt und dem ganzen Land. Die Nation war wie tot. Es hieß, über 100000 Menschen seien verhaftet worden. »Zia wird das Urteil gegen den Premierminister nicht vollstrekken lassen«, sagten die Leute hinter vorgehaltener Hand zueinander. »Ausgeschlossen!« Das einzige Gesprächsthema waren der Prozeß meines Vaters, das Todesurteil und die beim Obersten Gerichtshof eingelegte Revision.

Trotz der anfänglichen Ablehnung meines Vaters hatten wir beim Obersten Gerichtshof von Pakistan in Rawalpindi die Revision beantragt. »Ich bin verpflichtet, die Ansichten meiner Frau und meiner Tochter zu respektieren«, schrieb mein Vater an Mr. Yahya Bakhtiar, den früheren Generalstaatsanwalt von Pakistan, der in dem Verfahren vor dem Obersten Gerichtshof sein Hauptverteidiger war. »Dafür gibt es wichtigere Gründe als nur die Verwandtschaft: Beide Frauen haben sich in dieser gefährlichen Zeit als außergewöhnlich mutig erwiesen. Ihr Wort und ihre politischen Argumente hatten deshalb bei meiner Entscheidung großes Gewicht.«

Das Revisionsverfahren hatte im Mai begonnen. Während man anderen Angeklagten einen Monat Zeit gegeben hatte, um Revision beim Obersten Gerichtshof einzulegen, gab man meinem Vater nur eine Woche. Die Anwälte meines Vaters wohnten im Flashman, wo wir ein Büro eingerichtet hatten, um das Verfahren aus nächster Nähe verfolgen zu können. Yasmin Niazi, Dr. Niazis Tochter und noch ein Teenager, half mir, meinen Terminkalender in Ordnung zu halten. Amina Piracha hielt für die Anwälte die Verbindung zur internationalen Presse aufrecht. Außerdem war meine alte Freundin Victoria Schofield, meine Nachfolgerin als Präsidentin der Oxford Union, nach Pakistan gekommen, um uns zu helfen.

An manchen Tagen mußte ich mich zwingen aufzustehen. Raus aus den Federn! Sieh dem Tag ins Auge! Widerlege neue Anklagen, triff die wenigen Parteiaktivisten, die noch nicht im Gefängnis sind, gib den in Rawalpindi versammelten Journalisten Interviews! Die vom Regime kontrollierte Presse berichtete nur über die gegen meinen Vater erhobenen

1

Generationen von Politikern: Mein Großvater, Sir Shah Nawaz Khan Bhutto, gründete die erste politische Partei in Sind, noch bevor 1947 Pakistan entstand.

2

Mein Vater Zulfikar Ali Bhutto studierte Politik in Berkeley und Jura am Christ Church College in Oxford, bevor er in Karachi Rechtsanwalt und Minister wurde.

3

Meine im Iran geborene Mutter Nusrat. Sie wurde später in die Nationalversammlung gewählt. Ich lernte von ihnen allen.

4

Angetan mit unseren Kleidern von Saks aus New York, lernten Mir, ich Sanam und Shah Nawaz die chinesischen Politiker Chen-Yi (*links*) und Chou En-lai kennen.

»Ihr seid Menschen und habt Rechte«, rief mein Vater den Massen zu, nachdem er als Außenminister zurückgetreten war und 1967 die *Pakistan People's Party* gegründet hatte.

5

6

Während ich am Radcliffe College Erfahrungen mit Demokratie sammelte, führte mein Vater in Pakistan einen sehr erfolgreichen Wahlkampf, aus dem er als erster direkt vom Volk gewählter Regierungschef hervorging.

7

8

Acht Monate nach meiner Wahl zur Präsidentin des Oxford-Union-Debattierclubs wurde mein Vater gestürzt.

9

10

11

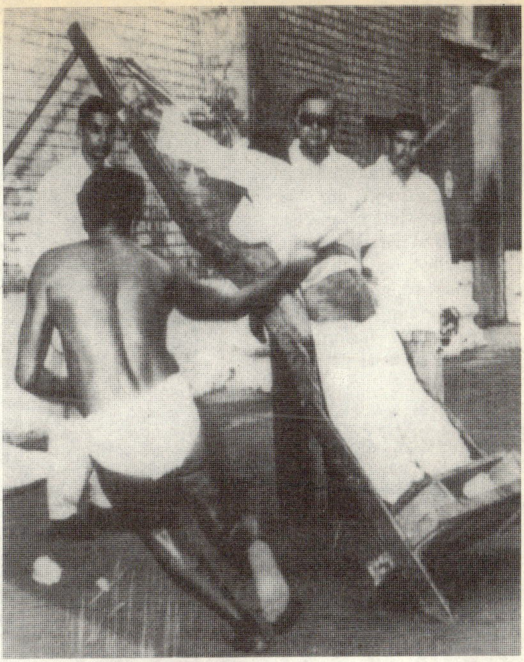

(*Gegenüber*) Hochverrat: Zehn Tage nach dem Putsch besuchte General Zia meinen in Murree internierten Vater. Kein Wunder, daß Zia so schuldbewußt aussieht. Er wird bald die Wahlen absetzen, die er versprochen hat, und das Volk mit öffentlichen Auspeitschungen zum Gehorsam zwingen.

12

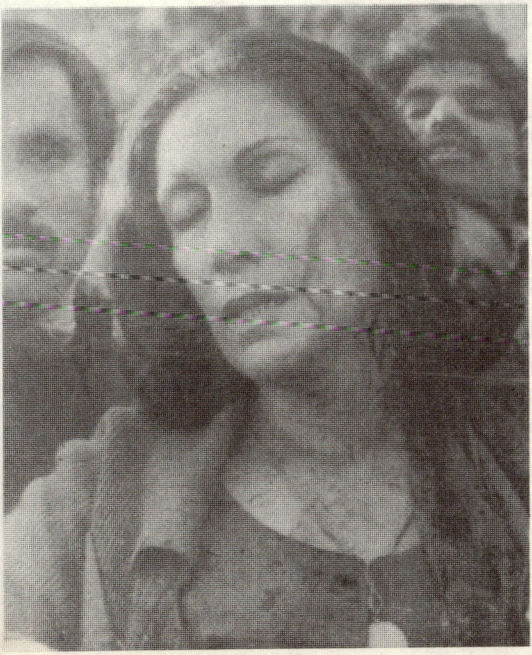

Viele PPP-Anhänger bekamen die harte Hand des Militärregimes zu spüren. Zwölf Stiche waren nötig, um die Kopfwunde meiner Mutter zu nähen. Zias Polizei war mit Tränengas und Knüppeln gegen uns vorgegangen, als wir ein Kricketspiel in Lahore besuchten. Ich wurde zu Hause verhaftet, meine Mutter in ihrem Krankenhausbett.

13

Während meinem Vater in Lahore ein farcenhafter Prozeß gemacht wurde, reiste ich durch Pakistan, um den Menschen Mut zu machen. In England leiteten meine Brüder Shah und Mir (*unten und Mitte*) eine internationale Kampagne zur Rettung meines Vaters. Am 4. April 1979 schickte Zia meinen Vater in den Tod.

15

14

(*Gegenüber*) »Rache!« schrie die Menge, die sich um den Zug drängte. Ich war nach meiner sechsten Internierung auf dem Weg nach Larkana, wo ich das Grab meines Vaters besuchen wollte. »Wir müssen unsere Trauer zu Kraft machen und Zia an den Wahlurnen schlagen«, antwortete ich den Menschen.

17

Als ich Rosenblätter auf das Grab meines Vaters streute, hatte ich das Gefühl, ein Teil von mir sei gestorben. Später kehrte ich nach Karachi zurück, um wieder die Trauernden zu empfangen, die sich in unserem Garten versammelten. Fünf Monate später setzte Zia zum zweiten Mal die angesagten Wahlen ab und sperrte meine Mutter und mich erneut ein.

18

Beschuldigungen. Nur in der *Musawaat* in Lahore, die trotz des Verbots der Ausgabe von Karachi weiter erscheinen konnte, und der internationalen Presse konnten wir die Wahrheit publizieren. Die Gesichter der Korrespondenten des *Guardian*, Peter Niesewand, und des *Daily Telegraph*, Bruce Loudon, waren mir bald vertraut.

Ende Juli gab das Regime den ersten einer Serie von Informationsberichten heraus, in dem der Ablauf der Wahlen im März 1977 kritisiert wurde. Im Flashman arbeiteten wir kontinuierlich an der Stellungnahme meines Vaters zu den darin publizierten falschen Anklagen, die er dem Obersten Gerichtshof zu seiner Verteidigung vorlegen wollte. Täglich tippten Victoria und ich die handgeschriebenen Notizen ab, die uns die Anwälte aus dem Zentralgefängnis von Rawalpindi brachten. Die Handschrift meines Vaters auf den beidseitig beschriebenen Blättern war verkrampft und schwer zu lesen. Das Schreiben muß ihm, der in der Todeszelle in der Augusthitze des Ramadan fastete, noch viel schwerer gefallen sein als uns das Lesen. Die Anwälte brachten die getippten Seiten wieder zu meinem Vater, der sie redigierte und uns zum nochmaligen Abtippen zurückschickte. Die fertige Stellungnahme schickten wir unter dem Codenamen »Reggie« an eine geheime Druckerei in Lahore.

Bevor das Dokument jedoch dem Obersten Gerichtshof vorgelegt werden konnte, wurden die gedruckten Exemplare beschlagnahmt. Um das Dokument für den Gerichtshof und die internationale Presse noch einmal zu produzieren, machten Aktivisten der PPP die ganze Nacht hindurch Fotokopien des 300seitigen Schreibens. Der Ort, an dem der Kopierer stand, und die Identität der Helfer mußten dabei völlig geheimgehalten werden.

Um das Hotel Flashman wurde ein immer engeres Netz gezogen. Eines Nachts marschierte die Polizei vor dem Hotel auf, um uns einzuschüchtern. Sie verhaftete einen unserer Helfer und ließ ihn sofort durch ein Militärgericht aburteilen. Wir fühlten uns ständig bedroht, ohne zu wissen, was das nächste Mal geschehen würde.

Als die Stellungnahme schließlich dem Obersten Gerichtshof vorgelegt wurde, verbot der Vorsitzende Richter ihre Publikation. Zu dieser Zeit waren jedoch schon mehrere Kopien ins Ausland gelangt. Die Schrift wurde später in Indien unter dem Titel *If I am Assassinated* (Falls ich ermordet werde) veröffentlicht. Sie wurde ein Bestseller.

Beharrlichen Gerüchten zufolge stand die Entscheidung des Obersten Gerichtshofs unmittelbar bevor. Zu Beginn des Verfahrens hatte der Vorsitzende Richter Anwar ul-Haq verkündet, daß das Revisionsverfahren zügig

durchgeführt werden solle. Die Anwälte meines Vaters waren optimistisch gewesen. Bei fünf der neun Richter ließ die Art, wie sie Fragen stellten und die Aussagen des letzten Verfahrens überprüften, darauf schließen, daß sie dem Urteil des Oberlandesgerichts von Lahore kritisch gegenüberstanden. Im Juni setzte Anwar ul-Haq jedoch plötzlich das Verfahren aus und flog auf eine Konferenz nach Jakarta. Wir hatten das Gefühl, daß die Entscheidung so lange verzögert und verschoben werden sollte, bis Ende Juli der Richter in den Ruhestand versetzt werden konnte, der am offensichtlichsten für einen Freispruch eintrat und als einziger große Erfahrung in Mordprozessen hatte. Trotz unseres Antrags verweigerte ihm Anwar ul-Haq, bis zum Abschluß des Verfahrens im Amt zu bleiben. Ein anderer unabhängiger Richter wurde im September gezwungen, aus dem Verfahren auszuscheiden, als ein Blutsturz hinter dem Auge, der zu Schwindelanfällen führte, ihn für einige Zeit schwächte. Sein Antrag, das Gericht möge sich kurze Zeit vertagen, bis er sich erholt habe, wurde ebenfalls abgelehnt. Nun stand die Stimmverteilung im Gericht vier zu drei gegen uns.
Der Vorsitzende Richter am Obersten Gerichtshof war ebenso befangen wie sein Kollege am Oberlandesgericht in Lahore. Wie der Vorsitzende des Oberlandesgerichts, mit dem er gut befreundet war, stammte auch Anwar ul-Haq aus Zias Heimat Jullandar in Indien. Wieder wurde nicht einmal der Anschein der Unabhängigkeit von Exekutive und Judikative gewahrt: Als Zia im September 1978 auf Pilgerfahrt nach Mekka ging, wurde Anwar ul-Haq als geschäftsführender Präsident eingeschworen. Es gab sogar einen heißen Draht zwischen den Räumen des Vorsitzenden Richters und dem Büro des Obersten Kriegsrechtsverwalters.
Wie befangen Anwar ul-Haq wirklich war, erfuhr ich Jahre später im Exil von Safdar Shah, einem der anderen Richter des Gerichts. Während des Revisionsverfahrens hatte Anwar ul-Haq Safdar Shah beiseite genommen und gesagt: »Wir wissen, daß Bhutto unschuldig ist. Aber er muß beseitigt werden, wenn Pakistan gerettet werden soll.« Safdar Shah setzte sich auch weiterhin für einen ehrenhaften Freispruch meines Vaters ein. Er wurde deshalb selbst von Anwar ul-Haq und vom Regime verfolgt und ins Exil getrieben. Trotzdem behaupteten während des Verfahrens sowohl Zia als auch Anwar ul-Haq, die Revision meines Vaters werde von einem unabhängigen Gericht entschieden. »Die Beweise werden von uns vorurteilslos gewürdigt«, beharrte Anwar ul-Haq.
Was konnten wir tun? Das Regime kontrollierte die Gerichte, die Armee, die Zeitungen, das Radio und das Fernsehen. Weitere offizielle Informa-

tionsberichte erschienen zu für das Regime günstigen Zeitpunkten. Sie enthielten falsche Anschuldigungen, die den Ruf meines Vaters ruinieren sollten, und wurden vom Regime in vier Sprachen an die ausländischen Botschaften verteilt. Zur gleichen Zeit machte Ahmed Rasa Kasuri, der Mann, der gegen meinen Vater geklagt hatte, eine Reise durch Europa und Amerika, wohnte in teuren Hotels und sprach auf Pressekonferenzen über den »fairen Prozeß«, den mein Vater in Pakistan erhalte. Kasuri behauptete, er finanziere die ganze Reise selbst, aber er hatte, wie jedes andere PPP-Mitglied, gemäß Zias Kriegsrechtsbestimmungen seine Vermögensverhältnisse offenlegen müssen, und in ihrem Licht erwies sich seine Behauptung als unhaltbar. Wo aber kam sein Geld her, wenn nicht vom Regime?

»Ich möchte, daß du eine Reise durch die Northwest Frontier Province machst«, bat mich mein Vater im September. »Das Volk darf nicht den Mut verlieren. Nimm meine Mao-Mütze mit. Sie hängt in meinem Ankleidezimmer in Clifton 70. Trage sie, während du sprichst, und lege sie dann auf den Boden und sage den Menschen: ›Mein Vater will, daß seine Mütze immer zu Füßen des Volkes liegt!‹«

Ich hörte ihm aufmerksam zu, aber ich machte mir Sorgen um seine Gesundheit. Jedesmal, wenn ich meinen Vater im Gefängnis traf, sah er dünner aus. Sein Zahnfleisch hatte sich tiefrot gefärbt und blutete an manchen Stellen. Er hatte oft Fieber. Meine Mutter und ich nahmen gewöhnlich mit Huhn belegte Sandwiches mit und versuchten ihn zum Essen zu überreden. Er wickelte die Sandwiches in ein feuchtes Tuch, um sie frisch und weich zu halten.

Bei meinem Besuch im September schenkte mein Vater dem Essen wenig Beachtung. Er konzentrierte sich darauf, mit mir die Themen der Reden durchzusprechen, die ich halten sollte. »Als Folge des Kriegsrechts wird das Autonomieproblem wieder akut werden«, sagte er. »Erinnere die Leute daran, daß ich durch die Einführung der Demokratie ihren Glauben an ein vereinigtes Pakistan gestärkt habe und daß nur eine Rückkehr zur Demokratie das Land zusammenhalten kann.«

Als ich ging, sah er besorgt aus. »Pinkie, ich möchte dich nicht in Gefahr bringen. Vielleicht wirst du wieder verhaftet, wenn das Regime sich noch mehr von dir bedroht fühlt. Die Angst um dich hat mich von Anfang an verfolgt. Aber wenn ich an die Tausende von Menschen denke, die für unsere Sache ausgepeitscht und gefoltert werden ...«

»Vater, bitte!« sagte ich schnell. »Ich weiß, daß du dich als Vater um deine Tochter sorgst. Für mich bist du aber mehr als ein Vater. Du bist mein politischer Führer, so wie du der politische Führer all derer bist, die leiden müssen.«
»Sei vorsichtig, Pinkie!« rief er mir nach. »Du fährst in die Stammesgebiete. Denk daran, wie konservativ die Menschen dort sind. Manchmal fällt dir der *dupatta* vom Kopf, während du redest. Vergiß nicht, ihn wieder aufzusetzen.«
»Ich werde aufpassen, Vater«, versicherte ich ihm.
»Viel Glück, Pinkie!« rief er mir nach.

Viktoria fuhr mit mir in die Northwest Frontier Province und in die Stammesgebiete, die im Westen an Afghanistan und im Norden an China grenzen. Auch Yasmin begleitete mich, ein mutiger Schritt für ein so junges Mädchen, das in der üblichen beschützenden Atmosphäre einer pakistanischen Familie aufgewachsen war. Sie hatte noch nie eine Nacht außer Haus verbracht, als ich sie einmal spät abends bat, bei mir im Hotel Flashman zu bleiben. Ihre Großmutter hatte nur widerwillig zugestimmt, nicht weil vom Regime Gefahr drohte, sondern weil es sich für ein unverheiratetes Mädchen nicht schickt, die Nacht außer Haus zu verbringen.
Die Niazis wurden jedoch, wie viele andere Familien auch, durch die Brutalität des Regimes radikalisiert. Unter schweren Opfern für die eigene Familie bestanden sie darauf, daß ich statt im Hotel bei ihnen wohnte, um wenigstens etwas Familienatmosphäre genießen zu können. Aus Rache wurde die Familie ständig schikaniert. Ihre Steuern wurden im voraus eingezogen, die Straße vor ihrem Haus stand voll mit Lastwagen des Geheimdiensts, die Mrs. Niazi auf den Markt und ihren Kindern zur Schule nachfuhren. Geheimdienstagenten verfolgten auch Dr. Niazis Zahnpatienten, bis sie fast alle wegblieben.
Gemeinsam mit den lokalen PPP-Führern fuhren wir nach Mardan, einem früheren Zentrum der buddhistischen Gandhara-Zivilisation, nach Abbotabad, vormals einem britischen Erholungsort, nach Peshawar, der Hauptstadt der Northwest Frontier Province mit Mauern aus ockerfarbenen Ziegeln, die die Stadt jahrhundertelang gegen Eindringlinge aus Zentralasien geschützt hatten. Das Reden bereitete mir keine Schwierigkeiten, egal, ob ich in der Frontier Province sprach oder in den autonomen Stammesgebieten, in denen die strengen Sitten der Pathanen herrschen: Rache für jede Beleidigung, Gastfreundschaft für jeden Fremden. »Die Pathanen

sind berühmt dafür, wie wichtig ihnen die Ehre ist«, rief ich den Menschen zu, die genauso rauh aussahen wie die nahegelegenen Berge am Khyber-Paß. »Mein Vater kämpft nicht nur für seine eigene Ehre, er kämpft für die Ehre unseres Landes.« Wir reisten weiter nach Swat mit seinen üppigen, terrassierten Reisfeldern und nach Kohat, wo Salz in der Luft lag, das von der zerklüfteten Salt-Range in der Ferne herübergeweht wurde. Ich sprach Urdu, weil ich die Landessprache Pashto nicht beherrschte, aber die Pathanen hörten mir trotzdem zu. Ich spürte auch keinen Widerstand gegen mich als Frau, obwohl Frauen bei den Stämmen dieser Gebiete streng bewacht werden. Das Leid des Landes, das Leid meiner Familie, unser aller Leid hatte die Barriere zwischen den Geschlechtern überwunden. »*Rasha, rasha, Benazir, rasha!*« riefen mir die Leute auf Pashto zu: »Willkommen, willkommen, Benazir, willkommen!«

»Bravo!« Mein Vater stand an der Tür seiner Zelle und klatschte Beifall. Ich besuchte ihn bei einem kurzen Aufenthalt in Rawalpindi, bevor ich zu einer Reise durch den Punjab aufbrach.

Hunderte von PPP-Aktivisten waren im Haus eines Parteifunktionärs in Lahore versammelt, um mich zu hören. Trotz der harten Strafen des Regimes war ihr Elan ungebrochen. »Der Prozeß ist nicht fair«, erklärten sie. »Wir werden dagegen protestieren, indem wir unsere eigene Verhaftung provozieren. Zia muß uns alle verhaften, bevor er das Todesurteil vollstrecken kann.« In Sargodha, das immer noch von feudalen Landbesitzern beherrscht wurde, kamen noch mehr Menschen zusammen. Der Protest wurde immer lauter, und sofort intervenierte das Regime, um ihn zu ersticken. Dutzende von PPP-Anhängern wurden verhaftet, kaum daß ich Sargodha verlassen hatte. Unter den Verhafteten war auch mein Gastgeber, dessen einziges Verbrechen darin bestand, daß er mir sein Haus zur Verfügung gestellt hatte. Er wurde zu einem Jahr schwerem Zuchthaus und einer Geldstrafe von 100000 Rupien oder 10000 Dollar verurteilt.

»Das Regime reagiert gereizt, wir sollten nicht sofort nach Multan weiterreisen«, sagten einige Parteimitglieder daheim in Lahore. »Die Bewegung gewinnt an Schwung«, konterten andere, »wenn wir uns jetzt verhaften lassen, ist uns die Aufmerksamkeit der Öffentlichkeit sicher.« Wieder andere meinten: »Wenn wir jetzt etwas zurückstecken, können wir nachher mehr Orte besuchen und mehr Leute erreichen.« Die vorsichtige Strategie setzte sich durch, und ich kehrte kurz nach Karachi zurück, um auf eine weitere Beschuldigung des Regimes zu antworten.

Inzwischen trat der Einsatz der Menschen für die Demokratie in ein neues

Stadium. In verschiedenen Städten zündeten sich Männer selbst an. Sie opferten sich als letztes Mittel des Protests gegen die befürchtete Hinrichtung ihres Führers. Als ich ihre Bilder in *Musawaat* sah, stellte ich überrascht fest, daß ich wenigstens zwei von ihnen persönlich kannte. Der eine, Aziz, war mit einem schlichten Anliegen zu mir ins Hotel Flashman gekommen: Ich sollte mich mit ihm fotografieren lassen. Obwohl ich erschöpft war, hatte ich zugestimmt. Ich war froh, ihm diesen kleinen Gefallen erwiesen zu haben, als ich hörte, er habe sich bei lebendigem Leibe verbrannt.

Ein anderer, der Christ Pervez Yaqub, der sich als erster verbrannte, war im September 1977 kurz nach der Verhaftung meines Vaters mit einem verzweifelten Vorschlag zu mir gekommen. Er sagte, er wolle ein Flugzeug entführen und die Passagiere so lange als Geiseln festhalten, bis sich das Regime gezwungen sehe, meinen Vater freizulassen. »Das dürfen Sie nicht tun«, erwiderte ich. »Dabei könnten unschuldige Menschen getötet werden, und wir würden uns nicht mehr von den gesetzlosen Schlägern der Militärregierung unterscheiden. Wir müssen nach unseren eigenen Regeln kämpfen, nicht nach ihren.« Jetzt hatte Pervez Yaqub das höchste Opfer gebracht und sich in Lahore selbst verbrannt.

Pervez' Leben hätte von den Menschen gerettet werden können, die herbeieilten, um die Flammen zu ersticken, aber das Militär ließ niemanden zu ihm durch. Die Menschen sollten Pervez' Todeskampf genau verfolgen, und andere Bhutto-Anhänger sollten dadurch abgeschreckt werden, es ihm gleich zu tun. Aber die Leidenschaft steigerte sich noch. In den folgenden fünf Wochen versuchten fünf Männer, das Leben ihres gewählten Premierministers durch ihre Selbstverbrennung zu retten.

»Das Regime behauptet, daß die Männer, die sich selbst verbrennen, von der Partei bezahlt würden«, schrieb ich im Entwurf der Rede, die ich in Multan halten wollte. »Kann man ein menschliches Leben bezahlen? Nein! Diese mutigen Männer waren Idealisten, deren Leidenschaft für Demokratie und Menschenwürde stärker war als ihre Schmerzen. Wir erweisen ihnen unsere Ehre.« Ich sollte die Rede nie halten.

4.Oktober 1978. Flughafen von Multan.

Der Flug von Karachi nach Multan, mit dem wir unsere Reise durch den Punjab fortsetzen wollen, wird immer wieder verschoben. Um sieben Uhr sind Yasmin und ich am Flughafen angekommen. Das Flugzeug startet erst um zwölf. Als wir in Multan ankommen, verstehen wir, warum: Das

Flugzeug rollt nicht zum Terminal, sondern wird zu einer abgelegenen Ecke des Flugplatzes umgeleitet und dort sofort von Armeelastern und Jeeps eingekreist.

Zwei Männer in Zivil kommen an Bord. »Wo sitzt Miss Benazir Bhutto?«

Der Stewart zeigt auf mich.

»Kommen Sie mit!« sagen sie.

»Aus welchem Grund?«

»Stellen Sie keine Fragen.«

Als Yasmin und ich die Gangway hinuntergehen, sehen wir in der Nähe ein kleines Flugzeug.

»Sie steigen in die Cessna ein«, befehlen mir die Offiziere. »Und die da bleibt hier.«

Ich sehe Yasmin an. Sie macht große Augen. Ein junges Mädchen in einer fremden Stadt allein? Ihr könnte weiß Gott was passieren. »Hündinnen!« beschimpfen Fundamentalisten und Militärbehörden seit neuestem die Frauen in ganz Pakistan, die zum ersten Mal den Schutz ihrer Häuser verlassen haben – um zu demonstrieren: gegen die Verhaftung meines Vaters, gegen die Verhaftung meiner Mutter, gegen die Verhaftung ihrer Ehemänner und Söhne und immer häufiger auch gegen die Verhaftung ihrer Töchter. Auch Yasmin macht sich Sorgen, was mit mir geschehen wird. Zu zweit ist es sicherer.

»Ohne sie gehe ich nicht!« sage ich zu den Polizisten.

»Steigen Sie sofort in das Flugzeug!« Die Augen der Polizisten werden schmal.

»Das werde ich nicht tun.« Ich nehme Yasmin entschlossen an der Hand.

Die Polizisten wagen es tatsächlich, mich zu packen und über die Rollbahn zerren. »Laß nicht los, Yasmin!« schreie ich, und Yasmin versucht krampfhaft, sich an mir festzuhalten.

Unter den entsetzten Augen der Passagiere des Flugzeugs, aus dem wir herausgeholt wurden, werden Yasmin und ich über den Beton geschleift. Mein *shalwar* zerreißt. Die Haut an meinem Bein wird aufgeschürft und blutet. Yasmin schreit. Aber wir lassen einander nicht los.

Die Funkgeräte der Polizisten knacken, als wir bei der Cessna sind. Wie üblich wissen sie nicht, was tun, und bitten um Instruktionen. Während sie beschäftigt sind, rennen Yasmin und ich die Gangway hinauf und hinein in das kleine Flugzeug, das Platz für drei Passagiere hat. Der Pilot sagt den Polizisten, daß es für die Landung zu dunkel sein wird, wenn er nicht sofort startet. Landung wo? Wir wissen es nicht. Der Kommandeur

von Multan ist außer sich, als ihm über Funk mitgeteilt wird, was der Pilot gesagt hat. Er befiehlt der Polizei, uns abfliegen zu lassen. Aber das Flugzeug bleibt bewegungslos auf der Rollbahn stehen.
»Ich habe seit heute morgen um sieben nichts gegessen und getrunken«, sagt der Pilot ruhig zu den Polizisten. Sie bringen ihm schnell ein Lunchpaket. Als wir in der Luft sind, dreht er sich zu uns herum - er hat gehört, wie der Kommandeur meine Bitte um Wasser abgelehnt hat - und gibt uns das Lunchpaket. »Ich habe schon gegessen«, sagt er. »Das ist für euch.«
Fünf Stunden später landen wir. Ich weiß, daß wir in Rawalpindi sind, weil ich einen der Polizisten kenne, die mich am Flugzeug abholen. Wenigstens ist Yasmin zu Hause. Als ich mich zur Tür des Flugzeug durchzwänge, dreht der Pilot sich um und wendet mir sein besorgtes, freundliches Gesicht zu. Ich sehe, daß er geweint hat. »Ich bin ein Sindhi«, sagte er. Mehr nicht. Es war genug.

Meine Mutter war außer sich vor Freude, als ich in dem Haus eintraf, in dem sie schon den zehnten Monat interniert war. »Was für eine schöne Überraschung«, sagte sie. Sie dachte, ich sei zu Besuch gekommen. Sie machte große Augen, als sie meine zerrissenen Kleider und blutigen Beine sah. »Oh.« Ihre Stimme erstarb. Wir waren wieder beide in Haft.
Ich schrieb einen Brief an Mir nach Amerika. Er hatte an die Vereinten Nationen appelliert, mehr Druck auf das Regime auszuüben.
»Vater hat mich gebeten, Dir einige Ratschläge zu übermitteln. Es handelt sich um *Ratschläge,* nicht um Kritik. Also:
1. Caesars Frau muß über jeden Verdacht erhaben sein. Hier behauptet die Presse, daß Du in London ein luxuriöses Leben führst. Natürlich weiß Vater, daß das nicht stimmt, aber er hat mich gebeten, Dich daran zu erinnern, daß Du auch in Deinem persönlichen Leben sehr umsichtig sein mußt. Also keine Kinobesuche oder sonstige Extravaganzen, sonst sagen die Leute, Du würdest in Saus und Braus leben, während Dein Vater in der Todeszelle schmachtet.
2. Gib Indern und Israelis keine Interviews, halte Dich überhaupt von ihnen fern. Dein Interview mit einer indischen Zeitung ist hier falsch interpretiert worden.«
Und so weiter und so fort. Ich haßte es, Mir diesen Brief zu schreiben. Ich wollte ihn auf keinen Fall bevormunden. Ich wußte, wie hart er arbeitete. Er hatte meinen kleinen MGB verkauft und das Geld dazu verwendet, die

Erwiderung meines Vaters auf die gegen ihn erhobenen Beschuldigungen in London drucken zu lassen. Er traf sich mit jedem ausländischen Regierungsmitglied, zu dem er vordringen konnte, und er organisierte Protestdemonstrationen der in England lebenden Pakistaner gegen das Todesurteil meines Vaters. Ich wünschte mir so sehr, mit ihm zusammen zu kämpfen, aber es gab keine Möglichkeit für ihn oder Shah, nach Pakistan zurückzukehren. Beide hatten ihr Studium aufgegeben, um im Ausland für das Leben meines Vaters zu kämpfen, und sie wären in Pakistan sofort verhaftet worden. Wir mußten alle kämpfen, aber jeder für sich.

18. Dezember 1978. Oberster Gerichtshof, Rawalpindi.
Im Gerichtssaal drängten sich Menschen, die einen Blick von ihrem Premierminister erhaschen wollten. Den Anwälten meines Vaters war es in einer zähen Auseinandersetzung gelungen durchzusetzen, daß er zu seiner Verteidigung selbst vor Gericht erscheinen durfte. Der Gerichtssaal hatte nur 100 Sitzplätze. Während der viertägigen Verteidigungsrede meines Vaters quetschten sich 300 bis 400 Menschen in den Saal. Sie saßen auf den Heizungskörpern, drängten sich in den Gängen zwischen den Sitzen und hockten auf Gesetzbüchern im eingefriedeten Bereich der Anwälte vor der Richterbank. Tausende, die nicht hereingelassen wurden, warteten draußen hinter den Absperrungen und beobachteten, wie mein Vater um neun mit einem Polizeibus gebracht und um die Mittagszeit wieder zurück ins Gefängnis gefahren wurde.
Auch ich wollte unbedingt dabei sein, aber ich war interniert, und mein Antrag auf Teilnahme an dem Verfahren war abgelehnt worden. Meine Mutter war jedoch im November nach fast einjähriger Gefangenschaft durch Gerichtsbeschluß freigekommen und konnte hingehen. Auch Urs, dem Leibdiener meines Vaters, gelang es, sich einen Passierschein für den Gerichtssaal zu verschaffen, ebenso Mrs. Niazi und Yasmin, Victoria und Amina. Später schrieb Victoria ein Buch mit dem Titel *Bhutto: Trial and Execution* (Bhutto: Prozeß und Hinrichtung). Das Buch hätte eigentlich *Justizmord* heißen müssen.
Meine Mutter berichtete mir, die Rede meines Vaters sei hervorragend gewesen. Während der vier Tage, die ihm der Gerichtshof zugestand, widerlegte er den Vorwurf, er sei an dem Mordfall beteiligt gewesen, indem er die widersprüchlichen Aussagen der »Zeugen« von Lahore zitierte und auf die Verfahrensfehler des Gerichts hinwies. Er entkräftete auch die Vorwürfe, daß er nur dem Namen nach ein Muslim sei und daß er persön-

lich die Wahlergebnisse gefälscht habe. »Ich bin nicht verantwortlich für jeden Gedanken und jede Idee, die in den Köpfen der Beamten und Nicht-Beamten des fruchtbaren Industals geboren wird«, sagte er. Er redete frei, ohne Notizen, und schlug noch einmal die Zuhörer mit seiner Intelligenz und seiner brillanten Rhetorik in den Bann.

»Jeder Mensch aus Fleisch und Blut muß diese Welt eines Tages wieder verlassen. Es geht mir nicht um mein Leben als solches, es geht mir um die Gerechtigkeit. Nicht ich muß beweisen, daß ich unschuldig bin. Die Anklage muß den zweifelsfreien Beweis meiner Schuld erbringen. Ich will nicht freigesprochen werden, weil Zulfikar Ali Bhutto unschuldig ist, sondern aus dem höheren Grund, daß dieses Verfahren ein grotesker Fall von Rechtsverdrehung war. Es hat sogar den Dreyfus-Prozeß in den Schatten gestellt.«

Der Auftritt meines Vaters war um so bemerkenswerter, wenn man die unmenschlichen Bedingungen seiner Haft berücksichtigte: Unzählige Nächte war er von den Soldaten am Schlafen gehindert worden; er hatte seit über sechs Monaten die Sonne nicht gesehen, und er war in seiner Todeszelle 25 Tage lang ohne frisches Wasser gewesen. Bleich und schwach sei er gewesen, sagte meine Mutter. Aber seine Kraft schien im Verlauf der Rede zu wachsen. »Mir ist etwas schwindlig«, sagte er im Gerichtssaal. »Ich bin den Trubel und die vielen Leute nicht mehr gewohnt.« Er blickte auf die dicht gedrängte Menschenmenge und lächelte. »Aber es ist schön, Menschen um sich zu haben.«

Aus Respekt vor ihm erhob das Publikum sich jedesmal, wenn er den Gerichtssaal betrat oder verließ. Und er bestand darauf, in der Öffentlichkeit genauso wie früher zu erscheinen: als der makellos gekleidete, elegante Premierminister von Pakistan. Urs brachte ihm aus Clifton 70 die Kleider, die er brauchte, und so trug er an seinem ersten Tag vor Gericht einen Maßanzug, ein seidenes Hemd mit seidener Krawatte und ein farbiges Taschentuch in der Brusttasche. Nur an dem losen Sitz seiner Hose konnte man sehen, wie sehr er abgemagert war.

Zunächst erlaubten die Behörden meinem Vater, den Gerichtssaal ohne Begleitung durch den Mittelgang zu betreten. Als man aber sah, wie die Leute sich um ihn drängten, um ihm die Hand zu schütteln, und wie er lächelnd die ausgestreckten Hände ergriff und die Zuneigung erwiderte, die er über ein Jahr lang hatte entbehren müssen, bildeten die Sicherheitsbeamten eine Absperrung. In den letzten drei Tagen seines Auftritts war er immer von sechs Beamten umgeben, die einander untergehakt hatten und einen engen Kreis um ihn bildeten.

Am 23. Dezember war die mündliche Verhandlung abgeschlossen. Meine Mutter und ich beantragten eine Besuchserlaubnis für den 25. Dezember, den Geburtstag von Pakistans Gründer Ali Jinnah. Der Antrag wurde abgelehnt. Es wurde uns auch nicht erlaubt, meinen Vater am Neujahrstag zu besuchen oder fünf Tage später an seinem 51. Geburtstag.
Am 6. Februar 1979 wurde die Entscheidung des Obersten Gerichtshofs verkündet. Mit vier zu drei Stimmen wurde das Todesurteil bestätigt.

Meine Mutter und ich hörten um elf Uhr von der Entscheidung, kurz nachdem sie bekanntgegeben worden war. Wir hatten von Zias Richtern ein Wunder erhofft. Aber die vier Richter aus dem Punjab, dem militärischen Zentrum des Landes, hatten dafür gestimmt, das Urteil des Oberlandesgerichts zu bestätigen - zwei von ihnen waren eigens für diesen Fall ernannt worden und wurden vom Militärregime erst nach der Urteilsverkündung in ihren Ämtern bestätigt. Die drei dienstälteren Richter aus den kleineren Provinzen dagegen hatten für eine Aufhebung des Urteils gestimmt. Es machte mich körperlich krank, daß das Todesurteil gegen meinen Vater nun Wirklichkeit geworden war.
Meine Mutter wollte gerade zu ihrem gewohnten Dienstagsbesuch bei meinem Vater aufbrechen, als Polizisten des Regimes mit einem Internierungsbefehl für sie in dem von uns angemieteten Haus eintrafen. Aber meine Mutter überlistete sie. Bevor die Polizisten wußten, was los war, war sie durch die Tür entwischt und saß in ihrem schnellen Jaguar. »Öffnen Sie das Tor!« rief sie den Posten zu, die das Haus bewachten, in dem ich seit meiner Festnahme auf dem Flughafen von Multan interniert war. Die Wachtposten wußten nicht, daß jetzt auch für meine Mutter ein Internierungsbefehl vorlag, und gehorchten. So schnell wie möglich fuhr meine Mutter zum Zentralgefängnis in Rawalpindi. Die sie verfolgenden Armee-Jeeps ließ sie weit hinter sich. Weil man sie erwartet hatte, wurde sie von der Gefängnisleitung hereingelassen.
Sie passierte das erste Stahltor, dann das zweite. Sie war ihrem Haftbefehl knapp voraus, der zusammen mit einer Aufhebung ihrer Besuchserlaubnis der Gefängnisleitung per Funk übermittelt wurde. Sie eilte weiter. Jetzt lag der Innenhof des Gefängnisses vor ihr. Festen Schrittes ging sie zwischen den Armeezelten und dem vor dem Gefängnistrakt meines Vaters gelagerten Waffenarsenal durch. Endlich wurde auch das letzte Tor geöffnet.
Mein Vater war in der Todeszelle. »Die Revision ist abgelehnt worden!« konnte meine Mutter ihm gerade noch sagen, bevor die Gefängniswärter

und die Polizei sie einholten. Sie sah bemerkenswert heiter aus, als sie ins Haus zurückgebracht wurde. »Ich habe es geschafft«, sagte sie. »Sie sollten nicht das perverse Vergnügen haben, deinem Vater das Urteil selbst mitzuteilen.« Wieder einmal waren wir beide eingesperrt, und es blieb nur eine Woche Zeit, um gegen das Urteil erneut Widerspruch einzulegen.
Im Flashman arbeiteten die Anwälte pausenlos an dem Revisionsantrag. Sie hatten vier Exemplare der 1500seitigen Urteilsbegründung beantragt. Anwar ul-Haq hatte davon über 800 Seiten geschrieben. Man gab ihnen nur ein Exemplar. Ein Sekretär wurde damit beauftragt, es zu fotokopieren. Bevor er fertig war, wurden er und der Besitzer des Kopiergeräts verhaftet.
Irgendwie gelang es der Verteidigung, ein eigenes Kopiergerät aufzutreiben und ins Hotel zu schaffen. Das war sehr riskant: Seit Anfang des Jahres durften Kopiergeräte und Schreibmaschinen nur noch an kommerzielle Unternehmen verkauft werden, damit sie nicht von der PPP oder einer anderen politischen Organisation für die Herstellung und Vervielfältigung von subversivem Material benutzt werden konnten. Die bloße Verwendung einer Schreibmaschine oder eines Kopiergeräts galt jetzt als »staatsfeindlich«, und jeder, der uns neue Geräte verkaufte, konnte verhaftet werden. Die Anwälte arbeiteten weiter.
Währenddessen war ich mit meiner Mutter in Islamabad interniert. Das Ganze kam mir vor wie ein nicht enden wollender Alptraum. Auf die Entscheidung des Obersten Gerichtshofs folgte eine weitere Verhaftungswelle. Schulen und Universitäten wurden geschlossen. Zia war fest entschlossen, jede Unruhe schon im Keim zu ersticken. Er zerschlug jeden Ansatz von Protest, bevor er sich ausbreiten konnte.
Die Repressalien einer Militärregierung haben eine betäubende Wirkung auf das Volk. Wenn Gefahr oder Anspannung zu groß werden, beginnen die Leute an ihr eigenes Überleben zu denken. Sie ziehen sich zurück. Wer den Mund hält, ist sicher. Apathie breitet sich aus. Die Menschen wagen sich nicht mehr hervor, aus Angst, selbst Opfer zu werden.
Ich konnte mich nicht zurückziehen. Ich konnte mich nicht innerlich vom Tod meines Vaters distanzieren, der unaufhaltsam näherzurücken schien. Wenn ich in den Spiegel sah, erkannte ich mich selbst nicht wieder. Mein Gesicht war rot und fleckig von der Akne, die ich aufgrund des Dauerstresses bekommen hatte. Ich hatte so stark abgenommen, daß Kinn, Kiefer und Augenbrauen spitz aus meinem Gesicht hervorstachen. Meine Wangen waren eingesunken, die Haut straff gespannt.

Ich versuchte mich fit zu halten, indem ich jeden Morgen eine Viertelstunde auf der Stelle joggte. Aber ich konnte mich nicht konzentrieren und blieb immer wieder stehen. Hätte ich doch wenigstens schlafen können! Ich konnte nicht. Meine Mutter gab mir Valium. Ich nahm zwei Milligramm, wachte aber trotzdem immer wieder verstört auf. »Probier Ativan«, sagte meine Mutter. Aber davon mußte ich weinen. Schließlich nahm ich Mogadan. Es half nicht.

12. Februar 1979. Polizeilager von Sihala.

Am Morgen kamen die Beamten und sagten, daß wir zu einem Trainingslager der Polizei in Sihala gebracht würden, das einige Meilen vom Gefängnis meines Vaters in Rawalpindi entfernt liegt. Wir wurden in ein abgelegenes, mit Stacheldraht umzäuntes Gebäude auf einem kahlen Hügel gebracht. Man versorgte uns weder mit Essen noch mit Decken. Es fehlte an allem. Ibrahim und Basheer, zwei unserer Diener aus Al-Murtaza, mußten jeden Tag die lange Reise nach Sihala machen, um uns das Notwendigste zu bringen.

13. Februar 1979. Die Anwälte waren um fünf Uhr morgens am letzten Tag der festgesetzten Frist mit dem Wiederaufnahmeantrag fertig. Das Gericht garantierte meinem Vater einen Aufschub der Hinrichtung, solange über den Widerspruch verhandelt wurde. Inzwischen wurde Pakistan noch einmal mit Gnadengesuchen von Regierungschefs der ganzen Welt überflutet. »Politiker aller Länder bitten mich, ihren Kollegen zu retten, aber ich habe nur wenige Gnadenappelle von Nicht-Politikern erhalten«, höhnte Zia. Er sah hinter den Gesuchen der Staatsoberhäupter eine »Gewerkschaftlermentalität«.

Ich besuchte meinen Vater Anfang März von Sihala aus. Ich weiß nicht, wie er durchhielt. Seit das Todesurteil bestätigt worden war, hatte er jede medizinische Behandlung verweigert und aufgehört, Medikamente zu nehmen. Er aß auch nichts mehr, nicht weil ihn sein Zahnfleisch und seine Zähne schmerzten, sondern aus Protest gegen seine Behandlung. Er war jetzt in seiner Zelle eingeschlossen und konnte den Waschstand nicht benutzen, den die Gefängnisleitung in einer anderen Zelle bereitgestellt hatte.

Wie immer freute ich mich darauf, ihn zu sehen. Diesmal war meine Vorfreude sogar noch größer als sonst, denn ich hatte eine Überraschung für ihn. Bevor meine Mutter wieder verhaftet wurde, war sie nach Karachi gefahren und hatte Happy, den Hund meines Vaters, mitgebracht, damit er mir in der Haft Gesellschaft leiste. Ich liebte Happy, wir alle liebten Happy, eine Promenadenmischung mit weichem, weißem Fell. Meine Schwester hatte den kleinen Hund meinem Vater geschenkt. »Sei jetzt ganz still«, flüsterte ich ihm zu, als ich mit ihm unter dem Mantel im Zentralgefängnis von Rawalpindi ankam.

An der ersten Absperrung stellte ich erfreut fest, daß der Gefängnisdirektor nicht da war. Auch Colonel Rafi, der Befehlshaber der im Gefängnis stationierten Truppen, war nicht da. Er stand sonst immer in der Nähe und beobachtete jede unserer Bewegungen. Ich ging mit Happy zur zweiten Absperrung. Zum Glück hatten die Polizeibeamtinnen, die mich durchsuchten, keine Einwände. »Wir haben keine Anweisung, nach Hunden zu suchen«, sagte eine von ihnen freundlich. Endlich betrat ich den inneren Bereich des Gefängnisses. »Such!« sagte ich zu Happy und ließ ihn los.

Mit der Nase am Boden sauste Happy von Zelle zu Zelle. Ich hörte ihn jaulen vor Aufregung, als er vor der Zelle meines Vaters ankam. Mein Vater fiel aus allen Wolken. »Hunde sind doch viel treuer als Menschen!« sagte er, als ich bei den beiden angekommen war.

Die Machthaber des Regimes schäumten vor Wut, als sie davon hörten. Happy durfte meinen Vater nie wieder besuchen. Aber ich hatte ihm wenigstens diesen einen Augenblick schenken können, eine Erinnerung an die Zeit, als wir noch eine normale Familie waren: eine Mutter, ein Vater und vier Kinder unter einem Dach, mit Hunden und Katzen im Garten.

In den ersten Märzwochen überschwemmten unsere Anwälte das Gericht mit weiteren Gründen für eine Wiederaufnahme des Verfahrens. Sie standen unter enormer Belastung. Als meine Mutter und ich in Sihala Anfang März die BBC-Abendnachrichten einschalteten, hörten wir, daß Ghulam Ali Memon, einer der Verteidiger meines Vaters, an seinem Schreibtisch im Hotel Flashman einem Herzinfarkt erlegen war. Er war einer der angesehensten Rechtsanwälte Pakistans gewesen. Er starb über dem Diktat seines letzten juristischen Angriffs auf die Mehrheitsentscheidung des Obersten Gerichtshofs. »*Allah, Ya Allah*«, sollen seine letzten Worte gewesen sein. Dem Militärregime war ein weiterer Mensch zum Opfer gefallen. Wir stellten das Radio ab. Es gab nichts zu sagen.

Am 23. März, dem Tag, an dem Mohammed Ali Jinnah zur Gründung eines unabhängigen Muslimstaates aufgerufen hatte, kündigte Zia an, er werde im Herbst Wahlen abhalten. Am nächsten Tag gab der Oberste Gerichtshof seine Entscheidung bekannt: Obwohl die Richter den Wiederaufnahmeantrag meines Vaters ablehnten, empfahlen sie einstimmig, das Todesurteil in eine lebenslängliche Haftstrafe umzuwandeln. Wieder einmal wuchs unsere Hoffnung. Jetzt lag die Entscheidung allein bei Zia.

Wir hatten eine Frist von sieben Tagen. Sieben Tage, in denen jemand Zia davon überzeugen mußte, daß mein Vater nicht sterben durfte. Und Zia hatte allen Grund, ihn zu schonen. In Pakistan waren bisher nur einstimmige Todesurteile vollstreckt worden, und im Fall meines Vaters war die Entscheidung mit vier zu drei Stimmen besonders knapp ausgefallen. Noch nie in der pakistanischen Rechtsgeschichte hatte eine Regierung die einstimmige Empfehlung des höchsten Gerichts im Land mißachtet, ein Todesurteil in eine Haftstrafe umzuwandeln. Und noch nie in der Geschichte des Subkontinents war jemand wegen Anstiftung zum Mord hingerichtet worden.

Auch vom Ausland wurde Zia unter Druck gesetzt. Wieder wurde er von Gnadengesuchen ausländischer Staatsoberhäupter überschwemmt. Der britische Premier Callaghan appellierte bereits zum dritten Mal an Zia. Auch Saudi-Arabien, das Land des fundamentalistischen Islam, appellierte nochmals. Diesmal schloß sich sogar Präsident Carter den Appellen an. Aber von Zia kam keine Antwort. Minute für Minute rückte der Tod meines Vaters näher.

Da kein Datum für die Hinrichtung festgesetzt war, machten die Leute sich falsche Hoffnungen. Niemand wollte glauben, was mein Vater immer gewußt hatte, alle klammerten sich an die einstimmige Empfehlung der Richter und daran, daß Zia muslimischen Regierungen versprochen hatte, das Todesurteil in lebenslange Haft umzuwandeln. Zia gab auch zu verstehen, daß ein Gnadengesuch meines Vaters oder seiner engsten Familienangehörigen für ihn ein Weg wäre, das Urteil in eine Haftstrafe umzuwandeln, ohne das Gesicht zu verlieren. Mein Vater, der sich schon lange mit der Unvermeidbarkeit seines Todes abgefunden hatte, weigerte sich jedoch standhaft, auf Zias Ansinnen einzugehen: »Ein unschuldiger Mensch bittet nicht um Gnade für ein Verbrechen, das er nicht begangen hat.« Er verbot uns ebenfalls, um Gnade zu bitten. Seine älteste Schwester, eine meiner Tanten in Hyderabad, wagte es trotzdem, ein Bittgesuch an Zia zu richten. Sie gab das Gesuch bei Zias Haus ab, eine Stunde vor Ablauf der Frist. Aber Zia reagierte immer noch nicht.

Unheilvolle Vorzeichen häuften sich. Im Zentralgefängnis von Rawalpindi wurden meinem Vater auch noch die letzten ärmlichen Möbel weggenommen, selbst das Bett wurde aus der Zelle entfernt. Er mußte jetzt mit seinem Bettzeug auf dem Boden schlafen. Auch der Rasierapparat wurde ihm abgenommen, so daß mein Vater, der immer glattrasiert gewesen war, einen grauen Stoppelbart bekam. Er war krank und sehr schwach.

In Sihala erhielt ich einen weiteren Internierungsbefehl über 15 Tage mit der Begründung, ich würde meine »agitatorische Politik fortsetzen, um die Freilassung [meines] Vaters zu erreichen, und damit eine ernste Bedrohung von Ruhe und Frieden und für die wirksame Durchsetzung des Kriegsrechts darstellen«.

Niemand wußte, was geschehen würde. Würde Zia es wirklich wagen, meinen Vater zu hängen, trotz der gegenteilig lautenden Empfehlung des Gerichtshofs und obwohl er die ganze Weltmeinung gegen sich hatte? Und wenn ja, wann? Die tragische Antwort auf diese Frage erhielten wir am 3. April, als meine Mutter und ich zu unserem letzten Besuch gebracht wurden.

Yasmin! Yasmin! Heute nacht werden sie ihn töten!

Amina! Du bist auch hier? Sie tun es heute nacht! Heute nacht!

Die Anwälte setzten einen weiteren Wiederaufnahmeantrag auf. Amina flog mit Mr. Hafiz Lakho nach Karachi, um ihn dem Gericht zu übergeben. Der zuständige Justizbeamte weigerte sich, die Petition entgegenzunehmen. »Geben Sie die Petition den Richtern«, sagte er. Aber die Richter nahmen sie auch nicht an. Einer von ihnen floh sogar durch eine Hintertür des Gerichtsgebäudes, um den beiden nicht zu begegnen. Amina und Mr. Lakho begaben sich zum Privathaus des Gerichtspräsidenten und baten um Einlaß. Der Richter weigerte sich, sie zu empfangen. Mit gebrochenem Herzen flog Amina zurück nach Islamabad.

3. April 1979.

Die Zeit verstreicht. Die Truppen des Militärregimes sperren die Straßen, die zu unserem Familienfriedhof in Garhi Khuda Bakhsh führen. Amina begibt sich vom Flughafen direkt zum Haus der Niazis, weil sie nicht allein sein will. »Heute nacht ist es soweit«, sagt Dr. Niazi immer wieder ruhig ins Telefon, während Yasmin und Amina stumm und hellwach in dem dunklen Haus liegen. Die letzten Minuten verrinnen.

Am frühen Morgen verläßt ein Militärlaster mit hoher Geschwindigkeit das Zentralgefängnis von Rawalpindi. Kurze Zeit später hört Yasmin ein kleines Flugzeug über Islamabad fliegen. Sie redet sich ein, es sei einem der arabischen Staatschefs gelungen, ins Gefängnis hineinzukommen, und er fliege jetzt mit meinem Vater in die Freiheit. Aber das Flugzeug bringt den Leichnam meines Vaters heim nach Larkana.

7. Kapitel

Entlassung aus Al-Murtaza

Demokratie gegen Militärregime

Der 4. April 1980, der erste Jahrestag der Hinrichtung meines Vaters, rückt näher, und die Menschen strömen in Massen an Al-Murtaza vorbei zum Grab meines Vaters in Garhi Khuda Bakhsh. Meine Mutter und ich sind jetzt den sechsten Monat interniert und beantragen beim Regime einen Besuch am Grab meines Vaters. Ich weiß jedoch, daß das Regime den Antrag ablehnen wird. Das Regime fürchtet sich so sehr vor jeder Demonstration, die an meinen Vater erinnert, und vor jeder öffentlichen Unterstützung der PPP, daß es die Straßen zum Dorf unserer Vorfahren im Umkreis von 160 km sperren läßt.

Gleichgültig, wie viele Gewehre das Regime auf das Volk richtet, Zia fühlt sich immer noch vom Geist meines Vaters bedroht. Zu Lebzeiten wurde mein Vater als Staatsmann und visionärer Sozialreformer bewundert. Durch seine Ermordung stieg er in den Augen seine Anhänger zum Märtyrer, bei manchen sogar zum Heiligen auf.

In einem islamischen Land haben solche religiösen Gestalten eine unvergleichliche Macht.

Vom Grab meines Vaters, das 16 km von Murtaza entfernt liegt, werden Wunder berichtet. Ein verkrüppelter Junge kann wieder gehen. Eine unfruchtbare Frau bekommt einen Sohn. In dem Jahr seit der Hinrichtung sind Tausende zum Friedhof unserer Familie gepilgert und haben dort mit dem Blütenblatt einer Rose oder etwas Erde vom Grab auf der Zunge gebetet. Die lokale Verwaltung hat den Wegzeiger zum einsam in der Wüste gelegenen Friedhof entfernen lassen. Aber die Menschen kommen trotzdem.

Sie werden von Polizei- und Armeepatrouillen schikaniert. Ihre Namen und die Nummern ihrer Fahrzeuge werden notiert, wenn sie mit dem Auto oder dem Lastwagen gekommen sind, ihre Adressen, wenn sie die Reise zu Fuß gemacht haben. Oft wird ihnen der Reiseproviant abgenommen, und man zerschlägt die Wasserkrüge, die die Dorfbewohner der Umgebung für sie aufgestellt haben. Trotzdem kommen die Leute und häufen

gerahmte Fotos meines Vaters und Girlanden aus Rosen und Ringelblumen auf das Grab in der Wüste.
Ein Jahr und acht Tage nach dem Tod meines Vaters findet in Karachi endlich die Gerichtsverhandlung über unsere Klage gegen die Internierung statt. Unser Anwalt erwähnt den Brief, mit dem ich gegen die Respektlosigkeit protestiert habe, die sich Captain Ifthikar im Zusammenhang mit Sanams gescheitertem Besuch vor einem Monat erlaubt hat. Der Staatsanwalt behauptet daraufhin, er habe keine Kenntnis von einem solchen Brief. Ich habe jedoch die Quittung des Gefängniswärters aufgehoben, und mein Anwalt beantragt, das Verfahren einen Tag auszusetzen, damit wir sie vorlegen können. Dem Gericht einen Brief vorzuenthalten ist Mißachtung des Gerichts, und darauf stehen sechs Monate Gefängnis. Die Behörden wissen, daß ich beweisen kann, den Brief geschrieben zu haben. Sie müssen etwas tun, um einer Klage wegen Mißachtung des Gerichts zuvorzukommen.
In derselben Nacht werden meine Mutter und ich plötzlich freigelassen. Den Wärter habe ich nie wiedergesehen. Später höre ich, daß er strafversetzt worden ist.

Wir waren in Freiheit, aber für wie lange? Meine Mutter blieb nach der Entlassung aus Al-Murtaza in Karachi, während ich nach Rawalpindi flog, um mich über das Geschehen während unserer sechsmonatigen Gefangenschaft zu informieren. Auf dem Flug wurde der Druck in meinem Ohr fast unerträglich. Am schlimmsten war er bei der Landung in Rawalpindi. Als ich am nächsten Morgen in Jasmins Haus aufwachte, war das Kissen mit Blut und übelriechendem Eiter befleckt. Meine Freunde fuhren mich eilig ins Krankenhaus. »Sie haben großes Glück gehabt«, sagte der Arzt in der Ambulanz, nachdem er mein Ohr gesäubert hatte. »Durch den Luftdruck im Flugzeug ist Ihre Infektion nach außen aufgeplatzt. Sie hätte auch nach innen aufplatzen und schwere Schäden verursachen können.«
Ich wußte nicht, was ich davon halten sollte. Zuerst unterstellte mir der Arzt des Regimes in Al-Murtaza, daß ich mir die Beschwerden in meinem Ohr nur einbildete, dann warf er mir vor, ich hätte mein Trommelfell durchbohrt. Jetzt teilte mir dieser Arzt mit, daß ich Glück gehabt hätte, und gab mir dann lediglich einen Zettel mit dem Rat, mein Ohr alle zwei Wochen von meinem Arzt in Karachi untersuchen zu lassen. Waren diese Ärzte unfähig, oder ignorierten sie absichtlich meinen Zustand? Niemand

sagte mir, daß ich eine ernstzunehmende Mastoiditis hatte, eine Entzündung des Warzenfortsatzes im Ohr, die allmählich die feinen Knöchelchen im Mittelohr zersetzte. Das war die Ursache für meine teilweise Taubheit. Ohne eine Operation konnte, wie ich später erfuhr, diese chronische Entzündung zu permanenter Taubheit und einer Gesichtslähmung führen. Damals sagte man mir nichts dergleichen.

Meine Mutter war sehr besorgt, als ich nach Karachi zurückkehrte. »Schreib an das Regime und bitte um eine Ausreisegenehmigung, damit du dich untersuchen lassen kannst«, drängte sie. »Deine Gesundheit hat nichts mit Politik zu tun.« Ich schrieb, erhielt aber keine Antwort. Das Regime wollte uns in seinem Machtbereich unter Kontrolle halten.

Fahrzeuge des militärischen Geheimdiensts waren 24 Stunden am Tag vor Clifton 70 geparkt. Sie folgten uns, wann immer meine Mutter oder ich das Haus verließen. Von jedem Besucher wurde ein Foto gemacht und die Autonummer aufgeschrieben. Unsere Telefone wurden abgehört. Manchmal hörte man ein Knacken in der Leitung, manchmal war sie auch einfach tot.

»Warum gehst du nicht nach Larkana und überprüfst die Finanzen von Al-Murtaza?« schlug meine Mutter vor, als ich mich wieder stärker fühlte. »Seit zwei Jahren hat in der Familie niemand mehr die Bücher geprüft.«

Ich hatte die ganze Zeit Geheimdienstagenten auf den Fersen, als ich nach Al-Murtaza fuhr, um mich mit den Verwaltern unserer Farm zu treffen und die Berichte über Aussaat und Ernte durchzugehen. Ich hatte keine Ahnung, was ich erwarten konnte oder auf was ich besonders zu achten hatte. Um das Land hatten sich immer mein Vater und meine Brüder gekümmert.

Als ich über den Büchern saß, fühlte ich mich oft in die Zeit zurückversetzt, in der ich mich als Achtjährige mit Babu durch die Haushaltsrechnungen gekämpft hatte. Aber es war eine willkommene Ablenkung, eine konkrete Beschäftigung zu haben, die wenigstens eine Zeitlang den endlosen Wirbel meiner Gedanken zum Stillstand brachte. Jeden Morgen fuhr ich, bevor die Sommerhitze unerträglich wurde, in einem Jeep durch die Guaven- und Zuckerrohrpflanzungen und die Reisfelder, um mich mit meiner neuen Verantwortung vertraut zu machen. Ich lief in Turnschuhen über die Felder, auf dem Kopf einen Schal oder Strohhut als Schutz gegen die sengende Sonne. Ich lernte das System von Bewässerungskanälen kennen, das von Röhrenbrunnen gespeist wurde und uns ermöglichte, im Sommer Reis und Baumwolle anzupflanzen. Ich informierte mich über

die Probleme des Zuckerrohranbaus, der Versumpfung und der Versalzung. Die körperliche Anstrengung tat mir gut.
Die Pächter, die *kamdars* (Verwalter) und die *munshis* (Buchhalter) waren überaus froh, wieder ein Mitglied der Familie Bhutto bei sich zu haben. »Es liegt Gold in den Fußstapfen des Besitzers«, sagte einer zu mir. »Jetzt, da Sie da sind, ist uns der Erfolg sicher. Wir sind nicht länger Waisen.«
Ich war gern auf den Ländereien. Trotzdem war es ein komisches Gefühl, in Larkana mit Männern zusammenzuarbeiten. Die Frauen in den ländlichen Gebieten waren sehr konservativ. Sie verließen ihre Häuser kaum je ohne den *burqa* und fuhren nie Auto. Ich hatte jedoch keine Wahl. Es gab keine männlichen Mitglieder meiner Familie mehr in Pakistan. Mein Vater war tot, meine Brüder, die man in Pakistan sofort verhaftet hätte, lebten in Afghanistan. Also ging ich jeden Morgen selbst über die Felder. In meinem Leben und dem meiner Familie war nur noch wenig Raum für Traditionen.
Ich war über die meinem Geschlecht traditionell zugedachte Rolle hinausgewachsen. Es gab niemanden, der nicht die Umstände kannte, die mich gezwungen hatten, anders zu leben als die Frauen der Gutsbesitzer. Die Gutsbesitzer bewachten ihre jungen Frauen eifersüchtig und erlaubten ihnen kaum je, das Haus ohne Begleitung eines männlichen Verwandten zu verlassen. Nach unserer Tradition sind die Frauen die Ehre der Familie. Um die Ehre der Frauen und die Frauen selbst zu schützen, werden sie in *purdah* gehalten, in ihren Gemächern und unter dem Schleier.
Meine vier Tanten, die Töchter aus der ersten Ehe meines Großvaters, waren in dieser Tradition aufgewachsen. Da es keine heiratsfähigen Vettern ersten oder zweiten Grades gab, als sie jung waren, mußten sie in ihrem Haus in Hyderabad in *purdah* leben. Sie genossen großes Ansehen in der Familie, weil jeder wußte, warum sie nicht hatten heiraten können. Sie selbst erschienen mir, da sie nie ein anderes Leben gekannt hatten, immer sehr vergnügt. »Sie haben keine Sorgenfalten«, sagte meine Mutter oft, wenn sie von einem Besuch bei ihnen zurückkam.
Mir erschien ein solches Leben langweilig, aber meine Tanten machten einen glücklichen Eindruck. Sie hatten genug Arabisch gelernt, um den Heiligen Koran zu lesen, sie standen der Küche vor, machten köstliche eingelegte gelbe Rüben und Zuckerwerk und nähten und strickten. Um sich körperlich bei Kräften zu halten, gingen sie im Hof spazieren. Gelegentlich deponierte der Tuchhändler diskret Ballen neuen Tuchs am Tor,

aus denen sie auswählen konnten. Sie verkörperten die alte Generation. Ich verkörperte die neue.

Abends traf ich mich in Al-Murtaza mit Delegationen von Studenten und mit anderen Besuchern. Sie brachten Neuigkeiten von Menschen, die noch im Gefängnis saßen, und berichteten über den Widerstand gegen die Militärregierung. Wir erstellten Listen von Gefangenen, die besucht werden mußten, und von Familien, die getröstet sein wollten. Nachmittags hatte ich endlich die Zeit und die Freiheit, dafür zu sorgen, daß eine *shamina* gebaut wurde, die das Grab meines Vaters beschattete, und ich konnte die Bitte meiner Mutter erfüllen, die alten Holzläden in Al-Murtaza durch Glasfenster zu ersetzen. »Licht ist mir wichtiger als kühle Räume«, hatte meine Mutter während der fast täglichen Stromausfälle gesagt, von denen wir während unserer monatelangen Gefangenschaft in Al-Murtaza geplagt wurden. »Wer weiß, wann wir wieder hier eingesperrt werden. Besser, wir bereiten uns darauf vor!«

Eines Tages sah ich mich mit einer ungewöhnlichen östlichen Tradition konfrontiert. Da ich das einzige zugängliche Mitglied der Familie Bhutto war, betrachteten die Dorfbewohner mich plötzlich als »Dorfälteste«. Sie versammelten sich im Hof einer auf unserem Grund erbauten Lehmhütte und erwarteten von mir, daß ich ihre Streitigkeiten schlichtete und mich um ihre Probleme kümmerte. Es war dies ein Überbleibsel vergangener Zeiten, als die Oberhäupter des Familienclans noch auf jede Entscheidung Einfluß genommen hatten, die ihre Untertanen betraf. In den ländlichen Gebieten hatte mit den Stämmen selbst eine Art vereinfachter Stammesgerichtsbarkeit überlebt. Obwohl ich bestimmt nicht das Oberhaupt des Bhutto-Clans war, bestanden die Leute darauf, daß ich zu der Hütte kam. Die staatliche Rechtsprechung war zu langsam, zu weit weg und zu teuer. Außerdem hielt man sie für zu korrupt, als daß man sie in Anspruch genommen hätte. Die Polizei hatte den Ruf, die Leute für ein »Taschengeld« festzunehmen und sie nur gegen Zahlung einer Bestechungssumme wieder zu entlassen. Die Leute unterwarfen sich lieber den *faislas* – Urteilen – einer Familie, die sie kannten. Ich stellte freilich bald fest, daß ich nach acht Jahren im Westen so gut wie keine Erfahrung mit der Schlichtung ländlicher Streitigkeiten hatte.

»Sein Vetter hat vor vierzig Jahren meinen Sohn umgebracht«, ereiferte sich ein zahnloser Greis, als ich eines Morgens auf einer Hängematte saß und Gericht hielt. »Damals lautete die *faisla* Ihres Großonkels, daß ich die erste Tochter seiner Familie heiraten könne, wenn eine geboren würde. Jetzt gibt es eine. Sie sehen sie selbst! Aber er will sie mir nicht geben!«

Ich sah das achtjährige Mädchen hinter seinem Vater kauern. »Er hat kein Wort gesagt, als meine Tochter geboren wurde«, erwiderte der Vater. »Ich dachte, er habe uns das Verbrechen längst verziehen, das vor so vielen Jahren begangen wurde. Wenn ich gewußt hätte, daß er sie einfordern würde, hätte ich meine Tochter in dem Bewußtsein aufgezogen, daß sie nicht uns gehört und daß ich sie eines Tages würde weggeben müssen. Jetzt haben wir für sie eine Heirat mit einer anderen Familie arrangiert, die damit einverstanden ist. Wir haben ihr schon unser Wort gegeben. Wie könnten wir es brechen?«

Es schauderte mich, als ich hörte, wie um dieses arme kleine Mädchen gestritten wurde. Den Frauen der ländlichen Gebiete ist nicht immer ein glückliches Schicksal beschieden. Nur wenige von ihnen können über ihr Leben selbst entscheiden oder werden je gefragt, was sie wollen. »Du bekommst das Mädchen nicht, aber eine Kuh und 20000 Rupien als Entschädigung«, sagte ich zu dem alten Mann. »Das ist mein Urteil. Du hättest deinen Anspruch anmelden sollen, bevor man sie mit einem andern verlobt hat.« Eine Kuh für ein Mädchen: Eine solche Gleichung war nie in den Diskussionen vorgekommen, die wir in Radcliffe über die Frauenbewegung geführt hatten. Aber wir waren in Pakistan. Wütend und laut vor sich hin schimpfend entfernte sich der Greis.

Meine *faisla* am nächsten Tag entpuppte sich als Katastrophe. »Meine Frau ist entführt worden!« jammerte ein Mann. Sein Schwiegervater schloß sich dem Gezeter an: »Der Himmel ist uns auf den Kopf gefallen! Unser Leben ist zu Ende! Jeden Tag schreien die Kinder meiner Tochter nach ihrer Mutter! Sie müssen uns helfen, sie zurückzubekommen!«

»Wen habt ihr im Verdacht?« fragte ich. Ich machte mir Sorgen um die Frau. Sie sagten es mir, und ich sandte jemand in das betreffende Dorf, um mit den dortigen Dorfältesten zu verhandeln. Die Verhandlungen hatten Erfolg, die junge Frau wurde zurückgebracht - aber sie kochte vor Wut.

»Ich will nicht bei meinem Mann leben, ich liebe einen anderen«, schrieb sie mir. »Es war das dritte Mal, daß ich fortgelaufen bin und zurückgebracht wurde. Ich dachte, Sie als Frau würden das verstehen und mir helfen.«

Ich war niedergeschmettert. Ich hatte nicht gewußt, daß nach den harten Stammesgesetzen eine Frau ihren Mann nur verlassen konnte, indem sie sich »entführen« ließ. Auch eine unglückliche Frau darf nicht freiwillig fortgehen. Ich erfuhr später, daß es der armen jungen Frau nie mehr gelang zu fliehen. Nicht zum ersten Mal wurde mir klar, welcher Konflikt zwischen den Stammestraditionen und den menschlichen Werten von Gleichheit und freier Wahl bestand.

Auch die Kluft zwischen dem demokratischen Pakistan und dem Pakistan des Militärregimes vergrößerte sich. Während ich in den Feldern von Larkana *faislas* sprach, verhängten die von Zia in allen Provinzen geschaffenen Militärtribunale Todesurteile und lebenslange Haftstrafen. Sie bestanden aus einem Justizbeamten und zwei Offizieren ohne juristische Ausbildung. Noch verschärft wurde der Justizterror durch Hunderte von militärischen Standgerichten. In ihnen verhörte ein einziger Offizier die Zeugen, der bis zu einem Jahr schweres Zuchthaus und bis zu 15 Hiebe verhängen konnte. Das Urteil wurde jeweils sofort vollstreckt. Während die *faislas,* die ich sprach, nicht bindend waren, und die Streitfälle auch vor ein ordentliches Gericht gebracht werden konnten, hatten die Angeklagten vor den Militärtribunalen keine Verteidiger und kein Berufungsrecht. Nur durch Bestechung des vorsitzenden Offiziers mit 10000 Rupien pro Schlag, damals etwa 100 Dollar, konnten die Opfer der sofortigen Vollstreckung des Urteils entrinnen. Die Schlinge des Kriegsrechts zog sich zu.

Die Kriegsrechtsbestimmung Nr.70 vom 27.Mai 1980 lautete: Begehen Angehörige der Streitkräfte Verbrechen wie Hochverrat und Subversion, sind nicht zivile Gerichte zuständig, sondern Militärgerichte. Mögliche Strafen: Tod durch den Strang, Auspeitschung und lebenslange Haft.

Kriegsrechtsbestimmung Nr.78: Die alte Bestimmung, daß politische Gefangene ohne Prozeß bis zu zwölf Monate in Haft genommen werden können, wird erneuert und ergänzt: Den Menschen, die auf der Straße und daheim verhaftet werden, muß jetzt keinerlei Erklärung mehr gegeben werden. »Erklärungen oder Begründungen für die Haft...sollen nicht gegeben werden«, heißt es wörtlich in der Bestimmung. Auch die Haftzeit kann jetzt beliebig verlängert werden, wenn die Militärbehörden meinen, daß »die Umstände es erfordern«.

Jeder beliebige Mensch kann jetzt an jedem beliebigen Ort aus einem ihm unbekannten Grund verhaftet und ohne Berufungsrecht eine unbegrenzte Zeit festgehalten werden. Am 19.Juni demonstrierten in Lahore Rechtsanwälte. Sie forderten die Rücknahme der neuen Bestimmungen und Wahlen zur Bildung einer Zivilregierung. Sechsundachtzig Anwälte wurden zusammengeschlagen und verhaftet. Dasselbe geschah zwölf Mitgliedern einer Gruppe von Anwälten in Karachi, die im August die Wiedereinsetzung der Verfassung von 1973 forderten. Auch auf Studenten und Gewerkschaftsführer wurde vom Regime in dieser scheinbar endlosen Zeit des Terrors Jagd gemacht.

Als ich im Sommer nach Karachi zurückkehrte, ermahnte mich meine Mutter, sehr vorsichtig zu sein. Aber das Regime ging kein Risiko ein. Als wir im August zur Hochzeit eines Freundes der Familie nach Lahore fuhren, wurde unser Hotel von der Polizei umstellt. Wir wurden aus dem Punjab ausgewiesen. Die Polizei brachte uns mit einer bewaffneten Eskorte zum Flughafen und setzte uns in ein Flugzeug nach Karachi.

Ganz offensichtlich war es Zia auch drei Jahre nach dem Putsch und der Verhängung des Kriegsrechts noch nicht gelungen, Gehorsam in die Menschen hineinzuprügeln oder ihre Unterstützung zu gewinnen. Im Gegenteil, er verlor an Boden. Zia hatte fast keine politische Unterstützung, er kontrollierte nur das Militär. Sogar die Mitglieder der PNA - jener Koalition, die in den Wahlen von 1977 gegen meinen Vater und die PPP angetreten war -, von denen einige nach dem Putsch Minister unter Zia geworden waren, begannen sich zu distanzieren. Als Zia ein halbes Jahr nach dem Tod meines Vaters die Ministerien abschaffte und alle politischen Parteien verbot, fand die PNA sich in einer politischen Wüste wieder.

Aus diesem Grund boten Mitglieder der PNA kurz nach meiner Internierung und der meiner Mutter im Oktober 1979 in Al-Murtaza der PPP ein gegen Zia gerichtetes Bündnis an. Wir sahen diese Annäherung damals als ein politisches Manöver, durch das die PNA-Mitglieder sich beim Militärregime mehr Gewicht verschaffen wollten. »Wenn du uns nicht als Minister willst«, gaben sie Zia zu verstehen, »dann gehen wir zur PPP.« Jetzt, im Herbst 1980, setzten die Annäherungsversuche unserer alten Gegner wieder ein, und diesmal mußten wir sie ernst nehmen.

Weil Zia und die wenigen ihm verbliebenen Anhänger sich verzweifelt eine politische Basis schaffen wollten, nahmen sie Zuflucht zu Bestechungen. Dhoki, dem Sohn eines armen PPP-Führers, der für zwei Rupien pro Tag in einem Fahrradgeschäft arbeitete, wurden 1000 Rupien geboten, wenn er die PPP verließ und der Muslimliga beitrat, einer Fraktion der PNA, die Zia immer noch unterstützte. Einem so mächtigen PPP-Mitglied wie Ghulam Mustafa Jatoi, dem Parteipräsidenten von Sind und früheren Chefminister, wurde von Zia selbst angeboten, Premierminister des Regimes zu werden, und man ging allgemein davon aus, daß Jatoi anneh-

men werde. Es bestand die große Gefahr, daß Zia eine neue politische Konstellation organisierte und das Volk glauben machte, das verhaßte Militärregime sei durch eine zivile Regierung ersetzt worden.
»Wir müssen Zia ausmanövrieren, bevor er uns ausmanövriert«, sagte meine Mutter im September, als Jatoi der Posten des Premierministers angeboten wurde. »So unwohl mir dabei ist, aber wir sollten vielleicht trotzdem positiv auf die Avancen der PNA reagieren. Die Opposition gegen Zia darf nicht in Splittergruppen zerfallen.«
Zunächst stieß mich der Gedanke ab. »Das wird unter den Parteiführern einen Sturm der Entrüstung auslösen«, protestierte ich. »Wie können wir vergessen, daß die PNA als erste politische Gruppierung der PPP Wahlfälschung vorwarf? Daß es die PNA war, die dem Militärputsch den Weg gebahnt hat? PNA-Mitglieder waren Zias Minister, als er Vater in den Tod schickte.«
»Wir haben keine andere Wahl«, sagte meine Mutter. »Heute soll uns Jatoi abspenstig gemacht werden, morgen werden es andere sein. Wir müssen uns mit der Realität abfinden, wie sie ist. Wir haben nun einmal keine idealen Bedingungen.«
Sie berief eine geheime Versammlung der ungefähr 30 Mitglieder des Zentralen Exekutivkomitees der PPP ein. Wir wußten, daß wir ein großes Risiko eingingen. Politische Versammlungen waren verboten, aber einfach herumzusitzen hätte bedeutet, sich mit dem Militärregime abzufinden. Die Versammlung wurde, wie alle anderen, in Clifton 70 abgehalten. Die Parteiführer kamen von weit her, einige kamen aus der Northwest Frontier Province oder aus Belutschistan. Wie erwartet, war die Diskussion sehr hart.
»Die PNA-Leute sind Mörder, ja Mörder!« sagte ein Parteimitglied aus Sind. »Wenn wir uns heute auf einen Handel mit ihnen einlassen, was hindert uns dann noch daran, morgen direkt mit General Zia ein Abkommen zu schließen?«
»Auch Mao hat mit Chiang Kai-shek kooperiert, als die Japaner in China einmarschiert sind«, konterte der alte Sheik Rashid, der Marxist in der PPP. »Wenn sie im nationalen Interesse kooperieren konnten, dann, meine ich, sollten wir auch mit der PNA zusammenarbeiten.«
Der Streit tobte hin und her. »Wir sind uns alle einig, daß die Leute von der PNA eigensüchtige Opportunisten sind«, versuchte ich zu vermitteln. »Aber was sollen wir tun? Entweder wir warten, bis wir die Initiative verloren haben, oder wir beißen in den sauren Apfel, arbeiten mit der PNA

zusammen und behalten die Initiative. Ich schlage einen Kompromiß vor: Wir bilden eine Allianz, in der die einzelnen Parteien ihre Identität behalten.«

Nach sieben Stunden setzten sich schließlich die Pragmatiker durch, und schweren Herzens einigte man sich darauf, auf die Annäherungsversuche der PNA einzugehen. Damit waren die Voraussetzungen für die Entstehung der »Bewegung zur Wiederherstellung der Demokratie« (Movement to Restore Democracy, MRD) geschaffen. »Wir dürfen nicht noch einmal beide gleichzeitig im Gefängnis sitzen«, sagte meine Mutter. »Deshalb darfst du dich politisch nicht exponieren. So bleibt wenigstens eine von uns draußen und kann die Partei führen.«

Widerwillig stimmte ich zu. Aber ich war auch erleichtert. Obwohl es politisch sinnvoll war, die MRD zu bilden, fand ich es doch immer noch schwierig, ein Bündnis mit den früheren Feinden meines Vaters zu akzeptieren. Den Führern der früheren Oppositionsparteien fiel es offensichtlich genauso schwer, mit der PPP zu verhandeln - und untereinander: Die Parteien waren so zerstritten und ihre Führer so mißtrauisch, daß sie während der vorbereitenden Gespräche nicht direkt, sondern nur über Abgesandte miteinander verkehrten.

Die Bildung des neuen, unsicheren Bündnisses wurde noch mehr erschwert durch die erbitterten Diskussionen, die besonders zum Wortlaut der MRD-Charta geführt wurden. Waren die Wahlen von 1977 nun gefälscht oder nicht? War mein Vater »hingerichtet« oder »ermordet« worden? Es dauerte vier Monate, von Oktober 1980 bis Februar 1981, bis ein Durchbruch erzielt und ein Kompromiß zwischen allen zehn Parteien ausgearbeitet war, der allerdings auf ziemlich wackligen Füßen stand.

Die muslimische Liga Mohammed Khan Junejos, der später Premierminister von Zias Gnaden wurde, zog sich in letzter Minute von der Allianz zurück. Die anderen Führer und Parteidelegierten trafen sich am 5. Februar 1981 in Clifton 70 zum erstenmal persönlich.

So begegnete ich den früheren Gegnern meines Vaters. Jetzt saßen sie in seinem Haus, um mit seiner Witwe, der Vorsitzenden der PPP, und seiner Tochter ein politisches Abkommen zu schließen. Die Politik war ein merkwürdiges Geschäft! Nasrullah Khan, der einen Fez tragende Führer der Demokratischen Partei Pakistans, saß zur Rechten meiner Mutter. Mir gegenüber saß Kasuri mit seinem fleischigen Gesicht, der Repräsentant von Ashgar Khans eher gemäßigter Tehrik-e-Istiqlal. Die bärtigen Führer der religiösen Partei Jamaat-ul-Ulema-e-Islam saßen auf der einen Seite, auf der anderen saß Fatehyab, der Chef der kleinen, linken Mazdoor-Partei, in einem weißen, gestärkten *churidaar-kurta,* einem weiten Hemd über einer engen Hose. Insgesamt waren ungefähr 20 Personen anwesend, die meisten von der früheren PNA-Koalition. Ich mußte mir immer wieder sagen, daß wir Zia stürzen wollten, daß es unser gemeinsames Ziel war, trotz unterschiedlicher politischer Ansichten eine Koalition zu bilden und Zia zur Abhaltung von Wahlen zu zwingen. Es war trotzdem hart.

Stundenlang saßen wir beim Licht der Leuchter im Salon, dessen Wände mit Samt bezogen waren. Zigaretten rauchten, die Gemüter erhitzten sich. Die Gespräche dauerten so lang, daß sie am nächsten Morgen fortgesetzt werden mußten. Einmal versuchte ein früherer PNA-Führer, die Rolle seiner Partei bei den Unruhen von 1977 zu rechtfertigen. Ich war überrascht, daß er es wagte, die darin implizierte Kritik an der PPP hier in unserem eigenen Haus zu äußern.

»Wir sind hier, um über eine Koalition für die Demokratie zu diskutieren«, sagte ich eisig, »und nicht darüber, was Sie von uns und wir von Ihnen halten.«

»Ja, wir müssen in die Zukunft blicken und nicht in die Vergangenheit«, versuchte Nasrullah Khan uns beide zu beruhigen.

Trotzdem fiel es mir schwer mit anzusehen, wie diese Politiker Kaffee aus dem Porzellan meines Vaters tranken, auf seinem Sofa saßen und sein Telefon benutzten, um aufgeregte Gespräche mit Freunden im ganzen Land zu führen: »Ich bin in Clifton 70! Ja, wirklich! In Mr. Bhuttos Haus!«

Yasmin, Amina und Samiya gaben sich alle Mühe, mich zu beruhigen. »Sie sind zu euch gekommen«, sagte Samiya. »Das zeigt, wie stark die PPP ist.«

»Du warst für diese Koalition«, fügte Amina hinzu. »Jetzt mußt du auch mit den Schwierigkeiten fertig werden, die ein solches Unternehmen mit sich bringt.«

Ich schluckte meine Einwände hinunter wie die anderen Parteiführer auch, bis schließlich einer nach dem anderen die Charta unterzeichnete, auf die sich die Parteien geeinigt hatten. Am 6. Februar 1981 wurde die Bewegung zur Wiederherstellung der Demokratie geboren.

Als die BBC die Nachricht von der Unterzeichnung der MRD-Charta verbreitete, schlug das in ganz Pakistan wie eine Bombe ein. Viele fühlten sich ermutigt und glaubten, der Zeitpunkt sei gekommen, um gegen das Unrecht des Militärregimes zu protestieren. Die Studenten der Frontier

Province waren die ersten, die auf die Straße gingen. Sofort erteilte Zia meiner Mutter und mir ein Einreiseverbot, damit wir nicht die bei den Unruhen Verwundeten besuchen konnten.

Die Unzufriedenheit sprang bald auf Sind und den Punjab über, wo Professoren, Rechtsanwälte und Ärzte sich der wachsenden Protestbewegung anschlossen. In Multan, Bahawalpur, Sheikpura und Quetta brachen ebenfalls Studentenunruhen aus. »Gottseidank gibt es die MRD«, sagten Taxifahrer, Ladenbesitzer und kleine Händler untereinander. »Zias Zeit ist endlich um.« Unser Koch kam vom Empress-Markt in Karachi zurück und berichtete: »Sogar die Metzger sind bereit, für die MRD zu streiken.«

Zia wußte, daß er in die Enge getrieben war. Er schloß alle Universitäten in Pakistan und verbot Versammlungen von über fünf Personen. Aber die Demonstrationen gingen weiter, und *Time Magazine* nannte sie »die gefährlichste Oppositionsbewegung, der sich General Zia bis jetzt gegenübergesehen hat«.

Ein geheimes Treffen der MRD wurde für den 27. Februar nach Lahore einberufen. Zia reagierte sofort und verhaftete am 21. Februar viele MRD-Führer. Andere Mitglieder der PPP und MRD erhielten Aufenthaltsbeschränkungen, die Einreise in den Punjab wurde ihnen verboten. »...Ihre Einreise in den Punjab bedeutet eine Gefährdung der öffentlichen Sicherheit, der öffentlichen Ordnung sowie des öffentlichen Interesses«, so hieß es in meinem vom Gouverneur des Punjab ausgestellten Einreiseverbot.

Meine Mutter verschärfte die Abmachung, die wir unter uns bezüglich der Beschränkung meiner politischen Aktivitäten getroffen hatten. »Du darfst jetzt in keiner Weise politisch aktiv werden«, befahl sie mir streng. »Wenn ich verhaftet werde, mußt du frei sein, um die Bewegung zu führen.« Die Lage war explosiv, der Sturz Zias schien bevorzustehen, und ich konnte mich kaum zurückhalten. Meine Mutter wollte versuchen, das geheime Treffen der MRD in Lahore zu besuchen. Alle Zufahrtsstraßen waren von der Polizei gesperrt, jedes Auto wurde durchsucht. Die Mitglieder der MRD, die noch in Freiheit waren, konnten nur auf Umwegen in die Stadt gelangen. Meine Mutter fuhr mit dem Zug, verkleidet als Großmutter mit einem *burqa* und in Begleitung ihres »Enkels«, des 13jährigen Sohnes eines unserer Angestellten.

Die Polizei sprengte die Versammlung und verhaftete die Teilnehmer, einschließlich meiner Mutter. Meine Mutter wurde wieder nach Karachi ausgewiesen. Davor hatte die MRD allerdings ein Ultimatum stellen können: Aufhebung des Kriegsrechts und Wahlen innerhalb von drei Monaten.

»Wir verlangen, daß Zia sofort zurücktritt«, verkündete die MRD in Lahore. »Andernfalls wird das Militärregime durch den Willen des Volkes fallen, dem nichts widerstehen kann.«
Die MRD beschloß für den 23. März massive Streiks und Demonstrationen in ganz Pakistan. Einige der in den regionalen Wahlen 1979 gewählten PPP-Stadträte erklärten sich bereit, während des Streiks zurückzutreten und den Rücktritt Zias zu fordern. Der Countdown für Zias Sturz und die Rückkehr zu einer zivilen Regierung hatte begonnen. Zias Zeit lief ab.

2. März 1981.
Ich sitze mit einer Gruppe von Parteiaktivisten im Wohnzimmer von Clifton 70, als das Telefon klingelt. Es ist Ibrahim Khan, Agent der Nachrichtenagentur Reuter in Karachi.
»Was sagen Sie dazu?« fragt er mich.
»Wozu?«
»Eine Maschine der Pakistan International Airlines ist entführt worden.«
»Von wem?« frage ich erschrocken. Ein Flugzeug der PIA ist noch nie entführt worden.
»Das weiß noch niemand«, sagt Ibrahim Khan. »Keiner weiß, wer die Entführer sind, wo sie das Flugzeug hinbringen und was sie fordern. Ich werde versuchen, Sie auf dem laufenden zu halten. Kann ich jetzt schon eine Stellungnahme von Ihnen bekommen?«
»Eine Entführung ist etwas Schlimmes, egal, ob ein Flugzeug oder eine ganze Nation entführt wird«, sage ich automatisch. Als ich den Hörer auflege, schauen mich die anderen erwartungsvoll an.
»Ein Flugzeug der PIA ist entführt worden«, sage ich. »Mehr weiß ich nicht.«

8. Kapitel

Einzelhaft im Gefängnis von Sukkur

Gefängnis von Sukkur, 13. März 1981.
Warum bin ich hier? Ich begreife es nicht. Gefängnis, ausgerechnet jetzt. Ein abgelegenes Gefängnis in der Wüste von Sind. Es ist kalt. Die Gefängnisuhr schlägt eins, dann zwei. Ich kann nicht schlafen. Der kalte Wüstenwind fegt durch die Gitterstäbe meiner Zelle. Vier Wände mit offenen Gittern. Die Zelle gleicht eher einem riesigen Käfig. Ein großer Raum, in dem nur ein Feldbett steht.

Ich werfe mich auf dem Feldbett hin und her, mir klappern die Zähne. Ich habe keinen Pullover, keine Decke, nichts. Nur den *shalwar khameez,* den ich bei meiner Verhaftung vor fünf Tagen in Karachi getragen habe. Eine Gefängniswärterin hatte Mitleid mit mir. Sie hat mir ein Paar Socken in die Hand gedrückt. Aber dann fürchtete sie so sehr, für ihr Mitleid bestraft zu werden, daß sie die Socken heute morgen zurückverlangte. Meine Knochen schmerzen. Wenn ich wenigstens etwas sehen könnte, dann könnte ich in der Zelle auf und ab gehen. Aber nachts wird in meiner Zelle der Strom abgestellt. Von sieben Uhr an herrscht hier nur kalte Finsternis.

Die Polizei hatte mich am 7. März bei uns zu Hause in Clifton 70 gesucht. Aber ich war nicht da. Ich hatte die Nacht bei Samiya verbracht, denn ich wollte mich von der politischen Versammlung fernhalten, die meine Mutter mit den Führern der MRD in Clifton 70 abhielt. Die Polizei hatte offenbar verzweifelt versucht, mich zu finden: Das Haus meiner Cousine Fakhri wurde durchsucht, ebenso Clifton 70. Dort verhaftete die Polizei zunächst meine Mutter und stellte dann auf der Suche nach mir das ganze Haus auf den Kopf. »Wofür halten Sie Benazir denn? Für einen Käfer?« fragte meine Schwester Sunny, als die Polizisten sogar Streichholzschachteln ausleerten.

Die Polizei war in ganz Karachi ausgeschwärmt. Sie hatte in den Häusern meiner alten Schulfreundinnen Razzien durchgeführt, auch bei den Punthakeys, einer zoroastrischen Familie. Ihre 25jährige Tochter Paree wurde auf das Polizeirevier gebracht und dort sieben Stunden lang verhört. Paree und ihre Familie gehörten einer religiösen Minderheit an, und unter Zias Politik der Islamisierung waren besonders Nicht-Muslime in Gefahr, bestraft zu werden. »Wir wissen, wie man in diesem Land mit religiösen Minderheiten umgeht«, hatte die Polizei Parees Eltern gewarnt, als diese sich an die Behörden wandten und gegen die Festnahme ihrer Tochter protestierten. »Mischen Sie sich besser nicht in die Politik dieses Landes ein.«

Nachdem die Polizei die Häuser zweier weiterer Freundinnen, Putchie und Humo, durchsucht hatte, spürte sie mich schließlich am folgenden Tag im Haus Dr. Ashraf Abbasis auf, der ehemaligen Vizepräsidentin der Nationalversammlung und einer der Ärztinnen meiner Mutter in Karachi. »Die Polizei ist da und will das Haus durchsuchen«, teilte uns Dr. Abbasis Sohn Safdar mit, als ich gerade mit ihrem mit Direktwahl ausgestatteten Telefon ein paar Freunde in Islamabad anrufen wollte. Wir sahen Safdar erstaunt an. Da ich nichts von den Razzien wußte und mich konsequent von allen politischen Aktivitäten der MRD ferngehalten hatte, meinte ich, die Polizei sei wegen Dr. Abbasi oder vielleicht wegen ihres Sohnes Munawwar gekommen. »Sag ihnen, daß sie das Haus nicht zu durchsuchen brauchen«, wies ich Safdar an. »Frag sie, wen sie suchen.« Kurze Zeit später war er zurück. »Dich suchen sie«, sagte er.

Etwas an dieser Verhaftung war anders als sonst und flößte mir Furcht ein. Ich spürte es, als man mir befahl, hinten in einen offenen, mit Polizisten vollgestopften Jeep einzusteigen, nicht in einen der Wagen, mit denen man mich bei früheren Verhaftungen weggebracht hatte. Ich weigerte mich, dem Befehl zu gehorchen, und durfte schließlich vorn einsteigen. Auch der Konvoi von Militärfahrzeugen, der mir durch die leeren Straßen Karachis folgte, war diesmal größer, und das Ziel, ein Polizeirevier, verhieß ebenfalls nichts Gutes. Ich war nie zuvor auf ein Polizeirevier gebracht worden. Was ging hier vor? Niemand sagte es mir. Fünf Stunden saß ich in dem kahlen Raum und sah den Polizisten zu, wie sie eine Zigarette nach der anderen rauchten und Betelnußsaft an die fleckigen Wände spuckten. Aus allen Gesichtern sprach Angst. Wie ich bald herausfand, hatte Zias Politik der Unterdrückung und Brutalität eine weitere Steigerung erfahren.

Im Gegensatz zu mir wußten die Behörden, daß in der größten Verhaftungswelle, die das Land je erlebt hatte, Tausende von Menschen in ganz Pakistan festgenommen wurden. Die Gefangenenhilfsorganisation

Amnesty International, die bei der Nennung von Zahlen immer vorsichtig war, schätzte, daß allein im März 1981 über 6000 Menschen verhaftet wurden. In den fünf Tagen seit der Entführung der PIA-Maschine am 2. März war Zia zu dem Entschluß gelangt, daß er die Entführung als Vorwand benutzen würde, den wachsenden Zulauf der MRD zu unterbinden. Wer auch nur die geringste Verbindung zur MRD oder zur PPP hatte, wurde verhaftet.

In Islamabad wurden die Niazis verhaftet. Die Polizei wollte auch Amina abholen, doch als die Polizisten sahen, daß Amina im neunten Monat war, nahmen sie statt dessen ihren Mann Salim mit. Durch die Aufregung setzten die Wehen ein. In Belutschistan wurde Yahya Bakhtiar verhaftet, der die juristische Verteidigung meines Vaters geleitet hatte und früher Generalstaatsanwalt von Pakistan war. In Lahore wurde Faisal Hayat verhaftet, ein ehemaliges Mitglied der Nationalversammlung und Neffe Khalid Ahmeds, des Deputy Commissioner von Larkana, den man gezwungen hatte, ins Exil zu gehen. In derselben Stadt wurden auch wieder viele weibliche Mitglieder der PPP festgenommen. In Rawalpindi wurde bereits zum dritten Mal Qazi Sultan Mahmood verhaftet, der stellvertretende Direktor des Hotel Flashman. Ebenso erging es Irshid Rao, dem Chefredakteur der *Musawaat* in Karachi, und Pervez Ali Shah, einem führenden Mitglied der PPP in der Provinz Sind. Die Liste nahm kein Ende. Und unsere Behandlung erreichte einen neuen Grad von Grausamkeit.

»Wo ist meine Mutter?« fragte ich die Polizisten auf dem Revier.

»Im Zentralgefängnis von Karachi«, antworteten sie.

»Im Rest House?« Das »Rest House« war ein verhältnismäßig komfortables Quartier, in dem Gäste der Gefängnisverwaltung untergebracht wurden. Auch mein Vater war zunächst dort festgehalten worden.

»Nein, in einer Zelle.«

Mir verschlug es den Atem. Meine Mutter, die Witwe des ehemaligen Premierministers, in einer Zelle der Klasse C ohne fließendes Wasser, ohne Bettzeug, ohne frische Luft?

»Und wo bringen Sie mich hin?« fragte ich die Polizisten.

»Zu Ihrer Mutter.«

Das war eine Lüge.

Ich wurde fünf Tage lang ohne Verbindung zur Außenwelt im Rest House des Zentralgefängnisses von Karachi festgehalten, das inzwischen bis auf das absolute Minimum an Mobiliar ausgeräumt worden war. Die Beamten dort behaupteten, nichts über den Aufenthaltsort meiner Mutter zu wissen, und stritten sogar ab, daß sie überhaupt in Karachi festgehalten wurde. Außerdem erlaubten sie mir nicht, meinen Anwalt zu sehen. Ich hatte keine Kleider dabei, nur das, was ich bei meiner Verhaftung getragen hatte. Ich hatte weder Haarbürste noch Kamm, keine Zahnbürste, keine Zahnpasta, überhaupt nichts. Ich war damals wegen einer durch ständige Überbelastung hervorgerufenen Frauenkrankheit in medizinischer Behandlung und brauchte Medikamente, aber auf dem Revier gab es weder einen Arzt noch eine Frau, der ich hätte sagen können, was ich brauchte.

In der Nacht des 12. März kam der Gefängnisdirektor in meine Zelle. »Sie verlassen das Gefängnis um halb drei«, sagte er. Er sah aus, als hätte er Angst. »Machen Sie sich fertig.«

»Wo werde ich hingebracht?« Keine Antwort.

»Wo ist meine Mutter?« Wieder keine Antwort.

Zum ersten Mal hatte ich Angst. Ich hatte Gerüchte gehört, nach denen die Gefängnisverwaltung unbequeme Gefangene gelegentlich nachts in die Wüste brachte und dort ermorden ließ. Die Leichen wurden begraben, dann wurde den Familienangehörigen mitgeteilt, daß die Gefangenen bei einem Fluchtversuch getötet worden seien oder plötzlich einen mysteriösen Herzanfall erlitten hätten. Ich hatte gleich bei meiner Ankunft im Rest House einen Brief an das Oberlandesgericht der Provinz Sind geschrieben. Darin legte ich Einspruch gegen meine Verhaftung ein und bat, meine Verteidigung vor Gericht entweder selbst oder über einen Anwalt führen zu dürfen. Ich hoffte inbrünstig, daß der Brief sein Ziel erreichen würde.

»Sie müssen diesen Brief an das Gericht weiterleiten«, drängte ich einen Wärter, als ich in den frühen Morgenstunden auf die Beamten des Regimes wartete. Schweigend nahm er den Brief und steckte ihn in die Tasche. Gott sei Dank! Wenn er ihn ablieferte, existierte wenigstens ein Hinweis, wo ich gewesen war und von wo ich verschleppt worden war.

Um halb drei kam ein Lieferwagen mit Polizistinnen, um mich abzuholen. Außerdem trafen Lastwagen mit Polizisten und Soldaten ein. In einem Wagen mit verdunkelten Scheiben rasten wir mit halsbrecherischer Geschwindigkeit durch die leeren Straßen, als ob ein Hinterhalt zu befürchten sei. Dann kam der Wagen mit einem Ruck zum Stehen, und ich hörte, wie sich flüsternde Stimmen über Funk berieten.

»Laßt auf dem Rollfeld niemand an sie ran«, hörte ich zu meiner Erleichterung. Ich war im Flughafen. Aber wohin brachte man mich? Ich kannte den Flugplan inzwischen auswendig und wußte, daß es um diese Zeit

keine Inlandsflüge gab. Vielleicht wirst du nach Larkana gebracht, tröstete ich mich. Vielleicht hatten meine um Geheimhaltung besorgten Bewacher einen Sonderflug organisiert. Ich wartete, daß ein Flugzeug landen würde, aber nichts geschah. Ich wartete vier Stunden, bis der Morgen dämmerte.
Um halb sieben rollte eine ganz gewöhnliche Passagiermaschine auf die Startbahn. Ich wurde in das Flugzeug gebracht, eine der Polizistinnen setzte sich neben mich, zwei hinter mich und zwei auf die andere Seite des Mittelgangs. »Wohin fliegen wir?« fragte ich die Stewardess. Eine Polizistin schnitt ihr das Wort ab: »Sie stehen unter Arrest und dürfen mit niemandem sprechen.«
Was war hier los? Da ich während der fünf Tage im Gefängnis von Karachi keine Zeitung gelesen hatte, hatte ich keine Ahnung, warum meine Mutter und ich so streng behandelt wurden. Bestimmt hatte die Bildung der MRD und unsere Herausforderung an Zia die jüngsten Verhaftungswellen ausgelöst. Die Zeitungen hatten in der Woche vor meiner Verhaftung über nichts anderes berichtet. Aber was gab dem Regime das Recht, uns mit solcher Strenge zu behandeln? Und warum sahen die anderen Passagiere so verängstigt aus, sogar die Polizistinnen?
Die Stewardess reichte mir eine Zeitung. Die Schlagzeile galt nicht der MRD, sondern der Flugzeugentführung. Die Entführer forderten die Freilassung von 55 politischen Gefangenen in Pakistan. Sie hatten ein Flugzeug nach Kabul in Afghanistan umdirigiert und dort einen Passagier erschossen, einen Offizier namens Major Tariq Rahim. Rahim war früher Adjutant meines Vaters gewesen. Dann hatten sie den Piloten gezwungen, nach Damaskus in Syrien zu fliegen.
Ich hielt den Atem an, als ich weiterlas. Ein Teil von mir wollte nicht glauben, was ich las, der andere Teil befürchtete, daß es wahr sei: Die Entführer behaupteten, einer Widerstandsbewegung namens Al-Zulfikar anzugehören. Die Al-Zulfikar hatte ihren Sitz angeblich in Kabul, wo meine Brüder lebten. Der Führer der Bewegung, so behauptete der Artikel, sei mein Bruder Mir.

Einunddreißig, zweiunddreißig, dreiunddreißig. Noch sieben Striche mit der Haarbürste. Siebenundneunzig, achtundneunzig. Zähle beim Zähneputzen auf hundert. Geh jetzt eine Viertelstunde im offenen Hof auf und ab. Disziplin. Routine. Ich darf nicht davon abweichen. Auf und ab, an dem offenen Abflußrohr entlang, das durch den staubigen Gefängnishof läuft, an den leeren, vergitterten Zellen vorbei, die meiner Zelle in dem

umfriedeten Hof gegenüberliegen. Nach Auskunft des Aufsichtspersonals ist der Gefängniskomplex nur wegen mir geräumt worden. Das Regime hält mich in völliger Isolation.
Ich sehe keinen Menschen außer den Gefängniswärtern, die morgens meinen höhlenartigen offenen Käfig aufschließen und mir eine Tasse schwachen Tee und Brot zum Frühstück, dünne Linsensuppe, gekochten Kürbis und zweimal wöchentlich eine winzige Portion Fisch zum Mittag- oder Abendessen bringen, bevor sie mich abends wieder einschließen. Wenn ich in den fünf Monaten meiner Einzelhaft in Sukkur eine menschliche Stimme höre, höre ich nur deprimierende Nachrichten. »Heute wurden noch einmal fünfzig verhaftet«, sagen die Beamten von der Gefängnisverwaltung auf ihrem wöchentlichen Rundgang. Oder: »Heute wird ein politischer Gefangener ausgepeitscht.«

So wie der sowjetische Einmarsch in Afghanistan fiel auch die Flugzeugentführung in eine für Zia kritische Zeit. Da Zia fürchten mußte, in naher Zukunft durch einen Volksaufstand seines Amtes enthoben zu werden, benutzte er das Verbrechen der Entführung, um die PPP mit dem Terrorismus in Verbindung zu bringen. Der Zeitpunkt war so günstig, daß viele mutmaßten, Zia habe die Entführung selbst eingefädelt. Wenn das stimmt, war es ein sehr wirkungsvolles Manöver. Dreizehn Tage nach Beginn der Entführung und nur wenige Minuten vor Ablauf des letzten Ultimatums - die Entführer hatten gedroht, das Flugzeug in die Luft zu sprengen - gab das Regime den Forderungen nach und ließ die 55 politischen Gefangenen frei. Welche Rolle spielten jetzt noch 55 Häftlinge, nachdem das Regime viele tausend Mitglieder der politischen Opposition verhaftet und viele von ihnen des Terrorismus angeklagt hatte? Die Herausforderung der MRD wurde in den Zeitungen nicht mehr erwähnt. Die Entführung und die Al-Zulfikar zogen die gesamte Aufmerksamkeit der Medien auf sich.
In meiner Zelle in Sukkur erfuhr ich nichts von Zias Anstrengungen, die PPP, besonders aber meine Mutter und mich mit der Widerstandsbewegung Al-Zulfikar in Verbindung zu bringen. Ich konzentrierte meine ganze Kraft auf meine Freilassung und war erleichtert, als mein Anwalt Mr. Lakho mich in Sukkur besuchte und ein Schreiben aufsetzte, in dem er gegen meine Inhaftierung Einspruch einlegte. Wieder einmal hatte mir ein redlicher Gefängniswärter geholfen. Der Brief, den ich an das Oberlandesgericht von Sind geschrieben hatte, war schließlich doch noch abge-

liefert worden. Allerdings waren sowohl die Bemühungen des Wärters als auch die Bemühungen Mr. Lakhos vergeblich.

Am 23. März, drei oder vier Tage nach Mr. Lakhos Besuch, erließ das Regime einen »Einstweiligen Verfassungsbefehl«: »Hiermit erhält General Zia die Vollmacht, die Verfassung zu ändern. Er hat diese Vollmacht immer gehabt.« Aufgrund dieses Erlasses entzog Zia sogleich den Zivilgerichten die Befugnis, Berufungsklagen gegen Urteile anzunehmen, die nach dem Kriegsrecht gefällt worden waren. Der Einspruch, den ich über Mr. Lakho eingelegt hatte, und die Gesuche aller anderen politischen Häftlinge waren jetzt gegenstandslos. Jedes Militärgericht konnte uns ohne irgendwelche rechtlichen Rücksichten verhaften, unter Anklage stellen, verurteilen und hinrichten.

Zia nutzte den neuen Erlaß, um die Gerichte von oppositionellen Richtern zu säubern. Alle Richter mußten einen Eid auf das Supremat des Kriegsrechts und Zia als Obersten Kriegsrechtsverwalter schwören. Wer sich weigerte, wurde entlassen. Andere wurden entlassen, bevor sie überhaupt die Möglichkeit hatten, den Eid abzulegen. Aufgrund des neuen Erlasses wurde ein Viertel der pakistanischen Richterschaft ausgeschaltet, darunter alle Richter, die Todesurteile aufgehoben oder strenge Haftbedingungen für politische Häftlinge gemildert hatten. »Ich kann nicht zulassen, daß ich die Macht mit den Richtern teilen muß«, wurde Zia im *Guardian* zitiert. »Richter sind dazu da, das Gesetz auszulegen.« Internationale Anwaltsverbände und Amnesty International legten bei Zia heftigen Protest dagegen ein, blieben aber erfolglos. Es gab in Pakistan kein Zivilrecht mehr. Und Mr. Lakho durfte mich nicht mehr besuchen.

In gnadenloser Monotonie verstrichen die Stunden. Um mein Gehirn in Gang zu halten, notierte ich alles, was mir zustieß, in ein kleines, schmales Notizbuch, das eine mir wohlgesonnene Wärterin in meine Zelle geschmuggelt hatte. Damit brachte ich einen Teil der Zeit herum. Ich bekam eine Zeitung pro Tag, die aktuelle Ausgabe der *Dawn*, der Tageszeitung für das Innere der Provinz Sind. Lies langsam, ermahnte ich mich immer wieder, Wort für Wort. Artikel über das Angeln. Die Puzzles für Kinder am Freitag, dem muslimischen Sabbat. Kochrezepte. Trotzdem hatte ich die Zeitung nach einer Stunde ausgelesen.

»Kann ich *Time Magazine* oder *Neewsweek* bekommen?« fragte ich den Gefängnisdirektor bei einem seiner wöchentlichen Besuche.

»Das sind kommunistische Publikationen«, erwiderte er. »Sie sind verboten.«

»Die Zeitschriften sind nicht kommunistisch. Sie kommen aus dem Zentrum des Kapitalismus.«
»Sie sind kommunistisch.«
»Was für Bücher haben Sie in der Bibliothek?«
»Hier gibt es keine Bibliothek.«
Als der März zu Ende ging und es April wurde, begann ich das Eintreffen der täglichen Zeitung zu fürchten. Die Flugzeugentführung und die Beteiligung meines Bruders Mir daran beherrschten immer noch die Titelseite. In einem Interview las ich, Mir habe die Verantwortung für die Entführung der PIA-Maschine übernommen. In einem anderen Interview dementierte er jede Beteiligung. In allen Regierungszeitungen wurde jedoch unterstellt, die Al-Zulfikar sei der bewaffnete Flügel der PPP.
Das war eine böswillige Unterstellung. Das gesamte Programm der PPP basierte darauf, eine Veränderung auf friedlichem Weg mit politischen Mitteln herbeizuführen und im Rahmen der gesetzlichen Möglichkeiten zu arbeiten. Eben deshalb hatten wir so heftig auf Wahlen gedrängt, uns trotz aller gegen uns gerichteter Tricks Zias an den Wahlen beteiligt und auch angesichts der Waffengewalt seines Kriegsrechtsregimes weiterhin Wahlen gefordert. Die Herzen der Menschen und ihre Loyalität konnten noch nie durch Gewalt gewonnen werden. Das muß sogar Zia gewußt haben. Dennoch verdrehte das Regime weiterhin alles, was über die Al-Zulfikar in Erfahrung gebracht werden konnte, um die MRD, die PPP und die Bhuttos zu vernichten.
In meiner einsamen Zelle in Sukkur gelangte ich zu der Überzeugung, daß das Regime meine Ermordung plante. Ein Gefängnisbeamter erzählte mir nervös, daß ich hier im Gefängnis heimlich von einem Militärgericht unter Anklage gestellt und zum Tode verurteilt werden sollte. Ein anderer sagte, die Todeszellen eines anderen Gefängnishofes würden geräumt, damit ich verlegt werden könnte. Die Sicherheitsvorkehrungen in Sukkur würden verschärft, da Gerüchten zufolge meine Brüder versuchen wollten, mich zu befreien, wenn ich zum Tod verurteilt würde. Anderen Gerüchten zufolge sollte ich in ein Folterzentrum in Belutschistan verlegt werden, wo das Regime mich zum »Geständnis« meiner Beteiligung an der Entführung der PIA-Maschine zwingen wollte. »Schlimme Zeiten erwarten Sie«, flüsterte mir jemand mitleidig zu. »Beten Sie um Ihr Leben.«
Der Gefängnisoberinspektor kam auf seiner Inspektionsreise nach Sukkur und bestätigte die Gerüchte. »Viele Menschen werden gefoltert, damit sie sagen, daß Sie mit der Al-Zulfikar in Verbindung stehen«, flüsterte mir der

freundlich aussehende grauhaarige Mann zu und versuchte, mich vor den kommenden Gefahren zu warnen.
»Aber ich bin unschuldig«, sagte ich naiv. »Sie können mir nichts nachweisen.«
Der Oberinspektor schüttelte den Kopf. »Ich habe einen Jungen aus Ihrer Heimatstadt Larkana gesehen, dem man die Zehennägel herausgerissen hat«, sagte er mit Tränen in den Augen. »Ich weiß nicht, wie viele Menschen so etwas aushalten, ohne zusammenzubrechen.«
Ich wollte weder ihm noch dem Gefängnispersonal glauben. Um zu überleben, war es wichtig, sich nicht mit der Realität abzufinden. Die Realität akzeptieren hieß die Bedrohung akzeptieren. Unbewußt registrierte mein Körper jedoch die Spannung. Mein Gesundheitszustand verschlechterte sich. Da ich in meiner Zelle keine Intimsphäre hatte, wußte die Gefängniswärterin schon bald nach meiner Ankunft in Sukkur über meine gynäkologischen Probleme Bescheid. Eine Ärztin war gerufen worden, aber ich erfuhr nichts von ihrer Diagnose.
Ich begann das Essen wegzustoßen, das die Aufseherinnen mir brachten, weil ich kaum schlucken konnte. Ich aß fast nichts, war aber überzeugt, immer dicker zu werden. Mein Bauch schien sich vorzuwölben. Mein Brustkasten kam mir größer vor. Heute ist mir klar, daß ich an Magersucht litt.

Als ich immer mehr an Gewicht verlor, wurden die Beamten der Gefängnisverwaltung, die mir gesagt hatten, das Regime wolle mich zum Tode verurteilen, nervös. Sie fürchteten, ich könnte von selbst sterben. »Packen Sie Ihre Sachen, Sie werden nach Karachi verlegt«, sagte die Aufseherin am frühen Morgen des 16. April, fünf Wochen nach meiner Ankunft in Sukkur.
»Warum?«
»Ihr Gesundheitszustand ist schlecht. Wir bringen Sie nach Karachi.« Auf dem Flughafen von Karachi erfuhr ich von der Polizei, daß ich nach Hause gebracht werden sollte.
Ich konnte es kaum fassen. Zurück nach Clifton 70. Reines, kaltes Wasser statt der gelben Brühe im Gefängnis. Mein eigenes Bett statt des Feldbettes. Vier solide Wände statt der Gitterstäbe. Ich glaubte, mein Martyrium sei zu Ende. Ich hatte mich getäuscht.
»Das ist nicht mein Zuhause«, protestierte ich, als ich, erschöpft von der Reise, in ein Haus gebracht wurde, das ich nie zuvor gesehen hatte.

»Wir wollen Sie zuerst noch einmal ärztlich untersucht lassen«, erklärte meine Polizeieskorte. »Dann bringen wir Sie nach Hause.«
Ich sah die unbekannte Frau an, die auf mich zukam. »Warum bringen Sie mich nicht nach Hause, wo mich meine Hausärztin untersuchen kann?« sagte ich. Die Polizisten schwiegen.
Die Ärztin hatte wenigstens ein freundliches Gesicht. »Die Ärzte in Sukkur glauben, daß Sie an Gebärmutterkrebs leiden«, sagte sie ruhig, als sie mich untersucht hatte. »Ich bin mir nicht ganz sicher. Wir müssen das durch eine Operation klären.«
Krebs? Mit achtundzwanzig? Ich sah sie ungläubig an. War die Krebsgefahr real? Oder wollte man mich nur noch mehr verunsichern? Die Ärztin war von Regime ausgewählt worden wie alle Ärztinnen, die mich bisher untersucht hatten.
Während wir uns unterhielten, kritzelte sie etwas auf einen Block. »Haben Sie keine Angst, ich bin eine Freundin und Sympathisantin«, lautete die Notiz, die sie mir zuschob. »Sie können mir vertrauen.« Aber konnte ich das wirklich? Ich hatte keinen Grund, überhaupt noch irgend jemandem zu vertrauen.
»Sie wollten mich nach Hause bringen«, sagte ich zu den Polizisten, als wir wieder im Jeep saßen und durch Karachi fuhren. »Das ist nicht der richtige Weg.«
»Sie werden später nach Hause gebracht«, erwiderten sie. »Zuerst bringen wir Sie ins Zentralgefängnis, damit Sie Ihre Mutter besuchen können.«
Ich war sehr aufgeregt. Ich hatte meine Mutter seit unserer Verhaftung vor über einem Monat nicht gesehen und auch nichts von ihr gehört. Ich mußte unbedingt mit ihr über meine gesundheitlichen Probleme sprechen, über den Zustand der MRD und die Anklage auf Hochverrat, die das Regime sicher gegen uns erheben würde.
»Mama!« rief ich und eilte in das Rest House. »Mama, ich bin's, Pinkie. Ich bin da!«
Keine Antwort. Wieder eine Lüge. Meine Mutter werde in einem anderen Trakt festgehalten, flüsterte mir ein Wärter heimlich zu. Ich bat, sie sofort sehen zu dürfen, erhielt aber keine Antwort. Auch am folgenden Tag brachten die Polizisten mich nicht nach Clifton 70 zurück, sondern in ein großes staatliches Krankenhaus. Die Gänge waren wie ausgestorben, nirgends drängten sich die Familienangehörigen, die ihre Lieben gewöhnlich bis an die Tür des Operationssaales begleiten. Ich fühlte mich einsam ohne meine Familie. Als ich nach der Operation erwachte, war ich erleich-

tert, daß meine Schwester Sanam an meinem Bett saß. Wenigstens ihr hatte das Regime erlaubt, zu kommen. Der Besuch im Krankenhaus hatte sie allerdings sehr mitgenommen.

Sanam:

Das Krankenhaus war riesig. Ich wußte nicht, wo ich hin mußte, ja nicht einmal, wen ich nach meiner Schwester fragen sollte. Sobald ich ihren Namen nannte, erstarrten die Leute und sahen mich nur an. Ich hatte furchtbare Angst. Ich hatte monatelang das Haus nicht verlassen. Pakistan war damals ein schreckliches Land, besonders wenn man Bhutto hieß. Aber es gab keinen Ort, an den ich hätte fliehen können.
»Bitte, können Sie mir helfen?« fragte ich die Menschen, die ich auf den endlosen Korridoren traf. Sie schickten mich in die verschiedensten Richtungen. Dann hörte ich eine Frau schreien. »Um Gottes willen, das ist meine Schwester«, sagte ich zu der Frau neben mir. »Das ist nicht Ihre Schwester«, entgegnete die Frau, die sicher eine Agentin vom Geheimdienst war. »Ihre Schwester ist nur wegen einer kleinen Operation hier. Die Frau, die hier schreit, liegt in den Wehen.«
Aber ich wußte, daß Pinkie geschrien hatte. Ich wußte es einfach. Ich rannte in die Richtung, aus der die Schreie kamen, und sah Pinkie von Polizisten umringt auf einem Bett liegen, das rasch vom Operationssaal einen Korridor hinuntergeschoben wurde. Aus ihren Armen und ihrer Nase kamen Schläuche. »Man will mich umbringen!« schrie sie. »Man will Papa umbringen!« Sie war noch nicht ganz aus der Narkose aufgewacht. »Haltet sie auf! Irgend jemand muß sie aufhalten!«
Ich sah ein graues Haar auf ihrem Kopf. Für mich war damit eine Grenze überschritten, das Maß des Leidens voll. Sie hatte so viele Geburtstage hinter Gittern verbracht, eingesperrt, ohne eine Menschenseele um sich zu haben. Und was hatte sie davon? Ein graues Haar.
Ich saß an ihrem Bett, bis sie aufwachte. Ich dachte, ich dürfte den Nachmittag mit ihr verbringen. Aber man ließ mich nur eine halbe Stunde bei ihr bleiben. Auf dem Weg nach draußen traf ich die Ärztin. »Sagen Sie Ihrer Schwester, daß alles in Ordnung ist«, sagte sie. Aber ich hatte keine Möglichkeit dazu. Noch am selben Nachmittag wurde sie ins Zentralgefängnis von Karachi zurückgebracht.

Meine Ohren rauschen. Tiefe Schwärze umfängt mich, weicht wieder zurück. Ich öffne im Zentralgefängnis von Karachi die Augen und sehe, wie eine Polizistin meine Handtasche durchsucht. Sie nimmt das kleine Notizbuch mit meinen Aufzeichnungen aus Sukkur heraus. »Was machen Sie da«, sage ich schwach zu ihr. Sie schaut mich überrascht an. »Alles in Ordnung«, sagt sie und legt das Notizbuch in die Tasche zurück. Kaum hat sie das Zimmer verlassen, zwingt mich ein sechster Sinn aus dem Bett. Fiebrig und schwindelig schleppe ich mich ins Bad und verbrenne das Notizbuch. Nach einer Stunde treten ein Polizist und eine Polizistin ein. »Ihre Schwester hat Ihnen etwas zugesteckt. Wo ist es?« Sie glauben, das Notizbuch sei von meiner Schwester. »Ich weiß nicht, wovon Sie sprechen«, sage ich. »Sie lügen!« werde ich angeschrien. Sie durchsuchen meine Handtasche und meine wenigen Kleidungsstücke. Ihr Zorn wächst, als sie nichts finden.
»Stehen Sie auf, aber schnell«, schreien mich am nächsten Morgen zwei Polizistinnen an. »Die Ärztin hat gesagt, daß ich achtundvierzig Stunden lang nicht transportiert werden darf«, versuche ich zu protestieren. Die Polizistinnen beachten mich nicht und werfen meine wenigen Habseligkeiten in eine Tasche. Eilig bringen sie mich zu einem Auto, dann werde ich in ein Flugzeug gesetzt. Ich merke, wie ich falle. Stimmen dringen von weit her an mein Ohr. Wellen von Dunkelheit kommen auf mich zu. Ich will nicht von ihnen verschluckt werden. Ich will nicht ohnmächtig werden. Dann verschluckt das Dunkel mich. Stunden später komme ich in meiner Zelle in Sukkur langsam wieder zu mir. Ich höre Stimmen. »Sie lebt«, höre ich jemanden sagen. Eine andere Stimme unterbricht. »Sie hätte nicht so früh transportiert werden dürfen«, sagt sie. Ich gleite zurück in die Dunkelheit, aber diesmal ohne Kampf. Ich habe überlebt.
Ich wußte damals nicht, wieviel Glück ich gehabt hatte. Jam Sadiq Ali, ein ehemaliger Minister der PPP-Regierung, erzählte mir Jahre später, daß er während meines kurzen Krankenhausaufenthaltes in seinem Londoner Exil einen verzweifelten Anruf aus Pakistan erhalten habe. »Setzen Sie alle Hebel in Bewegung«, sagte der Anrufer. »Benazir Bhutto soll auf dem Operationstisch umgebracht werden.« Ali hatte eine Pressekonferenz einberufen und gesagt, mein Leben sei bedroht. Damit hatte er alle potentiellen Pläne des Regimes, mich zu töten, vereitelt.
Ich fühlte mich noch Wochen nach der Operation müde und kraftlos und war zu schwach, um aufzustehen und herumzugehen. Die Gefängniswärter zeigten mir ihre Sympathie inzwischen viel offener. Sie gingen ein

hohes persönliches Risiko ein, wenn sie einen Federhalter, ein neues Notizbuch oder einige Ausgaben von *Newsweek* in meine Zelle schmuggelten. Eine Aufseherin brachte mir sogar etwas frisches Obst. Ich verwandte viel Zeit darauf, die Ereignisse zu notieren, die sich außerhalb der Mauern von Sukkur zutrugen, und schrieb mein Notizbuch, den Rand der Zeitungen und jedes Fetzchen Papier, das ich finden konnte, voll. Die Wärter nahmen das Papier jeden Abend mit, für den Fall, daß überraschend eine Inspektion stattfand. Wenn etwas gefunden wurde, würden sie ihre Stellen verlieren. Ungeduldig wartete ich darauf, daß mir am Morgen die Papiere wieder zurückgegeben würden.
Eintragungen ins Gefängnistagebuch:
20. April 1981: »Die in Urdu erscheinende regierungsnahe Zeitung *Jang* brachte ein BBC-Interview mit Mir Murtaza Bhutto als Titelgeschichte. Mir sagte, er sei zum Zeitpunkt der Flugzeugentführung zwar in Kabul gewesen, habe aber erst davon erfahren, als es bereits zu spät war. Weiter sagte Mir Murtaza, seine Mutter und Schwester, beide in Pakistan, hätten den Zielen der Al-Zulfikar nicht zugestimmt. Er arbeite nicht mit der *Pakistan People's Party* zusammen und habe keinen Kontakt zu seiner Mutter und seiner Schwester.«
21. April, Tagesanbruch. »Nach Berichten von Radio Australien in der vergangenen Nacht soll Mir vor kurzem in Bombay gesagt haben, seine Organisation Al-Zulfikar, auch bekannt als Pakistanische Befreiungsarmee, könne ›Pakistan auf den Kopf stellen‹. Sie werde jetzt mit gewaltsamen Mitteln versuchen, die Regierung abzusetzen. Die Al-Zulfikar habe wenigstens 54 weitere Aktionen innerhalb Pakistans durchgeführt. Dazu zähle auch die Bombe, die kurz vor dem Eintreffen des Papstes im Stadion von Karachi explodiert war. Auf Berichte angesprochen, denen zufolge die Zentrale seiner Organisation sich in Kabul befinden soll, antwortete er: ›Wir haben Leute dort, aber unsere Zentrale ist in Pakistan.‹«
Mein Mut sank, als ich diese Meldungen notierte. Wenn ich nur mit Mir sprechen oder ihn treffen könnte. Unsere letzte Begegnung lag fünf Jahre zurück. Ich wußte nur durch die Bilder in der Zeitung, wie er und Shah Nawaz jetzt aussahen. Ich konnte Mirs Erbitterung und seinen Zorn gut verstehen, aber seine Äußerungen, ob sie nun authentisch waren oder vom Regime falsch wiedergegeben wurden, brachten mich und andere Mitglieder der PPP in noch größere Gefahr. Zia konnte sie als Vorwand benutzen, um der PPP den Garaus zu machen. An meine Brüder kam er nicht heran, aber an uns.

Am 28. April wurde Mir auf die Liste der »meist gesuchten Personen« Pakistans gesetzt, und der stellvertretende Kriegsrechtsverwalter machte während einer Inspektion des Gefängnisses unerwartet einen Besuch bei mir. In Begleitung des Gefängnisdirektors und eines anderen Beamten betrat er meine Zelle. Wie setzten uns auf die zwei einzigen Stühle.
»Warum bin ich verhaftet worden?« fragte ich ihn.
»Wegen der Aktion der Al-Zulfikar.«
»Ich hatte nichts mit Al-Zulfikar zu tun.«
»Wir haben die Unterlagen der Al-Zulfikar in Ihrem Zimmer gefunden«, sagte er. »Jetzt wissen wir über alle Pläne genau Bescheid.« Ich wußte nicht, wovon er sprach.
»Ich habe bis zu der Entführung nichts von der Al-Zulfikar gewußt«, beharrte ich.
»Es ist Sache des Gerichts, über Ihre Verbindung zur Al-Zulfikar, zum Bombenattentat im Stadion und zu Lala Assad zu befinden.«
Lala Assad? Der Vizepräsident der Studentenorganisation in Sind? Ich kannte Lala Assad. Er studierte Maschinenbau in Khairpur. Ich konnte nicht glauben, daß er etwas mit der Al-Zulfikar zu tun hatte, wenn diese Organisation überhaupt existierte. Aber das Regime benutzte die Al-Zulfikar offenbar als Vorwand, um sich möglichst vieler loyaler PPP-Anhänger zu entledigen. Noch ein Mann sei als Komplize der Luftpiraten verhaftet worden, erzählte mir der stellvertretende Kriegsrechtsverwalter: Nasser Baloach. Ich kannte auch ihn. Nasser Baloach war der Arbeitervertreter der PPP in den riesigen Stahlwerken von Karachi.
Als er fort war, notierte ich in mein Tagebuch: »Den Gesprächen von heute morgen entnehme ich, daß das Regime mich verdächtigt, mit Lala Assad und anderen als Angehörige der Organisation Al-Zulfikar am Bombenattentat im Stadion beteiligt gewesen zu sein. Ich kann es kaum glauben. Es klingt so surrealistisch und unheimlich. Die Unschuldigen werden verfolgt. Die Verbrecher herrschen. Was für eine Welt!«
Zwei Tage später erschien mir die Welt noch unendlich bedrohlicher.
»PAPIERE BEWEISEN ES – BHUTTO-FRAUEN WAREN ÜBER ALLES INFORMIERT«, lautete die Schlagzeile der *Jang*. Eine Sekunde lang setzte mein Herz aus, und ein kalter Schauer kroch mir über den Rücken. Das mußte sich auf die »Unterlagen« beziehen, die, wie der stellvertretende Kriegsrechtsverwalter behauptet hatte, in meinem Zimmer gefunden worden waren. Das Regime bereitete das Land offensichtlich auf einen weiteren Bhutto-Prozeß vor.

»Mir kommt alles wie ein Alptraum vor«, schrieb ich am 30. April in mein Tagebuch. »Zuerst der Schock, als wir von der Al-Zulfikar und Mir erfuhren. Jetzt die Entschlossenheit des Regimes, uns in eine Sache hineinzuziehen, mit der wir nichts zu tun haben. Das erscheint unglaublich. Aber vielleicht ist es gar nicht so unglaublich. Mit Papa sind sie genauso verfahren. Jetzt wollen sie es mit denselben Lügen wieder versuchen, obwohl die Welt weiß, daß es Lügen sind. Aber vielleicht glauben sie ja, die Welt wisse es nicht. Nur die Wahrheit ist wichtig. Aber welche Chancen bietet ein Militärgericht, die Wahrheit aufzuzeigen? Da Zia es nicht geschafft hat, uns politisch zu schlagen, versucht er uns physisch auszuschalten und zu zerstören.« Ich ahnte gar nicht, zu welchen Brutalitäten das Regime noch greifen würde bei seinem Versuch, uns zu zerstören.

Das Baldia-Zentrum und die Abteilung 555 in Karachi, die Festung und die Birdwood-Kaserne in Lahore, die Festung von Attock im Norden der Provinz Punjab, die Luftwaffenbasis Chaklala außerhalb von Rawalpindi, das Gefängnis von Mach und das Lager von Khalli in Belutschistan: Immer mehr Anhänger der PPP lernten diese Folterstätten kennen. Die Namen der Orte tauchten immer häufiger in besorgten Berichten von Amnesty International und anderen Menschenrechtsorganisationen auf. Und die ganze Folter diente nur einem Zweck: die PPP, meine Mutter und mich in die Aktionen der Al-Zulfikar zu verwickeln.

Erst Jahre später erfuhr ich, was sich in diesen Folterstätten im einzelnen abgespielt hat. Ketten, Eisblöcke, rektal eingeführte Chilischoten: Mir wurde übel, als ich die Geschichten meiner Freunde und Kollegen hörte und erkennen mußte, zu welcher Grausamkeit der Mensch fähig ist. Aber die Leiden, denen die Menschen unter Zias brutalem Regime ausgesetzt waren, müssen dokumentiert werden.

Faisal Hayat, Rechtsanwalt und Landbesitzer, ehemaliges Mitglied der Nationalversammlung von Punjab:

> Am 12. April 1981 um halb vier Uhr morgens umstellten 400 Polizisten unter der Leitung des Polizeichefs und eines Obersts vom militärischen Nachrichtendienst mein Haus in Lahore. Sie schlugen die Bediensteten und drangen in das Haus ein. Meine Schwester wurde aus ihrem Schlafzimmer gezerrt, obwohl sie noch an den Folgen einer Leberoperation litt. Sie schleppten meine Mutter aus ihrem Zimmer und schlugen meine Schlafzimmertür ein. »Hier ist die Zentrale der Al-Zulfikar«,

sagten sie und packten mich im Nacken. »Wir werden die Raketenwerfer, Panzerfäuste, Maschinenpistolen und die Munition beschlagnahmen, die Sie im Keller gelagert haben.« Ich sah sie sprachlos an. »Durchsuchen Sie alles, was Sie wollen«, sagte ich. »Das ist ein Privathaus, nicht die Zentrale einer terroristischen Organisation. Das Haus hat nicht einmal einen Keller.« Sie verhafteten mich dennoch.

Die ersten 24 Stunden im Gefängnis bekam ich weder Wasser noch irgend etwas zu essen. Dann wurden mir die Augen verbunden. Ich wurde in die Festung von Lahore gebracht, ein 450 Jahre altes Gebäude mit Backsteinmauern aus der Mogulzeit. Shah Jehan, der Schöpfer des Taj Mahal, hat auch den wunderschönen Spiegelpalast der Festung gebaut. Früher ging ich mit meiner Familie oft im Schatten der Sommerpavillons spazieren, wo die Mogulkaiser Teiche mit Wasserlilien angelegt hatten. Aber seit der Flugzeugentführung war die Festung nur noch wegen der dort durchgeführten Folterungen bekannt. Sie wurde das pakistanische Gegenstück zur französischen Bastille.

Mit mir wurden noch etwa 25 bis 30 andere Parteimitglieder verhaftet: Jehangir Badar, der stellvertretende Generalsekretär der PPP in Punjab, Shaukat Mahmood, der Generalsekretär, Nazim Shah, unser Finanzsekretär, Mukhtar Awan, ein ehemaliger Minister. Sie alle waren hohe Regierungsbeamte. Es war furchtbar.

Alle zwei Tage wurde ich zum Verhör gebracht. Ich wußte nie genau, wann. Man holte mich morgens um sechs, abends, mitten in der Nacht. Es kam immer überraschend. Obwohl wir uns bereits im Gefängnis befanden, wurden wir in Handschellen zu Stabsoffizier Rahib Qureshi, Stabschef des Kriegsrechtsverwalters von Punjab, und Abdul Qayyum, Chef des Nachrichtendienstes der Provinz, gebracht, um von ihnen verhört zu werden. Ich werde die Namen und Gesichter dieser beiden Männer mein Leben lang nicht vergessen.

Stundenlang mußte ich vor ihnen stehen. »Wir geben Ihnen die Chance Ihres Lebens«, sagten sie. »Sie sind ein junger Mann. Sie kommen aus einer guten Familie. Sie haben eine Zukunft. Sie brauchen sich nur bereit zu erklären, in der Flugzeugentführung gegen Begum Nasrat Bhutto und Miss Benazir Bhutto auszusagen.«

Ich weigerte mich. Sie erhöhten ihr Angebot. »Sie sind politisch tätig. Wir machen Sie zum Minister.«

»Sie sind in der Textilbranche tätig«, sagten sie zuletzt. »Wegen Ihrer politischen Aktivitäten hat man Ihnen verboten, eine neue Spinnerei zu bauen. Wir heben das Verbot auf. Dann sind Sie ein reicher Mann.«

Als ich mich weiterhin weigerte, änderten sie ihre Taktik. »Wir bringen Sie 25 Jahre hinter Gitter«, drohten sie. »Es herrscht Kriegsrecht. Wir brauchen keine Beweise. Wir können Sie hier und jetzt verurteilen.«

Ich war drei Monate in einer anderthalb Meter langen und ein Meter breiten Zelle eingesperrt. Da ich selbst über 1,80m groß bin, konnte ich mich weder tagsüber noch nachts ausstrecken. In meinem Block gab es vier solcher Zellen. Die offenen Gitterfenster zeigten nach Westen. Von Mittag an brannte die Sonne erbarmungslos auf uns herab und die Temperatur stieg oft bis auf 45 ° C. Es gab keine Möglichkeit, der Hitze zu entrinnen. Draußen vor unseren Zellen waren auf Sockeln Ventilatoren angebracht und so ausgerichtet, daß sie die Luft durch den heißen Korridor bliesen. Wenn die Luft uns erreichte, schien sie zu brennen.

Meine Lippen schwollen an und schmerzten so sehr, daß ich kein Wasser mehr schlucken konnte. Auf meiner Haut bildeten sich Blasen, und mein Körper war vom Gesicht bis zu den Zehen mit runden dunklen Flecken übersät. Ich hatte überall wunde Stellen. Voller Verzweiflung befestigte ich eines Nachmittags mein Hemd an den Gittern, um mich vor den Sonnenstrahlen zu schützen. Da nahmen die Wachen mir das Hemd weg, und ich bekam es erst nach drei Tagen wieder zurück.

In meinem Zellenblock bekam einer nach dem anderen einen Hitzschlag. Ich hörte, wie die Gefangenen ohnmächtig wurden und im Delirium schrien. Ich war der jüngste, siebenundzwanzig damals, und hielt am längsten durch. Aber nach zwei Monaten brach auch ich zusammen. Als ich nach zwei Tagen wieder erwachte, lag ich in einem unterirdischen Keller, in dem die Gefängnisverwaltung ein behelfsmäßiges Krankenhaus eingerichtet hatte. Sobald die Ärzte sahen, daß ich das Bewußtsein wiedererlangt hatte, wurde ich in meine Zelle zurückgebracht.

Bald wurden die Nächte zu einer noch größeren Qual als die Tage. Weder ich noch einer der anderen Gefangenen hatten Bettzeug oder auch nur ein Leintuch. Wir mußten uns auf den unebenen Zementboden der Zelle neben das stinkende offene Loch legen, das uns als Toi-

lette diente. Ameisen krabbelten über uns, Kakerlaken, Eidechsen, Ratten und alle möglichen anderen Insekten und Nagetiere dieser Erde. Und die Hitze ließ keine Minute nach. Die Gefängnisverwaltung hatte an der etwas über zwei Meter hohen Decke 500-Watt-Birnen angebracht und ließ das Licht die ganze Nacht über brennen. Bei der Installation der Lampen wurde sorgfältig darauf geachtet, die Fassungen tief in die Decke einzulassen. So konnte keiner von uns Selbstmord begehen, indem er die Drähte mit bloßen Händen berührte. Ich glaube, ich hätte es getan, wenn es möglich gewesen wäre.
Mein Gesundheitszustand verschlechterte sich rapide. Die hygienischen Verhältnisse waren so schlecht, daß es erstaunlich ist, daß überhaupt jemand überlebte. Das miserable Essen, das wir uns innerhalb von zehn Sekunden von einem vor dem Gitter abgestellten Tablett holen mußten, bestand aus Brot, in das Kieselsteine und Sand eingebacken waren, und dünnem, mit Fliegen bedecktem Curry. Ich hatte wiederholt Anfälle von Ruhr, Malaria und Cholera. Einmal stieg mein Fieber auf fast 41 °C. Mein Kopf drohte zu zerspringen, und das Licht stach mir nachts so in die Augen, daß ich mich nicht mehr beherrschen konnte und vor Schmerzen schrie. Mein Körper brannte entweder vor Hitze oder zitterte vor Kälte, und ich mußte mich dauernd übergeben. Tagelang lag ich in meinem Erbrochenen.
»Sie haben Besuch bekommen«, sagten Stabsoffizier Qureshi und Generalmajor Qayyum eines Tages zu mir. Blinzelnd sah ich die vertraute Gestalt an, die im Verhörraum vor mir stand. Sie hatten meine Mutter geholt.
»Er bekommt fünfundzwanzig Jahre«, sagten die Kriegsrechtsverwalter zu meiner Mutter. »Fünfundzwanzig Jahre, wenn er nicht einwilligt, gegen die Bhuttos auszusagen.«
Meiner Mutter liefen die Tränen über das Gesicht. Sie war eine gebrochene Frau: Ihr Schwager war gefoltert und ins Exil gejagt worden, ihr Sohn fast tot, die Ländereien braun und verdorrt, weil das Regime uns von der Wasserversorgung abgeschnitten hatte. Aber obwohl sie eine weichherzige und gütige Frau war, demonstrierte sie an jenem Tag eine innere Stärke, die ich nie zuvor an ihr gesehen hatte.
»Laß dich nicht von ihnen einschüchtern, Faisal«, sagte sie vor den Offizieren zu mir. »Laß dich nicht zu etwas zwingen, das du nicht willst. Du mußt tun, was dir dein Gewissen gebietet.«
»Mein Leben ist in Gottes Hand«, sagte ich zu ihr. »Diese Männer

sind nur Menschen. Wenn Gott mir das Schicksal bestimmt hat, fünfundzwanzig Jahre im Kerker zu verbringen, kann ich dagegen nichts tun. Aber ich werde das Vertrauen der Familie Bhutto nicht enttäuschen.«

Ich konnte die Bhuttos nicht verraten. Keiner der politischen Gefangenen in der Festung von Lahore war dazu imstande. Wir alle stammten aus guten Familien mit einer langen Tradition im Dienst an Religion und Staat. Wir waren gebildet. Wir hatten einen Namen in der Gesellschaft. Wir hätten trotz aller Versuchungen und Drohungen des Regimes nicht lügen und dann mit der Schande leben können.

Keiner der ehemaligen Regierungsbeamten war zu Falschaussagen gegen die Bhuttos bereit. Nach drei Monaten gaben die Behörden schließlich auf und verlegten uns in regionale Bezirksgefängnisse. Ich wurde für weitere zwei Monate in das Gefängnis von Gujranwala rund 65 Kilometer nördlich von Lahore gebracht. Das Regime wagte es nicht, uns direkt aus der Festung von Lahore in die Gesellschaft zu entlassen. Unser Zustand hätte sogar das Regime beschämt.

Qazi Sultan Mahmood, ehemaliger Angestellter im Hotel Flashman und PPP-Generalsekretär der Stadt Rawalpindi:

Ich hatte bereits ein Jahr strenge Haft im Zentralgefängnis von Mianwali hinter mir, weil ich Protestmärsche gegen das Todesurteil für den Vorsitzenden Bhutto angeführt hatte. Außerdem war mir wegen meiner Arbeit bei der PPP die Stelle im Hotel ersatzlos gekündigt worden. Nach der Flugzeugentführung wurde ich wieder verhaftet und zuerst in das Gefängnis von Rawalpindi eingeliefert. Dann wurde ich in das Gefängnis von Gujranwala verlegt und von dort kam ich in die Festung von Lahore. Es war ein schrecklicher Ort.

»Sagen Sie uns, welche Verbindung zwischen Miss Bhutto und der Al-Zulfikar besteht«, drängten mich die Gefängnisbeamten immer wieder. Als ich sagte, daß Miss Bhutto nie mit mir darüber gesprochen habe und ich nichts über die Flugzeugentführung wisse, peitschten sie mich mit Lederriemen aus und schlugen mich mit Bambusstäben auf den Kopf. Aber das war erst der Anfang.

Ich bin extrem klein – knapp einen Meter groß und 22 kg schwer. Das nutzten sie weidlich aus. Sie hatten ihren Spaß an mir: Als ich mich weigerte, ihre Lügen zu bestätigen, legten sie mir schwere Handschellen an und befahlen mir, die Hände über den Kopf zu heben; meine Arme sind sehr kurz, und als ich bei dem Versuch, ihrem Befehl nachzukommen, umfiel, traten sie mich mit den Füßen und brüllten vor Lachen. Oft hoben sie mich am Bauch hoch und schleuderten mich entweder auf den Boden oder warfen mich wie einen Ball vom einen zum andern.

Sie verbanden mir die Augen und führten mich herum. Ich weiß nicht wohin. »Sie sterben jetzt, wenn Sie nicht bestätigen, daß die Bhutto-Frauen mit der Al-Zulfikar in Verbindung stehen«, sagten sie dann. Wenn ich mich weigerte, hielten sie mich an einem Fuß über die hohe Gefängnismauer. »Warum wollen Sie sterben? Sie brauchen nur dieses Geständnis zu unterschreiben.« »Töten Sie mich«, sagte ich. »Aber ich kann Ihnen nicht sagen, was ich nicht weiß.«

Fünfunddreißig Tage lang folterten sie mich auf diese Weise. Besonders gern ließen sie mich nackt vor ihnen antreten. Dann banden sie mir einen Stecken zwischen die Beine und befahlen mir, so zu verharren. Ich konnte in dieser Position nicht länger als zwei oder drei Minuten stehenbleiben, dann fiel ich vornüber aufs Gesicht. Wenn mir das Blut aus Nase und Mund schoß, fingen sie an zu lachen.

»Sie sind wirklich ein bedeutender Staatsmann«, höhnten sie. »Was hat Mr. Bhutto bloß an Ihnen gefunden? Gibt es da etwas Besonderes? Sie sind eine verächtliche Nummer, ein häßlicher Wicht. Sicher stehen Sie nur deshalb in der Gunst der Bhuttos, weil Sie insgeheim mit der Al-Zulfikar zusammenarbeiten.« Dann stießen sie mich mit den Füßen und schlugen mich. Die Wunden auf meinem Rücken und an meinen Beinen und Händen entzündeten sich, aber sie ließen keinen Arzt zu mir.

Ich verbrachte weitere 35 Tage in Einzelhaft, eingesperrt in völliger Dunkelheit. Man ließ mich in meinem eigenen Dreck liegen, lebendig begraben. Ich bekam nur wenig zu essen, einen Zwieback und vielleicht ein Chapatti mit wäßriger Linsensauce. Das Essen wurde durch ein kleines Loch in der Zellentür geworfen. Ich war nicht groß genug, die Öffnung zu erreichen, deshalb mußte ich mir das Essen im Dreck zusammensuchen. Einmal am Tag ließ man eine Tasse Tee in meine Zelle fallen. Ich versuchte, die Tasse zu fangen, aber meistens verschüttete ich alles. Wenn ich Glück hatte, bekam ich ein oder zwei Schlucke. Ich verbrühte mir oft den Kopf oder die Füße.

Nach zwei Monaten wurde ich entlassen. Bei einem Empfang für andere politische Gefangene in Rawalpindi hielt ich eine Rede. Ich sprach über die schrecklichen Bedingungen und die furchtbare Behandlung politischer Häftlinge unter General Zia. Der *Guardian* brachte die Rede in England, die Agentur Associated Press verbreitete sie in der ganzen Welt. Ich wurde wieder verhaftet und im Gefängnis von Kot Lakhpat zwei Jahre und vier Monate in Einzelhaft festgehalten. Ein einfaches Militärgericht verurteilte mich zu drei Jahren Schwerarbeit im Zentralgefängnis von Multan, später im Gefängnis von Attock. Am 15. Juni 1985 wurde ich schließlich entlassen.

Seither unterstützen mich meine Neffen, weil ich immer noch auf der schwarzen Liste der Regierung stehe. Aber ich arbeite weiterhin für die PPP. Ich werde niemals aufgeben. Solange ich lebe, werde ich Benazir Bhutto nicht im Stich lassen.

Pervez Ali Shah, heute Vorstandsmitglied der PPP Sind und schon damals ein führendes Mitglied der PPP in der Provinz Sind und ehemaliger Herausgeber und Chefredakteur von *Javed,* einem Wochenmagazin:

Ich spielte gerade Kricket mit meinen Söhnen, als am 24. März 1981 ein nicht gekennzeichneter Wagen vorfuhr und Männer in Zivil mich zum Einsteigen aufforderten. Sie sagten, sie seien Polizisten, aber sie hatten keinen Haftbefehl. Sie brachten mich weg, ohne meiner Familie zu sagen, wohin.

Ich war bereits dreimal verhaftet worden, zum ersten Mal zusammen mit meinem 62jährigen Vater am 1. Oktober 1977, als Zia erstmals die Wahlen absagte. Damals waren Autos und Jeeps mit Polizisten vor unserem Haus in Khairpur im Innern der Provinz Sind vorgefahren. Ich kandidierte auf der Wahlliste der PPP für das Provinzparlament. »Bewegt euch«, hatten die Polizisten befohlen. Sie fesselten meinen Vater und mich mit Handschellen aneinander und zogen mit uns durch die Straßen. Die Autos und Jeeps fuhren hinter uns her. Auf den Bürgersteigen blieben die Menschen erstaunt stehen und ließen uns vorbei. Nicht einmal gemeine Verbrecher behandelt man so, schon gar nicht Angehörige angesehener Familien. Zuerst schämte ich mich so sehr, daß ich mein Taschentuch herauszog und versuchte, die Handschellen zu verdecken. Aber als ich sah, daß in den Augen der Menschen Tränen standen, steckte ich das Taschentuch wieder ein. Wir verbrachten 25 Tage auf dem Polizeirevier und schliefen auf dem Boden, dann

wurde ich von einem Major entlassen. Mein Vater wurde zu einem Jahr Haft im Gefängnis von Sukkur verurteilt.
Ein Jahr später, als viele tausend Menschen in Khairpur ihre Verhaftung provozierten, indem sie Mr. Bhuttos Freilassung forderten, kamen die Polizisten wieder. Diesmal war ich nicht zu Hause, aber sie suchten mich überall. Die Beamten drangen sogar in den Frauentrakt ein, den seit Generationen kein Außenstehender betreten hatte. Sie rissen die Kleider aus den Schränken und leerten den Inhalt von Schubladen auf den Boden. Ich wurde schließlich auf der Hochzeit eines Freundes verhaftet und mit einundzwanzig anderen in eine drei mal zwei Meter große Zelle gesteckt. Ich wurde der Brandstiftung beschuldigt. Da die Anklage keine Zeugen beibringen konnte, wurde ich wegen Volksverhetzung zu einem Jahr Gefängnis verurteilt.
Am schlimmsten war jedoch die Verhaftung 1981. Mir wurden die Augen verbunden, und man brachte mich in sechsstündiger Fahrt von Karachi in das Zentralgefängnis von Khairpur, wo ich drei Tag lang ohne Nahrung festgehalten wurde. Dann wurde ich erneut verlegt, zuerst nach Hyderabad, dann mitten in der Nacht zurück zum Polizeirevier Frere in Karachi. »Gebt mir wenigstens eine Tasse Tee«, bat ich die Polizisten. »Sie bekommen alles, was Sie brauchen, in 555«, war die Antwort. Die Abteilung 555 war berüchtigt: Es war die Zentrale des Nachrichtendienstes in Karachi.
Wieder wurde ich in einen Polizeitransporter geladen. Diesmal wurde ich in eine stockdunkle Zelle gebracht, in der ich gerade stehen konnte. »Vorsicht«, schrien Stimmen auf, als ich mit den Füßen auf andere Gefangene trat. Ich weiß nicht, wie lange wir dort in der Finsternis zusammengepfercht waren.
Ich wurde zu Oberst Salim gebracht, dem Chef des Interministeriellen Geheimdienstes. Er reichte mir ein Blatt Papier und einen Bleistift. »Schreiben Sie, daß Miss Benazir Bhutto für das Bombenattentat verantwortlich ist«, sagte er, »und daß Begum Bhutto an der Flugzeugentführung beteiligt ist.« »Wie kann ich etwas schreiben, das ich nicht weiß?« antwortete ich. Er forderte mich noch einmal auf, und ich weigerte mich. Dann rief er Lala Khan herein, den berüchtigten Folterer von 555. Lala Khan band meine Beine an einem hölzernen Gestell fest und begann mit einem langen hölzernen Stock auf meine Kniescheiben zu schlagen. »Ich weiß nichts über das Bombenattentat und die Flugzeugentführung«, flehte ich. Lala schlug weiter zu. Als er fertig war,

konnte ich meine Beine nicht mehr bewegen. »Steh auf, sonst kannst du nie wieder gehen«, sagte Lala kalt.

Ich wurde in eine andere Zelle verlegt. Wiederholt kamen Angehörige der vier Abteilungen des Nachrichtendienstes und forderten mich auf, Benazir und Begum Sahiba zu belasten. Wenn ich mich weigerte, holten sie Lala.

Manchmal mußte ich zusehen, wie Lala andere an den Füßen aufhängte und schlug, bis sie schrien. Manchmal wurde ich an der Decke aufgehängt, so daß meine Zehen gerade den Boden berührten, und mußte stundenlang in dieser Position verharren. Nachts hinderten mich die Wachen, die um meine Zelle postiert waren, am Schlafen. Sie stellten mir dumme Fragen, zum Beispiel wie ich heiße, und stießen mich mit Stöcken, wenn ich nicht antwortete. Wenn ich dann völlig erschöpft und ausgehungert war – ich bekam nur zwei Gläser Wasser und eine wäßrige Linsensuppe pro Tag –, holten sie mich zum Lunch mit einem Vernehmungsbeamten. »Sehen Sie sich an«, hieß es dann, wenn ich in meiner schmutzigen Gefängniskluft bei einem üppigen Mahl mit viel heißem Tee saß. »Sie sind doch ein gebildeter Mann aus einer guten Familie. Warum machen Sie es sich so schwer? Sagen Sie einfach, daß Benazir und Begum Bhutto an der Entführung beteiligt waren, und alles ist vorbei.« Da ich mich weigerte, wurde ich weggebracht und gefoltert.

Nach drei Monaten wurde ich in das Zentralgefängnis von Karachi verlegt, später dann nach Khairpur, wo meine Familie mich einmal im Monat besuchen durfte. Ich wurde sieben Mal vor ein Militärgericht geschleppt, aber das Regime brachte keine Zeugen bei und formulierte keine Anklage. Im Februar 1985 verurteilte mich das Regime schließlich zu einem Jahr Haft wegen der »Verbreitung politischer Ansichten, die eine Gefahr für die Ideologie, Integrität und Sicherheit Pakistans darstellen«. Die fast vier Jahre, die ich bereits im Gefängnis verbracht hatte, wurden dabei nicht angerechnet. Meine Frau hatte einen Nervenzusammenbruch. Sie war der Belastung nicht gewachsen, unser kleines Geschäft in Karachi weiterzuführen und zugleich drei Kinder aufzuziehen.

Wie viele andere wurde Pervez Ali Shah in der schrecklichen Zeit, die auf die Bildung der MRD und die Flugzeugentführung folgte, von Amnesty International als politischer Gefangener adoptiert. Laut Berichten von Amnesty International stieg die Zahl der politischen Häftlinge, die in Pakistan gefoltert wurden, im Jahr 1981 dramatisch an. Die Opfer waren vornehmlich Studenten, Mitarbeiter politischer Parteien, Gewerkschaftsmitglieder und Rechtsanwälte, die einer politischen Partei angehörten. Ausgelöst durch die Flugzeugentführung, kam es zur Bildung einer neuen Kategorie von Gefangenen. »Im Jahr 1981«, heißt es in dem Bericht von Amnesty International über diese Zeit, »gingen Amnesty International erstmals Presseberichte zu, nach denen vier weibliche politische Gefangene gefoltert wurden: Nasira Rana und Begum Arif Bhatti, die Frauen von PPP-Funktionären, Farkhanda Bukhari, ein Mitglied der PPP, und Mrs. Safooran, Mutter von sechs Kindern.« Ich kannte sie alle.

Nasira Rana, Lahore, 13. April:

> Mein Mann, Mitglied der MRD, war in Karachi, als die Polizei Anfang April plötzlich in mein Wohnzimmer stürmte. »Wer sind Sie?« fragte ich voller Angst den Mann, der mir die Mündung eines Gewehrlaufes an den Kopf hielt. Er trug keine Uniform, sondern ein offenes Hemd und schwarze Hosen. Ich sehe heute noch die Goldkette vor mir, die er um den Hals trug.
> »Das kann ich Ihnen sagen«, meinte er drohend. »Ich bin Major in der pakistanischen Armee.« Er drückte mir das Gewehr an die Stirn. Das tat weh, und ich stieß den Lauf weg. Da nahm er das Gewehr und schlug mich mit dem Kolben. Er brach mir die Knochen in meiner Hand und meinen Fingern. Meine zwölfjährige Tochter schrie.
> »Wo ist Ihr Mann?« wollte der Mann wissen, während die anderen Soldaten das Haus durchwühlten. »Er ist nicht da«, sagte ich. Wieder hob er den Gewehrkolben. »Wo ist die Tür zum Geheimgang?« fragte er. »Es gibt keinen Geheimgang«, entgegnete ich. Er sperrte meine Tochter und mich in ein Zimmer. Dann gingen die Männer weg. Fünfzehn Tage später kamen sie wieder.
> »Kommen Sie mit. Sie sind verhaftet.« Vor mir standen der stellvertretende Polizeichef und ein Gerichtsbeamter.
> »Wo ist der Haftbefehl?« fragte ich.
> »Wir sind der Haftbefehl.«
> Sie brachten mich ins Gefängnis. Dort mußte ich die ganze Nacht stehen. Jede Stunde kam ein neuer Vernehmungsbeamter.
> »Ihr Mann ist wie Benazir Bhutto und Begum Bhutto Mitglied der Al-Zulfikar. Das ist eine Tatsache, wir wissen es. Geben Sie es zu. Gestehen Sie.«

Stunden verstrichen. Aber ich blieb hart. Was immer sie sagen mochten, ich würde nicht klein beigeben. Ich spürte, wie meine Knie langsam weich wurden. Ich tastete nach dem Stuhl, der neben mir stand. »Hände weg!« schrien sie.

Zwei Tage später wurde ich in die Festung von Lahore gebracht und zusammen mit einer anderen Gefangenen, Begum Bhatti, in eine winzige Zelle gesperrt. Begum Bhattis Mann war Minister einer Provinz und Finanzminister des Punjab gewesen.

Begum Bhatti:

Wir wurden von elf verschiedenen Regierungsstellen verhört. »Wo sind Ihre Männer?« schrie man uns an. »Sie sind Terroristen und arbeiten mit den Bhutto-Frauen zusammen.«

Die Gefängnisbeamten hielten uns die ganze Nacht über wach. Es war bereits die dritte Nacht ohne Schlaf. »Hier wird nicht geschlafen, Mrs. Rana«, riefen sie in unsere Zelle und schlugen mit Knüppeln gegen die Gitter. »Aufgewacht, Mrs. Bhatti.«

Am nächsten Tag wurden wir zu Generalmajor Qayyum gebracht, dem Chef des Nachrichtendienstes. Die gleichen Fragen und die gleichen Antworten. Einmal packte mich Generalmajor Qayyum an den Haaren und stieß mich mit dem Kopf gegen die Wand.

»Wo ist Ihr Mann?« schrie er mich an.

»Ich weiß es nicht.«

Er drückte brennende Zigaretten auf unsere Arme, bis wir unser verbranntes Fleisch riechen konnten.

»Wo sind Ihre Männer?«

Ich verlor langsam das Bewußtsein. Aus der Ferne hörte ich Nasira schreien.

»Wir werden Sie schon kleinkriegen!« schrie Generalmajor Qayyum. Das waren die letzten Worte, die ich hörte, bevor ich das Bewußtsein verlor.

Nasira:

Wir waren fünf Wochen in der Festung von Lahore, in der heißesten Jahreszeit. Die Sonne brannte erbarmungslos. »Jetzt werden Sie uns bald erzählen, was wir hören wollen«, sagten die Beamten und ließen uns unter Bewachung um die Mittagszeit im zentralen Hof des Gefängnisses stehen. Stundenlang standen wir dort, schwarze Punkte tanzten vor unseren Augen, unsere Köpfe schmerzten und die Zungen schwollen an. Die Wachen tranken vor unseren Augen Wasser und lachten. Eine Stunde verstrich. Noch eine Stunde. Ich hätte nicht sagen können, wie lange wir dort standen. Die Wachen wurden alle drei Stunden abgelöst.

Dreimal brachte man uns in einen speziellen Raum. Man befestigte nasse Schwämme an unseren Handgelenken, durch die Drähte liefen. Alle paar Sekunden kam Strom durch die Drähte, immer und immer wieder. Unsere Körper zuckten und wurden steif. Meine gebrochene Hand war eingegipst und besonders empfindlich. Schließlich schrie ich. Ich konnte nicht anders. »Wir holen Ihren Vater und foltern ihn«, drohten sie. »Wir holen Ihre Tochter.« Die Elektroschocks dauerten zwei Stunden.

Begum Bhatti:

Wir hatten weder ein Bett noch Bettzeug in unserer Zelle. Man gab uns einen Jutesack. Als ich ihn auf den Boden legte, kroch eine fast einen Meter lange Schlange heraus. »Nicht schreien«, sagte ich zu Nasira und mir selbst. Die Schlange brachte meinen Zorn zum Sieden. Ich hob sie mit dem Sack auf, schleuderte sie gegen die Wand und brach ihr das Genick. Die Polizistin draußen schrie auf, als sie die Schlange sah.

Die Behörden wollten uns zwingen, eine Erklärung zu unterzeichnen, daß nicht sie für die Schlange verantwortlich seien, sondern die Schlange von selbst in die Zelle gekommen sei. Wir weigerten uns zu unterschreiben.

Belastet Benazir, belastet Begum Sahiba, belastet eure Männer, so bekamen wir ununterbrochen zu hören. »Würde Ihre Frau etwas sagen, wenn sie in meiner Lage wäre?« fragte ich den Vernehmungsbeamten. »Ja«, sagte er. »Dann ist sie eine schändliche Person«, sagte ich.

Nasira:

Ich erfuhr von einem Wächter, daß mein Mann gefaßt und in die Festung gebracht worden war. Ich weiß nicht, was sie mit ihm gemacht haben. Ich will es auch gar nicht wissen. Nach der Folter erlitt er einen

Herzanfall. Er wurde blau und rang nach Luft. Man brachte ihn ins Krankenhaus, weil es nicht heißen sollte, er sei bei der Folter gestorben. Es ist ein Wunder, daß er überlebt hat.

In meiner Isolation in Sukkur erfuhr ich nichts von diesen Folterungen. Ich wußte nicht, daß Dr. Niazi auf Drängen seiner Frau und seiner Familie nach der Flugzeugentführung Pakistan verlassen hatte, nur wenige Minuten bevor die Polizei kam, um ihn zum dritten Mal zu verhaften. In Kabul erlitt er aufgrund der vergangenen Strapazen einen beinahe tödlichen Herzinfarkt. Auch bei der By-pass-Operation in London entging er nur knapp dem Tod. Dr. Niazi blieb bis 1988 in London.

Auch Yasmin entging nur mit knapper Not der Verhaftung. »Ist Yasmin Niazi zu Hause?« hatte die Polizei am Tor gefragt. »Nein«, hatte Yasmin geistesgegenwärtig geantwortet. Als die Polizei statt dessen ihre Mutter mitnehmen wollte, kam es zwischen Yasmin und Mrs. Niazi zu einer kurzen, im Flüsterton geführten Auseinandersetzung. »Ich werde ihnen sagen, wer ich bin«, sagte Yasmin außer Hörweite der Polizei zu ihrer Mutter. »Yasmin, wenn du das tust, sterbe ich. Entweder ich lebe, aber im Gefängnis, oder dir bleibt nur mein Leichnam. Was ist dir lieber?« Yasmin verhielt sich ruhig, als die Polizei Mrs. Niazi in das Zentralgefängnis von Rawalpindi brachte. Dort wurde sie mit drei anderen Frauen in einer Zelle direkt gegenüber der ehemaligen Todeszelle meines Vaters festgehalten. In den fünf Tagen, die Mrs. Niazi dort in Haft saß, war die Zelle so überfüllt, daß die Frauen sich beim Schlafen abwechseln mußten.

Yasmin hielt sich drei Monate lang versteckt, während die Polizei weiter nach ihr suchte. Sie war in großer Gefahr. Dr. Niazi machte sich große Sorgen um seine Tochter und kaufte trotz seiner schlechten gesundheitlichen Verfassung ein PIA-Ticket für sie, damit sie zu ihm nach London kommen konnte. Aber wie sollte man sie außer Landes schaffen? Nach ihrer Entlassung aus dem Gefängnis hatte Mrs. Niazi mit der britischen Botschaft telefoniert. Glücklicherweise war Yasmin in England geboren, und die Botschaft teilte Mrs. Niazi mit, daß sie innerhalb von achtundvierzig Stunden einen britischen Paß bekommen könne, wenn sie den Paß vorlegte, mit dem Yasmin mit ihr als Kind gereist war. Mrs. Niazi fand den 18 Jahre alten Paß ganz unten in einer Kiste im Keller ihres Hauses.

»Ich konnte Yasmin nicht zum Flughafen begleiten, weil ich Angst hatte, erkannt zu werden«, erzählte mir Mrs. Niazi Jahre später, und ihre Stimme zitterte immer noch. »Ich hüllte sie in einen *burqa* und schickte sie zusammen mit ihrer Schwester los. Yasmin wurde auf persönlichen Befehl Zias men mit ihrer Schwester los. Yasmin wurde auf persönlichen Befehl Zias gesucht. In Islamabad waren Haftbefehle auf ihren Namen ausgestellt. Sie wurde in allen Provinzen gesucht. Es gab keine Liste, in der ihr Name gefehlt hätte. Daß sie das Land überhaupt verlassen konnte, verdankt sie Gott.«

»In Ihrem Paß fehlt das Einreisevisum«, sagte der Beamte von der Einwanderungsbehörde am Flughafen. »Das ist aber merkwürdig«, bluffte Yasmin. »Da muß irgendein Fehler passiert sein.« Als er sich umdrehte und ihren Namen auf einer Liste suchte, gingen im Flughafen plötzlich die Lichter aus. Über eine Minute lang war der ganze Flughafen in Dunkelheit gehüllt und unter den Passagieren, die ihr Flugzeug erreichen wollten, brach ein Chaos aus. Als das Licht wieder anging, war der Beamte von der Einwanderungsbehörde so in Eile, daß er ihren Paß nur abstempelte und sie durchwinkte.

Yasmin kam sicher in London an. Dort heiratete sie meinen Cousin Tariq, der auch ein politischer Flüchtling ist. Sie leben immer noch mit ihren zwei kleinen Kindern in London.

Die Hitze erreichte Sukkur im Mai: eine trockene, glühende Hitze, die meine Zelle in einen Backofen verwandelte. Durch die offenen Gitterwände blies ständig der Wind, der sich in der umliegenden Wüste im Innern von Sind auf 45 bis 50 °C aufgeheizt hatte. Unablässig wirbelte Staub durch meine Zelle. Mein Körper war klebrig vor Schweiß und oft mit einer Staubschicht bedeckt.

Meine Haut wurde rissig, sie schälte sich und löste sich in Fetzen von meinen Händen. Auf meinem Gesicht bildeten sich immer mehr Geschwüre. Schweiß floß in die Wunden und brannte wie Säure. Mein dickes Haar fiel mir in Büscheln aus. Ich hatte keinen Spiegel, aber ich konnte meine Kopfhaut mit den Fingern fühlen: feucht, sandig, kahl. Jeden Morgen fand ich neue Haarbüschel auf dem Kopfkissen.

Insekten fielen wie eine Invasionsarmee über meine Zelle her. Heuschrekken, Moskitos, Stechfliegen, Bienen, dauernd brummte mir etwas vor dem Gesicht herum oder krabbelte an meinen Beinen hinauf. Ich fuchtelte mit den Armen, um die Insekten zu verscheuchen, aber es waren so viele, daß meine Bemühungen meist zwecklos war. Sie kamen durch die Risse im Fußboden und durch die offenen Gitter aus dem Hof, große schwarze Ameisen, Kakerlaken, ganze Horden roter Ameisen und Spinnen. Nachts zog ich mir das Laken über den Kopf, um mich vor ihren Bissen zu schüt-

zen, und schlug es wieder zurück, wenn ich vor Hitze kaum noch atmen konnte.
Wasser. Ich träumte von kühlem, klarem Wasser. Das Wasser, das ich im Gefängnis zu trinken bekam, war bräunlich oder gelb. Es roch nach fauligen Eiern und schmeckte weder nach Wasser, noch löschte es meinen Durst. Aber die Gefängnisverwaltung beschlagnahmte das frische Wasser, das mir Mujib, ein in der Nähe lebender Rechtsanwalt, geschickt hatte. »Das geschieht zu Ihrem eigenen Nutzen«, sagte der Gefängnisdirektor mir. »Diese Leute sind Ihre Feinde. Die Führer Ihrer Partei wollen Sie aus dem Weg räumen.« Bei anderer Gelegenheit sagte er, er habe die Orangen, die Mujib geschickt hatte, selbst gegessen, statt sie an mich weiterzugeben. »Ich wollte Ihnen das Leben retten«, sagte er. »Die Orangen hätten vergiftet sein können.« Ich kam mir vor wie in einem absurden Theaterstück.
Ich wandte mich an die Gefängnisverwaltung. »Kann ich bitte ein Insektenspray bekommen?«
»Unmöglich«, war die Antwort. »Insektenspray ist giftig. Wir wollen nicht, daß Ihnen etwas zustößt.«
Was sollten diese ständigen Anspielungen auf Gift? Plötzlich wurde mir klar, daß man mir den Gedanken an Selbstmord nahelegen wollte. Für das Regime wäre es die sauberste Lösung gewesen, sagen zu können, daß Benazir Bhutto sich umgebracht hatte. Damit wäre das Problem aus der Welt gewesen. Die Bestätigung meiner Hypothese war eine Flasche Phenyl, ein starkes Reinigungsmittel, das die ganze Zeit über in meiner Zelle stand. Auf dem Etikett war ein Totenkopf. »Passen Sie auf, daß Sie das Reinigungsmittel nicht in der Zelle vergessen«, sagte der Gefängnisdirektor bei jedem seiner wöchentlichen Besuche laut zu der Frau, die meine Zelle putzte. »Lassen Sie das Phenyl nicht aus den Augen. Vielleicht will Miss Bhutto ihrem Elend ein Ende bereiten.« Doch die Flasche mit dem Gift blieb, wo sie war.
Spielten sie mit mir? Meine Ohren machten mir wieder zu schaffen. Meine chronischen Beschwerden verschlimmerten sich durch den Staub und den Schweiß, der mir dauernd über das Gesicht rann. Aber der Gefängnisarzt versicherte mir immer wieder, alles sei in Ordnung. »Sie sitzen in Einzelhaft und stehen unter großem Streß«, sagte er ruhig zu mir. »Viele Menschen in Ihrer Situation bilden sich Beschwerden und Schmerzen ein, die real gar nicht existieren.« Ich begann ihm schon halb zu glauben. Vielleicht bildete ich mir das Klicken in den Ohren, das mich Tag und Nacht belästigte, tatsächlich nur ein. Wenn es nur nicht so heiß gewesen wäre.

Meine Mutter schrieb mir am 23. Mai aus dem Zentralgefängnis von Karachi und berichtete mir von ihrem Rezept gegen die Hitze: »Meine liebe Pinkie. Ich begieße mich drei- bis viermal täglich mit Wasser, um die Hitze zu bekämpfen. Du solltest das auch ausprobieren. Ich beuge den Kopf vor und gieße mir Becher voll Wasser über Kopf und Nacken, dann über den ganzen Körper. Die Kleider behalte ich an. Danach setze ich mich auf mein Bett unter den Ventilator. Bis die Kleider trocken sind, ist es schön kühl. Man fühlt sich sogar noch eine ganze Weile frisch, wenn die Kleider bereits getrocknet sind. Mit Hilfe dieser Methode bekommst Du keine Hitzepocken [Ausschlag]. Es ist wunderbar. Ich empfehle Dir dieses Verfahren dringend... In Liebe, Deine Mutter.«

Ich beherzigte ihren Rat und goß mir jeden Morgen den ganzen Eimer Wasser über den Kopf. Es war in Sukkur zwar heißer als in Karachi und ich hatte keinen Ventilator, aber bis meine Kleider in dem heißen Wind getrocknet waren, fühlte ich mich wohl. Ich merkte nicht, daß meine Entzündung sich verschlimmerte, je mehr Wasser in das Ohr drang. »Das bilden Sie sich nur ein«, beruhigte mich der Gefängnisarzt weiterhin. Er war kein Facharzt. Ich werde nie erfahren, ob er es absichtlich oder aus Unwissenheit sagte.

Zweihundertfünfzigmal Hüpfen auf der Stelle. Vierzig Rumpfbeugen. Armkreisen. Zwanzigmal tief durchatmen. Lies die Zeitung. Ignoriere die Artikel, die deine Mutter und dich mit der Flugzeugentführung in Verbindung bringen. Beschäftige dich statt dessen mit der Stickarbeit, die Mujib und seine Frau Almas geschickt haben: Stoff, Garn und ein Musterbuch.

»Ich habe ein Teewagendeckchen und vier Servietten bestickt«, schrieb ich in mein Tagebuch. »Wenn ich wieder frei bin, kann ich alle damit langweilen: ›Und das habe ich im Gefängnis gemacht.‹ Weniger salopp ausgedrückt bewirkt die Konzentration, die man bei der Handarbeit braucht, daß die Gedanken nicht herumwandern. Die Handarbeit ist im Vakuum der Einzelhaft ein Orientierungspunkt, eine Beschäftigung, ein Fixpunkt, an dem man den Tag aufhängen kann. Sie hat also einen positiven Effekt.«

Ich zwang mich, wenigstens eine Stunde am Tag in mein Tagebuch zu schreiben. »François Mitterrand wurde in Frankreich zum ersten sozialistischen Präsidenten der Nachkriegszeit gewählt«, notierte ich am 11. Mai. »Die angloamerikanischen Medien haben eine heftige Kampagne gegen Giscard geführt. Die Wahl wird für die Politik in Europa weitreichende Folgen haben. In Frankreich wird es während der Umstellung auf die sozialistische Politik möglicherweise interne Konflikte geben. Das wird der aggressiven französischen Außenpolitik den Stachel nehmen. Wer wird Frankreichs einflußreiche Position in den arabischen und afrikanischen Staaten übernehmen? Wie wird sich die Beziehung zwischen der Bundesrepublik Deutschland und Frankreich entwickeln, jetzt, da die Partnerschaft der ›Technokraten‹ und ›Freunde‹ Giscard und Schmidt beendet ist? Wie steht es mit den Auswirkungen auf Italien?«

Am selben Tag notierte ich den Tod von Bobby Sands, einem irischen Dissidenten. »Nach 66 Tagen Hungerstreik starb Bobby Sands schließlich in einem britischen Gefängnis. Für die Briten war Bobby Sands ein Terrorist. In den Augen seiner Landsleute jedoch kämpfte Bobby Sands für politische Freiheit und politische Rechte. Das ist der Lauf der Welt.« Viel zu oft ließ ich jedoch Tage verstreichen, ohne auch nur eine Zeile zu schreiben. »Ich habe eine ganze Weile nicht ordentlich Tagebuch geführt«, schimpfte ich mich am 8. Juni selbst in meinem Tagebuch. »Es hat keinen Sinn, darüber zu grübeln, worüber ich überhaupt schreiben soll. Ich kann immer die Meldungen der Zeitungen zusammenfassen. Wenn man nicht schreibt, gehen der flüssige Ausdruck und die Vertrautheit mit Wörtern und Sätzen verloren und man büßt die Fähigkeit ein, Gedanken auszudrücken.«

Langsam aber sicher fand ich in einen gewissen Rhythmus. »Jede Stunde kommt mir länger vor als ein Tag oder eine ganze Woche, und dennoch habe ich es bis jetzt geschafft«, notierte ich am 11. Juni. »›Angepaßte‹ ist nicht das richtige Wort. Ich kann mich nicht einer so elenden Situation anpassen. Sich anpassen heißt aufgeben. Aber ich bin mit der Situation fertig geworden. Jeder Augenblick hat sich hingezogen, aber er ist auch vorübergegangen. Gott allein hat mir bei dieser Prüfung geholfen. Ohne ihn wäre ich verloren gewesen.«

Meine Haft in Sukkur sollte am 12. Juni um die Mittagszeit enden. Ich hatte keine Ahnung, ob ich freigelassen würde oder weiterhin in Haft bleiben mußte. Vielleicht erwarteten mich auch Prozeß und Hinrichtung. »Am Ende kommt der Tod, aber ich fürchte ihn nicht«, schrieb ich in meinen Aufzeichnungen. »Die Bestien des Regimes können nur Menschen verschwinden lassen, nicht aber Ideen. Die Idee der Demokratie wird überleben. Der Sieg der Demokratie wird kommen, und in ihm werden wir weiterleben. Wenigstens wäre ich dann von der Monotonie der Einzelhaft erlöst, die weder Leben noch Tod ist.«

Um elf Uhr des Tages, an dem meine Haft enden sollte, kam ein Befehl vom stellvertretenden Kriegsrechtsverwalter. Er sei »erfreut«, schrieb er, mir einen neuen Haftbefehl zustellen zu können. Meine Einkerkerung in Sukkur verlängerte sich bis zum 12. September.

21. Juni 1981. Mein achtundzwanzigster Geburtstag. Zentralgefängnis von Sukkur.

Meine Schwester Sanam:

Ich erhielt die Erlaubnis, meine Schwester an ihrem Geburtstag zu besuchen. Es war schon der dritte, den sie im Gefängnis verbrachte. Mein Flug von Karachi hatte Verspätung. Dadurch blieb mir nur eine Stunde für den Besuch. Als ich endlich an ihrer Zelle ankam, weinte ich vor Enttäuschung. Ich war immer wieder durchsucht worden. Die Gefängnisaufseherinnen hatten meine Haare durchwühlt, die ich damals sehr kurz trug, meine Tasche geleert und jede Seite der Zeitschrift *Cosmopolitan* umgeblättert, die ich für Pinkie mitgebracht hatte. Sie ließen mich von den Nahrungsmitteln kosten, die ich für meine Schwester dabeihatte, um sicherzugehen, daß sie nicht vergiftet waren. »Ich habe kaum noch Zeit für den Besuch«, protestierte ich, als die Aufseher betont langsam die vier Tore auf- und zuschlossen, die zwischen Pinkie und den äußeren Mauern des Gefängnisses lagen. Sie wollten ihr nur wehtun, sogar an ihrem Geburtstag.

Meine Schwester empfing mich, als sei sie eine besorgte Gastgeberin und ich ein geschätzter Gast. Ein Freund in Sukkur hatte ihr ein paar Orangen geschickt. Sie bot mir eine an und entschuldigte sich, daß sie keinen Teller habe, um sie darauf zu legen, und auch kein Messer, um sie zu schälen. »Man befürchtet, daß ich mir die Pulsadern aufschneide«, sagte sie lächelnd. Ich schämte mich entsetzlich. Da saß ich, heulte und klagte über die Strapazen der Reise, während sie im Backofen von Sukkur gefangen war und sich überhaupt nicht beklagte. Sie sah krank aus und war spindeldürr. Zu meinem Schrecken entdeckte ich, daß sogar ihr Haar schütter geworden war. Ich konnte die Kopfhaut sehen.

»Erzähl mir, was es Neues gibt«, sagte sie, als wären wir zu Hause in unserem Schlafzimmer. Ich hatte ihr etwas sehr Wichtiges zu sagen, aber direkt vor dem offenen Gitter saß ein großer, kräftiger Polizist, und bei uns in der Zelle war eine Polizistin, die jedem Wort lauschte, das wir wechselten. Wir konnten uns nur auf das Bett setzen. Ich setzte mich dicht neben Benazir.

»Nasser will mich heiraten«, flüsterte ich.
»Laß sie nicht flüstern«, sagte der Polizist und rüttelte an den Gitterstäben.
Die Polizistin rückte näher zu uns. »Das sind ja wunderbare Neuigkeiten, Sunny«, sagte meine Schwester. »Ich freue mich so für dich.« Die Polizistin kam noch näher, sie steckte ihren Kopf praktisch zwischen mich und meine Schwester.
»Ich möchte nicht heiraten, solange du und Mama im Gefängnis sitzen«, sagte ich leise zu Pinkie. »Ich habe Nasser gesagt, wir sollten warten, bis meine Familie wieder frei ist.«
»Aber das ist genau der Grund, warum ihr nicht warten solltet«, sagte Pinkie. »Wer weiß, wann wir entlassen werden. Wir haben uns beide Sorgen gemacht, weil du alleine lebst. Unter dem Schutz eines Mannes wirst du viel ruhiger leben können. Und auch wir wären beruhigter.«
»Ach Pinkie, warum muß das alles so sein?« Ich umarmte sie.
»Auseinander!« schrie der Polizist. Die Polizistin zog uns auseinander und stellte den Fuß zwischen uns aufs Bett.
»Meine Güte«, sagte Pinkie, »wir sprechen nicht über Politik, sondern über Familienangelegenheiten. Ich habe meine Schwester monatelang nicht gesehen. Ich habe Geburtstag. Können Sie uns nicht ein bißchen Privatleben gönnen?«
Der Polizist ignorierte Pinkie und kritzelte eifrig irgendwelche Bemerkungen über unser Gespräch in sein Notizbuch. Den Rest der Zeit stand die Polizistin zwischen uns. Ich konnte kaum die Tränen zurückhalten, als ich meine Schwester allein in dieser kahlen, leeren Zelle bei diesen schrecklichen Menschen zurücklassen mußte. »Ich wünsche dir und Nasser viel Glück«, rief sie hinter mir her. »Herzlichen Glückwunsch zum Geburtstag, Pinkie«, konnte ich gerade noch zurückrufen, während die Polizisten mich nach draußen schoben.

An Miss Benazir Bhutto — von Begum Nusrat Bhutto
Zentralgefängnis von Sukkur — Zentralgefängnis von Karachi
29. Juni 1981

Mein liebes Kind,

Wenn dieser Brief Dich erreicht, hast Du bald Geburtstag. Ich erinnere mich noch an den Tag, an dem mir der Arzt in England, wo Dein Vater studierte, die frohe Nachricht überbrachte, daß ich schwanger sei. Wie

aufgeregt und glücklich wir waren! Du warst unsere Erstgeborene, der unsere ganze Liebe galt. Wie wir die gute Nachricht feierten! Im Pinto's Hospital konnte ich dann in der Nacht nach Deiner Geburt nicht schlafen, weil ich Dich einfach nur im Arm halten und Deine wundervollen goldenen Löckchen, Dein rosiges Gesicht und Deine wunderbaren Hände mit den langen Fingern betrachten wollte. Mein Herz klopfte, wenn ich Dich ansah.
Als Dein Vater aus England kam, warst Du drei Monate alt. Solange seine Eltern dabei waren, war er schüchtern, aber als wir allein waren, starrte er Dich unablässig an. Dann berührte er Dein Gesicht und Deine Hände und konnte gar nicht glauben, daß er ein so niedliches Kind hatte. Er wollte wissen, wie er Dich halten mußte. Ich hob Dich auf. »Eine Hand unter den Kopf, die andere um den Körper«, sagte ich und gab ihm Dich. Er meinte, Du würdest aussehen wie er. Er war ganz aus dem Häuschen. Mit Dir auf dem Arm ging er immer im Kreis herum – ich kann Dir keine Einzelheiten mehr berichten. Meine Augen füllen sich mit Tränen, wenn ich an die schönen Tage denke, die nun vorbei sind.
Ich erinnere mich an den Tag, als Du, erst zehn Monate alt, den ersten Schritt getan hast. Ich weiß noch, wie Du eine Woche vor Deinem ersten Geburtstag in Quetta die ersten verständlichen Worte gesagt hast, wie ich Dich im Alter von nur dreieinhalb Jahren in die Vorschule brachte, was für hübsche Kleidchen ich Dir genäht und liebevoll bestickt habe. Nach jedem meiner täglichen fünf Gebete habe ich noch um Glück, Gesundheit und ein langes Leben für Dich gebetet.
Jetzt rückt der 21. Juni näher, und ich wünsche Dir alles Gute zum Geburtstag und für das kommende Jahr. Ich kann Dir nichts schenken, nicht einmal einen kleinen Kuß, da wir für weitere neunzig Tagen so weit voneinander entfernt eingesperrt sind... Ich hoffe, Du ißt ordentlich und trinkst viel Wasser, Liebes. Vergiß nicht, auch Obst und Gemüse zu essen. Ich schließe mit den besten Wünschen für Deine Zukunft.

Deine Dich ewig liebende Mutter

Obst und Gemüse und Wasser. Was für liebe Wünsche von einer Mutter. Sie tat mir schrecklich leid. Ein neuer Haftbefehl. Wie lange wollte man sie noch leiden lassen?
Mein neuer Haftbefehl beförderte mich zu einer Gefangenen der Klasse A. Das berechtigte mich zu einem Radio, einem Fernsehapparat, einem Kühlschrank – ich stellte mir vor, er wäre voller Flaschen mit

kaltem, sauberem Wasser – und einer Klimaanlage. Ich war eine Weile außer mir vor Freude, obwohl ich mir nicht recht vorstellen konnte, wie eine völlig offene Zelle klimatisiert werden kann. Ich hätte mir keine Gedanken zu machen brauchen: Das einzige Privileg, das mir die viel gepriesene Beförderung in die Klasse A brachte, war die Freiheit, nachts im Gefängnishof spazieren zu dürfen. Ich würde nachts nicht mehr in meine Zelle eingesperrt, sagte der Gefängnisdirektor zu mir, als wäre das ein großartiges Geschenk. »Ich will den Status der Klasse A nicht«, teilte ich ihm schriftlich mit. »Ich will nichts mit Ihren Lügen zu tun haben.«

Ich träumte davon, frei zu sein. Ich träumte von einem Steak mit Pilzen im Sorbonne in Oxford. Ich träumte von frischem Apfelwein in Neuengland und von Pfefferminzeis bei Brigham's. Mein Vater hatte sich die Zeit in der Todeszelle damit vertrieben, daß er sich einen Bekannten vorstellte und sich an alles zu erinnern versuchte, was er von ihm wußte. Ich dachte an Yolanda Kodrzycki, meine Zimmergenossin in Radcliffe. Als ich das letzte Mal von ihr hörte, arbeitete sie als Betriebswirtin in Massachusetts. Ich dachte an Peter Galbraith. Er arbeitete inzwischen in Washington für den Senatsausschuß für Auswärtige Beziehungen und hatte Anne O'Leary geheiratet, seine langjährige Freundin, die ebenfalls mit mir zusammen studiert hatte. Ich hatte die beiden in Harvard miteinander bekannt gemacht. Die Zeit zog sich hin. »Auch diese Tage werden vorübergehen«, hatte mein Vater mir im Gefängnis gesagt. »Was zählt ist nur, daß wir sie mit Anstand hinter uns bringen.«

Mir fehlte seine Geduld. Ich wollte nur noch hier raus. Sunny erzählte mir, General Abbassi, der Kriegsrechtsverwalter von Sind, habe gesagt, das Regime wolle uns physisch, moralisch und finanziell vernichten. Im Mai hatte das Regime einen Zivilprozeß angestrengt. Clifton 70, Al-Murtaza, unsere Äcker und andere Besitzungen sollten öffentlich versteigert werden. Mehr wußte ich nicht. Würde ich überhaupt noch ein Zuhause haben, in das ich zurückkehren konnte, wenn ich überlebte? Würde ich jemals wieder in meinem eigenen Bett schlafen? Während draußen die Sommerhitze brütete, war ich wie besessen von dem Wunsch, nach Clifton 70 oder Al-Murtaza verlegt zu werden. Irgendwie glaubte ich, daß meine physische Gegenwart in diesen Häusern das Regime davon abhalten könnte, sie zu beschlagnahmen. Meine wiederholten Bittschreiben wurden, wie zu erwarten, abgelehnt. »Wir können nicht so viele Wachen entbehren«, wurde mir mitgeteilt. Als ob ein ganzes Regiment erforderlich wäre, um eine junge Frau in ihrem Haus festzuhalten.

Der Gefängnisdirektor bediente sich einer neuen Taktik, um mich zu demoralisieren. »Ihre Parteifunktionäre lassen Sie im Stich«, sagte er und erzählte mir Geschichten von PPP-Mitgliedern, die sich mit Mitgliedern der Oppositionsparteien oder sogar mit Vertretern des Regimes trafen. »Die lassen Sie sitzen. Warum vergeuden Sie hier Ihr Leben? Kehren Sie der Politik den Rücken, und Ihre Schwierigkeiten sind zu Ende.«

Ich betete zu Gott, daß er mir Kraft gebe. »Wenn ich der einzige Mensch bin, der übrig ist, um gegen die Tyrannei des Regimes zu kämpfen, dann sei es so«, entgegnete ich. »Ich glaube Ihren Lügen nicht. Auch wenn alle anderen kapitulieren, ich werde nicht aufgeben.« Ich glaubte nicht, daß die PPP-Führer, von denen einige im Juli freigelassen worden waren, die Partei im Stich lassen würden. Ich erlaubte mir nicht, es zu glauben.

Ich begann, ein besonderes Gebet für meine Freilassung zu beten, von dem mir eine der Aufseherinnen erzählt hatte. »*Qul Huwwa Allahu Ahad*. Sprich: Er ist der eine Gott«, begann ich die 112. Sure des Korans und rezitierte die Verse einundvierzigmal. Dann blies ich über einen mit Wasser gefüllten Becher und spritzte ein wenig Wasser in die vier Ecken meiner Zelle. Ich betete für die anderen Gefangenen, für meine Mutter und für mich selbst. Am vierten Mittwoch, sagte mir die Gefängniswärterin, werde sich das Gefängnistor öffnen. Und so geschah es.

Am vierten Mittwoch des vierten Monats meiner Haft in Sukkur öffnete sich die Zellentür. Die Gefängnisverwaltung brachte mich zu einem kurzen Besuch bei meiner Mutter nach Karachi. Viermal noch zelebrierte ich mittwochs das Ritual, dann öffnete sich die Zellentür meiner Mutter. Sie wurde im Juli aus der Haft entlassen, nachdem sie Blut erbrochen hatte. Die Gefängnisärzte diagnostizierten ein Magengeschwür. Ihren schlimmen Husten hielten sie für TB.

Ich wußte nichts vom Gesundheitszustand meiner Mutter und erfuhr nur über eine Gefängniswärterin von ihrer Entlassung. Ich war begeistert, daß mein Gebet gewirkt hatte, und verdoppelte meine Bemühungen in Sukkur. Ich fügte weitere Gebete hinzu und verspritzte immer mehr Wasser für andere Gefangene und mich selbst. »*Allahu Samad,* der ewige Gott.« Am vierten Mittwoch im August öffnete sich die Zellentür wieder. »Sie verlassen Sukkur«, sagte die Wärterin.

Eilig packte ich meine Sachen zusammen. Bitte, lieber Gott, mach, daß man mich nach Clifton 70 bringt, nach Hause.

Der Konvoi aus Militär- und Polizeifahrzeugen fuhr nicht nach Clifton 70. Ich wurde in das Zentralgefängnis von Karachi gebracht und in die alte Zelle meiner Mutter gesperrt.

9. Kapitel

In der alten Zelle meiner Mutter im Zentralgefängnis von Karachi

Zentralgefängnis von Karachi, 15. August 1981.
Bröckelnder Zement, eiserne Gitterstäbe und Stille, absolute Stille. Ich bin wieder völlig isoliert. Die Nachbarzellen des geschlossenen Trakts sind geräumt worden. Ich sehne mich nach dem Klang einer menschlichen Stimme. Aber hier herrscht nur Stille.
Es ist heiß in dem feuchten, schwülen Klima von Karachi, und der Ventilator an der Decke bringt keine Erleichterung. Es gibt wieder einmal keinen Strom. Einmal täglich fällt der Strom aus, manchmal drei Stunden lang, manchmal länger. Die Gefängnisverwaltung schiebt das auf einen Defekt im zentralen Elektrizitätswerk.
Aber ich weiß, daß das nicht stimmt. Nachts sehe ich, daß der Himmel von den Lichtern der anderen Teile des Gefängnisses erleuchtet wird. Nur mein Zellenblock ist dunkel.
Das Regime hat mich in eine Zelle der Klasse A gesteckt, die hochrangigen politischen Gefangenen vorbehalten ist, aber wie schon früher werden mir die Privilegien dieser Klasse vorenthalten. Die Zellen rechts und links von meiner Zelle, die gewöhnlich als Wohnzimmer und Küche dienen, stehen leer und sind abgeschlossen. Die Zelle, in der ich festgehalten werde, ist klein und schmutzig. Die »Toilette« hat keine Spülung; es wimmelt dort nur so von Fliegen und Schaben. Der Gestank mischt sich mit dem Gestank des offenen Abwasserrohres, das draußen durch den Gefängnishof läuft. Der einzige Wassereimer ist mit toten Insekten verkrustet.
Das Klimpern der Schlüssel und das Klicken von Schlössern signalisiert mir morgens, daß mein Essen kommt. Ohne ein Wort zu sagen, bringt mir die grau-uniformierte Gefängniswärterin, die im Hof am anderen Ende des Zellenblocks schläft, das Essen. Es wird mit Erlaubnis der Behörden in Clifton 70 zubereitet und hierher geschickt. Die ersten paar Male schnürt es mir die Kehle zu, wenn ich die Deckel hochhebe und sorgfältig zubereitetes püriertes Hähnchen mit Pilzen, Kebab und *sheeks,* Fleisch-

spieße mit Hühnerfleisch vorfinde. Obwohl ich keinen Appetit habe und nur ein paar Happen hinunterbringe, muß ich immer daran denken, wie meine Mutter für mich sorgt und mein Essen zu Hause in unserer Küche zubereiten läßt.

Ich mache mir Sorgen um meine Mutter. Zwei Wochen nach meiner Einlieferung ins Zentralgefängnis von Karachi durfte sie mich besuchen. Obwohl ich erleichtert war, sie lebendig wiederzusehen, erschrak ich über ihr Aussehen. Die blasse, abgehärmte Frau mit den nervösen Bewegungen und dem grauen, in der Mitte gescheitelten Haar, das zu einem Zopf zusammengebunden war, hatte keine Ähnlichkeit mehr mit der eleganten, selbstbewußten Frau, als die ich meine Mutter kannte.

Ihre Augen füllten sich mit Tränen, als sie mich als Gefangene in ihrer alten Zelle sah. Trotzdem versuchten wir beide tapfer zu lächeln und die Wärter zu ignorieren, die sich um uns drängten, um die Neuigkeiten zu hören, die meine Mutter mir zögernd berichtete. Sie habe sich im Gefängnis einen Husten geholt, erzählte sie ruhig. Zuerst habe sie geglaubt, der Staub sei die Ursache, aber dann habe sie Blut gehustet. Nach mehreren Visiten teilten der Gefängnisarzt und die Behörden ihr mit, daß sie vermutlich Tuberkulose habe. Diese Diagnose überraschte sie nicht. In Pakistan leiden viele Menschen an Tuberkulose, da ihre Lungen durch den vielen Staub gereizt werden und ihre Abwehrkräfte durch die schlechte Ernährung geschwächt sind. Aufgrund der schlechten hygienischen Verhältnisse im Gefängnis sind die Insassen besonders anfällig für TB und andere Krankheiten. Die Häftlinge spucken oft auf den Boden; dadurch gelangen die Viren in die Luft.

Ihr Hausarzt vermute sogar noch Schlimmeres, fuhr meine Mutter fort. Obwohl sie für eine Bronchoskopie noch zu schwach sei, schließe er nicht aus, daß sie an Lungenkrebs leide. Lungenkrebs. Ich umarmte sie und versuchte, nicht zu zeigen, wie mich diese Nachricht traf. Ich wollte stark sein, für meine Mutter und wegen der Geheimdienstagenten, die sich unter den Aufsehern befanden und die, wie ich wußte, General Zia Bericht erstatten würden.

»Vielleicht ist es gar kein Lungenkrebs«, tröstete ich sie. »Warte das Ergebnis der Bronchoskopie ab.« Ich ließ meine Stimme so fest klingen, wie ich irgend konnte.

»Er meint, ich könnte geheilt werden, wenn ich rechtzeitig behandelt würde«, sagte meine Mutter. »Wenn nötig, kann ich mich im Ausland behandeln lassen.«

»Dann mußt du so schnell wie möglich fahren«, hörte ich mich sagen, obwohl mir innerlich das Herz brach bei dem Gedanken, daß meine Mutter Pakistan verlassen könnte.
»Und du? Ich kann dich doch hier nicht allein lassen.«
Ich versicherte ihr, daß es mir gutgehe. Aber das stimmte nicht. Nach ihrem Besuch lag ich drei Tage lang auf meinem Bett und starrte an die Decke. Eine unerklärliche Niedergeschlagenheit hatte mich überkommen, und ich war zu keiner Bewegung fähig. Ich konnte mich nicht aufraffen, meine Übungen zu machen, mich zu waschen oder die Kleider zu wechseln. Ich konnte weder essen noch trinken. Mein Gott, dachte ich, ich habe meinen Vater verloren, und jetzt verliere ich auch noch meine Mutter. Ich wußte, daß ich mich selbst bemitleidete, aber ich konnte das Gefühl der Verlassenheit einfach nicht abschütteln. Sogar die gute Nachricht meiner Mutter, daß Sanam und Shah im September ihre Verlobten heiraten würden, machte meine Verzweiflung nur größer. Als mein Vater in Haft saß, hatte er uns ermahnt, nie den Eindruck aufkommen zu lassen, als führten wir ein vergnügtes Leben. »Trage einen *burqa,* wenn du ins Kino gehst«, hatte er mir befohlen. Inzwischen hatte sich meine Familie offenbar damit abgefunden, daß ich auf Dauer im Gefängnis war. Sie lebten ihr Leben und feierten Hochzeiten, als ob ich nicht existierte.
Nach drei Tagen ohne Wasser fühlte ich mich schwach und desorientiert. Spiel Zia nicht in die Hände, indem du dich gehen läßt und zerbrichst, warnte eine Stimme in meinem Kopf. Ich zwang mich, einen Becher Wasser aus dem Wassereimer zu schöpfen und ein Rätsel in einer der pakistanischen Zeitungen zu lösen, die meine Mutter mir täglich in die Zelle schickte, die ich aber seit Tagen nicht gelesen hatte. Daraufhin fühlte ich mich etwas besser. Doch dann verschwammen die Buchstaben der Zeitung vor meinen Augen. Ich spürte, daß die migräneartigen Kopfschmerzen im Anzug waren, an denen ich seit meiner Verlegung in das Zentralgefängnis von Karachi litt. Meine Zähne und mein Zahnfleisch schmerzten, und mein Ohr tat weh. Die Haare fielen mir weiterhin aus.
Wie ich später von einem Arzt erfuhr, ließen sich meine gesundheitlichen Probleme wenigstens teilweise auf die gestörte Zusammenarbeit der verschiedenen Körpersysteme zurückführen. Normalerweise, erklärte er mir, würde die aufgenommene Energie und Nahrung zu gleichen Teilen an das Herz-Kreislauf-System, die Muskeln, den Verdauungsapparat, die Atemorgane und das Nervensystem abgegeben. In Zeiten hoher Anspannung stehe das Nervensystem in Alarmbereitschaft. Es verbrauche mehr

Energie, als ihm zustehe, und schwäche dadurch die anderen Systeme. Das Herz sei besonders anfällig. Das erkläre auch, warum so viele politische Gefangene Herzinfarkte erleiden. Unser Wille mochte stark geblieben sein, aber unser Körper bezahlte den Preis: Zu groß war die Ungewißheit, der wir ständig ausgesetzt waren.

Der 13. September, der Tag, an dem mein Haftbefehl auslaufen sollte, war nicht mehr fern. Die Wärterin teilte mir mehrmals flüsternd mit, daß angeblich politische Gefangene entlassen würden. Wenn das Regime jetzt Gefangene freiließ, die nach der Entführung verhaftet worden waren, warum sollte nicht auch ich entlassen werden?

In der Presse war nicht mehr von der angeblichen Verbindung zwischen meiner Mutter und mir und der Al-Zulfikar die Rede. Trotz aller Folterungen und manipulierter »Beweise« hatte es das Regime nicht geschafft, eine Anklage gegen uns auszuhecken, die vor der Weltöffentlichkeit bestehen konnte. Und Zia konnte nicht riskieren, die potentielle Unterstützung des Westens, vor allem der Vereinigten Staaten, zu verlieren.

Pakistan hatte von den Vereinigten Staaten keinerlei Hilfe mehr erhalten, seit die Carter-Administration Pakistan 1979 aufgrund des Verdachts, das Land entwickle oder besitze bereits eigene Kernwaffen, im Zuge ihrer nuklearen Einschränkungspolitik die Unterstützung gestrichen hatte. Aber das war vor dem sowjetischen Einmarsch in Afghanistan gewesen. Jetzt baute Zia darauf, daß die Anwesenheit der Russen direkt an der pakistanischen Grenze mehr wog als Amerikas Bedenken wegen Pakistans Atomprogramm. Er behielt recht.

Die Reagan-Administration hatte Pakistan ein wirtschaftliches und militärisches Hilfspaket im Wert von 3,2 Milliarden Dollar mit einer Laufzeit von sechs Jahren angeboten. Das war mehr als das Doppelte des Angebots der Carter-Administration, das Zia rundweg abgelehnt hatte. Die Vereinigten Staaten hatten auch Zias größten Wunsch erfüllt und ihm vierzig Jagdbomber vom Typ F-16 geschickt. Für Zia war das Paket, über das im Herbst 1981 im Kongreß abgestimmt werden sollte, mehr als akzeptabel. Für diejenigen von uns, die der Ansicht waren, daß Amerikas Eifer, Pakistan gegen die kommunistische Bedrohung zu unterstützen, durch ein gewisses Interesse an den Menschenrechten und der Wiedereinführung der Demokratie ergänzt werden sollte, war es eine große Enttäuschung.

Zias Position wurde außerdem durch die vielen Millionen Dollar Flüchtlingshilfe gestärkt, die Pakistan von den Vereinigten Staaten, Saudi-

Arabien und China sowie vom Hohen Flüchtlingskommissar der Vereinten Nationen, dem Welternährungsprogramm und anderen internationalen Hilfsorganisationen erhielt. Die Zahl der afghanischen Flüchtlinge, die auf den alten Pfaden der Kaufleute und Schmuggler durch den Hindukusch zogen, um in Pakistan den Krieg abzuwarten oder sich den Truppen der aufständischen Mudschahidin anzuschließen, ging inzwischen in die Millionen. Überall entlang der Grenze waren Flüchtlingslager, Krankenhäuser, Schulen und Hilfsstationen aufgebaut worden. Beamte des Regimes sahnten bei der Verteilung der internationalen Hilfsgüter, die nach Pakistan flossen, kräftig ab. Später las ich in Richard Reeves Buch *Reise nach Peshawar,* daß nach Schätzung eines UN-Sprechers nur ein Drittel der Hilfsgüter tatsächlich die Flüchtlinge erreichte. Auch die Waffen für die Mudschahidin kamen durch Pakistan. Das verschaffte Zia und seinen Helfern die Gelegenheit, sie den Arsenalen der pakistanischen Armee einzuverleiben und bei Waffenverkäufen dicke Provisionen zu kassieren. Ein amerikanischer Journalist erzählte mir später, daß die Verantwortlichen in Washington auch bei den Waffenlieferungen gar nicht erwarteten, daß mehr als ein Drittel den beabsichtigten Bestimmungsort erreichte.

Ich hatte damals schon den Verdacht, daß die CIA entscheidend mitbestimmte, welche Rolle Pakistan im Krieg in Afghanistan spielte. Aber mir war nicht klar, in welchem Maß die CIA Zia und sein Regime unterstützte, bis ich Jahre später das Buch *Geheimcode VEIL – Reagan und die geheimen Kriege der CIA* des amerikanischen Journalisten Bob Woodward las. »Kein anderer Staatschef mußte wohl ein Land in einer so ungünstigen Lage regieren«, schreibt Mr. Woodward. »Von äußerster Wichtigkeit war Präsident Zias Erlaubnis für die CIA, den Rebellen in Afghanistan über Pakistan paramilitärische Hilfe zu leisten, deren Umfang immer größer wurde. Casey [der Direktor der CIA], die CIA und die Reagan-Administration wünschten übereinstimmend, daß Zia an der Macht blieb; sie mußten wissen, was in seiner Regierung vorging. Die CIA-Station in Islamabad gehörte zu der größten der Welt.«

Ebensowenig war mir klar gewesen, welchen Einfluß CIA-Direktor Casey auf Zia hatte. »Der Kongreß hatte ein Gesetz verabschiedet, das amerikanischen Geschäftsleuten verbot, im Ausland Zahlungen zu leisten oder Bestechungsgelder einzusetzen, um Geschäfte zu machen. Zahlungen an ausländische Regierungschefs und Geheimdienste aber waren legal – legalisierte Bestechungsgelder, das war Casey wohl bewußt. Pro Jahr ein bis zwei Besuche Caseys beim pakistanischen Regierungschef waren fest eingeplant. Bald hatte er ein engeres Verhältnis zu Zia als jedes andere Mitglied der Reagan-Administration.«

All das half Zia, das Image des Henkers und brutalen Diktators loszuwerden und sich zum »Staatsmann internationalen Formats« zu mausern. An die Stelle berüchtigter Aussprüche wie dem, den er 1978 einem Korrespondenten der *Daily Mail* gegenüber beim Tee geäußert hatte – »Wir werden Leute aufhängen, ein paar wenigstens« –, traten jetzt Hinweise auf Pakistan als »Frontstaat«, der sich an einem *jihad,* einem heiligen Krieg gegen die gottlosen Kommunisten beteiligte. Die Amerikaner schluckten Zias neue Sprache besonders bereitwillig, ja geradezu begierig. In einem Artikel des *International Herald Tribune,* der in der lokalen Presse abgedruckt wurde, fand ich Zia erstmals als »menschenfreundlichen Diktator« beschrieben.

Um mich von der entmutigenden Zeitungslektüre abzulenken, nahm ich meine Übungen wieder auf und ging jeden Tag eine Stunde auf dem schmalen Gang auf und ab, der am Zellenblock entlangführte. Auch wenn ich keinen Appetit hatte, zwang ich mich, die Mahlzeiten zu essen, die mir von Clifton 70 geschickt wurden. Als der August zu Ende ging und der September begann, begann ich wieder zu hoffen. Sanams Hochzeit sollte am 8. September stattfinden, und ich hatte um Erlaubnis nachgesucht, teilnehmen zu dürfen. Vielleicht würde ich sogar entlassen werden.

Ich begann mir einzubilden, die Schritte, die sich meiner Zelle näherten, gehörten einem Boten, der mir die Nachricht von meiner Entlassung brachte. Die Einbildung kehrte wieder, wenn mein Zellenblock aufgeschlossen und das Essen gebracht wurde, wenn abends die Wärterin für die Nacht kam, und wenn ich am Montagmorgen Schritte hörte, die leichten Schritte eines kleinen, nervösen Mannes. Sie gehörten dem Gefängnisdirektor. Manchmal kam er mit seinem Stellvertreter, manchmal allein. Er sagte mir jedesmal das gleiche.

»Warum wollen Sie Ihr Leben hinter Gefängnismauern ruinieren, während andere Mitglieder der Partei frei sind und sich ihres Lebens freuen? Geben Sie die Politik eine Weile auf, und Sie sind frei.«

Was hatte das Regime vor? Ich wußte, daß der Direktor niemals wagen würde, solche Dinge zu sagen, wenn er nicht von offizieller Seite dazu autorisiert war. Doch wenn Zia mich freilassen wollte, würde er es tun. Wenn es nicht in seine Pläne paßte, würde er es nicht tun. Welchen Zweck hatte der Versuch, mich zu erpressen, mich zu kompromittieren? Glaubten

sie wirklich, ich würde darauf eingehen? Oder versuchten sie nur, mich zu zerbrechen, wie Ayub Khan es bei meinem Vater versucht hatte?
»Sie könnten morgen frei sein«, sagte der Gefängnisdirektor. »Daß Sie noch im Gefängnis sind, haben Sie sich selbst zuzuschreiben. Wie wäre es mit einer Reise nach London oder Paris? Sie sind eine junge Frau und vergeuden Ihre Jugend im Gefängnis. Wozu? Warten Sie, bis Ihre Zeit gekommen ist. Sie wird kommen. Bestimmt.«
Ich war nach seinen Besuchen immer verunsichert. Ich verspürte zwar niemals auch nur die geringste Neigung, auf seine Angebote einzugehen, aber ich war mir trotzdem nicht sicher, welche Motive ihn bewegten. Wollte er mir helfen - oder schaden? Ich haßte mich dafür, daß ich mittlerweile schon alle Menschen im Verdacht hatte. Aber wie hätte ich sonst überleben können? Wahrscheinlich wollte das Regime mich nur aus dem Gleichgewicht bringen. Ich glaubte auch, daß die mysteriösen Geräusche, die ich nachts hörte, nur dazu da waren, mich zu verunsichern.
Ich hörte Geflüster. Zwei Männer und eine Frau unterhielten sich mit gedämpfter Stimme. Manchmal weckte mich das Geräusch noch vor Morgengrauen. Außer der Polizei durfte niemand meinen Trakt betreten, nicht einmal in seine Nähe kommen. Ich beschwerte mich bei der Gefängnisverwaltung, daß mein Schlaf gezielt gestört würde. »In Ihrem Trakt ist niemand«, versicherte mir der stellvertretende Gefängnisdirektor. »Das bilden Sie sich nur ein.«
Ich hörte Schritte, die schweren Schritte eines Mannes, der sich meiner Zelle näherte. »Wer da?« rief ich und spähte unter meinem Laken hervor zur Tür. Stille. »Haben Sie die Schritte gehört?« fragte ich die Wärterin. »Ich habe nichts gehört«, sagte sie. Ich legte wieder Beschwerde ein. »Das bilden Sie sich nur ein«, sagte man mir.
Dann ein Klingeln, ein neues Geräusch, wie das Bimmeln von Glöckchen am Fußkettchen einer Frau. Dann Geflüster. Ich wachte immer früher auf und konnte schließlich gar nicht mehr schlafen. Als die alte Wärterin von einer neuen abgelöst wurde, machte ich einen neuen Versuch. »Hören Sie nachts auch Geräusche?« fragte ich die zahnlose, verhutzelte Pathanin, die jetzt im Hof schlief.
»Pst!« machte sie. »Tun Sie so, als hätten Sie nichts gehört!« Suchend sah sie sich um und strich mit fahrigen Bewegungen ihre dünne graue Uniform glatt.
»Aber wer ist es denn?« fragte ich aufgeregt. Endlich hatte ich eine Bestätigung dafür, daß ich mir die Geräusche nicht einbildete.

»Es ist ein *chur-ayle*«, flüsterte sie.

Ein *chur-ayle* ist der Geist einer Frau. Seine Füße zeigen nicht nach vorn, sondern nach hinten. »Einen *chur-ayle* gibt es nicht«, erklärte ich der Wärterin. Ich klammerte mich an die Rationalität.

»Doch, es gibt ihn«, beteuerte sie. »Im Frauentrakt haben ihn alle gehört. Tun Sie so, als würden Sie ihn nicht hören, und er wird Ihnen kein Leid zufügen.«

Das Klingeln ging weiter. In dieser Nacht und den folgenden Nächten ging mein rationales Denken vollends zu Bruch. Warum blieb der Geist nicht im Frauentrakt, sondern kam zu mir? Zitternd lag ich im Bett. Die Geräusche hörten nicht auf. Etwas klirrte. Irgend jemand, irgend etwas klapperte. Das Klappern kam von draußen von den Mülleimern, es hörte sich an, als ob der Müll durchsucht würde. Wieder näherten sich meiner Zelle Schritte, obwohl ich nicht gehört hatte, wie der Trakt aufgeschlossen wurde. *Ya Allah,* was war das! *Ya Allah,* steh mir bei! Ich hörte, wie direkt vor meiner Tür das leere Essensgefäß aufgehoben wurde. Der Deckel wurde gelüftet, der Topf gegen die Wand geworfen. *Allah!* Ich nahm meinen ganzen Mut zusammen und stürzte zur Tür. Der Topf lag mit dem Boden nach oben im Schmutz. Es war niemand zu sehen.

»Sie stehen unter großer Belastung«, sagte der Gefängnisdirektor bei seinem nächsten Besuch. Dann erzählte er mir, daß mein Zellenblock über einem *phansi ghat* erbaut worden sei, einer Hinrichtungsstätte der Briten. »Vielleicht hören Sie eine Seele, die keine Ruhe gefunden hat«, mutmaßte er, kein besonders tröstlicher Gedanke. Auch die Erklärung meiner pathanischen Wärterin war wenig tröstlich. »Mein Mann war Nachtwächter und wurde von Dieben ermordet«, erzählte sie mir mit funkelnden Augen. »Seine Mörder wurden nie gefunden. Es muß seine Seele sein, die keine Ruhe findet.«

Ich bin nicht abergläubisch. Ich hatte den Verdacht, das Regime wolle mich nervlich zermürben, wie man meinen Vater im Gefängnis von Rawalpindi hatte zermürben wollen. Aber vorsichtshalber begann ich dennoch für die verlorenen Seelen der *phansi ghat* zu beten. Was die Stimmen nach ein paar Monaten schließlich zum Schweigen brachte, weiß ich heute noch nicht.

Ich nahm die Gebetsrituale wieder auf, die mir die Aufseherin in Sukkur beigebracht hatte: Ich betete eine Koran-Sure und verspritzte dann ein wenig Wasser aus dem Wassereimer in die vier Ecken meiner Zelle. Die Zelle hatte eine ungewöhnliche Form. Sie war nicht rechteckig, ich fürchtete deshalb, daß das Ritual nicht wirken würde. Durfte ich wenigstens an Sanams Hochzeit teilnehmen? Von meinem Antrag hatte ich nichts mehr gehört. »*Qul Huwwa Allahu Ahad* - Sprich: Er ist der eine Gott«, betete ich. Eines Tages zwischen dem zweiten und dritten Mittwoch kam die pathanische Wärterin früh morgens in meine Zelle. »Ich habe neben meinem Schlafplatz Stimmen gehört«, erzählte sie. »Sie haben gesagt: ›Heute geht sie.‹« Die alte Frau ist verrückt, dachte ich bei mir. Zwei Stunden später kamen Gefängnisbeamte. »Sie brechen umgehend auf«, sagten sie. »Sie haben die Erlaubnis, an der Hochzeit Ihrer Schwester teilzunehmen.«

Am Eingang von Clifton 70 glänzten immer noch die Messingschilder mit der Aufschrift: Shah Nawaz Khan Bhutto; Zulfikar Ali Bhutto, Rechtsanwalt. Die Spannung der vergangenen sechs Monate ließ ein wenig nach, als der Polizeikonvoi, der mich begleitete, vor dem Eingang anhielt. Ich war überzeugt gewesen, daß ich dieses Haus nie wieder sehen würde, daß entweder Clifton 70 von Regime beschlagnahmt oder ich in Sukkur heimlich getötet würde, ohne vorher noch einmal nach Hause zu kommen. Jetzt war ich hier, und ich lebte. Hier war mein Zuhause. Die Umfassungsmauern waren zur Feier der Hochzeit meiner Schwester mit Lichtergirlanden behängt worden. Das Haus und ich - wir hatten beide überlebt.

Ich spürte, wie sich in mir neue Kraft regte, als sich das vertraute Tor öffnete. Als der *chowkidar* salutierte und der Konvoi in den Hof einfuhr, spürte ich, daß Gott mir ein zweites Leben geschenkt hatte. Er hatte mich vor meinen Feinden gerettet. Ein neues Gefühl der Kraft und Entschlossenheit durchflutete mich. In diesem Augenblick wurde ich wiedergeboren.

Trommeln, Tanz, Girlanden aus Jasminblüten und Rosen. Das gesamte Personal hatte sich auf der Terrasse am Eingang versammelt. Sie schlugen die *dholak*, die längliche Trommel, die den Takt angibt, tanzten Volkstänze und schwangen die Arme im Rhythmus der Musik. *Chowkidars*, Hausdiener, Sekretäre. Ich sah Dost Mohammed, unseren Hausverwalter, der schneller als die Gefängniswache gelaufen war, um meinen Vater im Gefängnis zu sehen, Urs, den Leibdiener meines Vaters, der bei der Razzia vor der Verhaftung meines Vaters von Soldaten mit der Pistole geschlagen und verprügelt worden war, Basheer und Ibrahim, die bei meiner Mutter und mir in Sihala waren, als mein Vater gehängt wurde, Nazar Mohammed aus Larkana, der den Leichnam meines Vaters in Empfang genommen und begraben hatte.

Sie strahlten über das ganze Gesicht und sangen und tanzten. Was für ein wundervolles Hochzeitsfest, dachte ich, als ich aus dem Wagen stieg. Sie stürzten mir entgegen und legten mir Blumenkränze um den Hals. »Hebt sie für die Hochzeitsgäste auf«, sagte ich, als mir die Kränze schließlich bis zu den Ohren reichten. »Nein, die Blumen sind für dich«, sagten sie. »Wir sind so froh, daß du wieder zu Hause bist.«

Zu Hause. Ich konnte es kaum glauben. Meine Verwandten traten aus der aus Holz geschnitzten Haustür, und Freudengeschrei erfüllte die Luft. Die Schwestern meiner Mutter waren da, Tante Bejhat aus London, Cousine Zeenat aus Los Angeles und meine Cousine Fakhri, die nach den Todesurteil gegen meinen Vater mit mir zusammen in Haft genommen worden war. Die Schwester meines Vaters, Tante Manna, war gekommen, desgleichen seine drei Halbschwestern aus Hyderabad. Sie hatten erfolglos an Zia appelliert, das Leben meines Vaters zu schonen. Weitere Verwandte waren aus Indien angereist, aus Amerika, aus England, aus dem Iran und aus Frankreich. Jedes Bett im Haus und in den separaten Wohnungen meiner Brüder, die seit vier Jahren leerstanden, war belegt. Laila! Nashilli! Wir umarmten uns und lachten und weinten zugleich. Ich hatte nicht geglaubt, daß ich die beiden jemals wiedersehen würde, und ihnen war es mit mir ebenso ergangen. Die Angst, daß ich das Gefängnis nicht mehr lebendig verlassen würde, blieb unausgesprochen.

Der Luxus eines heißen Bades, Teppiche unter den Füßen, klares, kaltes Wasser zum Trinken, die Freude, meine Familie um mich zu haben: Ich tat zwei Tage und zwei Nächte kein Auge zu, weil ich keinen Augenblick meiner Freiheit verschlafen wollte. Meine Mutter ging früh zu Bett, ich blieb bis zum Morgengrauen auf und redete mit Sanam. Kaum war Sanam dann im Bett, stand meine Mutter wieder auf. Ich konnte von ihnen und den anderen nahen Verwandten nicht genug bekommen.

In der Zeit, die ich für mich hatte, verschlang ich alte Ausgaben der *Asia Week,* der *Far Eastern Economic Review,* von *Time* und von *Newsweek* und schrubbte die Wände meines Schlafzimmers. Bei der letzten Hausdurchsuchung hatte das Regime, wie ich bald entdeckte, viele Briefe gestohlen, die mein Vater mir während meiner Studienjahre im Ausland geschrieben hatte, außerdem unersetzliche Fotografien von meinen Brüdern, meinen Schwestern und mir und meinen Schmuck, darunter meinen Liebingsring, ein Geschenk meiner Mutter, und einen goldenen *kohl*-Halter von meiner Großmutter. Aber am schlimmsten war für mich das Gefühl, mein Schlafzimmer sei entweiht worden. Ich schrubbte und schrubbte, um imaginäre Fingerabdrücke von den Wänden zu tilgen. Ich mußte dankbar sein, daß Gott mir dieses Zimmer und dieses Haus gelassen hatte, rief ich mir immer wieder ins Bewußtsein. Noch vor wenigen Monaten wußte ich nicht einmal, ob mir wenigstens das bleiben würde. »Du kommst nicht wieder ins Gefängnis, oder?« fragte mein Cousin Abdul Hussein. Er hatte vergessen, daß er in Pakistan war und nicht in San Francisco. Ich verbot mir, seine Hoffnung zu teilen, aber es war schwer.

In Clifton 70 schien alles seinen gewohnten Gang zu nehmen, alles war beruhigend traditionell. Das Personal lief geschäftig hin und her, stellte in dem gemusterten Zelt im Garten Tische auf und verteilte gepolsterte Sessel, damit die Gäste sich setzen konnten. Sunnys Hand wurde von einem *mehndi*-Künstler mit Henna verziert. Der Künstler war zu uns ins Haus gekommen, um den Frauen der Familie verschlungene Muster auf die Hände zu zeichnen. Mit einem Zahnstocher zog seine wunderschönen Schnörkel und Arabesken und versiegelte das Henna dann mit Zitronensaft und Zucker.

Für pakistanische Verhältnisse feierte Sanam mit nur fünfhundert Gästen eine kleine Hochzeit. Außerdem konnte nicht allen Traditionen Genüge getan werden. Ich hatte, wie die meisten Frauen, die sich in unserem Haus drängten, keine Möglichkeit gehabt, mir einen neuen seidenen *shalwar khameez* für die *mehndi*-Zeremonie oder die *nikah,* die Hochzeitszeremonie, anfertigen zu lassen. Aber das spielte keine Rolle. Ich hatte die Kleider in meinem Schrank so lange nicht gesehen und mich schon so lange nicht mehr fein angezogen, daß mir mein alter rosafarbener *shalwar khameez* aus Seide wie neu vorkam.

Sunny kam in mein Schlafzimmer gestürzt. »Mama besteht darauf, daß ich Make-up auflege. Und außerdem soll ich einen Sari tragen. Ich wünschte, ich könnte einfach in Bluejeans heiraten. Hilf mir.«

»Du heiratest nur einmal«, sagte ich. »Und Mama hat viel durchgemacht. Mach ihr die Freude und tu, was sie sagt.«

This bride is fairer than the moon. Yes she is, yes she is Der Klang singender Stimmen, nicht Stille, erfüllte das Haus in der ersten Nacht, die ich zu Hause verbrachte. *This bride ist fairer than the moon.* Unsere weiblichen Verwandten und Sanams Freundinnen klatschten in die Hände, während sie die traditionellen Lieder und Tänze für das *mehndi*-Zeremoniell übten. Da ich keinen Augenblick meiner Freiheit verschwenden wollte, weil ich nicht wußte, wie lange sie dauern würde, unterhielt ich mich währenddessen mit Verwandten und Freunden. Die Welten, in denen wir lebten, hatten nichts mehr miteinander gemein. Aber welche war die wirkliche Welt? Zweimal ertappte ich mich dabei, daß ich meine Gefängniszelle als mein »Zuhause« bezeichnete.

Sunny sah wunderschön aus, als sie sich für die *mehndi*-Zeremonie neben ihren zukünftigen Mann Nasser Hussein auf ein grünes, mit Spiegeln eingelegtes Polster setzte. Da es keine arrangierte Hochzeit war, war die Atmosphäre entspannt. Gewisse Traditionen mußten freilich beachtet werden. Sunny hatte ihr Gesicht sorgfältig mit dem *dupatta* bedeckt, damit ihr Bräutigam vor der Eheschließung keinen Blick darauf werfen konnte. Wenn ich neben ihr saß und mit ihr sprach, hob sie ihn jedoch hoch.

»Nasser *ji,* Nasser *ji,* bald bist du unser Schwager«, sangen Sunnys Freundinnen und Angehörige unserer Familie. »Sieben Bedingungen mußt du erfüllen, bevor Sanam deine Braut werden kann. Die erste Bedingung ist, daß Sanam nicht zu kochen braucht.«

»Ich werde einen Koch anstellen«, sang Nasser als Antwort.

»Sanam wird keine Wäsche waschen«, tönte es von den Freundinnen der Braut.

»Ich werde die Wäsche in die Wäscherei bringen«, sang Nasser. Er anwortete auf alle sieben Bedingungen, dann hatten seine Freunde Gelegenheit, die Neckereien zu erwidern.

Verwandte beider Seiten brachten Platten mit Henna, verziert mit brennenden Kerzen und Silberpapier. Nassers Verwandte drückten einer nach dem anderen eine Prise Henna in ein Betelnußblatt auf Sanams Handteller. Sie steckten ihr kleine Süßigkeiten in den Mund und schwenkten Geldscheine über ihren Kopf, um sie vor Bösem zu bewahren. Angeführt von meiner Mutter machten die Verwandten der Braut dasselbe bei Nasser.

Die festliche Stimmung endete abrupt, als einer der Bediensteten eintrat und sagte: »Draußen ist die Polizei.« Eine schreckliche Stille legte sich über den Raum. Ich nahm an, die Polizei sei wegen mir gekommen, aber unser Hausverwalter kam zurück und sagte, daß sie nach meiner Mutter verlangten. Die Gäste hielten den Atem an. Eine weitere Verhaftung würde meine Mutter nicht überleben.

»Laß sie herein, Dost Mohammed. Ich will nicht, daß die Polizei Türen eintritt, wenn wir Gäste haben«, sagte meine Mutter ruhig. Die Polizisten kamen herein. Sie fühlten sich sichtlich unbehaglich. »Was wollen Sie von mir?« fragte meine Mutter und ihre Stimme klang trotz ihrer Krankheit fest. Verlegen reichten sie ihr einen Befehl des Regimes. Gottseidank war es kein Haftbefehl. Meine Mutter wurde nur informiert, daß sie den Punjab nicht besuchen dürfe. Sie hatte nicht vorgehabt, in den Punjab zu fahren, und Zia wußte das. Er wollte uns nur schikanieren und uns jede Freude verleiden.

Die Schikanen gingen weiter. Am nächsten Morgen teilten uns die Musiker, die meine Mutter engagiert hatte, plötzlich mit, daß sie nicht kommen könnten. Die Behörden hätten ihnen nicht erlaubt, ein Mikrofon zu benutzen, sagten sie. Unter dem Kriegsrecht war der Einsatz von Lautsprechern verboten. Wir wußten nicht, ob das Regime dahinter steckte oder die Musiker einfach kalte Füße bekommen hatten.

Sogar unseren Hochzeitsgästen blieben Schikanen nicht erspart: Agenten vom Nachrichtendienst, deren Wagen gegenüber von Clifton 70 parkten, notierten die Autonummern. Das Regime hatte bereits versucht, in den Besitz der Gästeliste zu gelangen. Der Sekretär meiner Mutter hatte meiner Mutter unter Tränen gestanden, daß das Regime ihm mit schrecklichen Konsequenzen gedroht habe, wenn er die Liste nicht herausrücke.

Das Land sollte nichts von der Hochzeit erfahren. Der Name Bhutto durfte allenfalls im Zusammenhang mit negativen Nachrichten in den Zeitungen erscheinen. Aber die Journalisten in Pakistan waren es bereits gewohnt, Restriktionen zu unterlaufen. Um Sunnys Verlobung ankündigen zu können, hatten sie sich einen Ausweg einfallen lassen. Sie hatten herausgefunden, daß Nassers Großvater wie unser Großvater einst Premierminister von Junagadh gewesen war. ENKEL ZWEIER EHEMALIGER PREMIERMINISTER VON JUNAGADH HEIRATEN, hatte die Schlagzeile gelautet. Sanams Hochzeit und meine vorübergehende Entlassung aus dem Gefängnis von Karachi wurde folgendermaßen angekündigt: SCHWESTER NIMMT AN HOCHZEIT DER SCHWESTER TEIL.

Hinter den Toren von Clifton 70 waren wir fest entschlossen, Sanams Hochzeit als private Familienfeier zu Ende zu führen. Meine Schwester hatte genug gelitten: Obwohl sie kein Interesse an der Politik hatte, war sie in unsere Schwierigkeiten hineingezogen worden, nur weil sie den Namen Bhutto trug. Zwei Monate nach der Ermordung unseres Vaters hatte sie in Harvard ganz allein ihren Abschluß gemacht. Sie hatte bereits eine Zulassung für Oxford, aber weil sie sich nicht mehr auf das Studium konzentrieren konnte, war sie nach Pakistan zurückgekehrt. Dort war sie selbst eine Art Gefangene geworden. Sie lebte allein in Clifton 70. Mutter und Schwester saßen immer wieder im Gefängnis, ihre Brüder waren im Exil. Sanam hatte ihren Freundeskreis immer lieber klein gehalten. Die Aufmerksamkeit, die sie als Bhutto-Tochter erregte, und die ständigen Fragen nach ihrem Vater machten sie unglücklich. Sie verkehrte inzwischen nur noch mit einer Handvoll Menschen, die sie seit Jahren kannte. Zu ihnen gehörte auch Nasser, der mit Shah Nawaz und Mir zur Schule gegangen war. »Heirate Sanam nicht; das Regime wird dich ruinieren«, hatte sein Onkel ihn gewarnt, als Nasser sie gebeten hatte, für ihn um Sanams Hand anzuhalten. »Das ist meine Entscheidung, nicht eure«, hatte er erwidert. »Ich liebe diese Frau. Egal, wie hoch der Preis ist, ich werde ihn bezahlen.« Und er hat bezahlt. Das Regime verfügte über die verschiedensten Möglichkeiten, diejenigen zu bestrafen, die in Ungnade gefallen waren: Es schickte ihnen Steuerfahnder auf den Hals, beschied Gesuche abschlägig oder schnitt Ackerland von der Wasserversorgung ab. Nassers wunder Punkt war sein erfolgreiches Telekommunikationsgeschäft in Pakistan. Er verkaufte modernste Geräte, und sein wichtigster Kunde war die Regierung. Bald schon wurden seine Angebote ignoriert, sein Umsatz ging um über 75 Prozent zurück. Er und Sanam leben jetzt in London, wo Nasser praktisch ganz von vorn anfangen mußte. Ihre Hochzeit jedoch war wunderschön.

Meine Mutter und ich hielten den Heiligen Koran über Sanams Kopf und geleiteten sie die Treppe hinunter zum *nikah*-Podest in der vorderen Halle. Sanam trug bei der Zeremonie einen grünen Sari. Grün ist die Farbe des Glücks. »Willst du Nasser Hussein, den Sohn des Nasim Abdul Qadir, zu deinem Mann?« fragte unser Cousin Ashik Ali Bhutto. Sanam lächelte meine Mutter und mich an und schwieg. Sie wußte, daß Ashik Ali ihr die Frage dreimal in Anwesenheit zweier Zeugen stellen mußte, um sich zu versichern, daß sie mit der Hochzeit einverstanden war. Wieder fragte er sie. Und wieder schwieg Sanam. Der Islam will sicherstellen, daß die Frau die Frage verstanden hat und freiwillig in die Ehe einwilligt. Nach der dritten Wiederholung sagte Sanam schließlich ja und unterzeichnete den Ehevertrag. Ashik Ali überbrachte die gute Nachricht den Männern, die sich in einem anderen Raum versammelt hatten. Der *maulvi* las Nasser die Hochzeitsgebete vor. Jetzt war meine Schwester die erste Bhutto, die einen Mann ihrer Wahl geheiratet hatte.

Zwei enge Freunde führten Nasser auf das Podium zu seiner Braut. Die Cousinen und Nassers Freunde hielten einen seidenen Schal wie einen Baldachin über die Köpfe des Paares, während ein Spiegel vor sie gestellt wurde. Ich kämpfte mit den Tränen, als Sanam und Nasser sich im

Spiegel ansahen. Das ist der traditionelle Augenblick, in dem Braut und Bräutigam sich zum erstenmal als Ehepartner sehen.
Das Podium war mit Rosen, Ringelblumen und Jasminblüten geschmückt, die ihren süßen Duft in die Nacht verströmten. Sanam und Nasser saßen auf einem mit blauem Samt überzogenen Schemel. Um sie herum häuften sich kandierte Mandeln, mit Gold bemalte Eier und in Silber getauchte Walnüsse und Pistazien. Neben dem Paar brannten Kerzen in silbernen Leuchten, damit ihr Leben mit Licht erfüllt sein würde. Sanams glücklich verheiratete Cousinen zermahlten Zuckerhüte über den Köpfen des Paares, damit ihr Leben süß sein würde. Freudengeschrei erfüllte die Luft. Das Fest hatte begonnen.
Meine Mutter und ich saßen neben Sanam und Nasser, während die Gäste sich aufstellten, um ihre Glückwünsche darzubringen. Viele von ihnen waren im Gefängnis gewesen, einigen sah man es noch an: Sie waren dünn und ausgezehrt. »Wie gut du aussiehst«, bekam ich immer wieder zu hören. Ich hoffte, daß sie es nicht nur aus Höflichkeit sagten. Ich wollte wie mein Vater bei seinem Auftritt vor dem Obersten Gerichtshof zeigen, daß das Regime mich nicht brechen konnte. »Wie schön, dich zu sehen«, murmelte ich immer wieder mechanisch. Auch wenn ich den Kopf hoch trug, war ich innerlich unsicher.
Mußte ich wieder ins Gefängnis zurück? Ich hatte nichts von den Behörden gehört. Unter den Besuchern entdeckte ich meinen Anwalt Mujib. Er sagte, daß er früh am nächsten Morgen einen Termin beim Innenminister der Provinz Sind habe. Da mein Haftbefehl ohnehin in weniger als einer Woche auslaufe, werde er die Behörden bitten, daß ich die restlichen Tage in Clifton 70 bleiben durfte.
Als die Gäste sich verabschiedet hatten, packte ich Zeitschriften und Zeitungen zusammen. Ich wollte sie zusammen mit Kleenextüchern und Insektenspray ins Gefängnis schmuggeln, falls die Polizei mich holte. Ich blieb die ganze Nacht auf, redete mit meinen Cousinen und mit Samiya und schrieb in letzter Minute einen Brief an Peter Galbraith, meinen alten Freund aus Harvard und Oxford. Peter sei Mitglied des amerikanischen Senatsausschusses für Auswärtige Beziehungen und dort für den Bereich Südasien zuständig, erzählte mir meine Mutter. Er habe kürzlich Pakistan besucht, um sich über die amerikanischen Sicherheitsinteressen zu informieren. Er habe versucht, mich im Gefängnis von Karachi zu besuchen, aber das Regime habe auf seinen Besuchsantrag nicht reagiert. Später erzählte Peter mir selbst, was geschehen war.

Peter Galbraith, August 1981:

Bei meinem Besuch in Pakistan hatte ich einen Brief von Senator Claiborne Pell bei mir, dem Minderheitsführer im Auswärtigen Ausschuß des Senats. Pell forderte darin das Regime auf, mir die Genehmigung für einen Besuch bei Benazir zu erteilen. Ich setzte beim pakistanischen Außenministerium sowie bei der Botschaft der Vereinigten Staaten, die den Bhuttos damals ausgesprochen ablehnend gegenüberstand, alle Hebel in Bewegung.
Das Regime reagierte weder auf meine Anfrage noch auf den Brief von Senator Pell. Obwohl die amerikanische Botschaft versuchte, jeden Kontakt mit den Bhuttos zu unterbinden, ging ich nach Clifton 70 und besuchte Begum Bhutto. Sie war blaß und sah erschöpft aus. Zudem machte sie sich große Sorgen, weil Benazir seit fünf Monaten in Sukkur und Karachi in Haft war.
Begum Bhutto lud mich ein, sie, Sanam und Fakhri in den Yachtclub von Karachi zu begleiten. Als wir Clifton 70 verließen, sagte sie mir, ich solle für die Sicherheitsbeamten, die von einem Wagen auf der anderen Straßenseite Aufnahmen mit einem Teleobjektiv machten, ein Lächeln aufsetzten. Ich schenkte ihnen mein strahlendstes Politikerlächeln.
Beim Lunch mußte ich immerzu an Pinkie denken. Ich hatte sie zuletzt im Januar 1977 in Oxford gesehen. Pinkie war damals gerade zur Präsidentin der Oxford Union gewählt worden und hielt in ihrem Büro Hof für unterwürfige Jungsemester.
Seit jener Zeit hatte ihr Leben eine unerwartete, fast unbegreifliche Wendung genommen. Ich dachte immer wieder daran, wie sie nach Hause zurückgekehrt war und dort erleben mußte, wie ihr Vater gestürzt, eines mit dem Tode bestraften Verbrechens angeklagt und dann hingerichtet wurde. Und jetzt saß Pinkie unter schrecklichen Bedingungen schon so lange in Haft. Da ich oft mit Menschenrechtsverletzungen zu tun hatte, wußte ich, daß solche Dinge geschehen. Dennoch war es schwer zu begreifen, daß einer Freundin so etwas widerfuhr. Als ich den Yachtclub verließ, gab ich Begum Bhutto einen langen Brief mit vielen Neuigkeiten an Benazir mit, den ich in der Nacht zuvor auf einen Block geschrieben hatte.
Zurück in den Vereinigten Staaten, erstellte ich für den Auswärtigen Ausschuß einen Bericht, in dem ich zu der geplanten Wiederaufnahme der Unterstützung Pakistans Stellung nahm. Eine Unterstützung Paki-

stans, schrieb ich, beinhalte das Risiko, daß man die Vereinigten Staaten mit einer unbeliebten Militärdiktatur in Verbindung bringen könnte und eine Wiederholung der amerikanischen Erfahrungen in Iran nicht auszuschließen sei. Ich empfahl eine energische Menschenrechtspolitik, die signalisieren sollte, daß unsere Unterstützung dem Wohl des ganzen Landes diene, nicht nur dem seiner Machthaber. Privat unterrichtete ich Senator Pell und den Ausschußvorsitzenden Senator Charles Percy über die Behandlung der Bhutto-Frauen. Beide wollten unbedingt helfen. Ich wollte, Benazir wüßte, daß man sie nicht vergessen hat.

In Karachi war die Sonne gerade aufgegangen, als ich Peters im Plauderton geschriebenen Brief ein ums andere Mal las und in den Neuigkeiten schwelgte, die er mir von seiner Frau Anne und der Geburt ihres Sohnes zu berichten wußte. Alte Erinnerungen an schönere Zeiten wurden wach. Ich schrieb ihm zurück:

10. September 1981

Lieber Peter,

gestern abend haben wir Sunnys Hochzeit gefeiert. Jetzt schläft das ganze Haus tief und fest. Es ist sechs Uhr, und mir bleiben nur noch wenige Stunden Freiheit. Ich möchte Dir nur sagen, wie glücklich mich Dein Brief gemacht hat und wie froh ich war, von Dir zu hören, das Neueste von unseren Freunden zu erfahren und zu wissen, wie gut Du Dein Leben meisterst. Ich werde immer für Deinen Erfolg und den Erfolg Deines Bruders Jamie beten.
In gewisser Weise ist es beunruhigend, von Harvard zu hören, von der Vergangenheit, einer Zeit der Unschuld. Wer hat uns je gesagt, daß das Leben von so schrecklichen Gefahren und Tragödien bedroht ist? Hatten die Worte, die wir damals lasen oder auch nicht lasen, eine Bedeutung? Zumindest ich begriff sie nicht, wie ich jetzt weiß. Freiheit – wir haben Aufsätze darüber geschrieben, Referate für Tutoren, für *Noten,* aber wir kannten den Wert der Worte, mit denen wir spielten, nicht. Wir wußten nicht, wie wertvoll sie waren, so wertvoll wie die Luft, die wir atmen, und das Wasser, das wir trinken. Aber die harte Realität schien so fern im Schnee von Vermont und auf dem Campus von Harvard ...

Später am Morgen ging ich ins Schlafzimmer meiner Mutter hinauf und brachte ihr Tee. »Bleib hier«, sagte sie, »Vielleicht erfahren wir die gute Nachricht von Mujib zusammen.« Wenig später kam mein Rechtsanwalt. Der Innenminister habe sein Gesuch abgewiesen, berichtete er. Solange ich nicht schriftlich versichere, mich jeder politischen Betätigung zu enthalten, müsse ich im Gefängnis bleiben.

Die Polizei kam um zehn. Meine Verwandten und das Personal drängten sich im Hof, um sich von mir zu verabschieden. Sie rannten hinter dem Wagen her die Straße entlang, vorbei an der iranischen Botschaft, vorbei an den Clifton Gardens, wo die Kinder Drachen steigen ließen, vorbei an der sowjetischen Botschaft, der libyschen Botschaft und der italienischen Botschaft. Wie immer wurde ich mit Höchstgeschwindigkeit durch halbleere Seitenstraßen zum Gefängnis gebracht.

Im Zentralgefängnis von Karachi begrüßte mich das vertraute Geräusch der Schlüssel, mit denen die Wärter ein Schloß nach dem anderen aufschlossen. Ich schritt rasch durch die kleine, in die hohe Ziegelmauer eingelassene Eisentür und ging aufrecht durch den fensterlosen, schmutzigen Korridor, der zu meinem Trakt führte: Keiner sollte glauben, daß die zwei Tage Freiheit mich weich gemacht hatten. Außerdem hoffte ich, daß man mich nicht durchsuchen würde, denn ich hatte in Clifton 70 meine Tasche mit Zeitschriften und Zeitungen vollgestopft.

Als ich sicher in meiner Zelle angekommen war, war wie üblich der Strom ausgefallen. Sofort setzte ich einen Beschwerdebrief auf. Die folgenden zwei Tage war ich krank. Ich erbrach Galle und braunen Magensaft. Ich weiß nicht, ob das psychische Gründe hatte oder ob ich mir den Magen verdorben hatte. Auf jeden Fall ging es mir sehr schlecht.

Am dritten Tag, dem 13. Dezember, fühlte ich mich zum Glück besser. Ein Wärter kam mit einer deprimierenden, aber nicht überraschenden Verfügung vom Kriegsrechtsverwalter des Bezirks. Meine Haft im Zentralgefängnis von Karachi war um weitere drei Monate verlängert worden.

Ich sprach mein Mittwochsgebet jetzt nicht nur einmal in der Woche, sondern täglich. Bisher hatte das Gebet immer gewirkt. Wenn ich es täglich sprach, würde sich die Zellentür vielleicht nach dem zweiten und noch vor dem dritten Mittwoch für immer öffnen. Ich strebte mit meinen Gebeten den 30. September an, den dritten Mittwoch. Wenn es bis dahin nicht klappte, war der nächste Termin Margaret Thatchers Besuch in Pakistan Anfang Oktober.

Irgendwann mußte Zia mich freilassen. Ich suchte immer nach bestimmten Terminen, an denen ich meine Hoffnung auf eine Entlassung festmachen konnte. Margaret Thatcher kannte ich. Ich hatte sie mit meinem Vater in Rawalpindi im Haus des Premierministers kennengelernt, als sie noch Oppositionsführerin war. Dann hatte ich sie noch einmal zum Tee in London in ihren Amtsräumen im Unterhaus getroffen, als ich Präsidentin der Oxford Union war. Wenn der Besuch von Frau Thatcher vorüberging, ohne daß ich freigelassen wurde, würde ich vielleicht an *Eid* entlassen, das dieses Jahr auf den 9. Oktober fiel. Das Regime ließ aus Achtung vor dem religiösen Fest am Ende des Ramadan immer einige Häftlinge frei.
Ich wurde zu keinem dieser Termine entlassen. Am 25. September wurde in Lahore Chaudhry Zahur Elahi, ein Minister in Zias Militärkabinett, in seinem Wagen aus einem Hinterhalt angegriffen und erschossen. Er hatte sich den Federhalter, mit dem Zia das Todesurteil meines Vaters unterzeichnet hatte, schenken lassen und nach der Hinrichtung meines Vaters Süßigkeiten verteilt. Maulvi Mushtaq Hussein, der ehemalige Vorsitzende Richter am Oberlandesgericht in Lahore, der meinen Vater zum Tode verurteilt hatte, wurde bei dem Überfall verwundet. M. A. Rehman, der Sonderstaatsanwalt im Mordprozeß gegen meinen Vater, blieb unverletzt.
Es kam mir vor wie die Rache Gottes, als ich in der Zeitung von Elahis Ermordung las. »Jetzt werden seine Frau, seine Tochter und seine Familie wissen, was es heißt, zu trauern«, schrieb ich in mein Tagebuch. »Ich freue mich nicht, denn ein Muslim freut sich nicht über den Tod. Leben und Tod liegen in Gottes Hand. Aber es gibt einen gewissen Trost zu wissen, daß die Bösen nicht immer ungestraft davonkommen.«
Meine Genugtuung war von kurzer Dauer. Das Regime machte die Al-Zulfikar für dieses jüngste Attentat verantwortlich, und die Verhaftungen begannen. Mein Bruder Mir machte die Situation nur schlimmer, als er einen Tag nach dem Anschlag in einem BBC-Interview im Namen der Al-Zulfikar die Verantwortung übernahm. Eine Diskussion über den Anschlag hätte vielleicht enthüllt, welch unmoralische Rolle Elahi beim Tod meines Vaters gespielt hatte. Jetzt aber konzentrierte sich alle Aufmerksamkeit darauf, angebliche Mitglieder der Al-Zulfikar aufzustöbern.
Terroristen! Mörder! Politische Attentäter! schimpften die Schlagzeilen. Wieder benutzte das Regime die Al-Zulfikar, um die politische Opposition zu unterdrücken. Ein junger PPP-Führer nach dem anderen wurde verhaftet, für viele hundert weitere wurden Haftbefehle ausgestellt. Vier junge Männer wurden in das Gefängnis von Haripur gebracht und grausam ge-

foltert. Wie ich später erfuhr, sah der Vater eines dieser Männer, Ahmed Ali Soomro, seinen Sohn in einem schrecklichen Zustand. Er hatte der Polizei einen riesigen Geldbetrag gezahlt, nur um von ferne einen Blick auf seinen Sohn werfen zu dürfen, damit er wußte, ob er noch lebte oder schon tot war. Laut Presseberichten saßen allein im Gefängnis von Haripur 103 junge Männer. Zweihundert weitere waren in einer nahegelegenen Stadt gefangen.

Auch Frauen wurden wieder verhaftet, unter ihnen Nasira Rana Shaukat, die Frau des PPP-Generalsekretärs. Sie wurde in die Festung von Lahore zurückgebracht, erneut mit Elektroschocks gefoltert und 23 Tage und Nächte lang pausenlos verhört. »Sagen Sie, welche Rolle Ihr Mann bei dem Anschlag spielte«, wurde sie aufgefordert. »Beschuldigen Sie Benazir. Beschuldigen Sie Begum Bhutto.« Was diese tapfere Frau ertrug, übersteigt jede Vorstellung. Sie wurde noch sieben Monate in einer Zelle ohne sanitäre Einrichtungen festgehalten. Es gab nur ein Tablett, das zweimal in der Woche gewechselt wurde. Sie lag den ganzen Winter ohne Pullover, ohne Bettzeug und ohne Decke auf dem Zementboden und starb beinahe an Lungenentzündung. Als sie schließlich aus dem Gefängnis entlassen und unter Hausarrest gestellt wurde, konnte sie weder gehen noch sprechen.

Inmitten dieser neuen Welle der Grausamkeit traf Margaret Thatcher zu ihrem Besuch ein. Noch vor zwei Jahren, hieß es in einem in der Zeitung abgedruckten BBC-Bericht, wäre der Besuch eines westlichen Regierungschefs in Pakistan undenkbar gewesen. Damals hatte Zia die weltweiten Appelle, das Leben meines Vaters zu schonen, ignoriert. Jetzt hatte der sowjetische Einmarsch in Afghanistan alle Bedenken des Westens beseitigt. Wie die BBC berichtete, war Großbritannien sogar bemüht, Zias Image zu heben. Es war tröstlich zu wissen, daß wenigstens die Weltpresse in Zia immer noch den elenden Mörder sah, der er von jeher gewesen war, und erkannte, daß er sich nur durch die Unterstützung ausländischer Mächte an der Macht halten konnte. Dennoch war es ein Schock, in der Zeitung lesen zu müssen, daß Margaret Thatcher nach einem Besuch der afghanischen Flüchtlingslager Zia eine Urkunde überreicht hatte, in der er zur »letzten Bastion der freien Welt« ernannt wurde.

Meine Erbitterung wuchs, als ich las, wie die Reagan-Administration die politische Situation in Pakistan verdrehte, um den Kongreß zur Wiederaufnahme der US-Hilfe zu bewegen. »Bhuttos PPP mag dagegen sein [gegen die Hilfe], die große Masse der Bürger denkt anders. Sie weiß, daß

Pakistan einer großen Bedrohung seiner Sicherheit mit veralteten Waffen begegnen müßte«, hatte der designierte Botschafter in Pakistan Ronald Spiers Berichten zufolge im September vor dem Senatsausschuß für Auswärtige Beziehungen ausgesagt. Das war völlig falsch. Erstens war die PPP das einzige Sprachrohr der »großen Masse der Bürger«. Und zweitens waren wir weder damals - noch heute - prinzipiell gegen jede ausländische Hilfe, sondern nur gegen eine Unterstützung, die dazu diente, die Besetzung Pakistans durch die Militärs zu zementieren. Doch die Amerikaner behaupteten weiterhin hartnäckig das Gegenteil. James Buckley, Staatssekretär im Außenministerium und zuständig für die Organisation des Hilfspakets, sagte sogar, daß Wahlen »aus Gründen der Sicherheit nicht im Interesse Pakistans sind« - als ob wir, die demokratische Partei, der Feind seien, und nicht der Diktator!

Ich wußte damals nicht, daß es trotz dieser Schlagzeilen auch amerikanische Politiker gab, die hinter den Kulissen Mr. Buckleys Schlußfolgerungen in Frage stellten. Peter Galbraith war nach Washington zurückgekehrt. Er war entschlossen, das Problem der Menschenrechtsverletzungen in Pakistan zur Sprache zu bringen und für meine Freilassung zu kämpfen. In Zusammenarbeit mit Senator Pell entwickelte Peter eine einfache Strategie. Jedesmal, wenn im US-Senat das Thema Pakistan angesprochen wurde, sprachen sie auch das Problem der Menschenrechte und meine Verhaftung an: Weder die amerikanische Regierung noch die Zia-Diktatur sollte die politischen Gefangenen in Pakistan vergessen dürfen. Sie hofften, dadurch schließlich so viel Druck auszuüben, daß das Regime es für einfacher hielt, mich zu entlassen, als permanent mit dem Problem konfrontiert zu werden, daß ich und viele andere unrechtmäßig festgehalten wurden.

Später las ich, wie Senator Pell, ein Gegner des neuen Hilfspakets an Pakistan, die Strategie ins Werk gesetzt hatte. »Die F-16 ist das sichtbarste Symbol der amerikanischen Unterstützung des Zia-Regimes«, zitierte *India Today* Senator Pell im Gespräch mit dem Staatssekretär im Außenministerium Buckley. »Amnesty International ist der Ansicht, daß Menschenrechtsverletzungen in Pakistan allmählich zur Regel werden ... halten Sie das für korrekt?« Als Mr. Buckley versuchte, vage zu antworten, wurde Senator Pell konkret: »Es hat den Anschein, als führe Präsident Zia einen blutigen Rachefeldzug gegen die Witwe und die Tochter des hingerichteten - ermordeten - Ex-Premiers Bhutto. Hat unsere Regierung eigentlich bei der Regierung von Pakistan wegen der Verhaftung und Mißhandlung der Familie Bhutto Protest eingelegt?« In seiner Antwort versprach Staatssekretär Buckley, sich auf dem Wege der »privaten Diplomatie« um die Sache zu kümmern, ein Euphemismus dafür, daß nichts geschehen würde. Aber wenigstens hatte Senator Pell sein Argument vorgebracht.

Die traditionelle Rücksichtnahme des amerikanischen Kongresses auf die Forderungen einer neuen Administration und die Sorge wegen Afghanistan wogen schwerer als die Einwände, die Senator Pell und andere hinsichtlich der Menschenrechtsverletzungen und des pakistanischen Atomprogramms vorbrachten. Der Kongreß bewilligte das vorgeschlagene Hilfspaket, aber es gelang Senator Pell, seine Kollegen zu einem Zusatz zu überreden, in dem es hieß: »Mit der Bewilligung der Unterstützung an Pakistan verfolgt der Kongreß auch die Absicht, die rasche Wiedereinsetzung der Grundrechte und die Wiederherstellung einer repräsentativen Regierung in Pakistan zu fördern.« In der Praxis bewirkte Pells Zusatz wenig, aber er war ein Schuß vor den Bug der Zia-Diktatur.

Im Zentralgefängnis von Karachi verging *Eid,* ohne daß ich entlassen wurde. Die pathanische Wärterin erzählte mir, daß zu diesem Feiertag auch politische Gefangene entlassen worden seien, und ich freute mich sehr für sie und ihre Familien. Viele Angehörige des Gefängnispersonals zeigten mir ihr Mitgefühl und ihre Achtung vor *Eid.* Die Frau eines Wärters verlangte einen meiner *khameez,* um mir *Eid*-Kleider anfertigen zu lassen. Ein anderer Aufseher ließ mir ausrichten, daß er in der Rezeption bleiben und auf die Verwaltung Druck ausüben werde, bis die Stromversorgung in meinem Zellenblock wieder funktioniere. »Ich hoffe, daß wir uns in guten Zeiten solcher Menschen erinnern«, schrieb ich in mein Tagebuch.

Doch für jeden politischen Gefangenen, der an *Eid* freikam, wurden zehn neue verhaftet. Ich las in der Zeitung, daß inzwischen eine intensive Jagd auf den Studentenführer Lala Assad in Gang war. Lala Assad war ein treuer Anhänger der Partei, und ich betete, er möge der Polizei entkommen. Im Jahr 1981, in den letzten Monaten meiner Freiheit, war ich nach Khairpur gefahren und hatte Zertifikate an Studenten verteilt, die wegen ihrer Proteste gegen das Kriegsrecht im Gefängnis gewesen waren. Als Deckung hatte ich die Geburtstagsfeier von Lala Assads Sohn Zulfikar benutzt, der nach meinem Vater genannt worden war. Lala Assad hatte selbst zwei Jahre im Gefängnis verbracht, weil er meinen Vater unterstützt hatte. Sein Vater, ein ehemaliger Minister Westpakistans, der seinerzeit mit Mohammed Ali Jinnah für Pakistans Unabhängigkeit gekämpft hatte,

hatte mich während meines Besuches sehen wollen. Der alte Mann war krank und bettlägerig. Er bat mich, seinen Sohn zur Aufgabe seiner politischen Aktivitäten zu bewegen.
»Ich habe nicht mehr lange zu leben«, sagte Lala Assads Vater. »Ich habe mich nie in die politischen Aktivitäten meines Sohnes eingemischt, solange Mr. Bhutto im Gefängnis war. Aber jetzt, da der Premierminister tot ist, sollte mein Sohn sich um mich kümmern, um seine Frau und sein Kind. Wenn es mich nicht mehr gibt, steht es ihm frei, für Sie und Ihre Partei zu arbeiten. Aber in den letzten Tagen meines Lebens brauche ich meinen Sohn.« Ich versprach ihm, mit Lala Assad zu sprechen, und ich hielt mein Versprechen. Was nach meiner Abreise geschah, erfuhr ich nicht mehr, denn einen Monat später wurde ich verhaftet und nach Sukkur gebracht. Jetzt, ein Jahr später, wurde Lala Assad als einer der Führer der Al-Zulfikar gesucht. Ich hatte keine Ahnung, ob die Anklage berechtigt war oder nicht.
Terrorismus und Gewalt: Gab es keinen Ausweg aus diesem Teufelskreis? Allein in den vergangenen Monaten waren drei Präsidenten ermordet worden: Präsident Zia ur-Rehman in Bangladesh, Präsident Rajai in Iran und erst kürzlich am 6. Oktober Anwar el-Sadat in Ägypten. Es tat mir leid um Präsident Sadat und seine Familie, ich war traurig, daß er eines gewaltsamen Todes sterben mußte. Als Kind war ich eine begeisterte Anhängerin seines Vorgängers Gamal Abdel Nasser gewesen, ich hatte Nassers Kampf gegen den britischen Kolonialismus und den amerikanischen Imperialismus in der Suez-Krise bewundert. Nasser war für mich ein Gigant. Er versprach eine neue Welt der Gleichheit, die auf der Asche und den Trümmern der nicht mehr zeitgemäßen Königtümer und Monarchien der Vergangenheit errichtet werden sollte. Ich hatte stundenlang in der Bibliothek meines Vaters in Clifton 70 verbracht und jedes Buch über Nasser gelesen, das ich finden konnte, auch sein eigenes Buch *Die Philosophie der Revolution*.
Sadat hatte ich nicht besonders gemocht. Schließlich hatte er sich gegen seinen Mentor gewandt und dessen Politik völlig umgekrempelt, als er 1970 in Ägypten das Amt des Präsidenten übernahm. Die Nachricht von seinem Tod berührte mich mehr, als ich erwartet hätte. Obwohl mein Vater den Separatfrieden, den Sadat mit Israel schloß, scharf kritisiert hatte, hatte Sadat sich für sein Leben eingesetzt. Außerdem hatte der ägyptische Präsident dem Schah von Persien und seiner Familie Zuflucht gewährt, obwohl er sich damit unbeliebt machte. Und als der Schah an

Krebs gestorben war, hatte Sadat ein großes Begräbnis für ihn angeordnet und damit eine Toleranz gezeigt, die in der Welt der Realpolitik selten ist.
Eine tiefe Niedergeschlagenheit überkam mich. Abend für Abend, wenn ich an meiner Stickarbeit saß, bekam ich stechende Kopfschmerzen. In der Nacht des 21. November, dem Geburtstag meines Bruders Shah, war meine Kehle plötzlich wie zugeschnürt und meine Augen füllten sich mit Tränen. Ich legte mich hin, aber die Tränen flossen ungehindert, ich konnte nicht aufhören zu weinen. Wo waren meine Brüder? Wie ging es ihnen? Mir und Shah hatten in Kabul direkt nach *Eid* zwei afghanische Schwestern geheiratet, Fauzia und Rehana, Töchter eines ehemaligen Regierungsbeamten. Das war alles, was wir von ihnen wußten. Ich war froh, daß meine Brüder in diesen schweren Zeiten einen Hort der Liebe, Geborgenheit und des Trostes gefunden hatten.
Ich sank in einen unruhigen Schlaf. Ich träumte einen immer wiederkehrenden Traum: Mir war wieder in Pakistan. Er war über die Bergpässe von Afghanistan gekommen, hatte den Indus überquert und hielt sich in einem Schrank in Clifton 70 versteckt. Die Soldaten durchsuchten das Haus. In dem Moment, in dem sie den Schrank aufmachten und Mir entdeckten, wachte ich auf.
Ich hatte im Traum das falsche Opfer gesehen. Am folgenden Tag las ich, daß Lala Assad von der Polizei erschossen worden war. Die Schmerzen in meinem Kopf wurden heftiger. Lala Assad sei bei einem Feuergefecht mit der Polizei im Federal-B-Bezirk von Karachi erschossen worden, nachdem er das Feuer eröffnet und einen Polizisten getötet habe. Die Wahrheit erfuhr ich erst Monate später: Der Polizist war bei der Schießerei von einer Polizeikugel getroffen worden. Als Lala versuchte, dem Hinterhalt zu entfliehen, hatte man ihn kaltblütig niedergeschossen.
Lala Assad war tot. Jetzt klebte auch sein Blut an General Zias Uniform. Was wohl Lala Assads Vater empfand? Statt eines Sohnes, der sich in den letzten Tagen seines Lebens um ihn kümmerte, blieb ihm jetzt nur noch dessen Leichnam. Wie sollte das enden?
»Die landesweite Jagd nach Terroristen der Al-Zulfikar geht weiter«, hieß es am 26. November in den Zeitungen. »Die Polizei hat mehrere hundert Menschen verhaftet.« Überall in Pakistan überwachte die Polizei Häuser, Jugendherbergen und Flugplätze. An allen Land-, Wasser- und Luftwegen, die aus Karachi hinausführten, waren Kontrollen aufgestellt. Den Berichten der Zeitungen zufolge benutzte die Polizei besondere Ferngläser, um durch getönte Autoscheiben hindurchzusehen. Die Polizei stand mit

allen Maskenbildnern in Verbindung, um zu verhindern, daß die »flüchtigen Terroristen« sich eine Tarnung zulegten.
Meine Angst wuchs. Seit Lala Assads Tod quälten mich reuevolle Gedanken. Ich betete, daß er mir die harten Worte verzeihen möge, die ich einige Male zu ihm gesagt hatte. Ich machte mir Vorwürfe, weil ich Bilder von ihm und anderen Studentenführern in Clifton 70 aufbewahrt hatte. Bei der letzten Durchsuchung hatte die Polizei alle diese Bilder mitgenommen. Hatten sie meine Fotos benutzt, um ihn zu identifizieren?
Ich betrachtete das Netz feiner Linien auf meinem Handrücken, die Linien um meine Augen, auf meinen Wangen und auf meiner Stirn. Zuerst hatte ich geglaubt, sie seien eine Folge der trockenen Hitze und des Windes von Sukkur, aber offensichtlich waren sie keine vorübergehende Erscheinung. Ich alterte viel zu schnell.
Am 11. Dezember lief mein Haftbefehl aus, und ich stellte mich innerlich darauf ein, einen neuen Haftbefehl zu erhalten. Ich wußte, daß ich nicht entlassen würde, nachdem das Regime so hart durchgegriffen hatte. Mein Essen kam eine Stunde früher als gewöhnlich, und mit ihm der erwartete Haftbefehl. Aber Senator Pells Botschaft war offenbar bis nach Pakistan durchgedrungen: Zwei Wochen später stattete mir der stellvertretende Gefängnisdirektor am Spätnachmittag überraschend einen Besuch ab. »Packen Sie Ihre Sachen«, sagte er schroff. »Sie werden morgen früh um 5.45 Uhr unter polizeilicher Bewachung nach Larkana gebracht.«
Die Tagesaufseherin weinte, als wir uns verabschiedeten. Auch die Pathanin weinte und bat mich um Verzeihung, falls mir ihre Dummheit auf die Nerven gegangen sei. Sogar ich selbst weinte. Obwohl ich immer davon geträumt hatte, nach Al-Murtaza verlegt zu werden, fürchtete ich mich plötzlich davor, das geheime Netz von Verbindungen hinter mir zu lassen, das im Zentralgefängnis von Karachi entstanden war. Ich hatte es zu schätzen gewußt, daß mitfühlende Wärter mir gelegentlich eine Ausgabe des *International Herold Tribune* oder der Magazine *Time* und *Newsweek* zukommen ließen. Außerdem war ich in Karachi in der Nähe meiner Mutter und meiner Schwester. In der ländlichen Isolation von Al-Murtaza war ich von ihnen abgeschnitten.
Die Polizei holte mich am 27. Dezember 1981 kurz nach Sonnenaufgang. Ich warf einen letzten Blick auf die schreckliche, feuchte Zelle. Wie war es möglich, daß mir der Abschied so schwerfiel? Und er fiel mir tatsächlich schwer, so wie es mir schwergefallen war, die vertraute Umgebung von Sukkur zu verlassen. Die Jahre der Gefangenschaft zeigten ihre Wirkung: Ich fürchtete mich inzwischen vor dem Unbekannten.

10. Kapitel

Zwei weitere Jahre allein im Gefängnis

Vertraute Umgebung, Annehmlichkeiten: endlich daheim. Ich sah über die Tatsache hinweg, daß innerhalb der Umfassungsmauern wieder paramilitärische Truppen postiert waren und daß einmal täglich ein Justizbeamter nach Al-Murtaza kam, um meinen Arrest zu überprüfen. Ich schwelgte in meinem offensichtlichen Glück. Einige Angehörige des Dienstpersonals dürften Al-Murtaza tagsüber betreten, teilten mir die Militärs mit. Ich konnte das Telefon benutzen, und, was mich am meisten freute, ich durfte in einem Zeitraum von vierzehn Tagen insgesamt drei Besucher empfangen. Nach fast zehnmonatiger Einzelhaft klang das für mich wie ein Aufenthalt in einem Fünf-Sterne-Hotel. Ich feierte meinen ersten Abend zu Hause mit einem ausgedehnten heißen Bad und manikürte mir die Nägel.

Aber ich hatte mich zu früh gefreut. Meine Telefonate waren auf Gespräche mit Angehörigen beschränkt, und ich durfte nicht über politische Angelegenheiten sprechen. Das Telefon funktionierte nur selten. Meine Gespräche wurden oft unterbrochen, manchmal war die Leitung tot. Später fand ich heraus, warum. Alle Gespräche liefen über eine militärische Zwischenstation, die vor den Mauern Al-Murtazas eingerichtet worden war.

Auch das Versprechen, innerhalb von zwei Wochen drei Besucher empfangen zu dürfen, erwies sich in dem Jahr, das ich in Al-Murtaza eingesperrt war, bald als Farce. Nur meine Mutter, Sanam und meine Tante Manna standen auf der Liste der genehmigten Besuche. Alle drei lebten in Karachi, über eine Flugstunde weit entfernt. Ihre Reise wurde durch die seltenen und zeitlich ungünstig gelegenen Flüge in das Innere von Sind erschwert. Sanam mußte jetzt für einen Mann und ein Haus sorgen, sie kam deshalb nur ein- oder zweimal. Meiner Mutter ging es gesundheitlich so schlecht, daß auch sie mich nur selten besuchte. Ich hatte in Larkana ein paar Bekannte, die ich durch die Politik kennengelernt hatte. Sie hätten mich problemlos besuchen können, aber die Behörden gestatteten keinen

Ersatz. Im Grunde genommen war ich wieder in Einzelhaft. Wenn ich einmal Besuch hatte - meist einen Gefängnisbeamten -, schmerzten meine Kiefer danach wegen der ungewohnten Bewegung. Ich hätte in der endlosen Stille wahrscheinlich Selbstgespräche führen sollen, und sei es nur, um den Klang einer menschlichen Stimme zu hören, aber ich dachte nicht daran.

Regelmäßig alle drei Monate kamen ein neuer Haftbefehl. Ich kannte den Wortlaut inzwischen auswendig: »Um Miss Benazir Bhutto an ihrem dem Zweck des Kriegsrechts zuwiderlaufenden, die Sicherheit Pakistans, die öffentliche Sicherheit und das öffentliche Interesse gefährdenden und die effiziente Durchführung des Kriegsrechts störenden Verhalten zu hindern, ist es nach Ansicht des Stellvertretenden Kriegsrechtsverwalters notwendig, besagte Miss Benazir Bhutto weiterhin in Haft zu halten...«

Die Zeit schleppte sich langsamer dahin denn je. Es gab keine Nachmittagszeitung, keinen *International Herald Tribune*. Im Fernsehen wurde abgesehen von Arabischkursen, Zias Nachrichten auf Sindhi, Urdu und Englisch, propagandistischen Dokumentarfilmen über die politischen Aktivitäten des Regimes und einigen Dreißig-Minuten-Stücken kaum etwas gezeigt. Auf Phasen des Selbstmitleids folgten Anfälle von Reue. Du darfst Gott gegenüber nicht undankbar sein, schalt ich mich. Du hast ein Zuhause, du hast genug zu essen und Kleider zum Anziehen. Denk an all jene, die weniger vom Glück begünstigt sind als du. Aber meine Gefühle schwankten ständig hin und her.

Um mir die Zeit zu vertreiben, brachte ich mir das Kochen bei und probierte Rezepte aus den alten Kochbüchern meiner Mutter aus, die ich in der Küche fand. Die Backöfen funktionierten nicht, und Küchengerät war auch nur in begrenzter Zahl vorhanden: Es gab nicht einmal einen Schneebesen. Jedes Gericht - Currygerichte, Reis, *dhal*, ein Brei aus Hülsenfrüchten - war für mich ein kleiner Triumph. Wie die Okra-Schoten und Chillis, die meine Mutter während unserer Gefangenschaft in Al-Murtaza drei Jahre zuvor gezogen hatte, hatte das Essen, das ich jetzt kochte, eine besondere Bedeutung. In einer Schale Reis, den ich selbst gekocht hatte, sah ich den Beweis dafür, daß ich existierte. Ich hatte den Reis gekocht und konnte ihn jetzt essen. *Coquo ergo sum*. Ich koche, also bin ich.

Ich machte mir ständig Sorgen um meine Mutter. Vier Monate waren seit ihrem Besuch im Zentralgefängnis von Karachi verstrichen, bei dem sie mir erzählt hatte, ihr Arzt habe den Verdacht auf Lungenkrebs geäußert.

Wenn sie tatsächlich Krebs hatte, befand sie sich in einem Wettlauf gegen die Zeit. Durch Früherkennung und sofortige Behandlung kann die Krankheit aufgehalten werden. Unbehandelt führt Lungenkrebs meist rasch zum Tod. Der Arzt hatte meiner Mutter eine besondere Diät verordnet, um sie für weitere diagnostische Untersuchungen zu kräftigen. Die Ergebnisse der letzten Testserie waren eindeutiger gewesen. Der Schatten auf ihrem linken Lungenflügel war nach Ansicht der Ärzte höchstwahrscheinlich ein bösartiger Tumor. Die Ärzte teilten dem Regime mit, daß meine Mutter mit Hilfe eines Computertomographen untersucht werden müsse und eine Behandlung brauche, die in Pakistan nicht durchführbar sei. Dennoch ignorierte das Regime die Bitte meiner Mutter um Rückgabe ihres Passes, damit sie ins Ausland reisen und dort medizinisch versorgt werden könne. Das Innenministerium, hieß es, sei nicht imstande zu helfen, weil Zia die Akte meiner Mutter auf eine Reise nach Peking mitgenommen habe.
Ein Monat verging, zwei Monate vergingen, ohne daß das Regime meiner Mutter die Erlaubnis erteilte, Pakistan zu verlassen. Die Ärzte meiner Mutter in Karachi gaben die Hoffnung auf und begannen mit einer Chemotherapie. Die Enttäuschung, die ich zunächst empfunden hatte, als meine Mutter mir am Telefon mitteilte, wie es ihr ging, wich mit jedem ihrer Anrufe mehr der Bitterkeit. Ihr Haar werde dünner und sie verliere an Gewicht, gestand sie mir und bedauerte, mich nicht besuchen zu können. Ich kam mir vor wie eine schlechte Tochter, weil ich nicht bei ihr sein und ihr helfen konnte.
Trotz der Zensur wußte bald das ganze Land von ihrem Martyrium. »Die Menschen haben Mama nicht vergessen«, versuchte Sanam mich am Telefon zu beruhigen. »Dauernd ruft irgend jemand bei uns oder Fakhri an und erkundigt sich nach ihr. Ihr Gesundheitszustand ist offenbar ein wichtiges Thema bei diplomatischen Empfängen und Kaffeegesellschaften, an Bushaltestellen und in Kinos.«
»Zia wird sie ausreisen lassen müssen«, sagte ich hoffnungsvoll und versuchte, an meine Worte zu glauben. Aber auch als der Druck auf Zia deutlich erkennbar war, ließ er sie nicht gehen. Statt dessen berief er drei Monate, nachdem die Ärzte eine mögliche Krebserkrankung diagnostiziert hatten, das Federal Medical Board ein. Dieses Ärztegremium sollte entscheiden, ob die Krankheit meiner Mutter eine Behandlung im Ausland rechtfertigte.
Ein solches Ärztegremium war eine neue Diskriminierung. Seit der Zeit

Ayub Khans, als Auslandsreisen nur begrenzt erlaubt waren, hatte kein Bürger Pakistans die Zustimmung eines Ärztegremiums benötigt, um einen Paß zu bekommen. Während der Regierungszeit meines Vaters war das Recht auf einen Paß und damit das Recht, frei zu reisen, ein Grundrecht jedes pakistanischen Bürgers gewesen. Unter den Mitgliedern des Zia-Regimes war es durchaus üblich, schon wegen leichter gesundheitlicher Beschwerden, die problemlos in Pakistan behandelt werden konnten, auf Staatskosten ins Ausland zu reisen. Für seine politischen Gegner hatte Zia jedoch das Federal Medical Board wieder ins Leben gerufen. Jetzt benutzte er es, um die Abreise meiner Mutter und ihre Behandlung im Ausland zu verzögern.

Als das Gremium schließlich zusammentrat, war es überwiegend mit Leuten Zias besetzt. So wie die Entscheidung des Obersten Gerichtshofs, das Todesurteil gegen meinen Vater zu bestätigen, nur dadurch zustande gekommen war, daß man die Zahl der Richter vermindert hatte, wurden jetzt umgekehrt nicht drei, sondern sieben Ärzte in das Ärztegremium berufen, damit Zia die gewünschte Entscheidung bekam. Der Vorsitzende des Gremiums war ein Generalmajor im aktiven Dienst.

»Meiner Ansicht nach geht es Begum Sahiba durchaus gut«, verkündete dieser Generalmajor verantwortungslos kurz nach der ersten Sitzung des Gremiums. Andere Mitglieder des parteiischen Gremiums verlangten, meine Mutter solle sich weiteren 14 Röntgenuntersuchungen der Lunge und einem Bluttest unterziehen. Die Untersuchungen strengten sie so an, daß sie Fieber bekam, Blut hustete und ohnmächtig wurde. Obwohl die Untersuchungen ergaben, daß der Schatten auf ihrer Lunge größer geworden und der Hämoglobinwert gesunken war, schlug der Vorsitzende eine erneute Bronchoskopie vor. Diese Untersuchung war nicht nur unnötig, sie konnte eine bösartige Erkrankung sogar noch verschlimmern. Der Arzt meiner Mutter in Karachi, Dr. Saeed, der ebenfalls dem Gremium angehörte, war empört und weigerte sich, der Entscheidung zuzustimmen. Der Anästhesist im Krankenhaus unterstützte ihn. Er beharrte darauf, daß meiner Mutter die Narkose nicht zugemutet werden könne, die notwendig ist, um den Diagnoseschlauch in die Lunge einzuführen.

Ich betete in Al-Murtaza für meine Mutter. Sonst konnte ich nichts für sie tun. Doch in allen anderen Teilen des Landes veranlaßte die Angst, daß Zia meine Mutter tatsächlich sterben lassen könnte, die Menschen zum Handeln. »Wir konnten Mr. Bhutto nicht retten«, sagten sie, »aber jetzt dürfen wir nicht untätig zusehen, wie Begum Bhutto stirbt.« Die Empörung über die gefühllose Behandlung meiner Mutter durch das Regime blieb nicht auf die traditionelle Anhängerschaft der PPP beschränkt, sondern griff auch auf Angehörige des Militärs und hohe Beamte in Zias Apparat über.

»Stell dir vor!« sagte Fakhri aufgeregt am Telefon. »Die Frau und die Schwester des Kriegsrechtsverwalters von Sind haben an einer Frauendemonstration für deine Mutter teilgenommen.«

»Hat die Polizei sie verhaftet?« Ich schrie fast, weil ich nicht glauben konnte, was ich hörte: Nach General Zia waren die vier Kriegsrechtsverwalter der Provinzen die mächtigsten Männer des Landes.

»Sie haben es nicht gewagt«, sagte Fakhri. »Als die Polizei kam, rannten die Demonstranten in das Haus des Kriegsrechtsverwalters und machten die Tore zu.«

Wie ich später hörte, löste das Martyrium meiner Mutter auch im Ausland Proteste aus. In England schlossen sich ein paar alte Freunde von mir aus Oxford mit Dr. Niazi, Amina Piracha und einigen Menschenrechtlern zusammen und starteten die Kampagne »Rettet die Bhutto-Frauen«. Die Gruppe konzentrierte sich zunächst darauf, meine Mutter freizubekommen, und wurde mit Unterstützung Lord Aveburys, eines Mitglieds des Oberhauses, im Parlament vorstellig. Zwei Parlamentarier, Joan Lestor und Jonathan Aitken, reagierten rasch und brachten einen Antrag ins Unterhaus ein: »Ärztliche Behandlung von Begum Bhutto - das Haus möge die Regierung von Pakistan auffordern, Begum Bhutto ins Ausland reisen zu lassen, damit sie ihr Krebsleiden behandeln lassen kann.« Am 4. November gab Lord Avebury im Oberhaus eine Pressekonferenz, auf der ein britischer Arzt den ernsten Zustand meiner Mutter beschrieb.

Auch Angehörige der Regierung der Vereinigten Staaten setzten sich für meine Mutter ein. »Sehr geehrter Herr Botschafter«, schrieb Senator John Glenn, Mitglied des Senatsausschusses für Auswärtige Beziehungen, am 8. November an Ejaz Azim, den pakistanischen Botschafter in Washington. »Vor über zwei Monaten ersuchte Mrs. Nusrat Bhutto, die Witwe des verstorbenen Premierministers, um die Erlaubnis, ins Ausland zu reisen, um einen wahrscheinlich bösartigen Lungentumor behandeln zu lassen... Aus humanitären Gründen möchte ich Ihre Regierung dringend bitten, umgehend zu handeln und Mrs. Bhutto die Ausreisegenehmigung zu erteilen. Die prompte Erteilung der Genehmigung würde hier als Akt der Menschlichkeit aufgefaßt und trüge dazu bei, die Beziehungen zwischen unseren beiden Ländern zu verbessern.«

Zia hatte sich jedoch zur Gewohnheit gemacht, Appelle westlicher Regierungen an sein Mitgefühl zu ignorieren. Er befand sich auf einer Südostasien-Reise und war so zuversichtlich, daß die Mitglieder des Gremiums in seinem Sinne entscheiden würde, daß er ihrem Verdikt zuvorkam. »Begum Bhutto fehlt nichts«, verkündete er laut Presseberichten am 11. November, dem Tag, an dem das Gremium seine Abschlußsitzung abhalten wollte, in Kuala Lumpur. »Wenn sie im Ausland Urlaub machen und sich Sehenswürdigkeiten anschauen will, dann soll sie dafür eine Genehmigung beantragen, und ich werde darüber nachdenken.«

Doch Zia hatte nicht mit Dr. Saeed gerechnet, dem Arzt meiner Mutter. »Ich werde den Bericht nicht unterzeichnen«, sagte Dr. Saeed zum vorsitzenden Generalmajor, als das Gremium später am selben Tag zusammentrat. »Ich kann es als Arzt nicht mit meinem Gewissen vereinbaren, das Leben meiner Patientin zu gefährden.«

»Ich ebenfalls nicht«, verkündete plötzlich ein anderer Arzt des Gremiums und brach damit die stillschweigend akzeptierte Regel, daß alle Mitglieder eines Bundesgremiums dem Beispiel ihres Vorsitzenden zu folgen hatten.

»Ich auch nicht.« Ein dritter Arzt schloß sich an, dann ein vierter. Der Generalmajor mußte voller Schrecken mitansehen, wie die Ärzte einer nach dem anderen von ihm abfielen und ein Papier Dr. Saeeds unterzeichneten, in dem die sofortige Ausreise meiner Mutter aus Pakistan gefordert wurde. »Sie müssen auch unterschreiben«, forderte Dr. Saeed den Generalmajor schadenfroh auf. »Wenn alle Offiziere einer Meinung sind, kann der General sich ihrem Anliegen nicht verweigern.« Der Generalmajor setzte tatsächlich seine Unterschrift unter das Dokument. Den größten Schreck sollte er erst noch bekommen: Wenig später enthob Zia ihn ohne viel Federlesens all seiner zivilen und militärischen Ämter.

Am Tag nach der überraschenden Entscheidung des Gremiums erteilte das Regime meiner Mutter die Genehmigung, das Land zu verlassen. Ich war überglücklich, als ich die Nachricht in der Morgenzeitung las, und suchte sofort bei den Behörden um die Erlaubnis nach, sie vor ihrer Abreise noch einmal sehen zu dürfen. Nachdem ich fast ein Jahr in Al-Murtaza eingesperrt gewesen war, befahl man mir plötzlich, meine Sachen zu packen. Eskortiert von zwölf Polizeiwagen, Lastwagen und Jeeps wurde ich zum Flughafen von Mohendjo-Daro gebracht. Dort konfiszierte die Polizei die Kameras der Fotografen, die den ersten Blick, den die Öffentlichkeit seit elf Monaten auf mich werfen konnte, auf Zelluloid bannen wollten. Polizisten folgten mir ins Flugzeug. Sie waren alle mit leichten Maschinengewehren bewaffnet. Später in Karachi kreiste ein Hubschrauber über dem Konvoi, der mich nach Clifton 70 begleitete. Und all das nur deshalb, weil eine Tochter sich von ihrer Mutter verabschieden will.

Meine Mutter lag blaß und schwach auf ihrem Bett. Sie sah viel älter aus, als sie eigentlich war. Wieder einmal tobte in mir ein Konflikt. Ich wünschte mir mehr als alles in der Welt, daß meine Mutter die medizinische Behandlung im Ausland bekam, die sie so dringend benötigte. Zugleich fürchtete ich mich, allein in der Leere der Gefangenschaft zurückzubleiben. Ich bemühte mich, nicht an die Einsamkeit zu denken, die vor mir lag. Fakhri eilte geschäftig hin und her und brachte letzte Botschaften vom Generalsekretär der MRD und anderen Parteifunktionären ins Schlafzimmer. »Was wird geschehen, wenn Begum Bhutto das Land verläßt?« war der Tenor der Botschaften. Aber meine Mutter hatte keine andere Wahl.

»Schweren Herzens und nur aus medizinischer Notwendigkeit nehme ich für eine begrenzte Zeit Abschied von unserem Land und unserem Volk«, schrieb meine Mutter in ihrer Abschiedserklärung. »In Gedanken werde ich immer bei euch sein, bei den leidenden Menschen, den Hungernden und Unterdrückten, den Ausgebeuteten und Diskriminierten und all jenen, die die Vision eines fortschrittlichen und besseren Pakistan haben ...«

Das Regime nannte in den Zeitungen immer wieder falsche Termine für die Abreise meiner Mutter. Damit hoffte man, einen Menschenauflauf zu verhindern. Da die Verschlagenheit des Regimes bekannt war, fuhren unablässig PPP-Anhänger an Clifton 70 vorbei und hielten nach Anzeichen für ihre bevorstehende Abreise Ausschau. Wir konnten sie im Innern des Hauses rufen hören: »*Jiye*, Bhutto. Begum Bhutto, *zindabad!* Lang lebe Begum Bhutto!«

In der Nacht des 20. November 1982 küßte ich meine Mutter zum Abschied. Ich gab ihr für meine Brüder Medaillons mit, die mit Erde vom Grab meines Vaters gefüllt waren, und für meine neugeborenen Nichten Anhänger, in die Verse aus dem Koran eingraviert waren, die sie schützen sollten. Wir weinten beide, denn wir wußten nicht, was uns erwartete. »Paß auf dich auf«, sagte meine Mutter. Zusammen schritten wir durch die geschnitzte Holztür von Clifton 70, unter der meine Mutter mir dreizehn Jahren zuvor den Koran über den Kopf gehalten hatte, als ich nach Harvard abreiste. Dann verschwand sie in der Menschenmenge, die vor den Toren wartete.

Samiya Waheed:

> Dost Mohammed brachte Begum Bhutto zum Flughafen. Sanam und Fakhri saßen auf dem Rücksitz. Die Menschenmenge in Clifton 70 war riesig, als wir losfuhren. Begum Bhutto widersetzte sich dem Regime, das ihre Abreise geheimhalten wollte, und schaltete die Innenbeleuchtung des Wagens an, damit die Menschen sie sehen konnten. Mrs. Niazi, Amina, meine Schwester Salma und ich folgten im nächsten Wagen. An jeder Kreuzung schlossen sich neue Autos an, bis sich schließlich ein gigantischer Zug von Anhängern gebildet hatte. Als wir das Ende der Flughafenbrücke erreicht hatten, drehte ich mich um: Die Autos, die Begum Bhutto zum Flughafen begleiteten, belegten sieben Spuren der Autobahn. Der Gegenverkehr war auf eine Spur abgedrängt worden.
>
> Am Flughafen wartete eine noch größere Menschenmenge. Als wir vor dem Flughafengebäude vorfuhren, überrannten sie unsere Autos. Ein Mann kletterte auf das Dach unseres Wagens, ich sah seine nackten Füße auf der Windschutzscheibe. »Gott schütze Sie«, rief er Begum Bhutto zu. Mitglieder der Partei bemühten sich, Mrs. Bhutto in einen Rollstuhl zu setzen und in das Flughafengebäude zu fahren. Sie mußten den Rollstuhl schließlich über die Köpfe der Menge weg weiterreichen. Die Besatzungsmitglieder der Maschine der Air France hatte ebenfalls Schwierigkeiten, durchzukommen. Sie mußten sich ihre Taschen zuwerfen. Als sie die 100 Meter lange Strecke hinter sich gebracht hatten, waren ihre Uniformen zerknittert und ihre Mützen verrutscht, und die Haare der Stewardessen hatten sich gelöst. Es war der stürmischste Abschied, den Pakistan je erlebt hat. Die Menschen wußten nicht, ob sie die Witwe ihres Premierministers, die geliebte Führerin der PPP jemals wiedersehen würden.

Meine Mutter wurde in der Bundesrepublik Deutschland mit einem Computertomographen untersucht und weiteren Behandlungen unterzogen. Die Behandlungen schlugen an, ihr Krebsleiden konnte zum Stillstand gebracht werden. Ich blieb inzwischen unter Bewachung in Clifton 70. Elf

Gefängniswärter waren im Haus postiert. Um das Haus standen im Abstand von einem halben Meter Mitglieder der Frontier Force. Geheimdienstagenten beobachteten alles von ihren Stellungen gegenüber der Vorder- und der Hintertür aus. Noch vierzehn Monate mußte ich hinter diesen feindseligen Barrikaden in Clifton 70 ausharren.

Ich las mit großem Interesse das Buch *Wir brüllten nach innen* des Zeitungsverlegers Jacobo Timerman, eine Chronik seiner zweieinhalbjährigen Gefangenschaft als politischer Häftling in Argentinien. »Das Buch spiegelt unser Leiden, schmerzerfüllte Augen sehen in schmerzerfüllte Augen«, notierte ich in mein Tagebuch. »Wenn er von der Folter im elektrischen Stuhl sprach, sprangen mich die Worte auf den Seiten förmlich an. Der Körper werde auseinandergerissen, schreibt Timerman, und dennoch sei wie durch ein Wunder kein Kratzer und keine Verletzung zu sehen. Nach der Behandlung auf dem Stuhl wurden die politischen Gefangenen in ihre Zelle gestoßen, damit sie sich erholten. Dann wurden sie wieder geholt und weitergefoltert. Sprach er von Argentinien oder von den Verhörzellen des Militärregimes in Pakistan?«
Verfügung des Präsidenten Nr. 4, erlassen am 24. März 1982: Verhandlungen militärischer Sondergerichte konnten jetzt auch *in camera*, geheim stattfinden. Niemand mußte darüber informiert werden, daß ein Prozeß stattfand, wer der Angeklagte war und wie die Anklage oder das Urteil lautete. Um Indiskretionen von vornherein zu unterbinden, wurde es zum Verbrechen erklärt, wenn Rechtsanwälte oder andere am Fall beteiligte Personen irgendwelche Informationen an die Öffentlichkeit weiterleiteten.
Kriegsrechtsbestimmung Nr. 54 trat am 23. September 1982 in Kraft und galt rückwirkend bis zum 5. Juli 1977, dem Tag des Staatsstreiches gegen meinen Vater. Mit dieser Bestimmung konnte jeder zum Tode verurteilt werden, dessen Verhalten »geeignet ist, in der Öffentlichkeit Unsicherheit, Angst oder Mutlosigkeit zu erregen«. Außerdem mußte jeder mit der Todesstrafe rechnen, der von einem solchen Vergehen wußte und versäumte, die Kriegsrechtsbehörden darüber in Kenntnis zu setzen. Weiterhin war ein Angeklagter von nun an so lange als schuldig zu betrachten, bis seine Unschuld bewiesen war. »Das Militärgericht«, hieß es in der Verordnung, »kann davon ausgehen, daß der Angeklagte das ihm vorgeworfene Verbrechen begangen hat, solange das Gegenteil nicht bewiesen ist.«
Im Oktober versammelten sich zweitausend Rechtsanwälte in Karachi und forderten die Wiedereinsetzung der bürgerlichen Freiheiten. Die Or-

ganisatoren der Versammlung wurden verhaftet und zu einem Jahr strenger Haft verurteilt. Zwei Wochen später wurde Mr. Hafiz Lakho, einer der Anwälte meines Vaters, zusammen mit dem Sekretär der Anwaltskammer in Karachi verhaftet.

Im Dezember entnahm ich den Zeitungen, daß Zia zu Gesprächen mit Präsident Reagan und Kongreßmitgliedern nach Washington gereist war. Allein im Monat Dezember wurden in Pakistan mehr als zwanzig Gefangene hingerichtet. Wußten die Kongreßmitglieder von den Menschenrechtsverletzungen in Pakistan? Kümmerten sie sich darum?

Ich erfuhr die Antwort erst drei Jahre später. Zia hatte erwartet, bei seinem Besuch in Washington werde seine neu errungene Respektabilität im Westen gefeiert. Statt dessen hatte es bei einem Treffen mit dem Senatsausschuß für Auswärtige Beziehungen Kritik gehagelt. Jack Anderson schrieb in der *Washington Post*: »Die Anwesenden erinnern sich, daß der General sicher und selbstbewußt auftrat - bis [Senator] Pell ihm einen Brief überreichte, in dem der Ausschuß seiner Sorge um eine Reihe politischer Gefangener in Pakistan Ausdruck verlieh. Angeführt wurde die Liste von Benazir Bhutto.«

Berichten zufolge platzte Zia der Kragen, als Senator Pell ihm mit Fragen über meine wiederholte Verhaftung zusetzte. Er behauptete, ich habe das »Gesetz« gebrochen und bellte dann: »Ich sage Ihnen eins, Senator: Miss Bhutto wohnt in einem schöneren Haus als jeder Senator.« Dann behauptete er, ich dürfe Besuche von Angehörigen und Freunden empfangen und hätte »sogar ein Telefon zur Verfügung«.

Auch Peter Galbraith hatte Zias Behauptungen gehört. Er machte die Probe aufs Exempel und rief in Clifton 70 an. Eine männliche Stimme war am Apparat, und Peter bat, mit mir sprechen zu dürfen.

»Sie können nicht mit ihr sprechen«, entgegnete der Mann. »Sie ist im Gefängnis.«

»Ich rufe vom Senat der Vereinigten Staaten aus an«, versuchte Peter sein Glück. »Ihr Präsident war gerade hier. Er sagte, Miss Bhutto dürfe das Telefon benutzen.«

»Sie können nicht mit ihr sprechen. Es ist verboten«, sagte der Mann mit fester Stimme und hängte ein.

Ich verbrachte den 25. Dezember, den Geburtstag des Gründers von Pakistan, allein in Gefangenschaft in Clifton 70. Auch am Neujahrstag und am Geburtstag meines Vaters war ich allein. Als das Jahr 1983 begann, realisierte ich plötzlich, daß ich seit 1977 Silvester nur ein einziges Mal in Freiheit verbracht hatte. Ich begann nachts mit den Zähnen zu knirschen. Morgens wachte ich oft mit geschwollenen Knöcheln auf, und meine Finger waren so fest zur Faust geballt, daß ich die Hand kaum öffnen konnte.

»Ich bin Gott dankbar für all das, womit er mich gesegnet hat«, schrieb ich in mein Tagebuch. »Mit meinem Namen, meiner Ehre, meinem Ruf, meinem Leben, meinem Vater, meiner Mutter, meinen Geschwistern. Ich habe eine gute Ausbildung, verfüge über rhetorische Fähigkeiten, habe zwei gesunde Hände und Füße, ich kann sehen und hören, keine Narben verunstalten mich...« Ich hätte die Liste der Segnungen endlos fortsetzen können, mit der ich mein Selbstmitleid vertreiben wollte. Anderen politischen Häftlingen erging es in der winterlichen Kälte ihrer Zellen viel schlechter als mir.

Eines Tages brachte mir ein Hausangestellter einen neuen Wollschal. Die Schals, erzählte er mir, würden von afghanischen Flüchtlingen für wenig Geld auf dem Schwarzmarkt verkauft. Ich beauftragte heimlich einen Aktivisten der Partei damit, Schals in den PPP-Farben Rot, Grün und Schwarz zu bestellen. Wir verschickten viele tausend Schals sowie Pullover und Socken an die Häftlinge in den Gefängnissen von Sind.

Mein Ohr tat mir wieder weh, und bald schmerzten auch die Zähne, das Zahnfleisch und die Gelenke. »Ihrem Ohr fehlt nichts«, sagte der Ohrenarzt des Regimes im Naval-Krankenhaus. Der Zahnarzt war genauso unfähig. Er fragte mich, welchen Zahn er röntgen solle. »Ich kann nicht genau sagen, welcher Zahn es ist«, sagte ich. »Sie sind der Zahnarzt. Die Schmerzen kommen ungefähr aus diesem Bereich.« Da sagte er: »Wir dürfen keine Röntgenaufnahmen verschwenden.«

In der britischen Presse erschienen Berichte über meinen Gesundheitszustand. Der Sprecher der pakistanischen Botschaft nahm dazu Stellung. »Wenn Miss Bhutto über Beschwerden klagte, wurde sie sofort in das beste Krankenhaus von Karachi gebracht«, schrieb Qutubuddin Aziz an den *Guardian*. »Da sie eine starke Raucherin ist, hatte sie Probleme mit dem Zahnfleisch. Sie wurde wegen ihrer Beschwerden von einem angesehenen Zahnarzt ihrer Wahl behandelt.« Eine Lüge nach der anderen! Nicht einen der Ärzte hatte ich mir ausgesucht. Und ich rauchte nicht.

Ich litt darunter, daß mir jedes Gespräch, jede Form von Kommunikation, jeder Gedankenaustausch verwehrt wurde. Zum Glück hatte ich in

Clifton 70 meine Katzen, aber sie waren kein Ersatz für menschliche Gesellschaft. Das Regime wollte mich von der Außenwelt isolieren. Deshalb war ich überrascht, als ich im März 1983 eine Vorladung vor Gericht erhielt. Ich sollte im Prozeß gegen einen gewissen Jam Saqi, einen Kommunisten, als Zeugin auftreten. Dem Angeklagten wurde unter anderem vorgeworfen, er arbeite der herrschenden Ideologie entgegen und wiegle die Bevölkerung gegen die Streitkräfte auf.

Ich hatte Jam Saqi nie kennengelernt; er hatte gegen meinen Vater opponiert. Wie sich herausstellte, hatte er eine Reihe von Politikern gebeten, sich zu den gegen ihn erhobenen Anklagen zu äußern, um festzustellen, ob die Vorwürfe gegen ihn berechtigt waren. Ich war mehr als willens, über die Ungesetzlichkeit des Kriegsrechts zu diskutieren, war mir aber nicht ganz schlüssig, aus welchem Grund das Regime mir erlaubte, persönlich vor Gericht zu erscheinen. Vielleicht wollte man mich zur »kommunistischen Sympathisantin« abstempeln. Doch mir war das Recht eines jeden Angeklagten auf einen offenen und freien Prozeß wichtiger. Abgesehen davon würde das Gericht mir ein Forum bieten, vor dem ich erstmals seit zwei Jahren meine eigenen politischen Ansichten darlegen konnte.

Am 25. März erhielt ich von dem militärischen Sondergericht die erste Vorladung zum Prozeß. Ich schrieb über die Gefängnisverwaltung zurück, daß ich inhaftiert sei und nicht ohne weiteres zur festgesetzten Zeit vor Gericht erscheinen könne. Wenn das Gericht mich als Zeugin wolle, müsse es die entsprechenden Arrangements treffen.

Das Innenministerium teilte mir umgehend mit, daß ich mich am folgenden Morgen um sieben Uhr bereithalten solle. Ich hielt mich bereit. Um elf traf eine neue Nachricht ein. Mein Termin vor Gericht war auf den folgenden Tag verlegt worden. Die Zeit war gleichgeblieben. Am 27. März hielt ich mich wieder um sieben Uhr morgens bereit. Wieder wartete ich vier Stunden. Und wieder wurde der Termin um vierundzwanzig Stunden verschoben. Ich tröstete mich mit dem Gedanken, daß das Regime die Anhänger verwirren wollte, die sich versammeln würden, um mich zu sehen. Als ich am dritten Tag schießlich abgeholt wurde, war jede Vorsichtsmaßnahme getroffen, um mich vor der Öffentlichkeit abzuschirmen.

Wir fuhren durch menschenleere Straßen. Die Polizei hatte die gesamte Strecke abgesperrt. An allen Einmündungen in die Kashmir Road waren große Polizeikontingente postiert, die Fußgängerüberwege waren mit Stacheldraht gesperrt. Als ich beim Militärgericht eintraf, das provisorisch in einer Sportanlage eingerichtet worden war, stellte ich fest, daß auch der

Gerichtssaal geräumt worden war. Jam Saqis Angehörige und die Angehörigen anderer Angeklagten durften nur im Warteraum sitzen, unter der Bedingung, daß sie nicht mit mir sprachen. Mich störte das nicht. Ich freute mich, die wenigen anwesenden Rechtsanwälte zu sehen und außerdem noch Samiya, Salma und meine Cousine Fakhri anzutreffen. Sie hatten sich irgendwie eine Sondergenehmigung besorgt und waren durch die Absperrungen gekommen. Am meisten aber freute ich mich, daß ich Gelegenheit hatte, zu sprechen.

Der Gerichtssaal war klein. Hinter einem Schreibtisch saßen ein Oberst und rechts und links von ihm ein Major und ein Gerichtsbeamter. Wir saßen in den drei Stuhlreihen vor ihnen. Jam Saqi trug während der ganzen Verhandlung Handschellen. Ich fand es traurig, daß die Militärs das selbst in diesem kleinen Raum für notwendig hielten. Jam Saqi stellte selbst die Fragen, da die Verteidigung des Angeklagten durch Rechtsanwälte vor Militärgerichten nicht zulässig war.

Eigentlich war geplant, daß ich meine Aussagen an einem Tag machte, aber ich gab auf Jam Saqis Fragen so lange Antworten, daß sich meine Aussage über zwei Tage hinzog. Ich konnte auf seine Fragen nicht kurz und bündig antworten. »Wir sind angeklagt, gegen die pakistanische Ideologie zu arbeiten - gibt es eine pakistanische Ideologie? Was halten Sie von der islamischen Revolution? Gibt es im Islam ein Kriegsrecht?«

Ich wußte, daß es eine Untergrundliteratur gab. Fotokopierte Flugblätter und schlecht gedruckte Broschüren zirkulierten bei den Intellektuellen der Großstädte, wurden heimlich von Hand zu Hand weitergereicht. Einige Drucker ließen ihre Pressen gegen ein gewisses Entgelt auch nachts laufen, druckten beim Licht von Fackeln heimlich subversive Schriften und vernichteten danach die Druckplatten. Hier bot sich mir meine einzige Chance, die Parteilinie darzulegen und das Militärregime anzuklagen. Ich wollte sie nutzen:

»Um eindeutig festzustellen«, begann ich meine Antwort auf Saqis dritte Frage, »ob das Kriegsrecht mit dem Islam zu vereinbaren ist oder nicht, müssen wir uns klarmachen, was unter ›Kriegsrecht‹ und ›Islam‹ zu verstehen ist. Islam bedeutet die Unterwerfung unter den Willen Allahs, Kriegsrecht die Unterwerfung unter einen militärischen Befehlshaber. Ein Muslim unterwirft sich nur dem Willen Allahs.

Der Begriff ›Kriegsrecht‹ stammt, wenn ich mich recht entsinne, aus der Zeit Bismarcks und des preußischen Reiches. Um die eroberten Territorien zu integrieren, ersetzte Bismarck das geltende Recht in diesen Gebieten durch sein eigenes Recht, das er willkürlich definierte und dem er mit Waffengewalt Geltung verschaffte. Vor dem Zweiten Weltkrieg konnte sich der Terminus ›Kriegsrecht‹ auch auf die Herrschaft einer Besatzungsarmee beziehen. Der Befehlshaber der Besatzer konnte das geltende Recht durch sein Wort aufheben.

Zur Zeit des Kolonialismus wurden die Einheimischen als Bürger zweiter Klasse behandelt. Man verweigerte ihnen eine Regierung ihrer Wahl und das Recht, ihr Schicksal nach ihren eigenen Hoffnungen und Wünschen zu gestalten und unter für sie günstigen wirtschaftlichen Bedingungen zu leben. Als die Kolonialmächte sich nach dem Zweiten Weltkrieg aus den meisten Kolonien zurückzogen, konnten die Menschen der neuen unabhängigen Länder eine Weile ihre Freiheit genießen. Das war die Zeit, als nationale Führer wie Nasser, Nkrumah, Nehru und Sukarno darum kämpften, ihrem Volk Gleichheit und Gerechtigkeit zu bringen. Aber die ehemaligen Kolonialmächte kehrten in neuer Gestalt zurück. Bedacht auf den Vorteil ihrer eigenen Völker, unterstützten sie schließlich, absichtlich oder unabsichtlich, ein militärisches Mullah-System. Dieses Mullah-System verweigerte dem Volk die Verantwortung für sein eigenes Schicksal und die Früchte, die es ernten würde, wenn es dieses Schicksal selbst in die Hand nahm. Die Situation wurde durch die Rivalität zwischen der Sowjetunion und den Vereinigten Staaten von Amerika noch zusätzlich kompliziert.

In vielen der jungen unabhängigen Staaten regieren heute militärische Regimes. Doch eine Regierung, die auf Gewalt und nicht auf Konsens basiert, ist mit den fundamentalen Prinzipien des Islam nicht zu vereinbaren. Der Islam betont den Konsens. Zweitens kommen Militärregierungen immer durch Waffengewalt oder durch Androhung von Gewalt an die Macht. Doch der Gedanke der Usurpation ist dem Islam unbekannt. Daraus können wir ersehen, daß es im Islam kein Kriegsrecht gibt.«

Meine Ausführungen gelangten als Fotokopien in Druckereien, in Anwaltskammern und sogar in die Gefängniszellen von politischen Aktivisten.

Journalisten war der Zutritt zum Gerichtssaal verwehrt. Einem britischen Korrespondenten aber war es offenbar gelungen, sich Eintritt zu verschaffen. Niemand wußte von seiner Anwesenheit, bis plötzlich ein Mann eintrat und dem Oberst etwas ins Ohr flüsterte.

»Wo?« fragte der Oberst. Der Mann zeigte mit dem Kopf in die hintere Ecke des Raumes.

»Ich höre, Sie sind Journalist«, brüllte der Oberst in die angezeigte Richtung. »Journalisten haben keinen Zutritt. Verlassen Sie unverzüglich den Saal.«

Ich konnte einen kurzen Blick auf den Journalisten werfen, als er aus dem Gerichtssaal geführt wurde. Er trug *shalwar khameez,* und jeder hatte ihn für einen hellhäutigen Pathanen gehalten. Wenigstens hatte er einen Teil der Verhandlung mitbekommen. »Miss Bhutto wirkte gelassen und gesund«, schrieb der Korrespondent wenig später im *Guardian.* »Sie demonstrierte, daß sie nichts von ihrer Wortgewandtheit und Intelligenz eingebüßt hat.«

Mit meiner Gesundheit stand es jedoch nicht so gut, wie es den Anschein hatte. Meine allgemeine Erschöpfung verschlimmerte sich, als ich im April 1983 vom unloyalen Verhalten einiger führender PPP-Funktionäre erfuhr. Zia versuchte wieder einmal, sich die politische Basis aufzubauen, an der es ihm seit dem Staatsstreich fehlte. Der letzte Schritt zur »Islamisierung« des Landes war für August geplant, und Zia nahm das zum Anlaß, die Provinz Sind zu bereisen. Es war sein erster Besuch dort, seit er meinen Vater gestürzt und die Verfassung von 1973 außer Kraft gesetzt hatte. Wie zu erwarten reagierte das Volk mit Wut und Empörung auf seinen Besuch. Unter der Regierung meines Vaters hatten die Sindhi große Fortschritte gemacht. Viele staatliche Stellen beim Zoll, bei der Polizei und der PIA waren mit ihnen besetzt worden. An den Universitäten war eine bestimmte Zahl von Studienplätzen für sie reserviert, sie erhielten Land zugewiesen und verdienten hohe Gehälter in den neu errichteten Krankenhäusern, Zuckerraffinerien und Zementfabriken. Unter Zia hatte sich all das ins Gegenteil verkehrt. Die Provinz Sind wurde wieder diskriminiert. Der Staat besaß einen Teil des besten Landes in Sind. Unter Zia wurde es an Offiziere verteilt, nicht an landlose Bauern. Die Sindhi, die zu Managementposten in der Industrie aufgestiegen waren, wurden durch pensionierte Offiziere ersetzt. Obwohl 65 Prozent der Steuereinnahmen des Landes aus der in Sind gelegenen Hafenstadt Karachi stammten, floß davon nur wenig in die Provinz Sind zurück. Die wirtschaftlichen Sorgen der Provinz schürten das Feuer der Empörung, das seit der Ermordung meines Vaters hier schwelte. Viele Sindhi glaubten, daß man ihn nicht gehängt hätte, wenn er kein Sindhi gewesen wäre.

Nach den Kommunalwahlen des Jahres 1979 hatten die gewählten PPP-Stadträte in Badin und Hyderabad Resolutionen verabschiedet, in denen sie die Hinrichtung meines Vaters verurteilten und ihm ihre Anerkennung aussprachen. Zur Vergeltung hatte Zia gegen alle PPP-Stadträte der Provinz Sind Amtsenthebungsverfahren eingeleitet. Jetzt wollte Zia von den wenigen verbliebenen PPP-Stadträten anerkannt werden und bat sie, ihn auf seiner Reise durch die Provinz zu empfangen. Zu meinem Entsetzen las ich in den Zeitungen, daß sie tatsächlich in Betracht zogen, seinem Wunsch zu entsprechen.

Wie konnte ich eine Nachricht nach draußen schmuggeln? Die Bediensteten wurden beim Kommen und Gehen durchsucht. Wenn sie ihre Besorgungen erledigten, folgten ihnen Beamte vom Nachrichtendienst auf Motorrädern. Schließlich bat ich einen Bediensteten, vor den Wachen krank zu spielen und so zu tun, als habe er Urlaub, um sich daheim in Larkana zu erholen.

»Ich hoffe, daß Ihr Sohn Zia nicht empfängt«, ließ ich dem PPP-Chef von Sind mündlich ausrichten, dessen Sohn unter den Stadträten war. »Wie Sie wissen, entspricht das nicht den Grundsätzen der Partei. Bitte leiten Sie diese Nachricht weiter.«

Ich schickte auch dem PPP-Stadtrat in Larkana eine entsprechende Botschaft. »Sie und die anderen könnten sich krank melden, oder Sie verlassen Larkana einfach und verschwinden spurlos«, ließ ich ihm ausrichten. »Aber treffen Sie sich nicht mit Zia.«

Ich war außer mir vor Zorn, als ich den Fernsehapparat einschaltete und sah, daß einige sich dennoch mit Zia getroffen hatten. Sie waren in einer Sitzung offensichtlich zu dem Ergebnis gelangt, daß die Partei nicht alle maßregeln könne. Ich war zutiefst enttäuscht. Wieder einmal befriedigten Politiker ihre individuellen Ambitionen auf Kosten der Einheit der Partei. Vielleicht war ich zu idealistisch, aber ich erwartete mehr. Mir blieb nichts anderes übrig, als ein verbotenes politisches Telefonat mit einem PPP-Vorstand zu führen. »Ich möchte, daß Sie alle PPP-Stadträte, die sich mit Zia getroffen haben, aus der Partei ausschließen«, sagte ich rasch. Da das Telefon abgehört wurde, durfte ich keine Zeit verschwenden. »Sie haben gegen die Parteidisziplin verstoßen.« Dann war die Leitung tot. Das Telefon wurde nicht wieder angeschlossen.

Ich erhielt keine Anrufe mehr von meinen Angehörigen. Die wenigen Besucher, die bislang zu mir vorgelassen worden waren, wurden jetzt auch noch abgewiesen. Die Kontrollbeamten am Eingang sprangen hart mit dem Personal um. Ob die Bediensteten das Haus betraten oder verließen, immer mußten sie Schuhe und Strümpfe ausziehen. Auch ihre Haare wurden durchsucht. Die Tüten mit Fleisch und Gemüse, die der Koch vom Markt mitbrachte, wurden aufgeschnitten. Sogar der Müll wurde untersucht.

In der totalen Isolation ging es mir wieder schlechter. Die Schmerzen im Ohr wurden stärker. Ich hatte kein Gefühl in der linken Wange, wenn ich sie rieb. Und die Ohrgeräusche wurden auch wieder schlimmer.

Als ich eines Abends im April durch die Empfangsräume ging, schien der Fußboden sich plötzlich gegen die Decke zu heben. Ich faßte nach der Lehne der Couch, um mich abzustützen und den Schwindelanfall abzuwarten. Aber dann stürzte mir eine schwarze Wand entgegen, und ich fiel ohnmächtig vornüber auf die Couch.

Glücklicherweise hatte ein Bediensteter meinen Zusammenbruch beobachtet. »Schnell«, rief er. »Schnell! Miss Sahiba braucht einen Arzt.« Im Laufschritt eilte er zu den Wächtern. Und wieder hatte es den Anschein, als würde Gott mich beschützen. Statt auf dem üblichen bürokratischen Verfahren zu bestehen, nach dem ich erst schriftlich das Innenministerium um Genehmigung einer ärztlichen Behandlung bitten und dann bis zu zwei Wochen auf die Erlaubnis warten mußte, holte die Polizei innerhalb weniger Stunden einen Arzt aus der Notaufnahme des MidEast-Hospitals. Und wieder war die Entzündung in meinem Ohr glücklicherweise nach außen aufgebrochen und nicht nach innen.

»Ihr Zustand ist kritisch«, sagte der Arzt, nachdem er mein Ohr untersucht hatte. »Sie müssen einen Spezialisten zu Rate ziehen.«

»Wenn Sie nicht ganz genau begründen, warum ich einen Spezialisten brauche«, sagte ich, »wird das Regime weiterhin behaupten, daß meinem Ohr nichts fehlt.«

Der junge Arzt hatte den Mut, in seinem Bericht an das Regime in einer mit Fachtermini gespickten Sprache darzulegen, daß ich von einem Spezialisten behandelt werden müsse. Das Regime schickte den Hals-Nasen-Ohren-Arzt, der mich schon vor drei Jahren operiert hatte. Er möchte in diesem Buch nicht namentlich genannt werden. Aber er stabilisierte meinen Gesundheitszustand und rettete mir vielleicht sogar das Leben.

»Ihr Trommelfell ist perforiert«, eröffnete er mir und bestätigte den Verdacht, den ich vor vier Jahren während meiner Gefangenschaft in Al-Murtaza gegen den Arzt des Regimes gehegt hatte. »Die Perforation hat zu einer Entzündung des Mittelohrs und des Warzenfortsatzes geführt.« Die akute Infektion müsse regelmäßig drainiert werden. Das würde den Druck vom Gesichtsnerv nehmen, durch den die Gefühllosigkeit verursacht werde. Wenn die Infektion abgeklungen sei, müsse ich operiert werden. »Sie müssen sich im Ausland einer Operation unterziehen«, sagte er. »Wir verfügen hier nicht über die entsprechende Technologie der Mikrochirurgie. Wir müßten Ihren Schädel aufsägen. Das wäre ein gefährlicher Eingriff. Um Ihrer eigenen Sicherheit willen sind Sie viel besser bedient, wenn Sie ins Ausland gehen.«

Ich sah ihn verwirrt an. Wollte er mir andeuten, daß es außer den üblichen Risiken einer solchen Operation in Pakistan noch andere Gefahren gab? Ich wußte, daß das Regime 1980 an einen meiner Ärzte herangetreten war. Er sollte sagen, daß meine Beschwerden nicht vom Mittelohr, sondern vom Innenohr herrührten und daß ich deshalb in psychiatrische Behandlung müsse. »Wir stellen zehn medizinische Gremien zusammen, die Ihre Diagnose bestätigen«, hatte man dem Arzt gesagt. Für das Regime wäre es eine praktische Lösung gewesen, mich als Fall für den Psychiater abzutun. Aber der Arzt hatte sich geweigert. Jetzt bestand ein anderer Arzt darauf, daß ich Pakistan verließ. »Ich kann die Operation hier durchführen«, sagte er, »aber ich fürchte, man wird mich unter Druck setzen, während der Narkose irgend etwas zu tun. Und wenn ich mich weigere, tut es ein anderer. Es ist in jeder Hinsicht besser für Sie, wenn Sie ins Ausland gehen.«

Ich ersuchte das Regime um die Erlaubnis, das Land aus gesundheitlichen Gründen verlassen zu dürfen. Zunächst erhielt ich keine Antwort. Aber ich brauchte ohnehin noch etwas Zeit. »Sie werden erst in einigen Monaten so weit bei Kräften sein, daß Sie eine Vollnarkose überstehen«, sagte mir der Arzt. »Sie müssen Ihr Immunsystem stärken.« Wie meine Mutter wurde ich auf eine eiweißreiche Diät aus Milch, Steak, Huhn und Eiern gesetzt.

Aber mein Ohr wurde nicht besser. Meine linke Gesichtshälfte war jetzt völlig gefühllos. Ich hatte ständig klopfende Schmerzen im Kopf, und das Klicken in meinem Ohr machte es mir fast unmöglich, irgend etwas zu hören. Der Arzt erhielt die Erlaubnis, einmal pro Woche eine Visite zu machen. Er wollte versuchen, die Infektion in Clifton 70 zu drainieren. Aber er mußte dafür büßen, daß er einer Bhutto medizinische Hilfe leistete.

»Sie fahren oft nach Hyderabad, nicht wahr?« fragte ihn sein Nachbar, ein Polizeidirektor, kurz nachdem er seine wöchentliche Visite aufgenommen hatte. »Haben Sie *Ein Mann sieht rot* gesehen?« Am folgenden Tag bekam er anonym ein Videoband mit diesem Film zugeschickt. Telefonische Drohungen folgten, und die Einkommensteuerbehörde teilte ihm mit, daß er auf Steuerhinterziehung überprüft würde. Das Regime stellte seine berufliche Integrität in Frage; er sollte beweisen, daß er in dem Krankenhaus, an dem er arbeitete, unabkömmlich war. Dennoch hatte der Arzt weiterhin den Mut, mich zu behandeln, und das rechne ich ihm hoch an. Er war einer der wenigen Menschen von draußen, mit dem ich reden konnte, auch wenn das Regime das Gegenteil behauptete, wie ich später von Peter Galbraith erfuhr.

Peter Galbraith:

Die pakistanische Regierung reagierte endlich Ende Juni auf das Schreiben, in dem Senator Pell und andere Senatoren Zia im Dezember um eine Stellungnahme zu bestimmten politischen Gefangenen gebeten hatten, die in Pakistan festgehalten wurden. In Übereinstimmung mit Zias Kommentaren zu jener Zeit hieß es in der Antwort über Benazirs Gefangenschaft:

»Sie steht gegenwärtig in ihrem Haus in Karachi unter Arrest, um zu verhindern, daß sie verbotenen politischen Aktivitäten nachgeht. Dennoch genießt sie jeglichen Komfort. Wenn nötig, wird sie von Ärzten ihrer Wahl untersucht und behandelt. Sie darf mit Freunden und Verwandten sprechen. Acht nahe Verwandte dürfen sie jeweils in Gruppen von drei Personen besuchen. Sie hat vierundzwanzig persönliche Bedienstete ihrer Wahl, außerdem steht ihr ein Telefon zur Verfügung.«

Kurze Zeit später erhielt ich einen Anruf von Benazirs Cousine. Ich fragte sie nach ihrer Meinung zu den Angaben des Briefes.

»Nichts davon ist wahr«, sagte sie wütend. »Keiner ihrer Freunde konnte sie besuchen. Sogar ihre Schwester Sanam durfte im letzten Vierteljahr nur einmal zu ihr. Benazirs Cousine Fakhri hatte ebenfalls große Schwierigkeiten, eine Besuchserlaubnis zu bekommen. Benazir darf noch nicht einmal in den Garten gehen. Sie ist krank und einsam. Ich mache mir Sorgen um sie.«

Ich schickte ein Memorandum an Senator Pell. Zufällig war zu dieser Zeit gerade Yaqub Khan hier, der pakistanische Außenminister und ehemalige Botschafter in Washington. Er hatte in Washington viele Freunde gewonnen und stand im Ruf, ein aufrichtiger Mensch zu sein. Ich glaubte nicht, daß Yaqub sich, was die Behandlung Benazirs betraf, an irgendwelchen Lügen beteiligen würde. Als Senator Pell den

Außenminister auf die offensichtliche Diskrepanz zwischen dem offiziellen Bericht über die Behandlung Benazirs und meinen neuen Informationen hinwies, war dieser allem Anschein nach wirklich schockiert. Er versprach, sich sofort nach seiner Rückkehr nach Pakistan um die Angelegenheit zu kümmern.

21. Juni 1983. Der längste Tag des Jahres und mein dreißigster Geburtstag. Als unverbesserliche Optimistin hatte ich an das Außenministerium geschrieben, daß ich seit Monaten keinen Besuch mehr gehabt und deshalb an meinem Geburtstag gern meine Schulfreundinnen eingeladen hätte. Zu meiner großen Überraschung und Freude erteilte das Regime die Genehmigung.
Am Abend kamen Samiya, ihre Schwester und Paree mit einer Schokoladentorte. Es hatte Paree Stunden gekostet, sie zu backen. Unter dem wachsamen Blick einer Polizistin umarmten und küßten wir uns. »Gott sei Dank ist die Torte heil geblieben«, sagte Samiya. »Sie haben alles so gründlich untersucht, daß wir Angst hatten, sie würden den Kuchen anschneiden, bevor du Gelegenheit dazu hättest.«
Auch Victoria Schofield und andere Freunde in England hatten mich nicht vergessen. Als mein Geburtstag näherrückte, hatte Victoria, wie ich später erfuhr, an den derzeitigen Präsidenten der Oxford Union geschrieben und ihn darauf aufmerksam gemacht, daß dies mein dritter Geburtstag in Haft sei. Am 21. Juni legte die Oxford Union eine Schweigeminute ein, eine Ehre, die einem Präsidenten normalerweise nur bei seinem Tod erwiesen wird. Ein anderer Freund und ehemaliger Präsident der Cambridge Union, David Johnson, war damals Mitglied des Debattierclubs der Oxford Union. Er sorgte dafür, daß in allen Gottesdiensten in der Westminster Abbey und in St. Paul's am Sonntag nach meinem Geburtstag öffentlich für mich gebetet wurde. Das waren wunderbare Beweise der Sorge und Zuneigung meiner englischen Freunde.
Suspekt dagegen war mir das Interesse, das ein Mitglied des Regimes in der Zeit um meinen Geburtstag an mir hatte. »Bitte halten Sie sich heute abend um sieben Uhr bereit«, sagte einer der Gefängnisbeamten. »Wir bringen Sie in ein Gästehaus der Regierung.«
»Wozu?«
»Der Kriegsrechtsverwalter wünscht Sie zu sehen«, sagte er fast triumphierend.
Der Kriegsrechtsverwalter? »Ich will den General nicht sehen.«

Der Gefängnisbeamte war empört. »Aber Sie müssen. Sie sind eine Gefangene.«
»Das interessiert mich nicht«, entgegnete ich. »Ich will mich nicht mit ihm treffen. Sie werden mich zu ihm tragen müssen, und selbst dann werde ich schreien und kreischen und eine Szene machen. Ich will mit meinen Häschern nichts zu tun haben.«
Der Beamte murmelte, daß das dumm von mir sei und daß meine Weigerung, mich mit General Abbasi zu treffen, mir nur schaden werde. Dann entfernte er sich eilig. Aber mir war das egal. Wer gegen Zia opponierte, betrachtete jeden Kontakt mit den verhaßten Militärs als Verrat. Sie aufzusuchen hieße, ihre Autorität zu akzeptieren und sie stillschweigend anzuerkennen.
An jenem Abend packte ich meinen Koffer. Ich war überzeugt, daß das Regime sich rächen und mich wieder ins Gefängnis verlegen würde. Ich suchte die inzwischen vertrauten Gefängnisutensilien zusammen: Stifte, Tagebücher, Insektenschutzmittel, Toilettenpapier. Aber niemand kam, um mich zu holen. Statt dessen machte zu meiner völligen Überraschung der Kriegsrechtsverwalter einen Besuch in Clifton 70.
Das war noch nie vorgekommen: Einer der arroganten militärischen Kommandeure, die so sehr ans Befehlen und Kommandieren gewöhnt waren, bequemte sich dazu, einen Oppositionsführer aufzusuchen. Als der weißhaarige General zu seinem ersten Besuch in Clifton 70 eintraf, starrte ich ihn nur ungläubig an. Er sagte immer dasselbe.
»Ich weiß, daß Sie krank sind. Ich bin kein gefühlloser Mensch, nur weil ich Soldat bin. Denken Sie daran, daß sich unsere Familien seit Generationen kennen. Mir wäre nichts lieber, als zu wissen, daß Sie im Ausland medizinisch behandelt werden. Aber wir können uns keine politischen Peinlichkeiten leisten.«
Bleib höflich, befahl ich mir. Es hat keinen Sinn, deine Karten auf den Tisch zu legen. Vermutlich wollte General Abbasi meine Moral prüfen und herausfinden, was ich tun würde, wenn ich ins Ausland reisen dürfte. Ich vermittelte ihm den Eindruck, daß mir sehr viel an der Behandlung liege und daß ich danach sofort wieder nach Hause zurückkehren wolle. In gewisser Weise entsprach das sogar der Wahrheit, denn ich hatte damals nicht die Absicht, im Exil zu bleiben. Allerdings hatte ich durchaus vor, jede Gelegenheit zu ergreifen, das Regime bloßzustellen.
Mir war damals nicht klar, in welcher Zwickmühle das Regime steckte. Der Arzt hatte schriftlich dargelegt, daß ich im Ausland behandelt werden

müsse. Wenn mir in Gefangenschaft irgend etwas zustoße, trage das Regime die Verantwortung dafür. Dazu kam der Druck Senator Pells und des Senatsausschusses für Auswärtige Beziehungen, vielleicht auch Yaqub Khans. Im Verlauf des Sommers 1983 war meine Haft nicht nur zu einer peinlichen Angelegenheit für das Regime geworden, sondern zu einer Last. In meiner Isolation in Clifton 70 wußte ich jedoch nichts von all dem. Ich setzte vielmehr meine mögliche Entlassung aufs Spiel, weil ich mich wieder in die Politik einmischte.

Die Unruhen, die Zias Reise durch Sind begleitet hatten, waren nicht abgeflaut. Am 14. August, dem pakistanischen Unabhängigkeitstag, wollte Zia wieder einen nicht ernst gemeinten Termin für Wahlen ankündigen. Als der Tag näherrückte, startete die MRD ihre zweite Massenkampagne zur Wiederherstellung der Demokratie. Ich verfolgte die Aktivitäten der MRD genau, indem ich sorgfältig die Zeitungen las und aufmerksam BBC hörte. Unter hohem Risiko kommunizierte ich mit führenden Mitgliedern der PPP, die im nahegelegenen MidEast-Hospital eine geheime Zelle eingerichtet hatten. Auch mit meinem Heimatwahlkreis Larkana nahm ich Kontakt auf. Ich erteilte politische Anweisungen und half, Gelder bereitzustellen.

Die Kampagne verlief anders als frühere Kampagnen. In der Vergangenheit hatte die bloße Erwähnung des Wortes »Protestbewegung« das Regime veranlaßt, über politische Aktivisten herzufallen und sie zu verhaften, um möglichen Aktionen zuvorzukommen und das Volk führerlos zu machen. Diesmal blieben die MRD-Führer frei und konnten ihre Verhaftung provozieren - was sie auch taten. Die Polizei verhinderte nicht einmal, daß Menschenmassen sich versammelten und den MRD-Führern zujubelten. Die Grundbesitzer in Sind halfen der Kampagne nach Kräften. Sie stellten Traktoren und Lastwagen zum Transport von Parteianhängern zur Verfügung und sorgten durch ihre Manager für bessere Kommunikation.

Einige führende PPP-Mitglieder hatten zunächst gezögert, sich der Kampagne anzuschließen. Der PPP-Führer Jatoi hatte sich angeblich mit hohen amerikanischen Beamten und Militärs getroffen und die Zusage erhalten, daß sie ihn beim Sturz Zias unterstützen würden. Jatoi würde an der Macht bleiben, die PPP wäre draußen. Ich überredete die PPP-Führung, sich dennoch an der Kampagne zu beteiligen. Ich betonte, wie wichtig es sei, geschlossen gegen Zia aufzutreten. Über Abspaltungen könne man sich, wenn nötig, später Gedanken machen.

Die Bewegung gewann langsam an Boden. Ich schmuggelte mehrere Briefe an Parteifunktionäre aus Clifton 70 hinaus, in denen ich sie instruierte, was sie ausländischen Diplomaten oder der Presse sagen sollten. Außerdem beschwor ich sie, die Dynamik der Bewegung zu erhalten und dem Regime keine Zeit zu geben, eine Säuberungsaktion durchzuführen. Mir war klar, daß ich nicht ins Ausland, sondern zurück ins Gefängnis geschickt würde, wenn diese Briefe entdeckt würden. Aber die politische Emanzipation des pakistanischen Volkes ließ mich alles andere vergessen. Um den Verdacht der Gefängnisbeamten abzulenken, stellte ich mich bei ihren wöchentlichen Besuchen kränker, als ich tatsächlich war. Normalerweise machten mich die Besuche so zornig, daß ich voller Tatkraft war, wie krank ich mich auch fühlen mochte. Aber während des Aufruhrs in Sind im Jahr 1983 hielt ich die Augen bewußt gesenkt. Mein Bewacher sollten nicht die Begeisterung in meinem Blick sehen, sie sollten mich in der Überzeugung verlassen, ich sei zu krank, um an irgend etwas anderes zu denken.

Mittlerweile drängte Jatoi mich, dem Volk eine Botschaft meiner Mutter zukommen zu lassen. Irgend jemand nahm unter großen Schwierigkeiten telefonisch Kontakt mit meiner Mutter auf. »Benazir soll in meinem Namen eine Erklärung abgeben«, sagte sie. Ich saß vor der elektrischen Schreibmaschine und schrieb, von Stromausfällen unterbrochen, wie eine Wahnsinnige. Meine Finger kamen kaum mit dem Schreiben nach, und die Seiten füllten sich rasch.

> An die Patrioten und Helden Pakistans, meine geschätzten Brüder und Schwestern, meine tapferen Söhne und Töchter! [So leitete ich den Aufruf meiner Mutter an die Nation ein, der in Urdu und Sindhi übersetzt und heimlich in der ganzen Provinz verteilt wurde.]... Das Ziel unserer Kampagne ist der zivile Ungehorsam. Sechs lange Jahre waren wir der Verfolgung und Unterdrückung ausgesetzt. Unsere Forderungen nach Wiederherstellung der Demokratie wurden ignoriert, unsere Anhänger ins Gefängnis gesteckt und zum Tode verurteilt. Jetzt ist es genug. Wir appellieren an alle Busbesitzer, ihre Busse in den Garagen zu lassen, an alle Zugführer, ihre Züge nicht mehr zu fahren. Den Polizisten rufen wir zu: Folgt dem Beispiel eurer Brüder in Dadu und erschießt keine unschuldigen Menschen, die eure Brüder sind! Habt keine Angst vor dieser Kampagne. Sie ist für unser Volk, für unsere Armen, für unsere Kinder: Sie alle sollen nicht länger in Armut,

Hunger und Krankheit leben. Kämpft für ein Parlament, für eine demokratische Regierung, für eine Verfassung, damit die Entscheidungen im Interesse der Armen getroffen werden und nicht im Interesse der Junta und ihrer Handlanger...

Die Kampagne eskalierte, und im ganzen Land entlud sich explosionsartig die Unzufriedenheit über Zia ul-Haq. Bahnhöfe wurden überfallen, Lastwagen und Busse angehalten, Polizeireviere angezündet. Viele hundert Menschen kamen ums Leben. Zia selbst wäre beinahe das Opfer einer ihm angeblich freundlich gesinnten Menschenmenge geworden. Der Hubschrauber, in dem man ihn vermutete, wurde kurz nach der Landung in Dadu gestürmt, seine Insassen angegriffen. Zia befand sich jedoch in einem zweiten Hubschrauber, der abdrehte und an einem anderen Ort landete. Als man ihn in einem Gästehaus entdeckte, wäre er fast gelyncht worden.

Die Unruhen in Sind griffen bald auf die anderen Provinzen über. Die Anwaltskammern in Quetta, Belutschistan und Peshawar in der Frontier Province mißachteten das Verbot, sich politisch zu äußern, und forderten Wahlen. In Lahore schloß ein Sonderkommando der Polizei alle Tore des Oberlandesgerichtes, damit die Anwälte den geplanten Protestmarsch nicht antreten konnten. Dann bombardierten die Polizisten die Anwälte mit Steinen. Trotzdem gelangte ein Teil von ihnen nach draußen. Der Zug wurde von Talaat Yaqub angeführt, einer ehemaligen Anwältin meines Vaters. »Wer zu Hause bleiben will, soll diese Armreifen nehmen«, rief Talaat Yaqub den überwiegend männlichen Anwälten von Lahore zu. Sie streifte ihre gläsernen Armreifen ab und schwenkte die pakistanische Fahne. »Ich fordere Freiheit.« Viele hundert Anwälte schlossen sich ihr an. Sie stimmten Sprechchöre an, in denen sie Demokratie forderten, und marschierten trotzig der Polizei in die Arme.

Die landesweite Rebellion wurde erst in der zweiten Oktoberwoche von den Gewehren und Panzern der Armee niedergeschlagen. Besonders bei den Sindhi war die Bitterkeit groß. Berichten zufolge wurden 800 Menschen getötet. Ganze Dörfer wurden zerstört, die Ernte wurde verbrannt. Die Soldaten belästigten auch Frauen und beschworen düstere Erinnerungen an das Wüten der Armee zwölf Jahre zuvor in Bangladesh herauf. Aus der Asche des Zorns wurde das Nationalbewußtsein der Sindhi geboren. Auch in anderen Provinzen, in denen Minderheiten lebten, eskalierten separatistische Bestrebungen. Nach sechs Jahren Kriegsrecht unter dem un-

barmherzigen Regime Zias stand die labile Föderation Pakistan am Rande des Zusammenbruchs.
Die Reagan-Administration jedoch hielt weiter zu ihrem Mann. »Wie *Newsweek* berichtet«, notierte ich am 22. Oktober in mein Tagebuch, »betrachtet Washington Zia als Trumpfkarte seiner globalen Strategie. Nach Angaben einer Quelle des westlichen Geheimdienstes soll die CIA ihr Operationsfeld in Pakistan ›beträchtlich‹ ausgeweitet haben. Vergangene Woche hieß es in *Newsweek,* die CIA helfe, Zias bröckelndes Regime aufrechtzuerhalten. Man wolle sichergehen, daß Zia kein zweiter Schah von Persien wird. Im Lauf der vergangenen anderthalb Jahre sei eine Vielzahl amerikanischer Spione, die in Ägypten operierten, von Kairo abgezogen und nach Islamabad verlegt worden. Der Artikel schloß mit dem Satz: ›Eines ist klargeworden - Zia wird die Macht nur abgeben, wenn er dazu gezwungen wird.‹«
Und ich blieb in Clifton 70 eingesperrt, inzwischen im fünften Jahr meiner Gefangenschaft.
Dunkelheit. Mein Kopf dröhnte. Wogen von Dunkelheit rollten auf mich zu. Es war kurz nach dem Aufruhr in Sindh, als ich in meinem Schlafzimmer aufwachte. Die Hand des Arztes lag an meinem Puls, sein Gesicht sah erleichtert aus. Ich hatte zu stark auf das lokale Anästhetikum reagiert, das er mir gegeben hatte, um mein Ohr zu drainieren. Aber es hätte keine Möglichkeit gegeben, einen Notarzt zu rufen, erklärte er mir, die Telefone in Clifton 70 seien alle gesperrt. Einen Monat später litt ich unter schweren Gleichgewichtsstörungen. Ich verlor jedes Gefühl für Balance. Zugleich war mir schrecklich übel. Wieder hatte der Arzt keine Möglichkeit, Hilfe herbeizuholen.
Nach den Behandlungen meines Ohres hatte ich noch tagelang Fieber, hustete und schwitzte. Der Arzt machte mit mir einen Hörtest und stellte fest, daß ich einen Gehörverlust von 40 Dezibel erlitten hatte. »Ich kann die Verantwortung für die Gesundheit der Patientin nicht länger übernehmen, wenn ich sie weiterhin in Haft behandeln muß«, informierte der Arzt das Innenministerium im November. Er bat um die Erlaubnis, weitere Behandlungen im Krankenhaus durchführen zu dürfen. »Schon ein leichter Schnupfen oder eine leichte Halsentzündung kann ihr Hörvermögen weiter beeinträchtigen - und der Winter steht vor der Tür. Wenn nicht bald operative Maßnahmen ergriffen werden, besteht die Gefahr, daß sich Komplikationen wie eine Lähmung der Gesichtsnerven und der Verlust des Gleichgewichtssinns einstellen.« Die Genehmigung für eine Behand-

lung im Krankenhaus wurde schließlich erteilt, und die weiteren Behandlungen verliefen reibungslos. Aber ich mußte mich dennoch physisch und psychisch auf eine Operation im Ausland vorbereiten.
Ich war so lange in Haft gewesen, daß ich allem und jedem mißtraute. Der Gedanke, mein Leben einem Fremden anzuvertrauen, und sei es auch ein britischer Chirurg, machte mir Angst. Um nachzuprüfen, ob eine Operation tatsächlich notwendig war, schickte ich meine medizinischen Unterlagen heimlich an Dr. Niazi in London. Er bestätigte die Diagnose.
Dennoch steckte ich in einem tiefen Konflikt. Viele tausend Häftlinge saßen in ganz Pakistan unter unbeschreiblichen Bedingungen im Gefängnis. Vielen von ihnen drohte ein Todesurteil. Solange ich auch eingesperrt war, hatte ich das Gefühl, daß der Gedanke an mich ihnen Auftrieb gab und Trost spendete. Ich teilte ihr Leid, ihren Schmerz und ihren trotzigen Widerstand. Sie saßen für mich im Gefängnis, und ich für sie. Würden sie sich alleingelassen fühlen, wenn ich fortging? Würden sie glauben, ich hätte sie im Stich gelassen?
Im Dezember war ich mir sicher, daß das Regime mich bald freilassen würde. Während des Aufruhrs in Sind hatte ich nichts von den Behörden gehört. Ich wußte, daß sie mich nicht auf dem Höhepunkt der Unruhen freilassen würden, da ihnen klar war, daß ich das Ausland über alles informieren würde. Aber jetzt hatten die Unruhen sich gelegt. Das Regime hatte keine Entschuldigung mehr.
Ich war inzwischen auch kräftig genug für die Reise. Der Arzt hatte ursprünglich geplant, mir für den Flug eine Drainage ins Ohr zu legen. Jetzt sagte er, es würde genügen, wenn ich schleimlösende Medikamente nahm und bei Start und Landung Kaugummi kaute. Meine heftige Reaktion auf die Ohrbehandlung war nicht zuletzt auf den Streß zurückzuführen, dem ich in der Einsamkeit meiner Gefangenschaft ausgesetzt war. Doch seit Sanam mich täglich besuchen durfte, war ich nicht mehr so angespannt und ängstlich. Der Arzt hatte den Behörden gegenüber hartnäckig vertreten, daß ich unmöglich gesund werden könne, wenn mir das Regime weiterhin jeden menschlichen Kontakt verweigerte.
Ende Dezember baten die Behörden Sanam und mich um unsere Pässe, unsere Visa-Anträge und die Devisen-Formulare. »Buchen Sie einen Flug vor«, sagte man uns. Aber am Tag der geplanten Abreise holte uns niemand ab. Ich nutzte die Zeit und ordnete meine persönlichen Angelegenheiten, sorgte dafür, daß sich jemand in meiner Abwesenheit um das Haus kümmerte, und regelte meine Steuern. Ein zweiter Abflugtermin verstrich.

Der nächste Abflugtermin war für die frühen Morgenstunden des 10. Januar 1984 geplant. Die Beamten aber kamen unangemeldet um 23 Uhr 30 nach Clifton 70. »Sie fliegen heute nacht. Sie haben ein paar Stunden Zeit zum Packen.« Ich konnte es noch gar nicht glauben. Eilig tippte ich eine letzte Botschaft an das Volk: »Tapfere Parteimitglieder, liebe Landsleute. Bevor ich mich aus gesundheitlichen Gründen auf diese Reise begebe, bitte ich euch um Verständnis dafür und um eure Gebete und euren Segen...« Wie betäubt sammelte ich meine Sachen zusammen und verstaute die Katze in einem Reisekorb. Nach all dem, was mir in den vergangenen sieben Jahre zugestoßen war, erschien sogar das Gute unwirklich.

Sanam erwartete mich im Hof in einem nicht gekennzeichneten Polizeiwagen. Die Straßen waren menschenleer, als wir mit hoher Geschwindigkeit zum Flughafen gebracht wurden. Dort angekommen, brachte man uns in einen Nebenraum und ließ uns allein. Ich gestattete mir nicht das geringste Gefühl der Freude. Ich hatte gerade Oriana Fallacis *Ein Mann* gelesen: Darin wurde der Held nach dem Start von Jagdflugzeugen der Luftwaffe verfolgt und wieder zurück zum Flughafen gebracht.

Polizisten geleiteten uns zu einem Flugzeug der Swiss Air. Als ich die Gangway hinaufstieg, sah ich das Lächeln auf dem Gesicht der Stewardeß. Ich werde es nie vergessen. Es war nicht das Lächeln eines Polizisten oder eines Beamten des Regimes oder der Justiz. Es war das Lächeln eines Zivilisten, eines menschlichen Wesens. Die Flugzeugtüren schlossen sich. Um halb drei verließen Sanam und ich Pakistan in Richtung Schweiz. Kein Flugzeug verfolgte uns. Ich hatte keine Ahnung, warum Zia nach sieben Jahren Kriegsrecht ausgerechnet diesen Augenblick gewählt hatte, mich freizulassen, bis ich später mit Peter Galbraith sprach.

Peter Galbraith:

> Ende Dezember bat mich der Senatsausschuß für Auswärtige Beziehungen, nach Südostasien zu reisen. Ich sollte dort einen Bericht vorbereiten, der mit der Überprüfung von regionalen Sicherheitsfragen durch den Ausschuß zusammenhing. Ich hatte einen Brief an Yaqub Khan dabei. Er war vom Vorsitzenden des Ausschusses Charles Percy und von Senator Pell unterzeichnet und erinnerte den Außenminister daran, daß Benazir nach Aussage seiner Regierung von Freunden besucht werden dürfe. »Mr. Galbraith«, hieß es in dem Brief, »ist ein

persönlicher Freund Miss Benazir Bhuttos. Ihre Freundschaft geht auf ihre gemeinsame Studienzeit in Harvard zurück.« Die Senatoren baten darum, man möge mir die Genehmigung erteilen, Benazir zu besuchen. Ich plante meinen Aufenthalt in Pakistan so, daß Karachi meine letzte Station war. Diesmal war die US-Botschaft ausgesprochen hilfsbereit. Ob ich Benazir besuchen dürfe, so teilte man mir mit, werde von General Zia höchstpersönlich entschieden.

Ich traf am späten Abend des 9. Januar in Karachi ein. Da ich auf meine Bitte, Benazir besuchen zu dürfen, keine Antwort erhalten hatte, arrangierte ich für den folgenden Tag ein Treffen mit Sanam. Ich war sehr enttäuscht, und schrieb einen langen Brief an Benazir.

Früh am nächsten Morgen rief mich das US-Konsulat an und bat mich, sofort zu kommen. Als ich dort war, teilte mir der stellvertretende Generalkonsul mit, Benazir sei kurz nach Mitternacht zum Flughafen gebracht und in ein Flugzeug der Swiss Air gesetzt worden. Sanam habe sie begleitet.

Ich konnte es nicht fassen. Ich ließ mich in einem Wagen des Konsulats nach Clifton 70 bringen. Die ewig gegenwärtigen Polizeiwachen waren fort. Das Haus war verschlossen. Benazir war frei.

Der Kampf gegen den Diktator 1984 – 1988

11. Kapitel

Die Jahre im Exil

»Mama!«

»Pinkie! Du bist frei! Wie oft habe ich von diesem Tag geträumt!«

Als wir in Genf das Flughafengebäude verlassen, sehe ich zum Horizont, in die unendliche Weite. Nachdem ich drei Jahre lang von Mauern eingeschlossen gewesen bin, brauchen meine Augen Zeit, sich umzugewöhnen. Ich kann es nicht fassen, daß ich frei bin.

Wir haben Mutters Apartment kaum betreten, da klingelt schon das Telefon. »Ja, ja, sie ist wirklich hier«, sagt meine Mutter am Telefon zu Mir und Shah. »Was die BBC über ihre Freilassung berichtet hat, ist korrekt.«

Mir und Shah Nawaz. Vor lauter Aufregung unterbrechen wir uns gegenseitig. »Wie geht es euch?« schreie ich aufgeregt in die Sprechmuschel und drücke den Hörer an mein gesundes Ohr. »Gott sei Dank, du lebst«, ruft Mir zurück. »Ich komme dich morgen besuchen.« »Bleib eine Woche«, fügt Shah hinzu, »dann kann ich auch kommen.« »Ach, Shah, das geht nicht«, sage ich. »Ich muß nach London zum Arzt.« Wir versprechen uns fest, uns so bald wie möglich zu treffen.

Das Telefon klingelte ununterbrochen. Anrufer aus Los Angeles, London, Paris, Freunde und Verwandte wollten meiner Mutter zu meiner Freilassung gratulieren. Ich war noch nicht fähig, mit vielen Leuten zu sprechen, und wechselte deshalb nur ein paar Worte mit Yasmin und Dr. Niazi in London. Ardeshir Zahedi, ein Freund meiner Eltern und ehemaliger Botschafter von Iran in den Vereinigten Staaten, kam mit Kaviar. Meine Mutter, Sunny und ich redeten die ganze Nacht hindurch. Alles erschien so unglaublich. Gestern war ich noch eine Gefangene gewesen. Heute war ich frei und saß bei meiner Mutter und meiner Schwester. Wir waren zusammen. Und wir waren alle am Leben.

Mir! Ein braunhaariges kleines Mädchen zupfte an meinem Mantel. »Darf ich dir deine Nichte Fathi vorstellen«, sagte Mir, als er mich am zweiten Tag meiner Freiheit im Apartment meiner Mutter besuchte. Stand da wirklich mein Bruder vor mir? Ich sah, wie sich seine Lippen bewegten, und hörte, wie meine Stimme antwortete. Wir müssen bei unserem Wiedersehen einen ohrenbetäubenden Lärm gemacht haben, aber ich kann mich nicht mehr erinnern, was wir im einzelnen sagten. Mir sah mit seinen 29 Jahren ausgesprochen gut aus. Seine dunklen Augen blitzten und ruhten im nächsten Moment wieder sanft auf seiner anderthalbjährigen Tochter. Er hob sie hoch, damit sie mir einen Kuß geben konnte. »Warte, bis du erst Shah siehst«, lachte Mir. Shah war 18 Jahre alt gewesen, als ich ihn zuletzt gesehen hatte, noch ein Junge. Jetzt war er 25 und trug den ersehnten Schnurrbart.

Ich sah, wie die Sonne über den Alpen aufging, und spürte die kalte, klare Luft auf meinem Gesicht. Sie fühlte sich wunderbar an, obwohl mein Ohr verstopft und taub war. Langsam erwachte der Verkehr, und ich suchte die Straße ab: Ich konnte keine vor dem Haus parkenden Fahrzeuge des Geheimdienstes entdecken und keine Agenten, die sich in Hauseingängen herumdrückten. War das wirklich wahr? War ich wirklich frei? Ich rieb mein Ohr. Die Schmerzen erinnerten mich daran, warum ich ins Ausland gekommen war.

Inzwischen hatte sich die Kunde von meiner Freilassung bei der pakistanischen Exilgemeinde herumgesprochen. Sie war über ganz Europa verstreut, besonders viele Exil-Pakistaner lebten unter den 378000 Pakistanern in England. Als Sunny und ich noch am Nachmittag desselben Tages in London eintrafen, hatten sich in Heathrow eine Menschenmenge versammelt, um mich willkommen zu heißen. Politische Parolen erfüllten die Luft, und ich hatte das Gefühl, daheim in Karachi zu sein.

Yasmin Niazi, Heathrow:

> Man kann sich kaum vorstellen, wie viele Menschen zum Flughafen gekommen waren, darunter auch britische Journalisten. Alle schoben und drängelten, um einen Blick auf Benazir werfen zu können. Es war, als sei sie von den Toten auferstanden. Niemand hätte gedacht, sie jemals wiederzusehen. »Wer ist das, ein Filmstar?« fragte mich ein englischer Polizist, der mit seinem Kollegen bemüht war, die Menschen unter Kontrolle zu halten. »Sie ist unsere politische Führerin«, klärte ich ihn auf. »Eine Politikerin?« fragte er erstaunt.
>
> »Wie lange gedenken Sie im Exil in London zu bleiben?« fragten die Journalisten Benazir, als sie endlich durch die Absperrung kam. Ihre

Antwort war eine große Erleichterung für alle Pakistaner auf dem Flughafen und für die Millionen, die Benazirs Worte später im Rundfunk hörten oder in der Zeitung lasen. »Exil?« sagte sie. »Ich bin wegen einer ärztlichen Behandlung in England. Ich wurde in Pakistan geboren, und ich werde in Pakistan sterben. Mein Großvater ist dort begraben. Mein Vater ist dort begraben. Ich werde mein Land niemals verlassen.«

Diese Worte weckten große Hoffnung bei ihren Landsleuten, vor allem bei den Armen. »Ich werde euch nicht im Stich lassen«, lautete Benazirs Botschaft. »Ich halte bis zum letzten Atemzug zu euch. Die Bhuttos stehen zu ihren Versprechen.«

Blumen und Geschenkkörbe stapelten sich in Tante Behjats kleiner Wohnung im Londoner Stadtteil Knightsbridge, wo Sunny und ich uns ein Gästezimmer teilten. Journalisten und alte Freunde aus Oxford, Parteiführer und Anhänger riefen an, um sich mit mir zu verabreden. London war das Zentrum der politischen Aktivitäten der PPP-Führer im Exil: Meine Brüder hatten hier gelebt, und die Stadt war die Basis vieler führender PPP-Mitglieder, die nach dem Staatsstreich Pakistan verlassen hatten. Das Telefon klingelte unaufhörlich, und die Anrufer baten alle um einen Termin. »Ich werde nur zehn Minuten Ihrer Zeit in Anspruch nehmen«, sagten sie. In der Wohnung herrschte ein ständiges Kommen und Gehen. Andere Mitglieder der großen pakistanischen Gemeinde Englands klingelten einfach an der Haustür oder versammelten sich draußen auf der Straße. Tante Behjat und ihr Mann Onkel Karim waren sehr liebenswürdig, aber die Situation war einfach unmöglich. Sie wurde noch verfahrener, als Tante Behjat ein mit pakistanischen Männern besetzter Wagen auffiel, der den ganzen Tag vor dem Haus parkte. Als der Wagen mir überallhin zu folgen begann, sagte sie: »Wir sind hier in einem freien Land. Du brauchst dir das nicht gefallen zu lassen.« Sie rief bei Scotland Yard an, und wie durch ein Wunder verschwand der Wagen. Es war für uns ein kleiner Triumph, daß wir Zias Agenten zwingen konnten, mich in Ruhe zu lassen. Aber meine Angst blieb.

Obwohl ich frei war, fürchtete ich mich, die Wohnung zu verlassen. Kaum trat ich aus der Haustür, krampfte sich mein Magen zusammen, und ich zog unwillkürlich Kopf und Schultern ein. Alle zwei Schritte mußte ich hinter mich schauen, um zu sehen, ob ich verfolgt wurde. Nach alle den Jahren, die ich allein hinter Gefängnismauern verbracht hatte, empfand ich sogar die überfüllten Londoner Straßen als bedrohlich. Ich war nicht an Menschen, Stimmen und Lärm gewöhnt. Statt für meine Arztbesuche die U-Bahn zu benutzen, flüchtete ich mich in das erstbeste Taxi. Sobald ich auch nur ein kleines Stück auf der Straße gehen mußte, fing mein Herz an zu klopfen und mein Atem ging flach. Es war sehr schwer, sich wieder in ein normales Leben hineinzufinden.

Ich gab mich selbstbewußt und verbarg meine Ängste vor allen. Ich mußte das tun. Die Jahre der Gefangenschaft und das Martyrium meiner Familie hatten mich in den Augen vieler Pakistaner mit einer Aura des Übermenschlichen umgeben. Durch die Publicity, die meine Freilassung und meine Ankunft in England auf sich gezogen hatte, war ich auch hier zu einer Gestalt des öffentlichen Lebens geworden. Es wäre unpassend und wenig eindrucksvoll gewesen, wenn die Frau, die dem Militärregime getrotzt hatte, plötzlich an der Hyde Park Corner vor Angst zu zittern angefangen hätte. Tief durchatmen, befahl ich mir, wenn ich das Haus verlassen mußte. Geh zügig weiter und bleib ganz ruhig.

Ein paar Tage nach meiner Ankunft in London bekam ich unerwartet Besuch. Peter Galbraith sei gerade aus Karachi eingetroffen und wolle mit mir zu Mittag essen, richtete mir Tante Behjat aus. Ich hatte keine Ahnung, welche Rolle Peter bei meiner Freilassung gespielt hatte, und freute mich nur, einen alten Freund wiederzusehen. Ich nahm also all meinen Mut zusammen, verließ die Wohnung und fuhr mit einem Taxi ins Ritz.

Peter Galbraith:

> Mir war überhaupt nicht wohl in meiner Haut, als ich Benazir anrief. Es ist immer merkwürdig, wenn man jemanden sieben Jahre lang nicht gesehen hat. In unserem Fall kam noch erschwerend hinzu, daß sie inzwischen ganz andere Erfahrungen gemacht hatte als ich. Ich war deshalb ein wenig nervös, als ich in der Lobby des Ritz, in der man sich zum Tee trifft, auf sie wartete.
>
> Benazir sah erstaunlich gut aus, als sie kam. Wir gingen zusammen zum Lunch. Ich hatte mir keine bestimmte Vorstellung von ihr gemacht, aber sie hatte sich eindeutig verändert. Sie strahlte ein neues Selbstbewußtsein aus, weniger zwanghaft als das Selbstbewußtsein, das sie bei unserer letzten Begegnung 1977 in Oxford zur Schau getragen hatte.

Und sie war schon immer attraktiv gewesen, aber jetzt machte sie einen überwältigenden Eindruck auf mich. Und sie war völlig konzentriert. Keine Rede von: »Ich weiß gar nicht, wie mir geschieht.« Sie kam sofort zum Thema. Ich klärte sie über die Entwicklungen in Washington auf und erzählte ihr, wie Senator Pell und andere sich für sie eingesetzt hatten. Außerdem berichtete ich Neuigkeiten von einigen gemeinsamen Freunden und zeigte ihr Bilder meines Sohnes.

Als wir nach dem Lunch zur Wohnung ihrer Tante zurückkehrten, beschwor ich sie als Freund, das gefährliche politische Leben aufzugeben. »In Pakistan läufst du Gefahr, eingesperrt oder sogar ermordet zu werden«, sagte ich. »Warum kommst du nicht nach Amerika und machst etwas aus deinem Leben? Vielleicht könntest du im Zentrum für Internationale Angelegenheiten in Harvard ein Forschungsstipendium bekommen.«

»Ich würde liebend gern Bücher über die Bhutto-Zeit und die Jahre unter dem Kriegsrecht lesen«, meinte sie, »um zu erfahren, wie andere beurteilen, was geschehen ist. Aber meine Verpflichtung der Partei gegenüber geht vor. Politisch gesehen ist es für mich sinnvoller, hier zu bleiben, wo die pakistanische Gemeinde größer und weniger verstreut ist.«

Mein Vorschlag, zu einem Arbeitsbesuch nach Amerika zu kommen, schien sie jedoch zu begeistern. Sie wußte, daß der Einfluß des Auslands und Publicity dazu beitragen konnten, die Entlassung der politischen Gefangenen zu erwirken, die immer noch in Pakistan inhaftiert waren. Während unseres Gesprächs auf dem Heimweg machte mir nur ihr Ohr Schwierigkeiten: Ich vergaß dauernd, auf welchem Ohr sie taub war, und redete in das falsche.

Die Operation fand in der letzten Januarwoche statt und dauerte fünf Stunden. Als ich in der Universitätsklinik aus der Narkose aufwachte, stand der Chirurg Mr Graham an meinem Bett. »Lächeln Sie«, sagte er. Ich dachte, er wolle mich aufmuntern, und gehorchte erschöpft. Dann gab er mir einen Schluck Saft zu trinken. »Wie schmeckt das?« erkundigte er sich. »Köstlich.« Er schrieb etwas auf mein Krankenblatt. »Sie haben die Operation gut überstanden«, sagte er dann. »Der Gesichtsnerv Ihrer linken Gesichtshälfte ist nicht verletzt, und Sie haben auch Ihr Geschmacksempfinden nicht eingebüßt.«

Meine Mutter hatte in der hübschen, baumbestandenen Gegend von Collingham Gardens vorübergehend eine Wohnung gemietet. Dort erholte ich mich langsam. Wochenlang lag ich im Bett. Ich konnte mich keine zehn Minuten aufrichten, ohne daß mich pochende Kopfschmerzen, Übelkeit und Schwindelanfälle quälten. Als ich dann endlich sitzen konnte, hatte ich Schwierigkeiten, ein Buch zu lesen oder zu schreiben, denn sobald ich den Kopf senkte, setzte der klopfende Schmerz im Kopf wieder ein. Ich hatte oft das Gefühl, als würde mir gleich der Schädel platzen. »Ihre Reaktion ist ganz normal«, versicherte mir Mr. Graham, wenn ich zu einem meiner regelmäßigen Besuche bei ihm erschien, um mein Ohr untersuchen und mein Hörvermögen testen zu lassen.

Allerdings war ich entsetzt, als er mir bei der Nachuntersuchung nach sechs Wochen eröffnete: »Möglicherweise müssen Sie in einem dreiviertel bis ganzen Jahr erneut operiert werden.« Ein Dreivierteljahr? Ich hatte nicht die Absicht, so lange in London zu bleiben. Ich spielte schon wieder mit dem Gedanken, nach Pakistan zurückzugehen, obwohl meine Mutter, Tante Behjat, Sunny und Yasmin mich bestürmten, in Europa zu bleiben.

»Erhole dich von der Politik und bleib eine Weile bei mir«, sagte meine Mutter. »Wenn du zurückgehst, wirft Zia dich ins Gefängnis, und vielleicht kommst du nicht mehr lebend heraus.«

»Ich kann auch im Gefängnis den Widerstand gegen das Regime anführen«, entgegnete ich.

»Aber warum willst du nicht von hier aus gegen das Regime kämpfen?« bedrängten mich die anderen. Die Worte des Arztes entschieden den Streit. Mir war nicht wohl dabei. Ein Dreivierteljahr! Wie konnte ich die Zeit am sinnvollsten nutzen?

Während meiner Genesung beschloß ich, eine internationale Kampagne zu starten. Sie sollte überall bekannt machen, wie das Regime die 40000 politischen Gefangenen mißhandelte, die immer noch in pakistanischen Gefängnissen saßen. Pakistan wurde von westeuropäischen Ländern und den Vereinigten Staaten finanziell unterstützt, aber diese demokratischen Staaten schenkten den Menschenrechtsverletzungen unter Zia nur wenig oder gar keine Beachtung. Als prominente und erst kürzlich entlassene politische Gefangene im Exil konnte ich die Vorgänge in Pakistan in allen Einzelheiten publik machen. Vielleicht machten die demokratischen Staaten dann ihren Einfluß geltend und hinderten Zia daran, willkürliche Verhaftungen vorzunehmen, politische Gefangene ohne Anklage oder Anhörung jahrelang festzuhalten und immer mehr unschuldige Menschen nur wegen ihrer politischen Opposition zum Tode zu verurteilen.

In Rawalpindi sollten achtzehn politische Gefangene vor ein Militärgericht gestellt werden; ihnen wurde vorgeworfen, den Sturz der Regierung geplant zu haben. Im Kot-Lakhpat-Gefängnis in Lahore wurden 54 weitere Gefangene festgehalten; sie hatten angeblich Verbindung zur Al-Zulfikar gehabt und waren angeklagt, einer kriminellen Vereinigung anzugehören und im Untergrund agitiert zu haben. Nasser Baloach, der Arbeitervertreter der PPP in den Stahlwerken von Karachi, war mit vier anderen fälschlich angeklagt, an der Flugzeugentführung beteiligt gewesen zu sein - eine Anklage, die mit dem Todesurteil enden konnte. Es war typisch für Zias Militär-»Justiz«, daß nur wenige Menschen innerhalb und außerhalb Pakistans überhaupt wußten, daß dieser Prozeß stattfand und welche Beweise, falls es sie gab, gegen die Angeklagten vorlagen.

Ich hatte 1981 vom Gefängnisdirektor in Sukkur erfahren, daß Nasser Baloach verhaftet worden war. Zwei Jahre hatte es dann gedauert, bis Nasser Baloach und seine Mitangeklagten vor ein Militärgericht kamen. Aufgrund der vierten Verfügung des Präsidenten, nach der jeder Angeklagte als schuldig galt, solange seine Unschuld nicht bewiesen war, und der Verlauf des gesamten Gerichtsverfahrens der Geheimhaltung unterlag, hatte ich erst von dem Prozeß erfahren, als ein Wärter und Sympathisant im Mai 1983 einen Brief Nasser Baloachs zu mir ins Zentralgefängnis von Karachi schmuggelte.

»Das Militärgericht ist so voreingenommen, daß man uns bereits mitgeteilt hat, wir seien so gut wie tot«, hatte Nasser Baloach geschrieben. »Während der achtstündigen Verhandlungen dürfen wir keine Notizen machen und kein Wasser trinken, wir dürfen nicht auf die Toilette gehen und nicht beten. Wir sind an Händen und Füßen gefesselt. Als unser Verteidiger zu einer Verhandlung nicht erscheinen konnte, wurde das Verfahren mit der Bemerkung fortgesetzt: ›Wir brauchen nur die Angeklagten und die Ankläger.‹« Im Februar 1984 war der Prozeß noch immer nicht zu Ende.

Ich sorgte mich auch um einen anderen Arbeiterführer: Ayaz Samoo. Er war im Dezember 1983 verhaftet und fälschlich des Mordes an einem politischen Anhänger General Zias beschuldigt worden. Sein Prozeß vor einem Militärgericht mußte bald beginnen. Wie im Fall Baloach betrachtete die PPP die Verhaftung Samoos als Versuch des Zia-Regimes, die Arbeiterbewegung in der Industriestadt Karachi zu zerschlagen. Wie Baloach drohte Samoo die Todesstrafe. Wir mußten handeln, und zwar schnell.

Als ich mich im Bett aufsetzen konnte, stellte ich unter Zuhilfenahme meiner Aufzeichnungen aus dem Gefängnis und der Berichte, die Sympathisanten aus Pakistan schickten, eine Liste weiterer politisch Verfolgten zusammen. Ich erfuhr, wie nützlich es war, Amnesty International mit Informationen zu versorgen: Im Fall Raza Kazims konnte die Menschenrechtsorganisation die Weltöffentlichkeit mobilisieren. Raza Kazim, ein pakistanischer Völkerrechtsanwalt, war im Januar in seinem Haus in Lahore verhaftet worden und seither spurlos verschwunden. Amnestys »Eilaktion« für Raza Kazim fand in der westlichen Presse ein großes Echo.

»Das Verschwinden Raza Kazims in Lahore, Pakistan, ist ein alarmierendes Beispiel«, hieß es im März in einem Artikel in *The Nation* über die erschreckende Zahl von Menschenrechtsverletzungen auf der ganzen Welt. »...Die Vereinigten Staaten, die jährlich 525 Millionen Dollar Wirtschafts- und Militärhilfe an Pakistan zahlen, haben in diesem Fall kalte Gleichgültigkeit an den Tag gelegt... Offenbar ist dem Außenminister der Wortlaut jenes US-Gesetzes entfallen, das die Disposition von Hilfeleistungen an ausländische Staaten regelt. Darin heißt es unter anderem: ›Der Regierung eines Landes, das sich immer wieder schwere Verstöße gegen die international anerkannten Menschenrechte, darunter Folter... und langfristige Inhaftierungen ohne Anklage oder andere eklatante Verstöße gegen das Recht auf Leben, Freiheit und persönliche Unversehrtheit zuschulden kommen läßt,... darf keine Hilfe bewilligt werden.‹«

Der Artikel erschien genau zum richtigen Zeitpunkt. Ich war für März nach Washington eingeladen worden, um vor der Carnegie Endowment for International Peace zu sprechen. Bewaffnet mit Stapeln von Informationsmaterial über die politischen Gefangenen und meinem alten Adreßbuch machte ich mich mit Yasmin auf den Weg nach Amerika.

Wieder ging ich durch die langen Korridore des Kongreßgebäudes. Bereits als Studentin in Harvard hatte ich die demokratischen Möglichkeiten Amerikas genutzt und war nach Washington gefahren, um gegen die Einmischung der USA in Vietnam zu protestieren. Jetzt war ich hier, um gegen die Unterdrückung der Demokratie in meiner Heimat zu protestieren. Bei meinem ersten Besuch hatte ich mich zurückgehalten. Ich wollte nicht ausgewiesen werden, weil ich mich als Ausländerin politisch betätigte. Jetzt hatte ich das Gefühl, daß ich gar nicht genug reden konnte.

Eine Woche lang redete ich unablässig über die Notwendigkeit, den Menschenrechtsverletzungen in Pakistan ein Ende zu setzen und die Demokratie wiederherzustellen. Ich sprach mit Edward Kennedy, mit Senator Claiborne Pell, dem ich für seine Bemühungen um meine Freilassung dankte, und mit jedem, den ich dazu bringen konnte, mir zuzuhören. Peter Galbraith verhalf mir zu weiteren Terminen im Kapitol. Ich traf mich mit Senator Alan Cranston aus Kalifornien, mit Kongreßmitglied Stephen Solarz aus New York und mit Angehörigen des Außenministeriums und Mitarbeitern des Nationalen Sicherheitsrates. Ich sprach mit dem früheren Justizminister Ramsey Clark, der während des Prozesses gegen meinen Vater als Prozeßbeobachter nach Pakistan gekommen war, und mit Senator McGovern, den ich als Studentin in Harvard unterstützt hatte. Jetzt hoffte ich, daß er mir helfen würde, eine Lobby für die Wiederherstellung der Menschenrechte in Pakistan zu finden.

Pakistan bereitete den Gesetzgebern in Washington ohnehin Kopfzerbrechen. Das 3,2-Milliarden-Dollar-Hilfspaket, das Pakistan 1981 bewilligt worden war, war in Gefahr, gestrichen zu werden, weil nicht klar war, ob Pakistan ein eigenes Nuklearprogramm verfolgte. Der Senat hatte dieses Problem in der Vergangenheit dadurch umgangen, daß er die Hilfeleistungen nicht davon abhängig machte, ob Pakistan »die Bombe« besaß, sondern davon, ob es Atombombentests gegeben hatte. Während meines Besuchs im Jahr 1984 waren die Senatoren John Glenn und Alan Cranston gerade dabei, dieses Hintertürchen zu verschließen. Sie verfaßten einen Zusatz, nach dem eine Unterstützung Pakistans nur dann bewilligt werden sollte, wenn der Präsident der Vereinigten Staaten schriftlich bestätigte, daß Pakistan weder im Besitz eines »atomaren Sprengkörpers« war noch danach strebte, einen solchen Sprengkörper herzustellen oder zu zünden. Am 28. März nahm der Senatsausschuß für Auswärtige Beziehungen diesen Zusatz einstimmig an.

Ich war nicht nach Washington gekommen, um das Atomproblem zu diskutieren. Deshalb war ich völlig unvorbereitet, als mich Senator Charles Percy, der Vorsitzende des Ausschusses für Auswärtige Beziehungen, in einem Gespräch fragte, ob ich der Ansicht sei, daß die Unterstützung wegen der Atomfrage ausgesetzt werden solle. Ich zögerte kurz und sagte dann: »Senator, die Streichung der Unterstützung würde zwischen unseren Ländern nur zu Unstimmigkeiten führen. Beiden Ländern wäre besser gedient, wenn die Zahlungen an die Wiederherstellung der Menschenrechte und der Demokratie in Pakistan geknüpft würden.« Senator Percy hatte meinen Vater gekannt. Er lächelte und dankte mir für das Gespräch. Und ich machte mich auf den Weg zur nächsten Verabredung.

Zwischen meinen Terminen ging ich durch die langen Korridore zu Peter Galbraiths Büro beim Ausschuß für Auswärtige Beziehungen. »Du redest zu schnell«, sagte Peter. Er wollte mir helfen, das Beste aus den kurzen Besprechungen herauszuholen, die im Kapitol üblich sind. »Sprich langsam und konzentriere dich auf einen bestimmten Punkt.« Ich versuchte, seinen Rat zu beherzigen, aber nach Jahren der Isolation sprudelten die Worte, die all die Jahre des Schweigens hindurch unterdrückt worden waren, nur so aus mir heraus. »Benazir Bhutto redet, als müsse sie verlorene Zeit aufholen«, schrieb Carla Hall Anfang April in einem Porträt in der *Washington Post*. »... In leicht britischem Akzent stößt sie die Sätze heraus, wohlgeordnet, aber voller Hast. Dazu gestikuliert sie mit den Händen, streicht sich über die Stirn und fährt sich durch die Haare.«

Carla Hall hatte ganz recht. Ich mußte verlorene Zeit aufholen. Und ich war sehr nervös. Mein Gedächtnis war vor den Jahren der Gefangenschaft ausgezeichnet gewesen, jetzt ließ es mich im Stich. Ich suchte oft nach Daten oder Namen, die mir manchmal wieder einfielen, manchmal aber auch nicht. Und ich fühlte mich unter Menschen immer noch unbehaglich. Obwohl ich mich dazu zwang, möglichst viele Regierungsvertreter und Angehörige der Presse zu treffen, stellte ich fest, daß ich vor den Gesprächen Angst hatte. Im Gespräch mit Senator Cranston merkte ich einmal, wie meine Backen plötzlich rot wurden. Mein ganzes Gesicht begann zu glühen, auf meiner Stirn standen Schweißperlen. »Fühlen Sie sich nicht wohl?« fragte der Senator besorgt. »Doch, doch, alles in Ordnung«, sagte ich gefaßter, als mir zumute war.

An dem Abend, an dem ich meine Rede vor der Carnegie-Stiftung halten sollte, war ich besonders nervös. Im Publikum saßen Beamte des Außenministeriums und des Pentagon, Kongreßmitglieder, ehemalige Botschafter und Pressevertreter. Die westliche Presse stellte Zia inzwischen durchweg als »menschenfreundlichen Diktator« dar und als den Mann, der die Lage in Pakistan »stabilisiert« habe. Es lag an mir, seine Menschenrechtsverletzungen zu enthüllen und auf die Gefahren hinzuweisen, die die zentralistische Militärherrschaft langfristig für die Stabilität Pakistans hatte. Das einflußreiche Publikum konnte dazu beitragen, daß Zia unter Druck gesetzt wurde, daß die politischen Gefangenen freikamen, daß freie Wahlen stattfanden und daß in Pakistan wieder demokratische Verhältnisse herrschten. Ihre Unterstützung war wichtig.

»Ganz ruhig«, ermahnte ich mich, als ich zum Rednerpult schritt. »Tu einfach so, als wärst du in der Oxford Union.« Aber ich schaffte es nicht.

Die Diskussionen der Union waren intellektuelle Spiele gewesen. Jetzt ging es um das Leben vieler tausend politischer Gefangener und um die politische Zukunft meines Landes. »Wir in Pakistan sind verwirrt und enttäuscht darüber, welche Unterstützung dem unrechtmäßigen Regime Zias zuteil wird«, sagte ich zu dem hochrangigen Publikum vor mir. »... Wir erkennen Ihre strategischen Wünsche an, bitten Sie aber, das pakistanische Volk in Ihre Überlegungen einzubeziehen.«
Mitten in der Rede sah ich zum Publikum auf - und verlor die Zeile. Im Saal war es still, während ich verzweifelt das Manuskript überflog. Wie konnte das passieren? Ich wünschte, die Erde würde sich unter mir auftun und mich verschlucken. Ich mußte mich zwingen, ruhig zu bleiben. Schließlich fand ich die Zeile wieder und fuhr mit der Bitte an die anwesenden Regierungsmitglieder fort, die US-Hilfe für Pakistan an die Einhaltung der Menschenrechte zu knüpfen. Bei der anschließenden Diskussion fühlte ich mich besser. Schließlich konnte ich mich unter dem Applaus der Anwesenden setzen. Ich war einfach nicht mehr die alte. Aber ich mußte weitermachen.
Von Washington aus fuhren Yasmin und ich nach New York. Zum Entsetzen der pakistanischen Botschaft hatte ich einen Termin mit den wichtigsten Redakteuren der Wochenzeitschrift *Time* im Time-Life-Building in New York. Wahrscheinlich war ich der erste pakistanische Oppositionsführer, der eine solche Einladung erhielt. Ich hatte allerdings einen Vorteil gehabt. Walter Isaacson, jetzt Redakteur bei *Time,* hatte mit mir zusammen in Harvard studiert. Ich hatte ihn von Washington aus angerufen, um herauszufinden, ob er ein Treffen arrangieren könne. Meine Ankunft im Time-Life-Building zusammen mit Yasmin erregte ziemliches Aufsehen.
Wir fuhren mit dem Aufzug in den 47. Stock und begaben uns in den privaten Speisesaal. Die dort versammelten Redakteure sahen entsetzt auf, als wir eintraten. Ich war verwirrt und glaubte, wir seien womöglich ins falsche Zimmer geraten.
»Hat Walter Sie nicht in der Lobby empfangen?« sagte schließlich jemand in die Stille hinein. »Er ist unten und wartet auf Sie.«
»Ich habe ihn nicht gesehen«, antwortete ich.
»Aber wie sind Sie an den Sicherheitskräften vorbeigekommen?«
»In Zias Pakistan lernt man, Wachen zu umgehen«, sagte ich lächelnd.
Beim Lunch stellten mir die Redakteure so viele Fragen, daß ich keine Zeit hatte, den köstlichen Fruchtsalat und den Hüttenkäse zu essen, eine meiner Lieblingsspeisen aus den Jahren in Harvard. »Die US-Hilfe an Pa-

kistan wird von vielen Pakistanern als Hilfe für Zia betrachtet«, sagte ich. »Sie können alle dazu beitragen, dieses Mißverständnis aufzuklären, indem Sie das Interesse der Medien auf die Frage der Menschenrechte lenken. Für die politischen Gefangenen in Pakistan ist Publicity buchstäblich der Unterschied zwischen Leben und Tod.«

Als ich mich mit Yasmin gegen Ende unseres zweiwöchigen Amerika-Aufenthaltes auf die Rückreise nach London vorbereitete, geriet ich selbst noch einmal ganz unerwartet ins Licht der Öffentlichkeit. Am 3. April revidierte der Senatsausschuß für Auswärtige Beziehungen den einstimmig gefaßten Beschluß, der die amerikanische Auslandshilfe an das Verbot von Atomwaffen knüpfte. Der Ausschuß verabschiedete einen neuen Zusatz, nach dem die Fortsetzung der amerikanischen Hilfe für Pakistan genehmigt werden konnte, wenn der Präsident erklärte, daß Pakistan nicht im Besitz einer Atombombe sei und daß die amerikanische Hilfe »das Risiko deutlich verringert, daß Pakistan in den Besitz atomarer Sprengkörper gelangt«. Obwohl ich vermutete, daß dieser Kurswechsel auf den intensiven Druck der Reagan-Administration zurückzuführen war, erklärte Senator Percy freundlicherweise öffentlich, daß mir das Verdienst für seinen Positionswechsel zuzuschreiben sei.

Nach London zurückgekehrt, mietete ich eine Wohnung im Barbican, einem festungsartigen Gebäude in der Nähe von St. Paul's. Dort fühlte ich mich sicher. In der Eingangshalle befand sich eine Rezeption, die alle Besucher ankündigte. Und meine Wohnung lag im zehnten Stock, wie mein stets auf Sicherheit bedachter Blick sofort feststellte, so hoch also, daß pakistanische Agenten nicht einsteigen oder Abhörkabel zu ihr hinauf legen konnten. Im selben Gebäude wohnten auch Dr. Niazi und Yasmin, und wir pendelten täglich zwischen den Wohnungen hin und her.

Das Barbican wurde rasch zur Kommandozentrale der PPP in England und der PPP-Büros in anderen Ländern. In der Wohnung stapelten sich nach kurzer Zeit Unterlagen zu PPP-Zweigstellen in den Vereinigten Staaten, Frankreich, Kanada, Deutschland, der Schweiz, Dänemark, Schweden und Österreich sowie Unterlagen zur PPP in Australien, Saudi-Arabien, Bahrain und Abu Dhabi. Bald hatten sich auch freiwillige pakistanische Mitarbeiter zu einem engagierten Stab zusammengefunden. Sumblina, ein junges Mädchen, das in England lebte, erledigte die Tipparbeit. Nahid, ein studentischer Aktivist im Exil, machte Telefondienst und half Safdar Abbasi, einem Jurastudenten und Sohn des Mitglieds des Zen-

19

Ich trug den Kopf hoch, als ich im September 1981 aus dem Zentralgefängnis von Karachi entlassen wurde, um an der Hochzeit meiner Schwester Sanam teilnehmen zu können. Am nächsten Morgen holte mich die Polizei wieder ab. Der siebte Monat meiner Einzelhaft begann.

20

21

Am 20. November 1982 brachte Sanam meine Mutter zum Flughafen. Das von Zia eingesetzte Ärztegremium hatte bestätigt, daß sie wegen ihres Krebsleidens im Ausland behandelt werden müsse. »Begum Bhutto fehlt nichts«, hatte Zia behauptet. »Wenn sie im Ausland Urlaub machen und Sehenswürdigkeiten besichtigen will, dann soll sie dafür eine Genehmigung beantragen...«

22

23

Ich war im Arrest in Karachi, als sich 1983 Rechtsanwälte dem Kriegsrecht widersetzten und Wahlen forderten (*oben*). Als Frauen gegen Zias Gesetz zur Zeugenaussage protestierten, das der Aussage einer Frau nur halb so viel Bedeutung beimaß wie der Aussage eines Mannes, wurden sie mit Tränengas angegriffen und geschlagen.

24

25

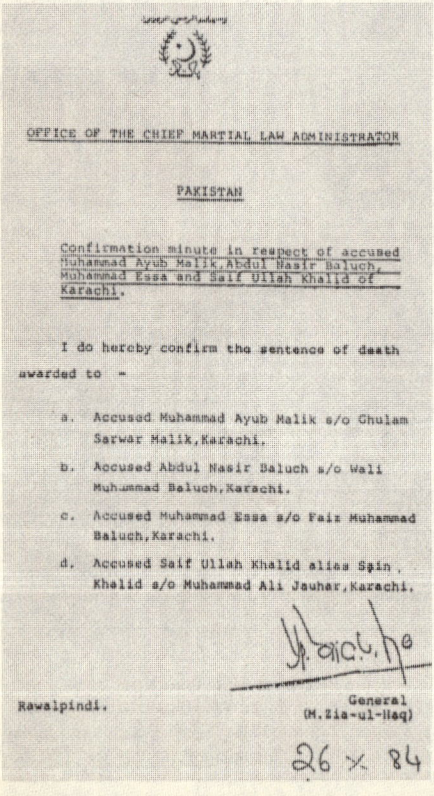

OFFICE OF THE CHIEF MARTIAL LAW ADMINISTRATOR

PAKISTAN

Confirmation minute in respect of accused Muhammad Ayub Malik, Abdul Nasir Baluch, Muhammad Essa and Saif Ullah Khalid of Karachi.

I do hereby confirm the sentence of death awarded to -

a. Accused Muhammad Ayub Malik s/o Ghulam Sarwar Malik, Karachi.

b. Accused Abdul Nasir Baluch s/o Wali Muhammad Baluch, Karachi.

c. Accused Muhammad Essa s/o Faiz Muhammad Baluch, Karachi.

d. Accused Saif Ullah Khalid alias Spin Khalid s/o Muhammad Ali Jauhar, Karachi.

Rawalpindi.

General
(M. Zia-ul-Haq)

26 x 84

Die Jahre des Exils: In Washington (*oben*) dankte ich Peter Galbraith und Senator Pell dafür, daß sie sich so intensiv für mich eingesetzt hatten. In Pakistan (*links*) bestätigte General Zia das Todesurteil gegen vier politische Gefangene, zehn Tage bevor sein Marionettengericht das Urteil öffentlich verkündete.

(*Gegenüber*) Mein Bruder Shah starb nach einem qualvollen Todeskampf, wenige Stunden nachdem Sanam in Cannes dieses letzte Foto von ihm gemacht hat. Unser Schmerz war unermeßlich, als wir Shah nach Hause brachten und ihn in der Nähe meines Vaters auf unserem Familienfriedhof beerdigten.

26

27

Rückkehr nach Pakistan: Uber eine Million Menschen begrüßten mich im April 1986 in Lahore. Auf meiner Rundreise durch die vier Provinzen überschütteten Anhänger meinen Jeep mit Rosenblättern. »*Zia jahve!*« schrie die Menge. »Zia muß gehen!« 28

29

30

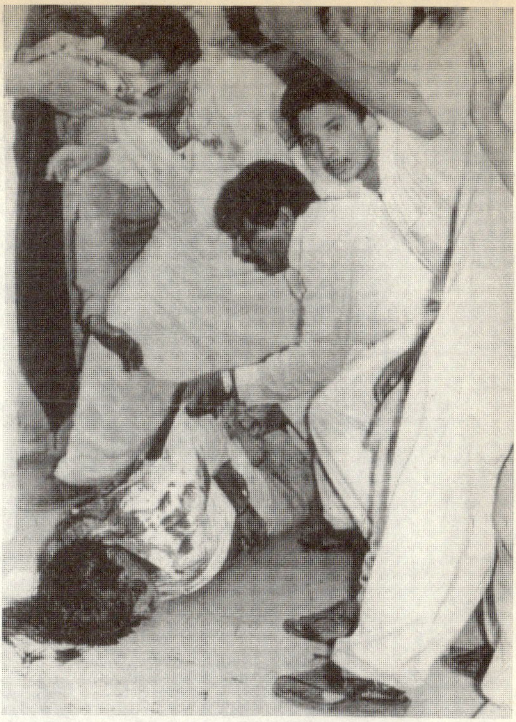

Kurz nachdem Präsident Reagan das Regime dafür gelobt hatte, »große Fortschritte auf dem Weg zur Demokratie« zu machen, schossen Zias Helfershelfer am Unabhängigkeitstag friedliche Demonstranten nieder. Gegen die Demonstranten, die im Januar 1987 gegen den Anschlag auf meinen Jeep protestierten, ging die Polizei ebenso brutal vor.

31

32

Meine Hochzeit mit Asif Zardari am 18. Dezember 1987 war von unseren Familien »arrangiert« worden. Zweihunderttausend Menschen tanzten beim öffentlichen Empfang (*unten*) in Lyari und vermittelten Asif einen ersten Eindruck davon, wie die *Pakistan People's Party* von den Massen geliebt und unterstützt wird.

33

tralen PPP-Vorstands Dr. Ashraf Abbasi, Briefe aus Pakistan zu beantworten. Der Journalist Bashir Riaz, der zusammen mit meinen Brüdern die Kampagne für meinen Vater gestartet hatte, fungierte als unser Pressesprecher und arrangierte Interviews mit den Vertretern der Presse. Dr. Niazi sorgte gemeinsam mit dem ebenfalls im Exil lebenden Safdar Hamdani und dem ehemaligen Botschaftssprecher Mr. Nasim Ahmad dafür, daß unser Informationsmaterial die britischen Parlamentarier auch erreichte. Yasmin half wie immer überall, wo Not am Mann war. Gemeinsam schrieben wir in dem überzähligen Schlafzimmer, das zum Büro umfunktioniert worden war, Briefe und Berichte zu Menschenrechtsverletzungen in Pakistan.

Wir starteten Briefaktionen und schickten Bilder der Gefangenen zusammen mit ihrer Geschichte an den Generalsekretär der Vereinten Nationen, an den Beauftragten für Menschenrechtsfragen im amerikanischen Außenministerium Elliott Abrams, an Außenminister, Anwaltsverbände und internationale Handelsorganisationen. Wir trafen uns mit britischen Parlamentariern, Vertretern von Amnesty International und über die jeweiligen Botschaftsvertretungen mit den Repräsentanten der Großmächte. Nasser Baloachs Leben hing an einem seidenen Faden. Dasselbe galt für viele andere Gefangene. Aber wir verloren das Rennen.

Trotz der Proteste der Anwaltskammern in ganz Pakistan wurden drei junge Männer, die fälschlich des Mordes an einem Polizisten beschuldigt worden waren, in einem geheimen Prozeß von einem militärischen Sondergericht verurteilt und im August gehängt. »Der jüngste Mord an drei jungen Männern, die drei Jahre lang in Ketten im Gefängnis festgehalten wurden«, schrieb ich den Regierungsmitgliedern und Pressevertretern, die unserer immer länger werdenden Adressenliste angehörten, »hätte verhindert werden können, wenn Politiker und Medienvertreter in Europa und Nordamerika Interesse an ihrem Schicksal und am Schicksal vieler tausend anderer Häftlinge gezeigt hätten. Die westlichen Nationen müssen ihren Einfluß geltend machen und ihre Stimme erheben, um den politischen Gefangenen, denen der Galgen droht, das Leben zu retten ... Bitte reagieren Sie schnell auf diesen ernstgemeinten Appell und handeln Sie.«

Der Labour-Parlamentarier Tony Benn schickte eine Protestnote an die pakistanische Botschaft in London. Ich erhielt eine Kopie seines Briefes sowie die Kopie des Antwortschreibens von Qutubuddin Aziz, Sprecher des Regimes an der Botschaft: »Miss Bhuttos Behauptung, in pakistanischen Gefängnissen würden über 40000 Gefangene unter katastrophalen Bedingungen festgehalten, entspricht in keiner Weise den Tatsachen. Zweifellos sitzen wie in anderen Ländern auch in Pakistan Häftlinge im Gefängnis, aber es handelt sich dabei um verurteilte Verbrecher oder eines Verbrechens verdächtigte Personen. Die Verhältnisse in unseren Gefängnissen sind sicherlich nicht schlechter als in den meisten anderen Entwicklungsländern... Die pakistanische Regierung verurteilt terroristische Gewalttäter und Mörder aufs strengste, aber die Regeln eines ordnungsgemäßen Gerichtsverfahrens werden dabei in jedem Fall eingehalten.« Der Sprecher der Regimes erwähnte mit keinem Wort, daß die pakistanischen Anwaltskammern weiterhin protestierten, die Regeln für ordnungsgemäße Gerichtsverfahren würden mißachtet.

Als die nächste Serie von Todesurteilen der Militärgerichte Zias bevorstand, machten wir Überstunden. Unzählige Umschläge, Briefmarken und Briefe wanderten aus dem Büro ins Wohnzimmer. Wir verbrachten Tag und Nacht damit, Adressen zu schreiben, Briefumschläge zuzukleben und die Briefe einzustecken. Die regelmäßigen Mitarbeiter wurden von neuen freiwilligen Helfern unterstützt, unter ihnen ein ehemaliger Major der pakistanischen Armee und ein Polizeidirektor. Beide lebten jetzt im Exil. Wir tranken zahllose Tassen Tee und Kaffee, um nicht schlappzumachen. Zia wollte seine Greueltaten dadurch vor der Welt verbergen, daß er weiterhin allen außenstehenden Beobachtern den Zutritt zu den Prozessen verwehrte. Wir taten unser Bestes, um ihn zu entlarven. Im Namen der Gefangenen appellierten wir an das Gewissen der Weltöffentlichkeit.

Wir benötigten unbedingt spezifische Informationen und Dokumente darüber, unter welchen Umständen ein politischer Gefangener verhaftet und unter welchen Bedingungen er festgehalten wurde. Außerdem mußten wir wissen, wie sein Prozeß verlaufen war. Aufgrund der hohen Analphabetenquote und der strengen Zensur waren solche Informationen in Pakistan nur schwer zu beschaffen. Oft waren die Häftlinge selbst die einzigen, die über genaue und aktuelle Detailinformationen verfügten.

Unter großen Schwierigkeiten bauten wir ein geheimes Netz von Mitarbeitern auf, die regelmäßig Berichte aus den Gefängnissen schickten. Die Gefangenen füllten Fragebögen aus, die dann zu uns nach London zurückgeschmuggelt wurden. Wir nahmen die Hilfe sympathisierender Gefängniswärter in Anspruch, die Hilfe von Angehörigen der im Exil lebenden Pakistaner, die nach Pakistan zurückflogen, und die Hilfe sympathisierender Besatzungsmitglieder der Fluggesellschaften. Wir schickten

Briefe an konspirative Wohnungen und tote Briefkästen in Abu Dhabi und Saudi-Arabien, wo unsere Briefe mit anderen Briefmarken versehen wurden, damit sie den Zensoren des Regimes entgingen. Und dann begann der Rückfluß der Informationen. Aus dem Zentralgefängnis von Karachi kam die handschriftliche Antwort Saifullah Khalids, eines 23jährigen Politologiestudenten aus Larkana, der zusammen mit Nasser Baloach angeklagt wurde. Aus ihr ging hervor, daß er 1981 wegen seiner »politischen Ansichten« verhaftet worden war. Er war »auf brutale Weise« verhört worden, damit er »die Anführer der *Pakistan People's Party«* mit der Flugzeugentführung in Verbindung brachte. Wie alle anderen politischen Gefangenen war er von einem Gefängnis ins andere verlegt und monatelang ohne jede Verbindung zur Außenwelt festgehalten worden.

»Ich wurde zwei Tage lang in der Festung von Arazwali festgehalten«, schrieb der Student, der drei Jahre nach seiner Verhaftung noch immer im Gefängnis saß und fürchten mußte, zum Tode verurteilt zu werden. »Dann war ich eine Woche an drei mir nicht bekannten Orten, vier Tage in der Festung Balahisar, zehn Tage im Ausbildungslager Warsak, einen Tag im Zentralgefängnis von Peshawar, dann sechs Tage in der Zentrale der Bundesermittlungsbehörde in Karachi, einen Monat in der Zentrale des Geheimdienstes in Karachi, einen Monat in der Folterzelle von Baldia in Karachi.« Jetzt war er im Zentralgefängnis von Karachi. »Ich bin seit zehn Tagen im Straftrakt und werde dreimal täglich geschlagen. Während der Verhöre blenden mich helle Lampen. Dadurch hat sich meine Sehkraft vermindert. Ich habe ständig Schmerzen im Kopf und in den Augen. Man legte mir eiserne Beinfesseln an, was zu starken Schmerzen in den Hoden führte. Der Gefängnisarzt empfahl, mich zur Behandlung ins Civil Hospital zu verlegen. Erst drei Monate später wurde ich wegen einer Bruchoperation hierher verlegt.«

Wie so viele andere politische Gefangene war Saifullah Khalid dem Regime auf Gedeih und Verderb ausgeliefert. »Mein Leben und das Leben meiner Mitangeklagten ist in Gefahr, denn die Anklage hat die Todesstrafe gefordert«, fügte der Student in einem Postskriptum hinzu. »Ich appelliere an Amnesty International, einzugreifen und unser Leben zu retten.«

Nottingham, Glasgow, Manchester, Bradford: Ich bereiste ganz England und sprach vor pakistanischen Kommunen. Immer mehr Menschen unterstützten unsere Kampagne. Ich fuhr nach Deutschland und Dänemark.

Einmal im Monat fuhr ich in die Schweiz, um meine Mutter zu besuchen. Die Liste mit den Gefangenen trug ich immer bei mir. Ich traf mich in Dänemark mit Anker Jørgensen, dem ehemaligen Ministerpräsidenten, der meinen Vater gekannt hatte; in Frankreich mit den Gaullisten; in der Bundesrepublik mit den Grünen. Schweren Herzens schrieb ich »Märtyrer« hinter die Namen der drei jungen Männer, die im August gehängt worden waren.

Ich war jedesmal sehr nervös, wenn ich in England landete, denn ich fürchtete, die Einwanderungsbehörden könnten mich zurückweisen. Damals wurden die Visa für Pakistaner direkt am Flughafen von der britischen Einwanderungsbehörde ausgestellt. Sie galten nur für eine einmalige Einreise. Bei meiner ersten Einreise hatten mich die Beamten der Einwanderungsbehörde eine Dreiviertelstunde lang ausgefragt, wo ich wohnen würde und was ich vorhabe. »Ich bin nur Touristin«, hatte ich ihnen versichert. Bei jeder Wiedereinreise fiel mir ein Stein vom Herzen, wenn das Visum endlich in meinen Paß gestempelt wurde. Aber bald hatte ich so viele Stempel, daß die Seiten in meinem Paß fast voll waren. Ich wußte, daß Zia mir niemals einen neuen Paß ausstellen lassen würde. Wenn ich die Fragen der Beamten von der Einwanderungsbehörde beantwortete und ihnen zusah, wie sie meinen Namen in ihrem riesigen Fahndungsbuch suchten, betete ich immer, daß sie nicht bemerkten, wie mein Herz schlug. Wir machten mit unserer Kampagne für die politischen Gefangenen zu große Fortschritte, um einen solchen Rückschlag verkraften zu können.

»Ich habe die Absicht«, schrieb mir im November Max Madden, Mitglied des Unterhauses, »jede parlamentarische oder sonstige Möglichkeit zu nutzen, um Druck auf die britische Regierung auszuüben, damit sie die pakistanische Regierung auffordert, ihren mörderischen Feldzug zur Vernichtung der politischen Opposition, vor allem der Oppositionellen aus den Reihen der *Pakistan People's Party,* einzustellen.« Ich erhielt auch Antwort von Elliott Abrams, dem amerikanischen Beauftragten für Menschenrechtsfragen, dem ich von Nasser Baloach und Saifullah Khalid berichtet hatte: »Ich teile Ihre Bedenken hinsichtlich der inhärenten Ungerechtigkeit der geheimen militärischen Gerichtsverfahren gegen Zivilisten. In diesem Fall ist besonders alarmierend, daß die Geständnisse offensichtlich unter Folter abgelegt wurden.... Bitte seien Sie versichert, daß unsere Diplomaten in Pakistan den Fall weiterhin aufmerksam verfolgen werden.«

Im Barbican stand ich jeden Morgen um sieben Uhr auf, um die Wohnung zu putzen, zu waschen und die Mahlzeiten für den Tag vorzukochen. Meist bereitete ich einfache Linsengerichte und ließ sie auf dem Herd vor sich hin köcheln. Bashir Riaz brachte aus dem pakistanischen Viertel in London Fleisch und Hähnchen, die nach den Vorschriften des Islam geschlachtet worden waren. Und dann ging es an die Arbeit. Die Postsendungen waren teuer. Ich wirtschaftete so gut ich konnte. Zwei Drittel meines Geldes flossen in die Miete, der Rest wurde für die Telefonrechnung, Postwertzeichen und sonstige Materialien ausgegeben. Meine Mutter hatte mir ein wenig Geld gegeben, damit ich die Wohnung einrichten konnte. Ich kaufte einen gebrauchten Teppich, ein paar Töpfe und Pfannen und ein paar Lampen ohne Schirm. Es war besser, das Geld für die politische Arbeit auszugeben, die im Büro geleistet wurde.

Wir starteten *Amal*, »Aktion«, unsere eigene Zeitschrift auf Urdu mit einigen englischsprachigen Seiten, und verteilten sie jeden Monat an internationale Organisationen, ausländische Botschaften und die pakistanische Exilgemeinde, um sie über die Ereignisse in Pakistan auf dem laufenden zu halten. *Amal* wurde mit einem Minimalbudget produziert: Bashir Riaz arbeitete als Redakteur und Anzeigenverkäufer zugleich, Nahid schnappte sich jeden, den sie bekommen konnte, als Abonnenten. Wir schmuggelten das Magazin nach Pakistan hinein, wo Aktivisten es auszugsweise fotokopierten und die Fotokopien an Anhänger der Partei verteilten. Einzelne Kopien gelangten auch in die Gefängnisse, so daß die politischen Häftlinge wußten, daß sie nicht vergessen worden waren. *Amal* erwies sich als unbezahlbares Mittel zur Hebung der Moral. Die Häftlinge waren begeistert. Das Regime nicht.

»Ich komme heute nicht zur Arbeit«, teilte unser Kalligraph Bashir ohne Vorwarnung telefonisch mit. »Warum?« fragte Bashir bestürzt. *Amal* konnte ohne einen Kalligraphen nicht veröffentlicht werden. Urdu wird immer noch nach dem alten Verfahren gedruckt; Kalligraphen schreiben den Text von Hand auf Wachspapier. »Die Botschaft hat mir mehr Geld geboten, wenn ich nicht für euch arbeite«, gestand der Kalligraph. Als auch der Drucker anrief und sagte, daß er vom Regime unter Druck gesetzt worden sei, glaubten wir, *Amal* sei verloren. Aber wie sich herausstellte, sympathisierte der Drucker mit der Partei. Er lehnte es nicht nur ab, sich dem Druck des Regimes zu beugen, sondern erklärte sich auch bereit, seine Pressen nachts für uns laufen zu lassen. Bashir überredete Kalligraphen, die für die pakistanischen Zeitungen in London arbeiteten, nebenher für uns zu arbeiten. Wenn das Regime einen von ihnen zurückkaufte, machte Bashir sich verbissen auf die Suche nach Ersatz. Und *Amal* erschien weiter.

In Pakistan ließ Zia wieder die Muskeln spielen, um die Menschen daran zu erinnern, wer der Herr im Land war. Während wir in *Amal* Artikel über Nasser Baloachs unfaire und grausame Behandlung veröffentlichten, trafen besorgniserregende Berichte aus Pakistan ein, denen zufolge Baloach und seine Mitangeklagten zum Tode verurteilt werden sollten. Am kalten und windigen Morgen des 5. November 1984 bestätigten sich unsere schlimmsten Befürchtungen. Das Militärgericht in Karachi gab sein endgültiges Urteil bekannt: Nasser Baloach und seine Leidensgenossen wurden dazu verurteilt, »bis zum Eintritt des Todes am Hals aufgehängt« zu werden.

Im Barbican wurde die höchste Alarmstufe gegeben. Wir gaben einen Appell nach dem anderen heraus und riefen die internationale Gemeinschaft auf, sich für das Leben der verurteilten Männer einzusetzen. Unsere Empörung wuchs, als es einem Sympathisanten in Pakistan wie durch ein Wunder gelang, uns geheime Dokumente zuzuschicken, aus denen hervorging, daß Zia an dem Todesurteil direkt mitgewirkt hatte. Die Dokumente bewiesen, daß ursprünglich nur Nasser Baloach zum Tode verurteilt worden war. Der Kriegsrechtsverwalter von Sind war über das Urteil informiert worden und hatte keine Einwände erhoben. Doch dann hatte er plötzlich seine Meinung geändert und das Militärgericht angewiesen, »neu zusammenzutreten« und das ursprüngliche Urteil zu »überdenken«. Nur Zia, sein direkter Vorgesetzter, konnte ihn dazu gebracht haben, seine Meinung zu ändern.

Überdies waren wir im Besitz eines Schreibens mit dem offiziellen Briefkopf des Obersten Kriegsrechtsverwalters und der Unterschrift Zias. Mit dieser Unterschrift hatte Zia am 26. Oktober, also *volle zehn Tage* vor der offiziellen Urteilsverkündung durch sein Femegericht, die vier Todesurteile bestätigt. Den verurteilten Männern blieb nur noch eine Möglichkeit, gegen das Urteil Berufung einzulegen: ein Gnadengesuch an Zia in seiner Eigenschaft als Präsident. Was für eine Farce. Sie mußten sich an den Mann wenden, der ihre Todesurteile bereits bestätigt hatte.

Viele von unseren freiwilligen Mitarbeitern hatten Tränen in den Augen, als sie diese Dokumente sahen, ich war jedoch zu zornig. Zum ersten Mal konnten wir tatsächlich beweisen, was wir gehört hatten: Die Urteile der Militärgerichte in politischen Prozessen gingen über Zias Schreibtisch.

Wir machten uns sofort daran, die Dokumente zu redigieren und zusammenzustellen, damit sie so schnell wie möglich gedruckt werden konnten. Wenn irgend etwas die internationale Gemeinde aufrütteln und Zias Militärgerichte als Marionetten des Regimes bloßstellen konnte, dann waren es diese Dokumente. Lord Avebury, der schon bei der Freilassung meiner Mutter so hilfreich gewesen war, arrangierte jetzt für uns eine Pressekonferenz, auf der wir die Dokumente dem britischen Parlament präsentieren konnten. Unsere Kampagne intensivierte sich.

Viele Menschen, darunter Mitglieder verschiedener Menschenrechtsorganisationen und Arbeiterführer, reagierten mit Betroffenheit. Laurence Platt, Gewerkschaftsfunktionär in Nottingham, schrieb an den Herausgeber von *T& G Record,* einem wichtigen Gewerkschaftsmagazin: »Wenn wir in diesem Land immer deutlicher spüren, wie bedroht unsere Gewerkschaftsrechte sind, sollte das unser Bewußtsein für die Kämpfe schärfen, die unsere Brüder und Schwestern in anderen Ländern führen. Vielleicht ist noch Zeit, das Leben des Arbeiterführers Nasser Baloach und seiner drei Mitangeklagten zu retten, die von der Hinrichtung bedroht sind. Man muß bei der Regierung von Pakistan und ihrer Botschaft in England Protest einlegen.«

Überall kam es zu Aktionen empörter Rechtsanwälte. »Die vier Männer wurden von einem militärischen Sondergericht, das nach Kriegsrechtsbestimmungen eingerichtet wurde, unter Anklage gestellt und verurteilt«, hieß es in einer Erklärung, die von einer Gruppe prominenter britischer Anwälte unterzeichnet worden war. »Solche Gerichte stehen unter dem Vorsitz von Offizieren, die keine juristische Ausbildung haben, die Prozesse werden *in camera* durchgeführt. Die Beweislast liegt bei den Angeklagten, sie müssen ihre Unschuld beweisen. Dabei haben sie nicht im erforderlichen Umfang Zugang zu Anwälten, die ihren Fall übernehmen.

Wir ersuchen die Regierung Pakistans, solchen Prozessen und Hinrichtungen ein Ende zu setzen. Wir ersuchen insbesondere General Zia ul-Haq, die Todesurteile gegen diese vier Männer nicht zu bestätigen und ihr Leben zu schonen. Wir appellieren außerdem an die britische Regierung, die das Zia-Regime mit militärischer und wirtschaftlicher Hilfe unterstützt, ihren Einfluß geltend zu machen, um die Hinrichtung dieser vier Männer und weitere Prozesse dieser Art zu verhindern.«

Wir versuchten wie besessen, das Leben der politischen Gefangenen zu retten. Doch während wir gegen den Tod in Pakistan kämpften, waren andere Mitglieder der PPP-Führungsspitze im Ausland mehr daran interessiert, ihre Sonderinteressen durchzusetzen und ihre Machtbasis zu erweitern. Sie waren größtenteils Ex-Minister der Regierung meines Vaters. Unablässig riefen sie in meiner Wohnung an, um Termine mit mir zu vereinbaren. Zum Glück waren im Barbican nur 15 Besucher pro Tag erlaubt, obwohl ich manchmal mehr empfing, wenn ich mich mit Gruppen von jeweils fünf bis sechs Leuten traf. Ich war während dieser Besprechungen nervös und ungeduldig, weil ich unablässig an die dringende Arbeit dachte, die getan werden mußte.

Die PPP war immer eine vielschichtige Partei gewesen, eine Koalition verschiedener sozio-ökonomischer Gruppen: Marxisten, feudale Landbesitzer, Geschäftsleute, religiöse Minderheiten, Frauen, die Armen. Mein Vater hatte bis zu seinem Tod durch seine starke Persönlichkeit und seine Popularität die Interessenkonflikte zwischen den unterschiedlichen Gruppen ausgeglichen. In London, wo die Anspannung des Exils und die Angst, in der Heimat vergessen zu werden, an den politischen Führern zehrte, gewann das Eigeninteresse Vorrang vor den gemeinsamen Zielen. Wichtigster Konflikt war der noch unentschiedene Kampf um die Führung der Partei. Der alten Garde in London war klar: Wenn sie mich einmal als Führerin akzeptierte, dann war ich das vielleicht für immer. »Es gibt kein Gesetz, das mich zwingt, zuerst dem Vater zu folgen, dann der Mutter und jetzt der Tochter«, hatte einer der Funktionäre angeblich gesagt, als ich in London eintraf.

»Entscheiden Sie sich, auf welcher Seite Sie stehen«, hatten mich die Sprecher der verschiedenen Gruppierungen immer wieder gedrängt. Alle versuchten, mehr Macht in der PPP zu bekommen, und bereiteten wahrscheinlich bereits die endgültige Machtübernahme vor.

»Ich stehe auf keiner Seite«, beharrte ich. »Wenn die Partei eine geschlossene Front bieten würde, statt in einzelne, sich gegenseitig bekriegende Splittergruppen zu zerfallen, würden wir mehr zustande bringen.« Ich versuchte möglichst ruhig und vernünftig zu klingen, ängstlich darauf bedacht, die alten Funktionäre nicht vor den Kopf zu stoßen. Ich wußte wohl, wie schwach meine politische Position war. Der Zentrale Vorstand der Partei hatte mich zwar bei meiner Ankunft in England in meinem Amt als stellvertretende Vorsitzende bestätigt, aber diese Männer waren gewiefte Politiker. Ich war eine junge Frau und hätte ihre Tochter sein können. Die alten Funktionäre führten die PPP in London seit dem Staatsstreich. Ich war gerade erst aus Pakistan eingetroffen. Sie hatten Jahre Zeit gehabt, ihre jeweilige Machtbasis auszubauen. Ich glaubte daran, daß die

Differenzen der Vergangenheit beigelegt und die Interessen einzelner Parteiführer vor den übergeordneten Zielen der Partei zurücktreten sollten. Als ich von meiner Amerikareise zurückkehrte, ging die lauteste Gruppe, die Marxisten, zum Angriff über.

»Sie hätten niemals nach Amerika gehen dürfen«, schalt mich der Anführer der Marxisten, obwohl er vor meiner Abreise keinen Ton gesagt hatte. »Die Amerikaner sind Freunde Zias. Wir müssen uns mit den Russen zusammentun, um ihn zu stürzen.«

»Was läßt Sie denken, daß Amerikaner oder Russen die Freunde von irgend jemandem sind?« entgegnete ich. »Die Amerikaner unterstützen Zia aus strategischen Überlegungen. Die Sowjets helfen uns vielleicht heute, aber schon morgen, wenn ihre strategischen Interessen sich verlagern, lassen sie uns fallen. Wir dürfen uns nicht in die Rivalitäten zwischen den Supermächten hineinziehen lassen. Wir müssen für unsere eigenen nationalen Interessen kämpfen. Wir können es uns nicht leisten, gegen die Weltpolitik anzukämpfen.«

Auch die Regionalisten mischten sich bald in den Kampf ein. »Sie sind eine Sindhi. Sie sollten sich vor allen anderen Provinzen für Sind einsetzen, oder die Sindhi werden Ihnen niemals verzeihen.«

»Damit spielen wir doch nur dem Kriegsrechtsregime in die Hände«, erwiderte ich scharf. »Das Regime macht sich die Gefahr der Aufspaltung zunutze, um die Armee als die einende Kraft in Pakistan zu präsentieren. In allen vier Provinzen gibt es Menschen, die an die Demokratie glauben. Unterdrückung kennt keine Provinzgrenzen. Sollten wir nicht lieber mit vereinter Kraft gegen den gemeinsamen Feind kämpfen statt gegeneinander?«

Die Chauvinisten, die mit dem Establishment liebäugelnden Mitglieder der PPP, die den Kompromiß mit Zia suchten, machten ebenfalls ihre Eigeninteressen geltend. Meine Frustration wuchs immer mehr, je länger sich der Streit hinzog. Im Nachbarraum saßen die freiwilligen Helfer und erledigten die notwendige praktische Arbeit der Partei, um unseren Anhängern in Pakistan das Leben zu retten, und hier stahlen die Politiker der alten Garde mir die Zeit, weil sie darauf bestanden, ihre individuellen Interesse über die Interessen des Volkes zu stellen.

Als sich dann auch noch einer der Funktionäre ruhig auf dem Sofa zurücklehnte und forderte, ich solle ihn zusammen mit einem handverlesenen Stab zum Präsidenten der PPP im Punjab ernennen, verlor ich die Geduld. »Ich kann Sie nicht einfach ernennen«, sagte ich schockiert zu

dem Mann, der bei den Politikern daheim im Punjab nicht einmal besonders beliebt war und seit dem Staatsstreich im sicheren London gelebt hatte. »Das würde die Partei verärgern und unser Prinzip unterhöhlen, daß so etwas nach Leistung und durch Konsens entschieden wird.«
»Aber Sie haben doch gar keine andere Wahl«, sagte er gönnerhaft. »Die Marxisten sind wütend auf Sie. Die Regionalisten haben ihre eigene Organisation gebildet. Sie können es sich nicht leisten, mich zu vergrämen.«
»Aber es verstößt gegen die Grundsätze der PPP.« Ich war immer noch völlig verblüfft über seine Forderungen.
»Grundsätze«, sagte er abschätzig. »Grundsätze sind eine feine Sache. Aber in der Politik geht es um Macht. Wenn Sie mich mit meiner Mannschaft nicht zum Präsidenten ernennen, muß ich mich wohl oder übel nach anderen Möglichkeiten umsehen. Ich gründe vielleicht sogar meine eigene Partei. Dann bin ich Ihr größter Rivale.«
Ich spürte, wie mein Zorn wuchs, der sich in all den vergeudeten Stunden angestaut hatte, die ich dem Gezänk der verschiedenen Interessengruppen gelauscht hatte. Und jetzt also auch noch das: die Drohung, eine neue Partei zu gründen. Das war pakistanische Politik im alten Stil. Hol dir alles für dich selbst. Mach deinen Einfluß geltend. Reiß dir jedes Amt unter den Nagel, das du bekommen kannst. Erpresse. Drohe. Ich hatte die Nase voll davon. Und von diesem Mann auch. »Sie!«, sagte ich, holte tief Luft und beugte mich in meinem Sessel vor. »Seien Sie sich darüber im klaren, daß Sie Schwierigkeiten haben werden, auch nur einen Sitz im Parlament zu bekommen, wenn Sie aus der Partei austreten.«
»So? Das glauben Sie also?« Er warf vor Erstaunen über meine scharfe Antwort den Kopf zurück. Empört verließ er den Raum - und schließlich auch die Partei. Immer noch mehr Schwierigkeiten, dachte ich, bevor ich den Gedanken wieder aus meinem Kopf verscheuchte. Ich war immer unglücklich, wenn jemand aus der Partei austrat, aber mir wurde langsam klar, daß in der Politik nichts endgültig ist. Menschen kommen und gehen, Menschen streiten und versöhnen sich. Wichtig ist, daß eine Partei die Stimmung einer Generation artikuliert. Unsere Arbeit in London hob die Moral der Menschen und motivierte die Partei in Pakistan. Und das zählte. Besonders im Dezember 1984, als klar wurde, daß die PPP alle Energie brauchte, die sie aufbringen konnte.
Unter dem Druck der Vereinigten Staaten beschloß Zia, im März 1985 Wahlen abzuhalten. Doch zuerst kündigte er für den 20. Dezember ein Referendum an. Über den Wortlaut des »islamischen Referendums«, wie es

später genannt wurde, hätte man lachen können, wäre er nicht so raffiniert gewesen. Abgestimmt wurde über folgende Frage: »Unterstützt das pakistanische Volk den von General Mohammed Zia ul-Haq, dem Präsidenten von Pakistan, initiierten Prozeß, die pakistanischen Gesetze mit den Bestimmungen des Islam in Einklang zu bringen, wie sie im Heiligen Koran und in der Sunna des Heiligen Propheten (Friede sei mit ihm) niedergelegt sind?« Konnte in einem Land, das zu 95 Prozent von Muslimen bevölkert war, irgend jemand mit Nein stimmen? Jede Nein-Stimme war gleichbedeutend mit einer Stimme gegen den Islam. Eine Ja-Stimme war politisch gesehen jedoch genauso verhängnisvoll. Ein positives Abstimmungsergebnis, verkündete Zia, sei zugleich seine »Wahl« zum Präsidenten für die kommenden fünf Jahre.

Die ganze Sache diente Zia nur als Vorwand, das Mandat zu bekommen, das er so verzweifelt benötigte. Kein Militärdiktator in der Geschichte des Subkontinents hatte je so lange ohne ein Mandat des Volkes geherrscht. Und Zia wollte kein Risiko eingehen. Als zusätzliche Sicherheitsmaßnahme verkündete er, daß jede Werbung für Stimmen gegen das Referendum ein Verbrechen sei, das mit drei Jahren strengem Zuchthaus und einer Geldbuße von 35 Dollar bestraft würde. Überdies würden die Stimmen von Angehörigen der Armee geheim ausgezählt, und das Wahlergebnis könne nicht bei Zivilgerichten angefochten werden. Glaubte er wirklich, daß er diese Abstimmung als faire und gerechte Wahl verkaufen konnte?

»Boykottiert das Referendum«, drängten wir in *Amal,* in Interviews, in Reden und Pressemitteilungen. Auch die Mitglieder der MRD zu Hause in Pakistan riefen zum Boykott auf. Dort hatten sogar zwei religiöse Parteien das Referendum als »politischen Betrug im Namen des Islam« gebrandmarkt. »Gebt eure Stimme ab! Ihr braucht nicht einmal einen Ausweis«, schallte es dagegen aus den Lautsprechern, die das Regime in den Straßen von Karachi installiert hatte. Zur gleichen Zeit trieben Wahlkampfhelfer des Regimes afghanische Flüchtlinge in Busse und fuhren sie zu Wahllokalen in Belutschistan. Ganze Dörfer wurden per Bus zu Wahllokalen verfrachtet.

Wie vorherzusehen, berichtete die vom Regime kontrollierte pakistanische Presse von einem großen Erfolg Zias. Ihr zufolge hatte die Wahlbeteiligung bei 64 Prozent gelegen, über 20 Millionen Menschen hatten ihre Stimme abgegeben, davon 96 Prozent mit Ja. Die Korrespondeten des *Guardian* in Islamabad schätzten jedoch, wie auch die Agentur Reuter, daß die Wahlbeteiligung bei 10 Prozent gelegen habe. Unser Aufruf, die Farce

zu boykottieren, hatte Erfolg gehabt. »Hätte General Zia sich mutig und offen ohne den Deckmantel der Religion zur Wahl gestellt, hätte er aller Wahrscheinlichkeit nach verloren«, hieß es am 12. Dezember in einem Leitartikel der Londoner *Times*. »Das war zweifellos der Grund, warum er es nicht getan hat.«
Schon seit einiger Zeit wartete ich auf den richtigen Moment, zusammen mit der PPP-Führung aus dem Exil nach Pakistan zurückzukehren. Vielleicht war dieser Moment jetzt da. Einer der Parteifunktionäre bestätigte meine Einschätzung bei einer Versammlung im Haus eines ehemaligen PPP-Ministers im Norden Londons: »Jetzt ist die Zeit gekommen, den Protest gegen Zia ul-Haq nach Pakistan zu tragen. Das Referendum hat der ganzen Welt gezeigt, wie unbeliebt Zia ist.« Andere waren anderer Meinung: »Vielleicht reagieren die Menschen in Pakistan überhaupt nicht darauf. Sie sind schon zu lange zur Untätigkeit verdammt. Wir müssen die entscheidende Kraftprobe erst gut vorbereiten.« Die Diskussion ging hin und her, bis einer der alten Funktionäre sich an mich wandte. »Ich habe die Lösung gefunden«, sagte er. »Wir schicken Sie zurück. Sie reißen alle mit.«
»Einverstanden«, sagte ich. »Aber wenn es politisch richtig ist, daß ich nach Pakistan zurückkehre, dann sollten wir alle gehen. Warum kehren wir nicht nacheinander zurück, zum Beispiel jeden Tag einer und das zehn Tage lang? Das wäre eine wirkungsvolle Steigerung.«
Es war still im Raum. »Zurück nach Pakistan? Das geht nicht«, protestierten sie einer nach dem anderen. Sie zählten die Anklagen auf, die Gefängnisstrafen und Todesurteile, die in Pakistan auf sie warteten. Ich war verblüfft. Sie waren durchaus willens, mich wegzuschicken, aber keineswegs ernsthaft daran interessiert, eine gemeinsame Offensive zu starten. »Entweder machen wir es richtig, oder wir machen es gar nicht«, sagte ich in die Stille.
In unserer Genugtuung über den Rückschlag, den Zia bei dem Referendum einstecken mußte, waren wir uns jedoch einig. Um das zu feiern, veranstaltete die PPP am 5. Januar 1985, dem Tag der Demokratie und Geburtstag meines Vaters, überall auf der Welt Kundgebungen. Die Londoner Kundgebung leitete ich. Ich sprach dabei Sindhi, Urdu und Englisch. Wir hatten ein Seminar und eine *mushaira,* eine Dichterlesung, organisiert. Die Atmosphäre war elektrisierend, Menschenmassen drängten sich in der gemieteten Halle. Ich schloß meinen Vortrag mit den Versen eines Revolutionsdichters. Das gesamte Publikum schwenkte PPP-

Fahnen und fiel in den Refrain jeder Strophe ein: »Ich bin ein Rebell. Ich bin ein Rebell. Macht mit mir, was ihr wollt.«

Während des Seminars erhielt ich einen Anruf von meiner Mutter. Sanam hatte ein Mädchen bekommen. »Damals in Simla bedeuteten die Worte ›Es ist ein Mädchen‹ eine schlechte Nachricht«, rief ich den versammelten PPP-Anhängern freudig zu. »Heute verkünden sie die gute Nachricht, daß meine Schwester an Shaheed [Märtyrer] Bhuttos Geburtstag ein Kind bekommen hat. Der Name meiner neuen Nichte ist Azadeh, daß persische Wort für Freiheit.« Der Beifall war ohrenbetäubend. Das Seminar wurde auf Video aufgezeichnet und in vielen Dutzend Kopien nach Pakistan geschleust.

Drei Tage später - ich hielt mich gerade bei meiner Mutter und meiner Schwester auf - verkündete Zia, daß die Wahlen zur Nationalversammlung und zu den Provinzparlamenten Ende Februar abgehalten würden. Die Entscheidung, ob diese Wahlen boykottiert werden sollten, war schwieriger als im Fall der Volksabstimmung. Das Kriegsrecht war immer noch im Kraft, und politische Parteien waren verboten. Unsere Kandidaten müßten sich als Einzelpersonen, nicht als Repräsentanten der Partei, um Sitze in der wieder ins Leben gerufenen Nationalversammlung bewerben. Andererseits waren dies die ersten nationalen Wahlen, die Zia seit dem Staatsstreich 1977 abhielt. Sollten wir teilnehmen?

PPP-Mitglieder in London und Pakistan hatten schon vor Zias Ankündigung den Boykott gefordert. Ich schwankte. »Man darf sich nicht kampflos aus den Wahlen zurückziehen«, hatte mein Vater immer wieder gesagt. Ich wußte weder, was ich tun sollte, noch was die MRD in Pakistan plante. Es war deprimierend, in Europa zu sein, während zu Hause so viel passierte. Zia änderte, wie üblich, dauernd die Wahlbestimmungen. Am 12. Januar verkündete er in einer landesweiten Fernsehübertragung, daß die führenden Mitglieder der PPP und MRD von den Wahlen ausgeschlossen seien und schaltete sie damit als Kandidaten aus. Drei Tage später hatte er seine Meinung geändert und sagte, die meisten könnten dennoch teilnehmen. Ich hielt mir die Ohren zu.

»Ich glaube, ich sollte nach Hause zurückkehren«, sagte ich zu meiner Mutter. Sunnys Baby schrie im Hintergrund. »Ich muß mit dem Zentralen Vorstand die Wahlen besprechen. Wir müssen entscheiden, ob wir politisch mehr erreichen, wenn wir sie boykottieren oder wenn wir an ihnen teilnehmen.«

Ich erwartete, daß meine Mutter die Entscheidung nicht gutheißen würde.

Mein Schicksal in Pakistan war ungewiß. Aber sie stimmte mir nach kurzem Zögern zu: »Du hast recht. Es ist an der Zeit, die Angelegenheit mit der Parteiführung in Pakistan zu diskutieren.« Stundenlang versuchten meine Mutter und ich abwechselnd, den stellvertretenden Vorsitzenden der Partei in Pakistan anzurufen. Wir kamen nicht durch. Schließlich erreichte ich wenigstens meine Cousine Fakhri. »Sag dem Personal, daß es Clifton 70 aufschließen soll«, trug ich ihr auf. »Ich komme in drei oder vier Tagen.«

Ich hatte mich nach den Flugplänen erkundigt und war gerade wieder zurück, als das Telefon klingelte. »Clifton 70 ist von Soldaten umstellt«, sagte Dr. Niazi. »Ich habe gerade aus Karachi erfahren, daß für dich und deine Mutter Haftbefehle vorliegen. Die Flughäfen im ganzen Land sind abgesperrt, und jede verschleierte Frau, die von London oder Frankreich kommt, wird durchsucht.«

Es hatte keinen Sinn, nach Pakistan zurückzukehren, wenn ich dort sofort in Haft genommen würde und mich nicht an den Diskussionen über eine Teilnahme an der Wahl beteiligen konnte. In Europa konnte ich wenigstens telefonieren. Ich versuchte weiterhin, nach Pakistan durchzukommen. Ich war zu der Überzeugung gelangt, daß wir Zia an den Wahlurnen eine Opposition entgegenstellen sollten und wollte diese Meinung bei den Beratungen der MRD vertreten wissen.

»Sie sind wirklich Miss Benazir Bhutto?« fragte eine erstaunte Stimme in Abbotabad, als ich endlich eine Verbindung bekam.

»Ja, ja«, sagte ich ungeduldig. »Hat die MRD eine Entscheidung hinsichtlich der Wahlen getroffen?«

»Ja«.

»Und wie lautet sie?« Ich hielt den Atem an.

»Boykott.«

Wenn das die Meinung der Partei und der vereinigten Opposition war, dann sollte es so sein. Ich kehrte nach London zurück und nahm dort ein Band auf. Auf Sindhi und Urdu rief ich die Massen auf, die Wahl zu boykottieren. Auch dieses Band wurde nach Pakistan geschmuggelt und in vielen tausend Kopien in Sind, im Punjab und anderen Teilen des Landes verteilt.

Am 25. Februar saß ich in London wie gebannt vor dem Fernsehapparat und verfolgte die Berichte über die Wahlen zur Nationalversammlung. Drei Tage später wurden Berichte über die Wahlen zu den Provinzparlamenten gesendet. Wahlen sind in Pakistan im allgemeinen Anlaß zu ausgelassenen Festen mit einer Atmosphäre wie beim Karneval. Die Menschen drängen sich auf den Straßen, Straßenhändler schieben ihre Karren durch die Menge und verkaufen kalte Getränke, Eislutscher, Süßigkeiten, *samosas* und *pakoras*. Die Menschen laufen in Massen vor den Wahllokalen zusammen und drängeln sich darum, wer als nächster seine Stimme abgeben darf; Pakistaner haben sich noch nie ordentlich hintereinander in einer Schlange aufgestellt. Die Wähler, die ich im Fernsehen sah - wahrscheinlich Regierungsbeamte, die dem Kamerateam vorgesetzt wurden -, standen jedoch in erbärmlich geringer Zahl ordentlich einer hinter dem andern an, und weit und breit war kein Straßenhändler mit seinem Karren zu sehen.

Allein die Tatsache, daß Zia diese Veranstaltung »Wahlen« nannte, war ein Unding. »Da politische Parteien nicht zugelassen waren«, hieß es in der Ausgabe des Magazins *Time* für Asien und den pazifischen Raum, »gab es keine Wahlkampfthemen, kein öffentliches Forum, keine Diskussionen über nationale Fragen. Die Kandidaten durften keine Versammlungen unter freiem Himmel einberufen oder Massenkundgebungen abhalten. Sie durften keine Lautsprecher oder Mikrofone benutzen und nicht im Rundfunk oder Fernsehen sprechen. Das Äußerste, was das Regime den Kandidaten zugestand, war, in Privathäusern zu sprechen - aber auch dort durften sie nur zu so vielen Menschen sprechen, wie bequem in einen Raum paßten. Einige Optimisten versuchten die Moscheen als Foren zu benutzen: Sie wurden rasch disqualifiziert.«

Das Regime gab eine Wahlbeteiligung von 53 Prozent bekannt. Wir gingen, je nach Gebiet, von 10 bis 24 Prozent aus. Die Aufrufe der MRD hatten wieder gewirkt, allerdings war die Wirkung diesmal nicht so durchschlagend gewesen wie bei der Volksabstimmung. Diesmal hatte Zia Vorsorge gegen einen Boykott getroffen: Er hatte eine Kriegsrechtsbestimmung erlassen, nach der jeder Aufruf zum Boykott mit strenger Haft bestraft wurde. Zum Schluß waren gar keine politischen Führer mehr da, die zum Boykott hätten aufrufen können. »In den letzten Tagen vor der Wahl«, berichtete *Time*, »ließ das Regime ungefähr 3000 Anhänger der Opposition verhaften, darunter praktisch alle wichtigen Politiker des Landes. Sie wurden im Gefängnis festgehalten oder unter Hausarrest gestellt, bis die Abstimmung vorüber war.«

Dennoch war die Wahl ein gewaltiger Schlag für das Kriegsrecht und Zias Politik der Islamisierung. Sechs seiner neun Kabinettsminister, die für die Nationalversammlung kandidiert hatten, wurden geschlagen. Ebenso erging es vielen anderen seiner Anhänger. Den Kandidaten, die bei den Provinzwahlen von den fundamentalistischen religiösen Parteien unterstützt wurden, erging es ebenfalls schlecht; nur sechs der 61 Kandidaten der *Jamaat-e-Islami* gewannen Sitze im Parlament. Im Gegensatz dazu schlugen sich die Kandidaten, die sich trotz unseres Boykottaufrufes zur PPP bekannten, hervorragend. Insgesamt 52 Kandidaten gewannen 50 Sitze. »Die PPP, die von Bhuttos Tochter Benazir, 31, derzeit im Londoner Exil, geleitet wird, ist immer noch die stärkste Partei des Landes, obwohl sie seit fast acht Jahren verboten ist«, hieß es in *Time* lakonisch.

Weniger als eine Woche nach der Wahl zerschlugen sich alle Hoffnungen, daß Zia tatsächlich demokratische Verhältnisse schaffen könnte. Bevor die neugewählte Nationalversammlung zusammentrat, kündigte Zia weitreichende Verfassungsänderungen an. Die neuen Zusätze zur Verfassung bestätigten ihn für weitere fünf Jahre im Amt des Präsidenten und gaben ihm nicht nur die Vollmacht, persönlich den Premierminister, die Oberbefehlshaber des Militärs und die vier Gouverneure der Provinzen zu ernennen, sondern auch die Befugnis, die Nationalversammlung und die Provinzparlamente nach Belieben aufzulösen.

Was hatte sich mit der neuen Regierung geändert? Nichts. Obwohl Zia unter dem Druck westlicher Regierungen angeblich eine »zivile« Regierung schuf, war das Kriegsrecht immer noch in Kraft. Zia hatte sich zwar den harmlos klingenden Titel »Präsident« verliehen, aber er war noch immer Oberster Kriegsrechtsverwalter und Generalstabschef des Heeres. Damit war sichergestellt, daß die Nationalversammlung von der Armee kontrolliert wurde. In einem Interview mit *Time* sagte Zia, er wolle das Kriegsrecht »ein paar Monate«, nachdem er das Präsidentenamt angetreten habe, aufheben und zur selben Zeit von seinem Amt als Generalstabschef der Armee zurücktreten. »Wenn ich am 23. März meinen Eid als Präsident leiste, werde ich voraussichtlich als Zivilist gekleidet sein«, sagte er, als ob er das Volk mit einem Kleiderwechsel täuschen könnte. Er konnte es nicht. Das Kriegsrecht blieb noch ein weiteres Jahr in Kraft. Zia blieb der Generalstabschef der Armee. Daß er gelegentlich einen langen Kaftan trug statt einer Uniform, änderte daran nichts.

Am 1. März, vier Tage nach der Wahl, wurde Ayaz Samoo zum Tode verurteilt.

Am 5. März wurde Nasser Baloach gehängt.

Wir waren alle zutiefst betroffen, als wir die Nachricht von Nasser Baloachs Tod erhielten. Zia hatte selbst die Gnadengesuche von neun neugewählten Mitgliedern der Provinzparlamente und der Nationalversammlung ignoriert. Einigen anderen politischen Gefangenen im Zentralgefängnis von Karachi war es gelungen, in letzter Minute noch Gnadengesuche für Nasser Baloach aus dem Gefängnis zu schmuggeln. Zia hatte darauf geantwortet, indem er sie in andere Gefängnisse verlegen ließ. Da wir die geheimen Dokumente veröffentlicht hatten, mußte er auf internationalen Druck hin die Todesurteile gegen die anderen drei Angeklagten modifizieren. Für Nasser Baloach dagegen kam der Hinrichtungsbefehl. Als der Arbeiterführer zum Galgen schritt, habe er, berichtete der *Guardian* aus Islamabad, »gegen das Regime gerichtete Parolen gerufen, darunter ›Lang lebe Bhutto‹«.
Traurig ging ich die dicke Akte mit den Briefen durch, die wir in der Sache Nasser Baloach geschrieben und erhalten hatten. Immer und immer wieder las ich den Brief an mich, den Nasser Baloach auf die Rückseite des Silberpapiers einer Zigarettenpackung geschrieben und aus der Todeszelle im Zentralgefängnis von Karachi geschmuggelt hatte: »Gott gebe Dir und Begum Sahiba Gesundheit und ein langes Leben, daß Ihr die Armen Pakistans führen könnt. Wir bringen unsere Tage im Gefängnis mit großem Mut und großer Tapferkeit hinter uns, wie der Vorsitzende Shaheed [Märtyrer] Bhutto, der sich der Militärjunta nicht beugte. Wir werden das Militärregime niemals um unser Leben bitten... Die Ehre der Partei ist uns wichtiger als unser Leben. Wir beten für Euren Erfolg. Möge Gott Euch helfen.«
Ich hatte monatelang für Nasser Baloach gebetet. Jetzt betete ich für mich und bei den religiösen Feiern, die wir im Haus eines exilierten Parteiführers für ihn abhielten, in tiefer Trauer für seine Seele. Mir war zumute, als hätte ich einen Bruder verloren. Nasser Baloach hatte in Malir gelebt, einem der ärmsten Viertel von Karachi. Dort hatte er mit seiner Frau und seinen Kindern, seinen Eltern, seinem Bruder und dessen Familie ein kleines Haus bewohnt. Auf seine Töchter war Nasser Baloach besonders stolz gewesen, und er hatte viel von ihnen erzählt. Eine seiner Töchter hatte 1983 geheiratet, als ich in Clifton 70 gefangen war. Ich hatte versucht, sie nach Kräften zu unterstützen und Fakhri gebeten, der Familie etwas Geld zu geben, um sie von den Hochzeitskosten zu entlasten. Als ich mich jetzt hinsetzte und der Familie einen Kondolenzbrief schrieb, fühlte ich ihren Schmerz wie meinen eigenen. Das ging offenbar vielen

Menschen so. Aus britischen Zeitungen erfuhr ich, daß zusätzlich Polizeikräfte angefordert werden mußten, um die Menschenmenge unter Kontrolle zu halten, die am Abend der Hinrichtung vor dem Zentralgefängnis von Karachi zusammengeströmt war. Als die Familie den Leichnam zur Bestattung holte, waren so viele Menschen da, daß die Polizei Tränengas einsetzte, um die Trauernden auseinanderzutreiben. Zias neue Zivilregierung war mit blutverschmierten Händen angetreten. War Ayaz Samoo ihr nächstes Opfer?

»Ich bitte Sie hiermit um Ihre Unterstützung, das Leben von Ayaz Samoo zu retten. Der Arbeitervertreter bei Naya Daur Motors wurde am 1. März 1985 nach einem geheimen Prozeß von einem Militärgericht zum Tode verurteilt.« So begann ein Brief, den Dr. Niazi im Namen des Menschenrechtsausschusses der PPP unterzeichnet hatte und der an alle Adressen in unserem Verteilernetz geschickt wurde. »Liebe Mitglieder/Amtsinhaber«, schrieb Safdar Hamdani, der mit unseren Abteilungen in Übersee korrespondierte und in der YMCA-Zentrale wohnte. »Bitte verstärkt angesichts wichtiger neuer Informationen zum Fall Ayaz Samoo Eure Bemühungen: (a) Sucht Eure lokalen Abgeordneten auf; (b) stellt Delegationen zusammen, die ihre Abgeordneten aufsuchen; (c) sammelt Unterschriften für eine Petition; (d) nehmt Kontakt mit Menschenrechtsorganisationen auf; (e) informiert die Presse.«

Die genaueren Umstände der erfundenen Anklage gegen Ayaz Samoo waren bekannt geworden, als ein Sympathisant in Pakistan den Polizeibericht über den Fall zu uns herausgeschmuggelt hatte. Samoo war angeklagt und zum Tode verurteilt worden, weil er angeblich im Jahr 1982 einen gewissen Zahoor ul-Hasan Bhopali, einen Anhänger des Regimes, in dessen Büroräumen ermordet hatte. Einer der beiden Attentäter war am Tatort getötet worden. Laut Polizeibericht beschrieben Zeugen den zweiten Attentäter als großen, muskulösen, hellhäutigen Mann zwischen fünfundzwanzig und dreißig. Der Mann habe, so die Zeugen, heftig aus einer Schulterwunde geblutet, als er mit einem Auto vom Tatort geflohen sei.

Auf Ayaz Samoo paßte keine dieser Beschreibungen. Er war dunkelhäutig, zierlich und 1,64 m groß. Er war 22 Jahre alt und hatte keine Verletzung, als er verhaftet wurde. Aber das Regime störte sich nicht an solchen Kleinigkeiten. Es hatte nur ein Ziel: Bhopalis Mörder zu verurteilen. Deshalb hatten nicht ein, sondern gleich drei Militärgerichte gegen drei verschiedene Angeklagte einen Prozeß geführt – und alle drei für ein und dasselbe Verbrechen schuldig gesprochen!

Aber wir brauchten einen Beweis für Samoos Unschuld. Einen schlagenden Beweis. Er kam in Form eines Stoffetzens, den Samoos Anwalt aus dessen Todeszelle geschmuggelt hatte. Der Stoff war mit dem Blut Samoos getränkt. Die pakistanische Polizei hatte viel Aufhebens um das Blut im Fluchtwagen gemacht, der nach dem Mord aufgefunden worden war. Das Blut war von einem gewissen Dr. Sherwani analysiert worden. Die Ergebnisse der Analyse wurden in den Polizeibericht aufgenommen. Während des gesamten Prozesses war jedoch nicht untersucht worden, ob Samoos Blutgruppe mit der des Attentäters übereinstimmte. Wir beauftragten in London einen Pathologen, Samoos Blutgruppe zu bestimmen. Dann hatten wir den Beweis, und gaben ihn in unserem Verteilernetz bekannt: Samoos Blutgruppe stimmte nicht mit der des Blutes überein, das im Fluchtwagen gefunden worden war. Aber das Todesurteil wurde nicht aufgehoben.

»Meine liebe Schwester«, schrieb Ayaz Samoo am 23. März aus dem Zentralgefängnis von Karachi. »Ich bin dankbar, daß ich die Möglichkeit habe, Dir zu schreiben. Unsere Entschlossenheit ist größer als Berge, gewaltiger als der Himalaya. Revolutionäre beugen sich niemals Diktatoren. Unser Leben liegt in der Hand Allahs, nicht in der Hand Zias.

Ich will lieber gehängt werden, als unter dem Unterdrücker Zia leben. Aufgeben ist gegen unsere Grundsätze. Wir sind nicht bereit, aus Angst vor dem Kriegsrecht einen Esel ein Pferd zu nennen oder Schwarz Weiß. Meine liebe Schwester, Dein Bruder Ayaz Samoo versichert Dir: Der Terrorist Zia ul-Haq kann mich töten, brechen wird er mich nie ... Wir, die Märtyrer, vergießen weiterhin unser Blut. Eines Tages wird die Morgenröte den Menschen verkünden, daß wir für sie gestorben sind, *Insha'allah*.... Wir werden ewig weiterleben. Dein Bruder Ayaz Samoo.«

Ich nahm die Unterlagen zum Fall Ayaz Samoo überallhin mit: nach Amerika, wohin ich im April eingeladen war, um die Rama-Mehta-Vorlesung in Harvard zu halten und dann vor dem Rat für Auswärtige Beziehungen in New York zu sprechen; nach Straßburg, wo ich im Juni vor dem Europaparlament sprach. »Ayaz Samoo, ein Arbeiterführer und Anhänger der Partei, sitzt zur Zeit in einer Todeszelle«, sagte ich auf einer Pressekonferenz in Straßburg. »Er wird eines Verbrechens beschuldigt, das er nicht begangen hat. Sein Schicksal ist ungewiß. Er weiß, daß seine Blutgruppe nicht mit der Blutgruppe desjenigen übereinstimmt, der das Attentat verübt hat, an dem er angeblich beteiligt war. Wenn sich die Weltöffentlichkeit mit Recht gegen Apartheid und Menschenrechtsverletzungen in anderen Ländern empört, dann sollte sie vor den Morden der Militärgerichte in Pakistan nicht die Augen verschließen. Diese Morde werden in einem Land verübt, das vom Westen erheblich unterstützt wird.«

Kurz bevor ich im Frühjahr 1985 nach Amerika abreiste, wurden alle 54 Gefangenen in Lahore und vierzig weitere Personen *in absentia,* darunter meine Brüder Mir und Shah, wegen ihrer angeblichen Verbindung mit der Al-Zulfikar zu lebenslänglichen Gefängnisstrafen verurteilt. Wieder einmal benutzte das Regime das Schlagwort »Terrorismus« für seine politischen Zwecke. Im Amnesty-Bericht 1985 hieß es: »Amnesty International befürchtet seit Jahren, daß der pauschale Vorwurf der Verbindung zur Al-Zulkfikar dazu benutzt wird, Menschen zu verhaften, die sich im gewaltlosen politischen Widerstand engagieren.« Über siebzig Gefangene seien hingerichtet, mehr als hundert zum Tode verurteilt worden.

Pakistan People's Party
111 Lauderdale Towers
Barbican
London EC
18. Juni

RETTET DAS LEBEN VON AYAZ SAMOO

> Liebe Mitglieder, handelt rasch und tut alles, um diesem unschuldigen 22jährigen Sohn Pakistans das Leben zu retten... Kontaktiert alle, die auf Euren Listen stehen. Das Gnadengesuch für Ayaz Samoo muß heute eingereicht werden. Bitte handelt schnell, denn die Zeit ist knapp.

Briefe und Telegramme wurden an Zia geschickt, Diplomaten appellierten, das Ausland übte Druck aus. Ayaz Samoo wurde am 26. Juni 1985 gehängt.

Aus meiner Küche im Barbican kam ein krachendes Geräusch. Jemand muß das Fenster offen gelassen haben, dachte ich, und ging in die Küche, um die Sachen aufzuheben, die der Wind wahrscheinlich von der Wand gerissen hatte. Doch alles war an seinem Platz.

War es der Geist Ayaz Samoos gewesen? Ich sprach ein Gebet für seine Seele.

Am folgenden Morgen arbeitete ich zusammen mit Nahid, Bashir Riaz, Safdar, Sumblina, Yasmin und Mrs. Niazi. Wir schrieben Briefe an alle, die sich für Ayaz Samoo eingesetzt hatten, und beantworteten Kondolenzpost so unterschiedlicher Absender wie Lord Avebury aus dem Oberhaus, Elliott Abrams aus den Vereinigten Staaten und Karel van Miert aus Brüssel. Van Miert stellte zusammen mit den Sozialisten im Europaparlament den Antrag, den Vertrag über wirtschaftliche Zusammenarbeit mit Pakistan zu annullieren, der in Kürze unterzeichnet werden sollte.

»Ich war erschüttert, als ich von der Hinrichtung Mr. Ayaz Samoos erfuhr«, schrieb Lord Avebury. »Überrascht hat mich die Nachricht allerdings nicht. Sie zeigt, daß Zia für Appelle an die Menschlichkeit unzugänglich ist. Ich fürchte, er weiß, daß er tun kann, was er will, ohne die großzügige Hilfe der Vereinigten Staaten aufs Spiel zu setzen oder die Entschlossenheit der Reagan-Administration ins Wanken zu bringen, Pakistan als Teil der ›freien Welt‹ zu betrachten.«

Traurig erledigten wir unsere Arbeit. Plötzlich kam aus dem Flur, wo stapelweise Papier, Akten und braune Umschläge lagerten, ein dumpfes Geräusch. Erschrocken sahen wir uns an.

»Wahrscheinlich ist ein Ordner vom Tisch gefallen«, sagte Bashir und stand auf, um nachzusehen.

Mir fiel ein, was ich am Abend zuvor in der Küche gehört hatte. »Wahrscheinlich ist nichts heruntergefallen.«

»Du hast recht«, sagte Bashir, als er zurückkam.

»Könnte es Ayaz Samoos Seele gewesen sein?« fragte ich die anderen.

»Gott segne ihn«, sagte Mrs. Niazi, eine tiefreligiöse Frau. »Wir sollten hier in der Wohnung ein *Quran Khani* für ihn abhalten. Das wird seiner Seele Ruhe und Frieden geben.«

Nahid traf eilig die entsprechenden Vorbereitungen. Noch am Nachmittag kam eine Gruppe pakistanischer Frauen in die Wohnung. Zusammen lasen wir laut die Verse des Heiligen Koran, Stunde um Stunde, bis wir den Koran ein paarmal von vorne bis hinten durchgelesen hatten. Ayaz Samoos Geist machte nie wieder Lärm.

Ich wollte eigentlich am 1. Juli nach Südfrankreich fahren, um mit meiner Mutter und dem Rest der Familie dort Ferien zu machen. Aber ich mußte die Abreise immer wieder verschieben, weil etwas dazwischenkam: politische Zusammenkünfte, Besuche von PPP-Führern aus Pakistan, die ihre Termine nicht ändern konnten, und so weiter.

Meine Mutter rief an und sagte, Shah Nawaz sei sehr traurig, daß ich nicht zu der Grillparty kommen könne, die er für mich geplant hatte. Shah rief mich auch selbst an. Wir hatten uns seit meiner Freilassung nur einige wenige Male gesehen. Ich freute mich sehr darauf, alle wiederzusehen – Mir, Shah, ihre Töchter Fathi und Sassi, ihre afghanischen Frauen Fauzia und Rehana. Aber erst Mitte des Monats war es mir möglich, zu ihnen zu stoßen.

Am Morgen des 17. Juli warf ich ein paar Kleider in meinen Koffer und eilte zum Flughafen. Vor mir lagen zwei Woche Ruhe in Cannes, die ich nach dem Streß und den tragischen Ereignissen der vergangenen Monate bitter nötig hatte. Ich hatte genug vom Tod.

12. Kapitel

Der Tod meines Bruders

Wo waren sie? Hatten sie vergessen, mich abzuholen? Meine Augen suchten die belebte Halle des Flughafens von Nizza ab, während ich an der Zollkontrolle vorbeiging.

»Willkommen!« rief Shah Nawaz und sprang hinter einer Säule hervor. Er umarmte mich, und der Schalk sah ihm aus den Augen.

»Es war seine Idee, daß wir uns verstecken sollten.« Meine Mutter kam auf mich zu und küßte mich lächelnd.

Shah nahm meinen Koffer und setzte ihn mit einer gespielten Grimasse gleich wieder ab. »Uff! Was hast du denn da drin? Gold?« Lachend verließen wir das Flughafengebäude. Die Palmen an der französischen Riviera wiegten sich träge in der leichten Brise. Nach der Anspannung der vergangenen Monate war es wunderbar, die ganze Familie wiederzusehen und mit meinem jüngeren Bruder zusammenzusein, der immer fröhlich und ausgelassen war. Shah war mein Lieblingsbruder. Zwischen uns, dem Jüngsten und der Ältesten, bestand ein ganz besonderes Verhältnis. Ich schüttelte lächelnd den Kopf, wenn ich sah, wie die Frauen Shah ansahen und sich nach ihm umdrehten. Er war schlank und athletisch, und ich konnte bei Spaziergängen mit ihm die bewundernden Blicke der Passanten nicht übersehen.

Shah saß am Steuer, meine Mutter neben ihm auf dem Beifahrersitz und ich im Fond des Wagens. So fuhren wir mit hoher Geschwindigkeit in Richtung Cannes. Shah redete ununterbrochen. Er sah mich durch den Rückspiegel genauso oft an, wie er auf die Straße schaute. Seine Augen unter den langen, dichten Wimpern leuchteten, und in seinen Haaren glänzten goldene Strähnen vom Wasserskilaufen in der Sonne. Mit seinem frischen weißen Hemd und den weißen Hosen sah er schöner und gesünder aus denn je.

Ich war froh, daß er so gesund aussah. Die wenigen Male, die ich ihn in den anderthalb Jahren seit meiner Ankunft in England gesehen hatte, war er mir immer sehr dünn vorgekommen. Jetzt bemerkte ich zum ersten Mal, daß er gleich mir ein wenig zugenommen hatte. Er brauchte sich keine Sorgen mehr zu machen, wie damals, als ich in Pakistan inhaftiert war, und auch ich hatte keine Angst mehr um ihn oder Mir. Die Al-Zulfikar hatte seit langem keine Aktionen mehr unternommen oder sich zu irgendwelchen Aktionen bekannt, und ich glaubte, der Familie drohe keine unmittelbare Gefahr. Zia war weit weg von den sonnenüberfluteten Stränden Cannes', wo Shah jetzt mit seiner Frau Rehana lebte, und bei unserem Gespräch im Auto ging es nicht um Politik, sondern um Mangos.

»Welche Sorte Mangos hast du uns nun mitgebracht?« sagte Shah in den Rückspiegel. »Wir warten schon seit zwei Wochen auf sie.«

»Sindhris«, sagte ich, »obwohl mir Chaucers lieber sind. Sie sind kleiner und süßer.«

»Eine Sindhi, die Chaucers Sindhris vorzieht?« sagte Shah in gespieltem Entsetzen. »Sind Sie sicher, daß Sie aus Sind stammen, Madame? Bekennen Sie sich öfter zu solchen Akten des Hochverrates?«

Ich lachte. Shah brachte mich immer zum Lachen, er brachte die ganze Familie zum Lachen. Der Jetlag und meine allgemeine Müdigkeit waren vergessen. Shahs Vitalität und Lebensfreude steckten mich an. Wie machte er das? Er war noch so jung gewesen, als die Weltpolitik über uns hereingebrochen war. Bei seiner Geburt war mein Vater gerade Minister geworden. Meine Mutter hatte damit zu tun, meinen Vater zu offiziellen Anlässen zu begleiten, und unsere Großeltern waren schon tot. Niemand, so schien es, war in der Lage gewesen, Shah auf die Weise zu verwöhnen, wie wir drei anderen verwöhnt worden waren. Deshalb hatte Shah eine besondere Anhänglichkeit an mich entwickelt. In seiner krakeligen Kinderschrift schrieb er mir viele Briefe nach Harvard. Als er dann älter war, spielten wir im Sommer zusammen Squash. Sport lag ihm mehr als die Schule. In der Basketballmannschaft seiner Schule war er der wichtigste Mann. Zu Hause trainierte er mit Gewichten. Aber für meinen Vater war Sport allein nicht genug.

Shah kam auf die Kadettenschule Hassan Abdal, wo ihm ein wenig »Disziplin« beigebracht werden sollte. Zum Erstaunen seiner Mitschüler, die geglaubt hatten, der privilegierte Sohn des Premiers sei verweichlicht, tat er sich beim körperlichen Fitnesstraining und bei den »Überlebenskursen« bald hervor. Aber er war nicht glücklich in Hassan Abdal und redete so lange auf unsere Mutter ein, bis diese Vater überredete, ihn in das Haus des Permierministers zurückzuholen und auf die Internationale Schule in Islamabad zu schicken.

Shah Nawaz bedeutet auf Urdu »König der Güte«. Shah war so generös, daß man nie wußte, was er als nächstes tun würde. Ein Jahr zuvor in Paris hatte er sich zweimal von mir Kleingeld ausgeliehen, um einen *Herald Tribune* zu kaufen. Ich sollte solange in einem Café auf ihn warten. Beide Male war er mit leeren Händen zurückgekommen, weil er das Geld armen Menschen gegeben hatte, die ihm auf der Straße die Hüte hinhielten. Er gab buchstäblich das Hemd weg, das er auf dem Leibe trug. »Nimm es, du kannst es behalten«, drängte er, wenn jemand ein Kleidungsstück bewunderte, das er trug. Einmal wollte er einen Blazer verschenken, den meine Mutter ihm soeben gekauft hatte. Er hatte schon als Kind mit den Armen Mitleid gehabt. Im Garten von Clifton 70 hatte er sich eine Strohhütte gebaut und wochenlang dort geschlafen, um die Entbehrungen der Armen kennenzulernen.

Shah war der einzige von uns, der nicht nach Harvard ging, sondern das American College in Leysin in der Schweiz besuchte. Dort verliebte er sich in ein wunderschönes türkisches Mädchen und schloß viele Freundschaften. Aber zur großen Sorge meines Vaters wurden seine Noten nicht besser. Shah fuhr oft mit Freuden nach Paris, um dort einen Abend im Régine zu verbringen. Im Jahr 1984 bestand er darauf, Yasmin und mich in den berühmten Nachtclub mitzunehmen. Obwohl sieben Jahre vergangen waren, wurde Shah erkannt und mit großem Hallo begrüßt.

Dennoch hielt ich ihn immer für den Intelligentesten unter uns Geschwistern. Er hatte die politische Arbeit am gründlichsten kennengelernt, da mein Vater ihn oft zu Wahlveranstaltungen mitnahm. Mit zwölf hielt er seine erste Pressekonferenz. Er hatte ein feines politisches Gespür und wußte instinktiv, was die Menschen dachten, was sie im Herzen fühlten und was ihr Blut in Wallung brachte. Das Talent für Musik, Tanz oder Kunst wird einem in die Wiege gelegt. Mit dem Talent für Politik ist es genauso.

»Shah erinnert mich an mich selbst, als ich noch jung war«, hatte mein Vater oft zu mir gesagt.

Es war bereits unser zweites Familientreffen in Cannes. »Ihr könnt das ganze Jahr über tun und lassen, was ihr wollt«, hatte meine Mutter uns gesagt. »aber im Juli will ich euch bei mir haben.« Die Familienferien ein Jahr zuvor im Haus Tante Behjats in Cannes waren kein großer Erfolg gewesen. Unsere Termine hatten sich überschnitten, und wir konnten nicht viel Zeit miteinander verbringen. Überdies hatten Mir und ich ständig darüber gestritten, auf welche Weise Zia zu stürzen sei.

»Zia hat Pakistan ein waffenstarrendes Terrorregime aufgezwängt«, hatte Mir beharrt. »Und auf Gewalt kann man nur mit Gewalt reagieren.«
»Gewalt erzeugt nur wieder Gewalt«, hatte ich scharf erwidert. »Diese Art von Kampf bringt dem Volk auf die Dauer nichts. Jede dauerhafte Veränderung muß friedlich und auf politischem Weg durch Wahlen herbeigeführt werden. Man braucht dazu ein Mandat des Volkes.«
»Wahlen? Wie denn? Zia wird niemals freiwillig aufgeben. Er muß mit Waffengewalt aus seinem Amt vertrieben werden.«
»Die Armee wird immer mehr Waffen haben als die Guerillas. Ein Staat hat immer mehr Macht als eine Gruppe von Widerstandskämpfern. Ein bewaffneter Kampf ist nicht nur unzweckmäßig, sondern destruktiv.«
So ging der Streit mit erhobenen Stimmen weiter, bis Shah aus dem Zimmer schlüpfte, um zu baden, sich in ein Café zu setzen oder irgendwohin zu gehen, wo er vor uns Ruhe hatte. »Ich kann es nicht ertragen, wenn ihr so streitet«, sagte er zu mir. Dieses Jahr hatten Mir und ich zu Shahs Erleichterung ausgemacht, daß wir, verschiedener Meinung, wie wir nun einmal waren, nicht über Politik reden würden.
Shahs Interesse an Politik hatte sich über die Grenzen Pakistans ausgedehnt. Seit er Pakistan hatte verlassen müssen, hatte er in verschiedenen Ländern des Nahen Osten gelebt und begonnen, sich für die komplizierten politischen Verhältnisse in Libanon, Libyen und Syrien zu interessieren. »Mrs. Thatcher hat bei dir einen Stein im Brett«, neckte er mich oft.
»Das ist nicht wahr, Shah«, protestierte ich. »Sie steht politisch rechts, ich nicht.« Ich zählte unter anderem die hohe Arbeitslosenquote in England auf. Er schüttelte nur den Kopf und sagte mit erhobenem Zeigefinger: »Nein, ich habe recht. Du bist ihr gegenüber nachsichtig, weil sie eine Frau ist.«
Shah war nicht durch seine freie Entscheidung, sondern durch äußere Umstände in die gefährliche, dunkle Welt der Al-Zulfikar geraten. In Kabul war es seine Aufgabe gewesen, die Freiwilligenkommandos der Al-Zulfikar auszubilden. Shah nahm die Aufgabe wie alles, was er tat, voller Begeisterung und Elan in Angriff. Einmal schlich er während einer von den Sowjets verhängten Ausgangssperre durch das nächtliche Kabul, um zusammen mit seinen »Truppen« zu frühstücken. Mir war außer sich gewesen, als er morgens entdeckt hatte, daß Shah fort war. »Wie soll ich den Leuten sonst beibringen, wie man so was macht«, hatte Shah dem wütenden Mir lächelnd entgegengehalten, als man ihn gefunden hatte.
Der Staatsstreich und die Ermordung unseres Vaters brachten auch Shahs

Zukunftspläne durcheinander. Seine lange Verlobung mit dem türkischen Mädchen war von deren Familie gelöst worden, als sie von seiner Verbindung mit der Al-Zulfikar erfahren hatte. Shah hatte auch seinen Traum, Geschäftsmann zu werden, auf später verschieben müssen, obwohl er in letzter Zeit davon gesprochen hatte, Kapital in Apartmenthäuser in Frankreich zu investieren. »Du und Mir, ihr könnt euch um die Politik kümmern. Ich kümmere mich um das Geld für die Familie«, hatte er bei einer unserer Zusammenkünfte gesagt.

Shah interessierte sich auch für die Arbeit des Geheimdiensts. Er las viel zu diesem Thema. »Wenn du und Mir wieder in Pakistan in der Politik seid«, sagte er, »dann denkt an euren kleinen Bruder. Er kann euch helfen, wenn ihr ihm einen hohen Posten im Nachrichtendienst gebt. Politische Führer können nicht mit allen Bereichen der Gesellschaft vertraut sein, auch wenn sie sich das noch so sehr wünschen. Die moderne Gesellschaft ist zu groß und zu komplex. Ihr werdet jemanden brauchen, der euch zuverlässig über Trends, Stimmungen und das Geschehen an der Basis informiert. Denkt also an mich, wenn es soweit ist. Ich stehe zur Verfügung.«

»Wie lange bleibst du in Cannes?« fragte mich Shah jetzt im Auto.

»Bis zum 30. Juli.«

»Nein, nein und nochmals nein!« protestierte er. »Du mußt länger bleiben. Mir reist am dreißigsten ab, und ich lasse dich nicht auch noch am selben Tag gehen. Du mußt mindestens noch eine Woche bleiben.«

»Ich muß nach Australien«, erklärte ich.

»Du mußt nirgends hin. Du bleibst bei mir.«

»Also gut«, lenkte ich ein.

Ich wußte, daß ich nicht bleiben konnte, aber ich wollte Shahs Freude nicht dämpfen. Von allen Familienmitgliedern hatte er sich am meisten darum bemüht, mich zu sehen. Im Frühjahr 1984 war er sogar unangemeldet nach Paris geflogen, wo ich mich wegen einer politischen Angelegenheit aufhielt. »Der Chefredakteur des *Red Star* bittet um ein Interview«, richtete mir die Rezeption meines Hotels aus. Der *Red Star?* Ich hatte nie von dieser Zeitung gehört, aber ich erhielt viele Anfragen von Leuten und Organisationen, von denen ich nie gehört hatte. Als der Chefredakteur des *Red Star* das dritte Mal anrief, ließ ich durchstellen. »Mit Staatsoberhäuptern kommt man leichter in Verbindung als mit dir«, lachte Shah. »Es ist leichter, zu Walid Jumblatt in der Zentrale der Drusen in Beirut durchzukommen, als zu Miss Benazir Bhutto in Paris.«

Shah rief mich in Paris jeden Morgen um sechs Uhr in meinem Hotelzimmer an. »Du schläfst noch?« sagte er in gespieltem Erstaunen. »Steh auf. Laß uns zusammen frühstücken.« Politische Arbeitsessen waren für Shah kein Hindernis. »Wann bist du fertig?« fragte er mich an meinem ersten Abend in Paris, als ich mit dem ehemaligen Botschaftssprecher Nasim Ahmad verabredet war. Zur genannten Zeit spürte ich, wie ein Raunen durch den Speisesaal ging. Ich sah auf und erblickte einen großen, gutaussehenden Mann, der mit eleganten Bewegungen auf uns zukam. Mein Gesprächspartner erbleichte. Shah war nicht nur der Sohn des ehemaligen Permierministers, sondern angeblich auch ein Terrorist. Doch Shah zündete sich eine Zigarre an, und bald schüttelte sich Nasim Ahmad vor Lachen über seine Geschichten. Später schlenderten Yasmin, Shah und ich in der warmen Frühlingsluft über das Pariser Kopfsteinpflaster. Wir gingen in Cafés und redeten bis drei Uhr früh.

»Ich hole euch um sieben ab«, sagte Shah jetzt, und ließ uns bei dem Zwei-Zimmer-Apartment in der Croisette aussteigen, das meine Mutter für diesen Monat gemietet hatte. »Du mußt zuerst meine neue Wohnung anschauen, dann machen wir ein Picknick am Strand. Ich habe schon alles vorbereitet. Du sollst dich nur noch amüsieren.«

»Kommt Rehana auch?«

»Ja.« Shahs Gesichtsausdruck gab keinerlei Hinweis auf den gegenwärtigen Zustand seiner Ehe. Dann fuhr er ab, um noch die letzten Besorgungen für unser Picknick zu machen.

Sanam, ihr Mann Nasser, ihr Baby Azadeh und ich wohnten zusammen mit einer 15jährigen Cousine aus Los Angeles bei meiner Mutter. Asiatische Familien wohnen gerne dicht aufeinander, deshalb war der Platzmangel kein Problem. Mir wohnte mit seiner Familie eigentlich bei Shah, aber er leistete uns jetzt zusammen mit Fathi eine Weile Gesellschaft. Ich hatte Fathi Ausschneidefiguren und ein paar Bücher mitgebracht, aus denen ich ihr im Laufe des Nachmittags vorlas. In der Wohnung gab es keine Klimaanlage. Es war sehr heiß, die Familie versammelte sich deshalb auf dem kleinen Balkon. Wir verbrachten einen erholsamen Sommernachmittag miteinander und freuten uns auf den Abend. Ich kannte die beiden afghanischen Schwestern kaum, die meine Brüder vor vier Jahren in Kabul geheiratet hatten.

Mir schien mit Fauzia sehr glücklich zu sein. Auf Shah und Rehana traf das nicht zu.

»Versprichst du mir, keine Diskussion anzufangen, wenn ich dir jetzt was erzähle?« hatte Shah mich bei unserer Begegnung in Paris gefragt.

»Ich will es versuchen.«
»Ich werde mich von meiner Frau scheiden lassen.«
Mir blieb der Mund offenstehen. »Bist du verrückt, Gogi?« sagte ich. Gogi war Shahs familieninterner Spitzname. »Das kannst du nicht machen. In unserer Familie hat es noch nie eine Scheidung gegeben. Und deine Heirat war nicht arrangiert, du kannst dich also nicht damit herausreden, daß es zwischen euch nicht geklappt hat. Du hast dich entschieden, Rehana zu heiraten. Damit mußt du leben.«
»Du machst dir nur Sorgen darüber, wie eine Scheidung auf andere wirken könnte. Ich scheine dir egal zu sein.« Er hatte völlig recht.
»Aber was ist schiefgegangen?« Ich hoffte, daß ich eine Lösung des Problems finden würde, wenn ich alles wußte. Nach dem, was mir Shah dann über seine immer schwieriger gewordene Ehe erzählte, schien sie allerdings nicht mehr zu retten.
Rehana hatte sich nach der Eheschließung radikal verändert. Zunächst war sie liebevoll und aufmerksam gewesen und hatte heiße Mahlzeiten und kühle Getränke für Shah bereitgehalten, wenn er erschöpft von der Arbeit mit den Freiwilligenkommandos nach Hause kam. Dann aber hatte sie sich plötzlich geweigert, ihm auch nur eine Tasse Tee zu bringen. Wenn er nach Hause kam, legte sie oft gerade Make-up auf. Dann ging sie aus und ließ ihn allein.
»Ich war so einsam«, sagte Shah. »Ich hatte kein Zuhause, keine Familie. Ich wollte doch nur jemanden, mit dem ich reden oder fernsehen konnte. Aber sie war nur selten da. Ich dachte, unser Leben würde besser werden, wenn wir ein Kind hätten, aber es wurde nur schlimmer.«
Shah und Rehana hatten sich schon zweimal getrennt. Shah hatte sich beide Male wieder mit ihr versöhnt, wegen der gemeinsamen Tochter Sassi und weil er hoffte, Rehana würde wieder zu ihrer ursprünglichen Art zurückfinden. Aber in Paris sagte er, daß er die Ehe ein für allemal beenden wolle. Und ich Närrin versuchte ihm das auszureden.
»Vielleicht fühlt sie sich nur einsam und langweilt sich, Gogi. Seit eurer Hochzeit habt ihr in einem arabischen Land nach dem anderen gewohnt. Sie hat in Ländern gelebt, wo sie keine Freunde und Verwandte hat, wo sie die Sprache nicht versteht, wo sie nicht fernsehen kann, wo es keine Einkaufsmöglichkeiten, kein Kino und kein Theater gibt. Das war kein Leben. Nimm dazu noch die emotionale Belastung, in so jungen Jahren ein Kind zu haben.«

Shah hörte meiner Analyse von Rehanas Problemen interessiert zu. »Rehana möchte, daß ich in Amerika Geschäftsmann werde«, sagte er dann. »Sie behauptet sogar, sie könne dafür sorgen, daß mein Name dort von der schwarzen Liste verschwindet. Aber das Leben eines amerikanischen Immigranten ist nichts für mich.«
»Aber warum bleibt ihr nicht in Europa, bis du nach Pakistan zurückkehren kannst? Wenn ihr beide in Europa leben würdet, hier in Frankreich zum Beispiel, könnte Rehana wenigstens ins Kino gehen oder Freunde besuchen, wenn du nicht da bist. Frankreich ist nicht so konservativ, daß Frauen in der Öffentlichkeit angestarrt werden, weil man von ihnen erwartet, daß sie zu Hause bleiben. Da Mir jetzt in der Schweiz lebt, wäre Rehana auch in der Nähe ihrer Schwester. Wenn du Rehana die richtige Umgebung bietest, überwindet sie vielleicht ihre Depressionen und wird wieder die Frau, die sie war. Wenn du willst, rede ich mit ein paar Freunden und versuche, dir eine französische Aufenthaltsgenehmigung zu besorgen.«
An diesem Punkt unseres Gesprächs hatte Shah unverhohlenes Interesse gezeigt. »Frankreich ist sehr gefährlich«, sagte er. »Wenn ich hier lebe, muß ich mir einen Waffenschein besorgen.«
»Da kenne ich mich nicht aus«, sagte ich. »Aber ich könnte mich umhören.«
Nach diesem Gespräch war er wesentlich besser gelaunt. Meine Stimmung wurde allerdings ein wenig gedämpft, als Shah mich mitnahm, um eine kugelsichere Weste zu kaufen. »Ich muß sie in Europa tragen«, erklärte er mir, als er in einem Geschäft für Sicherheitsbedarf eine kugelsichere Weste für sich und eine etwas weiter geschnittene für mich kaufte, »Man weiß nie, ob Zia mich nicht vielleicht doch aufspürt.«
Ich versuchte, ihn zu beruhigen, weil ich selbst ein geradezu manisches Sicherheitsbedürfnis hatte. Aber Shah beharrte hartnäckig auf seiner Behauptung: »Ich habe Informationen, daß Zia mich töten will.«
»Aber Gogi, die Al-Zulfikar ist nicht mehr in Kabul und hat ohnehin seit Jahren nichts mehr getan«, entgegnete ich. Er lächelte mich nur an und sagte ruhig: »Ich habe meine Informationen.«
Als ich in Sukkur im Gefängnis saß, hatte ich oft um das Leben meiner Brüder gebangt. Sie standen auf der Fahndungsliste, deshalb lebte ich immer in der Angst, daß ihnen etwas zustoßen könnte. Auf dem Weg, den sie eingeschlagen hatten, war der Tod auf ominöse Weise allgegenwärtig. Sie hatten diesen Weg selbst gewählt, aber ich machte mir als ihre Schwe-

ster dennoch größte Sorgen. Nachdem ich meinen Vater verloren hatte, ließ mich die Sorge um die Sicherheit derer, die mir nahestanden und die ich liebte, nicht mehr los. Und meine Brüder waren sehr konkreten Gefahren ausgesetzt.

Wie ich später während eines Besuches bei Mir und Shah erfuhr, hatte ein alter Bediensteter der Familie ihrer Frauen versucht, sie zu vergiften. Zum Glück meiner Brüder hatten die Hunde zuerst von dem Essen gefressen und waren verendet. Der Diener hatte sich zu dem Verbrechen bekannt, war auf die Knie gefallen und hatte um Vergebung gefleht. »Ich bin von den Mudschahidin bezahlt worden«, hatte er gestanden. »Sie wollten Zia einen Gefallen tun.« Meine Brüder hatten sein Leben geschont, als Mirs Frau Fauzia sich für ihn eingesetzt hatte.

Noch ein zweites Mal waren sie knapp einem Mordanschlag entgangen. Sie saßen beide auf dem Vordersitz eines Wagens, als Shah irgend etwas auf den Boden fallen ließ und sie sich beide bückten, um den Gegenstand aufzuheben. In diesem Augenblick flog eine Kugel durch den Wagen – genau dort, wo ihre Köpfe gewesen waren.

Das Ziel des Anschlages hätte ebenso gut Shah wie Mir sein können. Als meine Brüder noch in Kabul lebten, war ein Pathane aus Pakistan gekommen, um mit Mir zu sprechen. »Zia will Shah Nawazs Kopf zuerst«, hatte er gesagt. »Der Befehl lautet, zuerst Shah zu töten, dann Mir.« Das entspreche höchstwahrscheinlich auch der Wahrheit, hatte Mir mir erklärt. »Ich bin eher der politische Kopf. Shah verbringt seine Zeit mit den Guerillas und bildet sie aus. Er verfügt über die entsprechende militärische Sachkenntnis und stellt viel mehr eine unmittelbare Bedrohung dar.«

»Ich hoffe bei Gott, daß du und Mir niemals in die Nähe von Pakistan fliegt«, sagte ich zu Shah. »Wenn das Flugzeug entführt würde, würde Zia euch kriegen.« Shah hatte gelacht. »Einmal muß man sowieso sterben. Aber Zia bekommt uns nie und auch keinen der Namen, die er von uns will. Wir haben immer ein Fläschchen Gift bei uns. Wenn Zia mich fängt, trinke ich das Gift. Es wirkt in wenigen Sekunden. Ich ziehe den Tod der Unehre oder dem Verrat vor.«

Der Abend in Cannes war äußerst vergnüglich. Er begann mit einem Besuch in Shahs neuer Wohnung am Ende einer langen, hügeligen Straße im vornehmen Californie, wo Shah und Rehana vor etwa einem halben Jahr hingezogen waren. Shah hatte sich sehr gefreut, als es mir gelungen war, ihm eine Aufenthaltsgenehmigung zu beschaffen. Rehana und er hatten sich wieder versöhnt und waren durch Frankreich gereist. Sie hatten daran gedacht, sich in Monte Carlo niederzulassen, bevor sie sich für Cannes entschieden. Stolz führte er mich jetzt durch seine Wohnung. Er zeigte mir Sassis Zimmer mit Clown-Marionetten an der Wand und einem vor Plüschtieren überquellenden Regal, dann das Eßzimmer und das Wohnzimmer, das auf eine Terrasse hinausging. In der Ferne glitzerte des Mittelmeer. Die Wohnung war herrlich, die ganze Atmosphäre erinnerte an eine stimmungsvolle Filmszene.

Ich begrüßte Rehana herzlich und hoffte, daß ich diesmal ihre Zurückhaltung durchdringen und eine Beziehung zu ihr finden konnte. Wie üblich war sie nach der neuesten Mode gekleidet, obwohl mir ihr Kostüm für einen Abend im Restaurant geeigneter erschien als für ein Picknick am Strand. Aber unsere Familie hatte eben immer die Bequemlichkeit formloser Kleidung vorgezogen. Während Shah uns mit kühlen Getränken versorgte, versuchte ich erfolglos, mit Rehana ins Gespräch zu kommen. Ob sie schüchtern war oder einfach desinteressiert, konnte ich nicht beurteilen. Jedenfalls zog sie sich bald zu ihrer Schwester ans andere Ende des Zimmers zurück. Die beiden Schwestern waren sehr schön, aber ich hatte keine Ahnung, wie es in ihnen aussah.

Ich gab Klein-Sassi ihre Geschenke und spielte ein bißchen mit ihr. Shah ging in die Küche und packte den Picknick-Korb. Tante Behjat und Onkel Karim kamen. Ich saß an Shahs Schreibtisch, während die anderen im Wohnzimmer lärmten. Auf dem Tisch standen Bilder von der Familie und von Sassi. Eine in rotes Leder gebundene Briefmappe lag ordentlich auf dem Schreibtisch. Den gläsernen Couchtisch schmückte eine Vase mit frischen Blumen. Es gefiel mir, in welch ordentlichen Bahnen Shahs Leben inzwischen verlief. »Zum ersten Mal fühle ich mich wirklich rundum wohl«, sagte Shah zu mir und setzte sich kurz auf die Schreibtischkante. »Zur Zeit läuft alles nach meinen Wünschen.«

»Fang mich, *Wadi,* fang mich!« schrien meine kleinen Nichten mir vom Strand zu und rannten immer wieder zum Wasser und wieder zurück. Ich rannte hinter ihnen her und tat so, als seien sie zu schnell für mich. Shah brachte das Holzkohlefeuer in Gang, und als die Hähnchen gar waren, hatten wir alle großen Hunger. »Du bekommst das erste Stück«, sagte er zu mir und reichte mir ein Stück Fleisch, das mir so groß wie ein halbes Hähnchen vorkam. »Oh, Gogi, das schaffe ich nicht«, protestierte ich. »Doch, doch«, beharrte er. »Du mußt alles aufessen.«

Ich ließ den Blick über meine Familie schweifen, die lachend und schwatzend zusammensaß. Wie viele Jahre war es her, seit wir am Strand außerhalb von Karachi gepicknickt hatten? Wir hatten die mitgebrachten Vorräte immer schnell aufessen müssen, bevor die dreisten Raubmöwen herunterstießen und versuchten, sie zu stehlen. Wer hätte vorhersagen können, daß wir uns je wieder zu einem anderen Picknick versammeln würden, weit weg, am Strand der französischen Riviera? Das Familientreffen verlief diesmal harmonisch. Es gab viel weniger Spannungen zwischen uns als im Sommer zuvor. Ich hielt nach meinen Schwägerinnen Ausschau. Rehana und Fauzia saßen für sich abseits. Da Mir in der Schweiz und Shah in Frankreich lebte, sahen sich die Schwestern selten und hatten ebensoviel zu besprechen wie wir.
»Kommt, wir gehen ins Casino«, schlug Onkel Karim vor.
Ich war müde, aber Shah lächelte mich erwartungsvoll an und sagte: »Wir können die ganze Nacht miteinander reden. Du mußt mitkommen, Pinkie.«
»Gut, ich komme mit.« Ich konnte meinem Bruder einfach nichts ausschlagen.
»Prima. Und denk an morgen.« Wir hatten geplant, am nächsten Tag mein Geburtstagsgeschenk für meine Mutter zu kaufen, eine Reisetasche. »Ich kenne mich bei Louis Vuitton gut aus. Morgen schlafen wir aus, und dann gehe ich mit dir in Nizza einkaufen.«
So viele schöne Pläne. Shah und Rehana waren vom Strand zu ihrer Wohnung gefahren, um den Picknickkorb abzustellen. Sanam und Nasser konnten bei Tante Behjat und Onkel Karim mitfahren. Mir und Fauzia setzten meine Mutter, meine Cousine und mich bei unserer Wohnung ab und fuhren dann zurück zu Shahs Wohnung, um Fathi ins Bett zu bringen. »Shah und ich kommen in einer halben Stunde und holen dich ab«, rief Mir, als er losfuhr.
Mir kam allein.
Obwohl Shah so fröhlich gewesen war, als wir uns am Strand verabschiedet hatten, war er wütend, als Mir bei ihm eintraf. »Ich habe ihn gefragt, was los ist«, erzählte Mir. »Aber bevor er antworten konnte, schrie Rehana immer wieder: ›Raus! Raus hier! Das ist meine Wohung!‹ Sie war völlig hysterisch. ›Bleib hier‹, sagte Gogi, aber ich wollte nicht zwischen ihnen stehen. Ich dachte, Rehana würde sich vielleicht beruhigen, wenn Fauzia und ich unsere Sachen packten und gingen.«
»Und wo ist Fauzia jetzt?« fragte meine Mutter.

»Sie sitzt unten im Auto und ist ziemlich aufgebracht«, sagte Mir. »Sie will auf der Stelle heim nach Genf. Ich habe ihr gesagt, daß es mitten in der Nacht ist und außerdem meine Schwester erst heute angekommen ist. Fauzia will, daß wir in ein Hotel gehen, aber ich habe ihr gesagt, daß das nicht geht, daß ich meine Familie so selten sehe und mit euch zusammensein will. Aber wir wollen uns nicht den ganzen Abend verderben lassen. Laßt uns ausgehen, wie wir es vorgehabt haben.«
»Ihr geht«, sagte ich zu Sanam, Nasser und Mir. »Ich habe einen langen Tag hinter mir.«

»Lies mir vor, *Wadi«*, quälte mich Fathi am folgenden Morgen. »Bitte lies mir vor.« Sanam, Nasser und Mir waren erst gegen sechs Uhr nach Hause gekommen, und wir hatten alle lange geschlafen. Ich war immer noch im Morgenmantel, als kurz nach zehn die Türklingel ging.
» *Wadi* muß sich jetzt anziehen und einkaufen gehen«, sagte ich zu Fathi.
Ich nahm an, Shah sei gekommen, um mit mir nach Nizza zu fahren.
Statt dessen stürmte Sanam ins Schlafzimmer. »Schnell!« rief sie. »Wir müssen sofort los!« Sie drückte mir, halb angezogen wie ich war, ihr Baby in den Arm.
»Was ist los?«
»Rehana sagt, daß Gogi irgendwas genommen hat.« Sanam eilte hinaus.
Meine Knie begannen zu zittern. Ich holte tief Luft, um mich zu stärken.
»Ist er krank?« rief ich durch den Flur hinter Sanam her. »Ist es ernst?«
»Wir wissen es nicht. Wir sehen nach.« Dann war sie fort.
Ich war allein mit Fathi und dem Baby.
Die Polizei fiel mir ein. Ich würde die Polizei anrufen! Ich schob mir das Baby auf die Hüfte und wählte den Notruf, der auf dem Telefon stand. Am anderen Ende lief ein Band in französischer Sprache ab. Ich griff nach dem Telefonbuch, um die Nummer eines Krankenhauses herauszusuchen, als meine Mutter und Sanam wieder zurückkamen. Mir und Nasser waren mit Rehana zu Shahs Wohnung vorausgefahren. Da Sanam und meine Mutter auf der Straße kein Taxi bekommen hatten, wollten sie telefonisch einen Wagen rufen.
»Mama, du sprichst besser französisch als ich«, sagte ich schnell. »Wenn wir die Polizei schon nicht erreichen können, dann wenigstens ein Krankenhaus.«
»Warum fahren wir nicht einfach hin und sehen nach, was ihm fehlt?«
»Nein, Mama, laß uns auf Nummer Sicher gehen. Denk an Toni.« Toni

war ein Mädchen, das eine Überdosis Tabletten geschluckt hatte und zu spät ins Krankenhaus gebracht worden war. Sie konnte nicht mehr gerettet werden. Ich hatte selbst eine ähnliche Lektion gelernt, als die Polizei Clifton 70 umstellt hatte. Damals hatte ich nicht erst fragen können, warum die Polizei gekommen war. Zuerst hatte ich die Papiere verbrennen müssen. Fragen konnte ich dann immer noch.
Meine Mutter nahm das Telefonbuch. Sie versuchte es beim ersten Krankenhaus. Man sagte ihr, sie solle ein anderes Krankenhaus anrufen. Sie rief dort an. Versuchen Sie es anderswo, hieß es wieder. Gerade wählte sie die Nummer des dritten Krankenhauses, als Mir hereinkam.
Er sah gebrochen aus, völlig zerschlagen. Die Stimme versagte ihm, und ich sah nur, wie sein Mund stumm die Worte formte: »Er ist tot.«
»Nein!« schrie ich. »Nein!«
Meine Mutter ließ den Hörer fallen.
»Es ist wahr, Mama«, flüsterte Mir heiser. »Ich habe schon Tote gesehen. Shahs Körper ist kalt.«
Meine Mutter begann zu weinen.
»Ruf einen Krankenwagen!« sagte ich. »Ruf um Himmels willen das Krankenhaus an. Vielleicht lebt er noch. Er kann wiederbelebt werden!«
Ich wußte nicht, was ich mit dem Baby auf meinem Arm tun sollte. Fathi klammerte sich an mein Bein und sah zu mir auf.
Meine Mutter hob das Telefon vom Boden auf. Das dritte Krankenhaus war noch dran. »Sagen Sie uns, wohin wir kommen sollen«, sagte der Mann von der Krankenhauszentrale. Er hatte unsere Schreie gehört. Wir rannten zur Tür hinaus.

Shah Nawaz lag auf dem Teppich im Wohnzimmer neben dem Couchtisch. Er trug immer noch die weiße Hose, die er am Abend zuvor angehabt hatte. Seine Hand war ausgestreckt, eine wunderschöne braune Hand. Er sah aus wie ein schlafender Adonis. »Gogi!« rief ich und versuchte ihn zu wecken. Aber dann sah ich seine Nase. Sie war kreideweiß und hob sich in scharfem Kontrast von seinem dunklen Teint ab.
»Gebt ihm Sauerstoff!« schrie ich die Sanitäter an, die seinen Puls fühlten. »Versucht eine Herzmassage.«
»Er ist tot«, sagte einer der Sanitäter ruhig.
»Nein! Machen Sie doch!« schrie ich »Versuchen Sie es doch!«
»Pinkie, er ist schon kalt«, sagte Mir. »Er ist schon seit Stunden tot.«
Ich schaute mich im Zimmer um. Der Couchtisch stand schief. Auf einem

Beistelltisch stand eine Untertasse mit einer bräunlichen Flüssigkeit. Die Polster der Couch waren verschoben, die Vase mit den Blumen war umgekippt. Meine Augen wanderten zum Schreibtisch. Die ledergebundene Briefmappe war weg. Ich sah hinaus auf die Terrasse. Dort waren die Papiere aus der Mappe verstreut. Die Mappe lag offen daneben.

Irgend etwas stimmte hier nicht. Shahs Körper war kalt. Gott weiß, wie lange er dort gelegen und mit dem Tod gerungen hatte. Aber niemand war alarmiert worden. Und irgend jemand war währenddessen seine Papiere durchgegangen.

Ich blickte zu Rehana auf. Sie sah nicht aus wie eine Frau, die gerade den Mann verloren hat oder versucht hat, schnell Hilfe zu holen. Sie war tadellos gekleidet, ihr weißes Leinenjackett zeigte keine Falte, ihr Haar war perfekt frisiert, nicht eine Strähne hing herunter. Wie viele Stunden hatte sie damit verbracht, sich zu pflegen, während mein Bruder tot auf dem Fußboden lag? Sie sah mich an, und in ihren Augen waren keine Tränen. Ihre Lippen bewegten sich. Ich konnte nicht hören, was sie sagte.

»Gift«, sagte ihre Schwester Fauzia für sie. »Er hat Gift genommen.«

Ich glaubte ihr nicht. Niemand von uns glaubte ihr. Warum sollte Shah Gift nehmen? Er war am Abend zuvor glücklicher gewesen, als wir ihn je erlebt hatten. Er war begeistert von seinen Zukunftsplänen. Unter anderem hatte er geplant, im August nach Afghanistan zurückzukehren. Lag hier die Lösung? Hatte Zia von Shahs Plan erfahren und war ihm zuvorgekommen? Oder hatte die CIA ihn getötet, als freundliche Geste gegenüber ihrem geliebten Diktator?

»Um Himmels willen, deckt doch wenigstens Shahs Leichnam zu«, sagte Sanam. Jemand holte eine weiße Plastikfolie.

»*Wadi,* was ist passiert?« sagte die kleine Fathi immer wieder und zerrte an meiner Bluse. »Nichts ist passiert, Liebling«, beruhigte ich die Dreijährige abwesend. Auch Sassi wirkte aufgeregt und verwirrt. Sie lief durch das Wohnzimmer und setzte sich neben ihren Vater. »Bringt die Kinder raus«, sagte meine Mutter. Ich brachte sie in Sassis Zimmer und ließ sie mit einem Buch allein.

Als die Polizei kam, um Shahs Leichnam abzuholen, schob Mir mich in die Küche. »Du schaust lieber nicht zu«, sagte er. Ich sah eine halbe aufgeschnittene Tomate und ein Ei in der Bratpfanne, die auf dem Herd stand. Wer hatte das Ei gemacht, und für wen? Auf der Ablage stand eine Flasche Milch. Es war ein heißer Tag, und die Milch war geronnen. Warum war sie nicht in den Kühlschrank gestellt worden? Mir kam in die

Küche: »Shah ist weg«, sagte er. »Die Polizei hält es für einen Herzinfarkt.«
Er wandte sich ab und wischte sich die Tränen aus dem Gesicht. Als er das Papiertaschentuch in den Abfalleimer warf, sah er etwas glitzern. Es war das Giftfläschchen. Das Fläschchen war leer.

Die französischen Behörden gaben Shahs Leichnam wochenlang nicht frei. Wir drängten uns in der Wohnung meiner Mutter und warteten. Das Warten war eine Qual. Wir Muslime begraben unsere Toten gewöhnlich innerhalb von vierundzwanzig Stunden. Aber Shahs Leiche wurde einem Test nach dem andern unterzogen. Wir wußten nicht, was wir mit uns anfangen sollten. Abwechselnd weinten wir oder saßen einfach da und starrten ins Leere. Niemand wollte essen oder trinken oder überhaupt irgend etwas tun. Wir hatten Sanams Baby bei uns, Mirs Tochter und oft auch Sassi. Fauzia brachte sie jedesmal, wenn Rehana im Zuge der Ermittlungen auf das Polizeirevier bestellt wurde. »Geh mit uns zu den *jhoolas*«, bettelten die kleinen Mädchen, und ich ging mit ihnen zu den Schaukeln in einem nahegelegenen Park. Manchmal begleitete Mir mich. Während die Mädchen spielten, saßen Mir und ich auf einer Bank und starrten schweigend aufs Meer hinaus.
Es tat mir in der Seele weh, wenn ich an Sassi dachte. Sie hatte ihrem Vater sehr nahegestanden. Shah hatte sie morgens fertiggemacht, hatte ihr das Frühstück bereitet und sie auf den Topf gesetzt. Die Dreijährige wußte auf ihre Weise, daß sie ihren Vater verloren hatte. »Mein Papa«, beharrte sie, wenn Mir kam, um Fathi abzuholen. Wenn wir an La Napoule vorbeifuhren, dem Strand, wo wir gepicknickt hatten, rief Sassi: »Papa Shah, Papa Shah.« Die Polizei hatte das Stück aus dem Teppich herausgeschnitten, auf dem Shahs Leiche lag, als sie gefunden worden war. Als Rehana einen neuen Teppich legte, zeigte Sassi auf die Stelle, wo sie ihren Vater zuletzt gesehen hatte und rief immer wieder: »Papa Shah. Papa Shah.« Sie klammerte sich an uns, wenn Mir oder ich sie zu Fauzia zurückbrachten. Sie wollte nicht in das Haus und schlang uns ihre Arme fest um den Hals. »Geh, kleines Mädchen«, flüsterte ich ihr zu, während Fauzi an ihr zog. Aber Sassi klammerte sich nur noch fester an mich. Wir mußten ihre Finger aufbiegen, um den Griff zu lösen.
Es war schrecklich, in Cannes zu sitzen und darauf zu warten, daß Shahs Leichnam freigegeben würde. Hier erinnerte mich alles an Shah. Ich sah ihn überall, im Hotel Carlton, auf der Croisette. Der Schmerz, ihn verloren

zu haben, wurde durch die Verleumdungskampagne der pakistanischen Presse noch größer. Die vom Regime kontrollierten Zeitungen berichteten, Shah sei depressiv gewesen, selbstmordgefährdet und habe gespielt. Am Abend vor seinem Tod sei er betrunken gewesen. Die Laborbefunde widerlegten diese Behauptung, aber unsere Richtigstellung aufgrund der Befunde erfuhr in der pakistanischen Presse wenig Aufmerksamkeit. Shah war tot, und unsere Feinde wollten ihm jetzt auch noch die Ehre rauben. Und die qualvolle Warterei auf die Freigabe der Leiche ging weiter.

»Ich bringe Shah heim nach Pakistan, damit er dort begraben werden kann«, sagte ich eines Nachmittags im Kreis der Familie.

Meine Mutter wurde hysterisch. »Pinkie, du darfst nicht zurück. Ich habe meinen Sohn verloren. Ich will nicht auch noch meine Tochter verlieren.«

»Shah hat so viel für mich getan, aber er hat mich nie gebeten, etwas für ihn zu tun«, sagte ich. »Er sehnte sich danach, nach Larkana zurückzukehren. Wie oft hat er gefragt, wo genau Papa begraben liegt, damit er es sich vorstellen konnte. Ich muß ihn nach Hause bringen.«

»Mir, sag ihr, daß sie nicht zurück kann«, flehte meine Mutter meinen Bruder an. Aber was konnte Mir tun?

»Wenn du zurückgehst, komme ich mit«, versuchte er mir Angst zu machen. Wir alle wußten, daß Zia ihn töten würde.

»Du gehst nicht«, sagte Tante Behjat. »Ich gehe.«

»Ich gehe«, sagte Sanam.

»Ich auch«, sagte Nasser.

»Schön, dann gehen wir zusammen«, sagte ich. »Aber ich gehe auf jeden Fall. Ich will nicht, daß man Shah in aller Stille irgendwo verscharrt. Er soll mit der Achtung und Ehre beigesetzt werden, die ihm gebührt.«

Die Autopsie zog sich hin. Ich flog für ein paar Tage nach London und kümmerte mich im Barbican um die Geschäfte. Viele hundert Menschen kamen zu Kondolenzbesuchen in das Büro der Partei. Die Trauer um Shah war echt und wurde von der ganzen pakistanischen Gemeinde geteilt, ebenso wie der Verdacht, daß Zia etwas mit dem Tod meines Bruders zu tun hatte. In Pakistan, erfuhr ich von Freunden, werde noch mehr um Shah getrauert. Überall im Land hätten sich Menschen versammelt, um für Shahs Seele zu beten, und Tausende strömten nach Clifton 70, um dort zu beten. Zeitungen, in denen fälschlicherweise behauptet würde, daß Alkohol und Drogen zu Shahs Tod geführt hätten, würden verbrannt. In Sind seien die meisten Geschäfte wegen der Trauer um Shah geschlossen. Trotz der Juli-Hitze seien zwei Wochen lang Menschen nach Larkana geströmt. Alle Hotels seien ausgebucht, die Leute campierten inzwischen sogar auf dem Bahnsteig der Bahnstation.

Als ich wieder in Cannes war, mußte ich meinen Schmerz so weit beherrschen, daß ich mit London und Karachi die entsprechenden Vereinbarungen für unsere Abreise nach Beendigung der Autopsie treffen konnte. Viele Pakistaner wollten Shah auf seiner letzten Reise begleiten. Da die vom Regime kontrollierte pakistanische Presse immer wieder andere Termine für die Freigabe von Shahs Leichnam und den wahrscheinlichen Zeitpunkt unserer Rückkehr nannte, um Verwirrung zu stiften, sorgte ich dafür, daß unsere Anhänger durch regelmäßige Bekanntmachungen informiert wurden.

Die schmerzlichen Ereignisse rissen nicht ab. Aus unersichtlichen Gründen wurde der Wagen meiner Mutter als einziger in der ganzen Straße aufgebrochen. Nur die Post, die ich mitgebracht und für kurze Zeit auf dem Rücksitz liegengelassen hatte, wurde gestohlen. Unsere Anspannung wuchs. Wir fühlten uns nicht mehr sicher. Es war durchaus möglich, wenn nicht sogar wahrscheinlich, daß Shah von Agenten des Regimes getötet worden war. Es gab keine Garantie, daß sie Cannes verlassen hatten. Wir teilten unsere Bedenken und unser Bedürfnis nach Schutz der französischen Regierung mit und erhielen eine positive Antwort.

Als Shahs Leichnam schließlich freigegeben wurde, machten wir uns auf, um Gebete über seinem Leichnam zu sprechen. Ich dachte, ich würde meinen kleinen Bruder so sehen, wie ich ihn in Erinnerung hatte: von der Sonne gebräunt, schlank und schön in dem weißen Anzug, den wir in das Bestattungsinstitut geschickt hatten, weil Shah die Farbe Weiß so sehr mochte. Aber der Leichnam, der im Sarg lag, sah fast aus wie der eines Fremden. Shahs Gesicht war kreideweiß und aufgedunsen. Man hatte sein Gesicht mit Kreide einreiben müssen, um die vielen Schnitte der Autopsie zu verdecken. Der Anblick war herzzerreißend.

Mein armer Gogi. Was haben sie dir angetan? Der Raum war von Wehklagen erfüllt. Ohne es zu merken, begann ich mich ins Gesicht zu schlagen. Ich schluchzte und rang stumm nach Luft. Man mußte uns aus dem Raum führen. Wir zwangen uns zur Beherrschung und gingen zum Auto, wo die Pressefotografen warteten.

Am 21. August 1985 brachte ich Shah heim nach Pakistan. Das Regime hatte widerstrebend die Genehmigung zu seiner Beerdigung in Larkana erteilt, vielleicht in Erinnerung daran, wie empört das Volk reagiert hatte, als entgegen dem muslimischen Zeremoniell weder meine Mutter noch ich an der Beerdigung meines Vaters hatten teilnehmen dürfen. Dennoch unternahm das Regime wie damals alles, damit die Beerdigung eines Bhutto in aller Stille ablief.

Aus Furcht vor Massenaufläufen schlugen die Kriegsrechtsbehörden vor, wir sollten Shahs Leichnam von Karachi direkt nach Mohendjo-Daro und von dort mit dem Hubschrauber zu unserem Familienfriedhof fliegen, wo bereits ein Hubschrauberlandeplatz angelegt worden war. Das Regime wollte, daß Shah rasch und heimlich begraben würde. Das Volk sollte ihn so schnell wie möglich wieder vergessen.

Ich lehnte ab. Shah hatte sich acht Jahre lang danach gesehnt, an den Ort seiner Geburt zurückzukehren. Ich war entschlossen, seine letzte Reise der Bedeutung entsprechend zu gestalten, die sie für ihn und für uns hatte. Shah sollte an den Toren der Häuser vorbeigetragen werden, in deren Schutz er aufgewachsen war: Clifton 70 in Karachi und Al-Murtaza in Larkana. Er sollte noch einmal durch das Land reisen, in dem er mit Papa und Mir gejagt hatte, vorbei an unseren Feldern und Teichen und an den Menschen, die er auf seine Art hatte schützen wollen. Auch die Bevölkerung sollte Gelegenheit haben, diesem tapferen Sohn Pakistans die Ehre zu erweisen, bevor er in der Nähe seines Vaters in Garhi Khuda Bakhsh zur letzten Ruhe gelegt wurde.

»Sagen Sie den Kriegsrechtsbehörden, daß sie mit mir machen können, was sie wollen, aber ich werde es nicht zulassen, daß meinem Bruder das muslimische Recht verweigert wird, in sein Elternhaus zurückzukehren, um dort von seiner Familie und den Angehörigen des Haushalts ein letztes Mal gebadet zu werden«, teilte ich Dr. Ashraf Abbasi mit. Sie koordinierte die Abmachungen mit den lokalen Behörden in Larkana. Schließlich wurde mit dem Regime ein Kompromiß erzielt: Wir durften Shah zwar nicht heim nach Clifton 70 bringen, aber nach Al-Murtaza. Unser Zuhause in Larkana sei so abgelegen und schwer zu erreichen, vermerkten die lokalen Behörden in ihren Berichten, daß der Andrang, besonders in der Augusthitze, nur gering sein würde.

Zur Sicherheit errichtete die Armee Straßensperren auf allen Straßen, die in die Provinz Sind führten. Busse, Lastwagen, Autos und Züge wurden angehalten und durchsucht. In Sind wurde die Armee in Alarmbereitschaft versetzt, führende PPP-Mitglieder wurden unter Hausarrest gestellt. Der Flughafen von Karachi wurde abgesperrt, Lastwagen voller Soldaten mit Maschinengewehren patrouillierten durch die Durchgangsstraßen der Stadt. Als weitere vorbeugende Maßnahme gegen einen möglichen Aufruhr versuchte das Regime das Volk zu besänftigen, indem es endlich einen Termin für die Aufhebung des Kriegsrechts festsetzte. Am Abend, bevor ich mit dem Leichnam meines Bruders von Zürich nach Pakistan flog, verkündete der von Zia ernannte Premierminister Mohammed Khan Junejo, daß das Kriegsrecht im Dezember aufgehoben würde.

Schwarze Armbinden und schwarze *shalwar khameez* und *dupattas,* wohin man sah. Wir hatten in Karachi kurz Aufenthalt und wechselten für den letzten Abschnitt der Reise nach Mohendjo-Daro vom Flugzeug der Singapore Airlines in eine kleinere, gecharterte Fokker. Als Shahs Sarg, bedeckt von der verbotenen PPP-Fahne, auf einen Gepäckwagen geladen wurde, warfen sich einige Bedienstete, die von Clifton 70 gekommen waren, weinend darauf. Auch unsere Verwandten, die in Karachi zusammen mit Paree, Samiya und ihrer Schwester zu uns stießen, weinten. Dann flogen wir weiter – zum stürmischsten Begräbnis, das Pakistan je erlebt hat.

»Auf! Auf! Auf nach Larkana! Wißt ihr denn nicht, daß sie heute Shah Nawaz bringen? Shah Nawaz, den Sohn Zulfikar Ali Bhuttos, Shah Nawaz, den Krieger, Shah Nawaz, der sein Leben hingegeben hat für mich und für dich. Kommt. Kommt. Auf! Auf! Laßt uns einen Helden begrüßen.« Dieses schöne Lied war für meinen Bruder geschrieben worden und wurde in ganz Pakistan gesungen. Trotz der Drohungen des Regimes strömten die Menschen seit Wochen nach Larkana; sie campierten auf den Feldern und schliefen auf den Bürgersteigen.

Ein Meer von Schwarz. Als die Fokker morgens kurz nach zehn Uhr in Mohendjo-Daro zur Landung ansetzte, war der Flugplatz von einem schwarzen Ring von Menschen umgeben. Die Straße war noch viele Meilen weiter von Menschen gesäumt. Die Straßensperren des Regimes hatten die Trauernden nicht davon abhalten können, in der sengenden Hitze hierherzukommen, um ihrer Trauer um den gefallenen Sohn Pakistans Ausdruck zu verleihen. Selbst dort, wo Feindschaft herrscht, sind Muslime verpflichtet, angesichts des Todes Trauer zu zeigen und am Schmerz der Betroffenen Anteil zu nehmen. Aber niemand hätte mit solchen Menschenmengen gerechnet. Den Presseberichten zufolge waren über eine Million Menschen anwesend.

»*Allahu Akbar!* Gott ist groß!« riefen die Menschen, als Shahs Sarg in den wartenden Krankenwagen geladen und mit dem Eis bepackt wurde, um das ich gebeten hatte. Nach all den Obduktionen und Autopsien, die er hinter sich hatte, wollte ich nicht, daß ihm noch irgend etwas zustieß. »*Inna li Allah, wa inna ilayhi raji'un* - Gott gehören wir und zu Ihm kehren wir zurück«, rezitierten die Menschen das muslimische Gebet für die Toten, als der Krankenwagen an ihnen vorbeifuhr, und streckten die Hände mit den Handflächen nach oben aus.

Ich glaube nicht, daß viele Staatspräsidenten ein so ehrenvolles und grandioses Begräbnis erhielten wie Shah im Alter von siebenundzwanzig Jahren. Zweitausend Fahrzeuge aller Art - Autos, Motorräder, Lastwagen und von Tieren gezogene Karren - folgten schwarz verhängt seinem Sarg, eine Fahrzeugkolonne von sechzehn Kilometern Länge. Die ganze achtundzwanzig Kilometer lange Strecke vom Flugplatz nach Larkana war von Menschen gesäumt, die in einer liebevollen Abschiedsgeste Rosenblätter auf den Krankenwagen mit Shahs Leichnam warfen. Viele Männer salutierten, wenn der Sarg an ihnen vorbeikam; sie trugen bestickte Kappen oder die Turbane ihrer Stämme.

Bilder von Shah in schwarzen Rahmen. Shah Nawaz *Shaheed:* Shah Nawaz, der Märtyrer. Bilder von mir, von meiner Mutter, ein unvergeßliches Bild von Shah im Profil zusammen mit meinem Vater. *Shaheed ka beta Shaheed,* war unter dem Bild zu lesen - der Sohn des Märtyrers ist den Märtyrertod gestorben. Der Kummer, den die Menschen beim Tod meines Vaters nicht hatten zeigen dürfen, und der angestaute Schmerz über ihr eigenes Leid und das Leid unserer Familie brachen jetzt hervor. Klagend und sich an die Brust schlagend drängten die Trauernden um die Fahrzeugkolonne. Die Autos erzitterten unter dem Ansturm der Menschen, die den Krankenwagen mit Shahs Sarg zum Abschied noch einmal berühren wollten.

Die Sonne stand bereits hoch am Himmel, und es gab vor den Nachmittagsgebeten noch viel zu tun: die rituelle Waschung des Leichnams, der letzte Blick auf das Gesicht des Verstorbenen durch die Familienangehörigen, die Gebete für den Toten, die zu Hause von Frauen gelesen wurden, die den Leichnam nicht zum Friedhof begleiteten, der Gebetsgottesdienst für Männer, der auf einem nahegelegenen Fußballfeld organisiert worden war. Shah mußte vor Sonnenuntergang beerdigt sein. Und Sanam und ich mußten noch die Stelle für sein Grab aussuchen. Für meinen Vater hatten wir das nicht tun können. Diesmal wollte ich den Ort für das Grab richtig auswählen und Shah weit genug von meinem Vater entfernt begraben lassen, damit Platz war, später für beide ein Mausoleum zu errichten. Als wir uns jedoch Al-Murtaza näherten, verdichtete sich die Menschenmenge zu einer soliden Mauer.

»Fahren Sie direkt nach Garhi«, sagte ich zum Fahrer unseres Wagens. Irgendwie gelang es ihm, den Wagen aus dem Gedränge hinauszusteuern, während der Krankenwagen mit Shahs Leichnam in den Hof von Al-Murtaza einbog. Auf unserem 24 Kilometer entfernten Familienfriedhof drängten sich die Trauernden fast genauso dicht, aber sie blieben außerhalb der Umfassungsmauern. Sanam und ich bestimmten gemeinsam die Stelle für das Grab in der linken hinteren Ecke des Friedhofs, ein gutes Stück von meinem Vater entfernt, der hinter meinem Großvater begraben liegt. Wir sprachen noch ein kurzes Gebet am Grab meines Vaters und fuhren dann eilends zurück nach Al-Murtaza.

Weinen und Klagerufe tönten uns entgegen. In der Raserei ihres Schmerzes hatten die Menschen die Umfassungsmauern von Al-Murtaza eingedrückt und waren in den Hof und sogar ins Haus geströmt. Im Haus drängten sich außerdem alle unsere weiblichen Verwandten, Mitarbeiterinnen der Partei und unsere Bediensteten. Shahs Sarg stand im Salon. Aufgrund des Durcheinanders war er noch nicht geöffnet worden. »Bitte macht Platz«, flehte ich die Menschen, die sich gegenseitig umstießen, mit gefalteten Händen an. Alle Disziplin war zusammengebrochen.

Ich hatte vorgehabt, den Verwandten Shahs Gesicht zu zeigen, aber als das Personal den Sarg in das Zimmer meines Großvaters tragen wollte, wo der *maulvi* wartete, um den Leichnam zu waschen, erreichte die Erregung ihren Höhepunkt. Die Frauen und sogar die Bediensteten schlugen ihre Köpfe gegen den Sarg. Blut floß in Strömen. »Bringt sie weg, um Himmels willen, bevor sie sich noch mehr verletzen«, rief ich. »Und bringt Shah rasch in das Zimmer meines Großvaters.«

Dort wurde Shah ruhig und liebevoll vom *maulvi* und den Bediensteten gewaschen und in ein *Kaffan* gewickelt, das schlichte muslimische Leichentuch. Die Hitze war drückend. Wir hatten fast 45° C, und mir lag immer mehr daran, mit der Beerdigung voranzukommen. »Oh Baba, er hatte am ganzen Körper Schnitte«, sagte einer der Bediensteten entsetzt nach der Waschung. »Ich will nichts hören«, sagte ich. Aber der Mann konnte nicht aufhören. »Seine Nase war aufgeschnitten, sein Kinn, sein... »Genug!« schrie ich. »Aufhören. Shah ist jetzt zu Hause, dort, wo er hingehört.« Mein Schwager Nasser Hussein trat auf mich zu. »Es wird spät«, sagte er. »Wir müssen uns beeilen.« In Anbetracht der Menschenmenge entschieden wir, daß es besser war, Shah in dem festen hölzernen Sarg zum Friedhof zu bringen, statt ihn im *Kaffan* zu tragen.

Ich bat die Bediensteten, Shahs Leichnam in den Salon zurückzubringen, damit die Verwandten beten konnten. Dann wurde der Sarg durch die wogende Menge zum Krankenwagen getragen. Nasser Hussein eilte hinterher. In dem Durcheinander verpaßte ich selbst fast die Abfahrt. Als ich hörte, daß Gebete angestimmt wurden, rannte ich los, um dem Sarg zur Tür zu folgen.

Leb wohl, Shah Nawaz. Leb wohl. Der Abschied war so schnell, so schmerzlich. Als der Krankenwagen losfuhr, wollte ich hinausrennen und ihn aufhalten, um Shah wieder zurückzuholen. Ich wollte meinen kleinen Bruder nicht gehen lassen. Oh, Gogi. Bleib bei mir. Die Stimmen der fünfhundert Frauen, die im Garten beteten, schwollen zu einem einzigen Klageruf an, als der Krankenwagen durch das Tor verschwand. Mein Bruder war für immer fort.

Schiitische Muslime glauben, daß es in jeder Generation ein »Kerbela« gibt, eine Wiederholung jener Tragödie, die die Familie des Propheten Mohammed (Friede sei mit ihm) nach dem Tod des Propheten im Jahr 640 v. Chr. in Kerbela ereilte.

Viele Menschen in Pakistan sind inzwischen der Ansicht, daß die ungerechte Behandlung meiner Familie und ihrer Anhänger das »Kerbela« unserer Generation sei. Weder der Vater noch die Mutter, die Brüder und die Tochter blieben verschont. Auch die Schar der Anhänger blieb nicht verschont. Und dennoch - wie bei den Anhängern des Enkels des Propheten geriet unsere Entschlossenheit nie ins Wanken.

Als ich jetzt am Eingang von Al-Murtaza stand, übertönte plötzlich die Stimme einer einzelnen Frau die Klagerufe im Hof. Sie sang von der Tragödie in Kerbela. »Seht dort Benazir«, klagte die Frau im singenden Tonfall des Subkontinents. »Sie ist mit dem Leichnam ihres Bruders gekommen. Wie jung sie ist, wie schön, wie unschuldig. Der Bruder ist von der Hand der Tyrannen gemordet worden. Fühlt den Schmerz der Schwester. Erinnert euch, wie Zeinab an den Hof von Yazid geht. Erinnert euch, wie Zeinab Yazid mit dem Kopf ihres Bruders spielen sieht.

Denkt an das Herz von Begum Bhutto. Es bricht, wenn sie das Kind sieht, das sie geboren und mit dem sie gespielt hat, als es noch klein war. Das Kind wuchs unter ihren Augen auf. Nusrat hat seine ersten Schritte gesehen. Die Mutter hat es mit Liebe umsorgt, als es heranwuchs. Denkt an sie.

Denkt an den Bruder Mir. Er hat die rechte Hand verloren. Er hat die Hälfte seiner selbst verloren. Er wird nie wieder sein wie früher...«
Laut hallte der Gesang von den Mauern Al-Murtazas wider, die Frauen klagten und schlugen sich auf die Brust. »A-i-i-e-e-e!« Es war ein eindrucksvoller, langgezogener Abschiedsruf. Ich ging langsam ins Haus zurück. Mein Bruder wurde auf dem Friedhof unserer Väter begraben. Ich konnte nichts mehr für ihn tun.

Nasser Hussein, Garhi Khuda Bakhsh:

> Als wir nach dem Gebetsgottesdienst in Al-Murtaza am Friedhof der Familie Bhutto ankamen, war die Menschenmenge undurchdringlich. Der Sarg wurde aus dem Krankenwagen geladen, und ich nahm eine der vorderen Ecken auf die Schulter. Ich habe keine Ahnung, wer hinter mir war und was hinter mir vorging. Ich blieb an meinem Platz, als die Menge herandrängte und versuchte, den Sarg wenigstens für einen Augenblick zu tragen. Die Menschen wollten uns die Last erleichtern und sich irgendwie beteiligen.
> Es war niemand da, der uns zum Grab führte, und wir konnten nicht sehen, wohin wir gingen. Der Sarg schien doppelt so schwer, weil wir unsere Bewegungen nicht koordinieren konnten. Er schaukelte wie ein führerloses Boot auf unseren Schultern hin und her, während um uns ein Meer von Körpern brodelte und wogte. Der Boden war vor lauter Füßen nicht zu sehen. Wir kamen so mühsam voran, daß wir eine Dreiviertelstunde oder noch länger brauchten, um die hundert Meter vom Krankenwagen zum Eingang des Friedhofes zurückzulegen.
> Plötzlich tauchte vor mir eine winkende Hand aus der Menge auf. Für einen Augenblick sah ich den Sohn eines Bediensteten aus Al-Murtaza. Ich folgte seiner Hand, während er sich rückwärts auf das Grab zubewegte. Die Menge half, den Sarg in seine Richtung zu schieben. Ich mußte mich zusammenreißen, daß ich in der Hitze und allgemeinen Hysterie nicht ohnmächtig wurde. Wie durch ein Wunder trat trotz des Durcheinanders niemand auf die Gräber der anderen Bhuttos.
> Als wir Shahs Grab erreichten, brach ich am ausgehobenen Grab zusammen. Ein Dorfbewohner gab mir Wasser in einem rostigen Becher, und ich stürzte es hinunter. Es war nicht genug Platz, Shahs Leichnam aus dem Sarg zu heben. Wir mußten den Sarg kippen und ihn in das Grab rutschen lassen. Die Menschen wollten einen letzten Blick auf

Shahs Gesicht werfen, aber Benazir hatte mich gebeten, sein Gesicht nicht zu zeigen. Rasch wurde das letzte Gebet gesprochen, die Trauernden vereinigten sich zur *Fateha* und hoben in Demut die Hände zum Gebet. Die Alten stellten sich gerade für die lange Rezitation von 24 Gebeten auf, als ich ging. Ich hatte meine traurige Pflicht getan. Wir hatten Shah Nawaz zur letzten Ruhe gebettet.

Ich wurde fünf Tage später in Karachi vom Regime verhaftet. Das überraschte mich nicht. Zia hatte der Presse zwar versichert, daß ich bei meiner Heimkehr mit Shahs Leichnam nicht verhaftet würde, und auch der Chefminister von Sind hatte verlauten lassen, daß ich mich frei bewegen könne, aber als die Massen der Trauernden die Straßensperren der Armee in Larkana überrannten, um ihre Solidarität mit unserer Familie zu bekunden, war das Regime nervös geworden. Da sich immer mehr Trauergäste auf den Feldern gegenüber von Al-Murtaza und in den Straßen vor dem Haus versammelten, um die Beerdigungsriten zu zelebrieren, fürchtete das Regime wohl einen Aufruhr.

Der Tod meines Bruders hatte das Regime zwar gezwungen, einen Termin für die Aufhebung des Kriegsrechts zu nennen, aber damit waren weder Shahs Tod noch die Leiden vieler tausend anderer Menschen gerächt. »Wir sollten jetzt, da die Erregung so hohe Wellen schlägt, die Initiative ergreifen und Zia stürzen«, schlugen einige PPP-Führer bei einer abendlichen Versammlung nach Shahs Beerdigung vor. Andere meinten, wir dürften dem Regime keinen Vorwand dafür liefern, das Kriegsrecht nicht aufzuheben. Nicht einmal jetzt konnten sie die Politik vergessen. »Das Kriegsrecht ist der Fluch des Landes, und wir müssen dafür sorgen, daß es aufgehoben wird«, sagte ich müde. Ich war für Zurückhaltung. »Shah hat sein Leben dafür gegeben. Wenn wir jetzt einen Aufruhr anzetteln, können sie sagen, daß sie das Kriegsrecht aufheben wollten, aber durch die Umstände gezwungen wurden, es nicht zu tun. Das dürfen wir nicht vergessen.«

Für alle Fälle traf ich Vorsichtsmaßnahmen gegen Reaktionen des Regimes. Die *soyem*-Zeremonie für die Toten wird drei Tage, die *chehlum*-Zeremonie vierzig Tage nach der Beerdigung abgehalten. Ich war mir aber nicht im geringsten sicher, ob ich in vierzig Tagen noch frei sein würde. Nach einer ausführlichen Erörterung mit religiösen Gelehrten beschlossen wir, mit der Zählung der vierzig Tage bei Shahs Tod im Juli in Frankreich zu beginnen, und nicht bei seiner Beerdigung im August. Auf diese Weise fielen *soyem* und *chehlum* beinahe zusammen.

Ein neues Bhutto-Grab, ein neuer Grabhügel aus frisch aufgeschütteter Erde. Ich nahm Blumen mit und legte sie zu den vielen anderen, die bereits auf Shahs Grab lagen. »Im Namen des gnädigen und barmherzigen Gottes«, betete ich zusammen mit vielen hundert anderen, die sich auf dem glühendheißen Friedhof drängten. Es zerriß mir das Herz, die frische Erde zu sehen. Shah Nawaz.

Sanam mußte in der Nacht nach *soyem* zurück nach Karachi, Fakhri ebenso. Da ich in meinem Schmerz nicht allein in Al-Murtaza bleiben wollte, beschloß ich, mich ihnen anzuschließen. Es war ein gewisser Trost, daß wenigstens Sanam und ich noch zusammen waren, ein kleiner Teil der Familie. Aber wieder nahm die Politik keine Rücksicht auf unseren persönlichen Schmerz.

Am Flughafen von Karachi empfingen uns viele tausend Menschen. Zunächst kamen wir in dem Gedränge gar nicht zum Auto durch. Mitglieder der Partei erzwangen schließlich einen Durchgang, indem sie sich unterhakten, einen Keil um uns bildeten und uns so durch die Menge schoben. Das Auto brauchte etliche Stunden, um durch die Menschenmengen hindurch nach Clifton 70 zu gelangen. Menschen in Jeeps und auf Motorrädern begleiteten uns und machten das Victory-Zeichen, aber niemand rief politische Parolen. Dazu gehört eine gewisse Ausgelassenheit, hier dagegen trauerten alle um Shah.

Auch der Garten von Clifton 70 war voll von Menschen. Ich ging hinaus, um ihnen zu danken, daß sie an unserem Schmerz teilhatten und uns ihre Solidarität bekundeten. Viele Gesichter waren mir bekannt: Sie gehörten Männern und Frauen, die wegen ihrer politischen Überzeugungen mehrfach im Gefängnis gewesen waren. »Ob wir mit den Methoden meines Bruders einverstanden sind oder nicht«, sagte ich zu ihnen, »er war ein Mann, der sich der Tyrannei widersetzte. Sein Gewissen erlaubte es ihm nicht zu schweigen, als Pakistan litt.«

Ich dachte an Nasser Baloach, an Ayaz Samoo: zwei weitere junge Männer, die ihr Leben für die Sache der Demokratie hingegeben hatten und Opfer des militärischen Terrors geworden waren. Auch sie waren meine Brüder gewesen, sie waren mir gefolgt, hatten mich beschützt und mich wie eine Schwester betrachtet. Am nächsten Tag setzte ich mich mit ihren Familien in Verbindung. So wie die Trauergäste in Scharen zu uns nach Clifton 70 kamen, um uns zu kondolieren, wollte ich ihren Familien Kondolenzbesuche abstatten und an dem Schmerz anderer Mütter und Schwestern teilhaben, die einen Bruder verloren hatten. Aus dem Besuch wurde jedoch nichts.

Die Polizei umstellte Clifton 70 in den frühen Morgenstunden des 27. August. Wieder einmal wurde Clifton 70 zum Gefängnis erklärt und von Polizisten und mit Tränengas bewaffneten Einheiten der Armee bewacht. Ich erhielt einen Haftbefehl über 90 Tage. Später behauptete das Regime, ich hätte die ausdrückliche Warnung mißachtet, keine »Terroristen« in »Krisenherden« zu besuchen. Ich hatte niemals eine solche Warnung erhalten. Unter »Krisenherden« verstand das Regime Malir und Lyari, Armenviertel in Karachi, deren Bewohner - unter ihnen die Familien von Nasser Baloach und Ayaz Samoo - am meisten unter Zia gelitten hatten. Kein Wunder, daß Zia von dort Unruhen befürchtete. Daß Zia aber von »Terroristen« sprach, war der reinste Hohn: Wenn man Terrorismus als den Einsatz von Gewalt definiert, durch den eine Minderheit einer Mehrheit ihre Ansichten aufzwingt, dann waren Zia und seine Armee selbst Terroristen.

Die Reagan-Administration in Washington zeigte sich »bestürzt« über meine Verhaftung. »Pakistan hat ermutigende Schritte zur Wiederherstellung einer verfassungsmäßigen Regierung unternommen...« wurde ein Sprecher des Außenministeriums zitiert. »Miss Bhutto unter Hausarrest zu stellen scheint dazu im Widerspruch zu stehen.« Die Reaktionen britischer Parlamentarier waren heftiger. Die Parlamentarier Max Madden und Lord Avebury nahmen in meinem Interesse Kontakt mit Zia auf. Aber ich blieb in Clifton 70 eingesperrt, ohne Telefon und ohne jeden Kontakt zur Außenwelt. Die ersten paar Tage waren Sanam und Nasser bei mir sowie meine Cousine Laleh. Sie war über Nacht geblieben und vom Regime versehentlich mit eingesperrt worden. Am 2. September jedoch zwang das Regime meine Familie, das Haus zu verlassen, und ich blieb allein zurück, meinem Schmerz ausgeliefert.

Die Tage schleppten sich dahin und wurden zu Wochen, während ich versuchte, mit Shahs Tod fertig zu werden. Ich las jede alte Zeitschrift im Haus mehrmals durch, schrieb Tagebuch und schaltete jede BBC-Nachrichtensendung an. Es war frustrierend, wieder zur Untätigkeit gezwungen zu sein. Auch wenn die Trauer auf mir lastete, wollte ich die Zeit in Pakistan nutzen. Da das Kriegsrecht in weniger als drei Monaten aufgehoben werden sollte, mußte die politische Opposition gegen Zia organisiert und instruiert werden. Vor meiner Verhaftung hatte ich Besprechungen mit den Parteiführern der vier Provinzen vereinbart. Jetzt waren sie abgesagt worden.

Obwohl die vom Regime kontrollierte Presse viel Aufhebens um die Aufhebung des Kriegsrechts machte, die inzwischen für den 31. Dezember angekündigt war, herrschte Zia so diktatorisch und repressiv wie immer. In Lahore wurden Kundgebungen verboten, auf denen meine Freiheit gefordert werden sollte. MRD-Mitglieder, die am 21. Oktober zu einer Versammlung nach Karachi kommen wollten, wurden entweder ausgewiesen oder am Betreten der Stadt gehindert. Am Tag vor der Versammlung wurden etliche MRD-Mitglieder ins Gefängnis gesperrt. Und Zia behauptete immer noch, das pakistanische Volk zu repräsentieren.

Die politischen Probleme türmten sich zu einem Berg. Die Last der Führung ruhte während meiner Gefangenschaft in Clifton 70 schwer auf mir. Wie oft hatte mich die Politik von meiner Familie ferngehalten, besonders von Shah Nawaz, der jetzt unter der Erde Larkanas lag. Immer wieder hatte er mich in London angerufen: »Nimm dir doch einfach Zeit für meinen Besuch. Warum kannst du das nicht?« Dann hatte er meine unvermeidliche Antwort nachgeäfft: »Ach Gogi, ich muß nach Amerika, nach Dänemark. Ich habe wichtige Termine in Bradford, Birmingham und Glasgow...« Wenn ich nur einmal innegehalten, nachgedacht und ihm mehr Zeit gewidmet hätte. Aber niemand kann sein Schicksal ändern. Shahs Schicksal war vorherbestimmt gewesen. Dennoch war es schwer für mich, zu begreifen, daß er fort war.

In Shahs Zimmer im Anbau auf der anderen Seite des Hofes war alles noch genauso, wie er es vor acht Jahren verlassen hatte. Auf dem Bücherregal lagen neben dem Jahrbuch seiner Schule in Islamabad immer noch die Abenteuerromane, die er so gerne gelesen hatte, und der Heilige Koran, den mein Vater ihm geschenkt hatte. Auch in Mirs Zimmer sah es aus wie früher: ein Che-Guevara-Poster an der Wand und das Harvard-Jahrbuch in der Schreibtischschublade. Jetzt waren die Zimmer meiner Brüder wie die meiner Schwester, meiner Mutter und meines Vaters verschlossen. Auch in den wenigen Stunden, in denen das Regime den Strom nicht abschaltete, brannte nur in meinem Zimmer Licht, in einem einzigen Zimmer des ganzen riesigen Hauses.

Ich sehnte mich danach, Sassi zu sehen. Ich wollte Shahs Tochter nach Pakistan holen, damit sie das Haus der Familie sah und die Kultur kennenlernte, aus der sie kam. Sie sollte ihren Vater nie vergessen, sondern erfahren, für was er gekämpft und was er für sein Land gegeben hat. Sie gehörte einer stolzen Familie an, über die ein tragisches Verhängnis hereingebrochen war. Vielleicht war alles vorherbestimmt. »Warum will Shah sie Sassi nennen?« hatte Dr. Abbasi mich einmal gefragt, als wir zusammen nach Hyderabad fuhren. »Sassi ist ein so trauriger Name. Kennen Sie die Legende von Sassi, die sich in Pannu verliebt, aber von ihm getrennt wird? Sassi durchquert auf der Suche nach ihm Wüsten und Gebirge. ›Sassi, Sassi‹, hört sie Pannu in der Wüste rufen. Aber als sie die Stelle erreicht, von der die Rufe kommen, tut sich die Erde auf und verschlingt sie.« Aber Shah liebte den Namen Sassi so sehr, wie er seine Tochter liebte, und es blieb dabei.

Würden wir je erfahren, wer hinter dem Mord an Shah steckte? Eingesperrt in Clifton 70, kehrten meine Gedanken immer wieder zu dem Vorfall zurück, von dem Samiya mir im Flugzeug erzählt hatte, als wir Shahs Leichnam nach Mohendjo-Daro begleiteten. Einen Monat vor dem Mord, sagte sie, habe ein Mann verschiedene Zeitungsredaktionen in Karachi aufgesucht und nach aktuellen Fotos von Shah gefragt. Hatte jemand nach einem Bild gesucht, um zu wissen, wie Shah mit siebenundzwanzig aussah?

Am 22. Oktober hörte ich die Frühnachrichten der BBC. Plötzlich zuckte ich zusammen. Die Polizei habe Rehana in Cannes verhaftet, sagte der Sprecher, und nach französischem Gesetz wegen »unterlassener Hilfeleistung« angeklagt. Einzelheiten wurden nicht bekanntgegeben.

Einige Tage, nachdem ich diese Nachricht über Rehana im Radio gehört hatte, las ich in der Lokalpresse, daß ich vorgeladen worden sei, in der Untersuchung zu Shahs Tod auszusagen, aber abgelehnt hätte, nach Frankreich zu fahren. Vorgeladen? Ich hatte nie eine Vorladung erhalten. »Es ist nicht wahr, daß ich nicht an der Untersuchung teilnehmen will«, schrieb ich in einem Brief an das Innenministerium. »Ich möchte teilnehmen. Ob mir das möglich ist, liegt bei Ihnen, nicht bei mir. Bitte setzen Sie das französische Gericht darüber in Kenntnis, daß ich an der Untersuchung teilnehmen möchte, jedoch von Ihnen daran gehindert werde.«

Ich wurde am 3. November freigelassen. »Heute trete ich eine schwierige, eine traurige Reise an«, begann ich eine Erklärung an unsere Anhänger. »Sie führt mich in die Gerichtssäle eines fremden Landes, wo ich an den Ermittlungen zum Tod meines geliebten Bruders Shah Nawaz teilnehmen werde.« Ich mußte die Erklärung auf einer mechanischen Schreibmaschine tippen. Diesmal hatte das Regime den Strom in Clifton 70 einschließlich der separaten Stromversorgung für den Anbau ganz abgestellt. »Ich bin entschlossen, so schnell wie möglich zurückzukehren«, schloß ich die Erklärung. »So Gott will, hoffe ich in drei Monaten wieder zurück zu sein ... ungeachtet der Folgen.«

Das Wetter war freundlich, als ich in Frankreich eintraf, um meine eidliche Aussage zu machen, aber mir war schwer ums Herz. Ich wurde noch viel trauriger, als ich Näheres über Shahs Tod und Rehanas Verhaftung erfuhr.

Rehana war am 22. Oktober zum Polizeirevier gegangen, um ihren Paß abzuholen. Die französische Polizei hatte ihn kurz nach Shahs Tod eingezogen. Nach monatelangen ergebnislosen Verhören, bei denen Rehana sowohl gegenüber Interpol als auch gegenüber der französischen Polizei immer wieder wiederholt hatte, daß sie weder gesehen noch gehört habe, wie mein Bruder starb, hatte ihr Anwalt durchsetzen können, daß sie ihren Paß zurückerhalten sollte. Rehana hatte schon alle Vorbereitungen getroffen, Frankreich zu verlassen, als sie sich auf dem Polizeirevier meldete. Dort hatte sie dann eine Bombe platzen lassen.

Entgegen ihren früheren Behauptungen hatte sie bestätigt, was die Polizei bislang nur aus dem Autopsiebericht wußte - daß Shah nicht auf der Stelle tot gewesen war. Die Polizei hatte sie daraufhin weiteren Verhören unterzogen. Man hatte ihr unterlassene Hilfeleistung vorgeworfen und sie einem Richter vorgeführt. Statt ihres Passes hatte Rehana einen Haftbefehl erhalten und war in das Zentralgefängnis von Nizza eingewiesen worden.

Meine Familie war am Boden zerstört, als diese neuen Infomationen zu Shahs Tod bekannt wurden. Das Gift, das meine Brüder bei sich trugen, wirke sofort, hatte Shah mir versichert. Mirs Giftfläschchen war von der französischen und der schweizerischen Polizei untersucht und Shahs Aussage war bestätigt worden - unverdünnt eingenommen wirkte das Gift sofort. Der Gedanke, daß Shah schnell und schmerzlos gestorben war, hatte uns getröstet. Als wir erfuhren, daß dem nicht so war, wurde unser Schmerz noch größer.

Eine Woche lang hatte ich Alpträume. »Hilf mir!« rief Shah mir zu. »So hilf mir doch!« In anderen Träumen zitterte er vor Kälte, und ich suchte überall nach Decken. Tagsüber rannte ich oft ins Badezimmer und übergab mich. Die unbeantworteten Fragen zu Shahs schrecklichem Tod quälten uns. Warum hatte Rehana nicht Hilfe geholt? Und warum behauptete sie weiterhin, daß Shah Selbstmord verübt habe, ein besonders schmerzlicher Vorwurf für Muslime, die daran glauben, daß allein Gott über Leben und Tod bestimmen darf? Wir kannten Shahs Kraft und Lebensfreude. Er hätte niemals Selbstmord begangen. Außerdem hätte niemand freiwillig den langsamen, qualvollen Tod gewählt, den er offenbar durchlitten hatte.

Meine Familie und ich waren überzeugt, daß Shah getötet worden war, und erstatteten Anzeige gegen Unbekannt. Im Carlton traf ich mich inoffiziell mit einem der ermittelnden Polizeibeamten. Auch die Polizei war ratlos. »Können Sie mehr über das Gift herausfinden?« fragte er mich. »In seinem Körper war keine Spur mehr davon zu finden.« Ich ging jedem Hinweis nach und verschaffte mir vertrauliche Informationen über das Gift. Was ich erfuhr, verfolgt mich heute noch.

»Das Gift wirkt sofort, wenn es unverdünnt eingenommen wird. Wird es dagegen verdünnt, verändert sich die Wirkungsweise völlig. Nach einer halben Stunde bekommt das Opfer Schwindelgefühle und starke Kopfschmerzen, es fühlt sich erschöpft und ist sehr durstig. Nach einer Stunde fängt der Körper an, unkontrolliert zu zittern. Dazu kommen Schmerzen in der Herz- und Magengegend, dann Krämpfe am ganzen Körper. Die Totenstarre setzt vor dem Tod ein. Das Opfer ist bei Bewußtsein, wenn die Lähmung beginnt. Schleim füllt die Kehle und erschwert das Atmen und Sprechen. Das Opfer ist immer noch bei Bewußtsein und friert. Der Tod tritt nach vier bis sechzehn Stunden ein.«

Der Schmerz um den Tod Shahs erschütterte die ganze Familie. Die Ehe von Mir und Fauzia brach auseinander. Auch Sassi war für uns verloren. Als ich in Nizza eintraf, um die eidesstattliche Aussage zu machen, saß Rehana im Gefängnis. Sassi war bei Fauzia, und Fauzia ließ uns nicht zu ihr. Unsere Qualen schienen kein Ende nehmen zu wollen. Sassi war unser Fleisch und Blut. Sie sah Shah ausgesprochen ähnlich, besonders ihre Augen erinnerten an ihn. Sassi war alles, was uns von Shah geblieben war. Und jetzt verloren wir auch sie.

Wir hatten versucht, mit Rehana eine rechtliche Vereinbarung zu treffen: Sassi sollte neun Monate des Jahres bei ihr leben und drei Monate bei uns. In dieser Zeit wollten wir für alle Ausgaben und für ihre Erziehung aufkommen. Aber Rehana hatte kein Interesse gezeigt. Wir hatten wieder vor Gericht gehen müssen, obwohl das Gerichtsverfahren nicht dazu beitrug, den Schmerz des Verlustes zu lindern.

Im Februar 1988 sprach das Gericht meiner Mutter das Recht zu, Sassi am Wochenende zu sehen, aber das Urteil konnte nicht in die Tat umgesetzt werden. Rehana hatte Sassi nach Kalifornien zu ihren Großeltern gebracht. Wo mag Sassi jetzt sein? Wie mag es ihr gehen? Es tut mir körperlich weh, an sie zu denken. Wenn wir wenigstens sicher sein könnten, daß es ihr gutgeht, daß sie gesund und glücklich ist. Aber nicht einmal das wissen wir. In der Zwischenzeit klammere ich mich an die Hoffnung, daß

Sassi eines Tages zu uns kommen wird. Wie ihre Namensgefährtin wird sie Wüsten und Gebirge durchqueren, um die Familie zu finden, von der sie geliebt wird. Wir werden immer auf sie warten.
Im Juni 1988, nach einem fast zweijährigen Verfahren, verfügte das französische Gericht, daß Rehana sich wegen unterlassener Hilfeleistung vor Gericht verantworten müsse. Dieses Vergehen wird mit Gefängnisstrafen zwischen einem und fünf Jahren geahndet. Zu unserer Enttäuschung verfügte das Gericht auch, daß das Beweismaterial nicht ausreiche, um die Mordanklage gegen Unbekannt aufrechtzuerhalten. Aber wenigstens war das Stigma des Selbstmords von Shahs Namen getilgt. Kurz nach der Urteilsverkündung berichtete BBC, Rehanas Anwalt habe erklärt, auch Rehana glaube inzwischen, daß Shah ermordet worden sei.
Sassi wird, wie wir alle, vielleicht niemals die Wahrheit darüber erfahren, wie ihr Vater gestorben ist. Im Juli 1988 erfuhren wir, daß Rehana Frankreich verlassen hatte und zu ihrer Familie und Sassi nach Amerika gefahren war. Wie sich herausstellte, hatten die französischen Behörden »aus humanitären Gründen« Rehanas Paß herausgegeben. Rehana hatte nach Aussage unserer Anwälte offenbar keine Schwierigkeiten, beim amerikanischen Konsulat in Marseille ein Visum zu bekommen. Ihr Prozeß werde, hieß es, wenn überhaupt, nicht vor 1989 stattfinden. Unsere Anwälte jedenfalls bezweifeln, daß Rehana zu dem Verfahren nach Frankreich zurückkehren wird.

Wieder ist ein Bhutto wegen seiner politischen Überzeugungen gestorben. Wieder ist ein Aktivist zum Schweigen gebracht worden. Wir machen weiter. Die Trauer kann uns nicht aus der Politik vertreiben oder uns an unserem Streben nach Demokratie hindern.
Wir glauben an Gott und überlassen es ihm, zu richten.

13. Kapitel

Heimkehr nach Lahore und das Massaker vom August 1986

Am 30. Dezember 1985 wurde das Kriegsrecht aufgehoben. Ich hielt mich noch immer in Europa auf und erfuhr die Neuigkeit über das Fernsehen in einem Hotel. Aber die erhoffte Erleichterung stellte sich nicht ein. Die Aufhebung des Kriegsrechts sollte nur den Westen bei Laune halten. Sie bedeutete nicht die Rückkehr zu einer zivilen Herrschaft, denn Zia behielt sowohl das Amt des Stabschefs des Heeres als auch das Amt des Präsidenten bei. Keiner konnte also behaupten, die Armee hätte sich aus dem politischen Prozeß zurückgezogen. Welche Rolle politische Parteien bei künftigen Wahlen spielen würden, war noch ungeklärt. Das Regime fürchtete nach wie vor die Rückkehr Pakistans zu einer echten Demokratie.

Zias neue »Zivilregierung« war in Wirklichkeit eine Farce. Kurz vor Aufhebung des Kriegsrechts hatte Zias Marionetten-Parlament den skandalösen achten Verfassungszusatz verabschiedet. Der Zusatz erteilte den Mitgliedern des Regimes nicht nur für alles bisher unter dem Kriegsrecht begangene Unrecht Indemnität, sondern auch für alle Maßnahmen, die in den letzten drei Monaten des Kriegsrechts noch getroffen würden. Als somit einer späteren gerichtlichen Überprüfung der Prozesse unter dem Kriegsrecht ein Riegel vorgeschoben war, hatten sich die Militärgerichte eiligst daran gemacht, viele hundert Menschen zu langen Gefängnisstrafen zu verurteilen. Wenn das Kriegsrecht aufgehoben wurde, sollten möglichst viele Regimegegner sicher hinter Gittern sein und möglichst lange dort bleiben.

Mit der Aufhebung des Kriegsrechts war es nicht getan; sein Erbe lastete schwer auf dem Land. Seit 1977 hatte Zia systematisch alle Institutionen ausgeschaltet, die von der Regierung meines Vaters eingerichtet worden waren: die unabhängige Rechtsprechung, die geordnete Wirtschaft, das parlamentarische Regierungssystem, die freie Presse, Religionsfreiheit und die Garantie der Bürgerrechte für alle Bürger durch die Verfassung von 1973. Da es in keinem dieser Bereiche mehr eine rechtliche oder sonstige

Ordnung gab, war das Leben in Pakistan zum Kampf aller gegen alle geworden.

Bestechung und Verbrechen waren landesweite Gewerbezweige geworden. Eine Anstellung beim Zoll zum Beispiel war unter dem Kriegsrecht bei aufgeweckten jungen Menschen begehrt, weil die Bestechungsgelder dort am höchsten waren. Eine neue Klasse von »Unternehmern« schmuggelte - und schmuggelt heute noch - von der Klimaanlage bis zum Videogerät alles nach Pakistan hinein, was sich verkaufen ließ. Mit Hilfe von Schmiergeldern kam die Ware durch den Zoll und dann auf den pakistanischen Schwarzmarkt. In einem kürzlich erschienenen Bericht der Staatsbank heißt es, fast ein Sechstel des Wirtschaftswachstums in Pakistan gehe auf den Schmuggel zurück. Doch der Schwarzmarkt bringt dem Land keine Steuern.

Der Einmarsch der Sowjets in Afghanistan hatte noch weitreichendere und verhängnisvollere Konsequenzen. Für die Mudschahidin bestimmte US-Waffen landeten auf den neuen blühenden Waffenmärkten Pakistans. Sowjetische Kalaschnikows gelangten in die Hände pakistanischer Spezialisten, wurden kopiert und für nur vierzig Dollar pro Stück auf dem Schwarzmarkt verkauft. Angeblich konnte man in Karachi Kalaschnikows auch stundenweise mieten. In bestimmten Teilen Inner-Sinds reiste niemand mehr nach Einbruch der Dunkelheit, weil die Straßen von Gangsterbanden mit automatischen Waffen und Raketenwerfern kontrolliert wurden. Großgrundbesitzer und Industrielle in ganz Pakistan begannen Privatarmeen aufzustellen, um sich zu schützen und gelegentliche Angriffe auf ihre Konkurrenten zu starten. Manchmal stellte auch das Regime diese Armeen auf und versorgte die »Soldaten«, die von Stammesfürsten für sie rekrutiert worden waren, mit Waffen, Uniformen und Sold. Als Gegenleistung bedrohten diese Truppen PPP-Anhänger und zerstörten gelegentlich sogar ganze Dörfer. Nicht einmal die Moscheen, in die sich die Dorfbewohner flüchteten, wurden verschont.

Auch der Drogenhandel war eine Folge des Einmarsches der Russen in Afghanistan. Vor dem Massenandrang afghanischer Flüchtlinge war Pakistan drogenfrei gewesen, jetzt gab es vermutlich mehr als eine Million Süchtige. Heroin und Opium im Wert von Millionen, wenn nicht Milliarden Dollar wurde von den Flüchtlingslagern im Norden über die Straßen nach Süden transportiert und von Karachi aus verschifft. Im Jahr 1983 gehörte Pakistan zu den weltweit wichtigsten Heroinlieferanten. Protzige, mit Drogendollars finanzierte Villen schossen in Karachi, Lahore und den

Stammesgebieten aus dem Boden. Das Regime verschloß die Augen oder steckte seinen Anteil ein. Angeblich brachten viele Lastwagen der Armee, die mit Waffen für die Mudschahidin über den Khyber-Paß fuhren, auf dem Rückweg Rauschgift nach Karachi.

Angehörige hoher Regierungsbeamte, unter ihnen auch der Sohn eines Kabinettsministers, wurden in Amerika und anderen westlichen Ländern wegen Drogenhandels von Interpol geschnappt und verhaftet. In Pakistan dagegen wurde kein einziger wichtiger Regierungsvertreter verhaftet. Der Militärgouverneur der Frontier Province spielte, obwohl er es bestreitet, weitverbreiteten Gerüchten zufolge eine zentrale Rolle im Drogenhandel. Während Zia die anderen Militärgouverneure nach Lust und Laune absetzte und ersetzte, beließ er diesen Gouverneur über sieben Jahre im Amt. Fast ebenso bekannt wurde der Fall Abdullah Bhattis, eines der beiden Drogenbosse, die das Regime in den acht Jahren des Kriegsrechts tatsächlich verhaftete. Nach seiner Verurteilung durch ein Militärgericht »entkam« Bhatti. Einige Jahre später mußte er wegen schlechten Wetters mit seinem Flugzeug in Karachi landen und wurde dort wieder verhaftet. Doch General Zia machte von seinem Begnadigungsrecht als Präsident Gebrauch und ließ Bhatti frei. Für politische Gefangene hat er von diesem Recht kein einziges Mal Gebrauch gemacht.

Auch Zias »Islamisierungspolitik« hatte das Land gespalten und demoralisiert. Während unter meinem Vater religiöse Toleranz geherrscht hatte, wurden unter Zias »Islamisierung« alle religiösen Minderheiten verfolgt. Die meisten Pakistaner waren Anhänger der hanafitischen Schule des sunnitischen Islam, die für eine gemäßigte Interpretation unserer religiösen Glaubenssätze stand. Unser Land hatte sich den islamischen Prinzipien der Einheit, der gegenseitigen Unterstützung und der Toleranz gegenüber religiösen Minderheiten verschrieben, gegenüber den Anhängern der Ahmedijja, deren religiöse Führung in England saß, den Hindus, den Christen, und der kleinen, aber geschlossenen Gemeinde der Parsen oder Zoroastrier, die das Feuer verehren. »Ihr dürft eure Tempel besuchen, eure Moscheen und jede andere Andachtsstätte im Staat Pakistan«, hatte der Gründer unseres Landes Mohammed Ali Jinnah 1947 an dem Tag erklärt, als er zum Präsidenten der Verfassunggebenden Versammlung von Pakistan gewählt wurde. »Egal, welcher Religion, welcher Kaste, welchem Glauben ihr anhängt - der Staat darf sich hier nicht einmischen.«

Zia dagegen unterstützte die Wahabiten, eine den Reformisten in Saudi-Arabien nahestehende Sekte. Aus ihr gingen rechtsgerichtete Gruppierun-

gen wie die *Jamaat e Islami* hervor, die an eine viel strengere, weniger tolerante Auslegung des Islam glaubten. Seit dem Staatsstreich 1977 hatte das Regime die Islamisierung gepredigt, und eine fundamentalistische Minderheit hatte versucht, dem Rest des Landes ihre bigotten Überzeugungen aufzuzwingen. Christen, Hindus und Parsen fanden morgens in ihren Wohnungen vervielfältigte Briefe vor, die unter der Tür durchgeschoben worden waren: »Raus! Wir brauchen euch hier nicht.« Viele Angehörige von Minderheiten hatten in aller Stille ihren Besitz verkauft und das Land verlassen, das ihnen seit Generationen eine Heimat gewesen war. Wer in Pakistan geblieben war, lebte zurückgezogen. Die parsischen Frauen zum Beispiel, die unter der Regierung meines Vaters oft Jeans getragen hatten, hüllten sich jetzt in *shalwar khameez,* aus Angst, den Zorn der fundamentalistischen Mullahs auf sich zu ziehen.
Unter Zia entwickelten sich die Mullahs zum Schwert der Islamisierung. Sie verbrämten die repressive Herrschaft des Regimes mit religiösen Formulierungen, um sie akzeptabler zu machen. Zia führte im Gegenzug eine islamische Steuer ein, die zweieinhalb Prozent des Einkommens ausmachte und die er durch die Mullahs an die Armen verteilen ließ. Doch von Zias Steuer floß viel mehr in die Taschen der Mullahs, als den Bedürftigen zukam, für die sie angeblich eingezogen wurde.
Die *fatwa* oder Entscheidung, was richtig und was falsch ist, die von den Mullahs freitags bei ihren Predigten in den Moscheen verkündet wird, erlangte große Bedeutung. Eine fast komische *fatwa* aus dem Jahr 1984 betraf zwei Schauspieler eines Fernsehfilms, die im wirklichen Leben miteinander verheiratet waren. Im Film verstieß der männliche Schauspieler seine Frau, indem er dreimal sagte: »Ich verstoße dich.« Die Mullahs erklärten darauf in ihrer *fatwa,* das verheiratete Paar sei tatsächlich geschieden, die Frau müsse wegen Ehebruchs zu Tode gesteinigt werden. Tatsächlich überfiel nachts ein wütender Mob das Haus des Ehepaars. Aber die Öffentlichkeit war durch die ständige, meist kritiklos hingenommene Berieselung mit fundamentalistischen Interpretationen des Islam so apathisch geworden, daß der Vorfall praktisch unbeachtet blieb.
Zia bediente sich konsequent der Sprache des Islam, um seine repressiven Maßnahmen zu rechtfertigen und bestimmte Teile der Gesellschaft zu terrorisieren. Zwei Wochen nach Khomeinis Rückkehr nach Iran 1979 hatten Zias *Shariat*-Gerichte die berüchtigten *Hudood*-Verordnungen erlassen. Danach wurden Vergehen wie Diebstahl, Ehebruch und Vergewaltigung nach der strengsten Auslegung der Scharia bestraft, des im Heiligen

Koran und in der Hadith, der Sammlung von Aussprüchen des Propheten (Friede sei mit ihm), niedergelegten Rechts. Nach den *Hudood*-Verordnungen mußte eine Frau vier muslimische Männer als Zeugen beibringen, wenn sie Anklage auf Vergewaltigung erhob. Ohne diesen Beweis, der ganz offensichtlich kaum zu beschaffen war, konnte die Frau wegen Ehebruchs angeklagt werden. Safia Bibi, ein blindes Dienstmädchen, das ein Kind bekam, nachdem sie von ihrem Arbeitgeber und dessen Sohn vergewaltigt worden war, war ein klassischer Fall für die Ungerechtigtkeit der fundamentalistischen Rechtsprechung. Da keiner der beiden Männer die Tat zugab und Safia Bibi keine vier Augenzeugen für die Vergewaltigung beibringen konnte - eine Vergewaltigung geschieht gewöhnlich nicht in aller Öffentlichkeit -, gingen die beiden Männer straffrei aus. Die junge Frau dagegen wurde wegen Ehebruchs angeklagt und zu öffentlicher Auspeitschung und drei Jahren Haft verurteilt.

Die Strafe blieb Safia Bibi erspart, weil empörte Frauen eine Kampagne starteten und damit die internationale Aufmerksamkeit erregten. Betreten sprach das Regime die junge Frau eiligst frei. Ein dreizehnjähriges Mädchen, das nach der Vergewaltigung durch seinen Onkel schwanger wurde, hatte weniger Glück. Da sie das Gericht nicht von der Vergewaltigung überzeugen konnte, wurde auch sie zu drei Jahren Haft und zehn Stockschlägen verurteilt. Das Gericht setzte das Urteil aus, bis ihr neugeborenes Kind das Alter von zwei Jahren erreicht hatte.

In der von meinem Vater konzipierten Verfassung von 1973 war die Diskriminierung von Frauen ausdrücklich verboten: »... niemand darf aufgrund seines Geschlechts benachteiligt werden«, hieß es in Artikel 25 (2). Durch Zias Islamisierungspolitik wurde die Diskriminierung nicht nur sanktioniert, sondern sogar gefördert. Die Moschee der Universität von Karachi wurde in ein Waffendepot für den studentischen Flügel der *Jamaat-e-Islami* verwandelt, und die fundamentalistischen Studenten forderten die Trennung der Geschlechter auf dem Campus. »Frauen sind unter Männern nicht sicher«, behaupteten die männlichen Studenten. Zum Beweis begannen sie Studentinnen zu belästigen, die sich nicht mit *burqas* verhüllten. Einige Frauen bespritzen sie mit Säure, die sich durch die Kleider fraß. Die Studenten, die die Säure-Anschläge verübten, wurden nicht bestraft.

Frauen wurden aus allen möglichen Bereichen der Gesellschaft ausgegrenzt. Bei offiziellen Veranstaltungen begann man die Gäste nach Geschlecht zu trennen. Auch Frauen, die einen hohen Rang bekleideten, wurden von ihren männlichen Kollegen getrennt. Die Fernsehanstalten verlangten von ihren Nachrichtensprecherinnen, daß sie den Kopf mit *dupattas* bedeckten; wer sich weigerte, wurde entlassen. Die Spielerinnen der erstklassigen pakistanischen Hockey-Mannschaften mußten auf dem Spielfeld die Beine bedecken; das machte ihnen die Teilnahme an internationalen Wettkämpfen natürlich unmöglich. Gelegentlich nahm der islamische Eifer des Regimes absurde Formen an. »Dieses Foto zeigt eine Frau mit nackten Beinen«, rügte ein Zensor des Regimes einen Zeitungsredakteur. Gegenstand seiner Kritik war das Bild eines Artikels über die Endrunde des World-Cup-Tennisturniers. »Das ist keine Frau. Das ist Björn Borg«, erklärte der Redakteur dem Zensor.

Die Frauen hatten sich gewehrt, als ihr Einfluß und ihre Stellung durch die Verordnungen des Regimes immer weiter beschnitten wurden. Als die *Shariat*-Gerichte des Regimes im Februar 1983 verkündeten, daß das Zeugnis einer Frau nur halb so schwer wiege wie das eines Mannes, war eine Vereinigung akademisch gebildeter Frauen in Lahore auf die Straße gegangen. Die Polizei hatte den Zug aus Professorinnen, Geschäftsfrauen und Rechtanwältinnen mit *lathi*-Stöcken und Tränengas angegriffen und siebzig bis achtzig Teilnehmerinnen an ihren Zöpfen ins Gefängnis geschleift. Und als ob das noch nicht genug wäre, erklärten die fundamentalistischen Mullahs die Ehen aller Demonstrantinnen für aufgelöst, da für aggressive Frauen im Islam kein Platz sei. Die Frauen konnten die Mullahs ignorieren, nicht aber das Regime. Trotz ihrer Proteste verabschiedete Zias Parlament 1984 das Gesetz zur Zeugenaussage. Es ist bis heute in Kraft.

Über zwei weitere Gesetze war noch nicht entschieden: Das eine Gesetz wollte verbieten, daß in Mordfällen Frauen als Zeugen zugelassen würden, das zweite reduzierte die Entschädigung, die an die Angehörigen einer ermordeten Frau zu zahlen war. Ausgehend von der Annahme, daß eine Frau nur halb so viel wert sei wie ein Mann, sollte die Familie der ermordeten Frau nur die Hälfte der Entschädigung erhalten, die bezahlt werden mußte, wenn das Opfer ein Mann war.

Obwohl viel von der Aufhebung des Kriegsrechts geredet wurde, herrschten in Zias Pakistan weiterhin Zwist und Repression. Die Armen waren demoralisiert, ebenso die Frauen. Statt Differenzen friedlich beizulegen oder mit ihnen zu leben, verlegten sich rivalisierende Gruppen in ganz Pakistan auf gewalttätige Entführungen und Schießereien. Besonders kraß war die Gewalt unter den Minderheiten in Sind, in Belutschistan und in

der Frontier Province, wo Zias Prinzip »Teile und herrsche« zu ethnischer Polarisierung und zunehmend separatistischen Bestrebungen geführt hatte.
Von Anfang an war das Verbot politischer Parteien mit der Unterstützung der Separatistenführer einhergegangen. Zia hatte die Separatisten in der Presse ausführlich zu Wort kommen lassen und so Mißtrauen zwischen den Minderheitenprovinzen und dem Punjab gesät. Das ermöglichte ihm, weiterhin den Mythos zu pflegen, daß die Militärherrschaft notwendig sei, um das Land zusammenzuhalten. Mit den parteilosen Wahlen hatte das Regime die Aufsplitterung weiter vorangetrieben. Weil das Regime politischen Parteien die Teilnahme an den Wahlen verbot, waren die Kandidaten gezwungen, ihren Wahlkampf statt auf der Grundlage politischer, über ethnische und regionale Grenzen hinausgehender Ideale auf der Basis individueller Identifikation zu führen: »Stimmt für mich, ich bin Schiit wie ihr«, sagten die Kandidaten ihren Wählern. Oder: »Stimmt für mich. Ich komme auch aus dem Punjab.«
Das Land bezahlte den Preis dafür. Im Jahr 1985 brachen in Karachi erstmals Kämpfe zwischen Pathanen und *muhajirs,* Emigranten aus Indien, aus. Mehr als 50 Menschen wurden dabei getötet, über 100 verletzt. Ausgelöst wurden die Kämpfe durch einen Unfall, bei dem ein Pathane mit seinem Bus ein *muhajir*-Mädchen überfahren hatte. Daraufhin hatte der wütende Mob viele hundert Autos, Motorroller und Busse angezündet. Die Kämpfe griffen so schnell um sich, daß das Regime in einigen Gegenden über einen Monat lang Ausgangssperren verhängte. Durch diese Maßnahme ließen sich die Symptome des Problems beseitigen, zur Behebung der Ursachen trug sie nichts bei. Im Laufe der folgenden Jahre gab es bei ethnischen Unruhen immer mehr Tote und Verletzte, und das Ausmaß der Zerstörung wuchs. Neue politische Parteien, die ausschließlich auf ethnischer Zugehörigkeit basierten, gewannen an Popularität und verstärkten die sektiererischen Spannungen. Die Einheit Pakistans stand kurz vor ihrer Auflösung.

»Ich denke daran, nach Hause zurückzukehren«, sagte ich zu den PPP-Aktivisten, die sich im Januar 1986 nach meiner Rückkehr aus Frankreich in meiner Wohnung im Barbican eingefunden hatten. Sie sahen mich erwartungsvoll an, unsicher, was ich damit genau meinte. »Ich werde wahrscheinlich in Lahore oder Peshawar landen«, fuhr ich fort. Ihre Gesichter hellten sich auf. Ich hatte mit »nach Hause« also nicht Clifton 70 gemeint, sondern Pakistan. Der Kampf der PPP gegen Zia konnte beginnen.

»Wir gehen mit dir«, sagten Nahid und Safdar Abbasi. »Ich komme auch mit«, fiel Bashir Riaz ein. Ich mahnte zur Vorsicht: »Trefft keine übereilten Entscheidungen.« Ich wußte, daß gegen Nahid und Bashir in Pakistan noch Verfahren anhängig waren. Aber der kleine Freiwilligen-Kader im Barbican hielt an seinem Entschluß fest. Wir würden gemeinsam zurückkehren.

Der Zeitpunkt schien richtig gewählt. Die lautstark verkündete Aufhebung des Kriegsrechts ermöglichte uns, das Regime unter Druck zu setzen und die proklamierte neue Freiheit auf die Probe zu stellen. Wenn Zia mich bei meiner Rückkehr verhaften ließ, war seine Demokratie als Farce entlarvt. Wenn er mich nicht verhaften ließ, konnte ich dem pakistanischen Volk zum ersten Mal seit neun Jahren ungehindert das Programm der PPP verkünden. Auch unter psychologischem Aspekt war der Zeitpunkt günstig. In jüngster Vergangenheit waren zwei Diktatoren gestürzt worden - Ferdinand Marcos auf den Philippinen und »Papa Doc« Duvalier auf Haiti. Die Zeit war reif für den Sturz eines dritten.

Es war eine folgenschwere Entscheidung. War sie wirklich richtig? Nach den Jahren der Haft und des Exils war ich nicht in der Lage, das politische Klima in Pakistan aus eigener Erfahrung einzuschätzen. Deshalb berief ich eine Versammlung des Zentralen Vorstands der PPP in London ein. »Ich glaube, es ist an der Zeit, zurückzukehren«, sagte ich. »Aber die Entscheidung liegt bei euch. Es ist durchaus möglich, daß mir etwas zustößt oder daß ich verhaftet werde. Was kann die PPP in einem solchen Fall tun? Ist der richtige Zeitpunkt gekommen, offen zu protestieren und Zia zur Wiederherstellung einer echten Demokratie zu zwingen, oder sollte ich meine Rückkehr verschieben? Die Entscheidung liegt bei euch.«

»Wir stehen hinter deiner Entscheidung, jetzt zurückzukehren«, erklärten die Parteiführer einmütig. »Wenn Zia dich schikaniert, hat er es mit uns allen zu tun.« Ich war froh über unseren Entschluß. Später saß ich mit einigen Mitgliedern um den kleinen Eßtisch im Barbican. Wir überlegten mögliche Routen für meine Reise durch den Punjab, die Frontier Province und Sind. Wie immer verfolgten wir unsere Strategie nicht mit Mitteln der Gewalt, sondern mit Mitteln der Politik: Wir wollten das System von innen heraus bekämpfen und dem Regime keinerlei Vorwand liefern, uns zu verhaften. Mit der Organisation von Massendemonstrationen in ganz Pakistan wollten wir das Regime zwingen, einen frühen Termin für Wahlen festzusetzen, möglichst schon im Herbst1986.

Ich baute immer mehr Städte in meine Tour ein. Die PPP sollte nach meinem Plan nicht in allen größeren Städten gleichzeitig Demonstrationen abhalten, sondern nacheinander in vielen verschiedenen Städten. Auf diese Weise wollten wir erreichen, daß das Volk allmählich Vertrauen zu uns faßte und die Angst überwand, die Zia dem Land mit seiner Politik des Galgens und der Peitsche eingeflößt hatte.

»Halten Sie das auch durch?« fragten mich PPP-Funktionäre bei einem Abendessen aus Huhn und *dhal,* das ich zubereitet hatte. »Ich halte es durch«, war meine Antwort. Wir einigten uns auf Lahore als erste Station. Lahore war die Hauptstadt des Punjab, der Provinz, aus der die Armee sich rekrutierte. Aber der Punjab war auch eine Hochburg der PPP.

Als wir die Reiseroute fertig ausgearbeitet hatten, kehrten die anderen PPP-Führer nach Pakistan zurück, um mit der Organisation der Reise zu beginnen. Der endgültige Termin für meine Rückkehr wurde geheimgehalten. Wir hatten inzwischen gelernt, wie wir verhindern konnten, daß Zia sich auf unsere Aktionen vorbereitete. Völlig unerwartet entpuppte sich die Geheimhaltung als überaus werbewirksam. In ganz Pakistan begannen die Menschen mit einem Ratespiel. »Sie kommt am 23. März, am Pakistan-Tag«, behauptete ein Gerücht. »Nein, sie kommt am 4. April, dem Todestag ihres Vaters«, behaupteten andere Gerüchte. Selbst die Presse veröffentlichte die neuesten Spekulationen.

Ich bekam erste Morddrohungen. Ein PPP-Anhänger in Pakistan übermittelte mir die Warnung eines Offizier aus Sind. »Sagen Sie ihr, daß sie nicht kommen soll«, ließ der Offizier mir ausrichten. »Man will sie ermorden.« Auch aus dem Punjab, aus der Frontier Province und aus anderen Teilen des Landes erfuhren wir, daß mein Leben in Gefahr sei. »Eine Frau in der Politik ist gefährdeter, als Sie denken. Kommen Sie nicht zurück.« Mein privates Telefon klingelte zu ungewöhnlichen Zeiten, frühmorgens etwa oder spätabends. Wenn ich abnahm, war niemand dran. Ein Freund rief mich an und berichtete, in Heathrow sei ein pakistanischer Major, der ein Bild von mir bei sich hatte, abgefangen und zurückgeschickt worden.

Ich wußte nicht, ob die Drohungen ernst gemeint waren oder ob das Regime mich nur einschüchtern wollte, damit ich nicht zurückkehrte. Ein Zwischenfall gab mir allerdings zu denken. Noor Mohammed, der alte und getreue ehemalige Diener meines Vaters, war im Januar in Karachi auf brutale Weise ermordet worden. Vor seinem Tod hatte ich von seiner jungen Nichte Shahnaz, für die er die Vormundschaft übernommen hatte, einen Brief bekommen. Darin teilte sie mir mit, daß Noor Mohammed mich unbedingt sprechen müsse. Sie bat mich, ihn anzurufen. Das Regime sei hinter ihm her, habe er ihr gesagt, weil er »etwas wisse«. Ich hatte von London aus sofort zurückgerufen. Aber es war zu spät. Nicht nur Noor Mohammed, auch die elfjährige Shahnaz war tot, auf grausame Weise erstochen. Wenig später erhielt ich einen Brief von Noor Mohammed persönlich, der noch kurz vor seinem Tod abgeschickt worden war. Wieder bat er mich dringend, ihn anzurufen. Was hatte Noor Mohammed mir nicht mehr sagen können?

Ich flog nach Washington, um dort darauf aufmerksam zu machen, daß wir den Demokratisierungswillen des Regimes in Kürze auf die Probe stellen würden. Das pakistanische Volk hatte neun Jahre auf Wahlen und die Wiedereinsetzung einer demokratischen Regierung gewartet. Wer konnte wissen, welche Reaktion meine Rückkehr beim Volk auslösen und wie das Regime reagieren würde? Zias Premierminister Mohammed Khan Junejo hatte mir öffentlich zugesichert, daß ich nicht verhaftet würde. Aber wer wußte, was Zia plante?

In Washington traf ich mich mit Senator Pell, Senator Kennedy und Stephen Solarz, einem intelligenten, energischen Abgeordneten des Repräsentantenhauses. Stephen Solarz hatte als Beobachter an den Wahlen auf den Philippinen teilgenommen, durch die Corazón Aquino unlängst auf demokratischem Weg ins Amt gekommen war. Zwischen Stephen und mir hatte sich eine persönliche Freundschaft entwickelt. Alle drei Politiker unterstützten meinen Plan, nach Pakistan zurückzukehren. Auch sie drängten auf freie Wahlen und die Wiederherstellung der Menschenrechte in Pakistan. Sie versprachen, die Entwicklungen nach meiner Rückkehr aufmerksam zu verfolgen. Mark Siegel, ein politischer Berater, den ich während meines Washington-Besuches 1984 kennengelernt hatte, war ebenfalls sehr hilfsbereit. Er überredete Regierungsfunktionäre und andere einflußreiche Leute, an pakistanische Funktionäre zu schreiben und ernste Konsequenzen anzudrohen, falls ich neuen Schikanen ausgesetzt würde. Als zusätzliche Sicherheitsmaßnahme kaufte Mark mir eine kugelsichere Weste.

Die amerikanischen Journalisten waren fasziniert von den Gemeinsamkeiten zwischen meinem bevorstehenden Kampf mit Zia und Corazón Aquinos Kampf gegen Ferdinand Marcos auf den Philippinen. Ihre Ansichten über die Gemeinsamkeiten zwischen Mrs. Aquino und mir waren jedoch ein wenig zu romantisch. Zwar stammten wir beide aus angesehenen Grundbesitzerfamilien und hatten beide unsere Ausbildung in den Vereinigten Staaten absolviert. Wir hatten beide geliebte Familienangehörige an Diktatoren verloren - Mrs. Aquino ihren Mann, ich meinen Vater und meinen Bruder. Mrs. Aquino hatte Marcos mit der »Macht des Volkes« bekämpft, um eine friedliche Revolution zu inszenieren, wie ich es in Pakistan zu tun hoffte. Aber hier endeten die Gemeinsamkeiten zwischen uns.

Corazón Aquino wurde bei ihrem Versuch, das Marcos-Regime zu stürzen, sowohl vom Militär als auch von der Kirche unterstützt. Ich hatte in Pakistan keine solche Unterstützung. Die Generäle opponierten gegen mich, weil ich das korrupte System bedrohte, das ihnen Rabatte bei Landkäufen, kostenlose Autos und Zollvergünstigungen verschaffte. Das religiöse Establishment stand zwar teilweise auf meiner Seite, doch die fundamentalistischen Mullahs unterstützen Zias Diktatur.

Der wichtigste Unterschied bestand jedoch darin, daß die Amerikaner dem Diktator Marcos ihre Unterstützung entzogen und ihn mit Familie und Anhang aus dem Land geholt hatten. Zia dagegen wurde von der Reagan-Administration protegiert. Im Kongreß stand die Entscheidung über eine sechsjährige Militär- und Wirtschaftshilfe im Wert von 4,2 Milliarden Dollar an, die vom Weißen Haus stark favorisiert wurde. Aus Amerika war, von guten Wünschen und der moralischen Unterstützung verschiedener Mitglieder der Regierung und der Presse abgesehen, wenig konkrete Hilfe zu erwarten.

»Wir begleiten Sie«, boten mir einige Korrespondenten an. »Die ausländische Presse ist der beste Schutz.« Ich dankte ihnen und versuchte, nicht an den philippinischen Oppositionsführer Benigno Aquino zu denken. Er hatte seinen Rückflug auf die Philippinen ebenfalls in Begleitung der Presse angetreten, war aber auf dem Flughafen erschossen worden, bevor er den Fuß auf philippinischen Boden setzen konnte. Jemand hatte ein Briefchen unter der Tür im Barbican hindurchgeschoben. Darin stand nur: »Denk an Aquino.«

Ich wußte nicht, ob mich der Tod erwartete, wenn ich nach Pakistan zurückkehrte. Aber ich wollte auch nicht darüber nachdenken. Das Schicksal, das mir Gott zugedacht hatte, würde sich erfüllen, gleichgültig, was ich tat oder wohin ich ging. Dennoch wollte ich ein Versprechen einlösen, das ich meinem Vater gegeben hatte: in seinem Namen die *Umrah,* die kleine Pilgerfahrt nach Mekka zu machen. Fast unmittelbar nach meiner Rückkehr aus Washington flog ich mit ein paar Freunden nach Mekka. Jeder Muslim, der dazu in der Lage ist, muß einmal in seinem Leben die Haddsch, die große Pilgerfahrt nach Mekka absolvieren. Die *Umrah*

dauert nicht wie die Haddsch vier Tage, sondern nur ein paar Stunden, und kann das ganze Jahr über unternommen werden.
Ich hatte schon seit 1978 die Absicht, im Namen meines Vaters die *Umrah* zu machen. Zweimal hatte mir Zias sogenanntes islamisches Regime die Erlaubnis verweigert, nach Mekka zu reisen. Da ich nicht wußte, was mich in Pakistan erwartete, war das jetzt meine letzte Chance.
In Mekka zogen meine Freunde und ich weiße, ungesäumte Pilgergewänder an und begannen mit dem Zeremoniell. »*Allah,* du bist der Friede, und von dir kommt aller Friede. Oh Herr, gib uns Frieden«, beteten wir gemeinsam auf arabisch am Tor der Friedens, dem Eingang zum großen weißen Marmorhof der Heiligen Moschee. Siebenmal umrundeten wir die Kaaba, ein 15 m hohes und 11 m langes schwarzes Gebäude. Für Muslime ist die Kaaba der Ort, an dem Abraham das erste Gotteshaus zur Anbetung eines einzigen Gottes errichtet hat. »*Allahu akbar* - Gott ist groß«, rezitierten wir jedesmal, wenn wir am Schwarzen Stein vorüberkamen, der in der südöstlichen Ecke der Kaaba eingemauert ist. Der Prophet (Friede sei mit ihm) hatte den kleinen Stein geküßt, als er im 7. Jahrhundert half, ihn in die Wand einzumauern.
Ich spürte, wie mir leicht ums Herz wurde, während wir die Riten der *Umrah* ausführten. Bei jeder Station betete ich für meinen Vater, für all die anderen Männer, die vom Regime umgebracht worden waren, für meinen Bruder Shah Nawaz und für die Männer und Frauen, die immer noch im Gefängnis saßen. Ich fühlte mich durch die Zeremonie gestärkt und blieb einen Tag länger, um die *Umrah* ein zweites Mal für mich selbst zu vollziehen. Geistig gereinigt kehrte ich in die Welt der Politik zurück und flog auf Einladung einer Frauengruppe in die Sowjetunion. Ich hoffte, meine Reise nach Rußland würde die kritischen Stimmen in der PPP zum Verstummen bringen, die mir dauernd vorwarfen, ich würde die Amerikaner einseitig bevorzugen. Für meine Rückkehr nach Pakistan brauchte ich eine möglichst breite Unterstützung.
Am 25. März gaben wir bekannt, daß ich am 10. April nach Pakistan zurückkehren würde. Die Journalisten der internationalen Presse strömten schon Tage vor meiner Abreise in Scharen nach London. Obwohl wir unsere Sache für politisch richtig und gerecht hielten, betrachtete die Presse die Angelegenheit eher als dramatische Auseinandersetzung zwischen einer jungen Frau und einem Diktator, eine moderne, feministische Version von David und Goliath. Das Kamerateam von *60 Minutes* filmte mich für CBS in Amerika. *Vanity Fair* beauftragte Lord Snowdon, für eine

Kurzbiographie ein Porträt von mir zu machen. Ich trat im Frühstücksfernsehen in London auf und über Satellit im New Yorker Fernsehen. Die BBC zeichnete für ihren weltweiten Nachrichtenservice Interviews mit mir auf - in englischer Sprache und für die Nachrichten in Urdu auch in Urdu. Außerdem wurde ich in Tante Behjats Wohnung von Associated Press, UPI, Channel Four und British Press interviewt. Petula Clark lebte in demselben Apartmenthaus wie Tante Behjat, aber jetzt, meinte Tante Behjat trocken, stehe erstmals nicht Petulas Apartment im Zentrum der Aufmerksamkeit.

Die internationale Presse setzte große Hoffnungen auf den Erfolg der PPP gegen Zia. Ich hatte jedoch keine Ahnung, was mich in Pakistan erwartete. Vielleicht hatten die Jahre der Unterdrückung den Widerstandsgeist des Volkes geschwächt. Jacobo Timerman hatte in seinem Buch *Wir brüllten nach innen* die verschiedenen Stadien genannt, die unterdrückte Menschen durchlaufen: Wut, Angst, Apathie. Würde das Volk auf den Ruf der PPP reagieren oder schweigen, weil Schweigen bisher lebensnotwendig gewesen war? Eine ganze Generation pakistanischer Jugendlicher war im Schatten des Kriegsrechts aufgewachsen. Ein Kind, das im Juli 1977 zehn Jahre alt war, war zu einem neunzehnjährigen jungen Erwachsenen herangewachsen, ohne sich seiner elementarsten Rechte bewußt zu sein. Würden diese Jugendlichen um etwas kämpfen, das sie nie besessen hatten?

Mit der öffentlichen Ankündigung unserer Rückkehr nach Pakistan hatten wir uns festgelegt. »Wie viele Menschen werden uns Ihrer Meinung nach in Lahore empfangen?« fragte ich Jehangir Badir, den Präsidenten der PPP im Punjab.

»500000«, meinte er.

»Ist das nicht viel zu hoch geschätzt?«

»Es werden mindestens 500000 sein. Sie haben London noch nicht verlassen, aber unseren Informationen zufolge strömen die Menschen schon jetzt nach Lahore.«

»Aber wir wissen es nicht sicher«, sagte ich. »Wenn die Presse fragt, sagen Sie, daß wir 100000 Menschen erwarten, nicht 500000. Wenn dann die Menge auf 470000 Menschen geschätzt wird, kann niemand sagen, daß sie kleiner war als erwartet.«

Es gab keinen Direktflug von Europa nach Lahore. Deshalb flog ich am 9. April mit Bashir Riaz, Nahid, Safdar, meiner Schulfreundin Humaira

und vielen anderen von London nach Dhahran in Saudi-Arabien. Dort hatten wir Anschluß an einen PIA-Flug nach Lahore. Die PIA-Crew war sehr kooperativ und erlaubte den Parteianhängern, die Flugzeugkabine während des Fluges mit PPP-Transparenten, Fahnen und Stickern zu schmücken, die seit neun Jahren verboten waren. Ich habe keine Ahnung, wie den anderen Passagieren zumute war. Im Flugzeug saßen rund 30 PPP-Miglieder. Zählte man noch die Pressevertreter hinzu, hätte man glauben können, es handle sich um einen Charterflug der PPP.
Unsere Hochstimmung war ansteckend, obwohl keiner darüber die Gefahr vergessen konnte, die uns womöglich bedrohte. Bei unserer Zwischenlandung in Dhahran brachten mich die saudiarabischen Behörden in ein besonderes Gästehaus und isolierten die anderen in einem Warteraum. Wie ich später erfuhr, war der pakistanische Botschafter zur selben Zeit in Dhahran eingetroffen, und die Saudis waren um unsere Sicherheit besorgt. Auch die Drohungen aus Pakistan vermehrten sich. Nahid, Bashir und ein weiterer Reisegefährte erhielten in Dhahran die Mitteilung, daß sie in Pakistan auf der Liste derjenigen stünden, die sofort verhaftet würden. Auch ich wurde mehrfach gebeten, nicht zurückzukehren.
Ich versuchte, diese Warnungen zu vergessen, und arbeitete an meiner Rede. Wir flogen weiter nach Lahore, der aufgehenden Sonne entgegen. Das Regime hinderte angeblich ganze Busse mit PPP-Anhängern daran, die Grenzen von Belutschistan, Sind und der Northwest Frontier Province zu überschreiten. Keiner von uns hatte eine Ahnung, was uns bei unserer Ankunft in Pakistan erwartete.

Lahore, 9. April. Amina Piracha:

> Am Abend vor Benazirs Ankunft herrschte in Lahore eine Stimmung wie an Karneval oder bei einem gigantischen Fest. Mrs. Niazi, mein Mann Salim und ich fuhren von Islamabad nach Lahore, um Benazir abzuholen. Keiner von uns hatte so etwas schon erlebt: Überall in der Stadt gab es Stände mit Essen und Getränken. Auch entlang der Straße zum Flughafen waren Buden aufgestellt. Das Volk beherrschte die Stadt. Studenten in Suzuki-Transportern fuhren durch die Straßen und sangen Lieder über die Bhuttos. Ein besonders reizendes Lied in Punjabi lautete: »*Aaj te ho gai* Bhutto, Bhutto - Heute, heute heißt's nur Bhutto, Bhutto.« Immer mehr Menschen trafen in Autos, Bussen, Ochsenkarren, Lastwagen und zu Fuß in der Stadt ein. Ich sah eine

ganze Kolonne vollbesetzter Busse, deren Passagiere Transparente schwenkten: »Dieser Bus kommt aus Badin. Dieser Bus kommt aus Sanghar.« Nach den langen, häßlichen Jahren Unterdrückung und Depression kamen erstmals wieder Hoffnung und Begeisterung zum Durchbruch.

Keiner von uns schlief in dieser Nacht. Wir schlenderten wie die anderen durch die Stadt und zum Flughafen und wieder zurück. Ein alter Mann ging eine Weile neben uns her. In seinen Augen standen Tränen. Dann gesellte sich eine alte Frau zu uns, die abwechselnd bitter weinte und lächelte. Niemand hatte um Mr. Bhutto trauern können. Es hatte keine offizielle Trauerzeit gegeben. Jetzt konnten die Menschen endlich ihren Schmerz zeigen und zugleich ihre Freude über Benazirs Rückkehr. Diese Nacht in Lahore gehört zu meinen schönsten Erlebnissen.

Dr. Ashraf Abbasi:

Es war wie an *Eid*. Fleisch, Reis und Obst wurden kostenlos an das Volk verteilt. Überall sangen und tanzten die Menschen, und die Luft war von Trommelschlägen und Händeklatschen erfüllt. Aus Kassettenrecordern dröhnten Lieder über Mr. Bhutto, die PPP und Benazir. Die Texte waren so eingängig und die Melodien so bekannt, daß jeder gleich mitsingen konnte. Plötzlich flatterte an jedem Balkon und an jedem Laternenpfahl eine PPP-Fahne. Die Leute hatten grünen, roten und schwarzen Stoff gesammelt und als Vorbereitung für Benazirs Rückkehr heimlich Fahnen genäht. Selbst unsere fundamentalistischen Gegner von der *Jamaat-e-Islami* verkauften auf der Straße Spruchbänder und Bilder von Benazir und schlugen so Kapital aus der allgemeinen Begeisterung.

Mrs. Niazi:

Ich wünschte so sehr, daß es meinem Mann und meiner Tochter Yasmin möglich gewesen wäre, Lahore zu erleben, aber in Islamabad standen schwerwiegende Anklagen des Regimes gegen sie an, so daß sie in London bleiben mußten. Das Fest entschädigte die Menschen für ihre Leiden. Ich mußte immer wieder an die Frau denken, die während der schrecklichen Verfolgungen zu mir gesagt hatte, die *Paki-*

stan People's Party sei am Ende, Mr. Bhuttos Name werde nie wieder öffentlich genannt werden. Nein, hatte ich entgegnet, die PPP ist nie am Ende, denn das ganze Volk ist die Partei. Der Tag wird kommen, an dem Mr. Bhuttos Name wieder in den Zeitungen steht. Jetzt war dieser Tag gekommen, und die Gefühle strömten über.

Samiya:

Am Flughafen waren Soldaten damit beschäftigt, riesige Eisenstangen und Stacheldrahtbarrikaden aufzustellen, um die Mengen während Benazirs Ankunft fernzuhalten. Sogar der Verkehr zum und vom Flughafen war umgeleitet worden. Um vier Uhr morgens versammelten wir uns an einem Treffpunkt. Die Regierung ließ nur 200 Personen in den Flughafen hinein. Wir erhielten Ausweise. Auf einem Schleichweg brachte man uns in den Flughafen. Ich hatte einen Kloß im Hals. Wir waren alle so glücklich, daß wir gar nicht merkten, was mit uns geschah.

Dr. Abbasi:

Aber in unsere Fröhlichkeit mischte sich Angst. Wir fürchteten so sehr um Benazirs Sicherheit, daß wir ausmachten, sie in unsere Mitte zu nehmen, um sie durch unsere Körper zu schützen. In Lahore waren so viele, viele Menschen versammelt. Wer mochte alles unter ihnen sein?

Kurz vor sieben knisterte die Stimme des Piloten über die Sprechanlage der Flugkabine: »Wir erreichen in Kürze Lahore. Wir begrüßen Miss Benazir Bhutto und heißen sie in Pakistan willkommen.« Eine Stewardeß kam zu meinem Platz: »Der Pilot hat soeben von der Bodenstation erfahren, daß am Flughafen eine Million Menschen auf Sie warten.«
Eine Million Menschen! Ich blickte aus dem Fenster, sah aber nur die sattgrünen Felder des Punjab. »Kommen Sie ins Cockpit und sehen Sie selbst«, forderte mich die Stewardeß auf. Ich spähte vorn aus dem Flugzeug, konnte aber in der Ferne nur die näher kommende Landebahn erkennen. Überall entlang der Landebahn und auf den Dächern der Flughafengebäude standen winzige Strichmännchen.
Als wir landeten, sah ich, daß es Sicherheitskräfte waren. Die Sicherheitsvorkehrungen waren so streng, daß der Flughafen für alle anderen Flüge gesperrt war.

»Nahid, Bashir, Dara. Bleibt dicht bei mir«, sagte ich zu den Gefährten, die vor einer Verhaftung gewarnt worden waren. Es war fast komisch: Meine Anhänger scharten sich um mich, um mich zu schützen, und ich wollte sie dicht bei mir haben, um sie zu schützen. »Wir sind Ihre Leibwache«, hatten die Vertreter der Presse gesagt. Aber wie sich herausstellte, war unsere Sicherheit bereits durch die Menschenmenge vor dem Flughafen garantiert. Die Einwanderungsbehörden waren so erpicht darauf, uns so schnell wie möglich aus dem Flughafen zu bekommen, daß sie die Formalitäten im Flugzeug hinter sich brachten und rasch alle Pässe abstempelten.

Ich war wieder zu Hause. Als ich den Fuß auf pakistanischen Boden setzte, blieb ich stehen, um die Erde unter meinen Füßen zu spüren und die Luft einzuatmen. Ich war ein Teil dieser Erde, ein Teil dieser Luft. Ich war oft mit dem Flugzeug in Lahore angekommen und hatte glückliche Zeiten hier verbracht. Aber Lahore war auch die Stadt, wo mein Vater zum Tode verurteilt worden war. Jetzt kehrte ich zurück, um seinen Mörder herauszufordern, den General, der die Verfassung umgestoßen und somit Hochverrat begangen hatte.

Samiya! Amina! Dr. Abbasi! »Ich weiß nicht, wie wir hier je wieder herauskommen. Es sind so viele Menschen da«, sagte Samiya und legte mir noch einen Kranz aus Rosen um den Hals. »Wir fahren mit dem Lastwagen«, sagte Jahangir und führte mich zu einem der typischen, grell bemalten Lastwagen, dessen handgearbeitete Blechverkleidung glänzte.

Ich umklammerte das Manuskript für meine Rede. Vor mir sah ich die wacklige Treppe, die zu einem Podest auf der Ladefläche des Lasters hinaufführte. Ich hatte manchmal Alpträume von einer Treppe, die ich hinaufsteigen mußte, obwohl ich nicht wollte. Jetzt stand ich plötzlich vor dieser Treppe, und viele hundert Augen warteten darauf, daß ich hinaufstieg. Was konnte ich tun? Wir hatten uns in London darauf geeinigt, daß ein solches Fahrzeug mich zum Minar-i-Pakistan bringen sollte, dem Monument, das mein Vater in Lahore zur Erinnerung an die Gründung Pakistans hatte errichten lassen. Ich konnte den Plan jetzt nicht umstoßen. Vor den Toren wartete eine Million Menschen. Ich stellte den Fuß auf die erste Stufe und holte tief Luft. »*Bismallah*«, sagte ich zu mir. »Im Namen Gottes, es geht los.«

Es gibt Augenblicke im Leben, die sich nicht beschreiben lassen. Meine Rückkehr nach Lahore gehörte dazu. Ein Meer von Menschen, das sich bis über die Felder ausdehnte – sie säumten die Straße, drängten sich auf Dächern und Balkonen, hingen in Bäumen und an Laternenpfählen und gingen neben dem Lastwagen her. Die knapp 13 Kilometer lange Fahrt vom Flughafen zum Minar-i-Pakistan im Iqbal-Park dauert gewöhnlich eine Viertelstunde. An jenem unglaublichen 10. April 1986 brauchten wir zehn Stunden. Aus der Million Menschen am Flughafen wurden zwei und dann drei Millionen, als wir den Minar-i-Pakistan erreichten.

Hunderte bunter Luftballons stiegen zum Himmel auf, als die Tore des Flughafens sich öffneten. Rosenblätter, nicht Tränengas, erfüllten die Luft und regneten auf den Lastwagen, bis ich knöcheltief in Blütenblättern stand. Blumenkränze flogen durch die Luft. Ich erkannte ein Mädchen, dessen Bruder gehängt worden war, und warf ihr einen Kranz zu. Immer mehr Kränze, selbstgemachte *dupattas* und Schals wurden auf den Lastwagen geworfen. Ich setzte einen *dupatta* nach dem anderen auf den Kopf und schlang weitere um meine Schultern. Wenn ich in der Menge, an der wir vorbeifuhren, ehemalige politische Gefangene erkannte, warf ich ihnen Blumen und bestickte Tücher zu. Dasselbe tat ich bei den Familien der Gehängten und Gefolterten und den jungen Frauen und Greisinnen, die am Straßenrand standen.

Die Farben Schwarz, Grün und Rot der PPP schienen an diesem Tag die einzigen Farben in Lahore zu sein. PPP-Transparente und Fahnen blähten sich in dem trockenen heißen Wind, sie sahen aus wie ein einziger zusammenhängender Baldachin. Die Menschen trugen schwarze, rote und grüne Jacken, *dupattas, shalwar khameez* und Mützen. In die Mähnen und Schwänze von Eseln und Wasserbüffeln waren PPP-Bänder geflochten. Dieselben Farben rahmten Fotos und Posters meines Vaters, meiner Mutter, meiner Brüdern und von mir.

»*Jeevay, jeevay,* Bhutto *jeevay!* Lang lebe Bhutto!« brüllte die Menge auf Punjabi. Noch drei Monate zuvor hätte ihnen das strenge Haft und Stockhiebe eingetragen. »*Munjhe bhen, thunje bhen,* Benazir – meine Schwester, deine Schwester«, riefen andere auf Sindhi. Es gab Parolen auf Urdu und auf Pashto, alle Dialekte aller Regionen Pakistans waren vertreten. »*Benazir, ay gi, inqilab ly gi* – Benazir wird kommen, die Revolution wird kommen«, hatten unsere Anhänger vor meiner Rückkehr verkündet. Jetzt riefen sie laut: »*Benazir, ay hai, inqilab ly hai* – Benazir ist gekommen, die Revolution ist gekommen.« Wenn ich winkte, winkten die Menschen zurück. Wenn ich über dem Kopf in die Hände klatschte, wie es mein Vater getan hatte, klatschte die Menge ebenfalls. Die Bewegung der erhobenen Arme erinnerte an ein riesiges, wogendes Weizenfeld.

Als ich in dem fast leeren Haus in Islamabad gefangen gewesen war, wachte ich manchmal morgens auf und hörte das Geschrei einer Menschenmenge. Ich hatte versucht, den Nebel in meinem Hirn zu durchdringen und die Menge zu identifizieren. Für wen schrie sie? In welchem Tonfall schrie sie? Schrie sie im Zorn gegen Zia? Oder vor Freude, weil die Gefängnistore in Rawalpindi sich auftaten und mein Vater heraustrat? Aber dazu sollte es nicht kommen. Ich hörte das Geschrei auch im Gefängnis von Sukkur, im Zentralgefängnis von Karachi und im Arrest in Al-Murtaza und Clifton 70. Vergeblich hatte ich versucht, mir über das Geschrei klar zu werden. Erst als ich am 10. April durch einen Tunnel von Lärm durch die Straßen von Lahore fuhr, wußte ich plötzlich, daß es dieses Geschrei war, das ich immer gehört hatte.

Ich stand zehn Stunden lang auf dem Lastwagen. Zentimeterweise bewegten wir uns auf den Minar zu: vorbei am Quartier des Premierministers im Haus des Gouverneurs, wo unsere Familie gelegentlich logiert hatte und wo General Zia nach der Ermordung meines Vaters angeblich wie Lady Macbeth mit einer Lampe schlaflos durch die Korridore geirrt war; vorbei an dem Baldachin, unter dem einst die Statue Königin Victorias gestanden hatte - der letzte Hinweis auf sie, den es in Pakistan noch gibt, seit die fundamentalistische Kritik figürliche Darstellungen in der Kunst verboten hat; und schließlich vorbei an Zam-Zammah, an Kims Kanone, die Rudyard Kipling unsterblich gemacht hatte. Mir wurde immer leichter zumute, ich war fest davon überzeugt, daß auch die Märtyrer, die der Demokratie ihr Leben geopfert hatten, mit glücklichen Gesichtern in der Menge standen. Es herrschte eine Atmosphäre des Sieges, des Triumphes, der Rechtfertigung unserer Prüfungen und Leiden. »Zia ul-Haq, wir haben dich nie gewollt«, rief die Menge. »Wir wollen die Minister nicht, die du selbst ernennst. Wir wollen deine falsche Verfassung nicht. Wir wollen deine Diktatur nicht. Unser Geist ist stärker als all dein Tränengas, deine Folterbänke und deine Kugeln. Wir wollen Wahlen.«

Obwohl ich auf dem Lastwagen völlig exponiert war, fühlte ich mich nicht in Gefahr. Wer mir etwas antat, würde von der Menge zerfetzt werden. Auch von der Polizei oder der Armee ging keine Bedrohung aus. Einige unserer früheren Gegner standen, überwältigt von den Menschenmengen, hinter geschlossenen Kasernentoren, viele andere kamen heraus und beteiligten sich an der Feier. Die größte Sorge bereitete mir meine Stimme. Ich hatte erst vor kurzem eine Grippe gehabt und war immer noch heiser. Während der ganzen Fahrt spülte ich meinen Hals mit Disprin und

warmem Wasser aus und trank eine Traubenzuckerlösung, die Urs, der Leibdiener meines Vaters, aus Karachi mitgebracht hatte.
Als wir am Minar-i-Pakistan ankamen, ging die Sonne bereits unter. Jeder Zentimeter des Platzes war besetzt, denn viele hunderttausend Menschen hatten uns auf dem Weg hierher begleitet. Wir konnten kaum zur Rednerbühne durchdringen. Ich hatte damals noch keine Leibwächter, die mich durch die Menge geleiteten, und wir hatten auch noch nicht die Strategie entwickelt, mit dem Lastwagen direkt bis an die Bühne zu fahren, damit ich nur einen Schritt machen mußte, um auf der Bühne zu stehen. Am Minar waren nur vier oder fünf Freunde um mich. Wir stiegen aus und kämpften uns durch die über uns zusammenschlagende Menschenmenge. Die Menge wollte mir nichts Böses, aber ihre Begeisterung grenzte an Hysterie. Die Menschen drängten und schoben auf mich zu und versuchten den Ring um mich zu durchbrechen. Ich glaubte, wir müßten sterben, erdrückt oder zu Tode getrampelt. Viele Menschen waren wie von Sinnen. Ein führendes Mitglied der PPP von Lahore warf sich gegen den Kordon meiner Freunde, dem bereits übel mitgespielt worden war, und ich mußte ihm einen derben Stoß verpassen, damit er zu sich kam. Irgendwie schafften wir es bis auf die Bühne, wo der Präsident der PPP des Punjab vor Erschöpfung zusammengebrochen war. »Wir müssen beim nächsten Mal gründlicher über Sicherheitsvorkehrungen nachdenken«, sagte ich und stieg über ihn.
Welch ein Anblick bot sich mir, als ich den Blick über die Anlagen des Iqbal-Park schweifen ließ. Gegenüber glühte der rote Sandstein der Badshahi-Moschee, einer der größten Moscheen der Welt, in den letzten Strahlen der Sonne. Es sah aus, als brenne er. Zur Rechten ragte aus dem Schatten drohend die Festung von Lahore auf, jener Bau aus der Mogulzeit, in dessen Verliesen unsere Anhänger gefoltert worden waren und gestorben waren. Und überall drängten sich Menschen, die mich zu Hause willkommen hießen. »Einige Leute rieten mir, die Finger von der Politik zu lassen«, rief ich auf Urdu. »Sie meinten, ich werde dasselbe Schicksal wie mein Vater und mein Bruder erleiden. Andere sagten, die pakistanische Politik sei nichts für Frauen. Meine Antwort war stets, daß meine Mitarbeiter in der Partei mich vor allen Gefahren beschützen werden. Ich habe freiwillig den dornigen Pfad gewählt und mich in das Tal des Todes begeben.«
Die Lautsprecheranlage funktionierte schlecht und war viel zu schwach für die zehnmal mehr Menschen, als wir erwartet hatten. Aber wie durch

Telepathie waren die Menschen auf eine Geste von mir hin ruhig. »Ich gelobe hier und jetzt, daß ich jedes Opfer auf mich nehmen werde, um dem Volk zu seinem Recht zu verhelfen«, rief ich. »Wollt ihr Freiheit? Wollt ihr Demokratie? Wollt ihr Revolution?« »Ja«, schrien jedesmal drei Millionen Menschen wie aus einer Kehle. »Ich bin zurückgekehrt, um dem Volk zu dienen, nicht um Rache zu nehmen«, sagte ich. »Ich werde der Rache ein Ende setzen. Ich trage keine Rachegefühle im Herzen. Ich will ein neues Pakistan aufbauen. Aber zuerst will ich die Meinung des Volkes hören. Wollt ihr, daß Zia bleibt?« »Nein«, brandete die Antwort heran. »Wollt ihr, daß Zia geht?« »Ja«, raste die Menge. »Dann lautet die Entscheidung: Zia *jahve!*« rief ich. »Zia muß gehen.« »*Jahve! Jahve! Jahve!*« schrien Millionen von Stimmen in den dunkelnden Himmel.
Den ganzen Tag über kam es zu keinem einzigen gewaltsamen Zwischenfall. Auch die Herausforderung an das Regime erging auf friedliche Weise. Die Menge war so begeistert, daß viele meinten, das Regime hätte an diesem Tag gestürzt werden können. Auf ein einziges Wort von mir hin hätte die Menge das Provinzparlament des Punjab, das Haus des Ministers und das Oberlandesgericht in Lahore zerstört, wo Zias parteiisches Gericht meinen Vater zum Tode verurteilt hatte. Aber wir wollten nicht durch Blutvergießen an die Macht kommen. Wir wollten die Demokratie durch friedliche und legale Wahlen herbeiführen. Nur das Regime wendete Gewalt an, um seine Ziele zu erreichen. In jener Nacht schlug es wieder zu.
Ich hatte mich nach achtundvierzig Stunden erstmals hingelegt, um zu schlafen, als jemand heftig an meine Tür klopfte. Aus Sicherheitsgründen hatten die lokalen Parteifunktionäre drei verschiedene Häuser als mein Quartier genannt. Eines der Häuser gehörte der Familie Khalid Ahmeds. Dort hatte ich nach meiner Rückkehr vom Minar-i-Pakistan mit der ausländischen Presse gesprochen. Jetzt war dieses Haus gerade von einem Major der Armee durchsucht worden. Auf unheilvolle Weise wurde ich daran erinnert, daß ich wieder in Zias Pakistan war. Der Major hatte mich gesucht.

Azra Khalid:

> Ich schlief. Plötzlich weckte mich einer der Bediensteten. Er blutete. Eine Abteilung Soldaten sei in die Räume der Bediensteten eingedrungen, berichtete er. Fünfzehn oder sechzehn Mann seien über die Um-

fassungsmauern geklettert und hätten die Bediensteten verprügelt. Dann seien sie ins Haus gekommen und hätten nach Benazir gefragt. Unsere Vordertür war abgeschlossen, aber die Männer rannten die Tür ein und warfen Blumentöpfe durch die vorderen Fenster. »Wo ist Benazir?« fragte ihr Anführer, ein gewisser Major Qayyum, und fuchtelte mit einer Pistole. Ein Diener hatte draußen geschlafen. Er schlich sich jetzt von hinten an Major Qayyum heran und schlug ihm den Kricketschläger seines Sohnes auf den Kopf. Der Major brüllte auf und schrie: »Ich bin ein Offizier des Nachrichtendienstes.«

Ich rief die Polizei an, obwohl man unter Zia nie wußte, ob sie Freund oder Feind waren. Als der Polizeiwagen vorfuhr, rannten die Soldaten weg. Major Qayyum wurde von der Polizei verhaftet. In seinem Wagen waren ein Kasten Bier und Whisky. Beides hatte er in unser Haus schmuggeln wollen, um uns zu kompromittieren. In seinem Terminkalender waren die Telefonnummern vieler hochrangiger Generäle und Minister des Regimes vermerkt.

Major Qayyum tat so, als sei er verrückt. Auch das Regime sagte, er sei verrückt und habe von sich aus gehandelt. Wir wußten jedoch, daß Major Qayyum nicht verrückt war. Das Volk hatte Benazir in Lahore einen so unglaublichen Empfang bereitet, daß das Regime nicht wagte, sie anzufassen. Statt dessen wurde Major Qayyum geschickt. Er sollte sie entweder töten oder so einschüchtern, daß sie ihre Rundreise nicht fortzusetzen wagte. Der Major war nur kurze Zeit im Gefängnis. Als er in sein Dorf zurückkehrte, wurde er aus undurchsichtigen Gründen erschossen. Wir glauben, daß das Regime ihn töten ließ, um keinen Mitwisser zu haben.

Gujranwala, Faisalabad, Sargodha, Jhelum, Rawalpindi. »Der Empfang in Lahore war ein einmaliges Ereignis«, behaupteten unsere Kritiker und einige Zeitungen. »In anderen Städten wird Benazir Bhutto nicht so überschwenglich begrüßt werden.« Sie täuschten sich. Am 12. April um die Mittagszeit brachen wir von Lahore zu unserer Reise durch den Punjab auf. Nachmittags um fünf wollten wir zu einer Kundgebung in Gujranwala sein. Aber die Straßen waren so voll von Menschen, die den Lastwagen kilometerweit umringten, daß wir erst am nächsten Morgen um fünf in Gujranwala eintrafen. »Wahrscheinlich kommt überhaupt niemand zur Kundgebung«, sagte ich. »Sie liegen alle zu Hause im Bett.« Doch der Versammlungsplatz war voll. Die Menschen hatten die ganze Nacht gewartet.

»Wir müssen versuchen, schneller voranzukommen«, sagte ich zu unseren freiwilligen Sicherheitskräften. Aber das war unmöglich. Auf der Straße zwischen Gujranwala und Faisalabad waren so viele Menschen, daß wir für die acht Kilometer lange Strecke 16 Stunden benötigten. Ein Pulk von Lastwagen, Bussen, Rikschas und Motorrädern schloß uns ein und drängte den entgegenkommenden Verkehr an den äußersten Rand der anderen Straßenseite. Viele tausend Menschen gingen die ganze Nacht zu Fuß neben dem Wagen her wie eine riesige Ehrengarde. Ich stand oben auf dem Lastwagen und winkte der Menge zu. »Streut Blumen und Perlen auf die Wege, denn Benazir ist gekommen«, sangen die Menschen. »Allmächtiger Gott, gib uns die Zeiten wieder, in denen auch die armen, leidenden Menschen glücklich waren!« Ich hörte ihnen zusammen mit den anderen PPP-Funktionären voller Demut zu. »Gib uns den Mut und die Weisheit, daß wir die Erwartungen des Volkes erfüllen können«, beteten wir gemeinsam auf dem Lastwagen, während wir Zentimeter um Zentimeter vorwärtskrochen.

Die Sonne ging gerade auf, als wir schließlich die Außenbezirke der Industriestadt Faisalabad erreichten. Wieder einmal kamen wir einen halben Tag zu spät zur Kundgebung auf dem Sportplatz, wo ich vor neun Jahren nervös meine erste Rede gehalten hatte. Wieder war ich überzeugt, daß niemand da sein würde. Aber als der Lastwagen durch das Tor fuhr, erhob sich ein Chor vieler hunderttausend Stimmen: »*Qawm ke takdir?* Benazir, Benazir! - Wer ist das Schicksal des Volkes? Benazir, Benazir!« Die Begeisterung flaute auch nicht ab, als wir den Sportplatz wieder verließen. Die Fabrikarbeiter hatten die Partei nicht vergessen, die ihnen Selbstbewußtsein gegeben und ihre Arbeitsplätze gesichert hatte. Viele Fabrikbesitzer in Faisalabad hatten die Tore ihrer Fabriken verschlossen und verriegelt, um die Arbeiter daran zu hindern, die Fabrik zu verlassen und der PPP ihre Sympathie zu bekunden. Aber die Männer sprangen über die Mauern, um sich uns anzuschließen.

Die nächsten Stationen waren Jhelum, wo viele Angehörige der Armee herkamen, und Rawalpindi, wo hauptsächlich Regierungsbeamte lebten. Obwohl die Bewohner dieser Städte viel eher geneigt waren, den Kampf der PPP gegen Zia zu ignorieren oder ihm nur geringe Bedeutung zuzumessen, war die Resonanz gewaltig. Die ausländischen Journalisten und Kamerateams konnten kaum fassen, wie riesig die Menschenmengen waren, die sie für ihre Landsleute filmten. Meine Landsleute erfuhren davon allerdings nichts. Obwohl das Kriegsrecht angeblich aufgehoben worden war, hatte das Regime verboten, daß mein Bild im pakistanischen Fernsehen gezeigt würde. Weder diese Rundreise noch irgendein politischer Auftritt, den ich seit meiner Rückkehr nach Pakistan hatte, wurde im Fernsehen übertragen.

Pressekonferenzen, Kondolenzbesuche, Parteiversammlungen: Ich weiß nicht, woher ich die Kraft nahm. Die Reaktion des Volkes auf meine Rückkehr wirkte wie ein Aufputschmittel, aber es gab Augenblicke, in denen mich ein Gefühl der Trauer überkam. Immer wieder sah ich Shahs Leichnam auf dem Teppich in Cannes vor mir oder meinen Vater in der Todeszelle. Wie sehr wünschte ich mir, daß sie nur einen Augenblick zurückkommen könnten, um zu sehen, daß ihre Leiden sich gelohnt hatten. Als Kindern hatte man uns beigebracht, daß für unser Land kein Preis zu hoch sei. Aber der persönliche Preis, den unsere Familie gezahlt hatte, war schrecklich hoch.

Ich wollte nicht von meiner Niedergeschlagenheit übermannt werden. Deshalb bat ich darum, die Route nach Rawalpindi hinein so zu legen, daß ich nicht am Zentralgefängnis vorbei mußte, wo mein Vater gestorben war. Den Tragödien und Opfern anderer Menschen konnte ich nicht ausweichen. In Gujranwala besuchte ich das Grab Pervez Yaqoubs, der sich als erster aus Protest gegen das Todesurteil meines Vaters geopfert hatte. In Rawalpindi machte ich einen Kondolenzbesuch bei der Familie eines der drei Jungen, die im August 1984 gehängt worden waren. Der Junge war, wie die beiden anderen, bei seiner Verhaftung erst sechzehn gewesen und neunzehn, als er gehängt wurde. »Schauen Sie sich diese Menschenmengen an«, sagte seine Mutter zu mir. »Es gab Zeiten, da hatten die Menschen so große Angst, daß sie nicht einmal mit uns sprachen.«

Wir fuhren weiter nach Peshawar in der Frontier Province. An der Grenze übergab mich der PPP-Präsident des Punjab dem PPP-Präsidenten der Frontier Province. Wieder waren die Straßen von Menschen verstopft, und wir kamen erst nachts an. Das Regime hatte die gesamte Straßenbeleuchtung ausschalten lassen. Niemand sollte mich ankommen sehen, aber die Menschen leuchteten den Lastwagen, auf dem ich stand, mit Fackeln und Taschenlampen an.

Mein Sicherheitschef war sehr besorgt, als wir langsam durch die engen Straßen der alten Handelsstadt Peshawar fuhren, die nur eine Stunde vom Khyber-Paß und von Afghanistan entfernt ist. Drei Millionen afghanische Flüchtlinge hielten sich in Pakistan auf. Sie wurden von Zia unterstützt und lebten zum größten Teil in oder um Peshawar. Wir hatten Gerüchte gehört, daß das Regime die afghanischen Mudschahidin anheuern wolle, mich zu töten. Ohne mein Wissen hatte der Sicherheitschef die Frauen auf dem Lastwagen, darunter seine eigene, gebeten, mich in ihre Mitte zu nehmen, damit ich kein gutes Ziel abgab. Aber weil ich in den dunklen Straßen als einzige in helles Licht getaucht war, hätte man immer noch mit Leichtigkeit ein Attentat auf mich verüben können. Zum Glück kam es nicht dazu.

»Ich grüße die tapferen Pakhtunen, wie es mein Vater getan hat«, rief ich der unaufhörlich klatschenden Menge im Stadion zu, das mit Hilfe unserer Generatoren in helles Licht getaucht war. Ich war in Peshawar etwas gehandikapt, weil einer meiner Helfer das Manuskript meiner Rede verloren hatte. Aber es war wichtig, daß ich mich der besonders konservativen Gesellschaft der Pakhtunen oder Pathanen noch einmal vorstellte. Die Gefahr, daß sich die Pathanen von Pakistan lossagten und eine unabhängige Nation Pakhtunistan gründeten, war sehr konkret. Überdies mußte ich die von Männern dominierte pathanische Gesellschaft überzeugen, daß eine Frau sie führen konnte.

»Die Menschen glauben, ich sei schwach, weil ich eine Frau bin«, rief ich in die Menge, die zu 99 Prozent aus Männern bestand. »Sie haben vergessen, daß ich eine muslimische Frau bin, und daß muslimische Frauen Vorbilder haben, auf die sie stolz sein können. Ich habe die Geduld Bibi Khadijas, der Frau des Propheten, Friede sei mit ihm. Ich habe die Ausdauer Bibi Zeinabs, der Schwester des Imam Hussein. Und ich habe den Mut Bibi Aishas, der Lieblingsfrau des Propheten, die an der Spitze der Muslime auf ihrem eigenen Kamel in die Schlacht ritt. Ich bin die Tochter des Märtyrers Zulfikar Ali Bhutto und die Schwester des Märtyrers Shah Nawaz Khan Bhutto, und ich bin auch eure Schwester. Ich fordere meine Gegner auf, sich mir auf dem Feld demokratischer Wahlen zu stellen. »Zia *za!*« rief ich. *Za* hieß auf Pashto »geh«. »*Za! Za!*« schrien die Menschen als Antwort.

Am nächsten Tag sprach ich vor der Anwaltskammer in Peshawar. Dann kehrten wir in den Punjab zurück und fuhren weiter über Lahore, Okara, Pakpattan, Vehari und Multan. In Multan gedachte ich der vielen hundert Arbeiter, die acht Jahre zuvor in den Textilfabriken niedergemetzelt worden waren. Dann ging es heim nach Sind. In Karachi, meiner Heimatstadt, hatten sich die Einwohner offensichtlich vorgenommen, die Menschenmassen in Lahore noch zu übertreffen. Meine nächste Station war Quetta in Belutschistan. Von dort fuhr ich wieder zurück nach Sind, um während der Fastenzeit Ramadan Thatta, Badin, Hyderabad und schließlich Larkana zu besuchen. »*Maravee malir jee,* Benazir, Benazir!« tobte die Menge. Sie gab mir den Namen einer Volksheldin aus Sind, die sich geweigert hatte, den Forderungen eines regionalen Tyrannen nachzugeben. Obwohl der Tyrann sie in einer Festung gefangenhielt, wie die Legende berichtet, war es ihm nicht gelungen, ihren Geist zu brechen oder ihre Liebe zu ihrem Volk zu zerstören.

In Larkana war es drückend heiß. Auf der Fahrt vom Flughafen zum Sportstadion, in dem sich vor zehn Monaten die Männer zum letzten Gebet für meinen Bruder Shah versammelt hatten, legte ich mir unter meinem *duppata* Eiswürfel auf Kopf und Schultern. Die Menschenmenge war so dicht, daß wir unsere Route ändern mußten, um vor Sonnenuntergang im Stadion zu sein. Ich war die ganze Zeit der sengenden Hitze ausgesetzt. Zunächst fuhr ich in meinem Pajero-Jeep, dessen Schiebedach geöffnet war, damit ich aufrecht stehen konnte. Dann stieg ich auf einen Lastwagen um. Zur Erfrischung lutschte ich immer wieder Zitronenscheiben und Salz. Der PPP-Präsident von Larkana brach unter der Hitze zusammen. »Gnädiger Gott, bitte laß mich nicht ohnmächtig werden«, betete ich. Ich wußte, daß meine Feinde nur darauf warteten, daß ich zusammenbrach. Aber ich brachte die Versammlung gut hinter mich.

Auf meiner 90-Städte-Tour hörte ich immer wieder Gerüchte, daß ich ermordet werden sollte oder Kundgebungen aufgelöst werden würden. In Belutschistan verdichteten die Gerüchte sich. Meine Leibwächter entdeckten drei afghanische Mudschahidin, die in der ersten Reihe der Zuhörer hockten und automatische Waffen unter ihren Gewändern versteckt hatten. Doch nicht die Waffen als solche waren beunruhigend - in Belutschistan tragen die meisten Männer offen ein Gewehr -, sondern die Tatsache, daß diese drei Männer ihre Waffen versteckten. Die Wächter sagten mir nichts von ihrem Verdacht. Sie stellten sich während meiner Rede einfach direkt vor die verdächtigen Afghanen, so daß sie die Kugeln abbekommen würden und nicht ich.

Ich hatte genug damit zu tun, daß mir auf der Drehbühne nicht schwindlig wurde. Die Bühne war eigens deshalb gebaut worden, daß mich jeder Zuhörer der riesigen Menge sehen konnte. Als ich in die Menge blickte und die vielen armen und abgemagerten Menschen sah, vergaß ich meine Besorgnis. Belutschistan war und ist eine arme und rückständige Provinz. Die Stammeshäuptlinge sträubten sich gegen jeden Fortschritt, der ihren Einfluß auf das Volk schmälern könnte. Bis mein Vater die Regierung übernahm, gab es in Belutschistan nur schmutzige Wege, keine ausgebauten Straßen, keine Elektrizität und kaum Frischwasser. Die Erträge des unbewässerten kargen Wüstenbodens waren beschränkt. Seit Generationen war das Volk nur Entbehrungen ausgesetzt gewesen.

Ich hatte Belutschistan einmal zusammen mit meiner Mutter besucht. Als sie unter einem Baum Schatten suchte, war sie von Frauen und Kindern umlagert worden. Ihre Leibwächter wollten die Frauen verjagen, aber meine Mutter gebot ihnen, einzuhalten und sie nähertreten zu lassen. Voller Staunen hatten die Frauen die Haare meiner Mutter berührt, die im Gegensatz zu ihren eigenen zerzausten und schmutzigen Haaren weich und sauber waren. Die Frauen wußten nicht, was ein Kamm ist. Die Regierung meines Vaters hatte viel getan, um das Schicksal der Menschen in Belutschistan zu verbessern, obwohl die Stammeshäuptlinge einen Aufstand gegen die PPP-Regierung angezettelt hatten.

»Die *Pakistan People's Party* glaubt, daß das Wohlergehen der Nation auf dem Wohlergehen des Volkes beruht«, rief ich von der sich langsam drehenden Bühne in die Menge. »Wenn der Mann auf der Straße einen sicheren Arbeitsplatz hat, wenn Ärzte da sind, ihn zu versorgen, und wenn seine Kinder eine angemessene Ausbildung erhalten, gedeiht auch das Land. Gott hat nicht befohlen, daß unser Volk in Armut leben soll. Die Slums sind nicht das Schicksal unserer Nation. Wenn es in unserer Macht steht, dieses Schicksal durch eine effizientere Nutzung unserer Bodenschätze zu verändern, dann müssen wir das tun.« Die Menschen standen auf und klatschten, auch die drei Afghanen in der ersten Reihe. Meine Leibwächter stießen Seufzer der Erleichterung aus. Die Gefahr war vorüber.

Aber wir hatten uns getäuscht. In anderen Landesteilen war die Gefahr erst im Anzug. Am 30. Mai, weniger als zwei Wochen nach meiner Rückkehr nach Karachi, drang die Polizei in Hyderabad in eine Jugendherberge ein, überfiel Faqir Iqbal Hisbani und tötete ihn. Faqir Iqbal Hisbani war PPP-Präsident der Students' People's Federation in Sind und unser Sicherheitschef für die gesamte Provinz. Auch sein Gefährte und PPP-Genosse Jahangir Pathan wurde von einer Polizeikugel getroffen. Die Kugel zerschmetterte sein Rückgrat. Jahangir Pathan ist für immer gelähmt.

Als Dost Mohammed mich in den frühen Morgenstunden mit der Nachricht von der Ermordung Iqbal Hisbanis weckte, spürte ich, wie mir das

Blut in den Adern erstarrte. Das bedeutete wieder schwarze Armbinden, schwarze Stirnbänder, schwarze *duppatas*, schwarze Fahnen. Wieder ein Begräbnis für einen jungen Mann, dem ich mein Leben anvertraut hatte. Wieder ein Kondolenzbesuch bei einer Mutter, die ihren einzigen Sohn verloren hatte. Die Mutter gab mir ein Gebet, das sie für ihren Sohn aufgeschrieben hatte. Es hatte das Gebet ersetzen sollen, das er im Gedränge meines Einzug in Hyderabad verloren hatte. »Nehmen Sie es«, sagte sie. »Es ist ein Geschenk für Sie von Iqbal.« Das Blatt mit dem Gebet befindet sich heute noch in meiner Handtasche. Wie viele gute Menschen mußten noch unter den Händen dieses Regimes sterben?

In ganz Pakistan wurden aus Protest gegen den Mord an Iqbal Hisbani friedliche Demonstrationen abgehalten. Aber das Regime bediente sich weiterhin der Gewalt. Bei einer Protestkundgebung in Kashmor feuerte ein Mitglied von Zias Provinzparlament eine Kalaschnikow in die Menge, um sie auseinanderzutreiben. Glücklicherweise wurde niemand getötet. Aber der Zwischenfall zeigte an, daß das Regime eine neue, gefährliche Direktive an seine Leute ausgegeben hatte: Unterwerft euch das Land mit Waffengewalt. Egal, ob es Verletzte und Tote gibt, unterwerft es euch.

Zwei Wochen später waren zwei weitere PPP-Mitglieder tot: der Präsident der PPP in Dokri und Mohammed Khan, ein Aktivist der Partei, der in Tando erschossen wurde. Im ersten Fall wurde wieder ein Mitglied von Zias Provinzparlament verdächtigt, im zweiten Fall ein Polizeiinspektor. Der Polizist hatte eine automatische Waffe benutzt, die bei der Polizei nicht üblich war. »Ein Minister aus dem Kabinett von Sind hat sie mir gegeben, damit ich die Hunde von der PPP töten kann«, soll der Polizist nach Aussage von Einheimischen in einem Teehaus gesagt haben. Das Regime bewaffnete jetzt lokale Politiker und andere Handlanger, damit sie die schmutzige Arbeit taten.

Wir waren auf Kollisionskurs mit dem Regime. Wir wußten es. Das Regime wußte es auch. Das Regime traf keine politischen Entscheidungen mehr, sondern konzentrierte sich völlig auf die Aktionen der PPP. Als die Regierung im Juni ihren Haushalt vorlegte, konterten wir mit dem »Haushalt des Volkes«. Als die Regierung glaubte, wir würden nach dem Ramadan in Sind eine Offensive starten, verhängte sie in dieser Provinz den Ausnahmezustand. Als wir nichts dergleichen taten, setzte sie den Ausnahmezustand wieder aus. Das Regime war jetzt so verwirrt, daß es an der Zeit war, die zweite Runde des Kampfes einzuläuten, mit dem wir Zia zwingen wollten, im Herbst Wahlen abzuhalten.

5. Juli 1986, der neunte Jahrestag des Staatsstreichs. Wir nannten ihn den »Schwarzen Tag« und planten Kundgebungen in allen Distriktzentralen Pakistans vom Khunjrab-Paß an der Grenze zu China bis zum Arabischen Meer. Niemand wußte, ob die politische Struktur der PPP stark genug war, solche simultanen Demonstrationen zu koordinieren. Der »Schwarze Tag« war eine Art Generalprobe: Wir wollten feststellen, ob die lokalen und regionalen Parteifunktionäre so gut organisiert waren, daß sie die großangelegten zivilen Protestkundgebungen bewältigen würden, die wir für den Herbst planten und mit denen wir das Regime zu frühen Wahlen zwingen wollten. Damit die Herbstdemonstrationen eine Wirkung hatten, mußten wir über 100000 »Tauben der Demokratie« rekrutieren, PPP-Sympathisanten, die willens waren, ihre Verhaftung zu provozieren, indem sie Hungerstreiks und Sit-ins abhielten. Auch die »Generalprobe« mußte detailliert im voraus ausgearbeitet werden. Als der 5. Juli näherrückte, fuhr ich kreuz und quer durch das Land und half bei der Organisation. Der »Schwarze Tag« verlief erstaunlich gut. Einhundertfünfzigtausend PPP-Sympathisanten beteiligten sich in Karachi, über 200000 in Lahore.
Der 14. August, der Jahrestag der pakistanischen Unabhängigkeit, war das nächste wichtige Datum auf dem Kalender. Aufgeschreckt durch die Wellen der Sympathie, die der PPP während meiner Reise durch Pakistan entgegenschlugen, kündigte der von Zia ernannte Premierminister Mohammed Khan Junejo an, daß die Muslimische Liga, die offizielle Regierungspartei, am 14. August am Minar-i-Pakistan in Lahore eine Kundgebung veranstalten werde. Kaum hatte Junejo dieses Vorhaben kundgetan, als wir bekanntgaben, daß auch die PPP am Unabhängigkeitstag in Lahore eine Kundgebung abhalten werde. Wir wußten, daß zu uns viel mehr Menschen kommen würden. Das Regime wollte uns zuvorkommen und reservierte alle Busse im Punjab für den Transport seiner Anhänger. »Setzt euch in die Busse des Regimes«, rieten wir den PPP-Mitgliedern. »Und wenn ihr in Lahore seid, kommt zu uns.«
Auch die MRD beteiligte sich am Kampf. Seit meiner Rückkehr nach Pakistan hatten PPP-Führer und ich Gespräche mit Vertretern der »Bewegung zur Wiederherstellung der Demokratie« geführt, jener Koalition politischer Parteien, die kurz vor der Flugzeugentführung 1981 gebildet worden war. Wir waren inoffiziell übereingekommen, uns wieder zusammenzuschließen, um auf das Regime Druck auszuüben. Am 10. August kamen die neun führenden Mitglieder der MRD erstmals seit drei Jahren wieder nach Clifton 70, um diese Vereinbarung zu bestätigen. Einer trug

das weiße Tuch der Haddsch. Er hatte die Pilgerfahrt nach Mekka machen wollen, aber das Regime hatte ihn auf dem Flughafen festgehalten.

Zia selbst war außer Landes geflohen. Angesichts der drohenden Demütigung und Ablehnung bei den Veranstaltungen zum Unabhängigkeitstag war er am 7. August mit seiner ganzen Familie nach Saudi-Arabien gereist. Ein PPP-Sympathisant vom Flughafen teilte uns mit, daß Zia drei Container mit Möbeln und einen vergoldeten Rolls-Royce, den er in seiner Eigenschaft als Präsident von einem arabischen Staatschef geschenkt bekommen hatte, ins Ausland gebracht hatte.

Wieder einmal war die zeitliche Abstimmung von entscheidender Bedeutung. Am Ende unserer Sitzung in Clifton 70 einigte ich mich mit den MRD-Führern auf eine Operationsbasis. Wir wollten gemeinsame Protestveranstaltungen im Rahmen des Gesetzes organisieren und auf Wahlen drängen. Am nächsten Tag kündigte die MRD an, daß die PPP und andere Gruppen der Opposition am Unabhängigkeitstag in Lahore und Karachi gemeinsame Veranstaltungen abhalten würden. Die MRD forderte Zia auf, bis spätestens 20. September einen Termin für Wahlen zu nennen. Diesmal verlor Junejo die Nerven.

Ich war am 12. August gerade in einer Besprechung mit mehreren Journalisten und Mitarbeitern der Partei, als man mir mitteilte, Junejo werde über Rundfunk und Fernsehen eine kurzfristig angesetzte Meldung durchgeben. Wir sahen im Fernsehen, wie Junejo verkündete, daß er hiermit die öffentlichen Kundgebungen der Muslimischen Liga am Unabhängigkeitstag absage. Als Begründung nannte er eine mögliche »Konfrontation« zwischen den Anhängern der Liga und den Oppositionsparteien. Er rief die Oppositionsparteien auf, ihre Kundgebungen ebenfalls abzusagen. Allerdings wurde keine administrative Verfügung erlassen, die öffentliche Versammlungen verbot.

Junejos Versuch, das Gesicht zu wahren, überraschte mich nicht. Wütend machte mich dagegen sein Versuch, uns zur Anwendung von Gewalt zu provozieren: Das Regime hatte hartnäckig versucht, bei Kundgebungen und Demonstrationen Gewalttaten zu provozieren, während wir gleichermaßen entschlossen waren, die Veränderung auf friedlichem Weg mit politischen Mitteln herbeizuführen. Meine freiwilligen Sicherheitskräfte trugen nicht einmal Waffen. Doch Zias Marionettenminister brauchte einen Vorwand, warum er volle acht Monate nach der angeblichen Aufhebung des Kriegsrechts immer noch jede politische Regung in Pakistan unterdrückte. Er konnte es nicht riskieren, das wahre Gesicht des Regimes zu zeigen. Junejo war gerade aus den Vereinigten Staaten zurückgekehrt. Präsident Reagan hatte Pakistan gelobt, weil das Land »große Fortschritte auf dem Weg zur Demokratie macht«. Gegenüber *Time* hatte Junejo geprahlt, daß er die Probleme in Pakistan durch die Aufhebung des Kriegsrechts und die Wiederherstellung der Demokratie gelöst habe. »Wir haben die Demokratie durchgesetzt«, behauptete er, »auch ohne Wahlen.«

Als wir in meinem Büro im Fernsehen sahen, wie Junejo seine eigene politische Veranstaltung absagte, sagte ich zu meinen Mitarbeitern: »Das ist ein großer Sieg für uns. Junejo behauptet, ein demokratischer Premierminister zu sein, aber wo sind seine Anhänger? Er hat seine Kundgebung abgesagt, weil er weiß, daß er von der PPP bloßgestellt würde. Das Regime räumt das Feld.«

»Jetzt brauchen wir die Demonstrationen am 14. August gar nicht mehr abzuhalten«, sagte jemand. »Wir haben schon gewonnen.«

»Nein«, widersprach ein anderer, »aber wir sollten sie verschieben. Warum legen wir sie nicht auf den 15. August?«

»Am fünfzehnten feiert Indien den Unabhängigkeitstag.«

»Dann auf den sechzehnten.«

»Ich gehe morgen nach Faisalabad zu einer PPP-Sitzung«, sagte ich. »Dort werden wir eine Entscheidung treffen.«

Von der informellen Sitzung in Clifton 70 fuhr ich direkt zu einer eilig einberufenen Sondersitzung der MRD. Die Stimmung dort war ganz anders. Die MRD-Führer waren ärgerlich auf mich, weil ich gewagt hatte, mit anderen PPP-Führern über eine Verschiebung der Demonstrationen zu beraten. »Sie verstehen gar nichts von Politik«, sagten sie. »Wir müssen die Demonstrationen am Unabhängigkeitstag durchführen. Die Zeit ist reif. Wir können jetzt keinen Rückzieher machen.«

Ich widersprach. Ich wußte, daß die PPP auf die Kraftprobe, die das bedeutete, nicht vorbereitet war. Wir hatten gerade die riesigen Kundgebungen vom »Schwarzen Tag« hinter uns und hatten weder die Zeit noch die Organisation, die Leute so rasch auf weitere Massenkundgebungen vorzubereiten. Überdies verfolgten wir nicht die Strategie, das Regime direkt zu bekämpfen. Wir wollten über eine bestimmte Zeitraum in immer kürzeren Abständen politische Protestveranstaltungen durchführen, um das Regime allmählich zu unterhöhlen. Wenn die Regierung durch Streiks und Sit-ins lahmgelegt war, waren die gesamte Geschäftswelt, die Wirtschaft und alle Bereiche des öffentlichen Lebens davon betroffen. Das würde die Unzu-

friedenheit mit dem Regime vergrößern. Zum gegenwärtigen Zeitpunkt war eine Konfrontation mit dem Regime destruktiv. Wahrscheinlich würden die gesamte Parteispitze und viele Sympathisanten der Partei verhaftet. Damit ginge die Dynamik unserer Bewegung verloren.
»Wir können nicht mehr zurück«, beharrten die MRD-Führer.
Ich steckte in einer Zwickmühle. Entweder würde die Koalition zwischen MRD und PPP Schaden nehmen oder ich mußte mich fügen. Die anderen meinten, daß wir an den Demonstrationen teilnehmen sollten. Ich stimmte als einzige der neun Anwesenden dagegen.
»Also gut, es bleibt dabei«, sagte ich widerstrebend. »Aber geben Sie das um Himmels willen nicht schon heute abend bekannt. Warten Sie wenigstens bis morgen.« Ich brauchte Zeit, und seien es nur ein paar Stunden, um den Parteiführern mitzuteilen, daß sie untertauchen mußten. Wenn alle verhaftet wurden, konnten wir unsere Pläne für den Herbst gleich begraben. Die MRD kündigte unser gemeinsames Vorhaben dennoch an.

13. August 1986.
Ich fahre zum Flughafen, um wie geplant zur PPP-Sitzung nach Faisalabad zu fliegen. Am Flugsteig werde ich von Polizisten erwartet. »Wir haben Befehl, Sie aus dem Punjab auszuweisen, aber wenn Sie trotzdem fliegen wollen, können Sie das tun.« Sie benutzen eine neue Taktik. Sie versuchen, mich zu provozieren, daß ich trotz ihres Verbots fliege. Dann können sie später behaupten, ich hätte Schwierigkeiten gemacht, während sie versucht hätten, Schwierigkeiten zu verhindern. Ich mache bei ihrem Spiel nicht mit. Noch auf dem Flughafen berate ich mich rasch mit den PPP-Mitgliedern, die mich begleiten. Ich rechne damit, daß ich in Clifton 70 von der Polizei erwartet werde und gebe meinen Gefährten letzte Ratschläge. Falls ich verhaftet werde, sollen sie die Aktivisten der Partei in den verschiedenen Teilen des Landes koordinieren.
Doch bei meiner Rückkehr nach Clifton 70 finde ich keine Polizei vor. Das ist ebenfalls ungewöhnlich. Radio Indien meldet fälschlicherweise meine Verhaftung, und das Telefon beginnt zu klingeln. In Lyari kommt es zu Krawallen und Protesten gegen meine Verhaftung. In Faisalabad geht die Polizei mit Tränengas und Knüppeln gegen die Menschen vor, die sich auf dem Flughafen versammelt hatten, um mich zu begrüßen. So viel zu den »großen Fortschritten auf dem Weg zur Demokratie«.
Ich warte immer noch auf die Polizei. Niemand kommt. Inzwischen ist jeder zweite PPP- und MRD-Führer verhaftet. Zum ersten Mal sitzen sie

alle im Gefängnis, während ich frei bin. Offenbar will das Regime die Partei lahmlegen, mich aber in Ruhe lassen, um im Ausland nicht in Ungnade zu fallen - vor allem nicht bei den Vereinigten Staaten, denn dort wird im Herbst über das neue Hilfspaket abgestimmt. Ich für meinen Teil sehe in der Ausweisung aus dem Punjab einen Grund, die Kraftprobe zwischen der PPP und dem Regime auf einen selbstgewählten Zeitpunkt zu verlegen.

Die Presse strömt nach Clifton 70: Ross Munro vom Magazin *Time,* ein Kameramann von der BBC, Mahmood Sham und Hazoor Shah, altgediente Korrespondenten von *Jang* und *Dawn,* und Anne Fadiman von *Life,* eine alte Freundin aus Radcliffe, die mit der Fotografin Mary Ellen Mark in Karachi ist, um eine Reportage über meine Rückkehr nach Pakistan zu schreiben. Am Spätnachmittag sind fast tausend führende Mitglieder und Aktivisten der PPP und MDR in Haft. Nur ich nicht.

Ein Reporter vom Presseclub Karachi trifft ein. Er hat gerade von einem der Oppositionsführer erfahren, daß die MRD-Kundgebung in Karachi immer noch für morgen geplant ist und daß ich teilnehme. Ich bin erstaunt. Niemand hat sich mit mir über diesen erneuten Kurswechsel beraten. Aber die Nachricht verbreitet sich. BBC meldet in dieser Nacht dreimal in einer Sendung, daß ich an der MRD-Kundgebung am 14. August in Karachi teilnehmen würde. Ich möchte mich weder vom Regime noch von der MRD provozieren lassen. Aber was kann ich tun? Wenn ich nicht an der Kundgebung teilnehme, kann das Regime behaupten, ich hätte die Nerven verloren.

Ich beauftrage ein oder zwei Leute aus den unteren Rängen der Partei, alle Mitglieder zusammenzutrommeln, die der Polizei entwischt sind. Sie sollen am Morgen des 14. August nach Clifton 70 kommen, damit wir in einem gemeinsamen Zug zur Kundgebung marschieren können.

14. August 1986, der pakistanische Unabhängigkeitstag.

Ich wache auf und höre, wie vor den Mauern von Clifton 70 erste politische Parolen gerufen werden. »*Jiye,* Bhutto! Meine Schwester, deine Schwester, Benazir!« Über Parteimitglieder und durch die BBC-Sendungen haben PPP-Anhänger von meiner Teilnahme an der MRD-Kundgebung erfahren. Sie drängen sich jetzt vor dem Haus. Ich bekomme eine Nachricht. Jetzt weiß ich, warum ich noch nicht verhaftet worden bin: Das Regime hat nach der Ankündigung der MRD am Abend zuvor keine Entscheidung treffen können und telegrafisch bei Zia in Saudi-Arabien angefragt, was mit mir zu geschehen habe. Zias Antwort ist erst um 9 Uhr pakistanischer Zeit eingetroffen: »Verhaften.« Aber um diese Zeit wagt die Polizei schon nicht mehr, mich zu verhaften. »Mit all den PPP-Anhängern vor Clifton 70? Sie hätten mich gelyncht«, sagt mir ein Polizist später. Die Polizei will nicht in die Menge schießen und in der Umgebung von Clifton 70 Krawalle auslösen. In Clifton leben auch viele Diplomaten, und die Polizei will nicht riskieren, daß die aufgebrachte Menge in ihrer Wut die Botschaften anzündet.

Außerdem weiß die Polizei gar nicht sicher, ob ich in Clifton 70 bin. Meine Freundin Putchie hat in Clifton 70 übernachtet und ist früh am Morgen in einem Auto weggefahren. Die Geheimdienstleute haben nicht feststellen können, ob ich in dem Auto saß. Sie vermuten, daß ich trotz des Reiseverbotes nach Faisalabad entkommen bin. Aber keiner weiß, wo ich bin. Doch sie werden es bald herausfinden.

»Um wieviel Uhr gehen Sie los?« fragt mich ein Vertreter der MRD am Telefon. »Wir brechen um zwei auf«, teile ich ihm mit. Kurz danach erfahre ich, daß die Polizei um zwei kommt, um mich zu verhaften, obwohl keinerlei Grund vorliegt. Der Innenminister hat die Kundgebung nicht verboten.

Wir beschließen, um eins aufzubrechen. Die Journalisten versammeln sich. Ich erinnere mich traurig daran, wie ich in Harvard im Magazin *Life* gelegentlich die Kolumne »*Life* berichtet aus den Kinos« gelesen habe. Heute berichtet *Life* von den Straßen Karachis über die Konfrontation der Demonstranten mit der pakistanischen Polizei und meine als sicher geltende Verhaftung. Ich mache mir Sorgen um Anne Fadiman. Ross Munro, der Chef des *Time*-Büros in Neu-Delhi, hat Erfahrung mit der Politik auf dem Subkontinent. Niemand weiß, was passiert, wenn wir Clifton 70 verlassen.

Wir stehen an der Tür. Ich bete einen Koranvers: »*Qul Huwwa Allahu Ahad* – Sprich: Er ist der eine Gott.« Anne Fadiman, Ross Munro, der BBC-Kameramann, ein paar PPP-Mitglieder und meine Freundin Putchie klettern in einen Pajero-Jeep. Ich steige in meinen eigenen Pajero. Er ist über und über mit politischen Aufklebern beklebt und mit einer Lautsprecheranlage und Kassetten mit PPP-Liedern ausgestattet. An der Kühlerhaube flattern PPP-Fähnchen. Samiya, weitere politische Mitarbeiter und die Fotografin Mary Ellen Mark fahren mit mir. Das Tor schwingt auf. Das Schiebedach des Pajero ist geöffnet, ich stelle mich auf den Rücksitz. »*Marain gai, mar jain gai,* Benazir, *ko lahain gai* – wir schlagen sie, wir

sterben, aber wir bringen Benazir«, skandiert die Menge auf Urdu und drängt sich um den Pajero. Meine Ehrengarde ist auf 5000 Mitglieder angewachsen.
Ein zischendes Geräusch: Die Polizei feuert die erste Tränengasgranate, als wir uns dem MidEast-Hospital nähern. Es ist die erste von 3000 Tränengasgranaten, die an diesem Tag in Karachi abgefeuert werden, 300 allein auf der Straße nach Clifton. Die nächste Salve trifft uns am Kreisverkehr. Die Polizei, die auf dem Weg nach Clifton 70 ist, um mich zu verhaften, wird von der Menge eingekeilt. Die Polizei versucht, sich den Weg durch die Menge freizuknüppeln, um zu meinem Pajero zu gelangen, und wirft Tränengasgranaten. Im Jeep zieht mich jemand auf den Sitz und schließt das Schiebedach. Wir husten und würgen. Wir legen uns Salz und Zitronenscheiben auf die Zunge und bedecken die Gesichter mit nassen Handtüchern, die wir mitgebracht haben. Ich mache mir Sorgen um die PPP-Funktionäre und Journalisten im anderen Jeep.

Anne Fadiman:

> Die Tränengaswolken waren so dicht, daß man durch die Scheiben kaum etwas erkennen konnte. Das Tränengas drang in den Pajero ein. Wir versuchten das Schiebedach zu schließen, aber es es klemmte. Außerdem waren Demonstranten auf den Pajero geklettert und streckten die Hände durch das Schiebedach, um irgend jemanden zu berühren, der Benazir nahestand. Als wir das Verdeck endlich geschlossen hatten, verschlimmerte sich unsere Lage noch. Jetzt waren wir mit dem Tränengas eingesperrt. Wie wir am nächsten Tag erfuhren, stammte das Tränengas von der amerikanischen Firma Smith and Wesson.
> Ross hatte Erfahrung mit Tränengas und wußte, was zu tun war. Wir gossen uns Wasser in die hohlen Hände und spülten damit die Augen aus, oder wir drückten uns gegenseitig nasse Taschentücher auf die Augen. Es war schlimm. Putchie, die an Asthma litt, war zum Glück gleich zu Beginn des Tränengasangriffs aus dem Pajero entkommen und nach Hause geflohen. Wir anderen litten noch wochenlang unter den Folgen. Als ich nach Hause kam, wurden mir Steroide gespritzt, um die Beschwerden zu lindern. Der Arzt sprach von einer »tief inhalierten Dosis«. Dabei hatte ich noch Glück gehabt. Bashir Riaz, erfuhr ich später, war monatelang krank.

In dem Chaos von Menschen, Polizei und Tränengas beschließen die Fahrer der Pajeros, den Kreisverkehr in verschiedenen Richtungen zu verlassen, um die Polizei zu verwirren. Wir fahren los und versuchen auf Seitenstraßen zur MRD-Kundgebung in Lyari zu gelangen. Lyari ist das ärmste Viertel Karachis und eine Hochburg der PPP. Aber sobald ein Polizist unseren Zug, eine lange Kolonne von Bussen, Lastwagen und Autos, sichtet, funkt er unsere Richtung weiter, und wir stoßen auf immer neue Straßensperren. Wir treffen uns mit dem anderen Pajero und beschließen, zum Grab Mohammed Ali Jinnahs zu fahren. Doch auch der Weg dorthin wird uns abgeschnitten. Wir spielen ein tödliches Versteckspiel mit der Polizei. Wir sind wieder auf dem Weg nach Lyari, als wir plötzlich einen Platten haben. Es ist keine Zeit, den Wagenheber hervorzuholen. Rasch finden sich ein paar Männer zusammen. Sie heben den Pajero hoch, während der Reifen gewechselt wird. Gerade als wir wieder startklar sind, nähert sich die Polizei.

Ross Munro:

> Fast zehntausend Menschen drängten sich um die Fahrzeugkolonne, als diese auf dem Chakiwara Chowk ankam, einem großen öffentlichen Platz in Lyari. Benazir errang wenigstens einen symbolischen Sieg: Sie hatte den Kundgebungsort erreicht und redete einige Minuten. »Ihr seid meine Brüder und Schwestern«, rief sie auf Urdu in die Lautsprecheranlage. »Zia muß gehen.« Der Unabhängigkeitstag entbehre diesmal nicht einer gewissen Ironie, sagte sie. Die Pakistaner seien nicht so unabhängig, daß sie ungehindert demonstrieren könnten. Während sie sprach, zogen Rauchschwaden von einem Bus heran, der kaum 100 Meter entfernt brannte.

Anne Fadiman:

> Ich sah keinen einzigen Akt der Gewalt, der von der PPP begangen wurde. Gewalt wurde nur von der Polizei ausgeübt. Die Polizisten schlugen auf die Menge ein, um sie zu zerstreuen. Die jungen Männer hoben die Arme, um die Schläge der *lathi*-Stöcke abzuwehren. Als sie Benazirs Pajero sahen, schoben sie sich durch die Menge zu ihm und preßten ihre blutigen Unterarme an die Scheiben. So zeigten sie Benazir, daß sie bereit waren, sich für sie zu opfern. Plötzlich sah ich

Iqbal Jaffery, den BBC-Korrespondenten in Karachi, am Rand der Menge entlangrennen. »So viel Gewalt«, rief er mir zu. »Gerade habe ich gesehen, wie die Polizei einen zehnjährigen Jungen zu Boden geschlagen hat, weil er einen PPP-Sticker trug.« Als die Polizei Benazir sah, rückte sie mit noch mehr Tränengas in Lyari ein.

»Runter!« höre ich jemanden rufen. Irgend jemand im Pajero zieht mich nach unten. Eine Tränengasgranate pfeift an meinem Kopf vorbei. Es ist wie beim Angriff auf meine Mutter und mich im Gaddafi-Stadion. Die Polizei benutzt die Tränengasgranaten als Waffen, nicht um die Massen zu zerstreuen. Immer mehr Polizeiwagen treffen ein. »Wir dürfen nicht zulassen, daß unsere Parteivorsitzende auf der Straße verhaftet wird«, schreit ein PPP-Aktivist. Überall ertönen Rufe: »Stoppt die Polizei! Stoppt die Polizei!«

Hastig werden Barrikaden errichtet. Reifen und Abfallhaufen werden in Brand gesteckt. Wir rasen wieder los durch die Seitenstraßen von Lyari. Unsere Augen und Kehlen brennen vom Tränengas. Demonstranten bewerfen die Polizeiwagen, die uns verfolgen, mit Steinen. »Hier entlang!« rufen sie uns zu und bewahren uns so davor, in Sackgassen einzubiegen. Wir haben die Polizei für einen Augenblick abgeschüttelt und halten ein Taxi an. Tränengasschwaden und Rauchwolken hüllen uns ein. Menschen schreien. Polizeisirenen heulen. Der Pajero fährt ohne uns wieder los. Samiya sitzt mit meinem *dupatta* auf dem Vordersitz, um die Polizei auf sich zu lenken. Unser Taxifahrer hat so große Angst, daß er mit offener Tür losfährt. »Warum so eilig?« frage ich ihn.

Obwohl er durch die engen Straßen rast, kann er das einsame Polizeimotorrad hinter uns nicht abschütteln. Ich berate mich im Auto rasch mit den PPP-Führern. Wir müssen eine Pressekonferenz abhalten. Aber wo? Verschiedene Orte werden genannt, ich bestehe schließlich darauf, nach Clifton 70 zurückzukehren. So laufe ich der Polizei zwar direkt in die Arme, aber ich will in meinem Haus zur Presse sprechen und, wenn es schon sein muß, dort verhaftet werden. Das Motorrad ist immer noch hinter uns. Wir müssen es abschütteln. »Biegen Sie nach rechts ab«, sage ich plötzlich, als wir uns der Straße nähern, die zum Hotel Metropol führt. Der Fahrer nimmt die Kurve mit quietschenden Reifen, umrundet das Hotel und kommt auf der anderen Seite wieder auf die Straße. Wir haben das Motorrad abgeschüttelt.

Wir nähern uns Clifton. Es wimmelt von Straßensperren und Polizisten. Der Fahrer gerät in Panik und schaltet hastig in den Rückwärtsgang. »Fahren Sie ganz normal weiter, nicht zu schnell und nicht zu langsam«, befehle ich. »Die Polizei sucht nicht nach einem gelben Toyota.« Der arme Mann zittert, als wir durch die Polizeisperren fahren. Ich habe mir Samiyas *dupatta* über das Gesicht gezogen, die Polizisten erkennen mich nicht. Wir halten kurz am Haus eines Parteifunktionärs, um das Tränengas abzuspülen.

»Wieviel macht das?« frage ich den Fahrer und ziehe meine Brieftasche. »Ich bin kein Taxifahrer«, sagt er immer noch zitternd, »das ist mein eigenes Auto.« Ungläubig starre ich ihn an. »Sie sind kein Taxifahrer?« Ich denke daran, wie ich ihn herumkommandiert habe. »Nein, ich bin nur ein Anhänger der PPP«, sagt er. Er lehnt eine Bezahlung ab und fährt weg.

Wir sind endlich in Clifton 70 angelangt. Die Presse ist bereits versammelt. Mitten in der Pressekonferenz wird mir mitgeteilt, daß die Polizei eingetroffen ist. »Laßt sie herein«, sage ich. Vor den Augen der ausländischen Presse betreten drei Polizistinnen verlegen den Raum und überreichen mir einen Haftbefehl für 30 Tage. Man wirft mir die Teilnahme an einer ungesetzlichen Versammlung vor. Ich suche ein paar Kleidungsstücke und meine Zahnbürste zusammen. Dann werde ich in einem riesigen Konvoi von Polizeifahrzeugen, dem ein ebenso großer Pulk vom PPP-Fahrzeugen folgt, zum Polizeirevier gebracht.

Auf dem Revier erfahre ich, daß bei der Massenkundgebung in Lahore sechs Menschen getötet und einige Dutzend verletzt worden sind. Wieder einmal hat das Regime seine Helfershelfer geschickt, damit sie ihr tödliches Werk tun. Die Toten und Verwundeten gehen auf das Konto von Parlamentsabgeordneten, die mit Kalaschnikows in die Menge geschossen haben. Die Abgeordneten sind nie zur Rechenschaft gezogen worden, ebensowenig die Polizei. Wie ich später von einem *Dawn*-Reporter in Lahore erfahre, ist die Polizei in die Notaufnahme des Krankenhauses gestürmt und hat Verletzte verprügelt, die auf Bahren lagen oder mit Handschellen an Betten gefesselt waren. Auch ein *maulvi,* der den Demonstranten in einer Moschee das Tränengas aus den Augen spülte, blieb nicht verschont. Die Polizei stürmte die Moschee und verprügelte ihn.

Auch in Sind ist der Preis hoch: sechzehn Tote und viele hundert Verletzte. Nicht nur in Lyari sind friedliche Demonstranten von der Polizei angegriffen worden, auch in den Städten der ländlichen Gebiete. Auch in der Frontier Province sind Zias Truppen gegen Demonstranten vorgegangen. Und das nur, weil wir an friedlichen Kundgebungen zum Jahrestag der Entstehung eines unabhängigen Pakistan teilgenommen haben.

Ich kam ins Landhi-Borstal-Gefängnis, ein Jugendgefängnis in den Außenbezirken von Karachi, in eine Einzelzelle. Die Polizei hatte so viele politische Gefangene gemacht, daß im Zentralgefängnis von Karachi kein Platz für mich war. Im ganzen Land erhoben sich Proteste gegen meine Verhaftung. Sie lösten die schwersten Unruhen seit der MRD-Kampagne 1983 aus. In Sind wurden Polizeireviere, Regierungsgebäude und Bahnhöfe in Brand gesteckt. In Lyari kämpften PPP-Anhänger eine Woche lang gegen die Gewehre und das Tränengas der Polizei. Die Armee unterstützte die Polizei bei dieser gewaltsamen Unterdrückung der Demonstranten. Das Ergebnis waren über 30 Tote. Mary Ellen Marks Filme wurden beschlagnahmt.

Die brutale Unterdrückung politischer Meinungsäußerung durch das Regime wurde international mißbilligt. In England und Deutschland wurde Protest laut. In den Vereinigten Staaten zeigten die Senatoren Kennedy und Pell und das Kongreßmitglied Solarz sich sehr besorgt. Solarz, der Vorsitzende des Unterausschusses für den Pazifik und Asien im Repräsentantenhaus, setzte sich besonders vehement für mich ein. »Wenn die Regierung weiterhin Oppositionsführer verhaftet und friedliche politische Veranstaltungen verbietet«, warnte er, »werden die Freunde Pakistans im Kongreß in den kommenden Monaten Mühe haben...zusätzliche US-Hilfe für Pakistan durchzusetzen.« Die Reagan-Administration freilich stand hinter Zia und seinem »zivilen« Premierminister Junejo. »Er [Junejo] hatte den Mut, sich der Opposition zu stellen«, sagte ein Angehöriger des Außenministeriums. »Er wird auch die ausländische Kritik überstehen.«

Als Zia Ende August aus Mekka zurückkehrte, nahm er eilends zum Vorgefallenen Stellung, um kritische Stimmen im so wichtigen amerikanischen Kongreß zu beschwichtigen. »Nicht Miss Bhutto ist das Problem«, sagte er am 26. August zu Steven Weisman, dem Korrespondenten der *New York Times*. »Meine Einwände gelten ihren überspannten, unrealistischen Ambitionen und ihrer Art, Macht an sich zu reißen.«

Mein Fall sollte am 10. September vor dem Oberlandesgericht von Sind verhandelt werden. Ich wurde grundlos festgehalten: Die Kundgebung am Unabhängigkeitstag war legal gewesen, und ich hatte gegen kein

Gesetz verstoßen. Als sich am 9. September viele tausend Menschen aus Inner-Sind vor dem Gerichtsgebäude versammelten, um meinen Auftritt vor Gericht am nächsten Tag zu erleben, gab das Regime auf. »Ich habe eine Überraschung für Sie«, sagte der Gefängnisdirektor, als er um halb zehn in meine Zelle trat. »Sie sind frei.« Ich war überhaupt nicht überrascht. Ich hatte bereits gepackt und war reisefertig.
In der PPP-Sitzung nach meiner Freilassung schlug die Erregung hohe Wellen. Wir mußten beschließen, wie es weitergehen sollte. Einige wollten die Aktionen fortsetzen und Rache für das Blutbad des Regimes nehmen. Zum ersten Mal, erklärten sie, habe die Regierung in Punjab PPP-Demonstranten getötet. Nie zuvor sei die Motivation, Zia zu stürzen, größer gewesen. Wir dürften jetzt nicht zögern.
»Wir haben dem Volk eine Veränderung auf friedlichem Weg durch politische Mittel versprochen«, hielt ich ihnen entgegen. »Aber das Regime hat Gewalt angewandt. Weitere Protestveranstaltungen würden nur noch mehr Blutvergießen und Chaos bedeuten. Extremisten könnten uns an die Wand drängen. Betrachten wir uns als moralische Sieger und halten wir uns an unsere Verpflichtung zum Frieden.« Ich konnte mich durchsetzen. Kurz nach der Versammlung brach ich zu einer zweiten Reise durch das Land auf, um dem Volk die Strategie des langsamen Vormarsches zu verkünden.

Ich war zuversichtlich, als das Jahr 1987 anbrach. Wenn ein neues Jahr begann, glaubte ich immer, daß es besser sein würde als das alte, und diesmal gab es dafür etliche vielversprechende Anzeichen. Ich war zum ersten Mal seit sechs Jahren in Pakistan auf freiem Fuß. Nachdem politische Aktivitäten lange verboten gewesen waren, waren wir jetzt dabei, die Macht der PPP als politische Institution auszubauen. Wir hatten eine Mitgliederkampagne gestartet und nahmen in vier Monaten eine Million neue Mitglieder auf. Das ist eine bemerkenswerte Zahl, wenn man berücksichtigt, wie hoch die Analphabetenquote in Pakistan ist. Im Punjab hielten wir parteiinterne Wahlen ab – ein gänzlich unbekanntes Phänomen im Subkontinent –, bei denen über 400000 Mitglieder abstimmten. Wir nahmen den Dialog mit den Gegnern der Muslimischen Liga im Parlament auf und prangerten weiterhin die Menschenrechtsverletzungen des Regimes an.
Zia behauptete beharrlich, wir seien auf Rache aus. Besonders oft sprach er davon in seinen Reden vor den Militärs, um die Angst vor einer Rück-

kehr der PPP an die Macht zu schüren. Aber unsere Partei rief nicht zur Rache auf, sondern zum Aufbau der Nation. Und das wußte jeder.
Ich forderte für Pakistan eine Berufsarmee, die von der Politik unabhängig war. Ich kritisierte, wie Zia mit dem Grenzkonflikt mit Indien am Siachin-Gletscher umging. Pakistan hatte dort im Laufe der vergangenen drei Jahre über 3600 Quadratkilometer Land verloren. Immer mehr Menschen begeisterten sich für unsere Ziele. Im Dezember besuchte ich Lala Moosa, um der Familie eines PPP-Aktivisten zu kondolieren, der am Unabhängigkeitstag ermordet worden war. Sogar in diesem Kernland der Armee machten Angehörige der Armee offen das Siegeszeichen der PPP und winkten uns zu, wenn wir vorbeikamen. Aber damit kam ich wieder einmal General Zias empfindlichster Stelle zu nahe.
»Wir haben Informationen, daß das Regime einen Anschlag auf Sie plant«, teilte mir ein PPP-Anhänger und ehemaliger Stabsoffizier der Armee mit, als ich am Geburtstag meines Vaters nach Larkana fuhr. »Wir sollten deshalb in Al-Murtaza eine Übung abhalten, um die Sicherheitsvorkehrungen zu überprüfen.« Viele tausend Menschen waren gekommen, um am 5. Januar den Geburtstag meines Vaters zu feiern. Der Tag war völlig reibungslos verlaufen, und ich fühlte mich nicht bedrohter als sonst. »Die Sicherheitsvorkehrungen in Al-Murtaza sind ausreichend«, versicherte ich dem Stabsoffizier. »Sie sollten überprüft werden«, beharrte er. Aber ich war unbesorgt. »Das ist nicht nötig«, sagte ich.
Eine zweite Warnung kam aus Rawalpindi, eine dritte aus Lahore. »Das Regime hat den Mord bereits geprobt«, berichtete ein mit der PPP sympathisierender Beamter. »Der ›Mörder‹ trat neben Sie und meldete dann, daß es ganz einfach sei, in Ihre Nähe zu gelangen.« Ich wollte mich nicht unnötig aufregen. Obwohl der Tod immer gegenwärtig war, wollte ich mich lieber auf politische Fragen zu konzentrieren.
Mit den Warnungen nahmen auch die Bitten von Sympathisanten zu, die Sicherheitsvorkehrungen zu verschärfen. Ein Mann aus der Frontier Province wollte mir sechs Männer mit Kalaschnikows zur Verfügung stellen, aber ich lehnte ab. Ich hatte Waffen immer abgelehnt und mochte es nicht, wenn Gewehre offen zur Schau getragen wurden. Meine freiwilligen Leibwächter hatte ich angewiesen, keine Waffen zu tragen. Bald kamen mir Zweifel an meiner Entscheidung.
Im Januar 1987 wurden innerhalb einer Woche zwei Anschläge auf mir nahestehende Menschen verübt. Beim ersten Anschlag wurde Munawwar Suharwardy, einer meiner Leibwächter, in Karachi mit seinem Auto in

eine Sackgasse gedrängt und dann beschossen. Er kam nur deshalb mit dem Leben davon, weil er von bewaffneten Männern begleitet wurde, die die Angreifer vertrieben. Fazil Rahu, ein führendes Mitglied der MRD, hatte weniger Glück. Er wurde am 11. Januar in seinem Heimatdorf mit einer Axt erschlagen. Zur selben Zeit wurde Bashir Riaz, mein Pressesprecher und der ehemalige Chefredakteur unserer Exilzeitschrift *Amal,* immer wieder mitten in der Nacht telefonisch bedroht. Waren diese Drohungen des Regimes an meine Adresse gerichtet? »Nehmen Sie mit den Behörden Kontakt auf«, sagte ich meinem Anwalt. »Sagen Sie ihnen, daß sie die Verantwortung tragen, wenn irgend etwas passiert. Wir warnen sie im voraus.«

Der Anschlag ereignete sich am 30. Januar. Ich hatte einen Besuch in Larkana geplant, aber meine Abreise mußte wegen eines Termins in letzter Minute verschoben werden. Normalerweise fuhr ich im Pajero nach Larkana, aber ich reservierte immer auch einen Flug. Wenn es mit dem Wagen nicht klappte, konnte ich dann auf das Flugzeug umsteigen. Die verschiedenen Reisepläne dienten außerdem meiner Sicherheit. Ich reservierte oft Flugkarten, die ich dann nicht benutzte. Manchmal buchte ich sogar einen zweiten Flug in eine Stadt, die ich gar nicht besuchen wollte, um Zias Geheimdienst über meine Pläne im dunkeln zu lassen. Oft erzählte ich nicht einmal dem Personal von meinen Reiseplänen, damit nicht versehentlich irgendwelche Informationen durchsickerten.

»Bibi Sahiba, es wird langsam Zeit«, sagte Urs um die Mittagszeit zu mir. »Wenn Sie vor Einbruch der Dunkelheit in Larkana sein wollen, sollten wir jetzt fahren.«

»Fahrt schon voraus«, sagte ich. »Ich muß noch auf eine Sitzung und komme später nach.« Die beiden vorausgefahrenen Autos kamen nie in Larkana an.

Wir waren mitten in der Sitzung, als ein Mitarbeiter mit einer dringenden Meldung eintrat. Ich sah nur zwei Worte: »Schüsse« und »Pajero«. Soeben hatte ich noch über die Anschläge auf meine Leibwache und den Mord an dem MRD-Führer gesprochen. Das Timing schien geradezu abgesprochen zu sein. »Entschuldigen Sie mich einen Augenblick«, sagte ich zu meinen Gästen. »Auf meinen Wagen ist gerade ein Anschlag verübt worden.« Rasch gab ich Anweisungen, die Polizei und meine Rechtsanwälte zu verständigen. Dann riß ich mich zusammen und kehrte in die Sitzung zurück.

Als im Laufe der nächsten Tage die Einzelheiten des Anschlags bekannt wurden, zeigte sich das ganze häßliche Ausmaß der Geschichte. Die beiden Autos waren am hellichten Tag losgefahren. In der Nähe von Manjhand hatte ein Mann am Straßenrand ein Signal gegeben. Daraufhin waren vier Männer erschienen und hatten auf den Beifahrersitz meines Pajero gefeuert. Urs hatte beschleunigt und war mit dem Pajero, der bereits eine Geschwindigkeit von 110 Stundenkilometern gehabt hatte, durch den Kugelhagel gerast. Die Männer hatten weiter gefeuert. Als die Mitarbeiter in meinem Wagen sich umdrehten, sahen sie, daß der zweite Wagen angehalten worden war. Die Leibwächter und Mitarbeiter im zweiten Wagen wurden mit vorgehaltenen Gewehren abgeführt.

Es war ein kaltblütiger Mordversuch. Das Regime behauptete zwar, es habe sich um einen ganz normalen Raubüberfall gehandelt, aber die Wirklichkeit sah anders aus. Nichts paßte in das Schema eines Raubüberfalles. Der Angriff hatte in fast 65 Kilometer Entfernung von der Region stattgefunden, die von Banditen und Straßenräubern frequentiert wurde. Banditen greifen normalerweise nachts an, nicht nachmittagas um halb vier. Und Banditen halten Autos an, um die Insassen auszurauben, sie durchsieben sie nicht mit Kugeln.

Als die Nachricht vom Mordanschlag sich verbreitete, brachen überall im Land wieder Unruhen aus. Die Empörung der Öffentlichkeit war so groß, daß das Regime in einer aufsehenerregenden Aktion seinen eigenen Generalinspektor der Polizei ausschickte, um meine entführten Mitarbeiter freizubekommen. Inzwischen sickerten immer mehr Informationen durch. Ungefähr zu der Zeit, als der Pajero Clifton 70 verlassen hatte, war am Tatort ein Mann mit einem Funkgerät gesehen worden. Jemand mußte per Funk die Meldung durchgegeben haben, daß der Pajero auf dem Weg sei, in der Annahme, daß ich hinter seinen verdunkelten Scheiben saß.

Ich glaubte nicht, daß Banditen den Anschlag aus eigenem Antrieb verübt hatten, wie das Regime behauptete. Banditen hielten meist mehrere Autos an, nicht nur eines. Aber der Wagen direkt vor dem Pajero hatte die Stelle ohne Zwischenfall passiert. Überdies hielten Banditen es für unehrenhaft, eine Frau anzugreifen. Nein, das war kein einfacher Raubüberfall gewesen.

Noch mehr Informationen kamen uns zu Ohren. In der Nacht vor dem Überfall war angeblich ein Wagen in das geheime Hauptquartier der Banditen gekommen. Jemand hatte mit dem Anführer gesprochen. Als der Wagen wieder fort war, hatte der Anführer gesagt: »Morgen müssen wir ein großes Ding drehen.« Anderen Berichten zufolge hatte das Regime den Banditen solange gedroht, bis sie bereit waren, die schmutzige Arbeit zu tun. Und die Entführer der PPP-Mitglieder, wer immer sie sein mochten, hatten nicht einmal Lösegeld gefordert. Das war keine gewöhnliche Entführung.

Meine Mitarbeiter wurden ein paar Tage später genau so unvermittelt freigelassen, wie sie gekidnappt worden waren. Gottseidank waren sie unverletzt. Aber was sie zu berichten wußten, erhärtete unseren Verdacht, daß das Regime in den Anschlag verwickelt war. »Wir sind Mitarbeiter von Miss Benazir Bhutto«, hatten die Männer ihren Entführern mitgeteilt, die bereits meinen auffälligen Jeep mit den PPP-Aufklebern und PPP-Fähnchen und den Lautsprechern auf dem Dach gesehen hatten. »Wir sind General Zias Leute«, hatten die Entführer entgegnet. Mir ist nicht bekannt, daß im Zusammenhang mit dem Überfall jemals irgendwelche »Banditen« verhaftet wurden.

Das Regime provozierte die Gewalt, und die Gewalt in der Gesellschaft nahm zu. Das Regime hatte die Mudschahidin, die fundamentalistischen Studenten, die Separatisten und die Muslimische Liga mit Waffen ausgestattet. Um seine Politik der Wiederherstellung einer »zivilen« Regierung nicht unglaubwürdig erscheinen zu lassen, hatte Zia private Armeen ausgehoben, die in seinem Auftrag die politische Opposition niederschossen. Bevor der erste Monat des Jahres 1987 vorüber war, waren ein PPP-Aktivist im Gefängnis ausgepeitscht und mehrere politische Widerständler erschossen worden - trotz der Aufhebung des Kriegsrechts. Es wurde immer schwieriger für mich, die jüngeren PPP-Mitglieder davon abzuhalten, selbst zur Gewalt zu greifen.

Die Situation in Pakistan werde zunehmend chaotischer, berichtete das Londoner Magazin *South* in einem Leitartikel vom Februar 1987. »Das Militär hat seine Glaubwürdigkeit verspielt... Jetzt verliert die Regierung offenbar auch noch ihren bisherigen Rückhalt in der Verwaltung. Die Regierungsorgane, die Armee, die Polizei, die Justizbehörden und die Exkutive sind zwar noch da, aber sie drehen sich im Kreis um sich selbst... Das Land wird von parteipolitischen, kommunalen und ethnischen Spannungen und Konflikten heimgesucht. Gesetz und Ordnung sind praktisch zusammengebrochen. Drogen- und Waffenmafia kontrollieren das Leben des Volkes.«

Pakistan stand am Rande der Anarchie. Ein äußerer Feind war dazu gar nicht nötig. Zia zerstörte das Land von innen heraus. Die Zeit verstrich, und die für 1990 versprochenen nationalen Wahlen rückten näher. Aber

immer weniger Menschen glaubten daran, daß überhaupt jemals freie und gerechte Wahlen abgehalten würden.
Die Kommunalwahlen im Herbst 1987 waren ein trauriges Beispiel sogenannter Wahlen. Vierzig Prozent der Kandidaten, die sich der regierungstreuen Muslimischen Liga entgegenstellten, waren in einem geheimen Auswahlverfahren von der Basis bestimmt worden, um Disqualifikationen zu vermeiden. Ihre Nominierungsanträge wurden dennoch abgelehnt: Die zuständigen Regierungsbeamten fürchteten die Zwangspensionierung, wenn sie sich beim Regime unbeliebt machten. Kurz vor Ankündigung der Wahlen hatte Zia ein Gesetz verabschiedet, das die Provinzregierungen ermächtigte, jeden Regierungsbeamten nach zehnjährigem Dienst zu pensionieren. Zehn Jahre waren genau die Zeit, die seit dem Staatsstreich vergangen war.
Der Wettbewerb - wenn man es überhaupt so nennen konnte - um die restlichen 60 Prozent der Sitze wurde noch stärker manipuliert. Wahllisten, die, wie wir wußten, falsch waren, wurden nicht nur nicht korrigiert, sondern bis zum Tag vor der Wahl immer wieder verändert. Wahlkreise wurden verschoben, die Zahl der Wahlberechtigten schwankte zwischen 600 und 2600, je nachdem, was für die regierungstreue Muslimische Liga vorteilhafter war. Die Wahlbestimmungen wurden permanent geändert. Zunächst hieß es, Kandidaten könnten nur bis zum 19. November von den Wahlen zurückgezogen werden. In der Nacht des 19. November wurde die Frist bis zum 25. November verlängert. Damit hatte die Regierung sechs Tage mehr Zeit, weitere Kandidaten zu zwingen, ihre Kandidatur zurückzuziehen. Die so freigewordenen Sitze wurden der Muslimischen Liga zugesprochen, weil kein Gegenkandidat mehr da war.
Am Tag der Abstimmung wurden die Manipulationen noch massiver. Bei früheren Wahlen waren die Wahllokale immer auf öffentlichen Plätzen bevölkerungsreicher Dörfer und Städte eingerichtet worden. Diesmal kündigte das Regime in letzter Minute an, daß die Wahllokale in dünnbesiedelten Gebieten liegen würden. In einigen Orten wurde sogar in den Häusern von Mitgliedern der Muslimischen Liga gewählt; viele Wähler wagten sich gar nicht dorthin. Noch am Tag der Wahl verlegte das Regime einige Wahllokale, ohne die Opposition zu informieren. Dadurch war es unseren Anhängern unmöglich, ihre Stimme abzugeben. Viele gelangten gar nicht erst zu den Wahllokalen. Zwei Tage vor der Abstimmung beschlagnahmte die Wahlkommission die Jeeps, Autos und sonstigen Fahrzeuge von PPP-Anhängern, um Wahlhelfer zu transportieren. Die Fahrzeuge von Anhängern der Muslimischen Liga blieben unangetastet.

Trotz der offensichtlichen Wahlmanipulation durch das Regime erzielte die Muslimische Liga nicht überall die gewünschten Ergebnisse. In unserem Wahlkreis in Larkana, wo zufälligerweise auch Junejos Angehörige lebten, war den Mitgliedern der Liga ein Wahlsieg besonders wichtig gewesen. Sie wollten sagen können, daß die Bhuttos nicht einmal imstande seien, in ihrem Heimatwahlkreis die Wahl zu gewinnen. Als ihre Versuche fehlschlugen, unseren Kandidaten so einzuschüchtern oder zu erpressen, daß er seine Kandidatur zurückzog, unterschlugen sie ganze 600 PPP-Stimmen aus einer Siedlung, die mein Vater für die Armen gebaut hatte. Trotzdem gewannen wir den Sitz.

Auf die erste Wahl, in der die Stadträte gewählt wurden, folgte die zweite, in der die Stadträte die Vorsitzenden der Bezirke und Gemeinden wählten. Auch dabei kam es zu Manipulationen. Wo wir die Mehrheit gewonnen hatten, disqualifizierte das Regime unsere Stadträte mit Hilfe der ihm hörigen Wahlhelfer, um der Muslimischen Liga die »Mehrheit« zu verschaffen. Wenn diese Rechnung nicht aufging, wurde das Ergebnis trotzdem geändert. Ein Beispiel dafür war die Wahl im Wahlkreis Larkana, wo der PPP-Kandidat zum Vorsitzenden gewählt worden war: Nach Auszählung der Stimmen verließ der District Commissioner, der als Wahlaufseher fungierte, den Raum. Nach einer Weile kehrte er zurück und verlangte, daß die Stimmen neu ausgezählt würden. Viele Stimmen wurden auf mysteriöse Weise für »ungültig« erklärt, die Muslimische Liga wurde zum Wahlsieger ausgerufen. Als die PPP-Stadträte sich aufgebracht an den District Commissioner wandten, entschuldigte er sich damit, daß er machtlos sei.

In der Gemeinde Shahadkot wandte das Regime eine andere Taktik an. Am Abend vor den Wahlen zum Gemeindevorstand wurden zwei PPP-Stadträte entführt. Angehörige der paramilitärischen Gruppe Magsi Force brachen in die Häuser der anderen Stadträte ein und bedrohten sie: »Wenn auch nur einer von euch morgen gegen den Vertreter der Muslimischen Liga kandidiert, werdet ihr auch entführt, und dann kann auch Benazir euch nicht mehr retten.« Völlig eingeschüchtert verzichteten die Stadträte auf ihre Kandidatur, und die Muslimische Liga wurde zum Wahlsieger erklärt. Das Regime stellte die Kommunalwahlen 1987 als überwältigenden Erfolg dar. Als wir den Vorwurf der Wahlmanipulation erhoben, entgegnete man uns, wir seien nur unzufrieden.

»Die Wirklichkeit verändert sich unentwegt«, hatte mein Vater 1971 vor den Vereinten Nationen gesagt, als Dhaka in Ostpakistan der indischen

Armee in die Hände zu fallen drohte. Die Truppen der Nazis hätten einst vor den Toren Moskaus gestanden, Frankreich sei von Deutschland und China von Japan besetzt worden, in Äthiopien hätten die Faschisten geherrscht. Doch die Menschen dieser Ländern hätten diese »Wirklichkeit« nicht angenommen, sondern sich gewehrt und dadurch den Lauf der Geschichte verändert. Ich war damals eine 18jährige Studentin, und die Rede meines Vaters vor dem Sicherheitsrat hatte mich nachhaltig beeindruckt. In den folgenden Jahren der Tyrannei und Verfolgung unter General Zia hatte mir die Erinnerung an diese Rede immer wieder neuen Auftrieb gegeben. »Die Wirklichkeit verändert sich unentwegt«, hörte ich meinen Vater immer wieder sagen.

Visionen können leere Träume sein, sie können aber auch die Zukunft vorwegnehmen. Wer Pakistan liebt, träumt von einer großen, glücklichen Zukunft für sein Land und sein Volk. Wenn diese Vision in Erfüllung gehen soll, müssen drastische Maßnahmen ergriffen werden. Bis zum Jahr 2000 soll die Bevölkerung Pakistans von gegenwärtig 100 Millionen Menschen auf 155 Millionen Menschen anwachsen. Vierundvierzig Prozent der geschätzten Bevölkerung werden jünger als 15 Jahre sein. Das Zia-Regime hat nichts unternommen, um im Gesundheitswesen, im Wohnungsbau und im Verkehrswesen eine entsprechende Politik einzuleiten.

Nach vorsichtigen Schätzungen wird die städtische Bevölkerung im Jahr 2000 dreimal so groß sein wie heute. Schon heute haben 85 bis 90 Prozent der Pakistaner kein sauberes, hygienisches Wasser zur Verfügung. Derselbe Prozentsatz lebt ohne angemessene sanitäre Einrichtungen und Kanalisation in provisorischen Schuppen und Hüttensiedlungen in Slums. In einigen Gebieten Belutschistans und der Northwest Frontier Province wohnen die Menschen immer noch in Höhlen. Dennoch hat das Regime nur 0,5 Prozent des Jahresbudgets für den Wohnungsbau verwendet.

Das Regime hat keinerlei Sorge für die Bildung des Volkes getragen. Neunzig Prozent der Pakistaner sind Analphabeten, geht man von einer international anerkannten Definition des Analphabetismus aus. Nach einer anderen Definition, bei der jeder, der seinen eigenen Namen schreiben kann, nicht mehr zu den Analphabeten gezählt wird, bleiben immer noch 73 Prozent Analphabeten übrig. Dennoch besuchen nur 45 Prozent der Kinder zwischen fünf und zehn Jahren Schulen. Vier von fünf dieser Kinder müssen die Schule aus finanziellen Gründen wieder verlassen, bevor sie zehn Jahre alt sind. Diese Statistiken sind nicht nur erschütternd, sie haben katastrophale Folgen für die Entwicklung des Landes. Gegen-

wärtig wächst Pakistans Bevölkerung jährlich um 1,5 Millionen Menschen, die nicht lesen und schreiben können. Unter General Zia ist die Analphabetenquote eher gestiegen als gesunken.
Die Schwerpunkte der nationalen Politik haben sich unter Zia auf tragische Weise verschoben. Unter Zias Regime haben sich die Verteidigungsausgaben mehr als verdoppelt. Pakistans Pro-Kopf-Ausgaben für militärische Zwecke sind inzwischen höher als in jedem anderen südasiatischen Land. Die Pro-Kopf-Ausgaben für das Bildungswesen, den Wohnungsbau und das Gesundheitswesen dagegen sind verglichen mit anderen Ländern wesentlich niedriger. Dem Weltkinderhilfswerk der Vereinten Nationen UNICEF zufolge müssen rund 600000 der vier Millionen Kinder, die in den achtziger Jahren jährlich geboren werden, vor Vollendung des ersten Lebensjahres sterben, weitere 750000 vor Vollendung des fünften Lebensjahres. Bezogen auf die gleiche Anzahl von Geburten im Westen sterben im Pakistan jährlich rund 700000 Kinder mehr. Doch die Menschen hatten unter General Zia kein oder nur ein geringes Mitspracherecht, wenn es um ihre Zukunft geht.

Freie und gerechte Wahlen - wir arbeiteten stetig auf den Tag zu, an dem in Pakistan wieder Demokratie herrschen würde. Mein Vater hatte der Demokratie sein Leben gewidmet und die Gleichheit von Reichen und Armen, Männern und Frauen, ethnischen Gruppen und religiösen Minderheiten in der Verfassung festgeschrieben.
Durch die Förderung der Ausbildung und der wirtschaftlichen Entwicklung hatte er dem ganzen Land genützt und dem Volk die ersehnte Stimme der Demokratie gebracht. Er hatte für seine Vision den höchsten Preis bezahlt.
»Der Sieg über die Tyrannei ist so schwer wie der Sieg über die Hölle, doch haben wir den Trost, daß der Triumph um so glorreicher ist, je härter der Kampf war«, schrieb Thomas Paine 1776 in *The American Crisis* (Die amerikanische Krise). Wir hatten die Hölle des Kriegsrechts in Pakistan hinter uns und waren bereit, uns jeder Unterdrückung zu stellen, die noch auf uns zukommen mochte. Wir hatten gelitten und Opfer gebracht. Wir hatten eigene Familienangehörige sterben sehen und den Kindern und Eltern anderer Familien kondoliert. Vielleicht würden wir das wieder tun müssen. Aber die ganze Zeit hindurch hatten wir die Flamme der Demokratie lebendig erhalten. Kein Sieg würde glorreicher sein als der Sieg an dem Tag, an dem der Diktator endgültig bezwungen und der Traum von der Demokratie in Pakistan wieder Realität war.

14. Kapitel

Meine Heirat und der Abschied vom Haus meines Vaters

Am 29. Juli 1987 nahm mein Privatleben eine dramatische Wendung: Ich entschloß mich auf Drängen meiner Familie zu einer arrangierten Heirat. Eine solche Heirat war das Opfer an persönlicher Freiheit, das ich meiner politischen Laufbahn bringen mußte. Mein großer Bekanntheitsgrad in Pakistan machte es mir unmöglich, auf normale Art einem Mann zu begegnen, ihn näher kennenzulernen und schließlich zu heiraten. Noch die diskretesten Kontakte zu einem Mann wären zum Thema von Klatsch und Gerüchten geworden, die sich ohnehin schon um jede meiner Unternehmungen rankten.

Für viele Orientalen ist eine arrangierte Heirat die Regel, nicht die Ausnahme. Aber meine eigenen Eltern hatten aus Liebe geheiratet, und ich war in dem Glauben aufgewachsen, daß auch ich mich eines Tages verlieben und einen Mann meiner Wahl heiraten würde. Trotzdem hatten sich verschiedene Leute noch während meines Studiums in Radcliffe nach meinen Heiratsplänen erkundigt und sich dafür interessiert, ob ich zu haben sei. Ich stammte aus einer der ältesten und bekanntesten Familien Pakistans und war - damals - die Tochter des Premierministers.

Als College-Studentin in Amerika in der Blütezeit der Frauenbewegung war ich überzeugt, daß Heirat und Karriere miteinander vereinbar waren, daß sie einander nicht ausschlossen. Ich glaubte damals wie heute, daß eine Frau alle drei Dinge anstreben und erreichen kann: ein erfülltes Berufsleben, eine erfüllte Ehe und eine erfüllte Mutterschaft. Ich freute mich darauf, einen Mann zu heiraten, der seine eigenen Ziele verfolgte, wie ich die meinen.

Der Militärputsch hatte alles über den Haufen geworfen. Obwohl auch noch in den ersten Jahren des Kriegsrechts Anfragen eingingen, wies ich damals jeden Gedanken an eine Heirat zurück. Wie hätte ich mich auf die Freude und das Glück einer Ehe einlassen können, solange mein Vater im Gefängnis war und in Lebensgefahr schwebte?

Nach seiner Ermordung rückte eine Heirat für mich in noch weitere Ferne. Traditionell darf in der Familie Bhutto ein Jahr lang niemand heiraten, wenn ein altes oder angesehenes Familienmitglied gestorben ist. Für mich war der Tod meines Vaters jedoch ein solches Trauma und mein Vater ein so besonderer Mensch, daß ich auch dann nichts von Heirat hören wollte, als meine Mutter das Thema 1980 wieder anschnitt. Ich wollte zwei Jahre warten, nicht nur aus Respekt vor meinem Vater, sondern auch, weil eine glückliche Ehe für mich unvorstellbar war, solange mich der Schmerz über den Tod meines Vaters völlig beherrschte.

Viele der Geschichten, die mein Vater uns Kindern erzählt hatte, hatten sich um unsere zukünftigen Ehen gedreht. »Ich will nicht, daß ihr heiratet«, pflegte mein Vater zu Sanam und mir zu sagen. »Aber natürlich werdet ihr heiraten. Ich warte dann sehnsüchtig auf den Tag, an dem ich eine Träne in eurem Auge sehe oder eure Stimme traurig klingt. Dann gehe ich zu eurem Mann, schlage ihn zusammen und hole euch wieder nach Hause.« Natürlich neckte er uns nur, aber das Thema Heirat erinnerte mich immer an meine Kindheit und machte mich traurig. Ich hatte noch nicht gelernt, mit meiner Trauer zu leben.

Als dann die zwei Jahre vergangen waren, saß ich im Gefängnis. Eine Heirat kam jetzt natürlich noch viel weniger in Frage. Als ich 1984, drei Jahre später, entlassen wurde und nach England ins Exil ging, meldeten sich wieder Interessenten, aber ich sagte abermals nein zu meiner Mutter. Ich war nach der jahrelangen Einzelhaft zu nervös und angespannt, um mich in Gesellschaft anderer Menschen wohlzufühlen, zumal in Gesellschaft eines Ehemannes. Gespräche, auch im Familienkreis, verursachten bei mir oft Herzklopfen, und ich hatte danach das Gefühl, keine Luft mehr zu bekommen. Das kleinste Geräusch ließ mich zusammenfahren. »Ich muß mich selbst finden, bevor ich heiraten kann«, erklärte ich meiner Mutter. »Ich muß zur Ruhe kommen. Ich brauche Zeit, mich zu erholen.«

Langsam aber sicher besserte sich während des Jahres in England mein Zustand. Währenddessen hörte meine Verwandtschft nicht auf, an meine Heirat zu denken. Verschiedene Mitglieder unserer Familie schlugen verschiedene Kandidaten vor, und auch meine Freundinnen hatten Ideen. Kurz bevor die Familie im Juli in Cannes zusammenkommen wollte, überbrachten mir meine Mutter und meine Tante Manna einen Heiratsantrag, den die Grundbesitzerfamilie Zardari für ihren Sohn Asif stellte. Wie ich später erfuhr, hatte Tante Manna sich genau über den potentiellen Bräutigam erkundigt, bevor sie den Heiratsantrag an meine Mutter weiterleitete. Sie hatte die Zardaris über Asifs akademische Ausbildung ausgefragt (Asif hatte am Petaro Cadet College und am London Centre of Economic and Political Studies studiert), über seine berufliche Tätigkeit (Immobilienhandel, Landwirtschaft und Mitarbeit in der elterlichen Baufirma) und seine Hobbies (Schwimmen, Squash, und eine eigene Polomannschaft, die Zardari Four). Sie hatte sogar gefragt, ob Asif gern lese!

»So viel wie Benazir nicht«, hatte Asifs Vater Hakim Ali geantwortet, ein früherer Abgeordneter der Nationalversammlung und heute Vizepräsident der zur MRD gehörenden Awami National Party, »aber er liest gern.«

Tante Manna, eine alte Freundin von Asifs Familie, wollte den potentiellen Bräutigam auch persönlich in Augenschein nehmen und bestellte ihn zu sich. Offensichtlich bestand er die Prüfung. Er sah in seinem Poloanzug schlank und elegant aus. In jeder Hinsicht zufrieden, setzte sich Tante Manna mit meiner Mutter in England in Verbindung. Aber wieder einmal kam ein tragisches Ereignis dazwischen.

In jenem Monat wurde mein Bruder Shah Nawaz ermordet, und wir alle waren am Boden zerstört. Ich sagte meiner Mutter und meiner Tante, daß für mich mindestens ein Jahr, vielleicht auch zwei Jahre eine Heirat undenkbar sei. Ich fragte nicht einmal nach dem Namen des vorgesehenen Bräutigams aus den Zardari-Clan.

Tante Manna war jedoch entschlossen, ihren Kandidaten durchzubringen. Als ich im April 1986 nach Pakistan zurückkehrte, redete sie ununterbrochen davon, was für eine gute Partie der Zardari-Sohn doch als künftiger Chef des 100000 Köpfe zählenden Zardari-Stammes wäre. Der Zardari-Clan war vor mehreren hundert Jahren aus dem iranischen Belutschistan in den Nawabsha-Distrikt in Sind übergesiedelt, wo Asif jetzt die Farmen der Familie beaufsichtigte. »Er ist so nett«, begann meine Tante ihren unaufhörlichen Redefluß, »und so alt wie du. Er stammt aus einer Grundbesitzerfamilie. Seine Familie ist politisch engagiert. Unternehmerfamilien aus Lahore und Peshawar haben mich auch auf dich angesprochen, aber ich glaube, du paßt nicht zu ihnen. Du solltest jemand aus Sind heiraten, der die lokalen Sitten und Traditionen kennt...« Sie pries Asif in den höchsten Tönen, aber ich war nicht interessiert. Zum ersten Mal in neun Jahren konnte ich das Leben in Pakistan genießen und nach Belieben ausgehen, Freunde besuchen, reisen und arbeiten. »Laß mich doch meine Freiheit eine Weile genießen«, sagte ich zu Tante Manna.

Aber Tante Manna gab nicht auf. Ohne es mir zu sagen, sorgte sie dafür, daß meine Cousine Fakhri im November 1986, sieben Monate nach meiner Rückkehr nach Pakistan, Asif zu einer Dinnerparty einlud. Sie brachte ihn sogar dazu, einen Anzug zu tragen statt der verwegenen Baloachi-Kleider, die er viel lieber trägt, selbst wenn er in London ist. Tante Manna wartete, bis ich nur wenige Leute um mich hatte, und stellte mir dann Asif vor. Ich schaltete nicht, als ich den Namen Asif hörte, und erinnere mich nur, daß ich mit ihm sofort in eine heftige Diskussion geriet. Aber Tante Manna wollte nicht, daß Asif zu lange neben mir saß, denn das hätte Anlaß zu Spekulationen geben können. Also bat sie jemanden, Asif von mir wegzulotsen, was mir nur lieb war. Ich hatte schon den ganzen Tag damit zugebracht, mit Parteimitgliedern zu diskutieren, und hatte keine Lust, auch noch den Abend mit einer Debatte zu verbringen.

Überhaupt fragte ich mich, welcher künftige Ehemann wohl ein so anstrengendes Leben wie das meine ertragen könnte. Wenn ich zu Hause war, traf ich mich oft bis tief in die Nacht mit anderen Politikern. Oft war ich auch von zu Hause fort. Ich reiste ohne Unterlaß durch ganz Pakistan. Welcher Mann würde akzeptieren, daß meine Zeit nicht mir gehörte und deshalb auch nicht ihm gehören konnte? Gab es einen Mann, der bereit war, mit den Traditionen zu brechen und sich damit abzufinden, daß meine wichtigste Verpflichtung immer das Volk von Pakistan sein würde und nicht er?

Ich überlegte auch, wie das Volk auf eine Heirat reagieren würde. Freunde hatten mir berichtet, daß das Volk mich für eine Art Heilige hielt, weil ich noch so jung war und schon so viele Jahre im Gefängnis verbracht und so viel Schreckliches erlebt hatte. Die Opfer, die meine Familie für ein demokratisches Pakistan gebracht hatte und die mich ohne den Schutz meines Vaters, meiner Mutter und sogar meiner Brüder zurückließen, hatten dazu beigetragen, daß das Volk sich jetzt selbst als meine Familie betrachtete. Die Stärke der PPP basierte nicht zuletzt auf diesem Bewußtsein des Volkes, mich schützen zu müssen. Würden die Menschen glauben, ich brauche sie nicht mehr, wenn ich heiratete?

Andererseits sagte ich mir, daß es sich in Pakistan und im Ausland auch politisch nachteilig auswirken konnte, wenn ich ledig blieb. In unserer chauvinistischen Männergesellschaft macht man sich wenig Gedanken über einen Mann, der Junggeselle bleibt. Aber eine ledige Frau ist verdächtig. »Warum sind Sie nicht verheiratet?« wurde ich oft von Journalisten gefragt. Ich war irritiert und hätte gern zurückgefragt, ob sie dieselbe Frage auch Männern stellten, aber ich hielt mich zurück. Die Journalisten

waren nicht daran gewohnt, es in einer traditionellen muslimischen Gesellschaft mit ledigen Frauen zu tun zu haben. Ihre ungewöhnliche Frage wurde von den ungewöhnlichen Umständen diktiert.
In der Frage mitenthalten war das für eine ganze Schule männlichen Denkens typische Vorurteil, daß mit einer Frau, die nicht verheiratet ist, etwas nicht stimmen kann. Konnte eine ledige Frau eine verläßliche politische Führerin sein? Was tut eine solche Frau, wenn sie unter Druck gerät? Statt auf meine beruflichen und politischen Qualifikationen zu vertrauen und auf das Parteiprogramm der PPP, gaben die Männer sich den Bedenken hin, eine ledige Frau könnte zu neurotisch, zu aggressiv oder zu ängstlich sein, das Land zu führen. Dieses Denken ist in einer muslimischen Gesellschaft stark verbreitet, in der die Ehe als Erfüllung des Lebens von Mann und Frau gilt und Kinder als ihre natürliche Folge.

Asif Zardari und immer wieder Asif Zardari: Auch zwei Jahre nachdem seine Familie zum ersten Mal die Fühler ausgestreckt hatte, hatten weder sie noch er aufgegeben. Bei früheren Heiratsanträgen hatte ich die Taktik verfolgt, soviel Zeit ohne Antwort verstreichen zu lassen, bis die Antragsteller selbst das Interesse verloren oder zur Einsicht kamen, daß unsere Familie kein Interesse hatte. Bei den Zardaris funktionierte diese Strategie jedoch nicht. Im Februar 1987 ging ich nach London, um an einer Fernsehdiskussion über Afghanistan teilzunehmen. Zur gleichen Zeit tauchte Asifs Stiefmutter unerwartet in London auf, um ihre alte Schulfreundin, meine Tante Behjat, zu besuchen. »Asif ist so ein netter, höflicher und großherziger junger Mann«, berichtete mir Tante Behjat über das Gespräch mit ihrer Freundin. »Ich soll dich dazu ermuntern, ihn näher kennenzulernen.« Tante Manna schloß sich den Überredungsversuchen meiner Familie an: »Er hat dich gesehen. Du bist eine Person aus Fleisch und Blut für ihn, nicht bloß ein Phantom. Er will dich wirklich heiraten.«
Auch meine Mutter drängte mich: »Wir kennen die Familie. Asif ist mit 34 in deinem Alter. Er stammt aus Sind, also kennt er unsere Sitten und Bräuche. Er ist kein entwurzelter Mensch wie die berufstätigen Leute in der Stadt, die nirgendwo richtig zu Hause sind. Er kommt vom Land und hat Verpflichtungen gegenüber seiner Familie und seinem Stamm, deshalb wird er auch deine Verpflichtungen verstehen.«
Daß sich meine Mutter für diese Verbindung einsetzte, machte mich eher skeptisch. Meine Mutter schlug in der Regel langweilige Männer vor. Sie behauptete, nur diese machten hingebungsvolle und fürsorgliche Ehemän-

ner. Hinter humorvollen und charmanten Männern seien dagegen immer andere Frauen her, und ich hätte dann keinen Frieden in der Ehe. Ich dagegen wußte nur, daß mich Männer der ersten Kategorie tödlich langweilten.

Tante Behjat drang in mich, sie und Asifs Stiefmutter zum Tee zu besuchen. Ich lehnte ab. Schon ein solches Treffen konnte als eine Art Zusage ausgelegt werden, und obwohl ich mich in der Theorie schon mit dem Heiraten abgefunden hatte, erfüllte mich doch die Praxis mit Panik. »Laßt mir bis Juni Zeit«, flehte ich meine Verwandten an. »Ich bin einfach noch nicht so weit.«

»Wie kann man einen völlig fremden Mann heiraten?« fragte ich eine Freundin in Lahore, als ich wieder in Pakistan war. »Sobald du verheiratet bist, siehst du ihn mit anderen Augen«, sagte sie. Ich stellte einer anderen Freundin dieselbe Frage. »Selbst wenn du ihm nie zuvor begegnet bist«, antwortete sie, »beginnst du ihn zu lieben, weil er dein Mann ist. Du kennst das Sprichwort: Erst die Heirat, dann die Liebe.«

Ich begann, selbst Nachforschungen über Asif anzustellen. Jemand erzählte mir, er sei beim Polo schlimm vom Pferd gestürzt und werde sein Leben lang hinken. Das stellte sich als unwahr heraus, aber es hätte mir sowieso nichts ausgemacht. Hinken ist kein Charakterfehler. Ich sprach mit einem engen Freund Asifs, der meinte, Asif sei ein Verschwender, der seinen Freunden immer Geld gebe, wenn sie in finanziellen Schwierigkeiten steckten. Ich mag Großzügigkeit. Ein anderer gemeinsamer Freund beschrieb mit einem Urdu-Sprichwort Asifs starken Willen und seine Treue: »Er ist ein Freund seiner Freunde und ein Feind seiner Feinde.« Diese Eigenschaften erinnerten mich an meine Brüder, und ich fand sie anziehend.

Obwohl ich unglaublich viel zu tun hatte, war ich doch manchmal auch einsam. Clifton 70 ist ein großes Haus, gebaut, um mehrere Generationen von Bhuttos gleichzeitig zu beherbergen. Auch Al-Murtaza ist groß. Trotzdem war nachts oft mein Zimmer das einzige, in dem Licht brannte. Auch wußte ich nicht genau, wie lange ich noch in diesen Häusern würde wohnen können. Mir würde sich bestimmt so bald wie möglich wieder verheiraten und nach Pakistan zurückkehren. Und wie konnte ich dann noch im Haus meines Bruders und seiner Frau bleiben? Ich brauchte ein eigenes Zuhause.

Ich brauchte auch eine eigene Familie. Meine Schwester war verheiratet und hatte ein Kind. Meine Brüder hatten auch Kinder gehabt. Der Kern

unserer Familie hatte sich in mehrere Familien aufgespalten. Was blieb mir angesichts all dieser neuen Familien? Auch mit dem Tod beschäftigte ich mich. Vor Shahs Ermordung hatte ich das Gefühl gehabt, wir seien eine große Familie. Als wir dann nur noch zu dritt waren, erschien mir die Familie klein. Mit nur noch einem Bruder war das Gleichgewicht gestört. Die Idee, eigene Kinder zu haben, wurde für mich immer attraktiver.
Ich hatte meinen Verwandten versprochen, daß ich Asif im Juni in England aufsuchen würde, aber durch ein Treffen mit der parlamentarischen Opposition in Islamabad verzögerte sich meine Reise. Als ich von Islamabad nach Karachi zurückkehrte, fand ich einen Brief von Asifs Stiefmutter vor, in dem sie bat, mich besuchen zu dürfen. »Fakhri, was soll ich tun?« fragte ich telefonisch meine Cousine. »Laß sie kommen«, drängte Fakhri. »Wenn du willst, komme ich dazu. Im übrigen kannst du ihr dann all die Zweifel vortragen, die du ständig uns gegenüber äußerst.«

»Es wäre eine große Ehre für uns, wenn sie Asif als Ehemann in Betracht ziehen würden«, sagte die makellos gekleidete Cambridge-Absolventin, als wir im Wohnzimmer von Clifton 70 saßen. »Die Heirat würde Ihnen eine neue Dimension erschließen.« Ich unterdrückte die Antwort, daß eine Frau nicht heiraten muß, um eine neue Dimension zu entdecken. Statt dessen fing ich an, Asifs Stiefmutter die Gründe aufzuzählen, aus denen eine Ehe mit mir womöglich nicht zu einer Ehre, sondern zu einem Alptraum wurde.
»Ich führe als Politikerin kein normales Leben«, sagte ich. »Ich kann mir nicht den Luxus erlauben, tatenlos Wahlen abzuwarten, die alle fünf Jahre stattfinden. Politik ist für mich der Kampf für die Freiheit. Das ist der Sinn meines Lebens. Aber wie kommt sich ein Mann vor, der weiß, daß nicht er der Mittelpunkt im Leben seiner Frau ist?«
»Asif ist ein selbstbewußter junger Mann, der weiß, was er will«, versicherte mir Asifs Stiefmutter. »Ihm ist klar, auf was er sich einläßt.«
»Ich muß viel reisen, und ich kann meinen Mann nicht immer mitnehmen.«
»Asif hat seine eigene Arbeit«, entgegnete sie. »Er könnte gar nicht immer mitreisen.«
»Wie ich höre, geht er gern auf Parties, um Leute kennenzulernen«, sagte ich. »Ich aber verbringe mein bißchen Freizeit lieber zu Hause mit ein paar Freunden.«
»Das ist kein Problem«, sagte sie unbeirrt. »Wenn ein Mann sich bindet, dann bleibt er gern zu Hause bei seiner Frau und seiner Familie.«

Ich fühlte mich ermutigt, holte tief Atem und schnitt das schwierigste Thema an: »Obwohl es so Sitte ist, kann ich nicht bei meinen Schwiegereltern wohnen. Bei mir gehen Tag und Nacht politische Aktivisten aus und ein, und ich halte in meinem Haus politische Versammlungen ab, die das Wohn- und das Eßzimmer in Beschlag nehmen. Ich werde ein eigenes Haus brauchen.«
»Das finde ich auch«, sagte sie unglaublicherweise, »und auch Asif ist dieser Ansicht. Auch Asifs Mutter und seine Schwestern brauchen ihren Privatbereich.«
Was ist das für ein außergewöhnlicher Mann, dachte ich. Und ich buchte erneut eine Reise nach London, um ihn zu treffen – weit weg von den Argusaugen des Zia-Regimes.

Gottseidank war ich in London den ganzen 22. Juli 1987 mit politischen Terminen beschäftigt. Erst am Abend begann mein Magen zu schmerzen, als mir klar wurde, daß ich dem Besuch Asifs jetzt nicht mehr entgehen konnte.
Tante Manna nippte nervös an ihrem Kaffee, als Asif und seine Stiefmutter an der Wohnungstür meines Cousins Tariq klingelten. Ich saß in einem Sessel in Tariqs Salon und versuchte ungezwungen auszusehen, aber mein Herz klopfte mit jedem Schritt, den Asif näher kam, stärker. Die Schritte müssen auch ihm schwergefallen sein, obwohl er selbstbewußt wirkte, als ich ihn zur Begrüßung kurz ansah. Alle Anwesenden redeten höflich über ganz unpersönliche Dinge. Von Heirat war überhaupt nicht die Rede.
Asif und ich sprachen den ganzen Abend kein Wort miteinander. Er trug eine Brille, und ich konnte nicht einmal den Ausdruck seiner Augen sehen. Ich hatte überhaupt keinen gefühlsmäßigen Bezug zu ihm, als der Abend vorbei war, nicht einmal, als er mir am nächsten Tag ein Dutzend Rosen schickte. Das Körbchen Mangos allerdings, das er mir zusammen mit einer Schachtel kandierter Maronen, meinen liebsten Süßigkeiten, von Fortnum und Mason bringen ließ, war köstlich. Auch die Kirschen in dem Körbchen, das er Sunny schickte, waren exzellent.
»Wie hast du dich entschieden?« fragten mich meine Mutter, Tante Behjat und Tante Manna am nächsten Morgen und an den darauffolgenden Tagen. »Ich weiß noch nicht«, sagte ich.
Ich war hin- und hergerissen. Ich wußte, daß meine Freunde im Westen die besonderen kulturellen und politischen Umstände kaum verstehen würden, die mich veranlaßten, eine arrangierte Ehe einzugehen. Auch der

Feminismus hat im Westen einen ganz anderen Stellenwert als im Osten, wo religiöse und familiäre Verpflichtungen der Frau nach wie vor im Mittelpunkt stehen. Und das Problem hatte auch einen persönlichen Aspekt. In meiner Position als Führerin der größten Oppositionspartei Pakistans konnte ich mir den Skandal einer aufgelösten Verlobung oder einer Scheidung nicht leisten, es sei denn im äußersten Notfall. Und jetzt sollte ich entscheiden, ob ich mein Leben lang mit einem Mann zusammenleben wollte, den ich drei Tage zuvor zum ersten Mal bewußt gesehen hatte, und selbst das nur in Gegenwart von Mitgliedern beider Familien.

Ich stellte Asif einigen meiner Oxforder Freunde vor. Sie mochten ihn. Ich stellte ihn einer Schulfreundin aus Pakistan vor. Sie fand ihn charmant und sagte, ich solle ihn heiraten. Asif führte meine Familie zum Essen aus. Ich mußte neben ihm sitzen. Zur Vorsicht setzte ich an meine andere Seite meine Cousine Fakhri, die redet wie ein Wasserfall.

Am nächsten Tag hatten mein Cousin Tariq und Asif ein Gespräch von Mann zu Mann. »Wenn du Benazir heiratest, stehst du im Rampenlicht«, sagte Tariq. »Jede Kleinigkeit, die du tust, wird auf Benazir zurückfallen, und wenn du nur bis spät in die Nacht mit deinen Freunden ausgehst.«

Asif brachte auch Tariq auf seine Seite. »Er versteht die Situation«, versicherte mir Tariq nach dem Gespräch. »Er will dich schon seit Jahren heiraten. Er weiß genau, was das bedeutet.«

»Wie hast du dich entschieden, Pinkie?« setzte mich Yasmin unter Druck. Jeden Morgen eilten meine Mutter und Sanam an mein Bett und sahen mich bedeutungsvoll an. »Was ist los? Warum brauchst du so lang für die Entscheidung?«

»Ich weiß es eben noch nicht.«

Eine Biene wurde mir zum Schicksal. Am vierten Tag nach dem Besuch der Zardaris ging ich mit Fahti im Park von Windsor spazieren. Asif hatte ein Polospiel. Eine Biene stach mich in die Hand. Am Abend war die Hand stark angeschwollen. Am nächsten Morgen war sie noch dicker. »Ich bringe dich ins Krankenhaus«, erklärte Asif, als er mich besuchte. Er ignorierte meinen Protest, rief ein Taxi, besorgte einen Arzt und kaufte die verschriebene Medizin. Endlich muß ich mich einmal nicht selbst um alles kümmern, dachte ich. Diesmal bin ich diejenige, die umsorgt wird. Es war ein angenehmes und ungewohntes Gefühl.

Das Schicksal schlug noch einmal zu, als wir in der folgenden Nacht ein unauffindbares pakistanisches Restaurant suchten. Meine Mutter, Sanam,

Asif und ich hatten uns mit einigen pakistanischen Freunden ins Auto gequetscht, um essen zu gehen. Wir verfuhren uns. Statt jedoch gereizt oder ungeduldig zu reagieren, brachte Asif jedermann im Auto zum Lachen. Ich stellte fest, daß er nicht nur fürsorglich, sondern auch geistig beweglich war und Humor hatte.

»Wie hast du dich entschieden, Pinkie?« fragte mich meine Mutter am nächsten Morgen.

Ich holte tief Luft. »Ich bin einverstanden, Mutter«, sagte ich. Sieben Tage, nachdem wir uns zum ersten Mal getroffen hatten, war ich mit Asif verlobt.

Meine Presseerklärung lautete folgendermaßen: »Im Bewußtsein meiner religiösen Pflichten und in Verantwortung gegenüber meiner Familie freue ich mich, im Einverständnis mit meiner Mutter Begum Nusrat Bhutto den Heiratsantrag anzunehmen. Die bevorstehende Heirat wird in keiner Weise mein politisches Engagement beeinflussen... Das Volk von Pakistan verdient eine bessere und sicherere Zukunft, und ich werde gemeinsam mit ihm dafür kämpfen.«

Die Reaktionen in Pakistan waren unterschiedlich. Trotz meiner Erklärung streuten die Agenten des Regimes sofort das Gerücht aus, ich wolle mich aus der Politik zurückziehen. Organisierte Banden hielten auf der Straße Busse an und rissen meine Plakate von ihnen herunter. Ihre Begründung war, die Plakate seien jetzt überflüssig, weil ich heiratete. »Warum lauft ihr immer noch mit der PPP-Flagge herum?« wurden PPP-Aktivisten verspottet. »Benazir hat aufgegeben und euch verlassen.« Die Befürchtungen der PPP-Anhänger wurden durch ein gefälschtes Interview mit Asifs Mutter in der vom Regime kontrollierten Presse noch mehr geschürt. »Ich werde General Zia zur Hochzeit einladen«, wurde Asifs Mutter zitiert.

Es gab jedoch auch viele Menschen im Land, die glücklich waren, daß mein Leben jetzt in geordnetere Bahnen gelenkt würde. Die Öffentlichkeit feierte meine Verlobung, in den Städten waren die Süßwarenläden drei Tage lang ausverkauft. »Zehn Jahre haben wir getrauert«, sagten die Leute, »jetzt haben wir endlich einen Grund, uns zu freuen.« Auch beim Zardari-Stamm herrschte große Freude. Fünfzehntausend Mitglieder versammelten sich, um Asif auf seinen Ländereien in Nawabshah zu empfangen. Sie sangen und tanzten und schwenkten Fähnchen der PPP.

Nach meiner Rückkehr nach Pakistan bereiste ich das Land und versicherte den Menschen, daß ich ihre Schwester sei und immer bleiben werde und meine Ehe keinen Einfluß auf meine politischen Aktivitäten haben werde. Asif rief mich jede Nacht an, egal, wo ich war, und ich lernte ihn über das Telefon immer besser kennen. Wir hatten mehr gemeinsam, als ich dachte. Auch seine Familie hatte unter dem Kriegsrecht gelitten: Seinem Vater Hakim Ali war von einem Militärtribunal auf sieben Jahre verboten worden, politische Ämter auszuüben. Die Felder seiner 730 Hektar großen Farm bei Hyderabad waren verdorrt, weil das Regime das Wasser abgestellt hatte. Noch schlimmer wurde es nach der Verlobung, als die verstaatlichten Banken plötzlich die Kredite kündigten, die Hakim für seine Baufirma aufgenommen hatte. »Sie machen einen Fehler«, wurde Hakim gewarnt, als meine Verlobung mit Asif bekanntgegeben wurde. »Wenn Ihr einziger Sohn Benazir heiratet, bringen Sie das Militär und die ganze Bürokratie gegen sich auf.« »Das macht nichts«, antwortete Hakim Ali. »Das Glück meines Sohnes ist mir wichtiger.«

Ich wußte, daß Asif nicht an Parteipolitik interessiert war. »Ein Politiker in der Familie ist genug«, hatte er vor der Presse in London gescherzt. Er war jedoch, wie viele Mitglieder ehemals feudaler Familien, in der Lokalpolitik engagiert. Er hatte sich für die Wahlen von 1985 nominieren lassen und sie boykottiert, als die MRD zum Boykott aufrief. Und auch er hatte das Kriegsrecht zu spüren bekommen.

Er war mitten in der Nacht in seinem Haus festgenommen worden. Die Armee warf ihm vor, mit einer Waffe unterwegs gewesen zu sein, für die er keinen Waffenschein besaß. Zum Glück schenkte dieser Lügengeschichte nicht einmal das Militärtribunal Glauben. »Ich habe nur zwei Nächte im Gefängnis verbracht«, erzählte er einem Freund von mir. »Das hat mir gereicht. Ich kann mir nun ungefähr vorstellen, was Benazir durchgemacht hat.«

Asif schenkte mir einen herzförmigen, mit Saphiren und Diamanten besetzten Ring. Jeden Tag schickte er mir Rosen. Wir redeten und redeten. Er erzählte mir, daß unsere Heirat eigentlich keine Heirat zwischen Fremden sei. Er hatte mich schon als Teenager gesehen, als ich ein Kino besuchte, das seinem Vater gehörte. Zwei Jahrzehnte später war es seine Idee gewesen, mich zu heiraten, nicht die seiner Eltern. »Wenn ihr wollt, daß ich heirate«, hatte er vor fünf Jahren zu seinem Vater gesagt, »dann haltet für mich um Benazirs Hand an.« Seither hatte er geduldig gewartet. »Lieben Sie Benazir?« hatte ihn ein Journalist gefragt. »Tun das nicht alle?« hatte er geantwortet.

Wir liebten einander noch nicht wirklich, obwohl meine Mutter mir versicherte, daß die Liebe noch kommen würde. Statt dessen gab es zwischen uns eine Art geistige Interesse füreinander. Wir wußten, daß wir einander als Ehemann und Ehefrau vorbehaltlos und für immer akzeptierten. Mir wurde klar, daß diese Art von Bindung auf ihre Weise noch stärker ist als die Liebe. Obwohl ich auch heute nicht als Befürworterin arrangierter Ehen gelten will, sah ich damals ein, daß eine solche, auf gegenseitiger Annahme basierende Beziehung ihre Vorteile hat. Wir gingen vorurteilslos in unsere Ehe, wir erwarteten nicht mehr voneinander als guten Willen und Respekt. Ich kann mir vorstellen, daß bei Liebesheiraten die Erwartungen so hoch sind, daß sie früher oder später enttäuscht werden müssen. Liebe kann sterben, und dann stirbt mit ihr die Ehe. Unsere Liebe konnte nur wachsen.

Schon eine Woche vor der Hochzeit im Dezember 1987 begannen sich die Menschen vor Clifton 70 zu versammeln. Erste Geschenke wurden am Tor abgegeben: einfache, handgemachte *shalwar khameez* aus Sind, bestickte *dupattas* aus dem Punjab, Süßigkeiten, Früchte und Hochzeitspuppen, die wie Asif und ich aussahen. Manchmal gingen meine Verwandten hinaus und schlossen sich den Leuten an, die vor Freude tanzten. Frauen und Kinder kamen herein und vergnügten sich im Garten.
Es ist Tradition, daß eine Braut ein oder zwei Wochen vor der Hochzeit in Abgeschiedenheit lebt und gelbe Kleider und kein Make-up trägt, um sich vor dem bösen Blick zu schützen. Ich hatte keine Zeit für diese altehrwürdige Sitte, die man *mayoon* nennt. Ich konnte es mir nicht leisten, zwei Wochen vor der Hochzeit frei zu nehmen. Nicht einmal eine Hochzeitsreise stand zur Debatte.
Andere Traditionen brachen wir, um dem Land mit gutem Beispiel voranzugehen. Die Hochzeit sollte würdig und einfach sein, kein wochenlanges, verschwenderisches Fest, wie es viele Leute in Pakistan meinen veranstalten zu müssen, wobei sie sich oft finanziell völlig verausgaben und zusätzlich stark verschulden. Ich beschränkte die 21 bis 51 kostbaren Kleidergarnituren, die der Braut üblicherweise von der Familie des Bräutigams geschenkt werden, auf zwei: eine für die Hochzeit und eine für den Empfang, den die Zardaris zwei Tage nach der Hochzeit geben wollten. Die Hochzeitskleider der Braut sind üblicherweise mit silbernen Ziermünzen geschmückt und über die ganz Länge mit Goldfäden bestickt, aber ich verlangte, daß mein Kleid nur entweder oben oder unten mit Gold verziert würde.

Ein weiteres traditionelles Geschenk sind Juwelen - oft trägt die Braut sieben Schmucksets, die vom Kollier bis zur hüftlangen Kette reichen. Ich bat Asif, mir nur zwei einfache Schmucksets zu schenken, eines für die Heiratszeremonie, das andere für den von seinen Eltern gegebenen Empfang. Ich habe in meinem Leben keinen großen Bedarf an Schmuck. Wie viele Diamantkolliers kann man in einem Büro tragen? »Du kannst mir dein ganzes Leben lang Schmuck schenken«, tröstete ich Asif, der mir das Beste vom Besten schenken wollte. Ich verzichtete sogar auf die goldenen Armreifen, die Bräute an jedem Arm vom Ellbogen bis zum Handgelenk tragen. Ich wollte nur einige Armreifen aus Gold tragen, der Rest sollte aus Glas bestehen. Die Leute sollten sagen: Wenn Benazir an ihrer Hochzeit Armreifen aus Glas trägt, dann kann meine Tochter das auch. Und ich beschloß, meinen Namen zu behalten. Ich war 34 Jahre lang Benazir Bhutto gewesen und hatte nicht die Absicht, jetzt noch meine Identität zu wechseln.

Wie glänzt doch das Haar auf der Stirn meines Geliebten. Wie glänzt doch das Haar auf der Stirn meines Geliebten. Bringt herbei, bringt herbei das Henna, das die Hände meines Geliebten färbt. Drei Tage vor der Henna-Zeremonie am 17. Dezember versammelten sich meine Schwester und meine Vettern und Freunde in Clifton 71, dem Anbau, den wir für Empfänge nutzen und in dem wir unsere Büros haben. Sie übten für den freundschaftlichen Wettbewerb mit der Familie des Bräutigams im Singen und Tanzen, der während der *mehndi*-Zeremonie stattfindet. Samiya, Salma, Putchie und Amina waren da, Yasmin war aus London gekommen. Jeden Tag kamen mehr Freunde aus London: Connie Seifert, die dazu beigetragen hatte, daß sich Zia durch öffentlichen Druck gezwungen sah, meine Mutter aus medizinischen Gründen aus Pakistan ausreisen zu lassen; David Soskind, Keith Gregory und andere Freunde aus meinen Oxforder Tagen; Victoria Schofield, die erst in letzter Minute vom Regime ein Visum bekam. Anne Fadiman und meine frühere Zimmergenossin Yolanda Kodrzycki kamen den weiten Weg aus Amerika. Anne wollte - diesmal für *Life* - einen Artikel über die Hochzeit schreiben. »Letztes Jahr bist du hergekommen, um Tränengas zu schnuppern«, sagte ich im Scherz zu Anne. »Heute bist du hier, um zu lachen und zu tanzen. Das ist gut.«
Es war ein wunderbares Wiedersehen. Die Freundschaften hatten nicht nur die Zeit überdauert, sie waren durch die Tyrannei des Kriegsrechts sogar noch stärker geworden. Die Anwälte meines Vaters kamen zum

Fest, außerdem viele ehemalige politische Gefangene. Ein Raunen ging durch die Menge, als Dr. Niazi in Clifton 70 ankam. Obwohl der Zahnarzt meines Vaters immer noch in Islamabad angeklagt war, kam er zu meiner Hochzeit. Er hatte sechs einsame Jahre im Exil verbracht. In Karachi war er relativ sicher, aber niemand wußte, wie es ihm in Islamabad ergehen würde, wenn er versuchte, dort seine Zahnarztpraxis wiederzueröffnen. Und inmitten des ganzen Trubels traf meine Mutter alle Vorbereitungen, wie es jede Brautmutter tut. Sie war seit 1982 nicht mehr in Pakistan gewesen, es überraschte mich deshalb nicht, daß sie unter Schlaflosigkeit litt.

Während sich meine Familie und meine Freunde in Clifton 70 versammelten, waren Tausende von Menschen auf dem Weg nach Lyari im Zentrum Karachis. Es sollte zwei Hochzeiten geben: Eine private bei uns zu Hause für Familienangehörige und Freunde und eine für das Volk in Lyari, dem ärmsten Viertel Karachis und einer Hochburg der PPP. Für den Volksempfang hatten wir 15000 Einladungen an Parteianhänger verschickt, die in den Jahren des Kriegsrechts im Gefängnis gewesen waren, und an die Familien der Märtyrer. Der Empfang sollte auf dem Khakri-Feld, dem großen Sportplatz in Lyari, stattfinden, wo mein Vater als erster Politiker zu den Unterprivilegierten - und für sie - gesprochen hatte. Ein Teil des Platzes wurde für die allgemeine Öffentlichkeit freigehalten. Auf dem Khakri-Feld waren bei den Demonstrationen des 14. August 1986 sechs Menschen von der Polizei getötet worden. Andere hatte man zusammengeschlagen oder mit Tränengas angegriffen.

In der Nacht vor der Henna-Zeremonie stahl ich mich in einem *burqa* aus dem Haus und ging nach Lyari, um mir die Vorbereitungen anzusehen. Mitglieder der Seefahrergewerkschaft und anderer Gewerkschaften legten gerade letzte Hand an die siebzehn auf dreizehn Meter große Hauptbühne, ein stabile Konstruktion aus Holz und 80 Tonnen Stahl. Dieselgeneratoren standen bereit, damit die Beleuchtung auf dem Platz nicht ausfiel, falls das Regime den Strom abstellte, und 20 große Bildschirme waren um den Platz aufgestellt, um die Feier zu übertragen. Lauben aus Jasmin, Ringelblumen und Rosen entstanden um die Sitzplätze für unsere beiden Familien auf der teppichbedeckten, zweigeteilten Bühne, dazwischen standen die Stühle für Asif und mich.

Hunderte von Lichterketten in den PPP-Farben Rot und Grün hingen an den fünfstöckigen Gebäuden um den Platz. Scheinwerfer beleuchteten ein riesiges Bild meines Vaters, auf dem er mir segnend die Hand auf den

Kopf legte. Wir rechneten mit hunderttausend Menschen. Mindestens 10000 waren schon eingetroffen. Einige waren zu Fuß oder mit Fahrrädern aus dem Landesinnern von Sind gekommen. Als meine Brüder und Schwestern waren sie überzeugt, keine Einladung zu brauchen. Sie waren zu einer Hochzeit ihrer Familie gekommen.

Trommelwirbel ertönte, Frauen sangen, und meine Verwandten brachen in Freudenrufe aus: Der Zug des Bräutigams war in Clifton 70 angekommen. Heute war der 17. Dezember, der Tag der Henna-Zeremonie. Asifs Verwandte trugen ein Tablett mit Henna, das wie ein Pfau geformt war – mit echten Pfauenfedern als Schwanz. Meine weiblichen Verwandten legten den Gästen der Zardari-Familie Girlanden aus Rosen um den Hals, als sie den Garten betraten. Asif ging in der Mitte des Zuges, und seine Schwester hielt ein Tuch über seinen Kopf. Ich war erleichtert, daß er zu Fuß gekommen war. Er hatte gedroht, auf seinem Polopferd einzureiten.
Wir setzten uns auf eine Bank mit verspiegelter und mit Perlmutt eingelegter Lehne. Die Bank stand auf den obersten Stufen der Treppe von Clifton 70. Durch meinen Schleier sah ich meine Familie unter mir auf der einen Seite der mit einem Teppich belegten Treppe sitzen, Asifs Familie auf der anderen. Ich glaube nicht, daß auf einer Hochzeit jemals solche Liedtexte erklangen, wie sie jetzt von meiner Familie gesungen wurden. Asif müsse für die Kinder sorgen, wenn ich Wahlkampf mache, sangen Yasmin, Sanam, Laleh und andere Freundinnen. Er dürfe mich nicht daran hindern, ins Gefängnis zu gehen. »Du mußt zulassen, daß Benazir der Nation dient!« schmetterten sie auf Urdu, und antworteten dann selbst für Asif: »Das ist mir recht, denn ich werde der Nation dienen, indem ich meiner Frau diene.«
Die Gäste, 200 unserer besten Freunde, klatschten Beifall. Sie unterhielten sich angeregt unter dem farbenprächtigen Zeltdach im Garten, bevor sie sich zum kalten Buffet begaben. Ich sah, daß meine Mutter Tränen in den Augen hatte. Waren es Tränen des Glücks oder der Empörung über die ausländischen Fotografen, die sich irgendwie an den Wächtern vorbeigeschlichen hatten und jetzt Asif und mich umlagerten? Die Henna-Zeremonie ist eigentlich eine geschlossene Familienveranstaltung. Aber die Presse hatte die zweitägige Feier als die Hochzeit des Jahrhunderts auf dem Subkontinent angekündigt, und deshalb waren Presseleute aus den arabischen Staaten, aus Deutschland, Frankreich, Indien, den USA und England, von den Nachrichtenagenturen und natürlich auch von der lokalen Presse gekommen.

Ich wünschte, mein Bruder Mir hätte bei uns sein können, als wir uns in der nächsten Nacht im Garten zur *Nikah,* der Hochzeitszeremonie, versammelten. Mir hatte auch zu Sanams Hochzeit nicht kommen können, wie umgekehrt keiner von uns zu seiner Hochzeit in Afghanistan hatte kommen können. Mir hatte gedroht, bei meiner Hochzeit heimlich nach Pakistan einzureisen, trotz der Gefahr, vom Regime gefaßt und verhaftet zu werden. Meine Mutter hatte ihm jedoch verboten, das Risiko einzugehen.

Sanam und meine Mutter führten mich zu der im Garten errichteten Bühne, auf der die Trauung vollzogen werden sollte. »Geh nicht so schnell!« flüsterte Sunny durch den rosa Schleier, der mein Gesicht bedeckte. »Du kommst nicht zu einer politischen Kundgebung zu spät.«
»Bräute gehen langsam«, echote Tante Behjat, die den Heiligen Koran über meinen Kopf hielt und Schritt zu halten versuchte.
Ich bemühte mich, demütig zu Boden zu blicken, als ich auf dem Sitz des Brautpaars Platz nahm. Lächelnd kam mein Vetter Shad zu mir herauf.
»Wo bleiben die Männer so lange?« fragte ich und überlegte, was jetzt wohl auf Asifs Seite passierte, wo der *maulvi* unserer Familienmoschee die Heiratsversprechen verlas.
»*Manzoor ah-hay?* Bist du einverstanden?« fragte mich Shad auf Sindhi. Ich glaubte, er frage mich im Scherz, ob ich bereit sei.
»*Ah-hay,* ja«, antwortete ich. »Aber wo bleiben die Männer?«
Shad lächelte nur, und stellte mir die Frage noch zweimal. »*Ah-hay, ah-hay*«, wiederholte ich. Ohne es zu merken, hatte ich dem männlichen Brautzeugen dreimal mit dem traditionellen Ja geantwortet und war eine verheiratete Frau.
Ich war von sieben Gegenständen umgeben, die mit dem Buchstaben »S« begannen, von Tellern mit Zuckerwerk, von in Silber und Gold getauchten Nüssen und silbernen Kerzen in silbernen Leuchtern. Tausende weißer Lichter funkelten im Garten, und das Licht tanzte auf dem Flitter, mit dem der Sitz des Brautpaars überzogen war. Meine weiblichen Verwandten hielten einen grüngoldenen, durchscheinenden Schal über meinen Kopf, als sich Asif zu mir setzte. Zusammen blickten wir in den Spiegel, den man vor uns hingestellt hatte, und sahen uns zum ersten Mal als Paar. Jubel stieg auf, als meine Mutter und meine Tanten Zuckerhüte über unseren Köpfen zerrieben, um unser gemeinsames Leben zu versüßen, und uns dann mit den Köpfen zusammenstießen, zum Zeichen unserer künftigen Zusammengehörigkeit.

In dieser Nacht wurde in Karachi gefeiert wie verrückt. Tausende drängten sich vor Clifton 70, um einen Blick von Asif und mir zu erhaschen, als wir uns zum privaten Empfang in die nur eine Straße weiter entfernten Clifton Gardens begaben. Freiwillige Ordner der PPP waren bemüht, ein Gasse für die Gäste freizuhalten, die die wenigen hundert Meter von Clifton 70 zu Fuß zurücklegten. Als wir eine Stunde später zum Empfang in Lyari aufbrachen, waren die Straßen auf dem Weg dorthin mit feiernden Menschen verstopft. Aus Jeeps dröhnten die Hochzeitslieder, die anläßlich unserer Heirat in ganz Pakistan gedichtet worden waren. Überall waren Lichterketten in den PPP-Farben. Sie schmückten die Mitte des Kreisverkehrs, wo es im Jahr zuvor einen Tränengaseinsatz gegeben hatte, und die Gebäude entlang unseres Weges.

Auf dem Khakri-Feld hatten sich über 200000 Menschen versammelt, die auch noch die umliegenden Straßen besetzt hielten. Zum ersten Mal bekam Asif einen Eindruck von der Liebe und der Unterstützung der Massen für die PPP. Er sah besorgt aus, als die Polizei versuchte, dem Pajero einen Weg durch die Menge zu bahnen. Jeder Quadratzentimeter des Sportplatzes war besetzt, und auch auf den Balkonen der Häuser, die den Platz säumten, hätte nicht ein Mensch mehr Platz gehabt. Tagelang hatten PPP-Frauen Schachteln in den Farben der PPP mit Süßigkeiten vollgepackt, die sie jetzt in Lyari verteilten. Binnen einer Stunde waren 40000 weg.

Jiye Bhutto! *Jiye* Bhutto! Volksmusik erklang über den Köpfen der Menge. Kleine Heißluftballons, die Feuerschwänze hinter sich herzogen, wurden gestartet, Feuerwerksraketen stiegen in die Nacht, und aus dem Boden brachen goldene und silberne Springbrunnen aus Feuer. Ich winkte der Menge zu. Die Menschen winkten zurück. Für ihre Träume und Hoffnungen machte es keinen Unterschied, ob ich verheiratet oder ledig war.

Ich bin sicher, daß Zias Geheimagenten in der Menge waren und hofften, ihm berichten zu können, ich hätte durch meine Heirat an Popularität verloren. Aber die Hoffnungen des Regimes wurden enttäuscht. »Jetzt wird Zia erst wieder Wahlen ansetzen, wenn Benazir ein Kind bekommt«, sagte Sanam scherzhaft zu meinen Verwandten, als wir zu einem späten Abendessen nach Clifton 70 zurückkehrten. Alle lachten. Obwohl Asif sich eine große Familie wünschte, hatten wir beschlossen, damit noch zu warten. Wir wollten uns zuerst an die Ehe gewöhnen - und aneinander. Und die Politik hatte nach wie vor Vorrang.

Ich hatte eine Presseerklärung geschrieben, die ich am Tag meiner Hochzeit herausgab: »Ich will heute, an diesem meinem persönlichen Festtag, dem pakistanischen Volk erneut öffentlich meine Verbundenheit versichern und mein feierliches Versprechen erneuern, daß ich mein Leben dem Wohl jedes einzelnen Bürgers und der Befreiung dieser unserer großen Nation von der Diktatur widmen werde. Wie in der Vergangenheit werde ich nicht zögern, jedes Opfer zu bringen, sei es groß oder klein. Schulter an Schulter mit meinen Brüdern und Schwestern, dem Volk von Pakistan, werde ich für eine demokratische Gesellschaft arbeiten, die frei ist von Tyrannei, von Korruption und von Gewalt. Das war gestern mein Ziel und ist heute der Traum, den ich mit euch teile, und das wird für immer unsere gemeinsame, unauflösliche Verpflichtung sein.«

August 1988

15. Kapitel

Neue Hoffnung auf Demokratie

Am 25. Mai 1988 löste General Zia unerwartet das Parlament auf, entließ den Premierminister, den er selbst ernannt hatte, und beraumte Wahlen an. Ich hatte in Clifton 70 eine Sitzung mit Parteimitgliedern aus Larkana, als mir die erstaunliche Nachricht überbracht wurde. »Sie müssen sich irren«, sagte ich zu dem Parteifunktionär, von dem die Mitteilung kam. »General Zia will keine Wahlen. Das ist ausgeschlossen.« Selbst als der Mann mir versicherte, daß Zia die Neuigkeit gerade im Fernsehen und im Radio verkündet habe, konnte ich es noch nicht glauben. »Sie verwechseln uns wahrscheinlich mit einem anderen Land«, sagte ich.

Als das Telefon in Clifton 70 dann unaufhörlich klingelte, weil mir so viele Mitarbeiter gratulieren wollten, und als vor den Toren Reporter lärmten, war kein Zweifel mehr: Zia hatte einen völlig unerwarteten Schachzug gemacht. Vielen Leuten erschien der Zeitpunkt der Entscheidung verdächtig. Vier Tage vorher hatte eine Zeitung aus Karachi gemeldet, daß ich ein Kind erwarte. »Ich habe dir gesagt, daß Zia Wahlen abhält, sobald du Mutter wirst«, triumphierte Samiya. »Er glaubt, daß du dann keinen Wahlkampf führen kannst.« Ich wußte nicht, ob mein Zustand bei Zias Entscheidung eine Rolle gespielt hatte, aber sie folgte tatsächlich unmittelbar auf die Bekanntgabe meiner Schwangerschaft. Obwohl Asif und ich eigentlich nicht gleich hatten Kinder bekommen wollen, waren wir doch begeistert über die unerwartete Neuigkeit. Als nun auch noch Zia in melodramatischem Ton Wahlen ankündigte, versprach 1988 ein Jahr der Überraschungen zu werden.

Niemand hatte im voraus von Zias Absicht gewußt, auch Premierminister Junejo nicht, der gerade von einer Reise in den Fernen Osten zurückgekehrt war und um 18 Uhr eine Pressekonferenz gegeben hatte. Eine Stunde später wurde er von einem seiner Referenten, der Zia im Radio gehört hatte, über seine Entlassung informiert. Zia nannte vier Gründe für die Auflösung der Regierung: Es war Junejos Regierung nicht gelungen, schnell genug das islamische Recht einzuführen. Sie hatte bei der Aufklärung der katastrophalen Explosion des Munitionsdepots im April in Ojiri versagt, bei der Raketen und Bomben unter Zivilisten explodiert waren. Die Regierung war korrupt. Im ganzen Land waren Recht und Ordnung zusammengebrochen.

Obwohl ich mit Junejo wenig zu tun gehabt hatte, tat er mir leid, als er so schmählich entlassen wurde. Junejo hatte Zia gut gedient. Er hatte Zias Verfassung widerspruchslos durchgehen lassen, hatte für alle Aktionen unter dem Kriegsrecht Straffreiheit zugesichert und Zia bis 1990 als Präsident und Chef des Generalstabs bestätigt. Ich merkte jedoch schnell, daß die Leute wenig Mitleid mit Junejo hatten. »Wer sich unter Hunde begibt, wird gebissen«, sagten einige. Andere meinten, Junejos Grabinschrift sollte lauten: »Sein Auftritt auf der politischen Bühne erfolgte so überraschend wie sein Abgang.«

Unterdessen hatte sich eine überschwengliche Stimmung im Land breitgemacht. Zias eigene Verfassung verlangte Wahlen innerhalb von 90 Tagen nach Entlassung der Regierung, und ein Sieg unserer Partei schien in Reichweite. »Niemand kann die PPP jetzt noch aufhalten«, sagten die meisten unserer Anhänger. Erfolglos versuchte ich zur Vorsicht zu mahnen. Obwohl ich in der Öffentlichkeit bedingt positiv auf das Wahlversprechen reagierte – »Wenn innerhalb von 90 Tagen freie, faire und gerechte Wahlen unter Beteiligung der Parteien abgehalten werden, begrüßen wir das« –, hatte ich privat meine Bedenken.

Freie und gerechte Wahlen bedeuteten die Rückkehr der PPP und der Bhuttos. Aber Zia hatte bekanntlich gesagt, er werde »die Macht nicht denen zurückgeben, denen ich sie abgenommen habe«. Wenn er es schon schwierig gefunden hatte, mit Mr. Junejo, seiner eigenen Kreatur, zu kooperieren, wie konnte er dann die Tochter des Mannes als Premierministerin akzeptieren, deren Vater auf sein Geheiß hingerichtet worden war? »Zia hat Junejo nicht entlassen, damit die PPP das Parlament erobern kann«, sagte ich. Ich wollte die Begeisterung unserer frohlockenden Anhänger dämpfen. Was Zia in der Folge tat, bestätigte meine Befürchtungen.

Am 15. Juni verkündete Zia im Fernsehen, daß die Scharia, das islamische Gesetz, jetzt das höchste Gesetz im Lande sei. Leider erklärte er bei seiner Ansprache nicht, was genau darunter zu verstehen oder nicht zu verstehen sei. Sollten die Banknoten mit dem Portrait des Pakistan-Gründers Mohammed Ali Jinnah aus dem Verkehr gezogen werden, weil einige islamische Gelehrte die Abbildung des menschlichen Antlitzes für nicht mit dem

Islam vereinbar hielten? Sollte es in Zukunft als Wucher gelten, wenn der Staat festverzinsliche Wertpapiere herausgab? Schließlich stellte sich heraus, daß ab jetzt jeder Staatsbürger vor dem Obersten Gerichtshof gegen jedes bestehende Gesetz klagen konnte, das er für »un-islamisch« hielt. Wenn die Richter dann tatsächlich feststellten, daß das Gesetz mit den Grundsätzen des Islam nicht vereinbar war, konnten sie es außer Kraft setzen. Warum aber hatte Zia mit der Einführung der Scharia bis 1988 gewartet?

Viele Leute meinten, das Zia damit mich treffen wollte. In der Urdu-Presse wurde spekuliert, daß Zia die Auslegung des islamischen Gesetzes durch islamische Fanatiker dazu benutzen könnte, um mich als Frau an einer Kandidatur bei den Wahlen zu hindern. Vielleicht wollte er das Gesetz auch erst nach den Wahlen einsetzen, um mich als Führerin der siegreichen Partei in der Nationalversammlung auszuschalten. Ich zweifelte daran, daß er Erfolg haben würde. Nach der Verfassung von 1973, der auch die religiösen Parteien des Landes zugestimmt hatten, konnten Frauen sogar zur Regierungschefin gewählt werden. Dasselbe galt auch für Zias eigene Verfassung von 1985.

Wir bezweifelten mehr denn je, daß die Wahlen fair und gerecht sein würden. Obwohl Zia erklärt hatte, er werde nach Einführung des islamischen Gesetzes einen Wahltermin bekanntgeben, setzte er kein Datum fest. Auch wußten wir nicht, ob er den politischen Parteien erlauben würde, Kandidaten aufzustellen. Zia würde wieder seine alten Tricks einsetzen, um die direkte Konfrontation mit der PPP zu vermeiden. Aber diesmal hatten wir einige Gegenmittel in der Hand.

Im Februar hatten wir vor dem Obersten Gerichtshof gegen Zias Wahlgesetz von 1985 geklagt, nach dem sich alle politischen Parteien vom Regime registrieren lassen mußten. Alle Parteien, die an den Wahlen teilnehmen wollten, mußten ihre Bücher und eine Liste ihrer Funktionäre bei dem von der Regierung eingesetzten Wahlkommissar einreichen. Mit Hilfe dieser Informationen konnte der Wahlkommissar dann jede politische Partei von der Kandidatur ausschließen; es reichten vage Beschuldigungen wie die, daß die Partei gegen die islamische Ideologie verstoße. Dabei spielte es keine Rolle, daß der Begriff »islamische Ideologie« überhaupt nicht definiert war. Ebenso absurd war die Regelung, daß der Wahlkommissar jedem Parteifunktionär für 14 Jahre das passive Wahlrecht entziehen und sogar Strafen bis zu sieben Jahre Gefängnis verhängen konnte.

Das Gesetz zielte unübersehbar darauf ab, eine Teilnahme der PPP an

Wahlen zu verhindern. Es verletzte nicht nur das Grundrecht auf Koalitionsfreiheit, sondern gab dem von Zia ernannten Wahlkommissar generell das Recht, über die Teilnahme von Parteien an Wahlen zu entscheiden. Zu unserem Glück erklärte sich Mr. Yahya Bakhtiar, der frühere Generalstaatsanwalt von Pakistan und Hauptverteidiger im Revisionsverfahren meines Vaters, bereit, die Klage vor dem Obersten Gerichtshof zu vertreten. Über den Fall hatten elf Richter zu entscheiden, das größte Richterkollegium in der Geschichte des Gerichtshofs. Das einstimmige Urteil, das sie am 20. Juni 1988 verkündeten, bedeutete einen moralischen und juristischen Sieg für das pakistanische Volk. Zias Verfügung, daß alle Parteien sich registrieren lassen müßten, wurde »in ihrer Gesamtheit für nichtig« erklärt.

»Eine parlamentarische Regierung wird von Parteien gebildet, deshalb ist die Herrschaft von Parteien ein elementares Prinzip der repräsentativen Demokratie«, schrieb der Vorsitzende Richter in seiner Urteilsbegründung. »... Die Funktion von Wahlen ist es, den Herrschaftsanspruch des Wahlsiegers rechtlich zu legitimieren. Nur durch Parteien kann der Wählerwillen in eine parlamentarische Regierung umgesetzt werden.« Zustimmend formulierte ein anderer Richter des Gerichtshofs: »Personen, die lediglich als Einzelpersonen in die Legislative gewählt werden, haben kaum Gewicht. Sie treiben steuer- und ziellos auf der politischen Bühne umher. Nur wenn sie sich zu einer Partei zusammenschließen, entwickeln sie eine politische Kraft, die ihren Aktivitäten eine gewisse Wirksamkeit verleiht. Nur als Mitglieder einer politischen Partei, nicht jedoch als einzelne Individuen, können sie in der gesetzgebenden Versammlung ihre Ziele durchsetzen.«

Die Absicht, die der Oberste Gerichtshof mit der Aufhebung von Zias Verfügung verfolgte, war klar: Keiner Partei, sei sie nun registriert oder nicht, durfte die Teilnahme an Wahlen verweigert werden. Auch das Urteil selbst ließ an Klarheit nichts zu wünschen übrig: Jeder Bürger, gleich welchen Geschlechts, hatte das Grundrecht, bei Wahlen für eine politische Partei zu stimmen. Sogar unter Zias eigener Verfassung gab es keine andere verfassungskonforme Möglichkeit. Wir alle wußten jedoch, daß Zia selbst sich nicht an die pakistanischen Gesetze gebunden fühlte.

Von Larkana aus bereiste ich das Land. In Jacobabad wurde mir ein enthusiastischer Empfang zuteil. In Nawabshah traten ehemalige Mitglieder der Muslimischen Liga zur PPP über. Die PPP verzeichnete einen Aufwärtstrend, immer mehr Menschen schlossen sich ihr an. Als ich nach

Karachi zurückkehrte, traten weitere Abgeordnete der Muslimischen Liga zu uns über. Wer für die Wahlen kandidieren wollte, versuchte sich den Vorteil zu verschaffen, den das PPP-Symbol auf dem Stimmzettel bringen würde.

Die Anzeichen häuften sich, daß Zias hastige Aktion sich für ihn als Bumerang erweisen würde. Wir erhielten Berichte, denen zufolge Zia, der immer als kühler und ruhiger Mann gegolten hatte, die Fassung zu verlieren drohte. »General Zia handelt wirr und inkonsequent«, sagte mir ein Beobachter der politischen Szene. Und ein pensionierter Offizier meinte: »Zia ist immer nur kalkulierbare Risiken eingegangen. Jetzt verhält er sich wie ein Spieler. Er handelt nicht mehr logisch.«

Zias Unsicherheit muß sich noch vergrößert haben, als trotz der sengenden Hitze und der Sommerregen die Zahl der Menschen, die im ganzen Land zu den Kundgebungen der PPP kamen, auf viele tausend anschwoll. Im Juli verglich die Presse die Menge, die zu meiner Rede in Lahore kam, sogar mit den Menschenmassen, die mich 1986 bei meiner Rückkehr aus dem Exil begrüßt hatten. Zia war dabei, die Nerven zu verlieren. Auf einem Empfang, der nach meiner Rede stattfand, überbrachte mir ein PPP-Anhänger die Nachricht einer Zia nahestehenden Person: »Zia soll depressiv, demoralisiert und durcheinander ein. Er greift nach jedem Strohhalm und weiß nicht, welche Richtung er einschlagen soll. Mein Informant sagt, er habe Zia geraten, die Wahlen abzuhalten, das Urteil des Volkes anzunehmen und dann das Land zu verlassen. Mein Informant würde gern wissen, wie Sie dazu stehen.«

Es handelte sich hier um einen Annäherungsversuch Zias, wie andere Quellen später bestätigten. Zia versuchte, mit der PPP einen Handel zu machen. Die Details der vorgeschlagenen Vereinbarung lauteten: Zia würde die Wahlen abhalten, wenn ihm und seiner Familie dafür Schutz vor jedweder strafrechtlicher Verfolgung zugesichert würde. Bestimmte Staaten sollten das Abkommen garantieren.

Ich lehnte ab. Ich zweifelte nicht nur an der Ernsthaftigkeit des Angebots, ich sah auch keine Logik dahinter. »Zia will meinen Ruf schädigen, indem er einen Handel mit mir anstrebt«, teilte ich dem Abgesandten Zias mit. »Im übrigen verstehe ich nicht, wovor er Angst hat. Wenn er wirklich Wahlen abhält, warum sollte das Volk dann so zornig werden, daß er Garantien für seine Sicherheit braucht? Zornig wird das Volk nur sein, wenn er keine Wahlen abhält.« Damit war die Diskussion beendet. Sie wurde nie wieder aufgenommen. Ich setzte meine Reise fort.

Dank der Gnade Gottes fühlte ich mich gesund und energiegeladen. »Ich wußte nicht, daß Sie wirklich ein Kind bekommen«, sagte eine Ärztin unterwegs zu mir. »Wir dachten alle, die Nachricht sei ein politischer Trick, um Zia zur Abhaltung von Wahlen zu bringen.« Ich war überrascht, als ich erfuhr, daß viele Menschen im Land die Skepsis der Ärztin teilten. »Dauernd fragen mich die Leute, wie du es schaffst, auf deiner Reise derart viele Veranstaltungen abzuhalten, wenn du wirklich schwanger bist«, sagte Fakhri verzweifelt. Aber es stand zu viel auf dem Spiel. Ich durfte mir keine Ruhe gönnen. Wenn Zia sich an seine eigene Verfassung hielt, mußten die Wahlen Ende August stattfinden.

Als ich am 20. Juli in Clifton 70 mit dem australischen Botschafter frühstückte, traf eine weitere Nachricht ein: Zia hatte gerade angekündigt, daß die Wahlen erst am 16. November stattfinden würden. Er gab zwar zu, daß Neuwahlen der Verfassung zufolge innerhalb von 90 Tagen nach Auflösung der Nationalversammlung abgehalten werden mußten, begründete die Verschiebung des Termins aber damit, daß die Wahlen in den bevorstehenden Monaten des Monsuns, dem *Muharram,* dem Monat des Trauerns, und dem *Haj,* dem Monat der Pilgerfahrt, nicht stattfinden könnten. Im *Muharram,* meinte Zia, dürfe dem durch die Trauer beanspruchten Volk keine Wahl zugemutet werden, im *Haj* würden 90000 Pilger ihres Wahlrechts beraubt. Außerdem hätten die Monsunregen jetzt schon in weiten Teilen des Landes Überschwemmungen verursacht. Für mich entsprachen Zias Ausreden nicht ganz der Wahrheit. Seine wirklichen Gründe hatten für mein Gefühl mehr mit meinem körperlichen Zustand zu tun. Zia mußte mit allen Mitteln verhindern, daß ich eine Wahlkampfreise machte.

Immerhin war ein Wahltermin festgesetzt worden, und das erleichterte uns ein wenig. Zwar hatten wir noch immer keine Garantie, daß Zia die Wahlen nicht doch noch absetzen würde, und wir wußten nicht, ob er Parteien wirklich zulassen würde. Alle Anzeichen deuteten jedoch darauf hin, daß in Zias Lager Panik ausgebrochen war. Die Muslimische Liga war zerfallen, nachdem Zia im Mai so plötzlich Junejo entlassen und die Nationalversammlung aufgelöst hatte. Wenn Zia der PPP eine eigene Partei entgegensetzen wollte, mußte er dieselben Minister zurückgewinnen, die er wie seinen Premierminister eben noch als korrupt und unfähig bezeichnet hatte.

Um den Schaden zu begrenzen, hatte Zia neun Minister aus Junejos Kabinett wieder in seine Übergangsregierung aufgenommen. Von siebzehn neuernannten Ressortministern und einem Staatsminister kamen sieben aus dem aufgelösten Senat und zehn aus der ebenfalls aufgelösten Nationalversammlung. Zia entschuldigte sich sogar öffentlich, »die Gefühle und Empfindungen« der gefeuerten Minister verletzt zu haben, indem er ihnen Mißachtung der Gesetze und Korruption vorwarf. Diese öffentliche Entschuldigung war als Trostpflaster für Junejo gedacht: Ironischerweise stellte Zia ganze zwei Monate nach Junejos Entlassung fest, daß er seinen Premierminister wieder brauchte.

Angesichts der ungebrochenen Stärke der PPP bekamen es auch die von Zia ernannten Wahlkommissionen mit der Angst zu tun. Als ich einen PPP-Vertreter zur Wahlkommission von Larkana schickte, um eine Wählerliste zu holen, wurde ihm gesagt, er solle am nächsten Tag wiederkommen. Auch in den nächsten drei Tagen erhielt er dieselbe Antwort. »Warum versuchen Sie Zeit zu schinden?« fragte der PPP-Mann. Der verängstigte Beamte antwortete: »Wir haben nach Islamabad um Genehmigung telegrafiert. Bis jetzt haben wir noch keine Antwort bekommen.«

Am 21. Juli wurde Zias Angst vor der PPP offensichtlich. Mit der Begründung, daß Wahlen mit Beteiligung der Parteien den Geist des Islam verletzten (obwohl seine eigene Verfassung von 1985 Parteien vorsah), verkündete er, daß Parteien nicht zu den Wahlen zugelassen seien und daß die Kandidaten auf den Stimmzetteln nicht durch Parteisymbole gekennzeichnet sein dürften. Wieder einmal würde die überwältigende Mehrheit des Volkes nicht die Kandidaten identifizieren können, die sie wählen wollte. Zias Bestimmung kam einflußreichen Einzelpersonen zugute und benachteiligte engagierte politische Kader, die nur mit Unterstützung ihrer Partei gewinnen konnten.

Wieder einmal hatte Zia die Verfassung und ihre Interpretation durch den Obersten Gerichtshof des Landes mit Füßen getreten. Ein Zeitungsbericht vom 31. Juli machte den Hintergrund seiner Entscheidung klar. Kurz vor ihrer Verkündung hatte Zia die Minister der Provinzen und andere hohe Beamte nach Islamabad bestellt und mit ihnen über die Wahlen gesprochen. Aufgrund der inneren Zerrissenheit der Muslimischen Liga, so berichtete die Zeitung, glaubten die führenden Politiker aus Belutschistan, Sind, dem Punjab und der Northwest Frontier Province, daß die PPP einen überwältigenden Wahlsieg erringen werde. »Die Zersplitterung ihrer Gegner«, sagte der Führer der Frontier Province dem Bericht zufolge, »wird es Frau Bhutto leichtmachen, genügend Sitze zu gewinnen, um im Parlament die größte Fraktion zu stellen.« Drei Tage später verkündete Zia den Ausschluß der Parteien von den Wahlen.

Wieder gingen wir vor Gericht. Anfang August klagten wir beim Obersten Gerichtshof gegen Zias Verbot der Teilnahme der Parteien an den Wahlen. Wir waren jedoch nicht sicher, ob uns ein Sieg vor Gericht wirklich nützen würde, da Zia bereits die frühere Entscheidung des Gerichtshofs mißachtet hatte. Als Diktator hatte Zia große Macht. Sogar wenn der Gerichtshof zu unseren Gunsten entschied, konnte Zia per Dekret das Parteiengesetz ändern oder den Notstand ausrufen und damit die Entscheidung des Gerichts wertlos machen. Wir vermuteten, daß er sich schon auf letztere Maßnahme vorbereitete. Am 4. August, dem Vorabend des muslimischen Monats der Trauer, wurde in Peshawar ein Führer der Schiiten erschossen. In der Opposition kam es zu Spekulationen, ob die Regierung hinter dem Attentat stand und damit die für eine Ausrufung des Notstands notwendigen Unruhen erzeugen wollte.
Ein anderes weitverbreitetes Gerücht besagte, daß Zia, um sich den Wahlsieg zu sichern, ein neues Wahlgesetz vorbereite; mißliebige siegreiche Kandidaten sollten mit der Begründung aus dem Parlament ausgeschlossen werden, sie seien von politischen Parteien unterstützt worden. Unseren Informationen zufolge sollte das Gesetz in der ersten Oktoberwoche in Kraft treten, damit die Opposition vor den Wahlen keine Zeit mehr hatte, vor dem Obersten Gerichtshof dagegen zu klagen. Jetzt war klar, daß der Diktator mit allen Mitteln versuchen würde, den Wahlausgang durch den Ausschluß der Parteien, einschüchternde Maßnahmen und ein Wahlgesetz aus der Schublade zu manipulieren.
Die Novemberwahlen rückten näher. Pakistan stand am Scheideweg zwischen der Demokratie und einer Fortsetzung der Diktatur. Das Volk von Pakistan schrie nach Selbstbestimmung. Seine Stimme war die *Pakistan People's Party*. Zia wußte das. Auch nach elfeinhalb Jahren konnte er aus Furcht vor einem Sieg der PPP keine freien und gerechten Wahlen abhalten.
Angesichts der Wahrscheinlichkeit von Wahlen ohne Parteien brauchten wir möglichst viele zuverlässige und im Volk bekannte Kandidaten. Ich hoffte, daß meine Mutter nach Pakistan zurückkehren und für einen Sitz kandidieren würde und daß sich sogar meine Schwester Sanam aufstellen lassen würde. Trotz aller Unwägbarkeiten war die PPP entschlossen, Zia mit friedlichen, demokratischen Mitteln entgegenzutreten und sich innerhalb des gesetzlichen Rahmens zu bewegen, der das Rückgrat eines zivilisierten Landes sein muß. Wenn man eine Bevölkerung mit Gewehren und Tränengas einschüchtert, erreicht man vielleicht, daß sie kapituliert und

resigniert, aber man gewinnt nicht ihre Herzen. Zia wußte, daß er nie fähig gewesen war, die Liebe und Zuneigung des Volkes zu gewinnen. Statt dessen hatte er mit Terror und Einschüchterung regiert.

Wie eine Blume in der Wüste nicht blühen kann, so können sich politische Parteien in einer Diktatur nicht entfalten. Daß die politischen Parteien in Pakistan trotz drakonischer gegen sie gerichteter Maßnahmen elfeinhalb Jahre lang überleben und gedeihen konnten, war das Verdienst der Menschen, die ihr Leben für die Demokratie gegeben hatten, und des Volkes, das erkannte, daß seine Rechte nur dann wiederhergestellt und beschützt werden konnten, wenn es sich in einer nationalen Partei zusammenschloß. Wir waren und sind das Gewissen der Nation, ihre Zukunft und ihre Hoffnung.

Epilog

Es gibt Augenblicke im Leben, die so unerwartet kommen und so weitreichende Folgen haben, daß sie schwer zu verarbeiten sind. Ich hatte gerade dieses Buch beendet, das ein Bericht über das brutale Militärregime General Zia ul-Haqs sein sollte, als ein solcher Augenblick eintrat.

Am 17. August 1988 kam General Zia bei einem Flugzeugabsturz ums Leben. Zia hatte sich auf dem Heimflug von einer Militärbasis in Bahawalpur im Osten Pakistans befunden. Mit ihm fanden 30 Personen den Tod, darunter der Vorsitzende der Generalstabschefs der Streitkräfte, der stellvertretende Generalstabschef der Armee, acht führende Offiziere der pakistanischen Streitkräfte, der Botschafter der Vereinigten Staaten in Pakistan Arnold Raphel und ein amerikanischer Brigadegeneral.

Die Nachrichten tröpfelten zunächst nur spärlich herein. »Gerade hat ein Journalist angerufen und mitgeteilt, ein V-VIP-Flugzeug sei verschwunden«, stand auf dem Zettel, die mir meine Sekretärin Farida eines späten Nachmittags brachte. Ich war mitten in einer Besprechung mit Partei-Aktivisten.

»Was bedeutet das?« fragte ich Farida. Das Kürzel V-VIP bezog sich in der Regel auf das Staatsoberhaupt.

»Es handelt sich um General Zias Flugzeug«, flüsterte Farida, als sei sie zu erschrocken, um die Worte laut auszusprechen.

Es kam mir nicht in den Sinn, daß Zia tot sein könnte. Ich dachte, er sei geflohen. Ich erinnerte mich an sein Angebot vor einem Monat, Wahlen abzuhalten, wenn er und seine Familie dafür Immunität zugesichert bekämen. Ich konnte es kaum glauben. War die Ära Zia endlich zu Ende?

»Verbinde mich mit dem Journalisten!« wies ich meine Sekretärin an.

Aufgeregt wiederholte der Journalist seine Botschaft: »Zias Flugzeug ist verschwunden. Die Funkverbindung ist abgerissen.«

»Was meinen Sie mit ›verschwunden‹? Ist die Maschine in den Iran oder nach Indien oder nach Afghanistan geflogen? Ist Zia freiwillig gegangen, oder ist das Flugzeug entführt worden? Ich brauche Details!«

Der arme Mann war so verdattert, daß er zu keiner klaren Aussage fähig war.
»Das Flugzeug ist heute nachmittag nicht nach Islamabad zurückgekehrt. Seit seinem Start vor drei Stunden besteht kein Funkkontakt mehr.«
Gleich darauf kam ein weiterer Anruf, diesmal von einem früheren General und PPP-Mann aus der Frontier Province. »Es ist etwas im Busch«, sagte er. »Die Armee ist in Bereitschaft.«
»Ist das für uns ein gutes oder schlechtes Zeichen?« fragte ich. Ich zog die Möglichkeit in Betracht, daß Zia vor seiner Flucht die Macht dem Militär übergeben oder der Armee befohlen hatte, die Macht zu übernehmen, solange er selber noch im Land war.
»Das kann man noch nicht sagen«, antwortete der Parteifunktionär.
Ein weiterer Anruf eines Parteimitglieds wurde durchgestellt. »Das Flugzeug ist abgestürzt«, meldete der Mann. »Zia ist tot, und die Generäle, die an Bord waren, auch.«
Ich konnte es immer noch nicht glauben. Nach all den Jahren des Terrors und der Schmerzen schien es mir unmöglich, daß Zia einfach aufgehört hatte zu existieren. Ich hatte nie gedacht, daß er auf diese Weise enden würde, obwohl die Möglichkeit natürlich immer bestanden hatte. Gewaltsame Veränderungen gehören bei uns zur Tagesordnung. Zias Herrschaft hatte mit Gewalt begonnen, warum sollte sie nicht auch gewaltsam enden?
Trotzdem, es war schwer zu fassen. Ich hatte mir vorgestellt, daß Zia am Ende seiner Diktatur mit dem Flugzeug fliehen würde. Marcos war mit dem Flugzeug von den Philippinen geflohen, der Schah aus dem Iran, Duvalier aus Haiti. Ich hatte immer angenommen, daß Zia, wenn seine Zeit um war, ebenfalls in ein Flugzeug steigen und fliehen würde...
»Ich habe gerade mit einem Truppenkommandeur der Armee gesprochen«, berichtete der nächste Anrufer. »Das Flugzeug ist kurz nach dem Start in Bahawalpur abgestürzt. Es gibt keine Überlebenden.«
Jetzt glaubte ich es endlich. Und die Parteianhänger, die sich schon im Salon von Clifton 70 zu versammeln begannen, glaubten es ebenfalls. Unter ihnen waren Menschen, die ins Gefängnis gesteckt oder ausgepeitscht worden waren, Menschen, deren Familienangehörige ihre Stellungen verloren hatten, Menschen, die ihre Toten hatten begraben müssen, ohne sie noch einmal ansehen zu können. Ich bat meine Sekretärin, sich mit den Parteimitgliedern in Verbindung zu setzen, die gerade am Gericht ergänzende Informationen zu Zias Wahlbestimmungen einholten,

und Kontakt mit der gesamten MRD-Opposition aufzunehmen. Dann ging ich nach oben in mein Schlafzimmer, um meine Schwester in London anzurufen. Sie war ausgegangen. Ich brachte die Nachricht, die ich ihr hinterließ, kaum heraus: »Sagen Sie ihr, daß General Zia tot ist.« Als ich diese Worte aussprach, fiel mir plötzlich eine enorme Last von den Schultern. Nach elf Jahren der Qual und der Verfolgung waren wir endlich frei. Zia war tot. Er konnte uns nie mehr wehtun.

In den schmalen Gassen und Bazaren unserer Städte verbreiten sich Neuigkeiten wie eine Sturzflut. Überall hatten die Menschen schon begonnen zu feiern. In Lahore waren die Süßwarenläden ausverkauft. In Karachi verschenkten *pan*-Läden Betelnußblätter. Eine halbe Stunde, nachdem die Nachricht Clifton 70 erreicht hatte, hatten sich bereits Hunderte von Menschen vor unseren Toren versammelt. Sie stimmten Gesänge an und riefen politische Parolen. »Woher wißt ihr von dem Absturz?« fragte ich. »Die Zeitungsjungen schreien: ›Zia ist tot! Zia ist tot!‹« erklärte mir einer. Ein anderer sagte: »Die Autofahrer hupen und drehen die Fenster herunter und rufen: ›Zia ist tot!‹«

Mir erschien es unangemessen, daß Zias Tod ein nationales Fest auslöste. Ich wollte, daß wir uns anders als Zia verhielten. Es ist für Muslime verboten, sich am Tod eines Menschen zu freuen. Außerdem waren noch viele andere Menschen in dem Flugzeug umgekommen, und ihren Familien gegenüber war der Jubel ein Unrecht. Ich hatte großes Mitgefühl mit Nancy, der Frau von Botschafter Raphel, die genau wie ich erst kürzlich geheiratet hatte. Jetzt war ihr Mann tot. Ich hatte ihn als einen warmherzigen Menschen kennengelernt, der von dem Gedanken beseelt gewesen war, in Pakistan die Demokratie wiederherzustellen. An die PPP-Führer im ganzen Land erging die Aufforderung, für Mäßigung zu sorgen. Unter keinen Umständen wollten wir der Armee einen Vorwand für die Machtübernahme und die Wiedereinführung des Kriegsrechts liefern.

Wir hatten die Nachricht gegen 18 Uhr erhalten. Radio oder Fernsehen hatten sie bisher nicht offiziell bestätigt. Die Stunden vergingen, und ich hatte Angst, das Kriegsrecht würde erneut verhängt. Von den Chefministern, allesamt Anhänger Zias, war bekannt, daß sie die auf den 16. November anberaumten Wahlen absagen oder wenigstens verschieben wollten. In der landesweiten Unsicherheit nach Zias Tod war sehr gut möglich, daß sie die Armee zum Eingreifen überreden konnten.

In Clifton 70 herrschte Hochspannung. Es ging das Gerücht, daß in der Nacht alle Führer der Opposition festgenommen werden sollten. Mein

Mann ernannte sich sofort zum Sicherheitschef und befahl mir, in den nächsten Tagen zu Hause zu bleiben. Als ich trotzdem ausging, gab es ziemlichen Krach. Am nächsten Tag trat Asif gekränkt für einige Zeit von seinem neuen Amt zurück.
Es war schon 20 Uhr, als wir zu unserer Erleichterung erfuhren, daß ein ziviler Weg eingeschlagen worden war. Der Vorsitzende des Senats Ghulam Ishaq Khan, so berichtete Radio Pakistan, habe wie in der Verfassung vorgesehen das Amt des Präsidenten übernommen. Als Ghulam Ishaq selbst im Fernsehen auftrat und ankündigte, daß die Wahlen wie geplant abgehalten würden, wuchs unsere Erleichterung. Es war das erste Anzeichen, daß die Militärs entschlossen war, im Land die Demokratie wiederherzustellen. Ishaq, vormals ein wichtiger Berater Zias, konnte keine Wahlen abhalten, wenn das Militär nicht hinter dieser Entscheidung stand.
Trotzdem war meine Angst vor einer Machtübernahme des Militärs nicht unbegründet gewesen. Als sich Zias Chefminister nach der Katastrophe mit den Chefs der drei Waffengattungen trafen, übten sie Berichten zufolge großen Druck auf die Militärs aus, das Kriegsrecht zu verhängen. Es ist das unauslöschliche Verdienst der Offiziere, den Chefministern die geforderte militärische Hilfe verweigert zu haben. »Wenn die Wahlen stattfinden und Benazir gewinnt«, hatten die Chefminister den Militärs gedroht, »läßt sie alle hohen Offiziere aufhängen.« Die Offiziere hatten darauf geantwortet: »Ihr Vater hat nicht gegen die Armee gekämpft. Warum sollte es Benazir tun?«
Zias Tod löste selbst dort Erleichterung aus, wo man es nicht erwartet hätte. Anrufer aus Gebieten wie Kharian und Wazirabad, Hochburgen der Armee, berichteten, daß die Menschen dort weite Wege zu den Häusern der PPP-Funktionäre zurücklegten, um ihnen zum Ende der Ära Zia zu gratulieren. Allmählich wurde mir klar, daß Zia zwar Generalstabschef gewesen war und von den Streitkräften immer als von seinem »Wahlkreis« gesprochen hatte, diese ihm aber nur seines Amtes wegen gefolgt waren.
Unsere Versöhnungsangebote waren anscheinend bei der Armee angekommen, obwohl Zia versucht hatte, sich die Loyalität der Militärs durch seine Anti-PPP-Propaganda zu erhalten. »Die Armee steht weder links noch rechts«, hatte ich auf zahllosen öffentlichen Kundgebungen gesagt. »Sie gehört weder General Zia noch Benazir Bhutto. Die Armee gehört dem Volk von Pakistan.«

Aber Zia betrachtete die Armee als sein Eigentum. Er hat sie im Grunde vergewaltigt. Er hat nicht eine Abstimmung durchgeführt und gefragt: Unterstützt ihr meine Politik? Wollt ihr euch überhaupt in die Politik einmischen und das Volk gegen euch aufbringen? Vor Zias Tod war mir nicht klar gewesen, in welchem Zwiespalt die einfachen Soldaten der Armee sich befanden. Zia hatte die Streitkräfte zum politischen Werkzeug des Regimes gemacht und damit das Berufsethos und den Stolz der Soldaten untergraben. In den Militärkantinen von Karachi sei wenig von Trauer zu spüren, berichtete mir ein MRD-Mitglied an dem auf Zias Tod folgenden Abend. Dagegen sollen die Soldaten in Kharian, Quetta und anderen Garnisonen nach der Hinrichtung meines Vaters so traurig gewesen sein, daß sie drei Tage lang fasteten.

In den Abendstunden des 17. August häuften sich die Gerüchte über mögliche Ursachen des Absturzes. Am weitesten verbreitet war zunächst das Gerücht, das Flugzeug sei von einer indischen Rakete abgeschossen worden. Die Militärbasis von Bahawalpur war nur 80 km von der indischen Grenze entfernt, und in den vergangenen Monaten hatten die Spannungen mit Indien zugenommen. Pakistan wurde unter anderem vorgeworfen, im Punjab radikale Sikhs auszubilden und sie über die Grenze nach Indien zu schleusen. Am 15. August hatte der indische Premierminister Rajiv Gandhi in einer Rede erklärt, wenn das nicht aufhöre, müsse man Pakistan eine Lektion erteilen.

Ich hielt die Theorie von der Rakete für unwahrscheinlich, da ich wußte, daß wir an dieser Grenze ein dichtes Netz von Verteidigungs- und Luftüberwachungssystemen hatten. Allerdings schien es mir möglich, daß das Ausland die Hand im Spiel hatte. Auch die Sowjetunion hatte mit Zia eine Rechnung zu begleichen. Sie hatte ihm gedroht, daß Pakistan für die fortgesetzte Unterstützung der afghanischen Widerstandsbewegung einen hohen Preis werde bezahlen müssen. Im diplomatischen Corps und in der internationalen Presse gab es Spekulationen, daß das Flugzeug vom Khad, dem Geheimdienst der von den Sowjets gestützten Regierung in Kabul, abgeschossen worden sei. Zias Tod bedeutete vielleicht das Ende der pakistanisch-amerikanischen Zusammenarbeit im Afghanistankonflikt. Jetzt war Zia tot. Wie würde es weitergehen? Wenn wirklich das Ausland für den Absturz verantwortlich war, waren weitere Aktionen zu erwarten.

Unser Land befand sich in einer extrem verwundbaren Position. Es gab keinen Premierminister. Die höchsten Befehlshaber der Armee waren tot.

Ein Machtvakuum hatte sich aufgetan, das der Subversion von außen oder innen Tür und Tor öffnete. Tatsächlich meinten einige unserer Verbündeten in der MRD in dieser Nacht, man müsse gleich losschlagen, bevor sich Zias Anhänger wieder organisiert hätten. Ich lehnte ab. Dabei ging es mir nicht nur um die Spielregeln der Demokratie, sondern auch um die nationale Sicherheit. Ich ließ der Regierung durch den Generalsekretär der PPP General Tikka Khan ein vertrauliches Schreiben überbringen, des Inhalts, daß die PPP eine patriotische Partei sei und das Land im Fall einer Verschwörung gegen die nationalen Interessen nicht zusätzlich destabilisieren werde.

Die Raketentheorie wurde schnell durch die Sabotagetheorie ersetzt. Plötzlich konzentrierte sich die Aufmerksamkeit des ganzen Landes auf die Armee. Wenn der Absturz wirklich durch Sabotage verursacht war, konnten die Täter eigentlich nur aus der Armee kommen. Das Militärflugzeug war auf einem Militärflugplatz unter dem Schutz des militärischen Sicherheitsdienstes gestartet. Niemand außer den Militärs wußte, daß Zia nach Bahawalpur fliegen würde. In den nächsten Tagen war die Sabotagetheorie im ganzen Land Gesprächsthema Nummer eins. Sogar in den traditionellen Hochburgen der Militärs ging das Wort vom »Insiderjob« um.

Ich fand diese Gerüchte sehr gefährlich. Ich wollte nicht, daß die Armee wieder zum Streitobjekt wurde, wo sie doch gerade dabei war, sich aus der Politik zurückzuziehen. Zum ersten Mal hatte ich Schwierigkeiten auf Pressekonferenzen. Die Journalisten wollten von mir hören, ich sei hocherfreut über den Tod meines Feindes und darüber, daß die Armee für seinen Tod verantwortlich sei. Ich konnte ihnen diese Antwort nicht geben, weil sie nicht der Wahrheit entsprach.

Die Spekulationen über Zias Tod wurden immer unwahrscheinlicher: Einige behaupteten, der Pilot habe sich in einer Kamikazeaktion für das Vaterland geopfert, andere, es sei Sprengstoff in den Körben mit Mangos versteckt gewesen, die Zia in Bahawalpur geschenkt bekommen hatte. Aber die Mangos waren von den Sicherheitsbeamten durchsucht worden wie alles andere auch. Und der Pilot, der Zia nach Bahawalpur geflogen hatte, konnte nicht wissen, daß Zia wieder mit ihm zurückfliegen würde. Zia standen immer zwei Flugzeuge zur Verfügung.

Ein technischer Fehler im Bedienungssystem des Flugzeugs war weniger leicht als Absturzursache auszuschließen. Die C-130 ist zwar eine der stabilsten und verläßlichsten Maschinen, die je gebaut wurden. Trotzdem sprach die von Augenzeugen beobachtete Tatsache, daß es dem Piloten gelang, das trudelnde Flugzeug noch zwei Minuten in der Luft zu halten, bevor es sich mit der Nase in die Erde bohrte, für technisches Versagen. »Die Wahrscheinlichkeit ist zwar eins zu einer Million«, sagte einer von Asifs Freunden von der Luftwaffe, die Asif nach dem Absturz anrief, »aber technisches Versagen scheint wirklich die Ursache gewesen zu sein.« Aber nicht einmal das konnte bewiesen werden. Am Ende konnten weder die amerikanischen noch die pakistanischen Experten, die den Unfall untersucht hatten, eine sichere Ursache des Absturzes ermitteln. Die meisten Pakistaner sind wie ich der Ansicht, daß Zias Tod Gottes Wille war.

Muslimische Kinder werden dazu erzogen, an den Zorn Gottes zu glauben, der plötzlich und ohne Vorwarnung über die Menschen hereinbrechen kann. Viele Menschen in Pakistan sahen in Zias Tod eine Strafe Gottes. Und Gott strafte fürchterlich.

Das Flugzeug brannte volle fünf Stunden lichterloh. Es hieß, Zia habe den Islam in einem solchen Ausmaß für seine Zwecke mißbraucht, daß Gott, als er ihn dafür strafte, keine Spur von ihm übrig ließ. Die Begräbnisriten der Muslime - der Körper des Toten wird gewaschen, sein Kopf nach Mekka ausgerichtet, während das letzte Gebet gelesen wird - konnten bei Zia nicht vollzogen werden. Der in der Shah-Faisal-Moschee beigesetzte Sarg enthielt nichts von seinen Überresten.

Als das Zentralkomitee der PPP am Tag nach Zias Tod zusammentrat, einigte sich die Parteiführung darauf, die Worte Präsident Ishaq Khans betreffs der Wahlen ernstzunehmen, in der Hoffnung, daß ihnen Taten folgen würden. Wir würden den geschäftsführenden Präsidenten unterstützen, falls er einen verfassungsgemäßen Weg einschlug und die ersten freien Wahlen in Pakistan seit elf Jahren abhielt.

Wir waren deshalb schockiert, als Ishaq Khan die Übergangsregierung im Amt ließ, die aus Zias Kumpanen und Handlangern bestand. Anstatt ein neutrales und unparteiisches Kabinett einzusetzen, ließ er jene Repräsentanten von Zias korruptem System an der Macht, für die freie und gerechte Wahlen den Verlust ihrer Macht und ihrer Pfründe bedeuteten. Wie viele andere Parteien forderten wir ihren Rücktritt, aber ohne Erfolg.

Eine der ersten Handlungen der Übergangsregierung bestand darin, im ganzen Land Menschen zu Zias Begräbnis einzuladen und ihnen dafür freie Unterkunft anzubieten. Überraschenderweise kamen nur wenige ausländische Staatschefs. Leichter verständlich ist, daß auch nicht viele Pakistaner kamen. Zia wurde praktisch von niemandem beweint. Die *chehlum*-Zeremonie 40 Tage nach Zias Tod soll von nur 3000 Menschen besucht worden sein.

Besonders in der internationalen Presse tauchten Spekulationen auf, daß mein politisches Engagement und sogar die Unterstützung des Volkes für die PPP nach Zias Tod nachlassen könnten. Jahrelang hatten die Leute geglaubt, das Ziel meiner politischen Opposition gegen Zia sei Rache für die Ermordung meines Vaters. Das war jedoch nicht der Fall. Bitterkeit führt nicht zu aktivem Handeln. Sie kann einen auffressen, aber sie ist kein guter Antrieb. Meine Aufgabe und meine Motivation blieben nach Zias Tod die gleiche: die Wiederherstellung der Demokratie in Pakistan durch freie und gerechte Wahlen.

In den Wochen nach Zias Tod bereiteten wir intensiv die Wahlen vor. Ich war zehn Stunden am Tag im Einsatz, gab Pressekonferenzen und traf mich mit Parteifunktionären und Vertretern der einzelnen Parteien der MRD. Wir diskutierten, wer alles am 16. November für die 207 Sitze der Nationalversammlung und am 19. November für die 483 Sitze in den Provinzparlamenten kandidieren sollte. Insgesamt mußten wir vier Listen zusammenstellen. Falls der Oberste Gerichtshof entschied, daß die Parteien an den Wahlen teilnehmen durften, konnten wir weniger bekannte Kandidaten aussuchen, die durch das Parteisymbol gestärkt würden. Fanden die Wahlen ohne Parteien statt, brauchten wir Kandidaten mit hohem Bekanntheitsgrad.

Eine Flut potentieller Kandidaten war nach Karachi gekommen, um sich um einen Platz auf den Wahllisten der PPP zu bewerben. Es gab kein freies Hotelzimmer mehr in der Stadt. Fast 18000 Menschen bewarben sich um die 700 Listenplätze. Um Zias politische Basis aufzubrechen, öffnete die PPP früheren Mitgliedern der Muslimischen Liga ihre Türen. Viele unserer ehemaligen Mitglieder, die die Partei zur Zeit der Wahlen von 1985 verlassen hatten, kehrten in den Schoß der Partei zurück. Die Partei beauftragte mich, für drei Sitze in Larkana, Lahore und Karachi zu kandidieren. Meine Mutter wollte nach Pakistan zurückkehren und für mich den Wahlkampf führen, wenn ich mich von der Geburt meines Kindes erholen mußte. Sie kandidierte für zwei Sitze in Larkana und Chitral in der Northwest Frontier Province.

Ende August fühlte ich mich nach einer besonders langen Sitzung der MRD krank. Der Geburtshelfer überprüfte den Gesundheitszustand des

Babys mit Ultraschall. Es war mir von Anfang an komisch vorgekommen, daß ich während der ganzen Schwangerschaft kaum Bewegungen des Babys spürte. Als ich einer Freundin davon erzählte, sagte sie: »Das beweist, daß es ein Junge ist. Jungen bewegen sich nicht.« Ich hatte auch dem Arzt meine Bedenken mitgeteilt, wußte ich doch von Freunden, daß Babys sich dauernd bewegen. »Sie sind stark auf ihre Arbeit konzentriert«, hatte er geantwortet. »Das Baby bewegt sich, aber sie spüren es nicht.«

Der Test bewies das Gegenteil: Ich hatte zu wenig Fruchtwasser, und das Baby bewegte sich kaum. Der Arzt erklärte mir, daß meine Blutzirkulation unzureichend sei und das Baby zu wenig Nahrung bekomme, weil ich auf Besprechungen zu viel sitze. Auf Anweisung des Doktors verbrachte ich die nächsten vier Tage im Bett und vertrieb mir die Zeit, Asif aus einer Namensliste auf Urdu Namen für das Baby vorzulesen. In Zukunft sollte ich mich jeden Morgen und jeden Abend eine Stunde in völliger Ruhe hinlegen und mich darauf konzentrieren, die Bewegungen des Babys zu spüren. Falls ich nichts spürte, sollte ich sofort ins Krankenhaus kommen. Jeden vierten Tag mußte ich in der Klinik untersuchen lassen, ob für das Baby akute Gefahr bestand. »Halten Sie einen gepackten Koffer bereit«, rieten die Ärzte mir, »es kann jederzeit notwendig werden, daß wir das Kind per Kaiserschnitt auf die Welt bringen.« Ich bekam es mit der Angst zu tun, weil die Ärzte soviel Angst hatten. Über Sanam alarmierte ich meine Mutter. Sie war sehr besorgt und kam zwei Wochen später.

Der Zustand des Babys verschlimmerte meine Anspannung in dieser ohnedies anstrengenden Zeit noch. Jeden vierten Tag ging ich mit Asif zur Klinik. Wir gingen spätabends, wenn es dort ruhiger war. Die Untersuchungen waren lästig, wurden aber bald zur Routine. Da mein Zustand nie alarmierend war, konnte ich immer gleich wieder nach Hause. Drei Wochen lang bewältigte ich mein normales Arbeitspensum, vervollständigte die Kandidatenliste und zog in unser neues Haus um.

Während einer Untersuchung am 19. September sagte mir der Arzt, daß meine Schwangerschaft noch drei bis vier Wochen dauern werde. Ich dachte mir deshalb nichts weiter, als ich mich am nächsten Tag wieder dem alle vier Tage stattfindenden Routinetest unterzog. Dr. Setna hörte den Herzschlag des Babys ab und sagte dann unvermutet: »Sie müssen heute nacht dableiben. Wir müssen Sie morgen früh operieren.«

Eigentlich war ich erleichtert, daß das Warten ein Ende hatte. Die Entscheidung des Arztes kam allerdings so plötzlich und zu so später Stunde, daß es schwierig war, meine Verwandten zu verständigen. Meine Freundin Putchie, die uns in die Klinik begleitet hatte, eilte durch die verlassenen Straßen Karachis, um meine Mutter zu alarmieren und die Tragetasche für das Baby und das besondere Gebet zu holen, das mir Yasmin gegeben hatte, damit die Geburt problemlos verlaufe. Putchie brachte mir auch die *merriam panja*, die mir ein Freund Asifs geschenkt hatte, eine getrocknete Blume, die in ein Wasserbecken gelegt wurde, bevor man mich in den Operationssaal brachte. Wenn die Blume im Wasser voll aufgeblüht ist, verebbt der Schmerz, glauben die Muslime. Asif blieb die ganze Nacht im Krankenhaus und schritt um meine Sicherheit besorgt im Korridor auf und ab.

Dr. Setna kam am frühen Morgen, um mich zu holen. »Wir müssen uns beeilen«, sagte er. »Vor dem Krankenhaus versammeln sich schon die ersten Leute.« Woher wußten sie, wo ich war? Ich hatte beschlossen, das Baby im Lady-Dufferin-Hospital in Lyari zu bekommen, nicht im Nobel-Krankenhaus Karachis. Hier praktizierte ein Arzt, den ich mochte, und mit Lyari war ich durch viel Freude und Leid verbunden. Mein Vater hatte dort seine letzte politische Rede gehalten, ich war dort in einen Tränengaseinsatz geraten, und Asif und ich hatten dort den öffentlichen Teil unserer Hochzeit gefeiert. Auch die arme Bevölkerung von Lyari hatten unter Zia schwer gelitten. Das verband uns. Ich hoffte auch, daß das Vertrauen der Bewohner von Lyari in die Ärzte und das Personal des Krankenhauses wachsen würde, wenn ich dort mein Baby bekam, und daß die Bevölkerung die medizinische Fürsorge des Krankenhauses selbst in Anspruch nehmen würde. Aber wie hatten die Menschen herausgefunden, daß ich hier war? Hatten die Fahrzeuge des Geheimdienstes, die mir immer noch folgten, die Information an die verschiedenen Behörden weitergegeben? Die Krankenschwestern legten mir ein Tuch über das Gesicht, damit niemand mich erkennen konnte, und fuhren mich in den Operationssaal. Im Nebenraum lasen meine Mutter und ein paar andere Verwandte die *Merriam*-Sure des Korans, die traditionell gelesen wird, um Schmerzen zu lindern.

Asif wollte unbedingt einen Sohn. Fast alle Leute, die ich in den letzten acht Monaten getroffen hatte, sagten, ich würde einen Sohn bekommen, wahrscheinlich deshalb, weil die Menschen in Pakistan die Geburt eines Sohnes als gutes Omen ansehen. Mein Vater hatte inzwischen drei Enkelinnen, aber noch keinen Enkel. Mein Kind würde innerhalb der engeren Verwandtschaft das erste Enkelkind sein, das in Pakistan geboren wurde. Trotzdem machte ich mir nichts aus all dem Gerede von einem Jungen.

»Wäre ein Mädchen denn nichts?« wehrte ich mich. Aber das Gerede ging weiter.
Vor einigen Monaten hatte ein *Quran Khani* im Haus meiner Cousine Fakhri stattgefunden. Danach hatte man mir etwas auf den Kopf gestreut.
»Was ist das?« hatte ich gefragt, als ich mir das Gesicht abwischte.
»Herzlichen Glückwunsch!« schrien die Frauen. »Du wirst einen Sohn bekommen!«
»Woher wißt ihr das?«
»Wir haben von hinten Salz auf deinen Kopf gestreut. Du hast dir an die Lippe gefaßt, also an den Schnurrbart, und das bedeutet, daß du einen Jungen bekommst. Wenn du das Auge oder die Stirn berührt hättest, wäre es ein Mädchen geworden.«
Am Morgen des 21. September hatten alle Spekulationen ein Ende. »Wir haben einen Sohn«, hörte ich meinen Mann stolz sagen, als ich für einen Augenblick aus der Narkose aufwachte. »Er sieht genauso aus wie ich.«
Ich schlief wieder ein und wachte das nächste Mal von einem Kanonenschuß auf, der vor dem Krankenhaus zur Feier des Ereignisses abgefeuert wurde. Trommeln wurden geschlagen, und Menschen riefen: »*Jiye*, Bhutto.« Das meistgefeierte Baby in der Geschichte Pakistans, das zugleich die meisten politischen Komplikationen ausgelöst hatte, war geboren.
Wir hatten das voraussichtliche Geburtsdatum absichtlich geheimgehalten, da wir ahnten, daß Zia versuchen würde, die Wahlen in die Zeit meiner Entbindung zu legen. Geheimagenten sollen sogar versucht haben, an meine Krankenakte zu kommen, um das genaue Datum herauszufinden. Aber ich trug die Akte bei mir. Einen Tag nachdem die Agenten des Regimes fälschlicherweise den 17. November als Geburtsdatum errechnet hatten, setzte Zia als Wahltermin den 16. November fest.
Aber das Baby schlug uns allen ein Schnippchen. Nach unseren Berechnungen hatte sich Zia um einen Monat geirrt – das Kind hätte Mitte Oktober auf die Welt kommen sollen –, aber Gott muß es gut mit uns gemeint haben: Er schickte das Kind schon fünf Wochen früher auf die Welt.
Obwohl es kleiner war als meine Brüder und ich bei der Geburt, war das Baby zum Glück gesund und kräftig. Gleich nach seiner Geburt flüsterte ihm Asif den *azan* ins Ohr, den muslimischen Aufruf zum Gebet. Asif war ganz vernarrt in das Baby und nicht aus dem Zimmer zu bringen. Ich war glücklich, daß das Kind wie ich in meiner Jugend der Liebe seines Vaters sicher sein konnte.

Clifton 70 wurde überschwemmt mit Tausenden von Glückwunschtelegrammen, -briefen und -karten. Alle Blumen- und Kuchenläden waren ausverkauft. Hunderte von in den Farben der PPP Rot, Grün und Schwarz glasierten Kuchen trafen in Clifton ein. Ich schickte die meisten Kuchen und Blumen an politische Gefangene im Gefängnis von Karachi, an die Schwestern und Patienten im Krankenhaus und an die Familien der Märtyrer. Asif schickte Blumen an das Waisenhaus in der Nähe der Rennbahn, auf der er gewöhnlich Polo spielte. Die Zeitungen brachten Geschichten und Karikaturen über das Baby – das Baby, das einen Präsidenten zum Narren hielt. Ich sammelte sie in einem Kinderalbum, das mein Sohn später bekommen soll.

Alle wollten Fotos von dem Kind, auch die internationale Presse. Asif wehrte sich zunächst dagegen und beklagte, daß nichts in unserem Leben privat sei. Als weiterhin Anfragen aus aller Welt eintrafen, gab er schließlich nach, und wir ließen ein offizielles Foto machen. Als ich nach der Geburt das erste Mal nach Larkana flog, kam einer der Passagiere zu mir und erzählte mir, wie begeistert er von dem Baby sei. Er öffnete seine Brieftasche und zeigte mir ein Foto meines Sohnes!

Weil das Kind so früh auf die Welt gekommen war, hatten wir uns noch nicht für einen Namen entschieden. In vielen Briefen wurde vorgeschlagen, es nach meinem Vater zu nennen. Aber in Pakistan ist es den Söhnen vorbehalten, ihren Kindern den Namen ihres Vaters zu geben, und ich wollte diese Familientradition respektieren.

Ursprünglich hatte ich mein Baby Shah Nawaz nennen wollen. Aber als dann jemand zu mir sagte: »Wenn ich dich das nächste Mal sehe, wird Shah Nawaz geboren sein«, stand mir das Herz still. Ich sah plötzlich wieder, wie mein Bruder tot auf dem Boden lag. Ich wollte nicht mein Leben lang dieses Bild vor Augen haben, wenn jemand den Namen meines Sohnes aussprach. Auch Asif hatte einen Namen vorgeschlagen, ebenso seine und meine Mutter. Sie gefielen mir alle. »Wir fragen einen religiösen Gelehrten«, schlug ich schließlich vor. »Wir nehmen den Namen, der am meisten Glück bringt.« Aber der Gelehrte sagte, daß alle drei Namen glückverheißend und gleichermaßen gewichtig seien.

Dann fiel mir plötzlich ein Name ein: Bilawal, eine Ableitung von Bil Awal, »der, dem keiner gleichkommt«. In Sind gibt es einen Heiligen namens Makhdoom Bilawal, der zu seinen Lebzeiten gegen die Unterdrückung gekämpft hat. Einer von Asifs Vorfahren hieß ebenfalls Bilawal. Der Name war auch dem meinen sehr ähnlich, der »die Unvergleichliche«

bedeutet. Es war ein Name, der etwas mit der Mutter, mit dem Vater und mit der Kultur und Geschichte unseres Landes zu tun hatte. Alle waren einverstanden, und wir nannten das Baby Bilawal. Nachdem ich mich fünf Tage erholt hatte, ging ich wieder an die Arbeit. Allerdings mußte ich mich auf einem Stuhl die Treppen hinauf- und hinuntertragen lassen. Wir hatten mittlerweile immer stärkere Zweifel, ob die Wahlen am geplanten Termin stattfinden würden - wenn überhaupt.

Am 27. September wurde eine Vorstadt Lahores von einer fürchterlichen Überschwemmung heimgesucht. Die Überschwemmung brach ohne Vorwarnung über die Stadt herein und riß Menschen, Vieh und Häuser mit sich fort. Ein Sturm der Empörung brach los, als herauskam, daß die Machthaber der von Zia installierten Übergangsregierung der Provinz absichtlich und ohne die Bevölkerung zu verständigen einen Damm gesprengt hatten, der ein dichtbesiedeltes Armenviertel schützte, um reichere, aber weniger dicht besiedelte Stadtteile Lahores vor der Überschwemmung zu bewahren.
Das Wasser stieg trotzdem überall und schnitt Lahore und andere Städte und Dörfer im Punjab fast zwei Wochen lang vom Umland ab. Als die Flut zurückging, waren 200000 Stück Vieh und die Ernte auf zwei Millionen Hektar Land in 14 Distrikten vernichtet. Die PPP des Punjab baute Notunterkünfte und organisierte Nahrung und Trinkwasser für Tausende von Menschen, die bei der Überschwemmung ihre gesamte Habe verloren hatten. Angesichts der Verantwortungslosigkeit der Behörden und der Katastrophe als solcher erwarteten viele, daß man die Wahlen verschieben oder das Kriegsrecht ausrufen würde. Die Armee enttäuschte jedoch die Hoffnungen der von Zia ernannten Politiker und bestand darauf, daß die Wahlen wie geplant stattfinden würden.
Die Wahlen schienen noch einmal in weite Ferne zu rücken, als am 29. September in Hyderabad und Karachi Terroristen ohne jeden Anlaß ein Massaker anrichteten. Dreißig mit Kapuzen vermummte und mit Maschinenpistolen und AK-47-Sturmgewehren bewaffnete Männer eröffneten gleichzeitig das Feuer auf unschuldige Zivilisten in vorwiegend von *muhajirs* bewohnten Vierteln in Hyderabad. *Muhajirs,* Sindhi, Pathanen und Punjabi wurden auf offener Straße niedergemetzelt. Die Mörder achteten nicht darauf, wen sie töteten. Neun Stunden später wurde das sorgfältig vorbereitete Massaker, mit dem ethnische Unruhen provoziert werden sollten, in Karachi fortgesetzt. Dort schossen die Mörder die Be-

wohner von Sindhi-Vierteln nieder. Unter anderem bestiegen sie einen Bus und töteten die Fahrgäste in ihren Sitzen. Am Ende der Schlächterei zählte man über 240 Tote und 300 Verwundete. In Hyderabad und Karachi wurde Ausgangssperre verhängt, Schulen, Märkte und Kaufhäuser wurden geschlossen.

Mir wurde schlecht, als ich die Nachricht hörte. Wer hatte das Massaker angezettelt? Weil Pakistan schon oft das Opfer ausländischer Intrigen gewesen war, konnte man einen Versuch des Auslands, das Land durch Massaker zu destabilisieren, nicht ausschließen. Aber auch Pakistaner kamen als Urheber in Frage. Wir hielten es für wahrscheinlich, daß die Übergangsregierung aus Furcht vor einer Wahlniederlage *dacoits*, Banditen, angeworben hatte, die den Zusammenbruch von Recht und Ordnung herbeiführen und die Armee dadurch zwingen sollten, das Kriegsrecht zu verhängen. Die Armee reagierte jedoch bemerkenswert zurückhaltend und führte in den beiden Städten lediglich Patrouillen durch, um Racheakte und eine Ausbreitung der Unruhen zu verhindern.

Am 5. Oktober gab der Oberste Gerichtshof meiner Verfassungsbeschwerde gegen die von Zia verordneten Wahlen ohne Parteien statt. Der Gerichtssaal in Rawalpindi war brechend voll, als das Gremium von zwölf Richtern verkündete, daß alle politischen Parteien sich an den Wahlen beteiligen durften und daß politische Symbole in den Wahlbüros den Parteien und nicht einzelnen Kandidaten zugeordnet sein sollten. Die Übergangsregierung akzeptierte die Entscheidung des Gerichts. Vor den Augen der Weltöffentlichkeit blieb Zias Leuten gar nichts anderes übrig.

Mein anfängliches Gefühl der Sicherheit nach Zias Tod wurde jedoch bald durch neue Morddrohungen gestört, die auf die Entscheidung des Obersten Gerichthofs folgten. Ein offensichtlich von Gulbuddin Hekmatjar, einem Führer der afghanischen Mudschahidin, verfaßter Brief wurde abgefangen. Hekmatjar wies darin seine Anhänger an, Benazir Bhutto zu liquidieren. Hekmatjar stand dem pakistanischen Geheimdienst nahe und hatte den Mordbefehl möglicherweise auf dessen Drängen gegeben. Der Brief konnte aber auch von Feinden der Aufständischen geschrieben worden sein, die der Sache der Mudschahidin durch meine Ermordung schaden und den Mord Hekmatjar anhängen wollten.

Auch aus dem Inland kamen neue Drohungen. Wir erhielten Berichte, nach denen auch die Übergangsregierungen des Punjab und von Sind planten, mich zu eliminieren. Mir wurde klar, daß Zias Tod kein Ende der Gefahr bedeutete. Jetzt, da unser Sieg sich deutlich abzeichnete, wollten Zias Minister die PPP und mich aus dem Weg räumen.

Als der Stichtag für die Registrierung der nominierten Kandidaten näherrückte, änderten sich die politischen Bündnisse fast stündlich. Streitereien und Intrigen, schon immer ein Merkmal der pakistanischen Politik, hatten unseren größten Gegner, Zias Muslimische Liga, noch weiter gespalten. Am 13. August, vier Tage bevor Zias Flugzeug abstürzte, war das Zentrale Exekutivkomitee der Muslimischen Liga in Islamabad zusammengetreten, um führende Parteifunktionäre zu wählen. Anstatt jedoch ihre Stimmen abzugeben, hatten die Kandidaten mit Beleidigungen und Schimpfwörtern um sich geworfen, und der Kampf um die Macht endete schließlich in einer Schlacht, in der Möbel und Porzellan durch die Luft flogen.

Zwei Wochen später war die Muslimische Liga offiziell gespalten. Die aus Anhängern Zias bestehende Gruppe wurde von zwei Politikern geführt, die ihre Ämter noch von Zia erhalten hatten, einem früheren Gouverneur der Northwest Frontier Province und dem geschäftsführenden Chefminister des Punjab, Nawaz Sharif. Die andere Gruppe wurde vom früheren Premierminister Zias Mohammed Khan Junejo geführt und distanzierte sich von Zia. Mit der Spaltung unserer größten Rivalin war unser Wahlsieg schon fast gesichert.

Unglücklicherweise zerbrach unser Bündnis mit der MRD. Als wir zusammen über die Nominierungen entscheiden wollten, wurde immer deutlicher, daß viele Kandidaten der in der MRD mit uns verbündeten Parteien zu schwach waren, ihre Gegner von der Muslimischen Liga zu schlagen. Auch weigerten sich unsere Verbündeten, sich darauf festzulegen, nach der Wahl eine Koalitionsregierung mit uns zu bilden. Sie wollten sich alle Optionen offenhalten. Wir trennten uns deshalb mit Bedauern wieder von der MRD. Trotzdem sicherten wir ihr zu, daß wir in den Wahlkreisen von MRD-Führern grundsätzlich keine Gegenkandidaten aufstellen würden. Die MRD ihrerseits hielt sich nicht an diesen Grundsatz.

Angesichts der geeinten und starken PPP manövrierten die anderen Parteien immer hektischer. Der Zia-Flügel der Muslimischen Liga bildete mit sieben weiteren politischen und religiösen Parteien eine Koalition namens *Islami Jamhoori Ittehad* (IJI), um unter gemeinsamer Flagge und mit einem gemeinsamen Parteisymbol zu kandidieren. Fünf Minuten vor zwölf, einen Tag vor dem 15. Oktober, dem Stichtag für die Registrierung der Kandidaten, trat auch Junejo mit seinem Flügel der Muslimischen Liga dem Bündnis bei. Wir standen jetzt einer Koalition aus neun Parteien gegenüber.

Es entbehrte nicht einer gewissen Ironie, daß die Parteien es für notwendig hielten, sich gegen die PPP zu verbünden. Bisher waren Koalitionen traditionell gegen die Partei gebildet worden, die an der Macht war. Zum ersten Mal bildete die herrschende Partei jetzt eine Koalition gegen eine Oppositionspartei, um ihr Wählerpotential so gut wie möglich auszuschöpfen.

Aber damit nicht genug: Um uns noch mehr zu schwächen, änderte der geschäftsführende Präsident eigenmächtig und im Widerspruch zur Verfassung die Wahlgesetze, mit dem Ziel, unseren Anhängern das Wahlrecht zu entziehen. Der Erlaß bestimmte, daß zum ersten Mal alle Wähler bei den Wahlen den Personalausweis vorlegen mußten. Als wir protestierten, behauptete die Regierung, daß bereits »103 Prozent« der pakistanischen Wähler Personalausweise besäßen!

Ganz abgesehen von der mathematischen Unmöglichkeit dieser Aussage wußten wir es besser. Von den Wählern auf dem Land, die einen Großteil der PPP-Anhängerschaft stellten, hatten nur 5 Prozent der Frauen und 30 Prozent der Männer Personalausweise. Es herrschte Mangel an Antragsformularen für neue oder verlängerte Ausweise, und der Beamte der Meldestelle in einem der ländlichen Gebiete sagte uns, daß er pro Tag nur 300 Anträge bearbeiten könne. Das bedeutete, daß in den zwei Wochen vor der Wahl nicht einmal 3000 Ausweise ausgestellt werden konnten, und von diesen würden viele für uns nutzlos sein, da einige Beamte aus politischen Gründen die Ausweise von PPP-Anhängern so stempelten, daß sie erst nach den Wahlen gültig wurden.

Daß die Übergangsregierung auf Personalausweisen bestand, machte unsere Hoffnungen auf faire Wahlen zunichte. Personalausweise waren weder 1984 während des Referendums noch 1985 bei den Wahlen ohne Parteien, noch bei den Wahlen der lokalen Volksvertreter 1987 verlangt worden. Warum wurden sie jetzt verlangt, wenn nicht deshalb, um die erwartete riesige Stimmenzahl für die PPP zu reduzieren? Während früher Zia den Willen des Volkes manipuliert hatte, indem er die politischen Parteien von den Wahlen ausschloß, betrogen jetzt seine Nachfolger das Volk, indem sie die Wähler nicht wählen ließen. Als Zia noch lebte, waren politische Kandidaten disqualifiziert worden. Seine Kumpane disqualifizierten die Wähler.

Wieder einmal gingen wir vor Gericht und erhoben Verfassungsbeschwerde, diesmal gegen den vorzulegenden Personalausweis. Dann wandte ich meine Aufmerksamkeit wieder dem Wahlkampf zu. Wie mein Vater machte ich meine Wahlkampfreise für die PPP mit dem Zug. Ich reiste mit dem *Khyber Mail* von Karachi nach Lahore. Da die Wahlkommission das Schwert, unser traditionelles und allgemein bekanntes Parteisymbol, nicht zuließ, hatten wir für die bevorstehende Schlacht eine andere Waffe als Symbol gewählt - den Pfeil.

Die Übergangsregierung hatte allen Kandidaten verboten, vor den Wahlen im Radio oder Fernsehen aufzutreten. Ich nutzte deshalb die fahrplanmäßigen Haltestationen des Zuges, um unsere Anhänger zum Wählen zu ermutigen. Auf der Fahrt sprach ich mit lokalen PPP-Führern, die an einer Station ein- und an der nächsten wieder ausstiegen. »*Zalem o ke dil may teer,* Benazir, Benazir!« jubelte die Menge. »Der Pfeil im Herzen der Tyrannen, Benazir, Benazir!« Die Menschen überschütteten den Zug mit einem Regen von Rosen und reichten den Parteiarbeitern, die sich in meinem Waggon drängten, Essen und Wasser. Ich trank literweise heißen Tee und schluckte Medikamente, um eine Niereninfektion zu bekämpfen, die ich mir zu Beginn des Wahlkampfs zugezogen hatte. Asif, der noch nie mit mir gereist war, begleitete mich auf dem ersten Abschnitt des Wahlkampfs. Viele begeisterte PPP-Anhänger kletterten auf die Dächer des Zuges und fuhren gleichfalls mit. Wir sahen an ihren Schatten, die neben dem Zug über die grünen Felder des Punjab glitten, wie sie sangen und tanzten. Bei einem nächtlichen Aufenthalt in Mian Channu, einer landwirtschaftlich geprägten Region, wäre ich fast auf dem Bahnsteig zurückgelassen worden, als der Zugführer zu früh abfuhr. Die Menschen kamen mir jedoch zu Hilfe: Sie legten sich einfach auf die Gleise.

Die beste Nachricht erreichte mich eine Woche später, als wir mit dem Zug durch Sind fuhren. In der Nacht zuvor hatten 40 mit uns reisende PPP-Leute in Asifs Haus in Nawabshah übernachtet. Am 8. November hob das Oberlandesgericht von Lahore den die Personalausweise betreffenden Erlaß auf und erklärte, daß alle registrierten pakistanischen Bürger über 21, die sich ausweisen konnten, nach der Verfassung das Recht hatten, zu wählen. In einem bestimmten Wahlkreis in Lahore waren, wie das Gericht feststellte, fast doppelt so viele Personalausweise im Umlauf, wie es Wähler gab. Im übrigen hatten die an Frauen ausgegebenen Ausweise weder Bilder noch Unterschriften und eröffneten so dem Wahlbetrug Tür und Tor. Angesichts dieser Fakten und festgestellten Unregelmäßigkeiten, entschied das Gericht, würde die Vorschrift, Personalausweise vorzulegen, faire Wahlen eher behindern als gewährleisten. Zias Nachfolger reagierten schnell und legten Berufung beim Obersten Gerichtshof ein.

Bei den Massen erreichte die freudige Erwartung nach dem Sieg vor dem Oberlandesgericht einen neuen Höhepunkt. »Ali Baba gibt es nicht mehr, aber die vierzig Räuber sind noch da!« rief meine Mutter am 10. November der jubelnden Menge auf einer Wahlkundgebung in Larkana zu. »Ihr wißt, wer sie sind, deshalb wählt am 16. November den Pfeil!«
Am gleichen Tag brach die Menge, die mich in Rawalpindi empfing, die bei meiner Rückkehr aus dem Exil 1986 aufgestellten Rekorde. Die Hunderttausende von Anhängern, die den Zug der PPP in die Innenstadt begleiteten, füllten alle Straßen und brachten den Verkehr zum Erliegen. Wir brauchten fast drei Stunden, um einen Kilometer voranzukommen. »Ihr habt die Wahl zwischen Diktatur und Demokratie!« rief ich der Menge zu, als wir endlich den Versammlungsort erreicht hatten. »Ihr habt die Wahl zwischen Reaktionären, die das Volk unterdrücken wollen, und der PPP, die die Ketten der Unterdrückung zerbrechen will.«

Die Erregung ist mit Händen zu greifen, als wir in den letzten Tagen des Wahlkampfs durch den Punjab reisen. Seit der Gründung vor 41 Jahren hat es nur zweimal allgemeine Wahlen in Pakistan gegeben. Die erste hat meinem Vater und der PPP die Führung in Westpakistan gebracht. Im Jahr 1977 wurde die PPP-Regierung wiedergewählt. Die jetzige Wahl ist die dritte und härteste.
Die Führer von Zias Muslimischer Liga haben öffentlich erklärt, daß sie, unabhängig vom Ausgang der Wahlen am 16. November, eine Bhutto als Regierungschefin nicht annehmen werden. Die fundamentalistische Partei *Jamaat-e-Islami* behauptet plötzlich, die Herrschaft einer Frau sei nicht mit dem Islam vereinbar, obwohl sie selbst sie in Zias Verfassung von 1985 für islamisch erklärt hat. Sogar Ahmed Raza Kasuri, der kleine Politiker, der sich beim Justizmord an meinem Vater vor neun Jahren mit Zia verschworen hat, wird von Zias Anhang wieder vorgeführt, diesmal im Verein mit Ijaz ul-Haq, Zias ältestem Sohn. Ijaz ul-Haq wartet in der Presse mit der unglaublichen Theorie auf, die PPP-Kampagne sei von einer »jüdischen Gesellschaft in London« gesteuert.
Inzwischen ist der Oberste Gerichtshof dabei, über die Verfassungsmäßigkeit des Personalausweis-Erlasses zu entscheiden, der, wenn er bestätigt wird, ungefähr 55 Prozent der Bevölkerung das Wahlrecht entzieht. Die Aussichten sind nicht gut. »Wir haben gesehen, welche Menschenmassen ihr in Rawalpindi auf die Beine gebracht habt«, vertraute einer der Richter einem unserer Anwälte am Vorabend der Verhandlung an. »Wir können

nicht zulassen, daß die PPP einen derart überwältigenden Wahlsieg erringt.«

Angesichts dieser Unsicherheiten und Widrigkeiten nimmt die Loyalität der PPP-Anhänger noch zu. Faisal Hayat, der unter Zias Militärregime im Gefängnis von Lahore gefoltert wurde, kandidiert für einen Sitz in der Nationalversammlung. Auch sein Onkel Khaled Ahmed, einer der ersten Staatsbeamten, die unter Zia verhaftet wurden, ist aus dem Exil zurückgekehrt und kandidiert. Jehangir Badar, Pervez Ali Shah, Frau Dr. Ashraf Abbasi, die frühere Vizepräsidentin der Nationalversammlung, und Yahya Bakhtiar, der frühere Hauptverteidiger meines Vaters und Generalstaatsanwalt, kandidieren ebenso wie Hunderte weiterer PPP-Mitglieder, die für ihren Kampf für Demokratie eingesperrt und ausgepeitscht wurden. Unsichtbar stehen auch die Märtyrer mit auf der Liste, die für die Freiheit ihr Leben gelassen haben.

Ob die PPP nun gewinnt oder verliert, wir haben zumindest die Möglichkeit geschaffen, daß Pakistan wieder eine Demokratie wird. Unsere Leiden sind nicht umsonst gewesen. Und wir sind nicht von unseren Grundsätzen abgewichen. »*Wazir-e-Azam,* Benazir! Premierministerin Benazir!« rufen mir die Leute zum Abschied des Wahlkampfs zu, den ich in allen vier Provinzen geführt habe. »Helden sind die Bhutto-Leute, Nullen sind der Rest der Meute!« rufen sie meiner Mutter zu, die trotz Hitzschlag und Fieber ihren Wahlkampf planmäßig beendet.

Zusammen werden wir nach Al-Murtaza gehen, um in unserem Wahlkreis Larkana unsere Stimme abzugeben. Danach will ich das Grab meines Vaters besuchen, das Grab des einzigen Premierministers, der in der Geschichte Pakistans bis jetzt direkt vom Volk gewählt worden ist. In seiner Generation und in meiner Generation haben Politiker ihr Leben in den Dienst eines demokratischen und fortschrittlichen Pakistan gestellt. Der Rest liegt in Gottes Hand.

10. November 1988, auf dem Weg nach Faisalabad.

Nachwort des Herausgebers

Am 12. November 1988 hob der Oberste Gerichtshof die Entscheidung des Oberlandesgerichts von Lahore auf. Alle pakistanischen Wähler waren somit verpflichtet, Personalausweise vorzulegen, wenn sie bei den bevorstehenden Wahlen ihre Stimme abgeben wollten.

Damit hatte die Hälfte der wahlberechtigten Bevölkerung das Wahlrecht verloren. Trotzdem gewann die *Pakistan People's Party* am 16. November unter Führung von Benazir Bhutto und ihrer Mutter Nusrat Bhutto die Wahlen. Der PPP-Sieg in Sind war überwältigend: Dort gewannen die Rivalen von der IJI-Koalition nicht einen einzigen Sitz. Aber auch im Punjab errang die PPP eine klare Mehrheit. Als einzige Partei, die in allen vier Provinzen Sitze gewann, verfügt die PPP über 92 Sitze in der Nationalversammlung, die IJI dagegen nur über 54.

Alle führenden Politiker, die das Regime des verstorbenen Generals Zia ul-Haq gestützt hatten, fielen bei den Wählern durch, auch Mohammed Khan Junejo, der sich auf das Amt des Premierministers Hoffnungen gemacht hatte. Auch der IJI-Vorsitzende Ghulam Mustafa Jatoi wurde geschlagen. Nawaz Sharif, der geschäftsführende Gouverneur des Punjab, gewann nur zwei der vier Sitze, für die er kandidierte. Dagegen gewannen Benazir Bhutto und ihre Mutter alle fünf Sitze, um die sie sich in Sind, im Punjab und in der Frontier Province beworben hatten, mit dem höchsten Stimmenanteil, der in der pakistanischen Geschichte je von einzelnen Kandidaten erreicht worden ist.

Am 19. November gewann die PPP auch die Wahlen zu den Provinzparlamenten mit 184 Sitzen vor 154 der IJI, wobei Zias frühere Minister und mit ihm sympathisierende Abgeordnete in ganz Pakistan abgewählt wurden.

Pakistan wurde wieder ein demokratischer Staat, als am 1. Dezember der geschäftsführende Präsident Ghulam Ishaq Khan Benazir Bhutto zur Premierministerin ernannte und sie mit der Regierungsbildung beauftragte. Mit 35 Jahren ist Benazir Bhutto einer der jüngsten Staatschefs der Welt und die erste Frau der Moderne, die eine muslimische Nation regiert.

Das Gericht in Grasse verurteilte am 5. Dezember 1988 Rehana Bhutto, die Witwe von Shah Hawaz, des Bruders der Premierministerin, wegen unterlassener Hilfeleistung zu zwei Jahren Gefängnis. Da Frau Bhutto nicht an der Gerichtsverhandlung teilnahm und das Urteil in Abwesenheit ausgesprochen wurde, erging Haftbefehl.

Bildnachweis

Foto Nr. 5: UPI/Bettmann Newsphotos; Nr. 7: Black Star; Nr. 8: AP/Wide World Photos; Nr. 13: Flandrin/Black Star; Nr. 15: UPI/Bettmann Newsphotos; Nr. 21 AP/Wide World Photos; Nr. 28: Reuters/Bettmann Newsphotos: Nr. 33: Michel Philippot/Sygma.
Alle anderen Fotos aus dem Privatarchiv der Familie Bhutto.

Register